A BIBLIA S

CONTENDO

O VELHO E O NOVO TESTAMENTO

TRADUZIDA EM PORTUGUEZ

SEGUNDO A VULGATA LATINA

POR

ANTONIO PEREIRA DE FIGUEIREDO

NOVO TESTAMENTO

Elibron Classics
www.elibron.com

O NOVO TESTAMENTO

DE

JESU CHRISTO

TRADUZIDO EM PORTUGUEZ

SEGUNDO A VULGATA LATINA

POR

ANTONIO PEREIRA DE FIGUEIREDO

LONDRES

1867

O SANTO EVANGELHO DE JESU CHRISTO

S. MATTHEUS.

CAPITULO I.

LIVRO da geração de Jesu Christo filho de David, filho de Abrahão.

2 Abrahão gerou a Isaac.

E Isaac gerou a Jacob.

E Jacob gerou a Judas, e a seus irmãos.

3 E Judas gerou de Thamar a Farès, e a Zarão.

E Farès gerou a Esron.

E Esron gerou a Arão.

4 E Arão gerou a Aminadab.

E Aminadab gerou a Naasson.

E Naasson gerou a Salmon.

5 E Salmon gerou de Rehab a Booz.

E Booz gerou de Ruth a Obed.

E Obed gerou a Jessé.

E Jessé gerou ao Rei David.

6 E o Rei David gerou a Salamão d'aquella que foi de Urias.

7 E Salamão gerou a Roboão.

E Roboão gerou a Abias.

E Abias gerou a Asá.

8 E Asá gerou a Josafat.

E Josafat gerou a Jorão.

E Jorão gerou a Ozias.

9 E Ozias gerou a Joathão.

E Joathão gerou a Acaz.

E Acaz gerou a Ezequias.

10 E Ezequias gerou a Manassés.

E Manassés gerou a Amon.

E Amon gerou a Josias.

11 E Josias gerou a Jeconias, e a seus irmãos na transmigração de Babylonia.

12 E depois da transmigração de Babylonia: Jeconias gerou a Salathiel.

E Salathiel gerou a Zorobabel.

13 E Zorobabel gerou a Abiúd.

E Abiúd gerou a Eliacim.

E Eliacim gerou a Azor.

14 E Azor gerou a Sadoc.

E Sadoc gerou a Aquim.

E Aquim gerou a Eliúd.

15 E Eliúd gerou a Eleazar.

E Eleazar gerou a Mathan.

E Mathan gerou a Jacob.

16 E Jacob gerou a José Esposo de Maria, da qual nasceo Jesus, que se chama o Christo.

17 De maneira que todas as gerações desde Abrahão até David, são quatorze gerações: e desde David até á transmigração de Babylonia, quatorze gerações: e desde a transmigração de Babylonia até Christo, quatorze gerações.

18 Ora a Conceição de Jesu Christo foi d'esta maneira: Estando já Maria sua Mãi desposada com José, antes de cohabitarem se achou ter ella concebido por obra do Espirito Santo.

19 E José seu Esposo, como era justo, e não queria infamalla, resolveo deixalla secretamente.

20 Mas andando elle com isto no pensamento, eis-que lhe appareceo em sonhos hum Anjo do Senhor, dizendo: José filho de David, não temas receber a Maria tua mulher: porque o que nella se gerou, he obra do Espirito Santo:

21 E ella parirá hum Filho: e lhe chamarás por nome JESUS: porque elle salvará o seu Povo dos peccados d'elles.

22 Mas tudo isto aconteceo para que se cumprisse o que fallou o Senhor pelo Profeta, que diz:

23 Eis huma Virgem conceberá, e parirá hum Filho: e appellidalo-hão pelo nome de Emmanuel, que quer dizer, Deos comnosco.

24 E despertando José do somno, fez como o Anjo do Senhor lhe havia mandado, e recebeo a sua mulher.

25 E elle não na conheceo em quanto ella não pario ao seu Primogenito: e lhe poz por nome Jesus.

CAPITULO II.

TENDO pois nascido Jesus em Belém de Judá, em tempo do Rei Herodes, eis-que vierão do Oriente huns Magos a Jerusalem,

2 dizendo: Onde está o Rei dos Judeos, que he nascido? porque nós vimos no Oriente a sua estrella, e viemos a adorallo.

3 E o Rei Herodes ouvindo isto se turbou, e toda Jerusalem com elle.

4 E convocando todos os Principes dos Sacerdotes, e os Escribas do Povo, lhes perguntava, onde havia de nascer o Christo.

5 E elles lhe disserão: Em Belém de Judá: porque assim está escrito pelo Profeta:

6 E tu Belém, terra de Judá, não és a de menos consideração entre as principaes de Judá: porque de ti sahirá o Conductor, que ha de commandar o meu Povo d'Israel.

7 Então Herodes tendo chamado secretamente os Magos, inquirio d'elles com todo o cuidado, que tempo havia que lhes apparecéra a estrella:

8 e enviando-os a Belém, disse-lhes: Ide, e informai-vos bem que Menino he esse: e depois que o houverdes achado, vinde-mo dizer, para eu ir tambem adorallo.

9 Elles tendo ouvido as palavras do Rei, parti-

rão: e logo a estrella, que tinhão visto no Oriente, lhes appareceo, indo adiante d'elles, até que chegando, parou sobre onde estava o Menino.

10 E quando elles vírão a estrella, foi sobremaneira grande o jubilo, que sentirão.

11 E entrando na casa, achárão o Menino com Maria sua Mãi, e prostrando-se, o adorárão: e abrindo os seus cofres, lhe fizerão suas offertas de ouro, incenso, e myrrha.

12 E havida resposta em sonhos, que não tornassem a Herodes, voltárão por outro caminho para a sua terra.

13 Partidos que elles forão, eis-que appareceo hum Anjo do Senhor em sonhos a José, e lhe disse: Levanta-te, e toma o Menino, e sua Mãi, e foge para o Egypto, e fica-te lá, até que eu te avise. Porque Herodes tem de buscar o Menino para o matar.

14 José levantando-se, tomou de noite o Menino, e sua Mãi, e retirou-se para o Egypto:

15 e alli esteve até á morte de Herodes: para se cumprir o que proferíra o Senhor pelo Profeta, que diz: Do Egypto chamei a meu Filho.

16 Herodes então vendo que tinha sido illudido dos Magos, ficou muito irado por isso, e mandou matar todos os meninos, que havia em Belém, e em todo o seu Termo, que tivessem dous annos, e dahi para baixo, regulando-se nisto pelo tempo, que tinha exactamente averiguado dos Magos.

17 Então se cumprio o que estava annunciado pelo Profeta Jeremias, que diz:

18 Em Ramá se ouvio hum clamor, hum choro, e hum grande lamento: vinha a ser Raquel chorando a seus filhos, sem admittir consolação pela falta d'elles.

19 E sendo morto Herodes, eis-que o Anjo do Senhor appareceo em sonhos a José no Egypto,

20 dizendo: Levanta-te, e toma o Menino, e sua Mãi, e vai para a terra d'Israel: porque são mortos os que buscavão o Menino para o matar.

21 José levantando-se, tomou o Menino, e sua Mãi, e veio para a terra d'Israel.

22 Mas ouvindo que Arquelão reinava na Judéa em lugar de seu pai Herodes, temeo ir para lá: e avisado em sonhos, se retirou para as partes da Galiléa.

23 E veio morar em huma Cidade, que se chama Nazareth: para se cumprir o que fora dito pelos Profetas: Que será chamado Nazareno.

CAPITULO III.

NAQUELLES dias pois veio João Baptista prégando no deserto da Judéa,

2 e dizendo: Fazei penitencia: porque está proximo o Reino dos Ceos.

3 Porque este he de quem fallou o Profeta Isaías, dizendo: Voz do que clama no Deserto: Apparelhai o caminho do Senhor: endireitai as suas varédas.

4 Ora o mesmo João tinha hum vestido de pelles de camelo, e huma cinta de couro em roda dos seus rins: e a sua comida erão gafanhotos, e mel silvestre.

5 Então vinha a elle Jerusalem, e toda a Judéa, e toda a terra da comarca do Jordão,

6 e confessando os seus peccados, erão por elle baptizados no Jordão.

7 Mas vendo que muitos dos Fariseos e dos Sadduceos vinhão ao seu baptismo, lhes disse:

Raça de viboras, quem vos ensinou a fugir da ira vindoira?

8 Fazei pois dignos frutos de penitencia.

9 E não queirais dizer dentro de vós mesmos: Nós temos por pai a Abrahão: porque eu vos digo, que poderoso he Deos para fazer que nasção d'estas pedras filhos a Abrahão.

10 Porque já o machado está posto á raiz das arvores. Toda a arvore pois que não dá bom fruto, será cortada, e lançada no fogo.

11 Eu na verdade vos baptizo em agua para vos trazer á penitencia: porém o que ha de vir depois de mim, he mais poderoso do que eu, e eu não sou digno de lhe ministrar o calçado: elle vos baptizará no Espirito Santo e em fogo.

12 A sua pá na sua mão se acha: e elle alimpará muito bem a sua eira: e recolherá o seu trigo no celleiro, mas queimará as palhas num fogo, que jámais se apagará.

13 Então veio Jesus de Galiléa ao Jordão ter com João, para ser baptizado por elle.

14 Porém João o impedia, dizendo: Eu sou o que devo ser baptizado por ti, e tu vens a mim?

15 E respondendo Jesus, lhe disse: Deixa por ora: porque assim nos convém cumprir toda a justiça. Elle então o deixou.

16 E depois que Jesus foi baptizado, sahio logo para fóra da agua: e eis-que se lhe abrírão os Ceos: e vio ao Espirito de Deos, que descia como pomba, e que vinha sobre elle.

17 E eis huma voz dos Ceos, que dizia: Este he meu Filho amado, no qual tenho posto toda a minha complacencia.

CAPITULO IV.

ENTÃO foi levado Jesus pelo Espirito ao Deserto, para ser tentado pelo diabo.

2 E tendo jejuado quarenta dias, e quarenta noites, depois teve fome.

3 E chegando-se a elle o tentador, lhe disse: Se és filho de Deos, dize que estas pedras se convertão em pães.

4 Jesus respondendo lhe disse: Escrito está: Não so de pão vive o homem, mas de toda a palavra, que sahe da boca de Deos.

5 Então tomando-o o diabo o levou á Cidade Santa, e o poz sobre o pinnaculo do Templo,

6 e lhe disse: Se és Filho de Deos, lança-te d'aqui abaixo. Porque escrito está: Que mandou aos seus Anjos que cuidem de ti, e elles te tomarão nas palmas, para que não succeda tropeçares em pedra com o teu pé.

7 Jesus lhe disse: Tambem está escrito: Não tentarás ao Senhor teu Deos.

8 De novo o subio o diabo a hum monte muito alto: e lhe mostrou todos os Reinos do Mundo, e a gloria d'elles,

9 e lhe disse: Tudo isto te darei, se prostrado me adorares.

10 Então lhe disse Jesus: Vai-te Satanás: Porque escrito está: Ao Senhor teu Deos adorarás, e a elle só servirás.

11 Então o deixou o diabo: e eis-que chegárão os Anjos, e o servião.

12 E quando ouvio Jesus, que João fora prezo, retirou-se para Galiléa:

13 e deixada a Cidade de Nazareth, veio habitar em Cafarnaum, Cidade Maritima, nos confins de Zabúlon, e Nefthalim:

14 para se cumprir o que tinha dito o Profeta Isaías:

15 A terra de Zabúlon, e a terra de Nefthalim,

566

a estrada que vai dar no mar além do Jordão, a Galiléa dos Gentios,

16 Povo, que estava de assento nas trévas, vio huma grande luz: e aos que estavão de assento na região da sombra da morte, a estes appareceo a luz.

17 Desde então começou Jesus a prégar, e a dizer: Fazei penitencia: porque está proximo o Reino dos Ceos.

18 E caminhando Jesus ao longo do mar de Galiléa, vio dous irmãos, Simão, que se chama Pedro, e seu irmão André, que lançavão a rede ao mar, (porque erão pescadores,)

19 e disse-lhes: Vinde após mim, e farei que vós sejais pescadores de homens.

20 E elles sem mais detença, deixadas as redes, o seguirão.

21 E passando d'alli, vio outros dous irmãos, Tiago filho de Zebedeo, e João seu irmão, em huma barca com seu pai Zebedeo, que concertavão as suas redes: e os chamou.

22 E elles no mesmo ponto, deixando as redes e o pai, forão em seu seguimento.

23 E Jesus rodeava toda a Galiléa, ensinando nas suas Synagogas, e prégando o Evangelho do Reino: e curando toda a casta de doenças, e toda a casta de enfermidades no Povo.

24 E correo a sua fama por toda a Syria, e lhe trouxerão todos os que se achavão enfermos, possuidos de varios achaques, e dôres, e os possessos, e os lunaticos, e os paralyticos, e os curou:

25 e huma grande multidão de Povo o foi seguindo de Galiléa, e de Decápole, e de Jerusalem, e de Judéa, e d'além do Jordão.

CAPITULO V.

E VENDO Jesus a grande multidão do Povo, subio a hum monte, e depois de se ter sentado, se chegárão para o pé d'elle os seus Discipulos,

2 e elle abrindo a sua boca os ensinava, dizendo:

3 Bemaventurados os pobres de espirito: porque d'elles he o Reino dos Ceos.

4 Bemaventurados os mansos: porque elles possuirão a terra.

5 Bemaventurados os que chorão: porque elles serão consolados.

6 Bemaventurados os que tem fome, e sede de justiça: porque elles serão fartos.

7 Bemaventurados os misericordiosos: porque elles alcançarão misericordia.

8 Bemaventurados os limpos de coração: porque elles verão a Deos.

9 Bemaventurados os pacificos: porque elles serão chamados filhos de Deos.

10 Bemaventurados os que padecem perseguição por amor de justiça: porque d'elles he o Reino dos Ceos.

11 Bemaventurados sois, quando vos injuriarem, e vos perseguirem, e disserem todo o mal contra vós mentindo, por meu respeito:

12 folgai, e exultai, porque o vosso galardão he copioso nos Ceos: pois assim tambem perseguirão aos Profetas, que forão antes de vós.

13 Vós sois o sal da terra. E se o sal perder a sua força, com que outra cousa se ha de salgar? para nenhuma cousa mais fica servindo, senão para se lançar fora, e ser pizado dos homens.

14 Vós sois a luz do Mundo. Não póde esconder-se huma Cidade, que está situada sobre hum monte:

15 nem os que accendem huma luzerna, a mettem debaixo do alqueire, mas põe-a sobre o candieiro, a fim de que ella dê luz a todos os que estão na casa.

16 Assim luza a vossa luz diante dos homens: que elles vejão as vossas boas obras, e glorifiquem a vosso Pai, que está nos Ceos.

17 Não julgueis que vim destruir a Lei, ou os Profetas: não vim a destruillos, mas sim a dar-lhes cumprimento.

18 Porque em verdade vos affirmo, que em quanto não passar o Ceo e a terra, não passará da Lei hum só i, ou hum til, sem que tudo seja cumprido.

19 Aquelle pois, que quebrar hum d'estes minimos mandamentos, e que ensinar assim aos homens, será chamado mui pequeno no Reino dos Ceos: mas o que os guardar, e ensinar a guardallos, esse será reputado grande no Reino dos Ceos.

20 Porque em vos digo, que se a vossa justiça não for maior, e mais perfeita, do que a dos Escribas, e a dos Fariseos, não entrareis no Reino dos Ceos.

21 Ouvistes que foi dito aos antigos: Não matarás: e quem matar será réo no Juizo.

22 Pois eu digo-vos: que todo o que se ira contra seu irmão, será réo no Juizo: e o que disser a seu irmão, Raca, será réo no Conselho; e o que lhe disser, Es hum tolo, será réo do fogo do inferno.

23 Por tanto, se tu estás fazendo a tua offerta diante do altar, e te lembrar ahi, que teu irmão tem contra ti alguma cousa,

24 deixa alli a tua offerta diante do altar, e vai-te reconciliar primeiro com teu irmão; e depois virás fazer a tua offerta.

25 Concerta-te sem demora com o teu adversario, em quanto estás posto a caminho com elle: para que não succeda, que elle adversario te entregue ao Juiz, e que o Juiz te entregue ao seu Ministro: e sejas mandado para a cadeia.

26 Em verdade te digo, que não sahirás de lá, até não pagares o ultimo ceitil.

27 Ouvistes que foi dito aos antigos: Não adulterarás.

28 Eu porém digo-vos: que todo o que olhar para huma mulher cubiçando-a, já no' seu coração adulterou com ella.

29 E se o teu olho direito te serve de escandalo, arranca-o, e lança-o fóra de ti: porque melhor te he que se perca hum de teus membros, do que todo o teu corpo seja lançado no inferno.

30 E se a tua mão direita te serve de escandalo, corta-a, lança-a fóra de ti: porque melhor te he que se perca hum de teus membros, do que todo o teu corpo vá para o inferno.

31 Tambem foi dito: Qualquer que se desquitar de sua mulher, dê-lhe carta de repudio.

32 Mas eu vos digo: Que todo o que repudiar a sua mulher, a não ser por causa de fornicação, a faz ser adultera: e o que tomar a repudiada, commette adulterio.

33 Igualmente ouvistes que foi dito aos antigos: Não jurarás falso; mas cumprirás ao Senhor os teus juramentos.

34 Eu porém vos digo, que absolutamente não jureis, nem pelo Ceo, que he o Throno de Deos:

35 nem pela terra, porque he o assento de seus pés: nem por Jerusalem, porque he a Cidade do grande Rei:

36 nem jurarás pela tua cabeça, pois não podes fazer que hum cabello teu seja branco, ou negro.

37 Mas seja o vosso fallar, sim, sim : não, não : porque tudo o que daqui passa, procede do mal.

38 Vós tendes ouvido o que se disse : Olho por olho, e dente por dente.

39 Eu porém digo-vos, que não resistais ao que vos fizer mal : mas se alguem te ferir na tua face direita, offerece-lhe tambem a outra :

40 e ao que quer demandar-te em Juizo, e tirar-te a tua tunica, larga-lhe tambem a capa :

41 e se qualquer te obrigar a ir carregado mil passos, vai com elle ainda mais outros dous mil.

42 Dá a quem te pede, e não voltes as costas ao que deseja que lhe emprestes.

43 Tendes ouvido que foi dito : Amarás ao teu proximo, e aborrecerás a teu inimigo.

44 Mas eu vos digo : Amai a vossos inimigos, fazei bem aos que vos tem odio : e orai pelos que vos perseguem, e calumnião :

45 para serdes filhos de vosso Pai, que está ,nos Ceos : o qual faz nascer o seu Sol sobre bons e máos : e vir chuva sobre justos e injustos.

46 Porque se vós não amais se não os que vos amão, que recompensa haveis de ter? não fazem os Publicanos tambem o mesmo?

47 E se vós saudardes sómente aos vossos irmãos, que fazeis nisso de especial? não fazem tambem assim os Gentios ?

48 Sede vós logo perfeitos, como tambem vosso Pai celestial he perfeito.

CAPITULO VI.

GUARDAI-vos não façais as vossas boas obras diante dos homens, com o fim de serdes vistos por elles : d'outra sorte não tereis a recompensa da mão de vosso Pai, que está nos Ceos.

2 Quando pois dás a esmola, não faças tocar a trombeta diante de ti, como praticão os hypocritas nas Synagogas, e nas ruas, para serem honrados dos homens : em verdade vos digo, que elles já receberão a sua recompensa.

3 Mas quando dás a esmola, não saiba a tua esquerda, o que faz a tua direita :

4 para que a tua esmola fique escondida, e teu Pai, que vê o que tu fazes em secreto, ta pagará.

5 E quando orais, não haveis de ser como os hypocritas, que gostão de orar em pé nas Synagogas, e nos cantos das ruas, para serem vistos dos homens : em verdade vos digo, que elles já receberão a sua recompensa.

6 Mas tu quando orares, entra no teu aposento, e fechada a porta, ora a teu Pai em secreto : e teu Pai, que vê o que se passa em secreto, te dará a paga.

7 E quando orais não falleis muito, como os Gentios : pois cuidão que pelo seu muito fallar serão ouvidos.

8 Não queirais por tanto parecer-vos com elles : porque vosso Pai sabe o que vos he necessario, primeiro que vós lho peçais.

9 Assim pois que vós haveis de orar. Padre nosso que estás nos Ceos : santificado seja o teu nome.

10 Venha a nós o teu Reino. Seja feita a tua vontade, assim na terra, como no Ceo.

11 O pão nosso, que he sobre toda a substancia, nos dá hoje.

12 E perdoa-nos as nossas dividas, assim como nós tambem perdoamos aos nossos devedores :

13 e não nos deixes cahir em tentação. Mas livra-nos do mal. Amen.

14 Porque se vós perdoardes aos homens as offensas que tendes d'elles : tambem vosso Pai Celestial vos perdoará os vossos peccados.

15 Mas se não perdoardes aos homens : tão pouco vosso Pai vos perdoará os vossos peccados.

16 E quando jejuais, não vos ponhais tristes como os hypocritas : porque elles desfigurão os seus rostos, para fazer ver aos homens, que jejuão. Na verdade vos digo, que já receberão a sua recompensa.

17 Mas tu quando jejuas, unge a tua cabeça, e lava o teu rosto,

18 a fim de que não pareças aos homens que jejuas, mas sómente a teu Pai, que está presente a tudo o que ha de mais secreto : e teu Pai que vê o que se passa em secreto, te dará a paga.

19 Não queirais enthesourar para vós thesouros na terra : onde a ferrugem, e a traça os consome : e onde os ladrões os desenterrão, e roubão.

20 Mas enthesourai para vós thesouros no Ceo : onde não os consome a ferrugem, nem a traça, e onde os ladrões não os desenterrão, nem roubão.

21 Porque onde está o teu thesouro, ahi está tambem o teu coração.

22 O teu olho he a luz do teu corpo. Se o teu olho for simples : todo o teu corpo será luminoso.

23 Mas se o teu olho for máo : todo o teu corpo estará em trevas. Se pois a luz, que em ti ha, são trevas : quão grandes não serão essas mesmas trevas !

24 Ninguem póde servir a dous senhores : porque ou ha de aborrecer hum, e amar outro : ou ha de accommodar-se a este, e desprezar aquelle. Não podeis servir a Deos, e ás riquezas.

25 Por tanto vos digo, não andeis cuidadosos da vossa vida, que comereis, nem para o vosso corpo, que vestireis. Não he mais a alma que a comida : e o corpo mais que o vestido?

26 Olhai para as aves do Ceo, que não semeão, nem segão, nem fazem provimentos nos celleiros : e com tudo vosso Pai celestial as sustenta. Por ventura não sois vós muito mais do que ellas?

27 E qual de vós discorrendo póde accrescentar hum covado á sua estatura?

28 E porque andais vós sollicitos pelo vestido? Considerai como crescem os lirios do campo : elles não trabalhão, nem fião.

29 Digo-vos mais, que nem Salamão em toda a sua gloria se cobrio jámais como hum d'estes.

30 Pois se ao feno do campo, que hoje he, e á manhã he lançado no forno, Deos veste assim : quanto mais a vós, homens de pouca fé?

31 Não vos affiljais pois, dizendo : que comeremos, ou que beberemos, ou com que nos cobriremos ?

32 Porque os Gentios he que se canção por estas cousas. Por quanto vosso Pai sabe, que tendes necessidade de todas ellas.

33 Buscai pois primeiramente o Reino de Deos, e a sua justiça : e todas estas cousas se vos accrescentarão.

34 E assim não andeis inquietos pelo dia de á manhã. Porque o dia de á manhã a si mesmo trará seu cuidado : ao dia basta a sua propria afflicção.

CAPITULO VII.

NÃO queirais julgar, para que não sejais julgados.

2 Pois com o juizo com que julgardes, sereis julgados : e com a medida com que medirdes, vos medirão tambem a vós.

3 Porque vês tu pois a arésta no olho de teu irmão, e não vês a trave no teu olho?

4 Ou como dizes a teu irmão : Deixa-me tirar-te do olho huma arésta, quando tu tens no teu huma trave?

5 Hypocrita, tira primeiro a trave do teu olho, e então verás como has de tirar a arésta do olho de teu irmão.

6 Não deis aos cães o que he santo : nem lanceis aos porcos as vossas pérolas, para que não succeda que elles lhes ponhão os pés em cima, e tornando-se contra vós, vos despedacem.

7 Pedi, e dar-se-vos-ha : buscai, e achareis : batei, e abrir-se-vos-ha.

8 Porque todo o que pede, recebe, e o que busca, acha : e a quem bate, abrir-se-ha.

9 Ou qual de vós por ventura he o homem, que se seu filho lhe pedir pão, lhe dará huma pedra?

10 Ou por ventura, se lhe pedir hum peixe, lhe dará huma serpente?

11 Pois se vós-outros sendo máos sabeis dar boas dadivas a vossos filhos : quanto mais vosso Pai, que está nos Ceos, dará bens aos que lhes pedirem?

12 E assim tudo o que vós quereis que vos fação os homens, fazei-o tambem vós a elles. Porque esta he a Lei, e os Profetas.

13 Entrai pela porta estreita : porque larga he a porta, e espaçoso o caminho que guia para a perdição, e muitos são os que entrão por ella.

14 Que estreita he a porta, e que apertado o caminho, que guia para a vida : e que poucos são os que acertão com elle!

15 Guardai-vos dos falsos Profetas que vem a vós com vestidos de ovelhas, e dentro são lobos roubadores :

16 pelos seus frutos os conhecereis. Por ventura os homens colhem uvas dos espinhos, ou figos dos abrolhos?

17 Assim toda a arvore boa dá bons frutos : e a má arvore dá máos frutos.

18 Não póde a arvore boa dar máos frutos : nem a arvore má dar bons frutos.

19 Toda a arvore, que não dá bom fruto, será cortada, e metida no fogo.

20 Assim pois pelos frutos d'elles os conhecereis.

21 Nem todo o que me diz, Senhor, Senhor, entrará no Reino dos Ceos : mas sim o que faz a vontade de meu Pai, que está nos Ceos, esse entrará no Reino dos Ceos.

22 Muitos me dirão naquelle dia : Senhor, Senhor, não ha nós que profetizámos em teu Nome, e em teu Nome expellimos os demonios, e em teu Nome obrámos muitos prodigios?

23 E eu então lhes direi em voz bem intelligivel : Pois eu nunca vos conheci : apartai-vos de mim, os que obrais a iniquidade.

24 Todo aquelle pois, que ouve estas minhas palavras, e as observa, será comparado ao homem sabio, que edificou a sua casa sobre rócha :

25 e veio a chuva, e trasbordárão os rios, e assoprárão os ventos, e combatêrão aquella casa, e ella não cahio : porque estava fundada sobre rócha.

26 E todo o que ouve estas minhas palavras, e as não observa, será comparado ao homem sem consideração, que edificou a sua casa sobre arêa :

27 e veio a chuva, e trasbordárão os rios, e assoprárão os ventos, e combatêrão aquella casa, e ella cahio, e foi grande a sua ruina.

569

28 E aconteceo que tendo acabado Jesus este discurso, estava o povo admirado da sua doutrina :

29 porque elle os ensinava, como quem tinha authoridade, e não como os Escribas d'elles, e os Fariseos.

CAPITULO VIII.

E DEPOIS que Jesus desceo do monte, foi muita a gente do povo, que o seguio.

2 E eis-que vindo hum leproso, o adorava, dizendo : Se tu queres, Senhor, bem me podes alimpar.

3 E Jesus estendendo a mão, tocou-o, dizendo : Pois eu quero. Fica limpo. E logo ficou limpa toda a sua lepra.

4 Então lhe disse Jesus : Vê não no digas a alguem : mas vai, mostra-te ao Sacerdote, e faze a offerta que ordenou Moysés, para lhes servir de testemunho a elles.

5 Tendo porém entrado em Cafarnaum, chegou-se a elle hum Centurião, fazendo-lhe esta supplica,

6 e dizendo : Senhor, o meu criado jaz em casa doente de huma paralysia, e padece muito com ella.

7 Respondeo-lhe então Jesus : Eu irei, e o curarei.

8 E respondendo o Centurião, disse : Senhor, eu não sou digno de que entres na minha casa : porém manda-o só com a tua palavra, e o meu criado será salvo.

9 Pois tambem eu sou homem sujeito a outro, que tenho soldados ás minhas ordens, e digo a hum : Vai acolá, e elle vai : e a autro : Vem cá, e elle vem : e ao meu servo : Faze isto, e elle o faz.

10 E Jesus ouvindo-o assim fallar, admirou-se, e disse para os que o seguião : Em verdade vos affirmo, que não achei tamanha fé em Israel.

11 Digo-vos porém que virão muitos do Oriente, e do Occidente, e que se sentarão á meza com Abrahão, e Isaac, e Jacob no Reino dos Ceos :

12 mas que os filhos do Reino serão lançados nas trevas exteriores : alli haverá choro, e ranger de dentes.

13 Então disse Jesus ao Centurião : Vai, e faça-se-te segundo tu creste. E naquella mesma hora ficou são o criado.

14 E tendo chegado Jesus a casa de Pedro, vio que a sogra d'elle estava de cama, e com febre :

15 e tocou-lhe na mão, e a febre a deixou, e ella se levantou, e se poz a servillos.

16 Sobre a tarde porém lhe pozerão diante muitos endemoninhados : e elle com a sua palavra expellia os espiritos : e curou todos os enfermos :

17 para se cumprir o que estava annunciado pelo Profeta Isaias, que diz : Elle mesmo tomou as nossas enfermidades : e carregou com as nossas doenças.

18 Ora vendo-se Jesus rodeado de muito Povo, mandou-lhes que passassem para a banda d'além do lago.

19 Então chegando-se a elle hum Escriba, lhe disse : Mestre, eu seguir-te-hei, para onde quer que fores.

20 Ao que Jesus lhe respondeo : As raposas tem covas, e as aves do Ceo ninhos : porém o Filho do Homem não tem onde reclinar a cabeça.

21 E outro de seus Discipulos lhe disse : Senhor, deixa-me ir primeiro e enterrar meu pai.

22 Mas Jesus lhe respondeo: Segue-me, e deixa que os mortos sepultem os seus mortos.

23 E entrando elle numa barca, o seguirão seus Discipulos:

24 E eis-que sobreveio no mar huma grande tempestade, de modo que a barca se cobria das ondas, e entretanto elle dormia.

25 Então se chegárão a elle seus Discipulos, e o acordárão, dizendo: Senhor, salva-nos, que perecemos.

26 E Jesus lhes disse: Porque temeis, homens de pouca fé? E levantando-se, poz preceito ao mar, e aos ventos, e logo se seguio huma grande bonança.

27 E os homens se admirárão, dizendo: Quem he este, que os ventos, e o mar lhe obedecem?

28 E quando Jesus passou á outra parte do lago, ao paiz dos Gerasenos, vierão-lhe ao encontro dous endemoninhados, que sahião dos sepulcros, em extremo furiosos, de tal maneira, que ninguem ousava passar por aquelles caminhos.

29 E gritárão logo ambos, dizendo: Que temos nós comtigo, Jesus Filho de Deos? Vieste aqui atormentar-nos antes de tempo?

30 Ora em alguma distancia d'elles andava huma manada de muitos pórcos pastando.

31 E os demonios o rogavão, dizendo: Se nos lanças d'aqui, manda-nos para a manada dos pórcos.

32 E elle lhes disse: Ide. E sahindo elles se forão aos pórcos, e no mesmo ponto toda a manada correo impetuosamente por hum despenhadeiro a precipitar-se no mar: e morrêrão affogados nas aguas.

33 E os pastores fugirão: e vindo á Cidade, contárão tudo, e o successo dos que tinhão sido endemoninhados.

34 E logo toda a Cidade sahio a encontrar-se com Jesus: e quando o virão, pedirão-lhe que se retirasse do seu termo.

CAPITULO IX.

E ENTRANDO em huma barca, passou á outra banda, e foi á sua Cidade.

2 E eis-que lhe apresentárão hum paralytico, que jazia em hum leito. E vendo Jesus a fé d'elles, disse ao paralytico: Filho, tem confiança, perdoados te são teus peccados.

3 E logo alguns dos Escribas disserão dentro de si: Este blasfema.

4 E como visse Jesus os pensamentos d'elles disse: Porque cogitais mal nos vossos corações?

5 Que cousa he mais facil, dizer: Perdoados te são teus peccados; ou dizer: Levanta-te, e anda?

6 Pois para que saibais, que o Filho do Homem tem poder sobre a terra de perdoar peccados, disse elle então ao paralytico: Levanta-te, toma o teu leito, e vai para tua casa.

7 E elle se levantou, e foi para sua casa.

8 E vendo isto as gentes, temêrão e glorificárão a Deos, que deo tal poder aos homens.

9 E passando Jesus d'alli, vio hum homem, que estava sentado no Telonio, chamado Mattheus; e lhe disse: Segue-me. E levantando-se elle, o seguio.

10 E aconteceo que estando Jesus sentado á mesa numa casa, eis-que vindo muitos publicanos, e peccadores, se sentárão a cômer com elle, e com os seus Discipulos.

11 E vendo isto os Fariseos, dizião aos seus Discipulos: Porque come o vosso Mestre com os publicanos, e peccadores?

12 Mas ouvindo-os Jesus, disse: Os sãos não tem necessidade de Medico, mas sim os enfermos.

13 Ide pois, e aprendei o que quer dizer: Misericordia quero, e não sacrificio. Por quanto eu não vim a chamar os justos, mas os peccadores.

14 Então vierão ter com elle os Discipulos de João, dizendo: Qual he a razão, porque nós, e os Fariseos jejuamos com frequencia: e os teus Discipulos não jejuão?

15 E Jesus lhes disse: Por ventura podem estar tristes os Filhos do Esposo, em quanto está com elles o Esposo? Mas virão dias, em que lhes será tirado o Esposo: e então elles jejuarão.

16 E ninguem deita remendo de panno novo em vestido velho; porque leva quanto alcança do vestido, e se faz maior a rotura.

17 Nem deitão vinho novo em odres velhos; d'outra maneira rebentão os odres, e se vai o vinho, e se perdem os odres. Mas deitão vinho novo em odres novos: e assim ambas as cousas se conservão.

18 Dizendo-lhes elle estas cousas, eis-que hum Principe se chegou a elle, e o adorou, dizendo: Senhor, agora acaba de espirar minha filha: mas vem tu, põe a tua mão sobr'ella, e vivirá.

19 E Jesus levantando-se, o foi seguindo com seus Discipulos.

20 E eis-que huma mulher que havia doze annos padecia hum fluxo de sangue, se chegou por detrás d'elle, e lhe tocou a orla do vestido.

21 Porque hia dizendo dentro de si: Se eu tocar ainda que seja sómente o seu vestido, serei curada.

22 E voltando Jesus, e vendo-a, disse: Tem confiança, Filha, a tua fé te sarou. E ficou sã a mulher, desde aquella hora.

23 E depois que Jesus chegou a casa d'aquelle Principe, e vio os tocadores de frautas, e huma multidão de gente que fazia reboliço, disse:

24 Retirai-vos: porque a menina não está morta, mas dorme. E elles o escarnecião.

25 E tendo sahido a gente, entrou Jesus: e a tomou pela mão. E a menina se levantou.

26 E correo esta fama por toda aquella terra.

27 E passando Jesus d'aquelle lugar, o seguirão dous cegos, gritando, e dizendo: Tem misericordia de nós, Filho de David.

28 E chegando a casa vierão a elle os cegos. E Jesus lhes disse: Credes, que vos posso fazer isto a vós-outros? Disserão elles: Sim, Senhor.

29 Então lhes tocou os olhos, dizendo: Faça-se-vos segundo a vossa fé.

30 E forão abertos os seus olhos: e Jesus os ameaçou, dizendo: Vede lá que o não saiba alguem.

31 Mas elles sahindo d'alli, divulgárão por toda aquella terra o seu Nome.

32 E logo que sahírão, lhe apresentárão hum homem mudo possuido do demonio.

33 E depois que foi expellido o demonio, fallou o mudo, e se admirárão as gentes, dizendo: Nunca tal se vio em Israel.

34 Porém os Fariseos dizião: Elle em virtude do Principe dos demonios lança fora os Demonios.

35 Entretanto hia Jesus dando volta por todas as Cidades e Aldeias, ensinando nas Synagogas d'elles, e prégando o Evangelho do Reino, e curando toda a doença, e toda a enfermidade.

36 E olhando para aquellas gentes, se compadeceo d'ellas; porque estavão fatigadas, e quebrantadas como ovelhas que não tem pastor.

37 Então disse a seus Discipulos: a seara verdadeiramente he grande, mas os obreiros poucos.

38 Rogai pois ao Senhor da seara, que envie obreiros á sua seara.

CAPITULO X.

ENTÃO convocados os seus doze Discipulos, deo-lhes Jesus poder sobre os espiritos immundos, para os expellirem, e para curarem todas as doenças, e todas as enfermidades.

2 Ora os nomes dos doze Apostolos são estes: O primeiro, Simão, que se chama Pedro, e André seu irmão,

3 Tiago filho de Zebedeo, e João seu irmão, Filippe, e Bartholomeo, Thomé, e Mattheus o Publicano, Tiago filho de Alfeo, e Thaddeo,

4 Simão Cananeo, e Judas Iscariotes, que foi o que o entregou.

5 A estes doze enviou Jesus: dando-lhes estas instrucções, dizendo: Não ireis caminho de Gentios, nem entreis nas Cidades dos Samaritanos:

6 mas ide antes ás ovelhas, que perecerão da casa d'Israel.

7 E pondo-vos a caminho prégai, dizendo: Que está proximo o Reino dos Ceos.

8 Curai os enfermos, resuscitai os mortos, alimpai os leprosos, expelli os demonios: dai de graça, o que de graça recebestes.

9 Não possuais ouro, nem prata, nem tragais dinheiro nas vossas cintas:

10 nem alforje para o caminho, nem duas tunicas, nem calçado, nem bordão: porque digno he o trabalhador do seu alimento.

11 E em qualquer Cidade, ou Aldeia, em que entrardes, informai-vos de quem ha nella digno: e ficai ahi até que vos retireis.

12 E ao entrardes na casa, saudai-a, dizendo: Paz seja nesta casa.

13 E se aquella casa na realidade o merecer, virá sobre ella a vossa paz: e se o não merecer, tornará para vós a vossa paz.

14 Succedendo não vos querer alguem em casa, nem ouvir o que dizeis: ao sahir para fóra de casa, ou da Cidade, sacudi o pó de vossos pés.

15 Em verdade vos affirmo isto: Menos rigor experimentará no dia do Juizo a terra de Sodoma, e de Gomorrha, do que aquella Cidade.

16 Vede que eu vos mando como ovelhas no meio de lobos. Sede logo prudentes como as serpentes, e simplices como as pombas.

17 Mas guardai-vos dos homens. Porque elles vos farão comparecer nos seus juizos, e vos farão açoutar nas suas Synagogas:

18 e vós sereis levados por meu respeito á presença dos Governadores, e dos Reis, para lhes servirdes a elles e aos Gentios de testemunho.

19 E quando vos levarem, não cuideis como, ou o que haveis de fallar: porque naquella hora vos será inspirado o que haveis de dizer:

20 porque não sois vós os que fallais, mas o Espirito de vosso Pai he o que falla em vós.

21 E hum irmão entregará á morte a outro irmão, e o pai ao filho: e os filhos se levantarão contra os pais, e lhes darão a morte:

22 e vós por causa do meu Nome sereis o odio de todos; aquelle porém que perseverar até o fim, esse he o que será salvo.

23 Quando porém vos perseguirem numa Cidade, fugi para outra. Em verdade vos affirmo, que não acabareis de correr as Cidades d'Israel, sem que venha o Filho do Homem.

571

24 Não he o Discipulo mais que seu **Mestre,** nem o Servo mais que seu Senhor:

25 basta ao Discipulo ser como seu Mestre: o ao Servo, como seu Senhor. Se elles chamárão Beelzebú ao Pai de Familia: quanto mais aos seus domesticos?

26 Pois não os temais: Porque nada ha encoberto, que se não venha a descobrir: nem occulto, que se não venha a saber.

27 O que eu vos digo ás escuras, dizei-o ás claras: e o que se vos diz ao ouvido, publicai-o dos telhados.

28 E não temais aos que matão o corpo, e não podem matar a alma: temei antes porém ao que póde lançar no inferno tanto a alma como o corpo.

29 Por ventura não se vendem dous passarinhos por hum asse: e hum d'elles não cahirá sobre a terra sem vosso Pai.

30 E até os mesmos cabellos da vossa cabeça todos elles estão contados.

31 Não temais pois: que mais valeis vós que muitos pássaros.

32 Todo aquelle pois, que me confessar diante dos homens, tambem eu o confessarei diante de meu Pai, que está nos Ceos:

33 e o que me negar diante dos homens, tambem eu o negarei diante de meu Pai, que está nos Ceos.

34 Não julgueis que vim trazer paz á terra: não vim trazer-lhe paz mas espada.

35 porque vim a separar ao homem contra seu pai, e a filha contra sua mãi, e a nora contra sua sogra:

36 e os inimigos do homem serão os seus mesmos domesticos.

37 O que ama o pai, ou a mãi mais do que a mim, não he digno de mim: e o que ama o filho, ou a filha mais do que a mim, não he digno de mim.

38 E o que não toma a sua cruz, e não me segue, não he digno de mim.

39 O que acha a sua alma, perdella-ha: e o que perder a sua alma por mim, achalla-ha.

40 O que a vós recebe, a mim me recebe: e o que a mim me recebe, recebe aquelle que me enviou.

41 O que recebe hum Profeta na qualidade de Profeta, receberá a recompensa de Profeta: e o que recebe hum justo na qualidade de justo, receberá a recompensa de justo.

42 E todo o que der a beber a hum d'aquelles pequeninos hum copo d'agua fria só pela razão de ser meu Discipulo: na verdade vos digo, que não perderá a sua recompensa.

CAPITULO XI.

E ACONTECEO, que quando Jesus acabou de dar estas instrucções aos seus doze Discipulos, passou d'alli a ensinar, e prégar nas Cidades d'elles.

2 E como João estando no carcere tivesse ouvido as obras de Christo, enviando dous de seus Discipulos,

3 lhe fez esta pergunta: Tu es o que has de vir, ou he outro o que esperamos?

4 E respondendo Jesus, lhes disse: Ide contar a João o que ouvistes e vistes:

5 os cegos vem, os coxos andão, os leprosos alimpão-se, os surdos ouvem, os mortos resurgem, aos pobres annuncia-se-lhes o Evangelho:

6 e bemaventurado aquelle, que não for escandalizado em mim.

7 E logo que elles se forão, começou Jesus a fallar de João ás gentes: Que sahistes vós a ver no Deserto? huma cana agitada do vento?

8 Mas que sahistes a ver? hum homem vestido de roupas delicadas? Bem vedes que os que vestem roupas delicadas, são os que assistem nos Palacios dos Reis.

9 Mas que sahistes a ver? hum Profeta? Certamente vos digo, e ainda mais do que Profeta.

10 Porque este he, de quem está escrito: Eisahi envio eu o meu Anjo ante a tua face, que apparelhará o teu caminho diante de ti.

11 Na verdade vos digo, que entre os nascidos de mulheres não se levantou outro maior que João Baptista: mas o que he menor no Reino dos Ceos, he maior do que elle.

12 E dés dos dias de João Baptista atégora, o Reino dos Ceos padece força, e os que fazem violencia, são os que o arrebatão.

13 Porque todos os Profetas e a Lei até João profetizárão:

14 e se vós o quereis bem comprehender, elle mesmo he o Elias que ha de vir.

15 O que tem ouvidos de ouvir, ouça.

16 Mas a quem direi eu que he semelhante esta geração? He semelhante aos meninos, que estão sentados na praça: que gritando aos seus iguaes,

17 dizem: Nós cantámos-vos ao som da gaita, e vós não bailastes: chorámos-vos, e não chorastes.

18 Porque veio João, que não comia nem bebia, e dizem: Elle tem demonio.

19 Veio o Filho do Homem, que come e bebe, e dizem: Eis-aqui hum homem glotão e bebedor de vinho, amigo de Publicanos e de peccadores. Mas a sabedoria foi justificada por seus filhos.

20 Então começou a lançar em rosto ás Cidades, em que forão obradas tantas das suas maravilhas, que não havião feito penitencia:

21 Ai de ti Corozaïn, ai de ti Bethsaida: que se em Tyro, e em Sidonia se tivessem obrado as maravilhas que se obrárão em vós, muito tempo ha que ellas terião feito penitencia em cilicio e em cinza.

22 Eu vos digo com tudo: que haverá menos rigor para Tyro e Sidonia, que para vós-outros no dia do Juizo.

23 E tu, Cafarnaum, elevar-te-has por ventura até o Ceo? has de ser abatida até o inferno: porque em Sodoma se tivessem feito os milagres, que se fizerão em ti, talvez que ella tivesse permanecido até ao dia d'hoje.

24 Eu vos digo com tudo, que no dia do Juizo haverá menos rigor para a terra de Sodoma, que para ti.

25 Naquelle tempo respondendo Jesus, disse: Graças te dou a ti, Pai, Senhor do Ceo e da terra, porque escondeste estas cousas aos sabios e entendidos, e as revelaste aos pequeninos.

26 Assim he, Pai: porque assim foi do teu agrado.

27 Todas as cousas me forão entregues por meu Pai. E ninguem conhece o Filho senão o Pai: nem alguem conhece o Pai senão o Filho, e a quem o Filho o quizer revelar.

28 Vinde a mim todos os que andais em trabalho, e vos achais carregados, e eu vos alliviarei.

29 Tomai sobre vós o meu jugo, e aprendei de

mim que sou manso e humilde de coração: e achareis descanço para as vossas almas.

30 Porque o meu jugo he suave, e o meu pezo leve.

CAPITULO XII.

NAQUELLE tempo, num dia de sabbado, sahio Jesus caminhando ao longo dos pães: e seus Discipulos, que tinhão fome, começárão a colher espigas, e a comer d'ellas.

2 E vendo isto os Fariseos, lhe disserão: Eisahi estão fazendo os teus Discipulos o que não he permittido fazer nos sabbados.

3 Porém elle lhes disse: Não tendes lido o que fez David, quando elle teve fome, e os que com elle estavão:

4 como entrou na Casa de Deos, e comeo os Pães da Proposição, os quaes não era licito comer nem a elle, nem aos que com elle estavão, mas unicamente aos sacerdotes?

5 Ou não tendes lido na Lei, que os sacerdotes nos Sabbados no templo quebrantão o sabbado, e ficão sem peccado?

6 Pois digo-vos, que aqui está o que he maior que o Templo.

7 E se vós soubesseis o que he: Misericordia quero, e não sacrificio, jámais condemnárieis aos innocentes.

8 Porque o Filho do Homem he Senhor até do Sabbado mesmo.

9 E depois de partir d'alli, veio á Synagoga d'elles:

10 e eis-que apparece hum homem que tinha ressicada huma das mãos, e elles para terem de que o arguir, lhe fizerão esta pergunta, dizendo: He por ventura licito curar nos Sabbados?

11 E elle lhes disse: Que homem haverá por acaso entre vós, que tenha huma ovelha, e que se esta lhe cahir no Sabbado em huma cova, não lhe lance a mão para d'alli a tirar?

12 Ora quanto mais excellente he hum homem, do que huma ovelha? Logo he licito fazer bem nos dias de Sabbado.

13 Então disse para o homem: Estende a tua mão. E elle a estendeo, e lhe foi restituida sãa como a outra.

14 Mas os Fariseos sahindo d'alli consultavão contra elle, como o farião morrer.

15 E Jesus sabendo-o, se retirou d'aquelle lugar, e forão muitos após elle, e os curou a todos:

16 e lhes poz preceito, que não descobrissem quem elle era.

17 Para que se cumprisse o que foi annunciado pelo Profeta Isaïas, que diz:

18 Eis-aqui o meu Servo, que eu escolhi, o meu Amado, em quem a minha alma tem posto a sua complacencia. Porei o meu espirito sobre elle, e elle annunciará ás gentes a justiça.

19 Não contenderá, nem clamará, nem ouvirá algum a sua voz nas praças:

20 não quebrará a cana, que está deprimida, nem apagará a torcida que fumega, até que saia victoriosa a sua justiça:

21 e as Gentes esperarão no seu Nome.

22 Então lhe trouxerão hum endemoninhado, cego, e mudo, e elle o curou, de sorte que fallava e via.

23 E ficavão pasmadas todas as gentes, e dizião: Por ventura he este o Filho de David?

24 Mas os Fariseos ouvindo isto dizião: Este não lança fóra os demonios, senão em virtude de Beelzebú Principe dos demonios.

25 E Jesus sabendo os pensamentos d'elles,

lhes disse: Todo o Reino dividido contra si mesmo, será desolado: e toda a Cidade, ou casa dividida contra si mesma, não subsistirá.

26 Ora se Satanás lança fóra a Satanás, está elle dividido contra si mesmo: como persistirá logo o seu reino?

27 E se eu lanço fóra os demonios em virtude de Beelzebú, em virtude de quem os expellem vossos filhos? Por isso he que elles serão os vossos Juizes.

28 Se eu porém lanço fóra os demonios pela virtude do Espirito de Deos, logo he chegado a vós o Reino de Deos:

29 ou como póde alguem entrar na casa do valente, e saquear os seus móveis, se antes não prender o valente? e então lhe saqueará a casa.

30 O que não he comigo, he contra mim: e o que não ajunta comigo, desperdiça.

31 Por tanto vos digo: Todo o peccado e blasfemia serão perdoados aos homens, porém a blasfemia contra o Espirito Santo não lhes será perdoada.

32 E todo o que disser alguma palavra contra o Filho do Homem, perdoar-se-lhe-ha: porém o que a disser contra o Espirito Santo, não se lhe perdoará, nem neste Mundo, nem no outro.

33 Ou fazei a arvore boa, e o seu fruto bom: ou fazei a arvore má, e o seu fruto máo: pois que pelo fruto he que a arvore se conhece.

34 Raça de Viboras, como podeis fallar cousas boas sendo máos? porque a boca falla o de que está cheio o coração.

35 O homem bom do bom thesouro tira boas cousas: más o homem máo do máo thesouro tira más cousas.

36 E digo-vos que de toda a palavra ociosa, que fallarem os homens, darão conta d'ella no dia do Juizo.

37 Porque pelas tuas palavras serás justificado, e pelas tuas palavras serás condemnado.

38 Então lhe tornárão alguns dos Escribas e Fariseos, dizendo: Mestre, nos quizeramos verte fazer algum prodigio.

39 Elle lhes respondeo, dizendo: Esta geração má e adultera pede hum prodigio: mas não lhe será dado outro prodigio, senão o prodigio do Profeta Jonas.

40 Porque assim como Jonas esteve no ventre da baléa tres dias e tres noites; assim estará o Filho do Homem tres dias e tres noites no coração da terra.

41 Os habitantes de Ninive se levantarão no dia do Juizo com esta geração, e a condemnarão: porque fizerão penitencia com a prégação de Jonas. E eis-aqui está neste lugar quem he mais do que Jonas.

42 A Rainha do Melodia se levantará no dia do Juizo com esta geração, e a condemnará: porque veio lá das extremidades da terra a ouvir a sabedoria de Salamão, e eis-aqui está neste lugar quem he mais do que Salamão.

43 E quando o espirito immundo tem sahido de hum homem, anda por lugares seccos buscando repouso, e não o acha.

44 Então diz: Voltarei para minha casa, donde sahi. E quando vem, a acha desoccupada, varrida, e ornada.

45 Então vai, e ajunta a si outros sete espiritos peiores do que elle, e entrando habitáo alli: e o ultimo estado d'aquelle homem fica sendo peior que o primeiro. Assim tambem acontecerá a esta geração péssima.

46 Estando elle ainda fallando ao Povo, eis-que

se achavão da parte de fóra sua Mãi e seus irmãos, que procuravão fallar-lhe.

47 E hum lhe disse: Olha que tua Mãi e teus irmãos estão alli fóra, e te buscão.

48 E elle respondendo ao que lhe fallava, lhe disse: Quem he minha Mãi, e quem são os meus irmãos?

49 E estendendo a mão para seus Discipulos, disse: Eis-alli minha Mãi, e meus irmãos.

50 Porque todo aquelle que fizer a vontade de meu Pai que está nos Ceos, esse he meu irmão, e irmã, e Mãi.

CAPITULO XIII.

NAQUELLE dia sahindo Jesus de casa, sentou-se á borda do mar.

2 E vierão para elle muitas gentes, de tal sorte que entrando em huma barca se assentou: e toda a gente estava em pé na ribeira.

3 E lhes fallou muitas cousas por parábolas, dizendo: Eis-ahi que sahio o que seméa, a semear.

4 E quando semeava, huma parte da semente cahio junto da estrada, e vierão as aves do Ceo, e comerão-na.

5 Outra porém cahio em pedregulho, onde não tinha muita terra: e logo nasceo, porque não tinha altura de terra:

6 mas sahindo o Sol se queimou: e porque não tinha raiz se seccou.

7 Outra igualmente cahio sobre os espinhos: e crescêrão os espinhos, e estes a affogárão.

8 Outra em fim cahio em boa terra: e dava fruto, havendo grãos que rendião cento por hum, outros a sessenta, outros a trinta.

9 O que tem ouvidos de ouvir, ouça.

10 E chegando-se a elle os Discipulos, lhe disserão: Por que razão lhes fallas tu por parábolas?

11 Elle respondendo, lhes disse: Porque a vósoutros vos he dado saber os mysterios do Reino dos Ceos: mas a elles não lhes he concedido.

12 Porque ao que tem, se lhe dará, e terá em abundancia: mas ao que não tem, até o que tem lhe será tirado.

13 Por isso he que eu lhes fallo em parábolas: porque elles vendo não vem, e ouvindo não ouvem, nem entendem.

14 De sorte que nelles se cumpre a profecia de Isaias, que diz: Vós ouvireis com os ouvidos, e não entendereis: e vereis com os olhos, e não vereis.

15 Porque o coração d'este povo se fez pezado, e os seus ouvidos se fizerão tardos, e elles fechárão os seus olhos: para não succeder que vejão com os olhos, e oução com os ouvidos, e entendão no coração, e se convertão, e eu os sáre.

16 Mas por vós, ditosos os vossos olhos pelo que vem, e ditosos os vossos ouvidos pelo que ouvem:

17 Porque em verdade vos digo, que muitos Profetas e justos desejárão ver o que vedes, e não no virão: e ouvir o que ouvis, e não no ouvirão.

18 Ouvi pois, vós-outros, a parábola do semeador.

19 Todo aquelle, que ouve a palavra do Reino, e não na entende, vem o máo, e arrebata o que se semeou no seu coração: este he o que recebeo a semente junto da estrada.

20 Mas o que recebeo a semente no pedregulho, este he o que ouve a palavra, e logo a recebe com gosto:

21 porém elle não tem em si raiz, antes he de

pouca duração, e quando lhe sobrevem tribulação e perseguição por amor da palavra, logo se escandaliza.

22 E o que recebeo a semente entre espinhos, este he o que ouve a palavra, porém os cuidados d'este mundo, e o engano das riquezas suffocão a palavra, e fica infructuosa.

23 E o que recebeo a semente em boa terra, este he o que ouve a palavra e a entende, e dá fruto, e assim hum dá a cento, e outro a sessenta, e outro a trinta por hum.

24 Outra parábola lhes propoz, dizendo : O Reino dos Ceos he semelhante a hum homem, que semeou boa semente no seu campo :

25 e em quanto dormião os homens, veio o seu inimigo, e semeou depois cizania no meio do trigo, e foi-se.

26 E tendo crescido a herva, e dado fruto, appareceo tambem então a cizania.

27 E chegando os servos do Pai de familia, lhe disserão : Senhor, por ventura não semeaste tu boa semente no teu campo? Pois donde lhe veio a cizania?

28 E elle lhes disse : O homem inimigo he que fez isto. E os servos lhes tornárão : Queres tu que nós vamos e a arranquemos?

29 E respondeo-lhes : Não : para que talvez não succeda, que arrancando a cizania, arranqueis juntamente com ella tambem o trigo.

30 Deixai crescer huma e outra cousa até á seifa, e no tempo da seifa direi aos segadores : Colhei primeiramente a cizania, e atai-a em mólhos para a queimar, mas o trigo recolhei-o no meu celleiro.

31 Propoz-lhes mais outra parábola, dizendo : O Reino dos Ceos he semelhante a hum grão de mostarda que hum homem tomou e semeou no seu campo :

32 o qual grão he na verdade o mais pequeno de todas as sementes : mas depois de ser crescido, he a maior de todas as hortaliças, e se faz arvore, de sorte que as aves do Ceo vem a fazer ninhos nos seus ramos.

33 Disse-lhes ainda outra parábola : O Reino dos Ceos he semelhante ao fermento, que huma mulher toma, e o esconde em tres medidas de farinha, até que todo elle fica levedado.

34 Todas estas cousas disse Jesus ao povo em parábolas : e não lhes fallava sem parábolas :

35 a fim de que se cumprisse o que estava annunciado pelo Profeta, que diz : Abrirei em parábolas a minha boca, farei d'ella sahir com impeto cousas escondidas des da creação do Mundo.

36 Então, despedidas as gentes, veio a casa : e chegárão-se a elle os seus Discipulos, dizendo : Explica-nos a parábola da cizania do campo.

37 Elle lhes respondeo, dizendo : O que semêa a boa semente he o Filho do Homem.

38 E o campo he o Mundo. A boa semente porém são os filhos do Reino. E a cizania são os máos filhos.

39 E o inimigo que a semeou he o diabo. E o tempo da seifa he o fim do Mundo. E os segadores são os Anjos.

40 De maneira que assim como he colhida a cizania e queimada no fogo : assim acontecerá no fim do Mundo.

41 enviará o Filho do Homem os seus Anjos, e tirarão do seu Reino todos os escandalos, e os que obrão a iniquidade :

42 e lançallos-hão na fornalha de fogo. Alli será o choro, e o ranger com os dentes.

43 Então resplandecerão os justos, como o Sol no Reino de seu Pai. O que tem ouvidos de ouvir, ouça.

44 O Reino dos Ceos he semelhante a hum thesouro escondido no campo, que quando hum homem o acha, o esconde, e pelo gosto que sente de o achar, vai e vende tudo o que tem, e compra aquelle campo.

45 Assim mesmo e semelhante o Reino dos Ceos a hum homem negociante que busca boas pérolas.

46 E tendo achado huma de grande preço, vai vender tudo o que tem, e a compra.

47 Finalmente o Reino dos Ceos he semelhante a huma rede lançada no mar, que toda a casta de peixes colhe :

48 e depois de estar cheia, a tirão os homens para fóra, e sentados na praia escolhem os bons para os vasos, e deitão fóra os máos.

49 Assim será no fim do Mundo : sahirão os Anjos, e separarão os máos de entre os justos.

50 E lançallos-hão na fornalha de fogo : alli será o choro, e o ranger com os dentes.

51 Tendes vós comprehendido bem tudo isto? Responderão elles : Sim.

52 Elle lhes disse : Por isso todo o Escriba instruido no Reino dos Ceos, he semelhante a hum Pai de familia, que tira do seu thesouro cousas novas e velhas.

53 E depois que acabou de dizer estas parábolas, aconteceo partir Jesus d'alli.

54 E vindo para a sua patria, elle os ensinava nas suas Synagogas de modo que se admiravão, e dizião : Donde lhe vem a este huma sabedoria como esta, e taes maravilhas?

55 Por ventura não he este o Filho do Official? Não se chama sua Mãi Maria, e seus irmãos Tiago, e José, e Simão, e Judas?

56 E suas irmãs não vivem ellas todas entre nós? Donde vem logo a este todas estas cousas?

57 E d'elle tomavão occasião para se escandalizarem. Mas Jesus lhes disse : Não ha Profeta sem honra senão na sua patria e na sua casa.

58 E não fez alli muitos milagres, por causa da incredulidade das suas naturaes.

CAPITULO XIV.

NAQUELLE tempo Herodes Tetrarca ouvio a fama de Jesus:

2 e disse aos seus criados : Este he João Baptista : elle resuscitou d'entre os mortos, e por isso obrão nelle tantos milagres.

3 Porque Herodes tinha feito prender a João, e ligar com cadeias : e assim o metteo no carcere por causa de Herodias mulher de seu irmão.

4 Porque João lhe dizia : Não te he licito tê-la por mulher.

5 E querendo matallo, temia ao Povo, porque o reputavão como hum Profeta.

6 Mas no dia em que Herodes fazia annos, bailou a filha de Herodias diante de todos, e agradou a Herodes.

7 Por onde elle lhe prometteo com juramento, que lhe daria tudo o que lhe pedisse.

8 Mas ella prevenida por sua mãi, Dá-me, disse, aqui em hum prato a cabeça de João Baptista.

9 E o Rei se entristeceo : mas pelo juramento, e pelos que estavão com elle á meza, lha mandou dar.

10 E deo ordem que fossem degollar a João no carcere.

11 E foi trazida a sua cabeça num prato, e dada á moça, e ella a levou a sua mãi.

12 E chegando os seus Discipulos levárão o seu corpo, e o sepultárão; e forão dar a noticia a Jesus.

13 E quando Jesus o ouvio, se retirou d'alli em huma barca a hum lugar solitario apartado: e tendo ouvido isto as gentes forão sahindo das Cidades a pé em seu seguimento.

14 E ao saltar em terra vio Jesus huma grande multidão de gente, e teve d'elles compaixão, e curou os seus enfermos.

15 E vindo a tarde, se chegárão a elle os seus Discipulos, dizendo: Deserto he este lugar, e a hora he já passada: deixa ir essa gente, para que passando ás Aldeias, compre de comer.

16 E Jesus lhes disse: Não tem necessidade de se ir: dai-lhes vos-outros de comer.

17 Respondêrão-lhe: Não temos aqui senão cinco pães e dois peixes.

18 Jesus lhes disse: Trazei-mos cá.

19 E tendo mandado á gente que se recostasse sobre o feno, tomando os cinco pães e os dous peixes, com os olhos no Ceo abençoou e partio os pães, e os deo aos Discipulos, e os Discipulos ao povo.

20 E comêrão todos, e se saciárão. E levantárão do que sobejou, doze cestos cheios d'aquelles fragmentos.

21 E o numero dos que comêrão foi de cinco mil homens, sem fallar em mulheres, e meninos.

22 E obrigou logo Jesus a seus Discipulos a que se embarcassem, e que passassem primeiro que elle á outra ribeira do lago, em quanto elle despedia a gente.

23 E logo que a despedio, subio só a hum monte a orar. E quando veio a noite achava-se alli só.

24 E a barca no meio do mar era combatida das ondas: porque o vento era contrario.

25 Porém na quarta vigilia da noite, veio Jesus ter com elles, andando sobre o mar.

26 E quando o virão andar sobre o mar, se turbárão, dizendo: He pois hum fantasma. E de medo começárão a gritar.

27 Mas Jesus lhes fallou immediatamente, dizendo: Tende confiança; sou eu, não temais.

28 E respondendo Pedro lhe disse: Senhor, se tu és, manda-me que vá até onde tu estás por cima das aguas.

29 E elle lhe disse: Vem. E descendo Pedro da barca, hia caminhando sobre a agua para chegar a Jesus.

30 Vendo porém que o vento era rijo, temeo: e quando se hia submergindo, gritou, dizendo: Senhor, põe-me a salvo.

31 E no mesmo ponto Jesus estendendo a mão, o tomou por ella; e lhe disse: Homem de pouca fé, porque duvidaste?

32 E depois que subirão á barca, cessou o vento.

33 Então vierão os que estavão na barca, e o adorárão, dizendo: Verdadeiramente tu és Filho de Deos.

34 E tendo passado a outra banda, vierão para a terra de Genesar.

35 E depois de o terem reconhecido os naturaes d'aquelle lugar, mandárão por todo aquelle paiz circumvizinho, e lhe apresentárão todos quantos padecião algum mal:

36 e lhe rogavão que os deixasse tocar se quer a orla do seu vestido. E todos os que o tocárão, ficárão sãos.

575

CAPITULO XV.

ENTÃO chegárão a elle huns Escribas, e Fariseos de Jerusalem, dizendo:

2 Porque violão os teus Discipulos a tradição dos antigos? pois não lavão as suas mãos quando comem pão.

3 E elle respondendo, lhes disse: E vós tambem porque transgredis o mandamento de Deos pela vossa tradição? Porque Deos disse:

4 Honra a teu pai, e a tua mãi: e: O que a-maldiçoar a seu pai, ou a sua mãi, morra de morte.

5 Porém vós-outros dizeis: Qualquer que disser a seu pai, ou a sua mãi: Toda a offerta que eu faço a Deos te aproveitará a ti:

6 pois he certo que o tal não honrará a seu pai, ou a sua mãi: assim he que vós tendes feito vão o mandamento de Deos pela vossa tradição.

7 Hypocritas, bem profetizou de vós-outros Isaias, quando diz:

8 Este Povo honra-me com os labios: mas o seu coração está longe de mim.

9 Em vão pois me honrão ensinando doutrinas e mandamentos que vem dos homens.

10 E chamando a si as turbas, lhes disse: Ouvi, e entendei.

11 Não he o que entra pela boca o que faz immundo o homem: mas o que sahe da boca, isso he o que faz immundo o homem.

12 Então chegando-se a elle seus Discipulos, lhe disserão: Sabes que os Fariseos depois que ouvirão o que disseste, ficárão escandalizados?

13 Mas elle respondendo, lhes disse: Toda a planta que meu Pai Celestial não plantou, será arrancada pela raiz.

14 Deixai-os: cegos são, e conductores de cegos: e se hum cego guia a outro cego, ambos vem a cahir no barranco.

15 E respondendo Pedro lhe disse: Explica-nos essa parábola.

16 E respondeo Jesus: Tambem vós-outros estais ainda sem intelligencia?

17 Não comprehendeis, que tudo o que entra pela boca desce ao ventre, e se lança depois num lugar escuso?

18 Mas as cousas que sahem da boca vem do coração, e estas são as que fazem o homem immundo:

19 porque do coração he que sahem os máos pensamentos, os homicidios, os adulterios, as fornicações, os furtos, os falsos testemunhos, as blasfemias:

20 estas cousas são as que fazem immundo o homem. O comer porém com as mãos por lavar, isso não faz immundo o homem.

21 E tendo sahido d'aquelle lugar, retirou-se Jesus para as partes de Tyro, e de Sidonia.

22 E eis-que huma mulher Cananea, que tinha sahido d'aquelles confins, gritou, dizendo-lhe: Senhor, Filho de David, tem compaixão de mim: que está minha filha miseravelmente atormentada do demonio.

23 Mas elle não lhe respondeo palavra. E chegando-se seus Discipulos, lhe pedião, dizendo: Despede-a: porque vem gritando atrás de nós.

24 E elle respondendo lhes disse: Eu não fui enviado, senão ás ovelhas que perecêrão da casa d'Israel.

25 Mas ella veio, e o adorou, dizendo: Senhor, valei-me.

26 Elle respondendo lhe disse: Não he bom tomar o pão dos filhos e lançallo aos cães.

27 E ella replicou: Assim he, Senhor: mas tambem os cachorrinhos comem das migalhas que cahem da meza de seus donos.

28 Então respondendo Jesus, lhe disse: O mulher, grande he a tua fé: faça-se comtigo como queres. E des d'aquella hora ficou sãa a sua filha.

29 E tendo Jesus sahido d'alli, veio ao longo do Mar de Galiléa: e subindo a hum monte, se assentou alli.

30 Então concorreo a elle huma grande multidão de Povo, que trazia comsigo mudos, cegos, coxos, mancos, e outros muitos: e lançárão-nos a seus pés, e elle os sarou:

31 de sorte que se admiravão as gentes, vendo fallar os mudos, andar os coxos, ver os cegos: e engrandecião por isso ao Deos d'Israel.

32 Mas Jesus chamando a seus Discipulos, disse: Tenho compaixão d'estas gentes, porque ha já tres dias que perseverão comigo, e não tem que comer: e não quero despedillos em jejum, porque não desfalleção no caminho.

33 E os Discipulos lhe disserão: Como poderemos nós pois achar neste deserto tantos pães, que fartemos tão grande multidão de gente?

34 E Jesus lhes perguntou: Quantos pães tendes vós? E elles respondêrão: Sete, e huns poucos de peixinhos.

35 Mandou elle então á gente, que se recostassem sobre a terra.

36 E tomando os sete pães, e os peixes, e dando graças, os partio, e deo aos seus Discipulos, e os Discipulos os derão ao Povo.

37 E comêrão todos, e se fartárão. E dos fragmentos que sobejárão, levantárão sete alcofas cheias.

38 E os que comêrão forão quatro mil homens, fóra meninos, e mulheres.

39 E despedida a gente entrou Jesus em huma barca: e passou os limites de Magedan.

CAPITULO XVI.

ENTÃO se chegárão a Jesus os Fariseos, e Sadduceos para o tentarem: e pedirão-lhe que lhes fizesse ver algum prodigio do Ceo.

2 Mas elle respondendo, lhes disse: Vós, quando vai chegando a noite, dizeis: Haverá tempo sereno, porque está o Ceo rubicundo.

3 É quando he de manhãa: Hoje haverá tormenta, porque o Ceo mostra hum avermelhado triste.

4 Sabeis logo conhecer que cousa prognostica o aspecto do Ceo: e não podeis conhecer os sinaes dos tempos? Esta geração perversa e adultera pede hum prodigio: e não se lhe dará outro prodigio, senão o prodigio do Profeta Jonas. E deixando-os alli, se retirou.

5 Ora seus Discipulos tendo passado á banda d'além do estreito, esqueceo-lhes trazer pão.

6 Jesus lhes disse: Vede, e guardai-vos do fermento dos Fariseos e dos Sadduceos.

7 Mas elles discorrião lá entre si, dizendo: He que não trouxemos pão.

8 E entendendo-o Jesus, disse-lhes: Homens de pouca fé, porque estais considerando lá comvosco que não tendes pão?

9 Ainda não comprehendeis, nem vos lembrais dos cinco pães para cinco mil homens, e quantos forão os cestos que tomastes?

10 Nem dos sete pães para quatro mil homens, e quantas alcofas recolhestes?

11 Porque não comprehendeis, que não he pelo

pão que eu vos disse: Guardai-vos do fermento dos Fariseos, e dos Sadduceos?

12 Então entendêrão que não havia dito que se guardassem do fermento dos pães, senão da doutrina dos Fariseos e dos Sadduceos.

13 E veio Jesus para as partes de Cesaréa de Filippe: e fez a seus Discipulos esta pergunta, dizendo: Quem dizem os homens, que he o Filho do Homem?

14 E elles respondêrão: Huns dizem que João Baptista, mas outros que Elias, e outros que Jeremias, ou algum dos Profetas.

15 Disse-lhes Jesus: E vós quem dizeis que sou eu?

16 Respondendo Simão Pedro disse: Tu és o Christo, Filho de Deos vivo.

17 E respondendo Jesus, lhe disse: Bemaventurado és Simão filho de João: porque não foi a carne e sangue quem to revelou, mas sim meu Pai que está nos Ceos.

18 Tambem eu te digo, que tu és Pedro, e sobre esta pedra edificarei a minha Igreja, e as portas do inferno não prevalecerão contra ella.

19 E eu te darei as chaves do Reino dos Ceos. E tudo o que ligares sobre a terra, será ligado tambem nos Ceos: e tudo o que desatares sobre a terra, será desatado tambem nos Ceos.

20 Então mandou a seus Discipulos que a ninguem dissessem que elle era Jesu Christo.

21 Desde então começou Jesus a declarar a seus Discipulos, que convinha ir elle a Jerusalem, e padecer muitas cousas dos Anciãos, e dos Escribas, e dos Principes dos Sacerdotes, e ser morto, e resuscitar ao terceiro dia.

22 E tomando-o Pedro de parte, começou a increpallo, dizendo: Deos tal não permitta, Senhor: não succederá isto comtigo.

23 Elle voltando-se para Pedro, lhe disse: Tirte de diante de mim, Satanás, que me serves de escandalo: porque não tens gosto das cousas que são de Deos, mas das que são dos homens.

24 Então disse Jesus aos seus Discipulos: Se algum quer vir após de mim, negue-se a si mesmo, e tome a sua cruz, e siga-me.

25 Porque o que quizer salvar a sua alma, perdella-ha: e o que perder a sua alma por amor de mim, achalla-ha.

26 Porque, de que approveita ao homem ganhar todo o Mundo, se vier a perder a sua alma? Ou que commutação fará o homem para recobrar a sua alma?

27 Porque o Filho do Homem ha de vir na gloria de seu Pai com os seus Anjos: e então dará a cada hum a paga segundo as suas obras.

28 Em verdade vos affirmo, que dos que aqui estão, ha alguns que não hão de gostar a morte, antes que vejão vir o Filho do homem na gloria do seu Reino.

CAPITULO XVII.

E SEIS dias depois toma Jesus comsigo a Pedro, e a Tiago, e a João seu irmão, e os leva á parte a hum alto monte:

2 e transfigurou-se diante d'elles. E o seu rosto ficou refulgente como o Sol: e as suas vestiduras se fizerão brancas como a neve.

3 E eis-que lhes apparecêrão Moysés e Elias fallando com elle.

4 E começando a fallar Pedro, disse a Jesus: Senhor, bom he que nós estejamos aqui: se queres, façamos aqui tres tabernaculos, hum para ti, outro para Moysés, e outro para Elias.

5 Estando elle ainda fallando, eis-que huma

lúcida nuvem os cobrio. E eis-que sahio huma voz da nuvem que dizia: Este he aquelle meu querido Filho, em quem tenho posto toda a minha complacencia: ouvi-o.

6 E ouvindo isto os Discipulos cahírão de bruços, e tiverão grande medo.

7 Porém Jesus se chegou a elles e tocou-os; e disse lhes: Levantai-vos, não temais.

8 Elles então levantando os seus olhos não virão mais do que tão sómente a Jesus.

9 E quando elles descião do monte lhes poz Jesus preceito, dizendo: Não digais a pessoa alguma o que vistes, em quanto o Filho do Homem não resurgir dos mortos.

10 E os seus Discipulos lhe pergantárão, dizendo: Pois porque dizem os Escribas, que importa vir Elias primeiro?

11 Mas elle respondendo, lhes disse: Elias certamente ha de vir, e restabelecerá todas as cousas:

12 digo-vos porém que Elias já veio, e elles não no conhecêrão, antes fizerão d'elle quanto quizerão. Assim tambem o Filho do Homem ha de padecer ás suas mãos.

13 Então conhecêrão os Discipulos, que de João Baptista he que elle lhes fallará.

14 E depois que veio para onde estava a gente, chegou a elle hum homem, que posto de joelhos diante d'elle, lhe dizia: Senhor, tem compaixão de meu filho, que he lunatico, e padece muito: porque muitas vezes cahe no fogo, e muitas na agua:

15 e tenho-o apresentado a teus Discipulos, e elles o não puderão curar.

16 E respondendo Jesus, disse: O' geração incredula e perversa, até quando hei de estar comvosco? até quando vos hei de soffrer? Trazei-mo cá.

17 E Jesus o ameaçou, e sahio d'elle o demonio, e desde aquella hora ficou o moço curado.

18 Então se chegárão os Discipulos a Jesus em particular, e lhe disserão: Porque não podémos nós lançal-o fóra?

19 Jesus lhes disse: Por causa da vossa pouca fé. Porque na verdade vos digo, que se tiverdes fé como hum grão de mostarda, direis a este monte: Passa d'aqui para acolá, e elle ha de passar, e nada vos será impossivel.

20 Mas esta casta de demonios não se lança fóra senão á força de oração e de jejum.

21 E achando-se elles juntos em Galiléa, disse-lhes Jesus: O Filho do Homem será entregue ás mãos dos homens:

22 e estes lhe darão a morte, e resuscitará ao terceiro dia. E elles se entristecêrão em extremo.

23 E tendo vindo para Cafarnaum, chegárão-se a Pedro os que cobravão o tributo das duas Dracmas, e disserão-lhe: Vosso Mestre não paga as duas Dracmas?

24 Elle lhes respondeo: Paga. E depois que entrou em casa, Jesus o prevenio, dizendo: Que te parece, Simão? De quem recebem os Reis da terra o tributo, ou censo? de seus filhos, ou dos estranhos?

25 E Pedro lhe respondeo: Dos estranhos. Disse-lhe Jesus: Logo são izentos os filhos.

26 Mas para que os não escandalizemos, vai ao mar, e lança o anzol: e o primeiro peixe que subir, toma-o: e abrindo-lhe a boca, acharás dentro hum Stater: tira-o, e dá-lho por mim, e por ti.

CAPITULO XVIII.

NAQUELLA hora chegárão-se a Jesus os seus Discipulos, dizendo: Quem julgas tu que he maior no Reino dos Ceos?

2 E chamando Jesus a hum menino, o poz no meio d'elles,

3 e disse: Na verdade vos digo, que se vos não converterdes, e vos não fizerdes como meninos, não haveis de entrar no Reino dos Ceos.

4 Todo aquelle pois, que se fizer pequeno como este menino, esse será o maior no Reino dos Ceos.

5 E o que receber em meu Nome hum menino, tal como este, a mim he que recebe:

6 o que escandalizar porém a hum d'estes pequeninos, que crem em mim, melhor lhe fora que se lhe pendurasse ao pescoço huma mó de atafona, e que o lançassem no fundo do mar.

7 Ai do Mundo por causa dos escandalos. Porque he necessario que succedão escandalos: mais ai d'aquelle homem, por quem vem o escandalo.

8 Ora se a tua mão, ou o teu pé te escandaliza: corta-o, e lança-o fóra de ti: melhor te he entrar na vida manco, ou aleijado, do que tendo duas mãos, ou dous pés, ser lançado no fogo eterno.

9 E se o teu olho te escandaliza, tira-o, e lança-o fóra de ti: melhor te he entrar na vida com hum só olho, do que tendo dous, ser lançado no fogo do inferno.

10 Vede não desprezeis algum d'estes pequeninos: porque eu vos declaro, que os seus Anjos nos Ceos incessantemente estão vendo a face de meu Pai, que está nos Ceos.

11 Porque o Filho do Homem veio a salvar o que havia perecido.

12 Que vos parece? se tiver alguem cem ovelhas, e se se desgarrar huma d'ellas: por ventura não deixa as noventa e nove nos montes, e vai a buscar aquella que se extraviou?

13 E se acontecer achalla: Digo-vos em verdade, que maior contentamento recebe elle por esta, de que pelas noventa e nove, que não se extraviárão.

14 Assim não he a vontade de vosso Pai, que está nos Ceos, que pereça hum d'estes pequeninos.

15 Por tanto, se teu irmão peccar contra ti, vai, e corrige-o entre ti, e elle só: se te ouvir, ganhado terás a teu irmão.

16 Mas se te não ouvir, toma ainda comtigo huma, ou duas pessoas, para que por boca de duas ou tres testemunhas fique tudo confirmado.

17 E se os não ouvir: dize-o á Igreja: e se não ouvir a Igreja: tem-no por hum Gentio, ou hum Publicano.

18 Em verdade vos digo, que tudo o que vós ligardes sobre a terra, será ligado tambem no Ceo: e tudo o que vós desatardes sobre a terra, será desatado tambem no Ceo.

19 Ainda vos digo mais, que se dous de vós se unirem entre si sobre a terra, seja qual for a cousa que elles pedirem, meu Pai, que está nos Ceos, lha fará.

20 Porque onde se achão dous ou tres congregados em meu Nome, ahi estou eu no meio d'elles.

21 Então chegando-se Pedro a elle, perguntou: Senhor, quantas vezes poderá peccar meu irmão contra mim, que eu lhe perdoe? será até sete vezes?

22 Respondeo-lhe Jesus: Não te digo que até sete vezes: mas que até setenta vezes sete vezes.

23 Por isso o Reino dos Ceos he comparado a

hum homem Rei, que quiz tomar contas aos seus servos.

24 E tendo começado a tomar as contas, apresentou-se-lhe hum, que lhe devia dez mil talentos.

25 E como não tivesse com que pagar, mandou o seu senhor que o vendessem a elle, e a sua mulher, e a seus filhos, e tudo o que tinha, para ficar pago da dívida.

26 Porém o tal servo lançando-se-lhe aos pés, lhe fazia esta súpplica, dizendo: Tem paciencia comigo, que eu te pagarei tudo.

27 Então o senhor compadecido d'aquelle servo, deixou-o ir livre, e perdoou-lhe a divida.

28 E tendo sahido este servo, encontrou hum de seus companheiros, que lhe devia cem dinheiros: e lançando-lhe a mão, o affogava, dizendo: Paga-me o que me deves.

29 E o companheiro lançando-se-lhe aos pés, o rogava, dizendo: Tem paciencia comigo, que eu te satisfarei tudo.

30 Porém elle não quiz: mas retirou-se, e fez que o mettessem na cadeia, até pagar a dívida.

31 Porém os outros servos seus companheiros, vendo o que se passava, sentirão-no fortemente: e forão dar parte a seu senhor de tudo o que tinha acontecido.

32 Então o fez vir seu senhor: e lhe disse: Servo mão, eu perdoei-te a divida toda porque me vieste rogar para isso:

33 não devias tu logo compadecer-te igualmente do teu companheiro, assim como tambem eu me compadeci de ti?

34 E cheio de cólera mandou seu senhor que o entregassem aos algozes, até pagar toda a dívida.

35 Assim tambem vos ha de fazer meu Pai Celestial, se não perdoardes do intimo de vossos corações, cada hum a seu irmão.

CAPITULO XIX.

E ACONTECEO que tendo Jesus acabado estes discursos, partio de Galiléa, e veio para os confins de Judéa, além do Jordão.

2 E seguírão-se a elle os muitas gentes, e curou alli os enfermos.

3 E chegárão-se a elle os Fariseos tentando-o, e dizendo: He por ventura licito a hum homem repudiar a sua mulher, por qualquer causa?

4 Elle respondendo, lhes disse: Não tendes lido, que quem creou o homem desde o principio, fellos macho e femea? e disse:

5 Por isto deixará o homem pai, e mãi, e ajuntar-se-ha com sua mulher, e serão dous numa só carne.

6 Assim que já não são dous, mas huma só carne. Não separe logo o homem o que Deos ajuntou.

7 Replicárão-lhe elles: Pois porque mandou Moysés dar o homem a sua mulher carta de desquite, e repudialla?

8 Respondeo-lhes: Porque Moysés, pela dureza de vossos corações vos permittio repudiar a vossas mulheres: mas ao principio não foi assim.

9 Eu pois vos declaro que todo aquelle que repudiar sua mulher, se não he por causa de fornicação, e casar com outra, commette adulterio: e o que se casar com a que outro repudiou, commette adulterio.

10 Disserão-lhe seus Discipulos: Se tal he a condição de hum homem a respeito de sua mulher, não convem casar-se.

11 Ao que elle respondeo: Nem todos são capazes d'esta resolução, mas sómente aquelles, a quem isto foi dado.

578

12 Porque ha huns castrados, que nascêrão assim do ventre de sua mãi: e ha outros castrados, a quem outros homens fizerão taes: e ha outros castrados, que a si mesmos se castrárão por amor do Reino dos Ceos. O que he capaz de comprehender isto, comprehenda-o.

13 Então lhe forão apresentados varios meninos, para lhes impôr as mãos, e fazer oração por elles. E os Discipulos os repellião com palavras asperas.

14 Mas Jesus lhes disse: Deixai os meninos, e não embaraceis que elles venhão a mim: porque d'estes taes he o Reino dos Ceos.

15 E depois que lhes impoz as mãos, partio d'alli.

16 E eis-que chegando-se a elle hum, lhe disse: Bom Mestre, que obras boas devo eu fazer, para alcançar a vida eterna?

17 Jesus lhe respondeo: Porque me perguntas tu o que he bom? Bom só Deos o he. Porém se tu queres entrar na vida, guarda os Mandamentos.

18 Elle lhe perguntou: Quaes? E Jesus lhe disse: Não commetterás homicidio: Não adulterarás: Não commetterás furto: Não dirás falso testemunho:

19 Honra a teu pai, e a tua mãi, e amaras ao teu proximo, como a ti mesmo.

20 O mancebo lhe disse: Eu tenho guardado tudo isso des da minha mocidade: que he o que me falta ainda?

21 Jesus lhe respondeo: Se queres ser perfeito, vai, vende o que tens, e dá-o aos pobres, e terás hum thesouro no Ceo: depois vem, e segue-me.

22 O mancebo porém como ouvio esta palavra, retirou-se triste: porque tinha muitos bens.

23 E Jesus disse a seus Discipulos: Em verdade vos digo, que hum rico difficultosamente entrará no Reino dos Ceos.

24 Ainda vos digo mais: Que mais facil he passar hum camelo pelo fundo de huma agulha, do que entrar hum rico no Reino dos Ceos.

25 Ora os Discipulos, ouvidas estas palavras, concebêrão grando espanto, dizendo: Quem poderá logo salvar-se?

26 Porém Jesus olhando para elles, disse: Aos homens he isto impossivel: mas a Deos tudo he possivel.

27 Então respondendo Pedro, lhe disse: Eis-aqui estamos nós que deixámos tudo, e te seguimos: que galardão pois será o nosso?

28 E Jesus lhes disse: Em verdade vos affirmo, que vós, quando no dia da regeneração estiver o Filho do Homem sentado no Throno da sua Gloria, vós, torno a dizer, que me seguistes, tambem estareis sentados sobre doze Thronos, e julgareis as doze Tribus d'Israel.

29 E todo o que deixar por amor de meu Nome a casa, ou os irmãos, ou as irmãas, ou o pai, ou a mãi, ou a mulher, ou os filhos, ou as fazendas, receberá cento por hum, e possuirá a vida eterna.

30 Porém muitos primeiros virão a ser os ultimos, e muitos ultimos virão a ser os primeiros.

CAPITULO XX.

O REINO dos Ceos he semelhante a hum homem pai de familia, que ao romper da manhã sahio a assalariar trabalhadores para a sua vinha.

2 E feito com os trabalhadores o ajuste de hum dinheiro por dia, mandou-os para a sua vinha.

3 E tendo sahido junto da terceira hora, vio estarem outros na praça ociosos,

4 e disse-lhes: Ide vós tambem para a minha vinha, e dar-vos-hei o que for justo.

5 E elles forão. Sahio porém outra vez junto da hora sexta, e junto da nona: e fez o mesmo.

6 E junto da undecima tornou a sahir, e achou outros que lá estavão, e lhes disse: Porque estais vós aqui todo o dia ociosos?

7 Respondêrão-lhe elles: Porque ninguem nos assalariou. Elle lhes disse: Ide vós tambem para a minha vinha.

8 E ao fim da tarde disse o senhor da vinha ao seu mordomo: Chama os trabalhadores, e paga-lhes o jornal, começando pelos ultimos, e acabando nos primeiros.

9 Tendo chegado pois os que forão junto da hora undecima, recebeo cada hum seu dinheiro.

10 E chegando tambem os que tinhão ido primeiros, julgárão que havião de receber mais: porém tambem estes não recebêrão mais, do que hum dinheiro cada hum.

11 E ao recebello, murmuravão contra o pai de familia,

12 dizendo: Estes que vierão ultimos, não trabalhárão senão huma hora, e tu os igualaste comnosco, que aturámos o pezo do dia, e da calma.

13 Porém elle respondendo a hum d'elles, lhe disse: Amigo, eu não te faço aggravo: não convieste tu comigo num dinheiro?

14 Toma o que te pertence, e vai-te: que eu de mim quero dar tambem a este ultimo tanto como a ti.

15 Visto isso não me he licito fazer o que quero? acaso o teu olho he máo, porque eu sou bom?

16 Assim serão ultimos os primeiros, e primeiros os ultimos: porque são muitos os chamados, e poucos os escolhidos.

17 E subindo Jesus a Jerusalem, tomou de parte os seus doze Discipulos, e disse-lhes:

18 Eis-aqui vamos para Jerusalem, e o Filho do Homem será entregue aos Principes dos Sacerdotes, e aos Escribas, que o condemnarão á morte,

19 e entregallo-hão aos Gentios para ser escarnecido, e açoutado, e crucificado, mas ao terceiro dia resurgirá.

20 Então se chegou a elle a mãi dos filhos de Zebedeo com seus filhos, adorando-o e pedindo-lhe alguma cousa.

21 Elle lhe disse: Que queres? Respondeo ella: Dize que estes meus dous filhos se assentem no teu Reino, hum á tua direita, e outro á tua esquerda.

22 E respondendo Jesus, disse: Não sabeis o que pedis. Podeis vós beber o calis, que eu hei de beber? Disserão-lhe elles: Podemos.

23 Elle lhes disse: He verdade que vós haveis de beber o meu calis: mas pelo que toca a terdes assento á minha mão direita, ou á esquerda, não me pertence a mim o dar-vo-lo, mas isso he para aquelles, para quem está preparado por meu Pai.

24 E quando os dez ouvirão isto, indignárão-se contra os dous irmãos.

25 Mas Jesus os chamou a si, e lhes disse: Sabeis que os Principes das Gentes dominão os seus vassallos: e que os que são Maiores exercitão o seu poder sobre elles.

26 Não será assim entre vós-outros: mas entre vós todo o que quizer ser o maior, esse seja o que vos sirva:

27 e o que entre vós quizer ser o primeiro, esse seja vosso servo:

28 assim como o Filho do Homem não veio para ser servido, mas para servir, e para dar a sua vida em redempção por muitos.

29 E sahindo elles de Jericó, seguio a Jesus muita gente,

30 e eis-que dous cegos que estavão sentados junto á estrada, ouvirão que Jesus passava: e gritárão dizendo: Senhor, Filho de David, tem compaixão de nós.

31 E reprehendia-os a gente que se calassem. Porém elles cada vez gritavão mais, dizendo: Senhor, Filho de David, tem compaixão de nós.

32 Então parou Jesus, e chamou-os, e disse: Que quereis que vos faça?

33 Respondêrão elles: Que se nos abrão, Senhor, os nossos olhos.

34 E Jesus compadecido d'elles, lhes tocou os olhos. E no mesmo instante virão, e o forão seguindo.

CAPITULO XXI.

COMO elles pois se avizinhárão a Jerusalem, e chegárão a Bethfagé, ao Monte das Oliveiras; enviou então Jesus dous de seus Discipulos,

2 dizendo-lhes: Ide a essa Aldeia, que está de fronte de vós, e logo achareis presa huma jumenta, e hum jumentinho com ella: desprendei-a, e trazei-mos:

3 e se alguem vos disser alguma cousa, respondei-lhe, que o Senhor os ha de mister: e logo vo-los deixará trazer.

4 E isto tudo succedeo, para que se cumprisse o que tinha sido annunciado pelo Profeta, que diz:

5 Dizei á Filha de Sião: Eis-ahi o teu Rei, que vem a ti cheio de doçura, montado sobre huma jumenta, e sobre hum jumentinho, filho do que está debaixo do jugo.

6 E indo os Discipulos, fizerão como Jesus lhes ordenára.

7 E trouxerão a jumenta e o jumentinho: e cobrirão-nos com os seus vestidos, e fizerão-no montar em cima.

8 Então da gente do povo, que era muita, huns estendião no caminho os seus vestidos: e outros cortavão ramos de arvores, e juncavão com elles a passagem:

9 e tanto as gentes que hião adiante, como as que hião atrás, gritavão dizendo: Hosanna ao Filho de David: bemdito o que vem em Nome do Senhor: hosanna nas maiores alturas.

10 E quando entrou em Jerusalem, se alterou toda a Cidade, dizendo: Quem he este?

11 E os Povos dizião: Este he Jesus, o Profeta de Nazareth de Galiléa.

12 E entrou Jesus no Templo de Deos, e lançava fóra todos os que vendião e compravão no Templo; e poz por terra as mezas dos banqueiros, e as cadeiras dos que vendião pombas:

13 e lhes disse: Escrito está: A minha Casa será chamada Casa de oração: mas vós a tendes feito covil de ladrões.

14 E chegárão-se a elle cegos, e coxos no Templo: e os sarou.

15 E quando os Principes dos Sacerdotes, e os Escribas virão as maravilhas que elle tinha feito, e os meninos no Templo gritando, e dizendo: Hosanna ao Filho de David se indignárão.

16 e lhe disserão: Ouves o que dizem estes? E Jesus lhes respondeo: Sim: nunca lestes:

Que da boca dos meninos, e dos que mamão, tíraste o perfeito louvor?

17 E tendo-os deixado, retirou-se Jesus para fóra da Cidade passando a Bethania, e alli ficou.

18 Mas pela manhã quando voltava para a Cidade, teve fome.

19 E vendo huma figueira junto do caminho, se chegou a ella: e não achou nella senão unicamente folhas, e lhe disse: Nunca jámais nasça fruto de ti. E no mesmo ponto se seccou a figueira.

20 E vendo isto os Discipulos, se admiráraõ, dizendo: Como se seccou para logo?

21 E respondendo Jesus, lhes disse: Na verdade vos digo, que se tiverdes fé, e não duvidardes, não só fareis o que eu acabo de fazer á figueira, mas ainda se disserdes a este monte, Tira-te, e lança-te no mar, assim se fará.

22 E todas as cousas que pedirdes fazendo oração com fé, haveis de conseguir.

23 E tendo ido ao Templo, os Principes dos Sacerdotes, e os Anciãos do Povo se chegáraõ a elle quando estava ensinando, e lhe disserão: Com que authoridade fazes estas cousas? E quem te deo este poder?

24 Respondendo Jesus lhes disse: Tambem eu tenho que vos fazer huma pergunta: se me responderdes a ella, então eu vos direi com que authoridade faço estas cousas.

25 Donde era o baptismo de João? do Ceo, ou dos homens? Mas elles fazião entre si este discurso, dizendo:

26 Se nós lhe dissermos que do Ceo, dirnos-ha elle: Pois porque não crestes nelle? E se lhe dissermos que dos homens, tememos as gentes: porque todos tinhão a João na conta d'hum Profeta.

27 E respondendo a Jesus, disserão: Não no sabemos. Disse-lhes tambem elle: Pois nem eu vos digo com que poder faço estas cousas.

28 Mas que vos parece? Hum homem tinha dous filhos, e chegando ao primeiro, lhe disse: Filho, vai hoje, trabalha na minha vinha.

29 E respondendo elle, lhe disse: Não quero. Mas depois tocado de arrependimento, foi.

30 E chegando ao outro, lhe disse do mesmo modo. E respondendo elle, disse: Eu vou, Senhor, e não foi.

31 qual dos dous fez a vontade do pai? Respondêrão elles: O primeiro. Jesus lhes disse: Na verdade vos digo, que os Publicanos e as meretrizes vos levarão a dianteira para o Reino de Deos.

32 Porque veio João a vós no caminho da Justiça, e não no crestes: e os Publicanos, e as prostitutas o crêrão: e vós-outros, vendo isto, nem ainda fizestes penitencia depois, para o crerdes.

33 Ouvi outra parábola: Era hum homem pai de familia, que plantou huma vinha, e a cercou com huma séve, e cavando fez nella hum lagar, e edificou huma torre, e depois a arrendou a huns lavradores, e ausentou-se para longe.

34 E estando proximo o tempo dos frutos, enviou os seus servos aos lavradores, para receberem os seus frutos.

35 Mas os lavradores, lançando a mão aos servos d'elle, ferirão hum, matárão outro, e a outro apedrejárão.

36 Enviou ainda outros servos em maior número do que os primeiros, e fizerão-lhes o mesmo.

37 E por ultimo enviou-lhes seu Filho, dizendo: Hão de ter respeito a meu Filho.

38 Porém os lavradores vendo o Filho, disse-

rão entre si: Este he o herdeiro, vinde, matemo-lo, e ficaremos senhores da sua herança.

39 E lançando-lhe as mãos, puzerão-no fóra da vinha, e matárão-no.

40 Quando pois vier o Senhor da vinha, que fará elle áquelles lavradores?

41 Respondêrão-lhe: Aos máos destruirá rigorosamente: e arrendará a sua vinha a outros lavradores, que lhe paguem o fruto a seus tempos devidos.

42 Jesus lhes disse: Nunca lestes nas Escrituras: A pedra que fora rejeitada pelos que edificavão, essa foi posta por cabeça do angulo? Pelo Senhor foi feito isto, e he cousa maravilhosa nos nossos olhos:

43 por isso he que eu vos declaro, que tirado vos será o Reino de Deos, e será dado a hum Povo, que faça os frutos d'elle.

44 O que cahir porém sobre esta pedra, far-se-ha em pedaços: e aquelle sobre que ella cahir, ficará esmagado.

45 E os Principes dos Sacerdotes, e os Fariseos, depois de ouvirem as suas parábolas, conhecêrão que d'elles he que fallava Jesus.

46 E quando procuravão prendello, tiverão medo do Povo: porque este o tinha na estimação de hum Profeta.

CAPITULO XXII.

E RESPONDENDO Jesus, lhes tornou a fallar segunda vez em parábolas, dizendo:

2 O Reino dos Ceos he semelhante a hum homem Rei, que fez as vodas a seu filho.

3 E mandou os seus servos a chamar os convidados para as vodas, mas elles recusárão ir.

4 Enviou de novo outros servos, com este recado: Dizei aos convidados: Eis-aqui tenho preparado o meu banquete, os meus touros, e os animaes cevados estão já mortos, e tudo prompto: vinde ás vodas.

5 Mas elles desprezárão o convite: e se forão, hum para a sua casa de campo, e outro para o seu trafico:

6 outros porém lançárão mão dos servos que elle enviára, e depois de os haverem ultrajado, os matárão.

7 Mas o Rei tendo ouvido isto, se irou: e tendo feito marchar os seus exercitos, acabou com aquelles homicidas, e poz fogo á sua Cidade.

8 Então disse aos seus servos: As vodas com effeito estão apparelhadas, mas os que estavão convidados, não forão dignos de se acharem no banquete:

9 ide pois ás sahidas das ruas, e a quantos achardes, convidai-os para as vodas.

10 E tendo sahido os seus servos pelas ruas, congregárão todos os que achárão, máos e bons: e ficou cheia de convidados a Sala do banquete das vodas.

11 Entrou depois o Rei para ver os que estavão á meza, e vio alli hum homem que não estava vestido com veste nupcial.

12 E disse-lhe: Amigo, como entraste aqui, não tendo vestido nupcial? Mas elle emmudeceo.

13 Então disse o Rei aos seus Ministros: Atai-o de pés, e mãos, e lançai-o nas trévas exteriores: ahi haverá choro, e ranger dos-dentes.

14 Porque são muitos os chamados, e poucos os escolhidos.

15 Então retirando-se os Fariseos, consultárão entre si, como o surprenderião no que fallasse.

16 E envião-lhe seus Discipulos juntamente

com os Herodianos, que lhe disserão: Mestre, nós sabemos que és verdadeiro, e que ensinas o caminho de Deos pela verdade, e não se te dá de ninguem: porque não fazes excepção de pessoas:

17 dize-nos pois, qual he o teu sentimento, he licito dar o tributo a Cesar, ou não?

18 Porém Jesus conhecendo a sua malicia, disse lhes: Porque me tentais, hypocritas?

19 Mostrai-me cá a moéda do censo. E elles lhe apresentárão hum dinheiro.

20 E Jesus lhes disse: De quem he esta imagem, e inscripção?

21 Respondêrão-lhe elles: De Cesar. Então lhes disse Jesus: Pois dai a Cesar o que he de Cesar: e a Deos o que he de Deos.

22 E quando isto ouvirão se admirárão, e deixando-o se retirárão.

23 Naquelle dia vierão a elle os Sadduceos, que dizem não haver resurreição: e lhe fizerão esta pergunta,

24 dizendo: Mestre, Moysés disse: Que se morrer algum que não tenha filho, seu irmão se case com sua mulher, e dê successão a seu irmão.

25 Ora entre nós havia sete irmãos: depois de casado faleceo o primeiro: e porque não teve filho, deixou sua mulher a seu irmão.

26 O mesmo succedeo ao segundo, e terceiro, até o setimo.

27 E ultimamente depois de todos faleceo tambem a mulher.

28 A qual dos sete logo pertencerá a mulher na resurreição? porque todos forão casados com ella.

29 E respondendo Jesus, lhes disse: Errais não sabendo as Escrituras, nem o poder de Deos.

30 Porque depois da resurreição, nem as mulheres terão maridos, nem os maridos mulheres: mas serão como os Anjos de Deos no Ceo.

31 E sobre a resurreição dos mortos, vós não tendes lido o que Deos disse, fallando comvosco:

32 Eu sou o Deos de Abrahão, e o Deos de Isaac, e o Deos de Jacob? Ora Deos não he o de mortos, mas de vivos.

33 E a gente do povo ouvindo isto, estava admirada da sua doutrina.

34 Mas os Fariseos, quando ouvirão que Jesus tinha feito calar a boca aos Sadduceos, se ajuntárão em conselho:

35 e hum d'elles que era Doutor da Lei, tentando-o, lhe perguntou:

36 Mestre, qual he o grande Mandamento da Lei?

37 Jesus lhe disse: Amarás ao Senhor teu Deos de todo o teu coração, e de toda a tua alma, e de todo o teu entendimento.

38 Este he o maximo, e o primeiro Mandamento.

39 E o segundo semelhante a este he: Amarás a teu proximo, como a ti mesmo.

40 D'estes dous Mandamentos depende toda a Lei, e os Profetas.

41 E estando juntos os Fariseos, lhes fez Jesus esta pergunta,

42 dizendo: Que vos parece a vós do Christo? de quem he elle filho? Respondêrão-lhe: De David.

43 Jesus lhes replicou: Pois como lhe chama David em espirito Senhor, dizendo:

44 Disse o Senhor ao meu Senhor: Senta-te á minha direita, até que eu reduza os teus inimigos a servirem de escabello de teus pés?

45 Se pois David o chama seu Senhor, como he elle seu Filho?

46 E não houve quem lhe podesse responder huma só palavra: e d'aquelle dia em diante ninguem mais ousou fazer-lhe perguntas.

CAPITULO XXIII.

ENTÃO fallou Jesus ás turbas, e aos seus Discipulos,

2 dizendo: Sobre a Cadeira de Moysés se assentárão os Escribas, e os Fariseos.

3 Observai pois, e fazei tudo quanto elles vos disserem: porém não obreis segundo a practica das suas acções: porque dizem, e não fazem.

4 Porque atão cargas pezadas, e incomportaveis, e as põem sobre os hombros dos homens: mas nem com o seu dedo as querem mover.

5 E fazem todas as suas obras, para serem vistos dos homens: por isso trazem as suas largas tiras de pergaminho, e grandes franjas.

6 E gostão de ter nos banquetes os primeiros lugares, e nas Synagogas as primeiras cadeiras,

7 e que os saudem na Praça, e que os homens os chamem Mestres.

8 Mas vós não queirais ser chamados Mestres: porque hum só he o vosso Mestre, e vós todos sois irmãos.

9 E a ninguem chameis pai vosso sobre a terra: porque hum só he o vosso Pai, que está nos Ceos.

10 Nem vos intituleis Mestres: porque hum só he o vosso Mestre, o Christo.

11 O que de entre vós he o maior, será vosso servo.

12 Porque aquelle que se exaltar, será humilhado: e o que se humilhar, será exaltado.

13 Mas ai de vós Escribas, e Fariseos hypocritas: que fechais o Reino dos Ceos diante dos homens: pois nem vós entrais, nem aos que entrarião deixais entrar.

14 Ai de vós Escribas, e Fariseos hypocritas: porque devorais as casas das viuvas, fazendo largas orações: por isto levareis hum juizo mais rigoroso.

15 Ai de vós Escribas, e Fariseos hypocritas: porque rodeais o mar, e a terra, por fazerdes hum prosélyto: e depois de o terdes feito, o fazeis em dobro mais digno do inferno, do que vós.

16 Ai de vós conductores cegos, que dizeis: Todo o que jurar pelo Templo, isso não he nada: mas o que jurar pelo ouro do Templo, fica obrigado ao que jurou.

17 Estultos, e cegos: Pois qual he mais, o ouro, ou o Templo que santifica o ouro?

18 E todo o que jurar pelo Altar, isso não he nada: mas qualquer que jurar pela offrenda, que está sobre elle, está obrigado ao que jurou.

19 Cegos: Pois qual he mais, a offrenda, ou o Altar, que santifica a offrenda?

20 Aquelle que jura pelo Altar, jura por elle, e por tudo quanto sobre elle está:

21 e todo o que jurar pelo Templo, jura por elle, e pelo que habita nelle:

22 e o que jura pelo Ceo, jura pelo Throno de Deos, e por aquelle, que está sentado nelle.

23 Ai de vós Escribas, e Fariseos hypocritas: que dezimais a hortelã, e o endro, e o cominho, e haveis deixado as cousas, que são mais importantes da Lei, a justiça, e a misericordia, e a fé: estas cousas erão as que vós devieis practicar, sem que entretanto omittisseis aquell'outras.

24 Conductores cegos, que coais hum mosquito, e engulis hum camelo.

25 Ai de vós Escribas, e Fariseos hypocritas: porque alimpais o que está por fóra do cópo, e do prato: e por dentro estais cheios de rapinas, e de immundicias.

26 Fariseo cego, purifica primeiro o interior do cópo, e do prato, para que tambem o exterior fique limpo.

27 Ai de vós Escribas, e Fariseos hypocritas: porque sois semelhantes aos sepulcros branqueados, que parecem por fóra formosos aos homens, e por dentro estão cheios de ossos de mortos, e de toda a asquerosidade:

28 assim tambem vós-outros por fóra vos mostrais na verdade justos aos homens: mas por dentro estais cheios de hypocrisia, e iniquidade.

29 Ai de vós Escribas, e Fariseos hypocritas, que edificais os sepulcros dos Profetas, e adornais os monumentos dos justos,

30 e dizeis: Se nós houveramos vivido nos dias de nossos pais, não teriamos sido seus companheiros no sangue dos Profetas:

31 e assim dais testemunho contra vós mesmos, de que sois filhos d'aquelles, que matárão aos Profetas.

32 Acabai vós pois de encher a medida de vossos pais.

33 Serpentes, raça de viboras, como escapareis vós de serdes condemnados ao Inferno?

34 Por isso eis-aqui estou eu que vos envio Profetas, e Sabios, e Escribas, e d'elles matareis, e crucificareis a huns, e d'elles açoutareis a outros nas vossas Synagogas, e os perseguireis de Cidade em Cidade:

35 para que venha sobre vós todo o sangue dos justos, que se tem derramado sobre a terra, des do sangue do justo Abel, até o sangue de Zacarias filho de Baraquias, a quem vós destes a morte entre o Templo e o Altar.

36 Em verdade vos digo, que todas estas cousas virão a cahir sobre esta geração.

37 Jerusalem, Jerusalem, que matas os Profetas, e apedrejas os que te são enviados, quantas vezes quiz eu ajuntar teus filhos, do modo que huma gallinha recolhe debaixo das azas os seus pintos, e tu o não quizeste!

38 Eis-ahi vos ficará deserta a vossa casa.

39 Porque eu vos declaro, que des d'agora não me tornareis a ver até que digais: Bemdito seja o que vem em Nome do Senhor.

CAPITULO XXIV.

E TENDO sahido Jesus do Templo, se hia retirando. E chegárão a elle os seus Discipulos, para lhe mostrarem a fábrica do Templo.

2 Mas elle respondendo, lhes disse: Vedes tudo isto? Na verdade vos digo, que não ficará aqui pedra sobre pedra, que não seja derribada.

3 E estando elle assentado no Monte das Oliveiras, se chegárão a elle seus Discipulos á puridade, perguntando-lhe: Dize-nos, quando succederão estas cousas? e que sinal haverá da tua vinda, e da consummação do seculo?

4 E respondendo Jesus, lhes disse: Vede não vos engane alguem:

5 porque virão muitos em meu Nome, dizendo: Eu sou o Christo: e enganarão a muitos.

6 Haveis pois de ouvir guerras, e rumores de guerras. Olhai não vos turbeis: porque importa que assim aconteça, mas não he este ainda o fim:

7 porque se levantará Nação contra Nação, e

Reino contra Reino, e haverá pestilencias, e fomes, e terremotos em diversos lugares:

8 e todas estas cousas são principios das dôres.

9 Então vos entregarão á tribulação, e vos matarão: e sereis aborrecidos de todas as gentes por causa do meu Nome.

10 E muitos então serão escandalizados, e se entregarão de parte a parte, e se aborrecerão huns aos outros.

11 E levantar-se-hão muitos falsos Profetas, e enganarão a muitos.

12 E por quanto multiplicar-se-ha a iniquidade, se resfriará a caridade de muitos:

13 mas o que perseverar até o fim, esse será salvo.

14 E será prégado este Evangelho do Reino por todo o Mundo, em testemunho a todas as gentes: e então chegará o fim.

15 Quando vós pois virdes, que a abominação da desolação, que foi predita pelo Profeta Daniel, está no lugar santo: o que lê entenda:

16 então os que se achão em Judéa, fujão para os montes:

17 e o que se acha no telhado, não desça a levar cousa alguma de sua casa:

18 e o que se acha no campo, não volte a tomar a sua tunica.

19 Mas ai das que estiverem pejadas, e das que criarem naquelles dias.

20 Rogai pois, que não seja a vossa fuga em tempo de Inverno, ou em dia de Sabado:

21 porque será então a afflicção tão grande, que desde que ha Mundo ategóra, não houve, nem haverá outra semelhante.

22 E se não se abbreviassem aquelles dias, não se salvaria pessoa alguma: porém abbreviar-se-hão aquelles dias em attenção aos escolhidos.

23 Então se alguem vos disser: Olhai aqui está o Christo, ou, eil-lo acolá: não lhe deis credito.

24 Porque se levantarão falsos Christos, e falsos Profetas: que farão grandes prodigios, e maravilhas taes, que (se fôra possivel) até os escolhidos se enganarião.

25 Vede que eu vo-lo adverti antes.

26 Se pois vos disserem: Ei-lo lá está no Deserto, não saiais: Ei-lo cá no mais retirado da casa, não lhe deis credito.

27 Porque do modo que hum relampago sahe do Oriente, e se mostra até o Occidente: assim ha de ser tambem a vinda do Filho do Homem.

28 Em qualquer lugar em que estiver o corpo, ahi se hão de ajuntar tambem as aguias.

29 E logo depois da afflicção d'aquelles dias, escurecer-se-ha o Sol, e a Lua não dará a sua claridade, e as Estrellas cahirão do Ceo, e as Virtudes dos Ceos se commoverão:

30 e então apparecerá o sinal do Filho do Homem no Ceo: e então todos os Povos da terra chorarão: e verão ao Filho do Homem, que virá sobre as nuvens do Ceo com grande poder, e magestade.

31 E enviará os seus Anjos com trombetas, e com grande voz: e ajuntarão os seus escolhidos des dos quatro ventos, de mais remontado dos Ceos até ás extremidades d'elles.

32 Aprendei pois o que vos digo, por huma comparação tirada da figueira: quando os seus ramos estão já tenros, e as folhas tem brotado, sabeis que está perto do Estio:

33 assim tambem quando vós virdes tudo isto, sabei que está perto ás portas.

34 Na verdade vos digo, que não passará esta geração, sem que se cumprão todas estas cousas.

35 Passará o Ceo e a terra, mas não passarão as minhas palavras.

36 Mas d'aquelle dia, nem d'aquella hora ninguem sabe, nem os Anjos dos Ceos, senão só o Padre.

37 E assim como foi nos dias de Noé, assim será tambem a vinda do Filho do Homem:

38 porque assim como nos dias antes do diluvio estavão comendo e bebendo, casando-se e dando-se em casamento, até ao dia em que Noé entrou na arca,

39 e não no entendèrão em quanto não veio o diluvio, e os levou a todos: assim será tambem a vinda do Filho do Homem.

40 Então de dous que estiverem no campo: hum será tomado, e outro será deixado:

41 de duas mulheres que estiverem moendo em hum moinho: huma será tomada, e outra será deixada.

42 Velai pois, porque não sabeis a que hora ha de vir vosso Senhor.

43 Mas sabei, que se o Pai de familia soubesse a que hora havia de vir o ladrão, vigiaria sem duvida, e não deixaria minar a sua casa.

44 Por isso estai vós tambem apercebidos: porque não sabeis em que hora tem de vir o Filho do Homem.

45 Quem cres que he o servo fiel e prudente, a quem seu senhor poz sobre a sua familia, para que lhes dê de comer a tempo?

46 Bemaventurado aquelle servo, a quem seu senhor achar nisto occupado quando vier:

47 na verdade vos digo, que elle o constituirá administrador de todos os seus bens.

48 Mas se aquelle servo, sendo máo, disser no seu coração: Meu senhor tarda em vir:

49 e começar a maltratar aos seus companheiros, e a comer, e beber com os que se embriagão:

50 virá o senhor d'aquelle servo no dia, em que elle o não espera, e na hora que elle não sabe:

51 e removello-ha, e porá a sua parte com os hypocritas: alli haverá choro, e ranger de dentes.

CAPITULO XXV.

ENTÃO será semelhante o Reino dos Ceos a dez Virgens: que tomando as suas alampadas, sahirão a receber o Esposo e a Esposa.

2 Mas cinco de entre ellas erão loucas, e cinco prudentes:

3 as cinco porém que erão loucas, tomando as suas alampadas, não levárão azeite comsigo:

4 mas as prudentes levárão azeite nas suas vasilhas juntamente com as alampadas.

5 E tardando o Esposo, começárão a tosquenejar todas, e assim vierão a dormir.

6 Quando á meia noite se ouvio gritar: Eis-ahi vem o Esposo, sahi a recebello.

7 Então se levantárão todas aquellas Virgens, e preparárão as suas alampadas.

8 E disserão as fatuas ás prudentes: Dai-nos do vosso azeite: porque as nossas alampadas se apagão.

9 Respondêrão as prudentes, dizendo: Para que não succeda talvez faltar-nos elle a nós e a vós, ide antes aos que o vendem, e comprai o que haveis mister.

10 E em quanto ellas forão a comprallo, veio o Esposo: e as que estavão apercebidas entrárão com elle a celebrar as vodas, e fechou-se a porta.

11 E por fim vierão tambem as outras Virgens, dizendo: Senhor, Senhor, abre-nos.

12 Mas elle respondendo, lhes disse: Na verdade vos digo que vos não conheço.

13 Vigiai pois, porque não sabeis o dia, nem a hora.

14 Porque assim he como hum homem, que ao ausentar-se para longe, chamou aos seus servos, e lhes entregou os seus bens.

15 E deo a hum cinco talentos, e a outro dous, e a outro deo hum, a cada hum segundo a sua capacidade, e partio logo.

16 O que recebéra pois cinco talentos, foi-se, e entrou a negociar com elles, e ganhou outros cinco.

17 Da mesma sorte tambem o que recebéra dous, ganhou outros dous.

18 Mas o que havia recebido hum, indo-se com elle, cavou na terra, e escondeo alli o dinheiro de seu senhor.

19 E passando muito tempo, veio o senhor d'aquelles servos, e chamou-os a contas.

20 E chegando-se a elle o que havia recebido os cinco talentos, apresentou-lhe outros cinco talentos, dizendo: Senhor, tu me entregaste cinco talentos, eis-aqui tens outros cinco mais que lucrei.

21 Seu senhor lhe disse: Muito bem, servo bom e fiel, já que foste fiel nas cousas pequenas, dar-te-hei a intendencia das grandes; entra no gozo de teu senhor.

22 Da mesma sorte apresentou-se tambem o que havia recebido dous talentos, e disse: Senhor, tu me entregaste dous talentos, eis-aqui tens outros dous, que ganhei com elles.

23 Seu senhor lhe disse: Bem está, servo bom e fiel, já que foste fiel nas cousas pequenas, dar-te-hei a intendencia das grandes; entra no gozo de teu senhor.

24 E chegando tambem o que havia recebido hum talento, disse: Senhor, sei que és hum homem de rija condição, segas onde não semeaste, e recolhes onde não espalhaste:

25 e temendo-me fui, e escondi o teu talento na terra: eis-aqui tens o que he teu.

26 E respondendo seu senhor, lhe disse: Servo máo e preguiçoso, sabias que sego onde não semeio, e que recolho onde não tenho espalhado:

27 devias logo dar o meu dinheiro aos banqueiros, e vindo eu teria recebido certamente com juro o que era meu.

28 Tirai-lhe pois o talento, e dai-o ao que tem dez talentos:

29 porque a todo o que já tem, dar-se-lhe-ha, e terá em abundancia: e ao que não tem, tirar-se-lhe-ha até o que parece que tem.

30 E ao servo inutil lançai-o nas trévas exteriores: alli haverá choro e ranger de dentes.

31 Mas quando vier o Filho do Homem na sua Magestade, e todos os Anjos com elle, então se assentará sobre o Throno da sua Magestade:

32 e serão todas as gentes congregadas diante d'elle, e separará huns dos outros, como o pastor aparta dos cabritos as ovelhas:

33 e assim porá as ovelhas á direita, e os cabritos á esquerda.

34 Então pois o Rei aos que hão de estar á sua direita: Vinde bemditos de meu Pai, possui o Reino que vos está preparado des do principio do Mundo:

35 porque tive fome, e déstes-me de comer: tive sede, e déstes-me de beber: era hospede, e recolhestes-me:

36 estava nú, e cobristes-me: estava enfermo,

e visitastes-me: estava no carcere, e viestes ver-me.

37 Então lhe responderão os justos, dizendo: Senhor, quando he que nós te vimos faminto, e te demos de comer: ou sequioso, e te demos de beber?

38 E quando te vimos hospede, e te recolhemos: ou nú, e te vestimos?

39 Ou quando te vimos enfermo: ou no carcere, e te fomos ver?

40 E respondendo o Rei, lhes dirá: Na verdade vos digo, que quantas vezes vós fizestes isto a hum d'estes meus irmãos mais pequeninos, a mim he que o fizestes.

41 Então dirá tambem aos que hão de estar á esquerda: Apartai-vos de mim malditos, para o fogo eterno, que está apparelhado para o diabo, e para os seus Anjos:

42 porque tive fome, e não me déstes de comer: tive sede, e não me déstes de beber:

43 era hospede, e não me recolhestes: estava nú, e não me cobristes: estava enfermo, e no carcere, e não me visitastes.

44 Então elles tambem lhe responderão, dizendo: Senhor, quando he que nós te vimos faminto, ou sequioso, ou hospede, ou nú, ou enfermo, ou no carcere, e deixámos de te assistir?

45 Então lhes responderá elle, dizendo: Na verdade vos digo: Que quantas vezes o deixastes de fazer a hum d'estes mais pequeninos, a mim o deixastes de fazer.

46 E irão estes para o supplicio eterno: e os justos para a vida eterna.

CAPITULO XXVI.

E ACONTECEO isto: que tendo Jesus acabado todos estes discursos, disse a seus Discipulos:

2 Vós sabeis que d'aqui a dous dias se ha de celebrar a Pascoa, e o Filho do Homem será entregue para ser crucificado.

3 Então se ajuntarão os Principes dos Sacerdotes, e os Magistrados do Povo no atrio do Principe dos Sacerdotes, que se chamava Caifas:

4 e tiverão Conselho para prenderem a Jesus com engano, e fazerem-no morrer.

5 Mas dizião elles: Não se execute isto no dia da festa, para que não succeda levantar-se algum motim no Povo.

6 Ora estando Jesus em Bethania, em casa de Simão o Leproso,

7 chegou-se a elle huma mulher, que trazia huma redoma de alabastro cheia de precioso balsamo, e o derramou sobre a cabeça de Jesus estando recostado á meza.

8 E vendo isto os seus Discipulos, se indignárão, dizendo: Para que foi este desperdicio?

9 Porque podia isto vender-se por bom preço, e dar-se este aos pobres.

10 Mas Jesus sabendo isto, disse-lhes: porque molestais vós esta mulher? que no que fez, me fez huma boa obra.

11 porque vós-outros sempre tendes comvosco os pobres: mas a mim não sempre me tereis.

12 Por quanto derramar ella este balsamo sobre o meu corpo, fez-me para ser enterrado.

13 Em verdade vos digo, que onde quer que for prégado este Evangelho, que será em todo o Mundo, publicar-se-ha tambem para memoria sua, a acção que esta mulher fez.

14 Então se foi ter hum dos doze, que se chamava Judas Iscariotes, com os Principes dos Sacerdotes:

15 e lhes disse: Que me quereis vós dar, e eu vo-lo entregarei? E elles lhe assignárão trinta moedas de prata.

16 E desde então buscava opportunidade para o entregar.

17 E no primeiro dos dias, em que se comião os pães asnos, vierão ter com Jesus seus Discipulos, dizendo: Onde queres tu que te preparemos o que se ha de comer na Pascoa?

18 E disse Jesus: Ide á Cidade a casa de hum tal, e dizei-lhe: O Mestre diz: O meu tempo está proximo, em tua casa quero celebrar a Pascoa com meus Discipulos.

19 E fizerão os Discipulos como Jesus lhes havia ordenado, e preparárão a Pascoa.

20 E chegada pois a tarde, poz-se Jesus á meza com os seus doze Discipulos.

21 E estando elles comendo, disse-lhes: Em verdade vos affirmo, que hum de vós me ha de entregar.

22 E elles mui cheios de tristeza, cada hum começou a dizer: Por ventura sou eu, Senhor?

23 E elle respondendo, lhes disse: O que mette comigo a mão no prato, esse he o que me ha de entregar.

24 O Filho do Homem vai certamente, como está escrito d'elle: mas ai d'aquelle homem, por cuja intervenção ha de ser entregue o Filho do Homem: melhor fôra ao tal homem não haver nascido.

25 E respondendo Judas, o que o entregou, disse: Sou eu por ventura, Mestre? Disse-lhe Jesus: Tu o disseste.

26 Estando elles porém ceando, tomou Jesus o pão, e o benzeo, e partio-o, e deu-o a seus Discipulos, e disse: Tomai, e comei: este he o meu Corpo.

27 E tomando o calis deo graças: e deo-lho, dizendo: Bebei d'elle todos.

28 Porque este he o meu Sangue do novo Testamento, que será derramado por muitos para remissão de peccados.

29 Mas digo-vos: que d'esta hora em diante não beberei mais d'este fruto da vide até aquelle dia, em que o beberei novo comvosco no Reino de meu Pai.

30 E cantado o Hymno, sahirão para o Monte das Oliveiras.

31 Então lhes disse Jesus: A todos vós será esta noite huma occasião de escandalo. Está pois escrito: Ferirei o pastor, e as ovelhas do rebanho se porão em desaparenijo.

32 Porém depois que eu resurgir, irei adiante de vós para a Galiléa.

33 E respondendo Pedro, lhe disse: Ainda quando todos se escandalizarem a teu respeito, eu nunca me escandalizarei.

34 Jesus lhe replicou: Em verdade te digo, que nesta mesma noite, antes que o gallo cante, me has de negar tres vezes.

35 Pedro lhe disse: Ainda que seja necessario morrer eu comtigo, não te negarei. E todos os mais Discipulos disserão o mesmo.

36 Então foi Jesus com elles a huma granja, chamada Gethsemani, e disse a seus Discipulos: Assentai-vos aqui, em quanto eu vou acolá, e faço oração.

37 E tendo tomado comsigo a Pedro, e aos dous filhos de Zebedeo, começou a entristecer-se e angustiar-se.

38 Disse-lhes então: A minha alma está numa tristeza mortal: demorai-vos aqui, e vigiai comigo.

39 E adiantando-se huns poucos de passos, se prostrou com o rosto em terra, fazendo oração, e dizendo: Pai meu, se he possivel, passe de mim este calis: todavia não se faça nisto a minha vontade, mas sim a tua.

40 Depois veio ter com seus Discipulos, e os achou dormindo, e disse a Pedro: Visto isso não podestes huma hora vigiar comigo?

41 Vigiai e orai, para que não entreis em tentação. O espirito na verdade está prompto, mas a carne he fraca.

42 De novo se retirou segunda vez, e orou, dizendo: Pai meu, se este calis não póde passar sem que eu o beba, faça-se a tua vontade.

43 E veio outra vez, e tambem os achou dormindo: porque estavão carregados os olhos d'elles.

44 E deixando-os, de novo foi orar terceira vez, dizendo as mesmas palavras.

45 Então veio ter com os seus Discipulos, e lhes disse: Dormi já, e descançai: eis-aqui está chegada a hora, em que o Filho do Homem será entregue nas mãos dos peccadores.

46 Levantai-vos, vamos: eis-ahi se vem chegando o que me ha de entregar.

47 Estando elle ainda fallando, eis-que chegar Judas, hum dos doze, e com elle huma grande multidão de gente com espadas e varapáos, que erão os Ministros enviados pelos Principes dos Sacerdotes, e pelos Anciãos do Povo.

48 Ora o traidor tinha-lhes dado este sinal, dizendo: Aquelle a quem eu der hum osculo, esse he que he, prendei-o.

49 E chegando-se logo a Jesus lhe disse: Deos te salve Mestre. E deo-lhe hum osculo.

50 E Jesus lhe disse: Amigo, a que vieste? Ao mesmo tempo se chegárão os outros a elle, e lançárão mão de Jesus, e o prendêrão.

51 E senão quando hum dos que estavão com Jesus, mettendo mão á espada que trazia, a desembainhou, e ferindo a hum servo do Summo Pontifice, lhe cortou huma orelha.

52 Então lhe disse Jesus: Mette a tua espada no seu lugar: porque todos os que tomarem espada, morrerão á espada.

53 A caso cuidas tu, que eu não posso rogar a meu Pai, e que elle me não porá aqui logo promptas mais de doze legiões de Anjos?

54 Como se poderão logo cumprir as Escrituras, que declarão que assim deve succeder?

55 Na mesma hora disse Jesus áquelle tropel de gente: Vós viestes armados de espadas e de varapáos, para me prender, como se eu fôra hum ladrão: todos os dias assentado entre vós estava eu ensinando no Templo, e não me prendestes.

56 Mas tudo isto assim aconteceo, para que se cumprissem as Escrituras dos Profetas. Então todos os Discipulos o deixárão, e fugirão.

57 Mas os que tinhão preso a Jesus, o levárão a casa de Caifás Principe dos Sacerdotes, onde se havião congregado os Escribas e os Anciãos.

58 E Pedro o hia seguindo de longe até ao pateo do Principe dos Sacerdotes. E tendo entrado para dentro, estava assentado com os Officiaes de Justiça, para ver em que parava o caso.

59 Entretanto os Principes dos Sacerdotes, e todo o Conselho, andavão buscando quem jurasse algum falso testemunho contra Jesus, a fim de o entregarem á morte:

60 Mas não no achárão, sendo assim que forão muitos os que se apresentárão para jurar falso.

Mas por ultimo chegárão duas testemunhas falsas,

61 e depozérão: Este disse: Posso destruir o Templo de Deos, e reedificallo em tres dias.

62 Então levantando-se o Principe dos Sacerdotes, lhe disse: Não respondes nada ao que estes depõem contra ti?

63 Porém Jesus estava calado. E o Principe dos Sacerdotes lhe disse: Eu te conjuro pelo Deos vivo, que nos digas, se tu és o Christo Filho de Deos.

64 Respondeo-lhe Jesus: Tu o disseste: mas eu vos declaro, que vereis d'aqui a pouco ao Filho do Homem assentado á direita do poder de Deos, e vir sobre as nuvens do Ceo.

65 Então o Principe dos Sacerdotes rasgou as suas vestiduras, dizendo: Blasfemou: que necessidade temos já de testemunhas? eis-ahi acabais de ouvir agora huma blasfemia:

66 que vos parece? E elles respondendo disserão: He réo de morte.

67 Então huns lhe cuspirão no rosto, e o ferirão a punhadas, e outros lhe derão bofetadas no rosto,

68 dizendo: Adivinha-nos, Christo, quem he o que te deo?

69 Pedro entretanto estava assentado fóra no atrio: e chegou a elle huma criada, dizendo: Tu tambem estavas com Jesus o Galileo.

70 Mas elle o negou diante de todos, dizendo: Não sei o que dizes.

71 E sahindo elle á porta, vio-o outra criada, e disse aos que ali se achavão: Este tambem estava com Jesus Nazareno.

72 E segunda vez negou com juramento, dizendo: Juro que tal homem não conheço.

73 E dahi a pouco chegárão-se huns que alli estavão, e disserão a Pedro: Tu certamente és tambem dos taes: porque até a tua linguagem te dá bem a conhecer.

74 Então começou a fazer imprecações, e a jurar, que não conhecia tal homem. E immediatamente cantou o gallo.

75 E Pedro se lembrou da palavra que lhe havia dito Jesus: Antes de cantar o gallo, tres vezes me negarás. E tendo sahido para fóra chorou amargamente.

CAPITULO XXVII.

E CHEGADA que foi a manhãa, todos os Principes dos Sacerdotes, e os Anciãos do Povo entrárão em conselho contra Jesus, para o entregarem á morte.

2 E preso o levárão, e entregárão ao Governador Poncio Pilatos.

3 Então Judas, que havia isto o traidor, vendo que fora condemnado Jesus, tocado de arrependimento, tornou a levar as trinta moedas de prata aos Principes dos Sacerdotes, e aos Anciãos,

4 dizendo: Pequei entregando o sangue innocente. Mas elles lhe respondêrão: A nós que se nos dá? viras tu lá o que fazias.

5 E depois de lançar as moedas no Templo, retirou-se: e foi-se pendurar de hum laço.

6 Mas os Principes dos Sacerdotes tomando o dinheiro, disserão: Não he licito deitallo na arca das esmolas: porque he preço de sangue.

7 Tendo pois deliberado em Conselho sobre a materia, comprárão com elle o campo de hum oleiro, para servir de cemeterio aos forasteiros.

8 Por esta razão se ficou chamando aquelle

campo até o dia de hoje, Haceldama, isto he, Campo de sangue.

9 Então se cumprio o que foi annunciado pelo Profeta Jeremias que diz: E tomárão as trinta moedas de prata, preço do que foi apreçado, a quem pozerão em preço com os filhos de Israel:

10 e derão-nas pelo campo de hum oleiro, assim como me ordenou o Senhor.

11 Foi apresentado pois Jesus ao Governador, e o Governador lhe fez esta pergunta, dizendo: Tu és o Rei dos Judeos? Respondeo-lhe Jesus: Tu o dizes.

12 E sendo accusado pelos Principes dos Sacerdotes, e pelos Anciãos, não respondeo cousa alguma.

13 Então lhe disse Pilatos: Tu não ouves de quantos crimes te fazem cargo?

14 E não lhe respondeo a palavra alguma, de modo que se admirou o Governador em grande maneira.

15 Ora o Governador tinha por costume no dia da festa soltar aquelle preso, que os do Povo quizessem:

16 e naquella occasião tinha elle hum preso afamado, que se chamava Barrabás.

17 Estando pois elles todos juntos, disse-lhes Pilatos: Qual quereis vós que eu vos solte? Barrabás, ou Jesus, que se chama o Christo?

18 Porque sabia, que por inveja lhe havião entregado.

19 Entretanto estando elle assentado no seu Tribunal, mandou-lhe dizer sua mulher: Não te embaraces com a causa d'esse justo: porque hoje em sonhos foi muito o que padeci por seu respeito.

20 Mas os Principes dos Sacerdotes, e os Anciãos persuadirão aos do Povo, que pedissem a Barrabás, e que fizessem morrer a Jesus.

21 E fazendo o Governador esta pergunta, lhes disse: Qual dos dous quereis vós que eu vos solte? E respondêrão elles: Barrabás.

22 Disse-lhes Pilatos: Pois que hei de fazer de Jesus, que se chama o Christo?

23 Respondêrão todos: Seja crucificado. O Governador lhes disse: Pois que mal tem elle feito? E elles levantárão mais o grito, dizendo: Seja crucificado.

24 Então Pilatos vendo que nada aproveitava, mas que cada vez era maior o tumulto: mandando vir agua, lavou as mãos á vista do Povo, dizendo: Eu sou innocente do sangue d'este justo: vós lá vos avinde.

25 E respondendo todo o Povo, disse: O seu sangue caia sobre nós, e sobre nossos filhos.

26 Então lhes soltou a Barrabás: e depois de fazer açoutar a Jesus, entregou-lho para ser crucificado.

27 Então os soldados do Governador, tomando a Jesus para o levarem ao Pretorio, fizerão formar á roda d'elle toda a Cohorte:

28 e despindo-o, lhe vestirão hum manto carmezim,

29 e tecendo huma coroa de espinhos, lha pozerão sobre a cabeça, e na sua mão direita huma cana. E ajoelhando diante d'elle, o escarnecião, dizendo: Deos te salve, Rei dos Judeos.

30 E cuspindo nelle, tomárão huma cana, e lhe davão com ella na cabeça.

31 E depois que o escarnecêrão, despirão-no do manto, e vestirão-lhe os seus habitos, e assim o levárão para o crucificarem.

32 E ao sahir da Cidade achárão hum homem

de Cyrene, por nome Simão: e este constrangerão a que levasse a Cruz delle padecente.

33 E vierão a hum lugar, que se chama Golgotha, que he o lugar do Calvario.

34 E lhe derão a beber vinho misturado com fel. E tendo-o provado não o quiz beber.

35 E depois que o crucificárão repartirão as suas vestiduras, lançando sortes: porque se cumprisse o que tinha sido annunciado pelo Profeta, que diz: Repartirão entre si as minhas vestiduras, e sobre a minha tunica lançárão sortes.

36 E assentados o guardavão.

37 Pozerão-lhe tambem sobre a cabeça esta inscripção que declarava a causa da sua morte: ESTE HE JESUS REI DOS JUDEOS.

38 Ao mesmo tempo forão crucificados com elle dous ladrões: hum da parte direita, e outro da parte esquerda.

39 E os que hião passando blasfemavão d'elle, movendo as suas cabeças,

40 e dizendo: Ah, tu o que destroes o Templo de Deos, e o reedificas em tres dias: salva-te a ti mesmo: se és Filho de Deos, desce da Cruz.

41 Da mesma sorte insultando-o tambem os Principes dos Sacerdotes com os Escribas e Anciãos, dizião:

42 Elle salvou a outros, a si mesmo não se póde salvar: se he Rei de Israel, desça agora da Cruz, e creremos nelle:

43 confiou em Deos: livre-o lá agora, se he seu amigo: porque elle disse: Eu pois sou filho de Deos.

44 E os mesmos improperios lhe dizião tambem os ladrões, que havião sido crucificados com elle.

45 Mas des da hora sexta, até a hora nona se diffundirão trévas sobre toda a terra.

46 E perto da hora nona deo Jesus hum grande brado, dizendo: Eli, Eli, lamma sabachthani? isto he: Deos meu, Deos meu, porque me desamparaste?

47 Alguns porém dos que alli estavão, e que ouvirão isto, dizião: Este chama por Elias.

48 E logo correndo hum d'elles, tendo tomado huma esponja, a ensopou em vinagre, e a poz sobre huma cana, e lha dava a beber.

49 Porém os mais dizião: Deixa, vejamos se vem Elias a livrallo.

50 E Jesus tornando a dar outro grande brado, rendeo o espirito.

51 E eis-que se rasgou o véo do Templo em duas partes d'alto abaixo: e tremeo a terra, e partirão-se as pedras,

52 e abrirão-se as sepulturas: e muitos corpos de Santos, que erão mortos, resurgirão.

53 E sahindo das sepulturas depois da Resurreição de Jesus, vierão á Cidade Santa, e apparecêrão a muitos.

54 Mas o Centurião, e os que com elle estavão de guarda a Jesus, tendo presenciado o terremoto, e os successos que acontecião, tiverão grande medo, e dizião: Na verdade este Homem era Filho de Deos.

55 Achavão-se tambem alli vendo de longe muitas mulheres, que des de Galiléa tinhão seguido a Jesus, subministrando-lhe o necessario:

56 entre as quaes estavão Maria Magdalena, e Maria mãi de Tiago, e de José, e a mãi dos filhos de Zebedeo.

57 E quando foi lá pela tarde, veio hum homem rico de Arimathéa, por nome José, que tambem era Discipulo de Jesus:

58 este chegou a Pilatos, e lhe pedio o corpo de Jesus. Pilatos mandou então que se lhe désse o corpo.

59 Tomando pois o corpo, amortalhou-o José num asseado lançol:

60 e depositou-o no seu sepulcro, que ainda não tinha servido, o qual elle tinha aberto numa rocha. E tapou a boca do sepulcro com huma grande pedra que para alli revolveo, e retirou-se.

61 E Maria Magdalena, e a outra Maria estavão alli sentadas de fronte do sepulcro.

62 E no outro dia, que he o seguinte ao Parasceve, os Principes dos Sacerdotes, e os Fariseos acudirão juntos a casa de Pilatos,

63 dizendo: Senhor, lembrámo-nos de que aquelle embusteiro, vivendo ainda, disse: Eu hei de resurgir depois de tres dias.

64 Dá logo ordem, que se guarde o sepulcro até o dia terceiro: por não succeder que venhão seus Discipulos, e o furtem, e digão á plebe: Resurgio dos mortos: e d'esta sorte virá o ultimo embuste a ser peior do que o primeiro.

65 Pilatos lhes respondeo: Vós ahi tendes guardas, ide, guardai-o como entendeis.

66 Elles porém retirando-se, trabalhárão por ficar seguro o sepulcro, sellando a campa, e pondo-lhe guardas.

CAPITULO XXVIII.

MAS na tarde do Sabbado, ao amanhecer o primeiro dia da semana, veio Maria Magdalena, e a outra Maria a ver o sepulcro.

2 E eis-que tinha havido hum grande terremoto. Porque hum Anjo do Senhor desceo do Ceo: e chegando revoltou a pedra, e estava assentado sobre ella:

3 e o seu aspecto era como hum relampago: e a sua vestidura como a neve.

4 E de temor d'elle se assombrárão os guardas, e ficárão como mortos.

5 Mas o Anjo fallando primeiro disse ás mulheres: Vós-outras não tenhais medo: porque sei que vindes buscar a Jesus, que foi crucificado:

6 elle já aqui não está: porque resuscitou

como tinha dito: vinde, e vede o lugar onde o Senhor estava posto.

7 E ide logo, e dizei aos seus Discipulos que elle resuscitou: e ei-lo ahi vai a diante de vós para a Galiléa: lá o vereis: olhai que eu vo-lo disse antes.

8 E sahirão logo do sepulcro com medo, e ao mesmo tempo com grande gozo, e forão correndo a dar a nova aos seus Discipulos.

9 E eis-que lhes sahio Jesus ao encontro, dizendo: Deos vos salve. E ellas se chegárão a elle, e se abraçárão com os seus pés, e o adorárão.

10 Então lhes disse Jesus: Não temais: ide, dai as novas a meus irmãos para que vão a Galiléa, que lá me verão.

11 Ao tempo que ellas hião, eis-que vierão á Cidade alguns dos guardas, e noticiárão aos Principes dos Sacerdotes tudo o que havia succedido.

12 E tendo-se congregado com os Anciãos, depois de tomarem conselho, derão huma grande somma de dinheiro aos soldados,

13 intimando-lhes esta ordem: Dizei, que vierão de noite os seus Discipulos, e o levárão furtado em quanto nós estavamos dormindo.

14 E se chegar isto aos ouvidos do Governador, nós lho faremos crer, e attenderemos á vossa segurança.

15 Elles porém, depois de receberem o dinheiro, o fizerão conforme as instrucções que tinhão. E esta voz que se divulgou entre os Judeos, dura até ao dia d'hoje.

16 Partirão pois os onze Discipulos para Galiléa, para cima de hum monte, onde Jesus lhes havia ordenado que se achassem.

17 E vendo-o, o adorárão: ainda que alguns tiverão sua dúvida.

18 E chegando Jesus lhes fallou, dizendo: Tem-se-me dado todo o poder no Ceo na terra:

19 ide pois e ensinai todas as gentes: baptizando-as em nome do Padre, e do Filho, e do Espirito Santo:

20 ensinando-as a observar todas as cousas que vos tenho mandado: e estai certos de que eu estou comvosco todos os dias, até á consummação do seculo.

O SANTO EVANGELHO DE JESU CHRISTO

SEGUNDO

S. MARCOS.

CAPITULO I.

PRINCIPIO do Evangelho de Jesu Christo, Filho de Deos.

2 Conforme está escrito no Profeta Isaias. Eis-ahi envio eu o meu Anjo ante a tua face, o qual irá adiante de ti preparar-te o caminho.

3 Voz do que clama no Deserto: Preparai o caminho do Senhor, endireitai as suas varédas.

4 Estava João baptizando no Deserto, e prégando o baptismo de penitencia, para remissão de peccados.

5 E sahia concorrendo a elle toda a terra de

Judéa, e todos os de Jerusalem, e erão baptizados por elle no rio Jordão, confessando os seus peccados.

6 E João andava vestido de pelles de camelo, e trazia huma cinta de couro á roda de seus lombos, e comia gafanhotos, e mel silvestre. E prégava, dizendo:

7 Após de mim vem outro mais forte do que eu: ante o qual não sou digno de me prostrar para lhe desatar a correa dos çapatos.

8 Eu tenho-vos baptizado em agua, porém elle baptizar-vos-ha no Espirito Santo.

9 E aconteceo isto: naquelles dias veio Jesus

de Nazareth, Cidade de Galiléa: e foi baptizado por João no Jordão.

10 E logo que sahio da agua, vio Jesus os Ceos abertos, e que o Espirito Santo descia, e pousava sobr'elle em figura de pomba.

11 E ouvio-se dos Ceos esta voz: Tu és aquelle meu filho singularmente amado, em ti tenho posto toda a minha complacencia.

12 E logo o Espirito o lançou para o Deserto.

13 E esteve no deserto quarenta dias, e quarenta noites: e alli foi tentado por Satanás: e habitava com as feras, e os Anjos o servião.

14 Mas depois que João foi entregue á prizão, veio Jesus para Galiléa, prégando o Evangelho do Reino de Deos,

15 e dizendo: Pois que o tempo está cumprido, e se appropinquou o Reino de Deos: fazei penitencia, e crede no Evangelho.

16 E passando ao longo do Mar de Galiléa, vio a Simão, e a André seu irmão, que lançavão as suas redes ao mar, (porque erão pescadores,)

17 e disse-lhes Jesus: Vinde após mim, e eu vos farei pescadores de homens.

18 E no mesmo ponto deixadas as redes, o seguirão.

19 E d'alli tendo passado hum pouco mais adiante, vio a Tiago filho de Zebedeo, e a João seu irmão, que tambem numa barca estavão concertando as redes:

20 e chamou-os logo. E elles tendo deixado na barca a seu pai Zebedeo com os jornaleiros, forão-no seguindo.

21 Entrárão depois em Cafarnaum: e Jesus vindo logo nos dias de Sabbado para a Synagoga, ensinava o Povo.

22 E os que ouvião a sua Doutrina estavão pasmados: porque elle os ensinava como quem tinha authoridade, e não como os Escribas.

23 Ora na Synagoga d'elles achava-se hum homem possésso do espirito immundo, que gritou,

24 dizendo: Que tens tu comnosco, Jesus Nazareno: vieste a perder-nos? bem sei quem és, que és o Santo de Deos.

25 Mas Jesus o ameaçou, dizendo: Cal-te, e sahe d'esse homem.

26 Então o espirito immundo, agitando-o com violentas convulsões, e dando hum grande grito, sahio d'elle.

27 E ficárão todos tão espantados, que huns a outros se perguntavão dizendo: Que he isto? que nova Doutrina he esta? porque elle põe preceito com imperio até aos espiritos immundos, e obedecem-lhe.

28 E correo logo sua fama por toda a terra de Galiléa.

29 E elles, sahindo logo da Synagoga, forão a casa de Simão e de André, juntamente com Tiago e João.

30 E a sogra de Simão estava de cama com febre: e lhe fallárão logo a respeito d'ella.

31 E chegando-se Jesus ao pé d'ella, depois de a tomar pela mão, a fez levantar: e immediatamente a deixou a febre, e ella se poz a servillos.

32 E de tarde sendo já Sol posto, trouxerão-lhe todos os enfermos e posséssos:

33 e toda a Cidade se tinha ajuntado á porta.

34 E curou a muitos que se achavão opprimidos de diversas doenças, e expellio muitos demonios, aos quaes não permittia que dissessem, que o conhecião.

35 E levantando-se muito de madrugada, sahio, e foi a hum lugar deserto, e fazia alli oração.

36 E forão-no seguindo Simão, e os que com elle estavão.

37 E depois de darem com elle, disserão-lhe: Todos andão em busca de ti.

38 E respondeo-lhes Jesus: Vamos para as Aldeias e Cidades circumvizinhas, porque tambem quero lá prégar: que a isso he que vim.

39 Prégava pois nas suas Synagogas, e em toda a Galiléa, e expellia os demonios.

40 E veio a elle hum leproso, fazendo-lhe suas rogativas: e pondo-se de joelhos, lhe disse: Se queres, podes alimpar-me.

41 E Jesus compadecido d'elle, estendeo a sua mão: e tocando-lhe, disse-lhe: Quero: Sê limpo.

42 E tendo dito estas palavras, em hum momento desapparaceo d'elle a lepra, e ficou limpo.

43 E Jesus o ameaçou, e logo o fez retirar:

44 e lhe disse: Guarda-te, não o contes a alguem: mas vai, mostra-te ao Principe dos Sacerdotes, e offerece pela tua purificação, o que Moysés ordenou, para lhes servir de testemunho.

45 Porém o homem, tanto que sahio, começou a contar, e a publicar o succedido, de sorte que Jesus não podia já entrar descobertamente numa Cidade, mas ficava fóra nos lugares desertos, e de todas as partes vinhão ter com elle.

CAPITULO II.

E ENTROU Jesus outra vez em Cafarnaum, depois de alguns dias,

2 e tanto que soou que estava alli em huma casa, acodio logo hum tão crescido número de gente, que não cabia, nem ainda á porta, e elle lhes prégava a palavra.

3 E vierão a elle trazendo hum paralytico, que o conduzião quatro ás costas.

4 E como não podessem pôr-lho diante, por causa do tropel da gente, destelhárão a casa onde estava: e tendo feito huma abertura, arreárão o leito, em que jazia o paralytico.

5 E quando Jesus vio a fé d'elles, disse ao paralytico: Filho, perdoados te são os teus peccados.

6 E estavão alli assentados alguns dos Escribas, que lá nos seus corações estavão dizendo:

7 Como falla assim este homem? elle diz huma blasfemia. Quem póde perdoar peccados senão só Deos?

8 Jesus conhecendo logo no seu espirito que elles pensavão d'esta maneira dentro de si, lhes disse: Porque estais vós pensando isso dentro de vossos corações?

9 Qual he mais facil, dizer ao paralytico: Os teus peccados te são perdoados: ou dizer: Levanta-te, toma o teu leito, e anda?

10 Ora para que saibais, que o Filho do Homem tem na terra poder de perdoar peccados, (disse ao paralytico)

11 a ti te digo: Levanta-te, toma o teu leito, e vai para tua casa.

12 E no mesmo ponto elle se levantou: e tomando o seu leito, se foi á vista de todos, de maneira que se admirárão todos, e louvárão a Deos, dizendo: Nunca tal vimos.

13 E sahio outra vez para a parte do mar: e vinhão a elle todas as gentes, e elle os ensinava.

14 E indo passando, vio a Levi, filho de Alféo, assentado no Telonio, e lhe disse: Segue-me. E elle levantando-se, o foi seguindo.

15 E aconteceo, que estando Jesus assentado á meza em casa d'elle, estavão tambem á meza

com Jesus e com os seus Discipulos muitos Publicanos e peccadores: porque havia muitos que tambem o seguião.

16 E vendo os Escribas e os Fariseos que Jesus comia com os Publicanos e peccadores, dizião a seus Discipulos: Porque come e bebe vosso Mestre com os Publicanos e peccadores?

17 Quando isto ouvio Jesus lhes disse: Os sãos não tem necessidade de Medico, senão os que estão enfermos: porque eu não vim a chamar justos, senão peccadores.

18 Ora os Discipulos de João, e os Fariseos jejuavão: e elles vão buscar a Jesus, e lhe dizem: Porque jejuão os discipulos de João, e os dos Fariseos, e não jejuão os teus Discipulos?

19 E Jesus lhes disse: Podem por ventura jejuar os filhos das vodas, em quanto está com elles o Esposo? Todo o tempo que tem comsigo ao Esposo, não podem jejuar.

20 Mas lá virão os dias, em que lhes será tirado o Esposo, e então naquelles dias elles jejuarão.

21 Ninguem coze hum remendo de panno novo num vestido velho: d'outra sorte o mesmo remendo novo leva parte do velho, e fica maior a rotura.

22 E ninguem lança vinho novo em odres velhos: d'outra sorte fará o vinho arrebentar os odres, e entornar-se-ha o vinho, e perder-se-hão os odres: mas o vinho novo deve se lançar em odres novos.

23 E succedeo outra vez, que caminhando o Senhor por entre os pães num dia de Sabbado, começárão então seus Discipulos a ir-se adiantando, e a apanhar espigas.

24 E os Fariseos lhe dizião: Olha-como fazem no Sabbado o que não he licito?

25 E elle lhes respondeo: Nunca lestes o que fez David, quando se achou em necessidade, e teve fome elle, e os que com elle estavão?

26 Como entrou na casa de Deos em tempo de Abiathar, Principe dos Sacerdotes, e comeu os Pães de Proposição, dos quaes não era licito comer, senão aos Sacerdotes, e ainda deo aos que com elle estavão?

27 E lhes dizia: O Sabbado foi feito em contemplação do homem, e não o homem em contemplação do Sabbado.

28 Assim que o Filho do Homem he Senhor tambem do Sabbado.

CAPITULO III.

E ENTROU Jesus outra occasião na Synagoga: e achava-se alli hum homem, que tinha resiccada huma das mãos.

2 E os Judeos o estavão observando, se curaria em dia de Sabbado, para o accusarem.

3 E disse ao homem que tinha a mão resiccada: Levanta-te para o meio.

4 E lhes disse: He licito em dia de Sabbado fazer bem, ou mal? salvar a vida, ou tiralla? Mas elles ficárão em silencio.

5 E olhando-os em roda com indignação, condoida da cegueira de seus corações, disse ao homem: Estende a tua mão: e elle a estendeo, e foi-lhe restabelecida a mão.

6 Mas os Fariseos sahindo d'alli, entrárão logo em conselho contra elle com os Herodianos, para ver como o havião de arruinar.

7 Mas Jesus se retirou com os seus Discipulos para a parte do mar: e o foi seguindo huma grande multidão de Povo da Galiléa, e da Judéa,

8 e de Jerusalem, e da Iduméa, e do Alem-Jordão: e da Comarca de Tyro, e de Sidonia

589

virão em grande número ter com elle, quando ouvirão as cousas que fazia.

9 E mandou aos seus Discipulos, que lhe apromptassem huma barca em que podesse entrar, para que o tropel da gente o não opprimisse:

10 porque curava a muitos, de tal maneira que todos os que padecião algum mal se arrojavão sobre elle para o tocarem.

11 E quando os espiritos immundos o vião, se prostravão diante d'elle: e gritavão dizendo:

12 Tu és o Filho de Deos. Mas elle fazia-lhes grandes ameaças, que quaes elle deo o nome de Boanerges, que quer dizer, Filhos do trovão:

13 Depois tendo subido a hum monte, chamou Jesus para si os que quiz: e vierão a elle.

14 E escolheo doze para que andassem com elle, e para os enviar a prégar.

15 E lhes deo o poder de curar enfermidades, e de expellir demonios.

16 A saber, a Simão a quem poz o nome de Pedro:

17 e a Tiago filho de Zebedeo, e a João irmão de Tiago, aos quaes elle deo o nome de Boanerges, que quer dizer, Filhos do trovão:

18 e a André, e a Filippe, e a Bartholomeo, e a Mattheus, e a Thomé, e a Tiago filho de Alfeo, e a Thaddeo, e a Simão Cananeo,

19 e a Judas Iscariotes, que foi o mesmo que o entregou.

20 E vierão a casa: e concorreo de novo tanta gente, que nem ainda podião tomar o alimento.

21 E quando isto ouvirão os seus, sahirão para o prender: porque dizião: Elle está furioso.

22 E os Escribas, que havião baixado de Jerusalem, dizião: Elle está possésso de Beelzebub, e em virtude do Principe dos demonios, he que expelle os demonios.

23 E havendo-os convocado, lhes dizia em parabolas: Como póde Satanás lançar fóra a Satanás?

24 E se hum Reino está dividido contra si mesmo, não póde durar aquelle Reino.

25 E se huma casa está dividida contra si mesma, não póde permanecer aquella casa.

26 E se Satanás se levantar contra si mesmo, dividido está, e não poderá subsistir, antes está para acabar.

27 Ninguem póde entrar na casa do valente a roubar as suas alfaias, se primeiro não ata ao valente, para poder depois saquear a sua casa.

28 Na verdade vos digo, que aos filhos dos homens perdoados lhes serão todos os peccados, e as blasfemias que proferirem:

29 mas o que blasfemar contra o Espirito Santo, nunca jámais terá perdão, mas será réo de eterno delicto.

30 Por quanto dizião: Está possésso do espirito immundo.

31 E chegárão sua Mãi e seus irmãos, e ficando da parte de fóra, o mandárão chamar:

32 e estava sentado á roda d'elle hum crescido número de gente: e lhe disserão: Olha que tua Mãi e teus irmãos te buscão ahi fóra.

33 E elle lhes respondeo, dizendo: Quem he minha Mãi e meus irmãos?

34 E olhando para os que estavão sentados á roda de si, lhes disse: Eis-aqui minha Mãi e meus irmãos.

35 Porque o que fizer a vontade de Deos, esse he meu irmão, e minha irmã, e minha Mãi.

CAPITULO IV

E DE novo se poz a ensinar á beira do mar: e se ajuntárão á roda d'elle tantas gentes, que entrando em huma barca, se assentou dentro no mar, e toda a gente estava em terra na ribeira:

2 e lhes ensinava muitas cousas por parábolas, e lhes dizia segundo o seu modo de prégar:

3 Ouvi: eis sahio o semeador a semear.

4 E ao tempo de semear, huma parte cahio junto do caminho, e vierão as aves do Ceo, e a comêrão.

5 E outra cahio sobre pedregulho, onde não tinha muita terra: e nasceo logo, porque não havia profundidade de terra:

6 mas logo que sahio o Sol, se entrou a queimar: e como não tinha raiz, se seccou.

7 E outra cahio entre espinhos: e crescêrão os espinhos, e a affogárão, e não deo fruto.

8 E outra cahio em boa terra, e deo fruto que vingou, e cresceo, e hum grão deo a trinta, outro a sessenta, e outro a cento.

9 E dizia: quem tem ouvidos de ouvir, ouça.

10 E quando se achou só, lhe perguntárão os doze, que estavão com elle, qual era o sentido da parábola.

11 E lhes disse: A vós-outros he concedido saber o mysterio do Reino de Deos: mas aos que são de fóra tudo se lhes propõe em parábolas:

12 para que vendo vejão, e não vejão: e ouvindo oução, e não entendão: para que não succeda que alguma vez se convertão, e lhes sejão perdoados os peccados.

13 E lhes disse: Não entendeis esta parábola? pois como entendereis todas as parábolas?

14 O que semêa, semêa a palavra.

15 E estes são os que estão junto do caminho, nos quaes a palavra he semeada, mas quando a tem ouvido, vem logo Satanás, e tira a palavra, que foi semeada nos seus corações.

16 E assim mesmo são aquelles, que recebem a semente em pedregulho: os quaes quando tem ouvido a palavra, logo a recebem com gosto:

17 mas não tem raiz em si, por quanto perseverão até certo tempo: depois em se levantando a tribulação e a perseguição por amor da palavra, logo se escandalizão.

18 E os outros são os que recebem a semente entre espinhos: estes são os que ouvem a palavra,

19 mas as fadigas do seculo, e a illusão das riquezas, e as outras paixões a que dão entrada, affogão a palavra, e assim fica infructuosa.

20 E os que recebem a semente em boa terra, são os que ouvem a palavra, e a recebem, e dão fruto, hum a trinta, outro a sessenta, e outro a cento.

21 Dizia-lhes mais: Por ventura vem a luzerna para a metterem debaixo do alqueire, ou debaixo da cama? não he assim que a trazem para a porem sobre o candieiro?

22 Porque não ha cousa alguma escondida, que não venha a ser manifesta: nem cousa feita em occulto, que não venha a ser publica.

23 Se algum tem ouvidos de ouvir, ouça.

24 Tambem lhes dizia: Attendei ao que ides agora a ouvir. Com a medida com que medirdes aos mais, vos medirão a vós, e ainda se vos accrescentará.

25 Porque ao que já tem, dar-se-lhe-ha; e ao que não tem, ainda o que tem se lhe tirará.

26 Dizia tambem: Tal he o Reino de Deos como hum homem que lança a semente sobre a terra,

27 e que dorme, e se levanta de noite e de dia, e a semente brota e cresce sem elle saber como.

28 Porque a terra por si mesma produz, primeiramente a herva, depois a espiga, e por ultimo o grão grado na espiga.

29 E quando produzir os frutos, mette logo a fouce, porque está chegado o tempo da seifa.

30 Ainda dizia: A que cousa assemelharemos nós o Reino de Deos? ou com que parábola o compararemos?

31 He como hum grão de mostarda, que quando se semêa na terra, he a menor de todas as sementes que ha na terra;

32 mas depois de semeado, cresce, e faz-se mais alto que todas as hortaliças, e cria grandes ramos, de modo que as aves do Ceo podem vir pousar debaixo da sua sombra.

33 E assim lhes propunha a palavra com muitas parábolas taes como estas, conforme o permittia a capacidade dos ouvintes:

34 e não lhes fallava sem usar de parábolas: mas tudo explicava depois em particular a seus Discipulos.

35 E naquelle dia, já sobre a tarde, lhes disse: passemos á banda d'além.

36 E despedindo a gente, o levárão comsigo assim mesmo como estava na barca: e outras embarcações que com elle estavão o seguírão.

37 Então se levantou huma grande tormenta de vento, que mettia as ondas na barca, de sorte que ella se encheo d'agua.

38 Entretanto estava Jesus dormindo na poppa sobre hum travesseiro; então elles o acordão, e lhe dizem: Mestre, a ti não se te dá que pereçamos?

39 E levantando-se ameaçou o vento, e disse para o mar: Cal-te, emmudece. E cessou o vento, e seguio-se huma grande bonança.

40 Disse-lhes disse Jesus: Porque sois vós assim timidos? ainda não tendes fé? Ficárão elles sobremaneira penetrados de temor, e huns para os outros dizião: Quem julgas que he este, que até o vento e o mar lhe obedecem?

CAPITULO V.

E PASSARÃO á outra banda do mar, ao territorio dos Gerasenos.

2 E ao sahir Jesus da barca, veio logo a elle dos sepulcros hum homem possésso do espirito immundo,

3 o qual tinha nos sepulcros o seu domicilio, e nem com cadeias o podia já alguem soster preso:

4 porque tendo sido atado por muitas vezes com grilhões e com cadeias, tinha quebrado as cadeias, e despedaçado os grilhões, e ninguem o podia domar:

5 e sempre de dia e de noite andava pelos sepulcros, e pelos montes, gritando, e ferindo-se com pedras.

6 Vendo pois a Jesus de longe, veio correndo, e adorou-o:

7 e dando hum grande grito, disse: Que tens tu comigo, Jesus Filho de Deos Altissimo? eu te esconjuro por Deos, que me não atormentes.

8 Porque Jesus lhe dizia: Espirito immundo, sahe d'esse homem.

9 E perguntou-lhe: Que nome he o teu? Ao que lhe respondeo: Legião he o meu nome, porque somos muitos.

10 E pedia-lhe instantemente, que o não lançasse fóra do paiz.

11 Andava pois alli pastando ao redor do monte huma grande manada de porcos.

12 E os immundos espiritos supplicavão a Jesus, dizendo: Manda-nos para os porcos, para nos mettermos nelles.

13 Deo-lhes Jesus logo esta permissão. E sabindo os espiritos immundos, entrárão nos pórcos: e a manada, que era de alguns dous mil, foi precipitar-se com grande violencia no mar, e alli todos se affogárão.

14 E os que os andavão apascentando fugirão, e forão dar a noticia á Cidade e pelos campos. Então sahirão muitos a ver o que tinha succedido;

15 e vão ter com Jesus: e vem ao que tinha sido vexado do demonio sentado, vestido, e em seu perfeito juizo; e tiverão medo.

16 E os que se tinhão achado presentes lhes contárão todo o facto, como havia acontecido ao endemoninhado, e o dos pórcos.

17 E começárão a rogar a Jesus que se retirasse dos confins d'elles.

18 E ao tempo que elle hia para entrar na barca, então começou o que fora vexado do demonio, a pedir-lhe que o deixasse ir com elle.

19 E Jesus o não admittio, mas disse-lhe: Vai para tua casa para os teus, e annuncia-lhes quão grandes cousas o Senhor te fez, e a misericordia que usou comtigo.

20 E foi-se, e começou a publicar em Decapolis quão grandes cousas lhe havia feito Jesus: e todos se admiravão.

21 E tendo passado Jesus segunda vez á banda d'além numa barca, concorreo a elle muita gente do Povo, que se achava junto na ribeira.

22 E chegou hum dos Principes da Synagoga, por nome Jairo, e vendo a Jesus, lançou-se a seus pés,

23 e pedia-lhe com instancia, dizendo: Eu tenho huma filha que está nas ultimas. Vem impôr-lhe a mão para a curares, e para lhe dares vida.

24 E foi Jesus com elle, e era tanto o Povo que o seguia, que o apertavão.

25 Então huma mulher, que havia doze annos que padecia hum fluxo de sangue,

26 e que tinha soffrido muito ás mãos de varios Medicos, e que havia gastado tudo quanto tinha, nem por isso approveitára cousa alguma, antes cada vez se achava peior:

27 tendo ouvido fallar de Jesus, veio por detrás entre a chusma, e tocou-lhe o vestido:

28 porque dizia: Se eu tocar ainda que seja só o seu vestido, ficarei sãa:

29 e no mesmo instante se lhe seccou a fonte do seu sangue, e ella sentio no seu corpo estar curada do mal.

30 Mas Jesus conhecendo logo em si mesmo a virtude que sahíra d'elle, voltado para a gente, disse: Quem tocou meus vestidos?

31 E respondêrão-lhe seus Discipulos: Tu vês que a chusma te vai comprimindo de todas as partes, e então perguntas: Quem me tocou?

32 E Jesus olhava em roda para ver a que isto fizera.

33 A mulher porém que sabia o que se tinha passado nella, cheia de medo, e toda tremendo, veio lançar-se a seus pés, e declarou-lhe a toda a verdade.

34 E Jesus lhe disse: Filha, a tua fé te salvou: vai-te em paz, e fica curada do teu mal.

35 Ainda elle não tinha acabado de fallar, quando chegão alguns da casa do Principe da Synagoga, dizendo: He morta tua filha: porque queres tu dar ao Mestre o trabalho de ir mais longe?

36 Mas Jesus tendo ouvido o que elles fallavão,
591

disse ao Principe da Synagoga: Não tenhas medo: crê sómente.

37 E não permittio, que o acompanhasse nenhum senão Pedro, e Tiago, e João irmão de Tiago.

38 Depois que chegárão a casa do Principe da Synagoga, vio logo Jesus o reboliço, e os que estavão chorando e fazendo grandes prantos.

39 E tendo entrado, lhes disse: Para que he esta turbação e este choro que fazeis? a menina não está morta, mas dorme.

40 E zombavão d'elle. Mas Jesus tendo feito sahir todos para fóra, tomou o pai e a mãi da menina, e os que comsigo trazia, e entrou onde a menina estava deitada.

41 E tomando a mão da menina, lhe disse: Talitha cumi, que quer dizer: Menina (eu te mando) levanta-te:

42 e no mesmo ponto se levantou a menina, e começou a andar: porque era já de doze annos: e elles ficárão assombrados com grande espanto.

43 Mas Jesus lhes mandou com preceito expresso, que ninguem o soubesse: e disse que dessem de comer á menina.

CAPITULO VI.

E TENDO Jesus sahido d'alli foi para a sua Patria: e o seguião os seus Discipulos:

2 e chegando o dia de Sabbado, começou a ensinar na Synagoga: e muitos dos que o ouvião, se admiravão da sua doutrina, dizendo: Donde vem a este todas estas cousas? e que sabedoria he esta que lhe foi dada: e donde taes maravilhas, que pelas suas mãos são obradas?

3 Não he este o official, filho de Maria, irmão de Tiago, e de José, e de Judas, e de Simão? não vivem aqui entre nós tambem suas irmãs? E d'aqui tomavão motivo para se escandalizarem.

4 Mas Jesus lhes dizia: Hum Profeta só deixa de ser honrado na sua patria, e na sua casa, e entre os seus parentes.

5 E não podia fazer alli milagre algum, senão foi que curou alguns poucos enfermos, impondo-lhes as mãos:

6 e Jesus se admirava da incredulidade d'elles, e andava prégando por todas as Aldeias circumvizinhas.

7 E chamou os doze, e começou a enviallos a dous e dous, e lhes dava poder contra os espiritos immundos.

8 E ordenou-lhes que não levassem nada nas jornadas, senão sómente hum bordão: nem levassem alforje, nem pão, nem dinheiro na cinta,

9 mas que fossem calçados de sandalhas, e que não se provessem de duas tunicas.

10 E dizia-lhes: Em qualquer casa aonde entrardes, ficai nella, até sahirdes do lugar:

11 e quando alguns vos não receberem, nem vos escutarem, sahindo d'alli, sacudi o pó dos vossos pés, em testemunho contra elles.

12 E sahindo elles prégavão aos Povos, que fizessem penitencia.

13 e expellião muitos demonios, e ungião com oleo a muitos enfermos, e os curavão.

14 E ouvio isto o Rei Herodes, (porque o seu nome se tinha feito celebre,) e dizia: He que João Baptista resurgío d'entre os mortos, e por isso os prodigios obrão nelle.

15 Outros porém dizião: He Elias. E dizião outros: He Profeta, como hum dos Profetas.

16 Herodes que ouvia estes rumores, disse: Este he João, a quem eu mandei degollar, que resurgío dos mortos.

17 Porque he de saber, que o mesmo Herodes, como se tinha casado com Herodias, sendo esta mulher de seu irmão Filippe, mandou prender e metter em ferros no carcere a João, por causa d'esta mulher.

18 Porque dizia João a Herodes: Não te he licito ter a mulher de teu irmão.

19 E Herodias lhe andava espreitando alguma occasião, e o queria fazer morrer, porém não podia.

20 Porque Herodes temia a João, sabendo que elle era varão justo e santo: e o tinha em custodia, e pelo seu conselho fazia muitas cousas, e o ouvia de boa vontade.

21 Até que ultimamente chegou hum dia favoravel, em que Herodes celebrava o dia do seu nascimento, dando hum banquete aos Grandes da sua Corte, e aos Tribunos, e aos principaes da Galiléa:

22 e havendo entrado no festim a filha do mesma Herodias, e dançado, e dado gosto a Herodes, e aos que com elle estavão á meza; disse o Rei á moça: Pede-me o que quizeres, e eu to darei:

23 e lhe jurou: Tudo o que me pedires te darei, ainda que seja a metade do meu Reino.

24 Tendo ella sahido, disse a sua mãi: Que hei de eu pedir? E ella lhe respondeo: A cabeça de João Baptista.

25 E tornando logo a entrar a grão pressa aonde estava o Rei, pedio, dizendo: Quero que sem mais demora me dês num prato a cabeça de João Baptista.

26 E o Rei se entristeceo: mas por causa do juramento, e pelos que com elle estavão alli á meza, não quiz desgostalla:

27 mas enviando hum dos da sua guarda, lhe mandou trazer a cabeça de João num prato. E elle indo o degollou no carcere:

28 e trouxe a sua cabeça num prato, e a deo á moça, e a moça a deo a sua mãi.

29 O que ouvindo seus Discipulos, vierão e levárão o seu corpo, e o pozerão no sepulcro.

30 Ora os Apostolos ajuntando-se onde Jesus estava, contárão-lhe tudo o que havião feito e ensinado.

31 E elle lhes disse: Vinde, retirai-vos a algum lugar deserto, e descançai hum pouco. Porque erão muitos os que entravão e sahião, e não tinhão tempo para comerem.

32 Entrando pois numa barca, retirárão-se a hum lugar deserto, por estarem sós.

33 E muitos os vião partir, e outros tiverão d'isso noticia, e concorrerão lá a pé de todas as Cidades, e chegárão primeiro que elles.

34 E ao desembarcar vio Jesus huma grande multidão de Povo, e teve compaixão d'elles, porque erão como ovelhas que não tem Pastor, e começou a ensinar-lhes muitas cousas.

35 E como fosse já mui tarde, chegárão-se a elle seus Discipulos, dizendo: Este lugar he deserto, e a hora he já passada:

36 despede-os, que vão por esses Casaes e Aldeias da Comarca, a comprar alguma cousa que comão.

37 E elle respondendo lhes disse: Dai-lhes vós-outros de comer. E elles lhes tornárão: Será logo preciso, que vamos com duzentos dinheiros comprar pão, para haver de lhes darmos de comer.

38 E Jesus lhes disse: Quantos pães tendes vós? Ide e vede lá isso. E depois de o terem examinado, lhe vem dizer: Temos cinco, e dous peixes.

592

39 Então lhes mandou que os fizessem recostar a todos em ranchos sobre a verde relva.

40 E se recostárão em ranchos, de cento em cento, e de cincoenta em cincoenta.

41 E Jesus tomando os cinco pães e os dous peixes, com os olhos no Ceo abençoou e partio os pães, e os deo a seus Discipulos, para que lhos pozessem diante: e repartio por todos os dous peixes.

42 E todos comêrão, e ficárão fartos.

43 E levantárão doze cestos cheios de pedaços, que sobejárão dos pães e dos peixes.

44 Ora os que comerão erão cinco mil homens.

45 E immediatamente obrigou Jesus a seus Discipulos a se embarcarem, para chegarem primeiro que elle á banda d'além, a Bethsaida, em quanto elle despedia o Povo.

46 E depois que os despedio, retirou-se a hum monte a fazer oração.

47 E chegada a tarde, achava-se a barca no meio do mar, e elle só em terra.

48 E vendo o trabalho que elles tinhão em remar (porque o vento lhes era contrario) lá junto da quarta vigilia da noite foi ter com elles, andando por cima das aguas: e queria passar-lhes adiante.

49 Quando elles porém o virão caminhar sobre as aguas, cuidárão que era algum fantasma, e pozerão-se a gritar.

50 Porque todos o virão, e se turbárão. Mas elle logo fallou com elles, e lhes disse: Tende animo, sou eu, não temais.

51 E metteo-se na barca para ir ter com elles e cessou o vento. E elles, ainda mais se espantavão no seu interior do que vião:

52 pois ainda não tinhão conhecido o milagre dos pães: porque estava obcecado o seu coração.

53 E tendo passado á outra banda, vierão ao paiz de Genesareth, e tomárão alli porto.

54 E como sahirão da barca, logo o conhecêrão.

55 E correndo por todo aquelle paiz, começárão onde quer que sabião que Jesus estava, a trazerem-lhe de todas as partes nos leitos, os que padecião algum mal.

56 E aonde quer que elle entrava, fosse nas Aldeias, ou nos Casaes, ou nas Cidades, punhão os enfermos no meio das praças, e pedião-lhe que os deixasse tocar ao menos a orla do seu vestido, e todos os que o tocavão, ficavão sãos.

CAPITULO VII.

E VIERÃO ter com Jesus os Fariseos, e alguns dos Escribas, que erão chegados de Jerusalem.

2 E quando virão tomar a refeição a alguns dos seus Discipulos com as mãos immundas, isto he, por lavar, os vituperárão por isso.

3 Porque os Fariseos, e todos os Judeos, em observancia da tradição dos antigos, não comem sem lavarem as mãos muitas vezes:

4 e quando vem do mercado, não comem sem se purificarem: e assim observão outros muitos costumes, que lhes ficárão por tradição, como lavar os cópos, e os jarros, e os vasos de metal, e os leitos.

5 E lhe perguntavão os Fariseos e os Escribas: Porque não andão os teus Discipulos conformes com a tradição dos antigos, mas comem as viandas com as mãos por lavar?

6 E elle respondendo, lhes disse: Com muita razão profetou de vós hypocritas Isaias, como está escrito: Este Povo honra-me com a boca, mas o seu coração está longe de mim:

7 e em vão me adorão elles, quando ensinão maximas e preceitos dos homens.

8 Porque deixando o Mandamento de Deos, observais cuidadosamente a tradição dos homens, lavando os jarros, e os cópos; e fazeis muitas outras cousas semelhantes a estas.

9 E dizia-lhes: Vós bem fazeis por invalidar o Mandamento de Deos, para guardardes a vossa tradição.

10 Porque Moysés disse: Honra a teu pai e a tua mãi. Item: Todo o que tratar mal de palavra a seu pai, ou a sua mãi, morra de morte.

11 Mas vós-outros dizeis: Para cumprir com a Lei, basta que hum homem diga a seu pai ou a sua mãi, toda a Corban, (que he toda a offerta,) que eu faço a Deos, será em teu proveito;

12 e não lhe deixais fazer mais cousa alguma a favor de seu pai ou de sua mãi,

13 vindo assim a rescindir a palavra de Deos por huma tradição, de que vós-mesmos fostes os Authores: e fazeis ainda muitas mais cousas que se parecem com esta.

14 E convocando de novo ao Povo, lhes dizia: Ouvi-me todos, e entendei.

15 Não ha cousa fóra do homem, que entrando nelle o possa manchar, mas as que sahem do homem, essas são as que fazem immundo ao homem.

16 Se algum ha que tenha ouvidos de ouvir, ouça.

17 E depois que deixada a plebe entrou em casa, perguntárão-lhe seus Discipulos qual era o sentido d'esta parábola.

18 E elle lhes disse: Que tambem vos sois ignorantes? Não comprehendeis que tudo o que de fóra entra no homem nada o póde contaminar:

19 porque isso não lhe entra no coração, mas vai ter ao ventre, e depois lança-se num lugar escuso, levando comsigo todas as fézes do alimento?

20 E lhes dizia, que as cousas que sahem do homem, essas são as que contaminão ao homem.

21 Porque do interior do coração dos homens he que sahem os máos pensamentos, os adulterios, as fornicações, os homicidios,

22 os furtos, as avarezas, as malicias, as fraudes, as deshonestidades, a inveja, a blasfemia, a soberba, a loucura.

23 Todos estes males vem de dentro, e são os que contaminão ao homem.

24 E levantando-se d'alli, foi Jesus para os confins de Tyro e Sidonia: e tendo entrado numa casa, quiz que ninguem o soubesse, mas não pude occultar-se.

25 Porque huma mulher, cuja filha estava possessa do espirito immundo, tanto que ouvio que elle lá estava, entrou, e lançou-se-lhe aos pés.

26 Era pois huma mulher Gentia, de nação Syrofenicia: e rogava-lhe que expellisse de sua filha o demonio.

27 Disse-lhe Jesus: Deixa que primeiro sejão fartos os filhos: porque não he bem tomar o pão dos filhos, e lançallo aos cães.

28 Mas ella respondeo, e disse-lhe: Assim he, Senhor, mas tambem os cachorrinhos comem debaixo da meza das migalhas que caiem aos meninos.

29 Então lhe disse Jesus: Por esta palavra que disseste, vai, que já o demonio sahio de tua filha.

30 E tendo vindo para sua casa, achou que a metina estava deitada sobre a cama, e que o demonio a deixára.

593

31 E Jesus tornando a sahir do termo de Tyro, veio por Sidonia ao Mar de Galiléa, passando pelo meio do territorio de Decápole.

32 E lhe trouxerão hum surdo e mudo, e lhe rogavão que pozesse a mão sobr'elle.

33 Então Jesus tirando-o d'entre o Povo, e tomando-o de parte, metteo-lhe os seus dedos nos ouvidos: e cuspindo, poz-lhe da sua saliva sobre a lingua:

34 e levantando os olhos ao Ceo, deo hum suspiro, e disse-lhe: Ephphetha, que quer dizer, abrete.

35 E no mesmo instante se lhe abrirão os ouvidos, e se lhe soltou a prizão da lingua, de sorte que entrou a fallar expeditamente.

36 E mandou-lhes que a ninguem o dissessem. Porém quanto mais Jesus lho defendia, tanto mais elles o publicavão:

37 e tanto mais se admiravão, dizendo: Elle tudo tem feito bem: fez não só que ouvissem os surdos, mas que fallassem os mudos.

CAPITULO VIII.

NAQUELLES dias, como o Povo houvesse concorrido outra vez em grande número, e não tivessem que comer, tendo chamado Jesus aos seus Discipulos, lhes disse:

2 Tenho compaixão d'este povo: porque olhai ha já tres dias que andão aturadamente comigo, e não tem que comer:

3 e se os despedir em jejum para suas casas virão a desfalecer no caminho: porque alguns d'elles vierão de longe.

4 E seus Discipulos lhe respondêrão: D'onde poderá alguem fartallos de pão aqui nesta solidão?

5 E Jesus lhes perguntou: Quantos pães tendes vós? Respondêrão elles: Sete.

6 E mandou á gente que se recostasse sobre a terra, e tomando os sete pães, dando graças, os partio, e deo a seus Discipulos para que os distribuissem, e elles os distribuirão pelo povo.

7 Tinhão tambem huns poucos de peixinhos; e elle os abençoou, e mandou que lhes pozessem.

8 Comêrão pois, e ficárão fartos, e dos pedaços que tinhão sobejado levantárão sete cestos.

9 Erão porém os que comêrão perto de quatro mil: e Jesus os despedio.

10 E entrando logo na barca em companhia de seus Discipulos, passou ao territorio de Dalmanutha.

11 E sahirão os Fariseos, e se pozerão a disputar com elle, pedindo-lhe que lhes fizesse ver algum prodigio do Ceo, tudo para o tentarem.

12 Porém Jesus arrancando do intimo do coração hum suspiro, disse: Porque pide esta geração hum prodigio? Em verdade vos digo, que a esta geração se não concederá prodigio.

13 E deixando-os, tornou outra vez a embarcar, e passou á outra banda.

14 Ora os Discipulos esquecêrão-se de tomar pão; e não tinhão comsigo na barca senão hum unico.

15 E poz-lhes Jesus hum preceito, em que dizia: Vede bem, e acautelai-vos do fermento dos Fariseos, e do fermento de Herodes.

16 E discorrião entre si, dizendo: He porque não temos pão.

17 O que conhecendo Jesus, disse-lhes: Que estais vós considerando que não tendes pão? he possivel que ainda não no conheçais nem com-

prebendais? ainda tendes cégo o vosso coração?

18 Tendo olhos não vedes? e tendo ouvidos não ouvís? E não vos lembrais,

19 quando parti cinco pães para cinco mil, quantos cestos levantastes cheios de pedaços? Respondêrão elles: Doze.

20 E quando eu parti sete pães para quatro mil, quantos cestos levantastes de pedaços? E elles lhe respondêrão: Sete.

21 E Jesus lhes dizia: Pois como não entendeis ainda?

22 E vierão a Bethsaida, e lhe trouxerão hum cégo, e lhe rogavão que o tocasse.

23 E tomando ao cégo pela mão, o tirou para fóra da Aldeia: e cuspindo-lhe nos olhos, tendo-lhe imposto as suas mãos, lhe perguntou se via alguma cousa.

24 E levantando elle os olhos, disse: Vejo os homens como arvores que andão.

25 Depois tornou-lhe Jesus a pôr as mãos sobre os olhos, e começou elle a ver, e ficou de todo curado; de sorte que via distinctamente todos os objectos.

26 E Jesus o despedio para sua casa, dizendo-lhe: Vai para tua casa; e se entrares na Aldeia, não no digas a pessoa alguma.

27 E sahio Jesus com os seus Discipulos pelas Aldeias de Cesaréa de Filippe: e perguntava pelo caminho a seus Discipulos, dizendo-lhes: Quem dizem os homens que sou eu?

28 Elles lhe respondêrão, dizendo: Huns dizem que João Baptista, outros que Elias, e outros como hum dos Profetas.

29 Então lhes disse Jesus: E vós-outros quem dizeis que sou eu? Respondendo Pedro, lhe disse: Tu és o Christo.

30 E Jesus lhes prohibio com ameaças, que a ninguem dissessem isto d'elle.

31 E começou a declarar-lhes, que importava que o Filho do Homem padecesse muito, e que fosse rejeitado pelos Anciãos, e pelos Principes dos Sacerdotes, e pelos Escribas, e que fosse entregue á morte: e que resuscitasse depois de tres dias.

32 E tudo isto lhes declarava elle abertamente. Sobre o que Pedro, tomando-o de parte, começou a reprehendello.

33 Mas Jesus, virando-se, e olhando para seus Discipulos, ameaçou a Pedro, dizendo: Tir-te de diante de mim, Satanás, que não tens gosto das cousas de Deos, mas sim das dos homens.

34 E chamando a si o Povo com seus Discipulos, disse-lhes: Se alguem me quer seguir, negue-se a si mesmo, e tome a sua Cruz, e siga-me.

35 Porque o que quizer salvar a sua vida, perdella-ha: mas o que perder a sua vida por amor de mim e do Evangelho, salvalla-ha.

36 Pois de que aproveitará ao homem, se ganhar o Mundo inteiro, e perder a sua alma?

37 Ou que dará o homem em troco pela sua alma?

38 Porque se nesta geração adultera e peccadora se envergonhar alguem de mim e das minhas palavras, tambem o Filho do homem se envergonhará d'elle, quando vier na gloria de seu Pai acompanhado dos Santos Anjos.

39 Dizia-lhes mais: Em verdade vos affirmo, que dos que aqui se achão, alguns ha que não hão de gostar a morte, em quanto não virem chegar o Reino de Deos no seu poder.

594

CAPITULO IX.

E SEIS dias depois tomou Jesus comsigo a Pedro, e a Tiago, e a João: e os levou sós a hum alto monte em lugar apartado, e transfigurou-se ante elles.

2 E os seus vestidos se tornárão resplandecentes, e em extremo brancos como a neve, tanto que nenhum lavandeiro sobre a terra os poderia fazer tão brancos.

3 E lhes appareceo Elias com Moysés: e estavão fallando com Jesus.

4 E respondendo Pedro, disse a Jesus: Mestre, bom será que nós estejamos aqui: e façamos tres tendas, para ti huma, e para Moysés outra, e para Elias outra.

5 Porque não sabia o que dizia: pois estavão attonitos de medo.

6 E formou-se huma nuvem, que lhes fez sombra: e sahio huma voz da nuvem, que dizia: Este he meu Filho dilectissimo: ouvi-o.

7 E olhando logo em roda, não virão alli mais ninguem, senão sómente a Jesus que estava com elles.

8 E ao descerem elles do monte, mandou-lhes que a ninguem contassem o que tinhão visto, até que o Filho do Homem houvesse resurgido dos mortos.

9 E elles tiverão a cousa em segredo, disputando entre si sobre que queria dizer aquella palavra: Até que houvesse resurgido dos mortos.

10 Então lhe perguntárão, dizendo: Pois como dizem os Fariseos, e os Escribas, que Elias deve vir primeiro?

11 Elle respondendo, lhes disse: Elias quando vier primeiro, reformará todas as cousas; e como está escrito ácerca do Filho do Homem, deve padecer muito, e ser desprezado.

12 Mas digo-vos que Elias já veio (e fizerão d'elle quanto quizerão) como está escrito d'elle.

13 E vindo a seus Discipulos, vio perto d'elles huma grande multidão de gente, e que os Escribas estavão disputando com elles.

14 E logo todo o Povo vendo a Jesus, ficou espantado, e todos se enchêrão de temor, e correndo a elle o saudavão.

15 E elle lhes perguntou: Que he o que estais disputando entre vós-outros?

16 E respondendo hum d'entre a gente, disse: Mestre, eu te trouxe meu filho possuido de hum espirito mudo:

17 o qual onde quer que o apanha, o lança por terra, e o moço delia escuma pela boca, e range com os dentes, e vai-se mirrando: e roguei a teus Discipulos que o expellissem, e elles não poderão.

18 Respondendo-lhes Jesus, disse: O' geração incredula, até quando hei de eu estar comvosco? até quando vos hei de soffrer? Trazei-mo cá.

19 Trouxerão-lho então. E ainda bem elle não tinha visto a Jesus, quando logo o espirito immundo o começou a agitar com violencia, até que cahio por terra, onde se revolvia babando-se todo.

20 E perguntou Jesus ao pai d'elle: Quanto tempo ha que lhe succede isto? E elle disse: Des da infancia:

21 e o demonio o tem lançado muitas vezes no fogo, e muitas na agua, para o matar: porém se tu pódes alguma cousa, ajuda-nos, tem compaixão de nós.

22 Disse-lhe pois Jesus: Se tu pódes crer, tudo he possivel ao que crê.

23 E immediatamente o pai do moço gritando, dizia com lagrimas: Sim, Senhor, eu creio: ajuda tu a minha incredulidade.

24 E Jesus vendo que o Povo concorria, ameaçou o espirito immundo, dizendo lhe: Espirito surdo e mudo, eu te mando, sahe d'esse moço, e não tornes a entrar nelle.

25 Então dando grandes gritos, e maltratando-o muito, sahio d'elle, e ficou como morto, de sorte que muitos dizião: Está morto.

26 Porém tomando-o Jesus pela mão, o levantou, e elle se ergueo.

27 E depois que entrou em casa, perguntárão-lhe seus Discipulos particularmente: Porque o não podémos nos expellir?

28 E elle lhes disse: Esta casta de demonios não se póde fazer sahir, senão á força de oração e de jejum.

29 E tendo partido d'alli, caminhárão mais além de Galiléa; e não queria que ninguem o soubesse.

30 Entretanto ensinava a seus Discipulos, e dizia-lhes: O Filho do Homem será entregue ás mãos dos homens, que lhe tirarão a vida, e elle resurgirá ao terceiro dia depois da sua morte.

31 Mas elles não entendião o discurso: e tinhão medo de lhe perguntar.

32 Vierão depois a Cafarnaum. Quando elles estavão já em casa, lhes perguntou Jesus: De que vinheis vós tratando pelo caminho?

33 Mas elles callárão-se: porque no caminho havião disputado entre si qual d'elles era o maior.

34 E sentando-se chamou aos doze, e lhes disse: Se algum quer ser o primeiro, será o ultimo de todos, e o servo de todos.

35 E tomando a si hum menino, pôllo no meio d'elles: e depois de o abraçar, disse-lhes:

36 Todo o que receber hum d'estes meninos em meu Nome, a mim me recebe: e todo o que me recebe a mim, não me recebe a mim, mas recebe áquelle que me enviou.

37 Respondeo-lhe João, dizendo: Mestre, vimos a hum que lançava fóra demonios em teu Nome, que nos não segue, e lho prohibimos.

38 E disse Jesus: Não lho prohibais: porque não ha nenhum que faça milagre em meu Nome, e que possa logo dizer mal de mim:

39 porque quem não he contra vós, he por vós.

40 E qualquer que vos der a beber hum cópo d'agua em meu Nome, em attenção a que sois cousa de Christo, digo-vos em verdade que não perderá a sua recompensa.

41 E todo o que escandalizar hum d'estes pequenos que crem em mim, melhor lhe fôra que lhe atassem á roda do pescoço huma mó d'atafona, e que o lançassem no mar.

42 E se a tua mão te escandalizar, córta-a: melhor te he entrar na vida eterna manco, do que tendo duas mãos ir para o inferno, para o fogo que nunca jámais se apaga:

43 onde o bicho que os róe nunca morre, e onde o fogo nunca se apaga.

44 E se o teu pé te escandaliza, córta-o: melhor te ne entrar na vida eterna coxo, do que tendo dous pés ser lançado no fogo do inferno, que nunca jámais se apaga:

45 onde o bicho que os róe nunca morre, e onde o fogo nunca se apaga.

46 E se o teu olho te escandaliza, lança-o fóra: 595

melhor te he entrar no Reino de Deos sem hum olho, do que tendo dous, ser lançado no fogo do inferno:

47 onde o bicho que os róe nunca morre, e onde o fogo nunca se apaga.

48 Porque todos elles serão salgados no fogo, e toda a victima será salgada com sal.

49 O sal he bom; porém se elle se fizer insipido, com que o havels de temperar? Tende sal em vós, e guardai paz entre vós.

CAPITULO X.

E SAHINDO d'alli, foi Jesus para os confins da Judéa, na banda d'além do Jordão: e voltárão as gentes a ajuntar-se com elle: e de novo os ensinava, como sempre costumára.

2 E chegando os Fariseos, lhe perguntavão: He licito ao marido repudiar a sua mulher? o que elles dizião para o tentarem.

3 Mas elle respondendo, lhes disse: Que he o que vos mandou Moysés?

4 Respondérão elles: Moysés permittio escrever carta de divorcio, e repudiar.

5 Aos quaes respondendo Jesus, disse: Pela dureza de vosso coração he que elle vos deixou escrito esse mandamento:

6 porém ao principio da creação, fêllos Deos macho e femea.

7 Por isto deixará o homem a seu pai e a sua mãi, e se ajuntará a sua mulher:

8 e serão dous numa só carne. Assim que elles já não são dous, mas huma só carne.

9 O que Deos pois ajuntou, não no separe o homem.

10 E tornárão a fazer-lhe seus Discipulos em casa perguntas sobre a mesma materia.

11 E elle lhes disse: Qualquer que, repudiar a sua mulher, e se casar com outra, comette adulterio contra a sua primeira mulher.

12 E se a mulher repudiar a seu marido, e se casar com outro, comette adulterio.

13 Então lhe apresentavão huns meninos para que os tocasse; mas os Discipulos ameaçavão aos que lhos apresentavão.

14 O que vendo Jesus, levou-o muito a mal, e disse-lhes: Deixai vir a mim os pequeninos, e não os embaraceis: porque dos taes he o Reino de Deos.

15 Em verdade vos digo: Que todo o que não receber o Reino de Deos como pequenino, não entrará nelle.

16 E abraçando-os, e pondo sobre elles as mãos, os abençoava.

17 E tendo sahido Jesus para se pôr a caminho, veio correndo hum homem, e pôsto de joelho em terra diante d'elle, lhe fez esta supplica: Bom Mestre, que devo eu fazer, para alcançar a vida eterna?

18 E Jesus lhe disse: Porque me chamas tu bom? Ninguem he bom senão só Deos.

19 Tu sabes os Mandamentos? Não commettas adulterio, Não mates, Não furtes, Não digas falso testemunho, Não commettas fraudes, Honra a teu pai e a tua mãi.

20 Então elle respondendo, lhe disse: Mestre, todos estes Mandamentos tenho eu observado des da minha mocidade.

21 E Jesus pondo nelle os olhos, lhe mostrou agrado, e lhe disse: Huma cousa só te falta: vai, vende quanto tens, e di-o aos pobres, e terás hum thesouro no Ceo: e vem, segue-me.

22 O homem desgostoso das palavras que ouvíra, foi-se todo triste: porque era muito afazendado.

23 E Jesus olhando em roda, disse a seus Discipulos: Com quanta difficuldade entrarão no Reino de Deos os que tem riquezas!

24 E os Discipulos se assombravão das suas palavras. Mas Jesus continuando por diante lhes disse: Filhinhos quão difficil cousa he entrarem no Reino de Deos os que confião nas riquezas!

25 Mais facil he passar hum camelo pelo fundo d'huma agulha, do que entrar no Reino de Deos hum rico.

26 Elles ainda ficárão muito mais cheios d'espanto, e dizião huns para os outros: Quem póde logo salvar-se?

27 Então Jesus olhando para elles, disse: Para os homens cousa he esta que não póde ser, mas não para Deos: porque para com Deos todas as cousas são possiveis.

28 E começou Pedro a dizer-lhe: Eis-aqui estamos nós que largámos tudo, e te seguimos.

29 Respondendo Jesus, disse: Na verdade vos digo: Que não ha nenhum, que haja deixado casa, ou irmãos, ou irmãs, ou pai, ou mãi, ou filhos, ou terras por amor de mim, e por amor do Evangelho,

30 que não venha a receber já de presente neste mesmo seculo, a cento por hum, das casas, e dos irmãos, e das irmãs, e das mãis, e dos filhos, e das terras, com as perseguições, e no seculo futuro a vida eterna.

31 Porém haverá muitos que sendo os primeiros, serão os ultimos, e muitos que sendo os ultimos, serão os primeiros.

32 E estavão no caminho para subir a Jerusalem: e Jesus hia diante d'elles, do que os mesmos se espantavão: e o seguião com medo. E tornando a tomar de parte aos doze, começou a declarar-lhes as cousas que tinhão de lhe acontecer.

33 Eis-aqui está que nós subimos a Jerusalem, e o filho do Homem será entregue aos Principes dos Sacerdotes, e aos Escribas, e aos Anciãos, e sentenceallo-hão á morte, e o entregarão aos Gentios:

34 e o escarnecerão, e lhe cuspirão no rosto, e o açoutarão, e lhe tirarão a vida: e ao terceiro dia resurgirá.

35 Então se chegárão a elle Tiago e João, Filhos de Zebedeo, dizendo-lhe: Mestre, queremos que nos concedas tudo o que te pedirmos.

36 E elle lhes disse: Que quereis vós que eu vos faça?

37 E elles respondêrão: Concede-nos que nos sentemos na tua gloria, hum á tua direita, e outro á tua esquerda.

38 Mas Jesus lhes disse: Não sabeis o que pedis: podeis vós beber o calis, que eu estou para beber: ou ser baptizados no baptismo, em que eu estou para ser baptizado?

39 E elles lhe disserão: Podemos. E Jesus lhes disse: Vós com effeito haveis de beber o calis que eu estou para beber; e haveis de ser baptizados no baptismo em que estou para ser baptizado:

40 mas pelo que toca a terdes assento á minha dextra, ou á minha esquerda, não me pertence a mim o conceder-vo-lo; porém essa honra he para aquelles, para quem ella está aparelhada.

41 E ouvindo isto os outros dez começárão a indignar-se contra Tiago e João.

42 Mas Jesus chamando-os, lhes disse: Vós sabeis que os que tem authoridade entre os Povos, esses são os que dominão: e que os seus Principes tem poder sobre elles.

43 Porém entre vós não deve ser assim; mas todo o que quizer ser o maior, esse deve ser o que vos ministre:

44 e todo o que entre vós quizer ser o primeiro, esse deve fazer-se servo de todos.

45 Porque o mesmo Filho do Homem não veio a ser servido, mas a servir, e a dar a sua vida para redempção de muitos.

46 Depois forão a Jericó: e ao sahir de Jericó elle e os seus Discipulos, e muitissimo Povo com elles, Bartimeo, que era cégo, filho de Timeo, estava assentado junto ao caminho pedindo esmola.

47 O qual como ouvio que passava Jesus Nazareno, começou a gritar, e a dizer: Jesus Filho de David, tem misericordia de mim.

48 E ameaçavão-no muitos, para que se calasse; mas elle cada vez gritava muito mais: Filho de David, tem misericordia de mim.

49 Parando então Jesus, mandou que lho chamassem. E chamárão o cégo, dizendo-lhe: Tem boas esperanças: levanta-te, que elle te chama.

50 Elle deitando fóra de si a capa saltando, veio ter com elle.

51 E fallando Jesus lhe disse: Que queres tu que eu te faça? O cégo pois lhe respondeo: Mestre, que eu tenha vista.

52 Então lhe disse Jesus: Vai, a tua fé te sarou. E no mesmo ponto vio, e o foi seguindo pelo caminho.

CAPITULO XI.

E QUANDO elles se hião aproximando a Jerusalem, e a Bethania, perto do Monte das Oliveiras, enviou dous de seus Discipulos,

2 e disse: Ide a essa Aldeia que está de fronte de vós, e logo que entrardes nella, achareis preso hum asninho, em que ainda não montou homem algum: soltai-o, e trazei-o.

3 E se alguem vos perguntar: Que he o que vós fazeis? dizei-lhe que o Senhor tem necessidade d'elle; e logo o deixará vir aqui.

4 E sahindo elles achárão o jumentinho atado de fóra da porta na encruzilhada, e desprenderão-no.

5 E alguns dos que estavão alli lhes dizião: Que fazeis desprendendo o jumentinho?

6 Elles lhes respondêrão como Jesus lhavia mandado, e os homens lho deixárão levar.

7 E trouxerão o jumentinho a Jesus: acobertárão-no com os seus vestidos, e Jesus montou em cima d'elle.

8 E muitos estendêrão os seus vestidos pelo caminho: e outros cortavão ramos das arvores, e juncavão com elles o caminho.

9 E tanto os que hião a diante, como os que o seguião atrás, davão os vivas a Jesus, dizendo: Hosanna:

10 Bemdito seja o que vem em Nome do Senhor: Bemdito seja o Reino que vemos chegar, de nosso pai David: Hosanna nas alturas.

11 E entrou em Jerusalem no Templo: e depois de ter observado tudo quanto nelle havia, como fosse já tarde, sahio a Bethania com os doze.

12 E no outro dia, como sahissem de Bethania, teve fome.

13 E tendo visto ao longe huma figueira que tinha folhas, foi lá a ver se acharia nella alguma cousa: e quando chegou a ella, nada achou senão folhas: porque não era tempo de figos.

14 E fallando lhe disse: Nunca jámais coma alguem fruto de ti para sempre. E ouvirão-no os seus Discipulos.

15 Chegárão pois a Jerusalem. E havendo entrado no Templo, começou a lançar fóra aos que vendião y compravão no Templo: e derribou as mezas dos banqueiros, e as cadeiras dos que vendião pombas:

16 e não consentia que qualquer transportasse móvel algum pelo Templo:

17 e elle os ensinava, dizendo-lhes: Por ventura não está escrito: Que a minha Casa será chamada Casa de Oração entre todas as gentes? E vós tendes feito d'ella hum covil de ladrões.

18 O que ouvindo os Principes dos Sacerdotes, e os Escribas, andavão excogitando de que modo o havião de perder: porque como todo o povo admirava a sua doutrina, tinhão medo d'elle.

19 Quando já era pela tarde, sahio da Cidade.

20 E no outro dia pela manhã, ao passarem pela figueira, virão que ella estava secca até ás raizes.

21 Então lembrado Pedro, disse para Jesus: Olha, Mestre, como se seccou a figueira que tu amaldiçoaste.

22 E respondendo Jesus, lhes disse: Tende a fé de Deos:

23 em verdade vos affirmo, que todo o que disser a este monte: Tir-te, e lança-te no mar, e isto sem hesitar no seu coração, mas tendo fé de que tudo o que disser, succederá, elle o verá cumprir assim.

24 Por isso vos digo, todas as cousas que vós pedirdes orando, crede que as haveis de haver, e que assim vos succederá.

25 Mas quando vos pozerdes em oração, se tendes alguma cousa contra alguem, perdoal-lha: para que tambem vosso Pai, que está nos Ceos, vos perdoe vossos peccados.

26 Porque se vós não perdoardes, tambem vosso Pai, que está nos Ceos, vos não ha de perdoar vossos peccados.

27 E voltárão outra vez a Jerusalem. E andando Jesus pelo Templo, se chegárão a elle os Principes dos Sacerdotes, e os Escribas, e os Anciãos:

28 e lhe disserão: Com que authoridade fazes tu estas cousas? e quem te deo este poder para fazer estas cousas?

29 E respondendo Jesus, lhes disse: Eu tambem vos farei huma pergunta, e respondei-me a ella: e eu então vos direi com que authoridade faço estas cousas.

30 O Baptismo de João era do Ceo, ou dos homens? Respondei-me.

31 Mas elles fazião lá comsigo este juizo, discorrendo: Se nós disermos, Que era do Ceo, dir-nos-ha elle: Por que razão logo não crestes nelle?

32 Se dissermos, Que dos homens, temos medo do Povo: porque todos tinhão a João em conta de hum Profeta.

33 E respondendo disserão a Jesus: Não sabemos. E respondendo Jesus lhes disse: Pois nem eu tão pouco vos direi com que authoridade faço estas cousas.

CAPITULO XII.

COMEÇOU depois Jesus a fallar-lhes por parábolas: Hum homem plantou huma vinha, e cercou-a com huma séve, e cavando fez hum lagar, e edificou huma torre, e arrendou-a a huns lavradores, depois ausentou-se para longe.

2 E chegado o tempo, enviou aos lavradores hum servo, que fosse receber dos mesmos lavradores o que lhe devião do fruto da sua vinha.

3 Elles apanhando-o ás mãos o ferirão, e o remettérão com as mãos vazias.

4 E enviou-lhes de novo outro servo: e tambem a este o ferirão na cabeça, e o carregárão de affrontas.

5 E de novo enviou outro, e o matárão: e outros muitos; dos quaes ferirão a huns, e matárão a outros.

6 Mas como tivesse ainda hum filho, a quem elle muito amava, tambem lho enviou por ultimo, dizendo: Terão respeito a meu filho.

7 Porém os lavradores disserão huns para os outros: Este he o herdeiro; vinde, matemo-lo, e será nossa a herança.

8 E pegando nelle, matárão-no: e lançárão-no fóra da vinha.

9 Que fará pois o Senhor da vinha? Virá e acabará de todo com estes lavradores: e dará a sua vinha a outros.

10 Vós nunca lestes este lugar da Escritura: A pedra que foi rejeitada pelos que edificavão, essa veio a ser a principal da esquina:

11 pelo Senhor he que foi feito isto, e he cousa maravilhosa nos nossos olhos?

12 E buscavão modos para o prenderem: mas temérão o Povo: porque entendêrão que contra elles havia dito esta parábola. E deixando-o se retirárão.

13 E lhe enviárão alguns dos Fariseos, e dos Herodianos, para que o apanhassem no que fallasse.

14 Elles vindo lhe dizem: Mestre, sabemos, que és homem verdadeiro, e que não attendes a respeitos humanos; porque não olhas os homens pela aparencia, mas ensinas o caminho de Deos segundo a verdade: he-nos permittido dar o tributo a Cesar, ou não lho devemos dar?

15 Jesus, conhecendo a sua hypocrisia, respondeo-lhes: Porque me tentais? dai-me cá hum dinheiro para o ver.

16 E elles lho trouxerão. Então lhes perguntou Jesus: De quem he esta imagem e inscripção? Respondêrão-lhe elles: De Cesar.

17 E respondendo Jesus, lhes disse: Pois dai a Cesar o que he de Cesar, e a Deos o que he de Deos. E d'esta resposta ficárão admirados.

18 E vierão a elle os Sadduceos, que negão a Resurreição: e lhe perguntavão, dizendo:

19 Mestre, Moysés nos deixou escrito, que se morrer o irmão de algum, e deixar mulher, e não tiver filhos, que tome seu irmão a mulher d'elle, e que dê successão a seu irmão.

20 Erão pois sete irmãos: e o maior tomou mulher, e morreo sem deixar successão.

21 E o segundo a tomou e morreo: e nem este deixou filhos. E da mesma sorte o terceiro.

22 E assim mesmo a tomárão os sete, e não deixárão filhos. E sendo já a ultima de todos, morreo tambem a mulher.

23 Ao tempo pois da Resurreição, quando tornarem a viver, de qual d'estes será a mulher? porque todos sete a tiverão por mulher.

24 E respondendo Jesus, lhes disse: Não vedes que por isso errais, porque não comprehendeis as Escrituras, nem o poder de Deos?

25 Porque quando resuscitarem d'entre os mortos, não hão de os homens ter mulheres, nem as mulheres homens, mas todos serão como os Anjos nos Ceos.

26 E dos mortos que tem de resuscitar, não haveis lido no Livro de Moysés, como Deos lhe fallou sobre a çarça, dizendo Eu sou o Deos

de Abrahão, e o Deos de Isaac, e o Deos de Jacob?

27 Elle não he Deos de mortos, senão de vivos. Logo estais vós num grande erro.

28 Então se chegou hum dos Escribas que os tinha ouvido disputar, e vendo que Jesus lhes havia respondido bem, lhe perguntou qual era o primeiro de todos os Mandamentos.

29 E Jesus lhe respondeo: Que de todos o primeiro Mandamento era este: Ouve Israel, o Senhor teu Deos he só o que he Deos:

30 e amarás o Senhor teu Deos de todo o teu coração, e de toda a tua alma, e de todo o teu entendimento, e de todas as tuas forças. Este he o primeiro Mandamento.

31 E o segundo semelhante ao primeiro he: Amarás ao teu proximo como a ti mesmo. Nenhum outro Mandamento ha, que seja maior do que estes.

32 Disse-lhe então o Escriba: Mestre, na verdade disseste bem, que Deos he hum só, e que não ha outro fóra elle:

33 e que o amallo cada hum de todo o seu coração, e de todo o seu entendimento, e de toda a sua alma, e de todas as suas forças: e o amar ao proximo como a si mesmo, he huma cousa que excede todos os holocaustos e sacrificios.

34 E vendo Jesus que o Escriba tinha respondido sabiamente, lhe disse: Não estás longe do Reino de Deos. E desde então ninguem mais se atreveo a fazer-lhe perguntas.

35 E fallando Jesus dizia, ensinando no Templo: Como dizem os Escribas que o Christo he Filho de David?

36 Porque o mesmo David por boca do Espirito Santo diz: Disse o Senhor ao meu Senhor, senta-te á minha direita, até que eu ponha os teus inimigos por estrado de teus pés.

37 Pois se o mesmo David lhe chama Senhor, como he elle logo seu Filho? E huma grande multidão de Povo o ouvia com gosto.

38 E elle lhes dizia segundo o seu modo de ensinar: Guardai-vos dos Escribas que gostão de andar com roupas largas, e de que os cumprimentem nas praças.

39 e de se occupar nas Synagogas as primeiras cadeiras, e nos banquetes os primeiros lugares:

40 que devorão as casas das viuvas, debaixo do pretexto de longas Orações: estes serão julgados com maior rigor.

41 E estando Jesus assentado defronte donde era o Gazofylacio, observava elle de que modo deitava o Povo alli o dinheiro, e muitos que erão ricos, deitavão com mão larga.

42 E tendo chegado huma pobre viuva, lançou duas pequenas moedas, que importavão hum real:

43 e convocando a seus Discipulos, lhes disse: Na verdade vos digo, que mais deitou esta pobre viuva, que todos os outros que lançárão no Gazofylacio.

44 Porque todos os outros deitárão do que tinhão na sua abundancia; porém esta deitou da sua mesma indigencia tudo o que tinha, e tudo o que lhe restava para seu sustento.

CAPITULO XIII.

E AO sahir Jesus do Templo, disse-lhe hum de seus Discipulos: Olha, Mestre, que pedras, e que Edificios.

2 E respondendo Jesus, lhes disse: Vês todos estes grandes edificios? Não ficará pedra sobre pedra, que não seja derribada.

3 E estando assentado no Monte das Oliveiras, de fronte do Templo, perguntárão-lhe em particular Pedro, e Tiago, e João, e André:

4 dize-nos, quando hão de succeder estas cousas? e que sinal haverá de quando todas ellas se começarem a cumprir?

5 Então em resposta a isto começou Jesus a dizer-lhes: Guardai-vos não vos engane alguem.

6 porque muitos virão em meu Nome dizendo: Sou eu, e enganarão a muitos.

7 Quando vós porém ouvirdes fallar de guerras, e de rumores de guerras, não temais: porque importa que estas cousas succedão: mas este não será ainda o fim.

8 Porque se levantará Nação contra Nação, e Reino contra Reino, e haverá terremotos por diversas partes, e fomes. Estas cousas não serão mais do que o principio das dôres.

9 Tende pois sentido comvosco: porque vos hão de entregar nos Juizos, e vos hão de açoutar nas Synagogas, e fazer comparecer por meu respeito diante dos Governadores e dos Reis, a fim de que pérante elles deis testemunho de mim.

10 Mas primeiro importa que o Evangelho seja prégado a todas as Nações.

11 Quando pois vos levarem para vos entregarem, não premediteis no que haveis de dizer: mas dizei tudo o que for inspirado naquella hora: porque não sois vós os que fallais, mas sim o Espirito Santo.

12 Então hum irmão entregará á morte outro irmão, e o pai ao filho: e os filhos se levantarão contra os pais, e lhes darão a morte.

13 E vós sereis aborrecidos de todos por amor do meu Nome. Mas o que perseverar até o fim, esse será salvo.

14 Quando porém vós virdes estar a abominação da desolação onde não deve estar, (o que lê entenda,) então os que estiverem em Judéa, fujão para os montes:

15 e o que estiver sobre o telhado, não desça á casa, nem entre para levar d'ella cousa alguma:

16 e o que se achar no campo, não volte atrás a buscar o seu vestido.

17 Mas ai das que naquelle tempo estiverem pejadas, e criarem.

18 Rogai pois, que não succedão estas cousas no Inverno.

19 Porque naquelles dias haverá tribulações taes, quaes não houve des do principio das creaturas que Deos fez atégora, nem haverá.

20 De sorte, que se o Senhor não abbreviasse aquelles dias, nenhuma pessoa se salvaria: mas elle os abbreviou em attenção aos escolhidos, de que fez escolha.

21 E se então vos disser alguem: Reparai, aqui está o Christo, ou, Ei-lo acolá está, não lhe deis credito.

22 Porque se levantarão falsos Christos, e falsos Profetas, que farão prodigios e portentos para enganarem, se possivel fora, até os mesmos escolhidos.

23 Estai vós pois sobre aviso: olhai que eu vos preveni de tudo.

24 Mas naquelles dias, depois d'aquella tribulação, o Sol se escurecerá, e a Lua não dará o seu resplandor:

25 e cahirão as estrellas do Ceo, e se commoverão as Virtudes que estão nos Ceos.

26 E então verão o Filho do Homem, que virá sobre as nuvens, com grande poder e magestade.

27 E então enviará os seus Anjos, e ajuntará os seus escolhidos de todos os quatro ventos, des

da extremidade da terra até á extremidade do Ceo.

28 Aprendei pois o que vos digo, de huma comparação tirada da figueira. Quando os seus ramos estão já tenros, e nascidas as folhas, conheceis que está perto o Estio:

29 assim tambem quando vós virdes que acontecem estas cousas, sabei que está perto, e já á porta.

30 Na verdade vos digo, que não passará esta geração sem que tudo isto seja cumprido.

31 Passará o Ceo e a terra, mas não passarão as minhas palavras.

32 A respeito porém d'este dia ou d'esta hora, ninguem sabe quando ha de ser, nem os Anjos no Ceo, nem o Filho, mas só o Pai.

33 Estai sobre aviso, vigiai, e orai: porque não sabeis quando chegará este tempo.

34 Assim como hum homem, que ausentando-se para longe, deixou a sua casa, e designou a cada hum de seus servos a obra que devia fazer, e mandou ao porteiro que estivesse de vigia.

35 Vigiai pois, (visto que não sabeis quando virá o Senhor da casa; se de tarde, se á meia noite, se ao cantar do gallo, se pela manhã,)

36 para que não succeda que quando vier de repente, vos ache dormindo.

37 O que eu porém vos digo a vós, isso digo a todos: Vigiai.

CAPITULO XIV.

FALTAVÃO pois dous dias para chegar a Pascoa, em que se começavão a comer os Pães asmos: e os Principes dos Sacerdotes, e os Escribas andavão buscando modo como prenderião por traição a Jesus, para o matarem.

2 Mas elles dizião: Não convem que isto se faça no dia da festa, por não succeder que no Povo se excite algum motim.

3 E estando Jesus em Bethania, em casa de Simão o Leproso, e sentado á mesa: chegou huma mulher, que trazia huma redoma de alabastro chela de precioso balsamo feito de espigas de nardo, e quebrada a redoma, lho derramou sobre a sua cabeça.

4 E alguns dos que estavão presentes indignárão-se lá entre si do que vião, e disserão: Para que foi este desperdicio de balsamo?

5 Pois podia elle vender-se por mais de trezentos dinheiros, e dar-se este producto aos pobres. E murmuravão fortemente contra ella.

6 Mas Jesus lhes disse: Deixai-a, porque a molestais? Ella fez-me huma boa obra:

7 porque vós sempre tendes comvosco os pobres, para que quando lhes queirais fazer bem, lho possais fazer: porém a mim não me tendes sempre.

8 Ella fez o que cabia nas suas forças: foi isto embalsamar-me anticipadamente o corpo para a sepultura.

9 Em verdade vos digo: Onde quer que for prégado este Evangelho, que será no todo o Mundo, será tambem contado para sua memoria o que ella obrou.

10 Então se retirou Judas Iscariotes, que era hum dos doze, a buscar os Principes dos Sacerdotes, para lhes entregar a Jesus.

11 Elles ouvindo isto se alegrárão: e promettêrão dar-lhe dinheiro. E buscava Judas occasião opportuna para o entregar.

12 e no primeiro dia, em que se comião os Pães asmos, quando se immolava o Cordeiro Pascoal, disserão-lhe seus Disciplulos: Onde

queres tu que nós vamos preparar-te o que he necessario para comeres a Pascoa?

13 Enviou elle pois a dous de seus Discipulos, e disse-lhes: Ide á Cidade; e lá vos sahirá ao encontro hum homem, que levará huma bilha de agua: ide atrás d'elle:

14 e aonde quer que elle entrar, dizei ao dono da casa, que o Mestre diz: Onde he o aposento, em que eu poderei comer a Pascoa com meus Discipulos?

15 E elle vos mostrará hum quarto alto, todo movelado: e preparei-nos lá o que he necessario.

16 E partirão seus Discipulos, e chegárão á Cidade: e achárão tudo como elle lhes havia dito; e preparárão a Pascoa.

17 E chegada a tarde, foi Jesus com os doze.

18 E quando elles estavão á meza, e ceavão, disse-lhes JESUS: Em verdade vos digo, que hum de vós que comigo come, me ha de entregar.

19 Então se começárão elles a entristecer, e cada hum de por si lhe perguntava: Sou eu?

20 Respondeo-lhes Jesus: He hum dos doze, que mette comigo a mão no prato.

21 E quanto ao Filho do Homem, elle vai, segundo o que d'elle está escrito: mas ai d'aquelle homem, por meio do qual será entregue o Filho do Homem: melhor lhe fôra se esse homem não houvera nascido.

22 E quando elles estavão comendo, tomou Jesus o pão: e depois de o benzer, partio-o, e deo-lho, e disse: Tomai, este he o meu Corpo.

23 E tendo tomado o Calis, depois que deo graças, lho deo: e todos bebêrão d'elle.

24 E Jesus lhes disse: Este he o meu Sangue do Novo Testamento, que será derramado por muitos.

25 Em verdade vos digo, que eu não beberei jámais d'este fruto da vide até chegar aquelle dia, em que o beba novo no Reino de Deos.

26 E depois de cantado o Hymno, sahirão para o Monte das Oliveiras.

27 Então lhes disse Jesus: A todos vós serei eu esta noite huma occasião de escandalo; pois está escrito: Eu ferirei o pastor, e as ovelhas se porão em desarranjo.

28 Mas depois que eu resurgir, ir-vos-hei esperar a Galiléa.

29 Disse-lhe então Pedro: Ainda quando todos se escandalizarem a teu respeito, eu com tudo me não hei de escandalizar.

30 E Jesus lhe respondeo: Em verdade te digo, que, hoje nesta mesma noite, antes que o gallo cante a segunda vez, me has de tu negar trez vezes.

31 Mas Pedro, insistindo no mesmo, accrescentava: Ainda no caso de eu me ver precisado a morrer comtigo, não te hei eu de negar. E o mesmo disserão tambem todos os mais.

32 Vierão depois a huma herdade chamada Gethsemani. Então Jesus disse a seus Discipulos: Assentai-vos aqui, em quanto eu oro.

33 E levou comsigo a Pedro, e a Tiago, e a João: e começou a ter pavor, e a angustiar-se em extremo.

34 Então lhes disse: A minha alma se acha numa tristeza mortal: detende-vos aqui, e vigiai.

35 E tendo-se adiantado alguns passos, prostrou-se em terra, e orava, que se era possivel, passasse d'elle aquella hora:

36 e disse: Abba Pai, todas as cousas te são possiveis, traspassa de mim este Calis: porém

não se faça o que eu quero, senão o que tu queres.

37 Depois veio, e achou-os dormindo. Então disse a Pedro: Simão, dormes? não podeste vigiar huma hora?

38 Vigiai, e orai, para que não entreis em tentação. O espirito na verdade está prompto, mas a carne fraca.

39 E foi outra vez a orar, dizendo as mesmas palavras.

40 E tornando a vir, achou-os outra vez dormindo (porque tinhão carregados os olhos) e não sabião que lhe respondessem.

41 E veio terceira vez, e disse-lhes: Dormi agora e descançai. Basta: he chegada a hora: eis-aqui vai o Filho do Homem a ser entregue em mãos de peccadores.

42 Levantai-vos, vamos: eis-ahi vem chegando quem me ha de entregar.

43 Ainda bem Jesus não tinha acabado de fallar, quando chega Judas Iscariotes, hum dos doze, e com elle huma grande tropa de gente armada de espadas, e de varapáos, de parte dos Principes dos Sacerdotes, e dos Escribas, e dos Anciãos.

44 Ora o traidor tinha-lhes dado huma senha, dizendo: Aquelle a quem eu der hum osculo, esse he que he prendei-o, e levai-o com cuidado.

45 E tanto que chegou, indo logo ter com Jesus, lhe disse: Deos te salve, Mestre: e deo-lhe hum osculo.

46 Então elles lhe lançárão as mãos, e o prendérão.

47 E hum certo dos circumstantes, tirando da espada, ferio a hum servo do Summo Sacerdote, e lhe cortou huma orelha.

48 E respondendo Jesus, lhes disse: Como se eu fora algum ladrão viestes com espadas e varapáos a prender-me?

49 Todos os dias estava eu comvosco ensinando no Templo, e não me prendestes. Mas isto acontece para que se cumprão as Escrituras.

50 Então desamparando-o os seus Discipulos, fugirão todos.

51 Hia-o porém seguindo hum mancebo, coberto com hum lançol, sobre o corpo nú: e o prendérão.

52 Mas elle largando o lançol, lhes escapou nú.

53 E levárão Jesus a casa do Summo Sacerdote: e se ajuntárão todos os Sacerdotes, e os Escribas, e os Anciãos.

54 Mas Pedro o foi seguindo de longe, até dentro do pateo do Summo Sacerdote: e estava assentado ao fogo com os officiaes, e alli se aquentava.

55 E os Principes dos Sacerdotes, e todo o Conselho, buscavão algum testemunho contra Jesus, para o fazerem morrer, e não no achavão.

56 Porque muitos, sim, depunhão falsamente contra elle: mas não concordavão os seus depoimentos.

57 E levantando-se huns, attestavão falsamente contra elle, dizendo:

58 Nós-outros lhe ouvimos dizer: Eu destruirei este Templo, obra de mãos, e em tres dias edificarei outro, que não será obra de mãos.

59 Mas esta sua mesma deposição não era coherente.

60 Então levantando-se no meio do Conselho o Summo Sacerdote, perguntou a Jesus, dizendo:

Não responde alguma cousa ao que estes attestão contra ti?

61 Mas elle estava em silencio, e nada respondeo. Tornou a perguntar-lhe o Summo Sacerdote, e lhe disse: Es tu o Christo, Filho de Deos bemdito?

62 E Jesus lhe disse: Eu o sou: e vós vereis ao Filho do Homem assentado á dextra do poder de Deos, e vir sobre as nuvens do Ceo.

63 Então o Summo Sacerdote, rasgando as suas vestiduras, disse: Para que desejámos nós ainda mais testemunhas?

64 Vós acabais de ouvir a blasfemia: que vos parece? A sentença que todos elles derão, foi, que era réo de morte.

65 Então começárão alguns a cuspir nelle, e a tapar-lhe o rosto, e a dar-lhe punhadas, e a dizer-lhe: Adivinha: e os officiaes lhe davão bofetadas.

66 Então Pedro em baixo no pateo, chegou huma das criadas do Summo Sacerdote:

67 e quando vio a Pedro, que se aquentava, encarando nelle, disse-lhe: Tu tambem estavas com Jesus Nazareno.

68 Mas elle o negou, dizendo: Nem o conheço, nem sei o que dizes. E sahio fóra onde era a entrada do pateo, e neste tempo cantou o gallo.

69 E tendo-o visto outra vez a criada, começou a dizer aos que estavão presentes: Este he lá d'aquelles.

70 Mas elle o negou segunda vez. E pouco depois, ainda os que alli estavão, dizião a Pedro: Verdadeiramente tu és d'aquelles; porque és tambem Galiléo.

71 E elle começou a praguejar-se, e a jurar: Não conheço a esse homem de quem fallais.

72 E no mesmo ponto cantou o gallo a segunda vez. E então se lembrou Pedro da palavra que Jesus lhe havia dito: Antes que o gallo cante duas vezes, me negarás tres vezes. E começou a chorar.

CAPITULO XV.

E LOGO pela manhã tendo conselho os Principes dos Sacerdotes com os Anciãos e os Escribas, e com todo o Conselho, fazendo amarrar a Jesus, o levárão e entregárão a Pilatos.

2 E Pilatos lhe perguntou: Tu és o Rei dos Judeos? E elle respondendo, lhe disse: Tu o dizes.

3 E os Principes dos Sacerdotes o accusavão de muitas cousas.

4 E Pilatos lhe perguntou outra vez, dizendo: Tu não respondes cousa alguma? vê de quantos crimes te accusão.

5 Mas Jesus, não respondeo mais palavra, de sorte que Pilatos estava admirado.

6 Ora Pilatos costumava no dia da festa soltar-lhes hum dos presos, qualquer que elles pedissem.

7 E havia hum chamado Barrabás, que estava preso com outros sediciosos, porque em certo motim havia feito huma morte.

8 E como concorresse o Povo, começou a pedir-lhe a graça que sempre lhes fazia.

9 E Pilatos lhes respondeo, e disse: Quereis que vos solte ao Rei dos Judeos?

10 Porque elle sabia que os Principes dos Sacerdotes lho havião entregado por inveja.

11 Mas os Pontifices concitárão o Povo, para que lhes soltasse antes a Barrabás.

12 E Pilatos fallando outra vez, lhes disse

Pois que quereis que eu faça ao Rei dos Judeos?

13 E elles tornárão a gritar: Crucifica-o.

14 E Pilatos lhes replicava: Pois que mal fez elle? E elles cada vez gritavão mais: Crucifica-o.

15 Então Pilatos, querendo satisfazer ao Povo, soltou-lhes Barrabás, e depois de fazer açoutar a Jesus, o entregou para que o crucificassem.

16 E os soldados o levárão ao pateo do Pretorio, e alli convocão toda a cohorte,

17 e o vestem de purpura, e tecendo huma coroa de espinhos, lha põem na cabeça.

18 E começárão a saudallo: Deos te salve, Rei dos Judeos.

19 E lhe davão na cabeça com huma cana, e lhe cuspião no rosto, e pondo-se de joelhos, o adoravão.

20 E depois de o terem assim escarnecido, o despirão da purpura, e lhe vestirão os seus vestidos: e então o tirão para fóra, para o crucificarem.

21 E acertando de passar por alli certo homem de Cyrene, por nome Simão, que vinha d'huma herdade, pai d'Alexandre e de Rufo, o obrigárão a levar-lhe a Cruz.

22 E o levão a hum lugar chamado Golgotha; que quer dizer lugar do Calvario.

23 E davão-lhe a beber vinho misturado com myrrha: e não no tomou.

24 E depois de o crucificarem, repartirão os seus vestidos, lançando sortes sobr'elles, para ver a parte que cada hum levaria.

25 Era pois a hora de Terça: tempo em que elles o crucificárão.

26 E a causa da sua condemnação estava escrita neste titulo: O REI DOS JUDEOS.

27 Crucificárão tambem com elle a dous ladrões: hum á sua direita, e outro á esquerda.

28 E se cumprio a Escritura que diz: E foi contado com os máos.

29 E os que hião passando blasfemavão d'elle, movendo as suas cabeças, e dizendo: O' lá, tu que destroes o Templo de Deos, e que o reedificas em tres dias:

30 livra-te a ti mesmo, descendo da Cruz.

31 D'esta maneira escarnecendo-o tambem os Principes dos Sacerdotes com os Escribas, dizião huns para os outros: Elle salvou aos outros, a si mesmo não se póde salvar.

32 Esse Christo Rei d'Israel desça agora da Cruz, para que o vejamos e creamos. Tambem os que havião sido crucificados com elle, o affrontavão de palavras.

33 E chegada a hora de Sexta, se cobrio toda a terra de trévas até á hora de Nôa.

34 E á hora de Nôa deo Jesus hum grande brado, dizendo: Eloi, Eloi, lamma sabacthani? que quer dizer: Deos meu, Deos meu, porque me desamparaste?

35 E ouvindo isto alguns dos circumstantes, dizião: Vede que elle chama por Elias.

36 E correndo hum, e ensopando huma esponja em vinagre, e atando-a numa cana, dava-lhe a beber, dizendo: Deixai, vejamos se Elias vem tirallo.

37 Então Jesus dando hum grande brado, espirou.

38 E o véo do Templo se rasgou em duas partes, d'alto a baixo.

39 E o Centurião, que estava bem defronte, vendo que Jesus espirára dando este brado, disse: Verdadeiramente este homem era Filho de Deos.

40 E achavão-se tambem alli algumas mulheres vendo de longe: entre as quaes estava Maria Magdalena, e Maria mãi de Tiago Menor, e de José, e Salomé:

41 e quando Jesus estava em Galiléa, ellas o seguião, e lhe assistião com o necessario, e assim muitas outras, que juntamente com elle havião subido a Jerusalem.

42 E quando era já tarde (pois era a Parasceve, que vem a ser a vigilia do Sabbado)

43 veio José de Arimathéa, illustre Senador, que tambem elle esperava o Reino de Deos, e foi com toda a resolução a casa de Pilatos, e pedio-lhe o corpo de Jesus.

44 E Pilatos se admirava de que Jesus morresse tão depressa. E chamando ao Centurião, lhe perguntou se era já morto.

45 E depois que o soube do Centurião, deo o corpo a José.

46 E José tendo comprado hum lançol, e tirando-o da Cruz, o amortalhou no lançol, e depositou-o num sepulcro, que estava aberto em rocha, e arrimou huma pedra á boca do sepulcro.

47 Entretanto Maria Magdalena, e Maria mãi de José, estavão observando, onde elle se depositava.

CAPITULO XVI.

E COMO tivesse passado o dia de Sabbado, Maria Magdalena, e Maria mãi de Tiago, e Salomé comprárão aromas, para irem embalsamar a Jesus.

2 E no primeiro dia da semana partindo muito cedo, chegárão ao sepulcro quando já o Sol era nascido.

3 E dizião ellas entre si: Quem nos ha de revolver a pedra da boca do sepulcro?

4 Mas olhando virão revolvida a pedra. E era ella muito grande.

5 E entrando no sepulcro, virão assentado da parte direita hum mancebo vestido de roupas brancas, do que ellas ficárão muito pasmadas.

6 Elle lhes disse: Não tenhais pavor: vós buscais a Jesus Nazareno, que foi crucificado: elle resurgio, já não está aqui, eis o lugar onde o depositárão.

7 Mas ide, dizei a seus Discipulos, e a Pedro, que elle vai a diante de vós esperar-vos em Galiléa: lá o vereis, como elle vos disse.

8 E ellas sahindo logo fugirão do sepulcro: porque as tinha assaltado o sobresalto e o pavor: e a ninguem disserão cousa alguma: porque estavão possuidas do medo.

9 E Jesus tendo resurgido de manhãa, no primeiro dia da semana, appareceo primeiramente a Maria Magdalena, da qual elle tinha expulsado sete demonios.

10 Foi ella noticiallo aos que havião andado com elle, os quaes estavão afflictos, e chorosos.

11 Mas elles, ouvindo dizer que Jesus estava vivo, e que fora visto por ella, não o crêrão.

12 E depois d'isto se mostrou em outra fórma a dous d'elles, que hião caminhando para huma Aldeia:

13 e estes o forão dizer aos outros: que tambem lhes não dérão credito.

14 Finalmente appareceo Jesus aos onze, a tempo que elles estavão á meza: e lançou-lhes em rosto a sua incredulidade e dureza de coração: pois não havião dado credito aos que o virão resuscitado.

15 E disse-lhes: Ide por todo o Mundo, prégai o Evangelho a toda a creatura.

2 D

16 O que crer, e for baptizado, será salvo: o que porém não crer, será condemnado.

17 E estes sinaes seguirão aos que crerem: Expulsarão os demonios em meu Nome: fallarão novas linguas:

18 manusearão as serpentes: e se beberem alguma potágem mortifera, não lhes fará mal: porão as mãos sobre os enfermos, e sararão.

19 E na realidade o Senhor Jesus, depois de assim lhes haver fallado, foi assumpto ao Ceo, onde está assentado á mão direita de Deos.

20 E elles tendo partido, prégárão em toda a parte, cooperando com elles o Senhor, e confirmando a sua prégação com os milagres que a acompanhavão.

O SANTO EVANGELHO DE JESU CHRISTO

SEGUNDO

S. LUCAS.

CAPITULO I.

POIS que forão na verdade muitos os que emprehendêrão pôr em ordem a narração das cousas, que entre nós se virão cumpridas:

2 como no-las referirão os que des do principio as virão com seus proprios olhos, e que forão ministros da palavra:

3 pareceo-me tambem a mim, Excellentissimo Theófilo, depois de me haver diligentemente informado de como todas ellas passárão des do principio, dar-te por escrito a serie d'ellas,

4 para que conheças a verdade d'aquellas cousas, em que tens sido instruido.

5 Houve em tempo de Herodes, Rei de Judéa, hum Sacerdote por nome Zacarias, da turma de Abias, e sua mulher era da familia de Arão, e tinha por nome Isabel.

6 E ambos erão justos diante de Deos, caminhando irreprehensivelmente em todos os Mandamentos, e Preceitos do Senhor;

7 e não tinhão filhos, porque Isabel era esteril, e ambos se achavão em idade avançada.

8 Succedeo pois que exercendo Zacarias diante de Deos o cargo do Sacerdocio, na ordem da sua turma,

9 cahio-lhe por sorte, segundo o costume que havia entre os Sacerdotes, entrar no Templo do Senhor a offerecer o incenso:

10 e estava toda a multidão do Povo fazendo oração da parte de fóra, a tempo que se offerecia o incenso.

11 E appareceo a Zacarias hum Anjo do Senhor, posto em pé da parte direita do Altar do incenso.

12 O que vendo Zacarias, ficou todo turbado, e foi grande o terror que o assaltou.

13 Mas o Anjo lhe disse: Não temas, Zacarias, porque foi ouvida a tua oração: e Isabel tua mulher te parirá hum filho, e pôr-lhe-has o nome Jủão.

14 e te encherás de gosto, e de alegria, e muitos se alegrarão no seu nascimento:

15 porque elle será grande diante do Senhor: e não beberá vinho, nem outra alguma bebida que possa embriagar, e já des do ventre de sua mãi será cheio do Espirito Santo:

16 e converterá muitos dos filhos d'Israel ao Senhor seu Deos:

17 e o mesmo irá adiante d'elle no espirito e virtude de Elias: para reunir os corações dos pais aos filhos, e reduzir os incredulos á pru-

dencia dos justos, para preparar ao Senhor hum Povo perfeito.

18 E disse Zacarias ao Anjo: Por donde conhecerei eu a verdade d'essas cousas? porque eu sou velho, e minha mulher está avançada em annos.

19 E respondendo o Anjo, lhe disse: Eu sou Gabriel, que assisto diante de Deos: e que fui enviado para te fallar, e te dar esta boa nova.

20 E desde agora ficarás mudo, e não poderás fallar até o dia, em que estas cousas succedão, visto que não déste credito ás minhas palavras, que se hão de cumprir a seu tempo.

21 E o povo estava esperando a Zacarias: e maravilhava-se de ver que elle se demorava no Templo.

22 E quando sahio não lhes podia fallar, e entendêrão que havia tido no Templo alguma visão. E elle lho significava por acenos, e ficou mudo.

23 E aconteceo que, depois de se terem acabado os dias do seu ministerio, retirou-se Zacarias para sua casa:

24 E algum tempo depois concebeo Isabel sua mulher, que por cinco mezes se deixou estar escondida, dizendo:

25 Isto he a graça que o Senhor me fez, nos dias em que attendeu a tirar o meu opprobrio d'entre os homens.

26 E estando Isabel no sexto mez, foi enviado por Deos o Anjo Gabriel a huma Cidade de Galiléa, chamada Nazareth,

27 a huma Virgem desposada com hum varão, que se chamava José, da Casa de David, e o nome da Virgem era Maria.

28 Entrando pois o Anjo onde ella estava, disse-lhe: Deos te salve, cheia de graça: o Senhor he comtigo: Benta és tu entre as mulheres.

29 Ella como o ouvio, turbou-se do seu fallar, e discorria pensativa, que saudação seria esta.

30 Então o Anjo lhe disse: Não temas, Maria, pois achaste graça diante de Deos:

31 eis conceberás no teu ventre, e parirás hum filho, e pôr-lhe-has o nome de JESUS.

32 Este será grande, e será chamado Filho do Altissimo, e o Senhor Deos lhe dará o Throno de seu pai David: e reinará eternamente na Casa de Jacob,

33 e o seu Reino não terá fim.

34 E disse Maria ao Anjo: Como se fará isso, pois eu não conheço varão?

35 E respondendo o Anjo, lhe disse: O Espirito Santo descerá sobre ti, e a virtude do Altissimo te cobrirá da sua sombra. E por isso mesmo o Santo, que ha de nascer de ti, será chamado Filho de Deos.

36 Que, ahi tens tu a Isabel tua parenta, que até concebeo hum filho na sua velhice: e este he o sexto mez da que se diz esteril:

37 porque a Deos nada he impossivel.

38 Então disse Maria: Eis-aqui a escrava do Senhor, faça-se em mim, segundo a tua palavra. E o Anjo se apartou d'ella.

39 E naquelles dias, levantando-se Maria, foi com pressa ás montanhas, a huma Cidade de Juda:

40 e entrou em casa de Zacarias, e saudou a Isabel.

41 E aconteceo que tanto que Isabel ouvio a saudação de Maria, deo o Menino saltos no seu ventre: e Isabel ficou chea do Espirito Santo:

42 e bradou em alta voz, e disse: Benta és tu entre as mulheres, e bento he o fruto do teu ventre.

43 E donde a mim esta dita, que venha visitar-me a que he Mãi de meu Senhor?

44 Porque assim que chegou a voz da tua saudação aos meus ouvidos, logo o Menino deo saltos de prazer no meu ventre:

45 e bemaventurada tu, que creste, porque se hão de cumprir as cousas, que da parte do Senhor te forão ditas.

46 Então disse Maria:

A minha Alma engrandece ao Senhor:

47 e o meu espirito se alegrou por extremo em Deos meu Salvador.

48 Por elle ter posto os olhos na baixeza de sua escrava: porque eis-ahi de hoje em diante me chamarão bemaventurada todas as gerações.

49 Porque me fez grandes cousas o que he Poderoso: e santo o seu Nome.

50 E a sua misericordia se estende de geração a geração sobre os que o temem.

51 Elle manifestou o poder do seu braço: dissipou os que no fundo do seu coração formavão altivos pensamentos.

52 Depoz do Throno os poderosos, e elevou os humildes.

53 Encheo de bens os que tinhão fome: e despedio vazios os que erão ricos.

54 Tomou debaixo da sua protecção a Israel seu servo, lembrado da sua misericordia.

55 Assim como o tinha prometido a nossos pais, a Abrahão, e á sua posteridade para sempre.

56 E ficou Maria com Isabel perto de tres mezes: depois dos quaes voltou para sua casa.

57 Mas a Isabel se lhe chegou o tempo de parir, e pario hum filho.

58 E ouvirão os seus vizinhos, e parentes, que o Senhor havia assinalado com ella á sua misericordia, e se congratulavão com ella.

59 E aconteceo que ao oitavo dia vierão circuncidar ao Menino, e lhe querião pôr o nome de seu pai Zacarias.

60 E respondendo sua mãi, disse: De nenhuma sorte, mas será chamado João.

61 E responderão-lhe: Ninguem ha na tua geração, que tenha este nome.

62 E perguntavão por acenos ao pai do Menino, como queria que se chamasse.

63 E pedindo huma taboinha escreveo, dizendo: João he o seu nome. E todos se enchêrão de assombro.

603

64 E logo foi aberta a sua boca, e a sua lingua e fallava bemdizendo a Deos.

65 E o temor se apoderou de todos os vizinhos d'elles: e se divulgárão todas estas maravilhas por todas as montanhas da Judéa:

66 e todos os que as ouvião, as conservavão no seu coração, dizendo: Quem julgais vós que virá a ser este Menino? Porque a mão do Senhor era com elle.

67 E Zacarias seu pai foi cheio do Espirito Santo: e profetizou, dizendo:

68 Bemdito seja o Senhor Deos d'Israel, porque visitou, e fez a redempção do seu Povo:

69 e porque nos suscitou hum Salvador poderoso, na casa de seu servo David,

70 segundo o que elle tinha prometido por boca dos seus Santos Profetas, que viverão nos seculos passados:

71 que nos havia de livrar de nossos inimigos, e das mãos de todos os que nos tivessem odio:

72 para exercitar a sua misericordia a favor de nossos pais: e lembrar-se do seu santo pacto:

73 segundo o juramento, que elle fez a nosso pai Abrahão, de que elle nos faria esta graça:

74 para que livres das mãos de nossos inimigos, o sirvamos sem temor,

75 em santidade, e justiça diante d'elle, por todos os dias da nossa vida.

76 E tu, Menino, tu serás chamado o Profeta do Altissimo: porque irás ante a face do Senhor a preparar os seus caminhos:

77 para se dar no seu Povo o conhecimento da salvação: a fim de que elle receba o perdão de seus peccados:

78 pelas entranhas de misericordia do nosso Deos: com que lá do alto nos visitou este Sol no Oriente:

79 para allumiar os que vivem de assento nas trévas, e na sombra da morte: para dirigir os nossos pés no caminho da paz.

80 Ora o Menino crescia, e se fortificava no espirito: e habitava nos desertos até o dia, em que se manifestou a Israel.

CAPITULO II.

E ACONTECEO naquelles dias, que sahio hum Edicto emanado de Cesar Augusto, para que fosse alistado todo o Mundo.

2 Este primeiro alistamento foi feito por Cyrino, Governador da Syria:

3 e hião todos a alistar-se cada hum á sua Cidade.

4 E subio tambem José de Galiléa, da Cidade de Nazareth á Judéa, á Cidade de David, que se chamava Belém: porque era da casa, e familia de David,

5 para se alistar com a sua Esposa Maria que estava pejada.

6 E estando alli, aconteceo completarem-se os dias em que havia de parir.

7 E pario a seu Filho Primogenito, e o enfachou, e o reclinou em huma mangedoura: porque não havia lugar para elles na estalagem.

8 Ora naquella mesma Comarca havia huns pastores, que vigiavão, e revezavão entre si as vigilias da noite, para guardarem o seu rebanho.

9 E eis-que se apresentou junto d'elles hum Anjo do Senhor, e a claridade de Deos os cercou de refulgente luz, e tiverão grande temor.

10 Porém o Anjo lhes disse: Não temais: porque eis-aqui vos venho annunciar hum grande gozo, que se será para todo o Povo:

11 e he que hoje vos nasceo na Cidade de David o Salvador, que he o Christo Senhor.

12 E este he o sinal que vo-lo fará conhecer: Achareis hum Menino envolto em pannes, e posto em huma mangedoura.

13 E subitamente appareceo com o Anjo huma multidão numerosa da Milicia Celestial, que louvavão a Deos, e dizião:

14 Gloria a Deos no mais alto dos Ceos, e paz na terra aos homens, a quem elle quer bem.

15 E aconteceo que, depois que os Anjos se retirárão d'elles para o Ceo, fallavão entre si os pastores, dizendo: Passemos até Belém, e vejamos que he isto que succedeo, que he o que o Senhor nos mostrou.

16 E forão com grande pressa: e achárão a Maria, e a José, e ao Menino posto em huma mangedoura.

17 E vendo isto conhecêrão a verdade do que se lhes havia dito ácerca d'este Menino.

18 E todos os que ouvirão se admirárão: e tambem do que lhes havião referido os pastores.

19 Entretanto Maria conservava todas estas cousas, conferindo lá no fundo do seu coração humas com outras.

20 E os pastores voltárão glorificando, e louvando a Deos, por tudo o que tinhão ouvido, e visto, que era conforme ao que se lhes tinha dito.

21 E depois que forão cumpridos os oito dias para ser circumcidado o Menino: foi-lhe posto o nome de Jesus, como lhe tinha chamado o Anjo, antes que fosse concebido no ventre de sua Mãi.

22 E depois que forão concluidos os dias da purificação de Maria segundo a Lei de Moysés, o levárão a Jerusalem, para o apresentarem ao Senhor,

23 segundo o que está escrito na Lei do Senhor: Todo o filho macho, que for primogenito, será consagrado ao Senhor:

24 e para offerecerem em sacrificio, conforme ao que está mandado na Lei do Senhor, hum par de rôlas, ou dous pombinhos.

25 E havia então em Jerusalem hum homem chamado Simeão, e este homem justo, e timorato esperava a consolação d'Israel, e o Espirito Santo estava nelle.

26 E havia recebido resposta do Espirito Santo, que elle não veria a morte, sem ver primeiro ao Christo do Senhor.

27 E veio por espirito ao Templo. E trazendo os pais ao Menino Jesus, para cumprirem com o preceito, segundo o costume da Lei por elle:

28 então o tomou em seus braços Simeão, e louvou a Deos, e disse:

29 Agora he, Senhor, que tu despedes ao teu servo em paz, segundo a tua palavra:

30 porque já os meus olhos virão o Salvador, que tu nos déste,

31 o qual aparelhaste ante a face de todos os Povos:

32 como Lume para ser revelado aos Gentios, e para gloria do teu Povo d'Israel.

33 E seu pai, e mãi estavão admirados d'aquellas cousas, que d'elle se dizião:

34 E Simeão os abençoou, e disse para Maria sua mãi: Eis-aqui está posto este Menino para ruina, e para salvação de muitos em Israel: e para ser o alvo, a que atire a contradicção:

35 e será esta huma espada que traspassará a tua mesma alma, a fim de se descobrirem os pensamentos que muitos terão escondidos nos corações.

36 E havia huma Profetissa chamada Anna,

604

filha de Fanuel, da tribu de Aser: esta havia já chegado a huma idade muito avançada, e tinha vivido sete annos com seu marido, des da sua virgindade.

37 Achava-se esta então viuva, de idade de oitenta e quatro annos: ella não se apartava do Templo: onde servia a Deos de dia e de noite, em jejuns e orações.

38 Ella pois, sobrevindo nesta mesma occasião, dava graças a Deos: e fallava d'elle a todos os que esperavão a redempção d'Israel.

39 E depois que elles derão fim a tudo, segundo o que mandava a Lei do Senhor, voltárão a Galiléa, para a Cidade de Nazareth.

40 Entretanto o Menino crescia, e se fortificava, estando cheio de sabedoria: e a graça de Deos era com elle.

41 E seus pais hião todos os annos a Jerusalem no dia solemne da Pascoa.

42 E quando teve doze annos, subindo elles a Jerusalem segundo o costume do dia da festa,

43 e acabados os dias que ella durava, quando voltárão para casa, ficou o Menino Jesus em Jerusalem, sem que seus pais o advertissem.

44 E crendo que elle viria com os da comitiva, andárão caminho de hum dia, e o buscavão entre os parentes e conhecidos.

45 E como o não achassem, voltárão a Jerusalem em busca d'elle.

46 E aconteceo que tres dias depois o achárão no Templo assentado no meio dos Doutores, ouvindo-os, e fazendo-lhes perguntas.

47 E todos os que o ouvião, estavão pasmados da sua intelligencia, e das suas respostas.

48 E quando o virão se admirárão. E sua Mãi lhe disse: Filho, porque usaste assim comnosco? sabe que teu pai e eu te andavamos buscando cheios de afflicção.

49 E elle lhes respondeo: Para que me buscaveis? não sabieis que importa occupar-me nas cousas que são do serviço de meu Pai?

50 Mas elles não entendêrão a palavra, que lhes disse.

51 E desceo com elles, e veio a Nazareth: e estava á obediencia d'elles. E sua Mãi conservava todas estas palavras no seu coração.

52 E Jesus crescia em sabedoria, e em idade, e em graça diante de Deos, e dos homens.

CAPITULO III.

E NO anno decimo quinto do Imperio de Tiberio Cesar, sendo Poncio Pilatos Governador da Judea, e Herodes Tetrarca de Galiléa, e seu irmão Filippe Tetrarca de Ituréa, e da provincia de Traconites, e Lysanias Tetrarca de Abilina,

2 sendo Principes dos Sacerdotes Annás, e Caifás: veio a palavra do Senhor sobre João, filho de Zacarias, no Deserto.

3 E elle foi discorrendo por toda a terra do Jordão, prégando o Baptismo de penitencia para remissão de peccados,

4 como está escrito no Livro das palavras do profeta Isaias: Voz do que clama no Deserto: Apparelhai o caminho do Senhor: fazei direitas as suas varédas:

5 todo o valle será cheio: e todo o monte e cabeço será arrazado: e os máos caminhos tornarse-hão direitos: e os escabrosos planos:

6 e todo o homem verá o Salvador enviado por Deos.

7 Dizia pois João ao povo, que vinha para ser por elle baptizado: Raça de viboras, quem vos

advertio que fugisseis da ira, que vos está ameaçada?

8 Fazei por tanto frutos dignos de penitencia, e não comeceis a dizer: Nós temos por pai a Abrahão. Porque eu vos declaro, que poderoso he Deos para fazer que d'estas pedras nasção filhos a Abrahão.

9 Porque já o machado está posto á raiz das arvores. E assim toda a arvore que não dá bom fruto, será cortada, e lançada no fogo.

10 E lhe perguntavão as gentes, dizendo: Pois que faremos?

11 E respondendo lhes dizia: O que tem duas tunicas dê huma ao que a não tem: e o que tem que comer, faça o mesmo.

12 E vierão tambem a elle Publicanos, para que os baptizasse, e lhe disserão: Mestre, que faremos nós?

13 E elle lhes respondeo: Não cobreis mais que o que vos foi ordenado.

14 Da mesma sorte perguntavão-lhe tambem os soldados, dizendo: E nós-outros que faremos? E João lhes respondeo: Não trateis mal, nem opprimais com calumnias pessoa alguma: e dai-vos por contentes com o vosso soldo.

15 E como o povo entendesse, e todos assentassem nos seus corações, que talvez João seria o Christo:

16 respondeo João, dizendo a todos: Eu na verdade vos baptizo em agua: mas virá outro mais forte do que eu, a quem eu não sou digno de desatar a correia dos seus çapatos: elle vos baptizará em virtude do Espirito Santo, e no fogo:

17 cuja pá está na sua mão, e elle alimpará a sua eira, e recolherá o trigo no seu celleiro, e queimará as palhas em hum fogo, que nunca se apaga.

18 E assim annunciava outras muitas cousas ao povo nas suas exhortações.

19 Mas Herodes Tetrarca, sendo por elle reprehendido por causa de Herodias, mulher de seu irmão, e de todos os males que Herodes havia feito,

20 accrescentou sobre todos os mais crimes tambem este, de mandar metter em hum carcere a João.

21 E aconteceo, que como recebesse o baptismo todo o Povo, depois de baptizado tambem Jesus, e estando em oração, abrio-se o Ceo:

22 e desceo sobr'elle o Espirito Santo em fórma corporea, como huma pomba: e soou do Ceo huma voz, que dizia: Tu és aquelle meu Filho especialmente amado, em ti he que tenho posto toda a minha complacencia.

23 E o mesmo Jesus começava a ser quasi de trinta annos, filho, como se julgava, de José, que o foi de Heli, que o foi de Mathat,

24 que o foi de Levi, que o foi de Melqui, que o foi de Janne, que o foi de José,

25 que o foi de Mathathias, que o foi de Amos, que o foi de Nahum, que o foi de Hesli, que o foi de Nagge,

26 que o foi de Mahath, que o foi de Mathathias, que o foi de Semei, que o foi de José, que o foi de Juda,

27 que o foi de Joanna, que o foi de Resa, que o foi de Zorobabel, que o foi de Salathiel, que o foi de Neri,

28 que o foi de Melqui, que o foi de Addi, que o foi de Cosan, que o foi de Elmadan, que o foi de Her,

29 que o foi de Jesus, que o foi de Eliezer, que

605

o foi de Jorim, que o foi de Mathat, que o foi de Levi,

30 que o foi de Simeon, que o foi de Juda, que o foi de José, que o foi de Jona, que o foi de Eliakim,

31 que o foi de Meléa, que o foi de Menna, que o foi de Mathatha, que o foi de Nathan, que o foi de David,

32 que o foi de Jessé, que o foi de Obéd, que o foi de Boóz, que o foi de Sálmon, que o foi de Naasson,

33 que o foi de Aminadáb, que o foi de Arão, que o foi de Esron, que o foi de Farés, que o foi de Judas,

34 que o foi de Jacob, que o foi de Isaac, que o foi de Abrahão, que o foi de Thare, que o foi de Naccor,

35 que o foi de Sarug, que o foi de Ragau, que o foi de Faleg, que o foi de Héber, que o foi de Sále,

36 que o foi de Cainan, que o foi de Arfaxad, que o foi de Sem, que o foi de Noé, que o foi de Lamech,

37 que o foi de Mathusalem, que o foi de Henoch, que o foi de Jared, que o foi de Malaléel, que o foi de Cainan,

38 que o foi de Henos, que o foi de Séth, que o foi de Adão, que foi creado por Deos.

CAPITULO IV.

CHEIO pois do Espirito Santo voltou Jesus do Jordão: e foi levado pelo Espirito ao Deserto

2 onde esteve quarenta dias, e foi tentado pelo diabo. E não comeo nada nestes dias: e passados elles, teve fome.

3 Disse-lhe então o demonio: Se és Filho de Deos, dize a esta pedra que se converta em pão.

4 E Jesus lhe respondeo: Está escrito: Que o homem não vive sómente do pão, mas de toda a palavra de Deos.

5 E o demonio o levou a hum alto monte, e lhe mostrou todos os Reinos da redondeza da terra em hum momento de tempo,

6 e lhe disse: Dar-te-hei todo este poder, e a gloria d'estes Reinos: porque elles me forão dados: e eu os dou a quem bem me parecer.

7 Por tanto, se tu na minha presença prostrado me adorares, todos elles serão teus.

8 E respondendo Jesus, lhe disse: Escrito está: Ao Senhor teu Deos adorarás, e a elle só servirás.

9 Levou-o ainda a Jerusalem, e pôllo sobre o pinnaculo do Templo, e disse-lhe: Se és Filho de Deos, lança-te d'aqui abaixo.

10 Porque está escrito, que Deos mandou aos seus Anjos que tivessem cuidado de ti, e que te guardassem:

11 e que te sustivessem em seus braços, para não magoares talvez o teu pé em alguma pedra.

12 E respondendo Jesus, lhe disse: Dito está: Não tentarás ao Senhor teu Deos.

13 E acabada toda a tentação, se retirou d'elle o demonio, até certo tempo.

14 E voltou Jesus em virtude do Espirito para Galiléa, e a fama d'elle se divulgou por todo aquelle paiz.

15 E elle ensinava nas Synagogas d'elles, e era acclamado grande por todos.

16 E velo a Nazareth, onde se havia criado, e entrou na Synagoga, segundo o seu costume em dia de Sabbado, e levantou-se para ler.

17 E foi-lhe dado o Livro do Profeta Isaias. E

2 D 2

quando desenrolou o Livro, achou o lugar onde estava escrito:

18 O espirito do Senhor repousou sobre mim: pelo que elle me consagrou com a sua unção, e enviou-me a prégar o Evangelho aos pobres, a sarar aos quebrantados de coração,

19 a annunciar aos cativos redempção, e aos cégos vista, a pôr em liberdade aos quebrantados para seu resgate, a publicar o anno favoravel do Senhor, e o dia da retribuição.

20 E havendo enrolado o Livro, o deo ao Ministro, e se assentou. E quantos havia na Synagoga tinhão os olhos fixos nelle.

21 E começou elle a dizer-lhes: Hoje se cumprio esta Escritura nos vossos ouvidos.

22 E todos lhe davão testemunho: e se admiravão da graça das palavras, que sahião da sua boca, e dizião: Não he este o filho de José?

23 Então lhes disse Jesus: Sem dúvida que vós me applicareis este proverbio: Medico, cura-te a ti mesmo: todas aquellas grandes cousas, que ouvimos dizer, que fizeste em Cafarnaum, faze-as tambem aqui na ... .ıa ˙ ˙tria.

24 E proseguio: Na verdade vos digo, que nenhum Profeta he bem acceito na sua patria:

25 na verdade vos digo, que muitas viuvas havia em Israel nos dias de Elias, quando foi fechado o Ceo por tres annos e seis mezes: quando houve huma grande fome por toda a terra:

26 e a nenhuma d'ellas foi mandado Elias, senão a huma mulher viuva de Sarepta de Sidonia.

27 E muitos leprosos havia em Israel em tempo do Profeta Eliseo: mas nenhum d'elles foi limpo, senão Naaman de Syria.

28 E todos que estavão na Synagoga ouvindo isto, se enchêrão de ira.

29 E levantárão-se, e o lançárão fóra da Cidade: e o conduzírão até ao cume do monte, sobre o qual a sua Cidade estava fundada, para o precipitarem.

30 Mas elle passando pelo meio d'elles, se retirou.

31 E desceo a Cafarnaum, Cidade de Galiléa, e alli os ensinava nos Sabbados.

32 E elles se espantavão da sua doutrina, porque a sua palavra era com authoridade.

33 E estava na Synagoga hum homem possésso do espirito immundo, e exclamou em voz alta,

34 dizendo: Deixa-nos, que tens tu comnosco, Jesus Nazareno? vieste a perder-nos? bem sei quem és: Es o santo de Deos.

35 Mas Jesus o reprehendeo, dizendo: Cal-te, e sahe d'esse homem. E o demonio, depois de o ter lançado em terra no meio de todos, sahio d'elle, sem lhe fazer algum mal.

36 E ficárão todos cheios de pavor, e fallavão huns com os outros, dizendo: Que cousa he esta, porque elle com poder e com virtude manda aos espiritos immundos, e estes sahem?

37 E por todos os lugares do paiz corria a fama do seu Nome.

38 E sahindo Jesus da Synagoga, entrou em casa de Simão. Ora a sogra de Simão padecia grandes febres: e pedirão-lhe que se compadecesse d'ella.

39 E inclinando-se em pé sobr'ella, poz preceito á febre: e a febre a deixou. E ella levantando-se logo, se poz a servillos.

40 E quando foi Sol posto: todos os que tinhão enfermos de diversas molestias, lhos trazião. E elle pondo as mãos sobre cada hum d'elles, os sarava.

41 E de muitos sahião os demonios, gritando,

606

e dizendo: Tu és o Filho de Deos: mas elle reprehendendo-os, não permittia que elles tal dissessem: que sabião que elle mesmo era o Christo.

42 E depois que foi dia, tendo sahido, se retirou para hum lugar deserto, e as gentes o buscavão, e forão até onde elle estava: e o detinhão, para que se não apartasse d'elles.

43 Elle lhes disse: A's outras Cidades he necessario tambem que eu annuncie o Reino de Deos: que para isso he que fui enviado.

44 E andava prégando nas Synagogas de Galiléa.

CAPITULO V.

E ACONTECEO que, atropellando-o a gente, acodia a elle para ouvir a palavra de Deos, e elle estava á borda do lago de Genesareth.

2 E vio duas barcas que estavão á borda do lago: e os pescadores havião saltado em terra, e lavavão as suas redes.

3 E entrando em huma d'estas barcas, que era de Simão, lhe rogou que a apartasse hum pouco da terra. E estando sentado, ensinava ao povo des da barca.

4 E logo que acabou de fallar, disse a Simão: Faze-te mais ao largo, e soltai as vossas redes para pescar.

5 E respondendo Simão, lhe disse: Mestre, depois de trabalharmos toda a noite, não apanhámos cousa alguma: porém sobre a tua palavra soltarei a rede.

6 E depois que assim o fizerão, apanhárão peixe em tanta abundancia, que a rede se lhes rompia.

7 O que os obrigou a dar sinal aos companheiros, que estavão em outra barca, para que os viessem ajudar. E vierão, e enchêrão tanto ambas as barcas, que pouco faltava que ellas não fossem ao fundo.

8 O que vendo Simão Pedro, lançou-se aos pés de Jesus, dizendo: Retira-te de mim, Senhor, que sou hum homem peccador.

9 Porque o espanto o tinha assombrado a elle, e a todos os que se achavão com elle, de ver a pesca de peixes que havião feito.

10 E da mesma sorte havia deixado attonitos a Tiago, e a João, filhos de Zebedeo, que erão companheiros de Simão. Mas Jesus disse a Simão: Não tenhas medo: d'esta hora em diante serás pescador de homens.

11 E como chegárão a terra as barcas, deixando tudo, forão-no seguindo.

12 E succedeo que se achava Jesus em huma d'aquellas Cidades, e eis-que appareceo hum homem cheio de lepra, o qual vendo a Jesus, e lançando-se com o rosto em terra, lhe fez esta rogativa, dizendo: Senhor, se tu queres, bem me pódes alimpar.

13 E elle estendendo a mão, lhe tocou, dizendo: Quero: Sê limpo. E no mesmo ponto desappareceo d'elle a lepra:

14 e o mesmo Jesus lhe mandou que a ninguem o dissesse: mas, Vai, lhe disse, mostra-te ao Sacerdote, e offerece pela tua limpeza, o que foi ordenado por Moysés, para lhes servir de testemunho.

15 Entretanto se dilatava cada vez mais a fama do seu Nome: e concorrião muitas gentes para o ouvirem, e para serem curadas das suas enfermidades.

16 Mas elle se retirava para o deserto, e se punha em oração.

17 E aconteceo hum dia, que tambem elle se

achava sentado ensinando. E estavão igualmente assentados alli huns Fariseos, e Doutores da Lei, que tinhão vindo de todas as Aldeias de Galiléa, e de Judéa, e de Jerusalem: e a virtude do Senhor estava prompta para os sarar.

18 E eis-que apparecêrão huns homens, que trazião sobre hum leito hum homem, que estava paralytico: e o procuravão introduzir dentro na casa, e pôllo diante d'elle.

19 Mas não achando por onde o introduzir por ser muita a gente, subirão ao telhado, e levantando as telhas, deitárão-no abaixo no mesmo leito no meio da casa diante de Jesus.

20 O qual como vio a fé dos homens, disse: Homem, os teus peccados te são perdoados.

21 Então começárão os Escribas, e os Fariseos a discorrer lá comsigo dizendo: Quem he este, que diz blasfemias? Quem póde perdoar peccados, senão só Deos?

22 Mas Jesus, como entendia os pensamentos d'elles, respondendo, lhes disse: Que considerais vós lá nos vossos corações?

23 Qual he mais facil, dizer: São-te perdoados os peccados: ou dizer: Levanta-te, e anda?

24 Pois para que saibais, que o Filho do Homem tem sobre a terra poder de perdoar peccados, (disse ao paralytico) A ti te digo, levanta-te, toma o teu leito, e vai-te para tua casa.

25 E levantando-se logo á vista d'elles, tomou o leito em que jazia: e foi para sua casa, engrandecendo a Deos.

26 E ficárão todos pasmados, e engrandecêrão a Deos. E penetrárão-se de temor, dizendo: Hoje temos visto prodigios.

27 E depois d'isto sahio Jesus, e vio sentado no Teloneo hum publicano, por nome Levi, e disse-lhe: Segue-me.

28 E elle deixando tudo levantando-se, o seguio:

29 e Levi lhe deo hum grande banquete em sua casa: onde concorreo grande número de publicanos, e de outros, que estavão sentados á meza com elles.

30 Porém os Fariseos, e os Escribas d'elles, murmuravão, dizendo aos Discipulos de Jesus: Porque comeis, e bebeis vós com publicanos, e peccadores?

31 E respondendo Jesus, lhes disse: Os que se achão sãos não necessitão de Medico, mas os que estão enfermos.

32 Eu vim chamar não os justos, mas os peccadores á penitencia.

33 Então lhe disserão elles: Por que razão os Discipulos de João, e assim mesmo os dos Fariseos, fazem muitos jejuns, e orações: e os teus comem, e bebem?

34 Aos quaes respondeo Jesus: Por ventura podeis vós fazer que jejuem os amigos do Esposo, em quanto o Esposo está com elles?

35 Mas lá virão dias, nos quaes, quando o Esposo lhes for tirado, então jejuarão naquelles dias.

36 E tambem lhes propoz esta comparação: Ninguem põe remendo de panno novo em vestido velho: porque d'outra sorte rompe-se o panno novo, e o retalho novo não condiz com o velho.

37 Tambem ninguem lança vinho novo em odres velhos: porque de outra sorte o vinho novo arrebentar os odres, e entornar-se-ha o mesmo vinho, e perder-se-hão os odres:

38 mas o vinho novo deve-se recolher em odres novos, e assim tudo se conserva.

39 De mais que ninguem bebendo do vinho velho, quer logo do novo, porque diz: He melhor o velho.

CAPITULO VI.

E ACONTECEO hum dia de Sabbado, chamado segundo primeiro, que como passasse pelas searas, os seus Discipulos cortavão espigas, e machocando-as nas mãos, as comião.

2 E alguns dos Fariseos lhes dizião: Porque fazeis o que não he licito nos Sabbados?

3 E respondendo-lhes Jesus, disse: Vós não tendes lido o que fez David, quando teve fome elle, e os que com elle estavão:

4 como entrou na casa de Deos, e tomou os Pães da Proposição, e comeo d'elles, e deo aos que vinhão com elle: sendo assim que não podião comer d'elles, senão só os Sacerdotes?

5 Disse-lhes mais: O Filho do Homem he Senhor tambem do Sabbado mesmo.

6 E aconteceo que tambem outro Sabbado entrou Jesus na Synagoga, e ensinava. E achava-se alli hum homem que tinha resiccada a mão direita.

7 E os Escribas, e os Fariseos o estavão observando, para ver se curava em Sabbado: a fim de terem de que o accusar.

8 Mas Jesus sabia os pensamentos d'elles: e disse para o homem que tinha a mão resiccada: Levanta-te, e põe-te em pé no meio. E levantando-se elle, ficou em pé.

9 E Jesus lhes disse: Pergunto-vos, se he licito nos Sabbados fazer bem, ou mal: salvar a vida, ou tiralla?

10 Depois correndo a todos com os olhos, disse para o homem: Estende a tua mão. E estendeo-a elle: e foi-lhe restituida a mão.

11 E elles se enchêrão de furor, e fallavão huns com os outros, para ver que farião de Jesus.

12 E aconteceo naquelles dias, que sahio ao monte a orar, e passou toda a noite em oração a Deos.

13 E quando foi dia, chamou os seus Discipulos: e escolheo d'entr'elles doze, (que chamou Apostolos,)

14 a saber, Simão, a quem deo o sobre-nome de Pedro, e André seu irmão, Tiago, e João, Filippe, e Bartholomeo,

15 Mattheus, e Thomé, Tiago filho de Alfeo, e Simão chamado o Zelador,

16 e Judas irmão de Tiago, e Judas Iscariotes, que foi o traidor.

17 Descendo depois com elles, parou numa planicie, acompanhado da comitiva de seus Discipulos, e de grande multidão de povo de toda a Judéa, e de Jerusalem, e das terras maritimas assim de Tyro, como de Sidonia,

18 que tinhão concorrido a ouvillo, e para que os sarasse das suas enfermidades. E os que erão vexados dos espiritos immundos, ficavão sãos.

19 E todo o povo fazia diligencia por tocallo: pois sahia d'elle huma virtude, que os curava a todos.

20 E levantando elle os olhos para seus Discipulos, dizia: Bemaventurados vós ó pobres: porque vosso e o Reino de Deos.

21 Bemaventurados os que agora tendes fome: porque vos sereis fartos. Bemaventurados os que agora chorais: porque vós rireis.

22 Bemaventurado sereis quando os homens vos aborrecerem, e quando vos separarem, e carregarem de injurias, e rejeitarem o vosso nome como mão, por causa do Filho do Homem.

23 Folgai naquelle dia, e exultai: porque olhai, grande he o vosso galardão no Ceo: porque d'esta maneira tratavão aos Profetas os pais d'elles.

24 Mas ai de vós os que sois ricos, porque tendes a vossa consolação.

25 Ai de vós os que estais fartos: porque vireis a ter fome. Ai de vós os que agora rides: porque gemereis, e chorareis.

26 Ai de vós, quando vos louvarem os homens: porque assim fazião aos falsos profetas os pais d'elles.

27 Mas digo-vos a vós-outros, que me ouvis: Amai a vossos inimigos, fazei bem aos que vos tem odio.

28 Dizei bem dos que dizem mal de vós, e orai pelos que vos calumnião.

29 E ao que te ferir numa face, offerece-lhe tambem a outra. E ao que te tirar a capa, não defendas levar tambem a tunica.

30 E dá a todo aquelle que te pedir: e ao que tomar o que he teu, não lho tornes a pedir.

31 E o que quereis que vos fação a vós os homens, isso mesmo fazei vós a elles.

32 E se vós amais aos que vos amão, que merecimento he o que vós tereis? porque os peccadores tambem amão aos que os amão a elles.

33 E se fizerdes bem aos que vos fazem bem; que merecimento he o que vós tereis? porque isto mesmo fazem tambem os peccadores.

34 E se vós emprestardes áquelles, de quem esperais receber; que merecimento he o que vós tereis? porque tambem os peccadores emprestão huns aos outros, para que se lhes faça outro tanto.

35 Amai pois a vossos inimigos: fazei bem, e emprestai, sem dahi esperardes nada: e tereis muito avultada recompensa, e sereis filhos do Altissimo, que faz bem aos mesmos que lhe são ingratos e máos.

36 Sede pois misericordiosos, como tambem vosso Pai he misericordioso.

37 Não julgueis, e não sereis julgados: não condemneis, e não sereis condemnados. Perdoai, e sereis perdoados.

38 Dai, e dar-se-vos-ha: no seio vos metterão huma boa medida, e bem cheia, e bem acalcada, e bem acugulada. Porque qual for a medida de que vós usardes para os outros, tal será a que se use para vós.

39 E poz-lhes tambem esta comparação: Póde acaso hum cégo guiar outro cégo? não he assim que hum e outro cahirá no barranco?

40 Não he o discipulo sobre o Mestre: mas todo o discipulo será perfeito, se o for como seu Mestre.

41 E porque vês tu huma aresta no olho de teu irmão, e não reparas na trave, que tens no teu olho?

42 Ou como pódes tu dizer a teu irmão: Deixame, irmão, tirar-te do teu olho huma aresta: quando tu não vês que tens no teu olho huma trave? Hypocrita tira primeiro a trave do teu olho: e depois verás para tirar a aresta do olho de teu irmão.

43 Porque não he boa arvore, a que dá frutos máos: nem má arvore, a que dá bons frutos.

44 Por quanto cada arvore he conhecida pelo seu fruto. Porque nem os homens colhem figos dos espinheiros: nem dos abrolhos vindimão uvas.

45 O homem bom, do bom thesouro do seu coração tira o bem: e o homem máo, do máo thesouro tira o mal. Porque do que está cheio o coração, d'isso he que falla a boca.

608

46 Mas porque me chamais vós, Senhor, Senhor: e não fazeis o que eu vos digo?

47 Todo o que vem a mim, e ouve as minhas palavras, e as põe por obra: eu vos mostrarei a quem elle he semelhante:

48 He semelhante a hum homem, que edifica huma casa, o qual cavou profundamente, e poz o fundamento sobre huma rocha: e quando veio huma enchente d'aguas, deo impetuosamente a inundação sobre aquella casa, e não póde movella: porque estava fundada sobre rocha.

49 Mas o que ouve, e não obra: he semelhante a hum homem que fabrica a sua casa sobre terra levadiça: na qual bateo com violencia a corrente do rio, e logo cahio: e foi grande a ruina d'aquella casa.

CAPITULO VII.

E DEPOIS que Jesus acabou de fazer soar todos estes discursos aos ouvidos do Povo, entrou em Cafarnaum.

2 E achava-se alli gravemente enfermo, já quasi ás portas da morte, o criado de hum Centurião: que era muito estimado d'elle.

3 E quando ouvio fallar de Jesus, enviou a elle huns Anciãos dos Judeos, rogando-lhe que viesse a sarar o seu criado.

4 E elles logo que chegárão a Jesus, lhe fazião grandes instancias, dizendo-lhe: He pessoa que merece que tu lhe faças este favor:

5 porque he amigo da nossa gente: e elle mesmo nos fundou huma Synagoga.

6 Hia pois Jesus com elles. E quando se achava já perto da casa, lhe mandou o Centurião dizer por seus amigos este recado: Senhor, não te fatigues: Porque eu não sou digno de que tu entres em minha casa:

7 por essa razão nem eu me achei digno de te ir buscar: mas dize tu huma só palavra, e o meu criado será salvo:

8 porque tambem eu sou Official subalterno, que tenho soldados ás minhas ordens: e digo a hum vai acolá, e elle vai: e a outro vem cá, e elle vem: e ao meu servo, faze isto, e elle o faz.

9 O que ouvindo Jesus, ficou admirado: e voltando-se para o povo que o hia seguindo, disse: Em verdade vos affirmo, que nem em Israel tenho achado fé tamanha.

10 E voltando para casa os que havião sido enviados, achárão que estava são o criado, que estivera doente.

11 E aconteceo isto: no dia seguinte caminhava Jesus para huma Cidade chamada Naim: e hião com elle seus Discipulos, e muito povo.

12 E quando chegou perto da porta da Cidade, eis-que levavão a sepultar, hum filho unico de sua mãi, que já era viuva: e vinha por ella muita gente da Cidade.

13 Tendo-a visto o Senhor, movido de compaixão para com ella, disse-lhe: Não chores.

14 E chegou-se, e tocou no esquife. (Parárão logo os que o levavão.) Então disse elle: Moço, eu te mando, levanta-te.

15 E se sentou o que havia estado morto, e começou a fallar. E Jesus o entregou a sua mãi.

16 Pelo que se apoderou de todos o temor: e glorificavão a Deos, dizendo: Hum grande Profeta se levantou entre nós: e visitou Deos o seu Povo.

17 E a fama d'este milagre correo por toda a Judéa, e por toda a Comarca.

18 E referirão a João os seus Discipulos todas estas cousas.

19 E João chamou a dous de seus Discipulos, e os enviou a Jesus, dizendo: E's tu o que has de vir, ou he outro o que esperamos?

20 E como viessem estes homens a elle, lhe disserão: João Baptista nos enviou a ti, para te perguntar: E's tu o que has de vir, ou he outro o que esperamos?

21 (E naquella mesma hora curou Jesus a muitos de enfermidades, e de chagas, e de espiritos malignos, e deo vista a muitos cégos.)

22 Depois dando a sua resposta, lhes disse: Ide referir a João, o que tendes ouvido, e visto: Que os cégos vem, os coxos andão, os leprosos ficão limpos, os surdos ouvem, os mortos resuscitão, aos pobres he annunciado o Evangelho:

23 e que he bemaventurado todo aquelle que se não escandalizar a meu respeito.

24 E partidos que forão os mensageiros de João, começou Jesus a fallar d'elle ao Povo, dizendo: Que fostes vós ver ao Deserto? huma cana sacudida do vento?

25 Mas que fostes vós ver? hum homem vestido de roupas delicadas? Bem vedes que os que vestem roupas preciosas, e vivem em delicias, são os que vivem nos Palacios dos Reis.

26 Mas que fostes vós ver? hum Profeta? Na verdade vos digo, e mais que Profeta:

27 este he aquelle, de quem está escrito: Eisahi envio eu o meu Anjo diante da tua face, que preparará o teu caminho diante de ti:

28 Porque eu vos declaro: Que entre os nascidos de mulheres não ha maior Profeta, que João Baptista: mas o que he menor no Reino de Deos, he maior do que elle.

29 E todo o povo, e os Publicanos, que tinhão sido baptizados com o baptismo de João, dérão gloria a Deos, ouvindo este discurso.

30 Porém os Fariseos, e os Doutores da Lei desprezárão o designio de Deos em damno de si mesmos, em não se terem feito baptizar por elle.

31 Então disse o Senhor: Pois a quem direi que se assemelhão os homens d'esta geração? e a quem se parecem elles.

32 São semelhantes aos meninos, que estão sentados no terreiro, e que fallão huns para os outros, e dizem: Nós temos cantado ao som da gaita por vos divertir, e vós não bailastes: temos cantado em ar de lamentação, e vós não chorastes.

33 Porque veio João Baptista, que nem comia pão, nem bebia vinho, e dizeis: Elle está possesso do demonio.

34 Veio o Filho do Hómem, que come, e bebe, e vós dizeis: Vejão o homem glotão, e amigo de vinho, que acompanha com publicanos, e peccadores.

35 Mas a sabedoria foi justificada por todos os seus filhos.

36 E lhe rogava hum Fariseo que fosse a comer com elle. E havendo entrado em casa do Fariseo, se assentou á meza.

37 E no mesmo tempo huma mulher peccadora, que havia na Cidade, quando soube que estava á meza em casa do Fariseo, levou huma redoma de alabastro cheia de balsamo:

38 e pondo-se a seus pés por detráz d'elle, começou a regar-lhe com lagrimas os pés, e os enxugava com os cabellos da sua cabeça, e lhe beijava os pés, e os ungia com o balsamo.

39 E quando isto vio o Fariseo, que o tinha convidado, disse lá comsigo fazendo este discurso:

Se este homem fóra Profeta, bem saberia quem, e qual he a mulher que o toca: porque he peccadora.

40 Então respondendo Jesus lhe disse: Simão, tenho que te dizer huma cousa. E elle respondeo: Mestre, dize-a.

41 Hum crédor tinha dous devedores: hum lhe devia quinhentos dinheiros, e outro cincoenta.

42 Porém não tendo elles com que pagarem, remittio-lhes elle a ambos a divida. Qual pois o ama mais?

43 Respondendo Simão, disse: Creio que aquelle, a quem o crédor perdoou maior quantia. E Jesus lhe disse: Julgaste bem.

44 E voltando para a mulher, disse a Simão: Vês esta mulher? Entrei em tua casa, não me déste agua para os pés: mas esta com as suas lagrimas regou os meus pés, e os enxugou com os seus cabellos.

45 Não me déste osculo: mas esta, desde que entrou, não cessou de me beijar os pés.

46 Não ungiste a minha cabeça com balsamo: e esta com balsamo ungio os meus pés.

47 Pelo que te digo: Que perdoados lhe são seus muitos peccados, porque amou muito. Mas ao que menos se perdoa, menos ama.

48 E disse-lhe a ella: Perdoados te são teus peccados.

49 E os que comião alli começárão a dizer entre si: Quem he este que até perdoa peccados?

50 E Jesus disse para a mulher: A tua fé te salvou: vai-te em paz.

CAPITULO VIII.

E ACONTECEO depois, que Jesus caminhava por Cidades e Aldeias, prégando, e annunciando o Reino de Deos: e os doze com elle,

2 e tambem algumas mulheres, que elle tinha livrado de espiritos malignos, e de enfermidades: Maria, que se chama Magdalena, da qual Jesus havia expellido sete demonios,

3 e Joanna mulher de Cuza, Procurador de Herodes, e Susanna, e outras muitas, que lhe assistião de suas posses.

4 E como houvesse concorrido hum crescido número de povo, e acodissem solicitos a elle das Cidades, lhes disse Jesus por semelhança:

5 Sahio o que semêa, a semear o seu grão: e ao semeallo, huma parte cahio junto ao caminho, e foi pizada, e a comêrão as aves do Ceo.

6 E outra cahio sobre pedregulho: e quando foi nascida se seccou, porque não tinha humidade.

7 E outro cahio entre espinhos, e logo os espinhos que nascêrão com ella, a affogárão.

8 E outra cahio em boa terra: e depois de nascer, deo fruto, cento por hum. Dito isto, começou a dizer em alta voz: Quem tem ouvidos de ouvir, ouça.

9 Então os seus Discipulos lhe perguntárão, que queria dizer esta parabola.

10 Elle lhes respondeo: A vós foi-vos concedido conhecer o mysterio do Reino de Deos, mas aos outros se lhes falla por parabolas: para que vendo não vejão, e ouvindo não entendão.

11 He pois este o sentido da parabola: A semente he a palavra de Deos.

12 A que cahe á borda do caminho, são aquelles que a ouvem: mas depois vem o diabo, e tira a palavra do coração d'elles, porque não se salvem crendo.

13 Quanto á que cahe em pedregulho: significa os que recebem com gosto a palavra, quando a

ouvirão: e estes não tem raizes: porque até certo tempo crem, e no tempo da tentação voltão atrás.

14 E a que cahio entre espinhos: estes são os que ouvirão, porém indo por diante, ficão suffocados dos cuidados, e das riquezas, e deleites d'esta vida, e não dão fruto.

15 Mas a que cahio em boa terra: estes são os que ouvindo a palavra com coração bom, e muito são, a retem, e dão fruto pela paciencia.

16 Ninguem pois accende huma luzerna, e a cobre com alguma vasilha, ou a põe debaixo da cama: põe-na sim sobre hum candieiro, para que vejão a luz os que entrão.

17 Porque não ha cousa encoberta, que não haja de ser manifestada: nem escondida, que não haja de saber-se, e fazer-se pública.

18 Vede pois como ouvis. Porque áquelle, que tem, lhe será dado: e ao que não tem, ainda aquillo mesmo que entende ter, lhe será tirado.

19 E vierão ter com elle sua mãi, e seus irmãos, e não podião chegar a elle, pela muita gente.

20 E vierão-lhe dizer: Tua mãi, e teus irmãos estão lá fóra, e querem-te ver.

21 Elle respondendo, lhes disse: Minha mãi, e meus irmãos são aquelles, que ouvem a palavra de Deos, e a põem por obra.

22 E aconteceu isto num d'aquelles dias: que entrou elle, e os seus Discipulos em huma barca, e lhes disse: Passemos á outra ribeira do Lago. E elles partirão.

23 E em quanto elles hião navegando, dormio Jesus, e levantou-se huma tempestade de vento sobre o Lago, e se encheo d'agua, e perigavão.

24 E chegando-se a elle o despertárão, dizendo: Mestre, nós perecemos. E elle levantando-se, increpou ao vento, e a tempestade da agua, e logo tudo cessou: e veio bonança.

25 Disse-lhes então Jesus: Onde está a vossa fé? Elles cheios de temor se admirárão, dizendo huns para os outros: Quem cuidas que he este, que assim manda aos ventos, e ao mar, e elles lhe obedecem?

26 E navegárão para a terra dos Gerasenos, que está fronteira á Galiléa.

27 E logo que saltou em terra, veio ter com elle hum homem, que estava endemoninhado havia já muitos tempos, e não vestia roupa alguma, nem habitava em casa, senão nos sepulcros.

28 Este, logo que vio a Jesus, prostrou-se diante d'elle: e gritando muito alto, disse: Que tens tu comigo, Jesus Filho de Deos Altissimo? peço-te que me não atormentes.

29 Porque Jesus mandava ao espirito immundo, que sahisse do homem. Porque havia muitos tempos que o arrebatava, e ainda que o guardassem preso em cadeias, e grilhões, logo rompia as cadeias, e agitado do demonio, fugia para os desertos.

30 E fez-lhe Jesus esta pergunta, dizendo: Que nome he o teu? Elle então respondeo. Legião: porque erão em grande número os demonios que tinhão entrado nelle.

31 E estes lhe pedirão que os não mandasse ir para o abysmo.

32 Ora andava alli pastando no monte huma grande manada de porcos: e lhe rogavão, que lhes permittisse entrar nelles. E Jesus lho permittio.

33 Sahirão pois dúo homem os demonios, e entrirão nos porcos: e logo a manada dos porcos se arrojou por hum despenhadeiro impetuosamente no lago, e alli ficou toda affogada.

610

34 Quando isto virão os porqueiros, fugirão, e forão-no contar ás Cidades, e pelas granjas.

35 E sahirão a ver o que havia acontecido, e vierão ter com Jesus: e achárão a seus pés sentado, já vestido, e em seu juizo ao homem, de quem havião sahido os demonios, e tiverão grande medo.

36 E os que havião presenciado o que tinha succedido, lhes contárão tambem como o possésso fóra livrado da legião:

37 e toda a gente do territorio dos Gerasenos, pedio a Jesus que se retirasse d'elles: porque estavão possuidos de grande medo. Pelo que elle embarcando-se, se retirou de volta.

38 E pedia-lhe o homem, de quem tinhão sahido os demonios, que o deixasse estar com elle. Porém Jesus o despedio, dizendo:

39 Volta para tua casa, e conta as grandes cousas, que Deos te fez. E foi publicando por toda a Cidade as singulares graças, que lhe fizera Jesus.

40 E aconteceo, que tendo voltado Jesus, o recebêrão as gentes: pois todos o estavão esperando.

41 E eis-que veio hum homem chamado Jairo, que era Principe da Synagoga: e lançou-se aos pés de Jesus, pedindo-lhe que viesse a sua casa,

42 porque tinha huma filha unica que teria doze annos, e esta estava morrendo. E succedeo que em quanto hia Jesus caminhando, molestavão-no os apertões do Povo.

43 E huma mulher padecia fluxo de sangue havia doze annos, e tinha despendido com Medicos todo o seu cabedal, sem poder de nenhum d'elles ser curada:

44 chegou por detrás, e tocou a orla do vestido de Jesus: e no mesmo instante lhe parou o fluxo de sangue.

45 Disse então Jesus: Quem he, que me tocou? E respondendo todos que nenhum fora, disse Pedro, e os que com elle estavão: Mestre, as gentes te apertão, e opprimem, e ainda perguntas: Quem he que me tocou?

46 Replicou todavia Jesus: Alguem me tocou: porque eu conheci, que de mim sahia huma virtude.

47 Quando a mulher se vio assim descoberta, veio toda tremendo, e se prostrou aos pés de Jesus: e declarou diante de todo o povo a causa, porque lhe havia tocado: e como ficará logo sãa.

48 E elle lhe disse: Filha, a tua fé te salvou: vai-te em paz.

49 Ainda elle não tinha acabado de fallar, quando veio hum dizer ao Principe da Synagoga: He morta tua filha, não lhe dês o trabalho de cá vir.

50 Mas Jesus, tendo ouvido esta palavra, disse para o pai da menina: Não temas, crê sómente, e ella será salva.

51 E depois de chegar a casa, mandou que ninguem entrasse com elle, senão Pedro, e Tiago, e João, e o pai, e a mãi da menina.

52 Entretanto todos a choravão, e se ferião de pena. Porém Jesus lhes disse: Não choreis, que a menina não está morta, mas dorme.

53 Mas os que sabião que ella estava morta, zombavão d'elle.

54 Então Jesus tomando-lhe a mão, disse em alta voz: Menina, levanta-te.

55 Então a sua alma tornou ao corpo, e ella se levantou logo. E Jesus mandou que lhe dessem de comer.

56 Ficárão pois cheios de assombro seus pais, e

quem Jesus poz preceito de não contarem a pessoa alguma o que se tinha passado.

CAPITULO IX.

TENDO porém Jesus convocado os doze Apostolos, deo-lhes poder, e authoridade sobre todos os demonios, e virtude de curar enfermidades.

2 Depois enviou-os a prégar o Reino de Deos, e a curar os enfermos.

3 E disse-lhes: Não leveis cousa alguma pelo caminho, nem bordão, nem alforje, nem pão, nem dinheiro, nem tenhais duas tunicas.

4 E em qualquer casa em que entrardes, ficai ahi, e não sahiais d'ella.

5 E quando quaesquer vos não queirão receber: ao sahir d'essa Cidade, sacudi até o pó dos vossos pés para servir de testemunho contra elles.

6 Tendo elles pois sahido, andavão de Aldeia em Aldeia prégando o Evangelho, e fazendo curas em todo o lugar.

7 E chegou á noticia de Herodes Tetrarca tudo o que Jesus obrava, e ficou como suspenso, porque dizião

8 huns: He João que resurgio dos mortos: e outros: He Elias que appareceo: e outros: He hum dos antigos Profetas que resuscitou.

9 Então disse Herodes: Eu mandei degollar a João: Quem he pois este, de quem eu ouço semelhantes cousas? E buscava occasião de o ver.

10 E tendo voltado os Apostolos, lhe contárão tudo quanto havião feito: E Jesus tomando-os comsigo á parte, foi a hum lugar deserto, que he do territorio de Bethsaida.

11 O que ouvindo os povos, o forão seguindo: e Jesus os recebeo, e fallava-lhes do Reino de Deos, e sarava os que necessitavão de cura.

12 Ora o dia tinha começado já a declinar. Quando, chegando a elle os doze, lhe disserão: Despede estas gentes, para que indo elles por essas Aldeias, e granjas da Comarca, se alverguem, e achem que comer: porque aqui estamos em hum lugar deserto.

13 Mas Jesus lhes respondeo: Dai-lhes vós de comer. E replicárão elles: Nós não temos mais do que cinco pães, e dous peixes, senão he que devemos ir comprar mantimento para todo este povo.

14 Porque erão quasi cinco mil homens. Então disse Jesus a seus Discipulos: Fazei-os sentar para comer, divididos em ranchos de cincoenta em cincoenta.

15 E elles assim o executárão. E os fizerão sentar a todos.

16 E tendo tomado Jesus os cinco pães, e dous peixes, levantou os olhos ao Ceo, e os abençoou: e partio, e deo aos seus Discipulos, para que os pozessem diante das gentes.

17 E comêrão todos, e ficárão fartos. E levantárão do que lhes sobejou, doze costos de fragmentos.

18 E aconteceo, que estando só orando, se achavão com elle tambem os seus Discipulos: e Jesus lhes perguntou, dizendo: Quem dizem as gentes que sou eu?

19 E elles respondêrão, e disserão: Huns dizem que João Baptista, e outros que Elias, e outros, que resuscitou al'gum dos antigos Profetas.

20 Então lhes disse Jesus: E vós, quem dizeis que sou eu? Respondendo Simão Pedro, disse: O Christo de Deos.

21 Elle então ameaçando-os, mandou que o não dissessem a ninguem,

22 dizendo: He necessario que o Filho do Homem padeça muitas cousas, e que seja rejeitado dos Anciãos, e dos Principes dos Sacerdotes, e dos Escribas, e que seja entregue á morte, e que resuscite ao terceiro dia.

23 E dizia a todos: Se alguem quer vir após de mim, negue-se a si mesmo, e tome a sua Cruz cada dia, e siga-me.

24 Porque o que quizer salvar a sua alma, viná a perdella: e quem perder a sua alma, por amor de mim, salvafa-ha:

25 porque, que aproveita hum homem, se grangear todo o Mundo, quando se perde a si mesmo, e se faz damno a si?

26 Porque se alguem se envergonhar de mim, e das minhas palavras: tambem o Filho do Homem se envergonhará d'elle, quando vier na sua magestade, e na de seu Pai, e Santos Anjos.

27 E digo-vos na verdade: que dos que aqui se achão, alguns ha que não hão de gostar a morte, até não verem o Reino de Deos.

28 E aconteceo, que passados quasi oito dias depois que disse estas palavras, tomou Jesus comsigo não só a Pedro, mas a Tiago, e a João, e subio a hum monte a orar.

29 E em quanto orava, pareceo todo outro o seu rosto: e fez-se o seu vestido alvo e brilhante.

30 E eis-que fallavão com elle dous varões. E estes erão Moysés, e Elias,

31 que apparecêrão cheios de magestade: e fallavão da sua sahida d'este Mundo, que havia de cumprir em Jerusalem.

32 Entretanto Pedro, e os que com elle estavão, se tinhão deixado opprimir do somno. E despertando virão a gloria de Jesus, e aos dous varões, que com elle estavão.

33 E aconteceo que ao tempo que se apartárão d'elle, disse Pedro a Jesus: Mestre, bom he que nós aqui estejamos: e façamos tres tendas, huma para ti, e outra para Moysés, e outra para Elias: não sabendo o que dizia.

34 E quando elle estava ainda dizendo isto, veio huma nuvem, e os cobrio: e tiverão medo, entrando elles na nuvem.

35 E sahio huma voz da nuvem, dizendo: Este he aquelle meu Filho especialmente amado, ouvi-o.

36 E ao sahir esta voz, achárão só a Jesus. E elles se calárão, e a ninguem disserão naquelles dias cousa alguma das que tinhão visto.

37 E succedeo no dia seguinte que descendo elles do monte, lhes veio sahir ao encontro huma grande multidão de gente.

38 E eis-que hum homem da turba clamou, dizendo: Mestre, rogo-te que ponhas os olhos em meu filho, porque he o unico que tenho:

39 e eis-que hum espirito se apodera d'elle, e subitamente dá gritos, e o lança por terra, e o agita com violencia fazendo-o escumar, e apenas o larga deixando-o feito em pedaços:

40 e pedi a teus Discipulos que o expellissem, e elles não podérão.

41 E respondendo Jesus, disse: O' geração infiel, e perversa, até quando estarei eu comvosco, e vos soffrerei? Traze cá o teu filho.

42 E quando este hia chegando, o lançou o demonio por terra, e o agitou com violentas convulsões.

43 Mas Jesus ameaçou ao espirito immundo, e sarou o menino, e o restituio a seu pai.

44 E pasmavão todos do grande poder de Deos:

e admirando-se todos de todas as cousas que fazia, disse Jesus aos seus Discipulos: Ponde vós nos vossos corações estas palavras: O Filho do Homem ha de vir a ser entregue nas mãos dos homens.

45 Mas elles não entendião esta palavra, e lhes era tão obscura, que não na comprehendião: e tinhão medo de lhe perguntar ácerca d'ella.

46 Veio-lhes então ao pensamento qual d'elles era o maior.

47 Mas Jesus vendo o que elles cuidavão nos seus corações, tomou hum menino, e o poz junto a si,

48 e lhes disse: Todo o que receber este menino em meu Nome, a mim me recebe: e todo o que me receber a mim, recebe áquelle, que me enviou. Porque quem d'entre vós todos he o menor, esse he o maior.

49 Então respondendo João, disse: Mestre, nós vimos a hum, que expellia os demonios em teu Nome, e lho vedámos: porque não te segue comnosco.

50 E Jesus lhe disse: Não lho prohibais: porque o que não he contra vós, he por vós.

51 E aconteceo que sendo chegado o tempo da sua Assumpção, mostrou elle então hum semblante intrepido, e resoluto para ir para Jerusalem.

52 E enviou a diante de si mensageiros: e indo elles entrárão em huma Cidade dos Samaritanos para lhe prevenirem pousada.

53 E não no recebêrão, por elle dar mostras de que hia para Jerusalem.

54 O que porém tendo visto seus Discipulos Tiago, e João, disserão: Senhor, queres tu que digamos que desça fogo do Ceo, e que os consuma?

55 Porém Jesus voltando-se para elles, os reprehendeo, dizendo: Vós não sabeis qual he o espirito da vossa vocação.

56 O Filho do Homem não veio a perder as almas, mas a salvallas. E forão para outra povoação.

57 E aconteceo isto: indo elles pelo caminho, veio hum homem, e disse a Jesus: Eu seguir-te-hei, para onde quer que tu fôres.

58 Respondeo-lhe Jesus: As raposas tem suas covas, e as aves do Ceo tem seus ninhos: mas o Filho do Homem não tem onde reclinar a cabeça.

59 E a outro disse Jesus: Segue-me: e elle lhe disse: Senhor, permitte-me que vá eu primeiro enterrar a meu pai.

60 E Jesus lhe respondeo: Deixa que os mortos enterrem os seus mortos: e tu vai, e annuncia o Reino de Deos.

61 E disse-lhe outro: Eu, Senhor, seguir-te-hei, mas dá-me licença que eu vá primeiro dispôr dos bens, que tenho em minha casa.

62 Respondeo-lhe Jesus: Nenhum que mette a sua mão ao arado, e olha para trás, he apto para o Reino de Deos.

CAPITULO X.

E DEPOIS d'isto designou o Senhor ainda outros setenta e dous: e mandou-os de dous em dous a diante de si por todas as Cidades, e lugares, para onde elle tinha de ir.

2 E dizia-lhes: Grande he na verdade a mésse, e poucos os trabalhadores. Rogai pois ao dono da mésse, que mande trabalhadores para a sua mésse.

3 Ide: olhai que eu vos mando como cordeiros entre lobos.

612

4 Não leveis bolsa, nem alforje, nem calçado, e a ninguem saudeis pelo caminho.

5 Em qualquer casa aonde entrardes, dizei primeiro que tudo: Paz seja nesta casa:

6 e se alli houver algum filho de paz, repousará sobr'elle a vossa paz: e senão, ella tornará para vós.

7 E permanecei na mesma casa, comendo, e bebendo do que elles tiverem: porque o trabalhador he digno do seu jornal. Não andeis de casa em casa.

8 E em qualquer Cidade em que entrardes, e vos receberem, comei o que se vos pozer diante:

9 e curai os enfermos que nella houver, e dir-lhes-heis: Está a chegar a vós-outros o Reino de Deos.

10 Mas se vós entrardes n'alguma Cidade, e vos não receberem, sahindo pelas suas praças, dizei:

11 Este mesmo pó, que se nos pegou da vossa Cidade, sacudimos contra vós: não obstante isto sabei, que está a chegar a vós-outros o Reino de Deos.

12 Digo-vos, que naquelle dia haverá menos rigor para Sodoma, que para a tal Cidade.

13 Ai de ti Corozain, ai de ti Bethsaida: que se em Tyro, e Sidonia se tivessem obrado as maravilhas, que se obrárão em vós, ha muito tempo que ellas terião feito penitencia, cobrindo-se de cilicio, e de cinza.

14 Por isso haverá sem dúvida no dia do Juizo para Tyro e Sidonia menos rigor, que para vós.

15 E tu, Cafarnaum, que te elevaste até o Ceo, serás submergida até o Inferno.

16 O que a vós ouve, a mim ouve: e o que a vós despreza, a mim despreza. E quem a mim despreza, despreza áquelle que me enviou.

17 Voltárão depois da setenta e dous muito alegres, dizendo: Senhor, até os mesmos demonios se nos sobmettem em virtude do teu Nome.

18 E o Senhor lhes respondeo: Eu via cahir do Ceo a Satanás, como hum relampago.

19 Eis-ahi vos dei eu poder de pizardes as serpentes, e os escorpiões, e toda a força do inimigo: e nada vos fará damno.

20 E com tudo o sujeitarem-se-vos os espiritos não he de que vós vos deveis alegrar: mas sim deveis alegrar-vos de que os vossos nomes estão escritos nos Ceos.

21 Naquella mesma hora exultou Jesus o impulsos do Espirito Santo, e disse: Graças te dou, Pai, Senhor do Ceo e da terra, porque escondeste estas cousas aos sabios, e entendidos, e as revelaste aos pequeninos. Sim, Padre: porque assim foi do teu agrado.

22 Todas as cousas me tem sido entregues por meu Pai. E ninguem sabe quem he o Filho, senão o Pai: nem quem he o Pai senão o Filho, e aquelle a quem o Filho o quizer revelar.

23 E tendo-se voltado para seus Discipulos, disse: Ditosos olhos aquelles, que vem o que vós vedes.

24 Pois eu vos affirmo, que forão muitos os Profetas, e Reis, que desejárão ver o que vós vedes, e não no virão: e que desejárão ouvir o que vós ouvis, e não no ouvirão.

25 E eis-que se levantou hum Doutor da Lei, e lhe disse para o tentar: Mestre, que hei de eu fazer para entrar na posse da vida eterna?

26 Disse-lhe então Jesus: Que he o que está escrito na Lei? como lês tu?

27 Elle respondendo disse: Amarás ao Senhor teu Deos, de todo o teu coração, e de toda a tua alma, e de todas as tuas forças, e de todo o teu

entendimento: e ao teu proximo como a ti mesmo.

28 E Jesus lhe disse: Respondeste bem: faze isso, e viverás.

29 Mas elle querendo justificar-se a si mesmo, disse a Jesus: E quem he o meu proximo?

30 E Jesus proseguindo no mesmo discurso, disse: Hum homem baixava de Jerusalem a Jericó, e cahio nas mãos dos ladrões, que logo o despojárão do que levava: e depois de o terem maltratado com muitas feridas, se retirárão deixando-o meio morto.

31 Aconteceo pois, que passava pelo mesmo caminho hum Sacerdote: e quando o vio passou de largo.

32 E assim mesmo hum Levita, chegando perto d'aquelle lugar, e vendo-o, passou tambem de largo.

33 Mas hum Samaritano, que hia seu caminho, chegou perto d'elle: e quando o vio, se moveo a compaixão.

34 E chegando-se lhe atou as feridas, lançando nellas azeite, e vinho: e pondo-o sobre a sua cavalgadura, o levou a huma estalagem, e teve cuidado d'elle.

35 E ao outro dia, tirou dous denarios, e deo-os ao Estalajadeiro, e lhe disse: Tem-me cuidado d'elle: e quanto gastares de mais, eu to satisfarei, quando voltar.

36 Qual d'estes tres te parece, que foi o proximo d'aquelle, que cahio nas mãos dos ladrões?

37 Respondeo logo o Doutor: Aquelle, que usou com o tal de misericordia. Então lhe disse Jesus: Pois vai, e faze tu o mesmo.

38 E aconteceo, que como fossem de caminho, entrou depois Jesus em huma Aldeia: e huma mulher por nome Martha, o hospedou em sua casa:

39 e esta tinha huma irmã chamada Maria, a qual até sentada aos pés do Senhor, ouvia a sua palavra.

40 Martha porém andava toda affadigada na continua lida da casa: a qual se apresentou diante de Jesus, e disse: Senhor, a ti não se te dá que minha irmã me deixasse andar servindo só? dize-lhe pois que me ajude.

41 E respondendo o Senhor lhe disse: Martha, Martha, tu andas muito inquieta, e te embaraças com o cuidar em muitas cousas.

42 Entretanto só huma cousa he necessaria, Maria escolheo a melhor parte, que lhe não será tirada.

CAPITULO XI.

E ACONTECEO, que estando orando em certo lugar, quando acabou, lhe disse hum dos seus Discipulos: Senhor, ensina-nos a orar, assim como tambem João ensinou aos seus Discipulos.

2 E Jesus lhes disse: Quando orardes, dizei: Padre, santificado seja o teu Nome. Venha a nós o teu Reino.

3 O pão nosso de cada dia nos dá hoje.

4 E perdoa-nos os nossos peccados, pois que tambem nós perdoamos a todo o que nos deve. E não nos deixes cahir em tentação.

5 Disse-lhes mais: Se qualquer de vós tiver hum amigo, e for ter com elle á meia noite, e lhe disser: Amigo, empresta-me tres pães,

6 porque hum meu amigo acaba de chegar a minha casa de huma jornada, e não tenho que lhe pôr diante,

7 e elle respondendo lá de dentro lhe disser:

Não me sejas importuno, ja está fechada a porta, e os meus criados estão tambem como eu na cama, não me posso levantar a dar-tos.

8 E' se o outro perseverar em bater: digo-vos que no caso que elle se não levantar a dar-lhos, por ser seu amigo, certamente pela sua importunação se levantará, e lhe dará quantos pães houver mister.

9 Por tanto eu vos digo: Pedi, e dar-se-vos-ha: buscai, e achareis: batei, e abrir-se-vos-ha.

10 Porque todo aquelle que pede, recebe: e o que busca, acha: e ao que bate, se lhe abrirá.

11 E se algum de vós-outros pedir pão a seu pai, acaso dar-lhe-ha elle huma pedra? Ou se lhe pedir hum peixe: dar-lhe-ha elle por ventura em lugar de peixe huma serpente?

12 Ou se lhe pedir hum ovo: por ventura dar-lhe-ha hum escorpião?

13 Pois se vós-outros, sendo máos, sabeis dar boas dadivas a vossos filhos: quanto mais o vosso Pai Celestial dará espirito bom aos que lho pedirem?

14 E estava Jesus lançando hum demonio, e era elle mudo. E depois de ter expellido o demonio, fallou o mudo, e se admirárão as gentes.

15 Mas alguns d'elles disserão: Elle expelle os demonios em virtude de Beelzebub principe dos demonios.

16 E outros pelo tentarem, lhe pedião que lhes mostrasse algum prodigio do Ceo.

17 E Jesus quando vio os pensamentos d'elles, lhes disse: Todo o Reino dividido contra si mesmo será assolado, e cahirá casa sobre casa.

18 Pois se Satanás está tambem dividido contra si mesmo, como estará em pé o seu Reino? porque vós dizeis que em virtude de Beelzebub he que eu lanço fóra os demonios.

19 Ora se he por virtude de Beelzebub que eu lanço fóra os demonios: vossos filhos por virtude de quem os lanção? Por isso elles serão os vossos juizes.

20 Mas se pelo dedo de Deos lanço os demonios: he certo que chegou a vós o Reino de Deos.

21 Quando hum homem valente guarda armado o seu páteo, estão em segurança os bens que possue.

22 Mas se sobrevindo outro mais valente do que elle, o vencer, este lhe tirará todas as suas armas, em que confiava, e repartirá os seus despojos.

23 O que não he comigo, he contra mim: e o que não colhe comigo, desperdiça.

24 Quando o espirito immundo tem sahido de hum homem, anda pelos lugares seccos, buscando repouso: e como o não acha, diz: Tornarei para minha casa, donde sahi.

25 E depois de vir, elle a acha varrida, e adornada.

26 Vai então, e toma comsigo outros sete espiritos peiores do que elle, e entrando na casa fazem nella habitação. E vem o ultimo estado d'este homem a ser peior do que o primeiro.

27 E aconteceo, que dizendo elle estas palavras: huma mulher levantando a voz do meio do povo lhe disse: Bemaventurado o ventre, que te trouxe, e os peitos a que foste criado.

28 Mas elle respondeo: Antes bemaventurados aquelles que ouvem a palavra de Deos, e a põem por obra.

29 E como o povo vinha concorrendo, começou Jesus a dizer: Esta geração he huma geração

perversa : ella pede hum sinal, e não se lhe dará outro sinal, senão o sinal do Profeta Jonas.

30 Porque assim como Jonas foi hum sinal para os Ninivitas: assim tambem o Filho do Homem o será para esta nação.

31 A Rainha do Meiodia levantar-se-ha no dia do Juizo contra os homens d'esta nação, e condemnallos-ha : porque veio do cabo do Mundo ouvir a sabedoria de Salamão : entretanto sabei, que aqui está quem he maior do que Salamão.

32 Os Ninivitas levantar-se-hão no dia do Juizo com esta gente, e condemnalla-hão : porque fizerão penitencia ao prégar-lha Jonas : entretanto sabei, que aqui está quem he maior do que Jonas.

33 Ninguem accende huma candeia, e a põe em hum lugar escondido, nem debaixo de hum alqueire : mas sobre hum candieiro, para que os que entrão vejão a luz.

34 O teu olho he a luz do teu corpo. Se o teu olho for simples, todo o teu corpo será lucido : se porém for máo, tambem o teu corpo será tenebroso.

35 Olha pois bem que a luz, que he em ti, não sejão trévas.

36 Se pois o teu corpo for todo lucido, sem ter parte alguma tenebrosa, todo elle será luminoso, e alluminar-te-ha, como huma luzerna de brilhante luz.

37 E quando Jesus estava fallando, pedio-lhe hum Fariseo, que fosse jantar com elle. E havendo entrado se sentou á meza.

38 E o Fariseo começou a discorrer lá comsigo mesmo sobre o motivo, porque se não tinha lavado elle antes de comer.

39 E o Senhor lhe disse : Agora vós-outros os Fariseos alimpais o que está por fóra do vaso, e do prato : mas o vosso interior está cheio de rapina, e de maldade.

40 Nescios, quem fez tudo o que está de fóra, não fez tambem o que está de dentro ?

41 Daí com tudo esmola do que he vosso : e eis-ahi que todas as cousas vos ficão sendo limpas.

42 Mas ai de vós Fariseos, que pagais o dizimo da ortelã, e da arruda, e de toda a casta de hervas, e que desprezais a justiça, e o amor de Deos: pois estas erão as cousas, que importava que vós praticasseis, sem entretanto omittirdes aquelloutras.

43 Ai de vós Fariseos, que gostais de ter nas Synagogas as primeiras cadeiras, e de que vos saudem na praça.

44 Ai de vós, que sois como os sepulcros, que não apparecem, e que os homens, que caminhão por cima, não conhecem.

45 Então respondendo hum dos Doutores da Lei, lhe disse : Mestre, tu fallando assim, tambem a nós-outros nos affrontas.

46 Mas Jesus lhe respondeo : Ai de vós-outros tambem Doutores da Lei : que carregais os homens de obrigações, que elles não podem desempenhar, e vós nem com hum dedo vosso lhes alliviais a carga.

47 Ai de vós, que edificais sepulcros aos Profetas : quando vossos pais forão os que lhes dérão a morte.

48 Por certo que bem testemunhais, que consentis nas obras de vossos pais : porque elles na verdade os matárão, e vós edificais os seus sepulcros.

49 Por isso tambem disse a Sabedoria de Deos :

614

Mandar-lhes-hei Profetas, e Apostolos, e elles darão a morte a huns, e perseguirão a outros :

50 para que a esta nação se peça conta do sangue de todos os Profetas, o qual foi derramado des do principio do Mundo,

51 des do sangue de Abel até o sangue de Zacarias, que foi morto entre o Altar, e o Templo. Sim, eu vos declaro, que a esta nação se pedirá conta d'isto.

52 Ai de vós Doutores da Lei, que depois de terdes arrogado a vós a chave da sciencia, nem vós-outros entrastes, nem deixastes entrar os que vinhão para entrar.

53 E como elle lhes fallava d'esta sorte, começárão os Fariseos, e Doutores da Lei a apertallo com fortes instancias, e a quererem-no fazer calar com a multidão das questões, a que o obrigavão a responder,

54 armando-lhe d'este maneira laços, e buscando occasião de lhe apanharem da boca alguma palavra, para o accusarem.

CAPITULO XII.

E COMO se tivessem ajuntado á roda de Jesus muitas gentes, de sorte que huns a outros se atropelavão, começou elle a dizer a seus Discipulos: Guardai-vos do fermento dos Fariseos, que he a hypocrisia.

2 Porque nenhuma cousa ha occulta, que não venha a descobrir-se : e nenhuma ha escondida, que não venha a saber-se.

3 Porque as cousas que dissestes nas trévas, ás claras serão ditas : e o que fallastes ao ouvido no gabinete, será apregoado sobre os telhados.

4 A vós-outros pois, amigos meus, vos digo : Que não tenhais medo d'aquelles que matão o corpo, e depois d'isto não tem mais que fazer.

5 Mas eu vos mostrarei a quem haveis de temer : temei aquelle, que depois de matar, tem poder de lançar no Inferno : sim eu vo-lo digo, temei a este.

6 Não se vendem cinco pardáes por dous réis, e nem hum d'elles só está em esquecimento diante de Deos ?

7 E até os cabellos da vossa cabeça todos estão contados. Pois não temais : porque de maior valia sois vós-outros, que muitos pardáes.

8 Ora eu vos declaro : Que todo o que me confessar diante dos homens, tambem o Filho do Homem o confessará ante os Anjos de Deos :

9 o que porém me negar diante dos homens, tambem será negado na presença dos Anjos de Deos.

10 E todo o que proferir huma palavra contra o Filho do Homem, ser-lhe-ha dado perdão : mas áquelle, que blasfemar contra o Espirito Santo, não lhe será isso perdoado.

11 Mas quando vos levarem ás Synagogas, e perante os Magistrados, e Potestades, não estejais com cuidado, ou de que modo respondereis, ou que direis.

12 Porque o Espirito Santo vos ensinará na mesma hora, o que for conveniente que vós digais.

13 Então lhe disse hum homem da plebe : Mestre, dize a meu irmão, que reparta comigo da herança.

14 Porém Jesus lhe respondeo : Homem, quem me constituio a mim Juiz, ou Partidor sobre vós-outros ?

15 Depois lhes disse : Guardai-vos, e acautelai-vos de toda a avareza : porque a vida de cada

hum não consiste na abundancia das cousas que possue.

16 Sobre o que lhes propoz esta parabola, dizendo: O campo de hum homem rico tinha dado abundantes frutos:

17 e elle revolvia dentro de si estes pensamentos, dizendo: Que farei, que não tenho aonde recolher os meus frutos?

18 E disse: Farei isto: Derribarei os meus celleiros, a fallos-hei maiores: e nelles recolherei todas as minhas novidades, e os meus bens,

19 e direi á minha alma: Alma minha, tu tens muitos bens em deposito para largos annos: descança, come, bebe, regala-te.

20 Mas Deos disse a este homem: Nescio, esta noite te virão demandar a tua alma: e as cousas, que tu ajuntaste, para quem serão?

21 Assim he o que enthesoura para si, e não he rico para Deos.

22 E disse a seus Discipulos: Por tanto vos digo: Não andeis sollicitos para a vossa vida, com que a sustentareis: nem para o corpo, com que o vestireis.

23 A vida val mais do que o sustento, e o corpo mais do que o vestido.

24 Olhai para os córvos que não semeão, nem segão, nem tem dispensa, nem celleiro, e Deos com tudo os sustenta. Quanto mais consideraveis sois vós, do que elles?

25 Mas qual de vós por mais voltas que dê ao entendimento, póde accrescentar hum covado á sua estatura?

26 Se vós pois não podeis as cousas que são minimas, porque estais em cuidado sobre as outras?

27 Olhai como crescem as açucenas: ellas não trabalhão, nem fião: e com tudo eu vos affirmo, que nem Salamão em toda a sua gloria se vestia como huma d'ellas.

28 Se pois o feno, que hoje está no campo, e que á manhãa se lança no forno, Deos o veste assim: quanto mais a vós homens de pouquissima fé?

29 Vós pois não vos inquieteis com o que haveis de comer, ou beber: e não andeis com o espirito suspenso:

30 porque as gentes do Mundo são as que buscão todas estas cousas. E vosso Pai bem sabe que as haveis mister.

31 Buscai logo primeiro o Reino de Deos, e a sua justiça: e em cima dar-se-vos-hão todas estas cousas como accessorias.

32 Não temais, ó pequentino rebanho, pois que foi do agrado de vosso Pai dar-vos o seu Reino.

33 Vendei o que possuis, e dai-o em esmolas. Provei-vos de bolsas, que se não gastão com o tempo, ajuntai nos Ceos hum thesouro, que não acaba: aonde não chega o ladrão, e ao qual não róe a traça.

34 Porque onde está o vosso thesouro, ahi estará tambem o vosso coração.

35 Estejão cingidos os vossos lombos, e nas vossas mãos tóchas accezas;

36 e sede vós-outros semelhantes aos homens, que esperão a seu senhor, ao voltar das vodas: para que, quando vier, a bater á porta, logo lha abrão.

37 Bemaventurados aquelles servos, a quem o senhor achar vigiando, quando vier: na verdade vos digo, que elle se cingirá, e os fará sentar á meza, e passando por entr'elles, os servirá.

38 E se vier na segunda vigilia, e se vier na

615

terceira vigilia, e assim os achar, bemaventurados são os taes servos.

39 Mas sabei isto, que se o pai de familia soubesse a hora em que viria o ladrão, vigiaria sem dúvida, e não deixaria minar a sua casa.

40 Vós-outros pois estai apercebidos: porque á hora, que não cuidais, virá o Filho do Homem.

41 Disse-lhe então Pedro: Senhor, tu propões esta parabola respectiva só a nós-outros: ou tambem a todos?

42 E o Senhor lhe disse: Quem cres que he o dispenseiro fiel, e prudente, que poz o senhor sobre a sua familia, para dar a cada hum a seu tempo a ração de trigo?

43 Bemaventurado aquelle servo, que quando o senhor vier, o achar assim obrando.

44 Verdadeiramente vos digo, que elle o constituirá administrador de tudo quanto possue.

45 Porém se disser o tal servo no seu coração: Meu senhor tarda em vir: e começar a espancar os servos, e as criadas, e a comer, e a beber, e a embriagar-se:

46 virá o senhor d'aquelle servo no dia, em que elle o não espera, e na hora, em que elle não cuida, e removello-ha, e pôllo-ha á parte com os infiéis.

47 Porque aquelle servo, que soube a vontade de seu senhor, e não se apercebeo, e não obrou conforme a sua vontade, dar-se-lhe-hão muitos açoutes:

48 mas aquelle que não na soube, e fez cousas dignas de castigo, levará poucos açoutes. Porque a todo aquelle, a quem muito foi dado, muito lhe será pedido: e ao que muito confiárão, mais conta lhe tomarão.

49 Eu vim trazer fogo á terra, e que quero eu, senão que elle se accenda?

50 Eu pois tenho de ser baptizado num baptismo: e quão grande não he a minha angustia, até que elle se conclua?

51 Vós cuidais que eu vim trazer paz á terra? Não, vos digo eu, mas separação:

52 porque de hoje em diante haverá numa mesma casa cinco pessoas divididas, tres contra duas, e duas contra tres

53 estarão divididas: o pai contra o filho, e o filho contra seu pai, a mãi contra a filha, e a filha contra a mãi, a sogra contra sua nora, e a nora contra sua sogra.

54 E dizia tambem ao povo: Quando vós tendes visto apparecer huma nuvem da parte do Poente, logo dizeis: Ahi vem tempestade: e assim succede:

55 e quando vedes assoprar o vento do Meiodia, dizeis: Ha de haver calma: e vem a calma.

56 Hypocritas, sabeis distinguir os aspectos do Ceo, e da terra, pois como não sabeis reconhecer o tempo presente?

57 E porque não julgais ainda por vós mesmos o que lhe justo?

58 Ora quando tu fores com o teu contrario ao Principe, faze o possivel por te livrares d'elle no caminho, para que não succeda que te leve ao Juiz, e o Juiz te entregue ao Meirinho, e o Meirinho te metta na cadeia.

59 Digo-te, que não sahirás d'alli, em quanto não pagares até o ultimo ceitil.

CAPITULO XIII.

ORA neste mesmo tempo estavão alli huns, que lhe davão noticia de certos Galiléos, cujo sangue misturára Pilatos com o dos sacrificios d'elles.

2 E Jesus respondendo lhes disse: Vos cuidais que aquelles Galiléos erão maiores peccadores que todos os outros da Galiléa, por haverem padecido tão cruel morte?

3 Não erão, eu vo-lo declaro: mas se vos-outros não fizerdes penitencia, todos assim mesmo haveis de acabar.

4 Assim como tambem no tocante áquelles dezoito homens, sobre os quaes cahio a torre de Siloé, e os matou: cuidais vós que elles tambem forão mais devedores, que todas as pessoas moradoras em Jerusalem?

5 Não, eu vo-lo declaro: mas se vós-outros não fizerdes penitencia, todos acabareis da mesma sorte.

6 E dizia tambem esta semelhança: Hum homem tinha huma figueira plantada na sua vinha, e foi a buscar fruto nella, e não no achou.

7 Pelo que disse ao que cultivava a vinha: Olha, tres annos ha que venho buscar fruto a esta figueira, e não no acho: corta-a pois pelo pé: para que está ella ainda occupando a terra?

8 Mas elle respondendo, lhe disse: Senhor, deixa-a ainda este anno, em quanto eu a escavo em roda, e lhe lanço estêrco:

9 e se com isto der fruto bem está: e senão, villa-has a cortar depois.

10 E estava Jesus ensinando na Synagoga d'elles nos Sabbados.

11 E eis-que veio alli huma mulher, que estava possessa d'hum espirito, que a tinha doente havia dezoito annos: e andava ella encurvada, e não podia absolutamente olhar para cima.

12 Vendo-a Jesus, chamou-a a si, e disse-lhe: Mulher, estás livre do teu mal.

13 E poz sobr'ella as mãos, e no mesmo instante ficou direita, e glorificava a Deos.

14 Mas entrando a fallar o Principe da Synagoga, indignado de ver que Jesus fazia curas em dia de Sabbado, disse para o Povo: Seis dias estão destinados para trabalhar: vinde pois nestes a ser curados, e não em dia de Sabbado.

15 Mas o Senhor respondendo lhe disse: Hypocritas, não desprende cada hum de vós nos Sabbados o seu boi, ou o seu jumento, a não os tira da estribaria, para os levar a beber?

16 Por que razão logo se não devia livrar d'este cativeiro em dia de Sabbado esta filha de Abrahão, que Satanás tinha assim preza do modo que vedes, havia dezoito annos?

17 E dizendo elle estas palavras, se envergonhavão todos os seus adversarios: mas alegravase todo o povo, de todas as acções, que por elle erão obradas com tanta gloria.

18 Dizia pois: A que he semelhante o Reino de Deos, e a que o compararei eu?

19 He semelhante ao grão de mostarda, que hum homem tomou, e semeou na sua horta, e que cresceo até se fazer huma grande arvore: e as aves do Ceo repousárão nos seus ramos.

20 E disse outra vez: A que direi que o Reino de Deos he semelhante?

21 Semelhante he ao fermento, que tomou huma mulher, e o escondeo dentro de tres medidas de farinha, até que ficasse levedá toda a massa.

22 E hia pelas Cidades, e Aldeias ensinando, e caminhando para Jerusalem.

23 E perguntou-lhe hum: Senhor, he assim que são poucos os que se salvão? E elle lhes disse:

24 porfiai a entrar pela porta estreita: porque vos digo que muitos procurarão entrar, e não poderão.

616

25 E quando o pai de familia tiver entrado, e fechado a porta, vós-outros estareis de fóra, e começareis a bater á porta, dizendo: Senhor, abre-nos: e elle vos responderá, dizendo: Não sei donde vós sois:

26 então começareis vós a dizer: Nós somos aquelles, que em tua presença comemos, e bebemos, e a quem tu ensinaste nas nossas praças.

27 E elle vos responderá: Não sei donde vós sois: apartai-vos de mim todos os que obrais a iniquidade.

28 Alli será o choro, e o ranger dos dentes: quando virdes que Abrahão, e Isaac, e Jacob, e todos os Profetas estão no Reino de Deos, e que vós ficais fóra d'elle excluidos.

29 E virão do Oriente, e do Occidente, e do Septentrião, e do Meiodia muitos, que se sentarão á Meza no Reino de Deos.

30 E então os que são ultimos, serão os primeiros, e os que são os primeiros, serão os ultimos.

31 No mesmo dia chegárão alguns dos Fariseos a Jesus, dizendo-lhe, e vai-te d'aqui: porque Herodes te quer matar.

32 E elle lhes respondeo: Ide, e dizei a esse raposo: Que bem se vê que eu lanço fóra demonios, e faço perfeitas curas hoje, e á manhãa, e que ao terceiro dia vou a ser consummado.

33 Importa com tudo caminhar eu ainda hoje, e á manhãa, e depois d'á manhãa: porque não convem que hum Profeta morra fóra de Jerusalem.

34 Jerusalem, Jerusalem, que matas os Profetas, e apedrejas os que a ti são enviados, quantas vezes quiz eu ajuntar os teus filhos, bem como huma ave recolhe os do seu ninho debaixo das azas, e tu não quizeste?

35 Eis-ahi vos será deixada deserta a vossa casa. E digo-vos, que não me vereis, até que venha o tempo, em que digais: Bemdito o que vem em Nome do Senhor.

CAPITULO XIV.

E ACONTECEO, que entrando Jesus hum Sabbado em casa de hum dos principaes Fariseos a tomar a sua refeição, ainda elles o estavão alli observando.

2 E eis-que diante d'elle estava hum homem hydropico.

3 E Jesus dirigindo a sua palavra aos Doutores da Lei, e aos Fariseos, lhes disse, fazendo esta pergunta: He permittido fazer curas nos dias de Sabbado?

4 Mas elles ficárão callados. Então Jesus pegando no homem o curou, e mandou-o embora.

5 E dirigindo a elles o discurso lhes disse: Quem ha d'entre vós, que se o seu filho, ou o seu boi cahir num poço em dia de Sabbado, o não tire logo no mesmo dia?

6 E elles não lhe podião replicar a isto.

7 E observando tambem, como os convidados escolhião os primeiros assentos na meza, propondo-lhes huma parabola, lhes disse:

8 Quando fores convidado a algumas vodas, não te assentes no primeiro lugar, porque póde ser que esteja alli outra pessoa mais authorizada do que tu convidada pelo dono da casa,

9 e que vindo este, que te convidou a ti e a elle, te diga: Dá o teu lugar a este: e tu envergonhado vás buscar o ultimo lugar.

10 Mas quando fores convidado, vai tomar o ultimo lugar: para que quando vier o que te convidou, te diga: Amigo, sentate mais para

cima. Servir-te-ha isto então de gloria na presença dos que estiverem juntamente sentados á meza:

11 porque todo o que se exalta, será humilhado: e todo o que se humilha, será exaltado.

12 Dizia mais ainda ao que o tinha convidado: Quando deres algum jantar, ou alguma cêa, não chames nem teus amigos, nem teus irmãos, nem teus parentes, nem teus vizinhos, que forem ricos: para que não aconteça, que tambem elles te convidem a sua vez, e te paguem com isso:

13 mas quando deres algum banquete, convida os pobres, os aleijados, os coxos, e os cégos:

14 e serás bemaventurado, porque esses não tem com que te retribuir: mas ser-te-ha isso retribuido na resurreição dos justos.

15 Tendo ouvido estas cousas hum dos que estavão á meza, disse para Jesus: Benaventurado o que comer o pão no Reino de Deos.

16 Então lhe disse Jesus: Hum homem fez huma grande cêa, para a qual convidou a muitos.

17 E quando foi a hora da cêa, enviou hum de seus servos a dizer aos convidados, que viessem, porque tudo estava já aparelhado.

18 Porém todos á huma começárão a escusar-se. Disse-lhe o primeiro: Eu comprei huma quinta, e he-me necessario ir vella: rogo-te que me dês por escusado.

19 E disse outro: Eu comprei cinco juntas de bois, e vou a fazer prova d'elles: rogo-te que me dês por escusado.

20 Disse tambem outro: Eu casei, e por isso não posso ir lá.

21 E voltando o servo deo conta a seu senhor de tudo isto. Então irado o pai de familia, disse ao seu servo: Sahe logo ás praças, e ás ruas da Cidade: e traze-me cá quantos pobres, e aleijados, e cégos, e coxos achares.

22 E disse o servo: Senhor, feito está, como o mandaste, e ainda ha lugar para outros mais.

23 E respondeo o senhor ao servo: Sahe por esses caminhos, e cercos: e força-os a entrar, para que fique chela a minha Casa.

24 Porque eu vos declaro, que nenhum d'aquelles homens, que forão convidados, provará a minha cêa.

25 E muitas gentes hião com elle: e voltando Jesus para todos lhes disse:

26 Se algum vem a mim, e não aborrece a seu pai, e mãi, e mulher, e filhos, e irmãos, e irmãas, e ainda a sua mesma vida, não póde ser meu Discipulo.

27 E o que não leva a sua cruz, e vem em meu seguimento, não póde ser meu Discipulo.

28 Porque qual de vós querendo edificar huma torre, não se põe primeiro muito de seu vagar a fazer conta dos gastos, que são necessarios, para ver se tem com que a acabar,

29 para se não expôr a que, depois que tiver assentado o fundamento, e não na poder acabar, todos os que a virem, comecem a fazer zombaria d'elle,

30 dizendo: Este homem principiou o edificio, e não no póde acabar?

31 Ou que Rei ha, que estando para ir para a campanha contra outro Rei, não tome primeiro muito de assento as suas medidas, a ver se com dez mil homens poderá ir a encontrar-se com o que traz contra elle vinte mil?

32 D'outra maneira, ainda quando o outro está longe, enviando sua embaixada, lhe pede tratados de paz.

33 Assim pois qualquer de vós que não dá de

617

não a tudo o que possue, não póde ser meu Discipulo.

34 O sal he bom. Porem se o sal perder a força, com que outra cousa se ha de temperar?

35 Ficará sem servir nem para a terra, nem para o monturo, mas lançar-se-ha fóra. O que tem ouvidos de ouvir, ouça.

CAPITULO XV.

CHEGAVÃO-SE pois a Jesus os publicanos, e os peccadores para o ouvirem.

2 E os Fariseos, e os Escribas murmuravão, dizendo: Este recebe os peccadores, e come com elles.

3 E elle lhes propoz esta parabola, dizendo:

4 Qual de vós-outros he o homem, que tem cem ovelhas: e se perde huma d'ellas, não he assim que deixa as noventa e nove no deserto, e vai a buscar a que se havia perdido, até que a ache?

5 E que depois de a achar, a põe sobre seus hombros cheio de gosto:

6 e vindo a casa chama aos seus amigos e vizinhos, dizendo-lhes: Congratulai-vos comigo, porque achei a minha ovelha, que se havia perdido?

7 Digo-vos que assim haverá maior júbilo no Ceo, sobre hum peccador que fizer penitencia, que sobre noventa e nove justos, que não hão de mister penitencia.

8 Ou que mulher ha, que tendo dez dracmas, e perdendo huma, não accenda a candela, e não varra a casa, e não na busque com muito sentido, até que a ache?

9 E que depois de a achar, não convoque as suas amigas, e vizinhas, para lhes dizer: Congratulai-vos comigo, porque achei a dracma, que tinha perdido?

10 Assim vos digo eu, que haverá júbilo entre os Anjos de Deos por hum peccador, que faz penitencia.

11 Disse-lhe mais: Hum homem teve dous filhos:

12 e disse o mais moço d'elles a seu pai: Pai, dá-me a parte da fazenda, que me toca. E elle repartio entre ambos a fazenda.

13 E passados não muitos dias, entrouxando tudo o que era seu, partio o filho mais moço para huma terra muito distante num paiz estranho, e lá dissipou toda a sua fazenda vivendo dissolutamente.

14 E depois de ter consumido tudo, succedeo haver naquelle paiz huma grande fome, e elle começou a necessitar.

15 Retirou-se pois d'alli, e accommodou-se com hum dos Cidadãos da tal terra. Este porém o mandou para hum casal seu a guardar os pórcos.

16 E aqui desejava elle encher a sua barriga de landes, das que comião os pórcos: mas ninguem lhas dava.

17 Até que tendo entrado em si, disse: Quantos jornaleiros ha em casa de meu pai, que tem pão em abundancia, e eu aqui pereço á fome!

18 Levantar-me-hei, e irei buscar a meu pai, e dir-lhe-hei: Pai, pequei contra o Ceo, e diante de ti:

19 já não sou digno de ser chamado teu filho: faze de mim, como de hum dos teus jornaleiros.

20 Levantou-se pois, e foi buscar a seu pai. E quando elle ainda vinha longe, vio-o seu pai, ficou movido de compaixão, e correndo lhe lançou os braços ao pescoço para o abraçar, e o beijou.

21 E o filho lhe disse: Pai, pequei contra o Ceo,

e diante de ti, já não sou digno de ser chamado teu filho.

22 Então disse o pai aos seus servos: Tirai depressa o seu primeiro vestido, e vesti-lho, e metei-lhe hum annel no dedo, e os çapatos nos pés:

23 trazei tambem hum vitello bem gordo, e matai-o, para comermos, e para nos regalarmos:

24 porque este meu filho era morto, e reviveo: tinha-se perdido, e achou-se. E começárão a banquetear-se.

25 E o seu filho mais velho estava no campo: e quando veio, e foi chegando a casa, ouvio a symfonia, e o coro:

26 e chamou hum dos servos, e perguntou-lhe que era aquillo.

27 E este lhe disse: He chegado teu irmão, e teu pai mandou matar hum novilho cevado, porque veio com saude.

28 Elle então se indignou, e não queria entrar. Mas sahindo o pai, começou a rogallo que entrasse.

29 Elle porém deo esta resposta a seu pai: Ha tantos annos que te sirvo, sem nunca transgredir mandamento algum teu, e tu nunca me déste hum cabrito, para eu me regalar com os meus amigos:

30 mas tanto que veio este teu filho, que gastou tudo quanto tinha com prostitutas, logo lhe mandaste matar hum novilho gordo.

31 Então lhe disse o pai: Filho, tu sempre estás comigo, e tudo o meu he teu:

32 era porém necessario que houvesse banquete, e festim, pois que este teu irmão era morto, e reviveo: tinha-se perdido, e achou-se.

CAPITULO XVI.

E DIZIA tambem Jesus a seus Discipulos: Havia hum homem rico que tinha hum feitor: e este foi accusado diante d'elle como quem havia dissipado os seus bens.

2 E elle o chamou, e lhe disse: Que he isto que ouço dizer de ti? dá conta da tua administração: porque já não poderás ser meu feitor.

3 Então o feitor disse entre si: Que farei, visto que meu amo me tira a administração? cavar não posso, de mendigar tenho vergonha.

4 Mas já sei o que hei de fazer, para que quando for removido da administração, ache quem me recolha em sua casa.

5 Tendo chamado pois cada hum dos devedores de seu amo, disse ao primeiro: Quanto deves tu a meu amo?

6 E este lhe respondeo: Cem cados d'azeite. Elle então lhe disse: Toma a tua obrigação: e senta-te depressa, e escreve cincoenta.

7 Depois disse a outro: E tu quanto deves? Respondeo elle: Cem coros de trigo. Disse-lhe o feitor: Toma o teu escrito, e escreve oitenta.

8 E o amo louvou este feitor iniquo, por haver obrado como homem de juizo: porque os filhos d'este seculo são mais sabios na sua geração, que os filhos da luz.

9 Tambem eu vos digo: que grangeeis amigos com as riquezas da iniquidade: para que quando vós vierdes a faltar, vos recebão elles nos tabernaculos eternos.

10 O que he fiel no menos, tambem he fiel no mais: e o que he injusto no pouco, tambem he injusto no muito.

11 Se pois vós não fostes fiéis nas riquezas injustas: quem haverá que confie de vós as verdadeiras?

12 E se vós não fostes fiéis no alheio: quem vos dará o que he vosso?

13 Nenhum servo póde servir a dous senhores: porque ou ha de ter aborrecimento a hum, e amor a outro: ou ha de entregar-se a hum, e não fazer caso do outro: vós não podeis servir a Deos, e ás riquezas.

14 Ora os Fariseos, que erão avarentos, ouvião todas estas cousas: e zombavão d'elle.

15 E Jesus lhes disse: Vós-outros sois os que vos dais por justificados diante dos homens: mas Deos conhece os vossos corações: porque o que he elevado aos olhos dos homens, he abominação diante de Deos.

16 A Lei, e os Profetas durárão até a vinda de João: desde este tempo he o Reino de Deos annunciado, e cada hum faz força por entrar nelle.

17 He porém mais facil passar o Ceo, e a terra, do que perder-se hum til da Lei.

18 Todo o que larga sua mulher, e casa com outra, commette adulterio: e o que casa com a que foi repudiada de seu marido, commette adulterio.

19 Havia hum homem rico, que se vestia de purpura, e de hollanda: e que todos os dias se banqueteava esplendidamente.

20 Havia tambem hum pobre mendigo, por nome Lazaro, todo coberto de chagas, que estava deitado á sua porta,

21 e que desejava fartar-se das migalhas, que cahião da meza do rico, mas ninguem lhas dava: e os cães vinhão lamber-lhe as ulceras.

22 Porém succedeo morrer este mendigo, que foi levado pelos Anjos ao seio de Abrahão. E morreo tambem o rico, e foi sepultado no Inferno.

23 E quando elle estava nos tormentos, levantando seus olhos, vio ao longe a Abrahão, e a Lazaro no seu seio:

24 e gritando elle disse: Pai Abrahão, compadece-te de mim, e manda cá a Lazaro, para que molhe em agua a ponta do seu dedo, a fim de me refrescar a lingua, pois sou atormentado nesta chamma.

25 E Abrahão lhe respondeo: Filho, lembra-te que recebeste os teus bens em tua vida, e que Lazaro não teve senão males: por isso está elle agora consolado, e tu em tormentos:

26 e de mais, que entre nós e vós está firmado hum grande abysmo: de maneira que os que querem passar d'aqui para vós, não podem, nem os de lá passar para cá.

27 E disse o rico: Pois eu te rogo, Pai, que o mandes a casa de meu pai:

28 pois que tenho cinco irmãos, para que lhes dê testemunho, que não succeda virem tambem elles parar a este lugar de tormentos.

29 E Abrahão lhe disse: Elles lá tem a Moysés, e aos Profetas: oução-os.

30 Disse pois o rico: Não, pai Abrahão: mas se for a elles algum dos mortos, hão de fazer penitencia.

31 Porém Abrahão lhe respondeo: Se elles não dão ouvidos a Moysés, e aos Profetas, tão pouco se deixarão persuadir, ainda quando haja do resuscitar algum dos mortos.

CAPITULO XVII.

E DISSE Jesus a seus Discipulos: He impossivel que deixe de haver escandalos: mas ai d'aquelle, por quem elles vem.

2 Seria melhor para elle que se lhe atasse ao pescoço huma pedra de moinho, e que fosse pre-

cipitado no mar, do que ser elle a causa de se escandalizar hum d'estes pequeninos.

3 Estai com cuidado sobre vós: Se teu irmão peccar contra ti, reprehende-o: e se elle se arrepender, perdoa-lhe.

4 E se elle peccar sete vezes no dia contra ti, e sete vezes no dia te vier buscar, dizendo: Pezame, perdoa-lhe.

5 E disserão os Apostolos ao Senhor: Augmentanos a fé.

6 E o Senhor lhes disse: Se tiverdes fé como hum grão de mostarda, direis a esta amoreira: Arranca-te, e transplanta-te no mar: e ella vos obedecerá.

7 Qual he pois de vós, o que tendo hum servo occupado em lavrar, ou em guardar gado, lhe diga, quando elle se recolhe do campo: Vai-te já pôr-te á meza:

8 e que antes lhe não diga: Prepara-me a cêa, e cinge-te, e serve-me, em quanto eu como, e bebo, e depois d'isto comerás tu, e beberás?

9 E quando o servo tenha feito tudo o que lhe ordenou, por ventura fica-lhe o senhor em obrigação.

10 Creio que não. Pois assim tambem vós, depois de terdes feito tudo o que vos foi mandado, dizei: Somos huns servos inuteis: fizemos o que deviamos fazer.

11 Succedeo pois, que indo Jesus para Jerusalem, passava pelo meio de Samaria, e de Galiléa.

12 E ao entrar numa Aldeia, sahirão-lhe ao encontro dez homens leprosos, que se pozerão de longe:

13 e levantárão a voz, dizendo: Jesus Mestre, tem compaixão de nós.

14 Jesus tanto que os vio, disse-lhes: Ide mostrar-vos aos Sacerdotes. E resultou, quando hião no caminho, ficarem limpos.

15 E hum d'elles quando vio que havia ficado limpo, voltou atrás, engrandecendo a Deos em altas vozes,

16 e veio lançar-se a seus pés com o rosto em terra, dando-lhe as graças: e este era Samaritano.

17 E respondendo Jesus, disse: Não he assim, que todos os dez forão curados? e onde estão os outros nove?

18 Não se achou quem voltasse, e viesse dar gloria a Deos, senão só este estrangeiro.

19 E disse para elle: Levanta-te, vai: que a tua fé te salvou.

20 E tendo-lhe feito os Fariseos esta pergunta: Quando virá o Reino de Deos? respondendo-lhes Jesus, disse: O Reino de Deos não virá com mostras algumas exteriores:

21 nem dirão: Ei-lo aqui, ou ei-lo acolá. Porque eis-aqui está o Reino de Deos dentro de vós.

22 Depois disse a seus Discipulos: Lá virá tempo, em que vós desejareis ver hum dia do Filho do Homem, e não no vereis.

23 Então vos dirão: Ei-lo aqui está, e ei-lo acolá. Não queirais ir, nem no sigais:

24 porque assim como o relampago, que fuzilando na região inferior do Ceo, faz clarão des de huma até a outra parte: assim será o Filho do Homem no seu dia.

25 Mas he necessario que elle soffra primeiro muito, e que seja rejeitado d'este Povo.

26 E o que succedeo em tempo de Noé, do mesmo modo succederá tambem quando vier o Filho do Homem.

27 Elles comião, e bebião: casavão os homens
619

com as mulheres, e as mulheres com os homens, até o dia, em que Noé entrou na arca: e então veio o diluvio, e fez perecer a todos.

28 E como succedeo tambem em tempo de Lot: Estavão elles comendo, e bebendo: fazião compras, e vendas: plantavão, e edificavão:

29 mas no dia, em que Lot sahio de Sodoma choveo fogo, e enxofre do Ceo, que consumio a todos:

30 assim mesmo será no dia em que se ha de manifestar o Filho do Homem.

31 Naquella hora quem estiver no telhado, e tiver os seus moveis em casa, não desça a tirallos: e da mesma sorte quem estiver no campo, não volte atrás.

32 Lembrai-vos da mulher de Lot.

33 Todo o que procurar livrar a sua vida, perdella-ha: e todo o que a perder, salvalla-ha.

34 Eu vos declaro: que naquella noite, de dous homens, que estiverem na mesma cama, hum será tomado, e deixado o outro:

35 e de duas mulheres, que estiverem moendo juntas, huma será tomada, e deixada a outra: de dous, que estiverem no campo, hum será tomado, e deixado o outro.

36 Replicando elles lhe disserão: Onde será isso, Senhor?

37 Elle lhes respondeo: Onde quer que estiver o corpo, ajuntar-se-hão alli tambem as aguias.

CAPITULO XVIII.

E PROPOZ-LHES tambem Jesus esta parabola, para mostrar que importa orar sempre, e não cessar de o fazer,

2 dizendo: Havia em certa Cidade hum Juiz, que não temia a Deos, nem respeitava os homens.

3 Havia tambem na mesma Cidade huma viuva, que costumava vir buscallo, dizendo: Sustenta o meu direito contra o que contende comigo.

4 E elle por muito tempo lhe não quiz deferir. Mas por ultimo disse lá comsigo: Ainda que eu não temo a Deos, nem respeito os homens:

5 todavia como esta viuva me importuna, far-lhe-hei justiça, para que por fim não succeda, que vindo ella mais vezes me carregue de affrontas.

6 Então disse o Senhor: Ouvi o que diz este Juiz iniquo:

7 e Deos não fará justiça aos seus escolhidos, que estão clamando a elle de dia, e de noite, e soffrerá elle que os opprimão?

8 Digo-vos, que elle os vingará bem depressa. Mas quando vier o Filho do Homem, julgais vós que achará elle alguma fé na terra?

9 E propoz tambem esta parabola a huns, que confiavão em si mesmos, como se fossem justos, e desprezavão aos outros.

10 Subirão dous homens ao Templo a fazer oração: hum Fariseo, e outro Publicano.

11 O Fariseo posto em pé, orava lá no seu interior d'esta fórma: Graças te dou, meu Deos, porque não sou como os mais homens: que são huns ladrões, huns injustos, huns adulteros: como he tambem este Publicano:

12 jejuo duas vezes na semana: pago o dizimo de tudo o que tenho.

13 O Publicano pelo contrario posto lá de longe, não ousava nem ainda levantar os olhos ao Ceo: mas batia nos peitos, dizendo: Meu Deos, sê propicio a mim peccador.

14 Digo-vos, que este voltou justificado para sua casa, e não o outro: porque todo o que se exalta, será humilhado: e todo o que se humilha, será exaltado.

15 E algumas pessoas lhe trazião tambem os seus meninos, para elle os tocar. O que vendo os Discipulos, repelli-rão-nos com palavras desabridas.

16 Porém Jesus chamando a si os meninos, disse: Deixai vir a mim os meninos, e não lho embaraçeis: porque dos taes he o Reino de Deos.

17 Em verdade vos digo: Todo o que não receber o Reino de Deos, como hum menino, não entrará nelle.

18 Então lhe fez esta pergunta hum homem de qualidade, dizendo: Bom Mestre, que devo eu fazer para possuir a vida eterna?

19 E Jesus lhe respondeo: Porque me chamas tu bom? ninguem he bom, senão só Deos.

20 Tu sabes os Mandamentos: Não matarás: Não commetterás adulterio: Não furtarás: Não dirás falso testemunho: Honrarás a teu pai, e a tua mãi.

21 Disse o homem: Todos estes mandamentos tenho eu guardado des da minha mocidade.

22 O que tendo ouvido Jesus, disse-lhe: Ainda te falta huma cousa: vende tudo quanto tens, e dá-o aos pobres, e terás hum thesouro no Ceo: e depois vem, e segue-me.

23 Quando elle ouvio isto, se entristeceo: porque era mui rico.

24 E Jesus vendo que elle ficára triste, disse: Que difficultosa cousa he entrarem no Reino de Deos os que tem cabedaes.

25 Porque he mais facil entrar hum camelo pelo fundo de huma agulha, do que entrar hum rico no Reino de Deos.

26 E disserão os que o ouvião: Visto isto quem he que póde salvar-se?

27 Respondeo-lhes Jesus: O que he impossivel aos homens, he possivel a Deos.

28 Então disse Pedro: Eis aqui estamos nós, que deixámos tudo, e te seguímos.

29 Jesus lhes respondeo: Em verdade vos digo: que ninguem ha, que huma vez que deixou pelo Reino de Deos a casa, ou os pais, ou os irmãos, ou a mulher, ou os filhos,

30 logo neste Mundo não receba muito mais, e no seculo futuro a vida eterna.

31 Depois tomou Jesus á parte os doze Apostolos, e lhes disse: Eis-aqui vamos para Jerusalem, e tudo o que está escrito pelos Profetas tocante ao Filho do Homem, será cumprido:

32 porque elle será entregue aos Gentios, e será escarnecido, e açoutado, e cuspido:

33 e depois de o açoutarem, tirar-lhe-hão a vida, e elle resurgirá no terceiro dia.

34 Mas os Apostolos nada d'isto comprehendêrão, e era para elles este discurso hum segredo, e não penetravão cousa alguma das que se lhes dizia.

35 Succedeo porém, que quando Jesus hia chegando a Jericó, estava sentado á borda da estrada hum cégo pedindo esmola.

36 E ouvindo o tropel da gente que passava, perguntou que era aquillo.

37 E respondêrão-lhe, que era Jesus Nazareno que passava.

38 No mesmo tempo se poz elle a bradar, dizendo: Jesus filho de David, tem de mim piedade.

39 E os que hião adiante reprehendião-no para que se calasse. Porém elle cada vez gritava mais: Filho de David, tem de mim piedade.

40 Então Jesus parando, mandou que lho trouxessem. E quando elle chegou, fez-lhe esta pergunta,

41 dizendo: Que queres que te faça? E elle respondeo: Senhor, que eu veja.

42 E Jesus lhe disse: Vê, a tua fé te salvou.

43 E logo immediatamente vio, e o foi seguindo engrandecendo a Deos. E todo o Povo assim que isto presenciou, deo louvor a Deos.

CAPITULO XIX.

E TENDO entrado em Jericó, atravessava Jesus a Cidade.

2 E era elle hum homem chamado Zaqueo: e era elle hum dos principaes entre os Publicanos, e pessoa rica:

3 e procurava ver a Jesus, para saber quem era: e não no podia conseguir por causa da muita gente, porque era pequeno de estatura.

4 E correndo a diante, subio a hum sycomóro para o ver: porque por alli havia de passar.

5 E quando Jesus chegou áquelle lugar, levantando os olhos alli o vio, e lhe disse: Zaqueo, desce depressa: porque importa que eu fique hoje em tua casa.

6 E desceo elle a toda a pressa, e recebeo-o gostoso.

7 E vendo isto todos, murmuravão, dizendo, que tinha hido hospedar-se em casa de hum homem peccador.

8 Entretanto Zaqueo posto na presença do Senhor, disse-lhe: Senhor, eu estou para dar aos pobres ametade dos meus bens: e naquillo em que eu tiver defraudado a alguem, pagar-lho-hei quadruplicado.

9 Sobre o que lhe disse Jesus: Hoje entrou a salvação nesta casa: porque este tambem he filho de Abrahão.

10 Porque o Filho do Homem veio buscar e salvar o que tinha perecido.

11 Ouvindo elles isto, continuando Jesus a fallar, lhes propoz huma parabola, por occasião de estar elle perto de Jerusalem: e porque cuidavão que o Reino de Deos se havia de manifestar cedo.

12 Disse pois: Hum homem de grande nascimento foi para huma paiz muito distante a tomar posse d'hum Reino, para depois voltar.

13 E chamando dez servos seus, deo-lhes dez marcos de prata, e disse-lhes: Negociai até eu vir.

14 Mas os do seu paiz o aborrecião: e enviárão nas suas costas Deputados, que fizessem este protesto: Não queremos que este seja nosso Rei.

15 E com effeito voltou elle com a posse do Reino tomada: e mandou chamar aquelles servos, a quem dera o seu dinheiro, a fim de saber quanto cada hum tinha negociado.

16 Veio pois o primeiro dizendo: Senhor, o teu marco adquirio dez.

17 E o senhor lhe respondeo: Está bem, servo bom, porque foste fiel no pouco, serás Governador de dez Cidades.

18 Veio depois o segundo dizendo: Senhor, o teu marco rendeo cinco.

19 E o senhor lhe respondeo: Sê tu tambem Governador de cinco Cidades.

20 Veio tambem o terceiro dizendo: Senhor, aqui tens o teu marco, que eu guardei embrulhado num lenço:

21 porque tive medo de ti, que és hum homem rigido: que tiras donde não pozeste, e que recolhes o que não semeaste.

22 Disse-lhe o senhor: Servo mão, pela tua mesma boca te condemno eu: tu sabias que eu

era hum homem rígido, que tiro donde não puz, e que recolho o que não semeei:

23 logo porque não metteste tu o meu dinheiro a Banco, para que quando viesse, o recebesse eu então com os seus lucros?

24 E disse aos que estavão presentes: Tirai-lhe o marco de prata, e dai-o ao que tem dez.

25 E elles lhe responderão: Senhor, este já tem dez.

26 Pois eu vos digo, que a todo aquelle que tiver se lhe dará, e terá mais: mas ao que não tem, se lhe tirará ainda isso mesmo que tem.

27 Quanto porém áquelles meus inimigos, que não quizerão que eu fosse seu Rei, trazei-mos aqui: e tirai-lhes a vida em minha presença.

28 E dito isto, hia Jesus a diante de todos subindo para Jerusalem.

29 E aconteceo, que quando chegou perto de Bethfagé, e de Bethania, no monte que se chama das Oliveiras, enviou dous Discipulos seus,

30 dizendo: Ide a essa Aldeia, que está fronteira: entrando nella, achareis hum jumentinho atado, em que nunca montou pessoa alguma: desprendei-o, e trazei-o.

31 E se alguem vos perguntar: Porque o soltais vós? dir-lhe-heis assim: Porque o Senhor deseja servir-se d'elle.

32 Partirão pois os que tinhão sido enviados: e achárão lá o jumentinho, como o Senhor lhes dissera.

33 E quando elles estavão desprendendo o tal jumentinho, lhes disserão seus donos: Porque soltais vós esse jumentinho?

34 E elles responderão: Porque o Senhor tem necessidade d'elle.

35 Trouxerão-no pois a Jesus. E lançando sobre o jumentinho os seus vestidos, fizerão-no montar em cima.

36 E por onde quer que elle passava, estendião os seus vestidos no caminho.

37 Mas quando já hia chegando á descida do monte das Oliveiras, todos os seus Discipulos transportados de gosto, começárão de chusma a louvar a Deos em altas vozes por todas as maravilhas que tinhão visto,

38 dizendo: Bemdito o Rei, que vem em Nome do Senhor, paz no Ceo, e gloria nas alturas.

39 Então alguns doz Fariseos, que se achavão entre o povo, disserão-lhe: Mestre, reprehende a teus Discipulos.

40 Aos quaes elle respondeo: Seguro-vos, que se elles se calarem, clamarão as mesmas pedras.

41 E quando chegou perto, ao ver a Cidade chorou Jesus sobr'ella, dizendo:

42 Ah se ao menos neste dia, que agora te foi dado, conhecesses ainda tu o que te póde trazer a paz, mas por ora tudo isto está encoberto aos teus olhos.

43 Porque virá hum tempo funesto para ti: no qual os teus inimigos te cercarão de trincheiras, e te sitiarão: e te porão em aperto de todas as partes:

44 e te derribarão por terra a ti, e a teus filhos, que estavão dentro de ti, e não deixarão em ti pedra sobre pedra: por quanto não conheceste o tempo da tua visitação.

45 E havendo entrado no Templo, começou a lançar fóra todos os que vendião, e compravão nelle,

46 dizendo-lhes: Está escrito: Que a minha Casa he Casa de oração. E vós tendes feito d'ella hum covil de ladrões.

47 E todos os dias ensinava no Templo. Mas

621

os Principes dos Sacerdotes, e os Escribas, e os Principaes do povo andavão vendo como o havião de perder:

48 mas não achavão meio de lhe fazerem mal. Porque todo o Povo estava suspenso quando o ouvia.

CAPITULO XX.

E ACONTECEO hum d'aquelles dias, que estando Jesus no Templo ensinando ao povo, e annunciando o Evangelho, se ajuntárão os Principes dos Sacerdotes, e os Escribas com os Anciãos,

2 e fallárão-lhe nestes termos: Dize-nos, com que authoridade fazes tu estas cousas? ou: Quem he que te deo este poder?

3 E respondendo Jesus, lhes disse · Tambem eu vos farei huma pergunta. Respondei-me:

4 O baptismo de João era do Ceo, ou era dos homens?

5 Mas elles discorrião dentro de si, dizendo Se dissermos que era do Ceo, dirá: Por que razão logo não crestes nelle?

6 E se dissermos, que era dos homens, todo o povo nos apedrejará: porque elles tem por certo que João era hum Profeta.

7 Responderão pois que não sabião donde era.

8 Disse-lhes então Jesus: pois nem eu vos direi, com que authoridade faço estas cousas.

9 E começou a dizer ao povo esta parabola: Hum homem plantou huma vinha, e arrendou-a a huns fazendeiros, e elle esteve ausente por muitos tempos.

10 E em huma occasião enviou hum dos seus servos aos fazendeiros, para que lhe dessem do fruto da vinha. Elles depois de o ferirem, recambiárão-no sem cousa alguma.

11 E tornou a enviar outro servo. Mas elles ferindo tambem a este, e carregando-o de affrontas, o despedirão vazio.

12 Tornou a enviar ainda terceiro: elles ferindo tambem a este o deitárão fóra.

13 Disse então o senhor da vinha: Que hei de fazer? mandarei meu filho amado: sem dúvida que quando o virem, lhe guardarão respeito.

14 Quando os fazendeiros o virão discorrêrão entre si, dizendo: Este he o herdeiro, matemo-lo, para fazer nossa a herança.

15 E lançando-o fóra da vinha, o matárão Que lhes fará pois o senhor da vinha?

16 Virá, e acabará de todo com aquelles fazendeiros, e dará a vinha a outros. O que ouvindo elles, lhe disserão: Deos tal não permitta.

17 E elle olhando para elles, disse: Pois que quer dizer isto, que está escrito: A pedra, que desprezárão os edificadores, esta veio a ser a principal do angulo?

18 Todo o que cahir sobre aquella pedra, ficará quebrantado: e sobre quem ella cahir, será feito em migalhas.

19 E os Principes dos Sacerdotes, e os Escribas lhe desejavão lançar as mãos naquella hora: mas temêrão ao povo: e isto porque entendêrão que contra elles havia proposto esta parabola.

20 Com o olho pois nelle mandárão espias, que se disfarçassem em homens de bem, sobre que apanharem no que dizia, a fim de o entregarem á jurisdicção, e poder do Governador.

21 Estes pois lhe fizerão huma pergunta, dizendo: Mestre, sabemos, que fallas, e ensinas rectamente: e que não fazes accepção de pessoas, mas que ensinas o caminho de Deos em verdade:

22 he-nos permittido dar o tributo a Cesar, ou não?

23 E entendendo Jesus a astucia d'elles, lhes disse: Porque me tentais?

24 Mostrai-me cá hum dinheiro: De quem he a imagem, e a inscripção que tem? Respondendo elles lhe disserão: De Cesar.

25 Então lhes disse o Senhor: Pagai logo a Cesar o que he de Cesar: e a Deos o que he de Deos.

26 E não podérão reprehender as suas palavras diante do povo: antes admirados da sua resposta, se callárão.

27 Chegárão depois alguns dos Sadduceos, que dizem que não ha resurreição, e lhe fizerão esta pergunta,

28 dizendo: Mestre, Moysés nos deixou escrito: Se morrer o irmão d'algum, tendo mulher, e este não deixar filhos, que se case com ella o irmão do tal, e dê successão a seu irmão:

29 havia pois sete irmãos: o primeiro dos quaes casou, e morreo sem filhos.

30 Casou tambem o segundo com a viuva, e morreo sem filho.

31 Casou depois com ella o terceiro. E assim successivamente todos os sete, os quaes tambem morrêrão sem deixar successão.

32 Morreo em fim tambem a mulher depois de todos elles.

33 Quando for pois a resurreição, de qual d'elles será ella mulher? pois que o foi de todos sete.

34 E Jesus lhes disse: Os filhos d'este seculo casão homens com mulheres, e mulheres com homens:

35 mas os que forem julgados dignos d'aquelle seculo, e da resurreição dos mortos, nem os homens desposarão mulheres, nem as mulheres homens:

36 porque não poderão jámais morrer: por quanto são iguaes aos Anjos, e são filhos de Deos: visto serem filhos da resurreição.

37 E que os mortos hajão de resuscitar, o mostrou tambem Moysés no pé da carça, quando chamou ao Senhor o Deos de Abrahão, e o Deos de Isac, e o Deos de Jacob.

38 Ora Deos não no he de mortos, mas de vivos: porque todos vivem para elle.

39 E respondendo alguns dos Escribas, lhe disserão: Mestre, disseste bem.

40 E d'alli em diante não se atrevêrão mais a fazer-lhe pergunta alguma.

41 Mas Jesus lhes disse: Como dizem que o Christo he filho de David?

42 Porque David mesmo no Livro dos Salmos diz: Disse o Senhor ao meu Senhor, senta-te á minha mão direita,

43 até que eu ponha os teus inimigos por escabello de teus pés.

44 Logo David lhe chama Senhor: pois como he elle seu filho?

45 Estando-o porém ouvindo todo o povo, disse Jesus a seus Discipulos:

46 Guardai-vos dos Escribas, que querem andar com roupas talares, e gostão de ser saudados nas praças, e das primeiras cadeiras nas Synagogas, e dos primeiros assentos dos banquetes:

47 que devorão as casas das viuvas, fingindo largas orações. Estes taes receberão maior condemnação.

CAPITULO XXI.

E STANDO Jesus olhando, vio os ricos, que lançavão as suas offrendas no gazofylacio.

2 E vio tambem huma pobrezinha viuva, que lançava duas pequenas moedas.

3 E disse: Na verdade vos digo, que esta pobre viuva lançou mais que todos os outros.

4 Porque todos esses fizerão a Deos offertas d'aquillo, que tinhão em abundancia: mas ella deo da sua mesma indigencia tudo o que lhe restava para o seu sustento.

5 E dizendo lhe alguns a respeito do Templo, que estava ornado de bellas pedras, e de magnificos donativos, Jesus lhes respondeo:

6 No tocante a estas cousas que vedes, virão dias, em que não ficará pedra sobre pedra, que não seja demolida.

7 Então lhe fizerão esta pergunta dizendo: Mestre, quando será isto, e que sinal haverá quando assim começar a cumprirse?

8 Respondeo-lhes Jesus: Vede não sejais enganados: porque muitos hão de vir debaixo de meu Nome, dizendo, eu sou: e este tempo está proximo: mas guardai-vos de ir após elles.

9 E quando ouvirdes fallar de guerras, e de tumultos, não vos assusteis: estas cousas sim devem succeder primeiro, mas não será logo o fim.

10 Então lhes dizia: Levantar-se-ha Nação contra Nação, e Reino contra Reino.

11 E haverá grandes terremotos por varias partes, e epidemias, e fomes, e apparecerão cousas espantosas, e grandes sinaes do Ceo.

12 Mas antes de tudo isto lançar-vos-hão elles as mãos, e perseguir-vos-hão entregando-vos ás Synagogas, e aos carceres, levando-vos á presença dos Reis, e dos Governadores, por causa de meu Nome:

13 e isto vos será occasião de dardes testemunho.

14 Gravai pois nos vossos corações, o não premeditar como haveis de responder:

15 Porque eu vos darei huma boca, e huma sabedoria, á qual não poderão resistir nem contradizer todos os vossos inimigos.

16 E sereis entregues por vossos pais, e irmãos, e parentes, e amigos, e farão morrer a alguns de vós-outros:

17 e sereis aborrecidos de todos por causa do meu Nome:

18 entretanto não se perderá hum cabello da vossa cabeça.

19 Na vossa paciencia possuireis as vossas almas.

20 Quando virdes pois que Jerusalem he sitiada de hum exercito, então sabei que está proxima a sua desolação:

21 os que nesse tempo se acharem em Judéa, fujão para os montes: e os que dentro da Cidade, retirem-se: e os que nos campos, não entrem nella:

22 porque estes são dias de vingança, para que se cumprão todas as cousas, que estão escritas.

23 Mas ai das que estiverem prenhes, e das que então criarem naquelles dias: porque haverá grande aperto sobre a terra, e ira contra este povo.

24 E cahirão ao fio da espada: e serão levados cativos a todas as Nações, e Jerusalem será pizada dos Gentios: até se completarem os tempos das Nações.

25 E haverá sinaes no Sol, e na Lua, e nas Estrellas, e na terra consternação das Gentes pela confusão em que as porá o bramido do mar, e das ondas:

26 mirrando-se os homens de susto, e na expec-

tação do que virá sobre todo o Mundo: porque as Virtudes dos Ceos se abalarão:

27 e então verão o Filho do Homem, que virá sobre huma nuvem com grande poder, e magestade.

28 Quando começarem pois a cumprir-se estas cousas, olhai, e levantai as vossas cabeças: porque está perto a vossa redempção.

29 Propoz-lhes depois este simile: Olhai para a figueira, e para as mais arvores:

30 quando ellas começão já a produzir de si fruto, conheceis vós que está perto o Estio.

31 Assim tambem quando vós virdes que vão succedendo estas cousas, sabei que está perto o Reino de Deos.

32 Em verdade vos affirmo, que esta geração não passará, em quanto se não cumprirem todas estas cousas.

33 Passará o Ceo, e a terra: mas as minhas palavras não passarão.

34 Velai pois sobre vós, para que não succeda que os vossos corações se fação pezados com as demazias do comer, e do beber, e com os cuidados d'esta vida: e para que aquelle dia vos não apanhe de repente:

35 porque elle assim como hum laço prenderá a todos os que habitão sobre a face de toda a terra:

36 Vigiai pois, orando em todo o tempo, a fim de que vos façais dignos de evitar todos estes males, que tem de succeder, e de vos presentardes com confiança diante do Filho do Homem.

37 Ora Jesus de dia ensinava no Templo: e de noite sahia a ficar no monte, que se chama das Oliveiras.

38 E todo o Povo hia ter com elle de madrugada para o ouvir no Templo.

CAPITULO XXII.

ESTAVA pois chegada a festa dos pães asmos, que se chama a Pascoa:

2 e os Principes dos Sacerdotes, e os Escribas andavão buscando modo de tirarem a vida a Jesus: porém temião o povo.

3 Ora Satanás entrou em Judas, que tinha por sobrenome Iscariotes, hum dos doze:

4 e foi, e tratou com os Principes dos Sacerdotes, e com os Magistrados, de como lho entregaria.

5 E elles folgárão com isso, e ajustárão de lhe darem dinheiro.

6 E Judas deo tambem a sua palavra. Para o que buscava occasião opportuna de lho entregar sem tumulto.

7 Entretanto chegou o dia dos pães asmos, no qual era necessario immolar-se a Pascoa.

8 Enviou pois Jesus a Pedro, e a João, dizendo: Ide apparelhar-nos a Pascoa, para a comermos.

9 E elles lhe perguntárão: Onde queres tu que nós ta apparelhemos?

10 E respondeo-lhes Jesus: Tanto que vós entrardes na Cidade, sahir-vos-ha ao encontro hum certo homem, que levará huma bilha de agua: ide seguindo-o até á casa, em que elle entrar,

11 e direis ao pai de familia da casa: O Mestre te manda dizer: Onde está o aposento, que tu me dás, para eu nelle comer a Pascoa com os meus Discipulos?

12 E elle vos mostrará huma grande sala toda ornada, e alli fazei os preparos.

13 Indo elles pois, achárão tudo como o Senhor lhes dissera, e preparárão a Pascoa.

14 E chegada que foi a hora, poz-se Jesus á meza, e com elle os doze Apostolos:

15 e disse-lhes: Tenho desejado anciosamente comer comvosco esta Pascoa, antes da minha Paixão.

16 Porque vos declaro, que a não tornarei mais a comer, até que ella se cumpra no Reino de Deos.

17 E depois de tomar o Calis, deo graças, e disse: Tomai-o, e distribui-o entre vós:

18 porque vos declaro, que não tornarei a beber do fruto da vide, em quanto não chegar o Reino de Deos.

19 E depois de tomar o pão deo graças, e partio-o, e deo-lho, dizendo: Este he o meu Corpo, que se dá por vós: fazei isto em memoria de mim.

20 Tomou tambem da mesma sorte o Calis, depois de cear, dizendo: Este Calis he o Novo Testamento em meu Sangue, que será derramado por vós.

21 Entretanto eis-ahi a mão de quem me ha de entregar, está á meza comigo.

22 E na verdade o Filho do Homem vai, segundo o que está decretado: mas ai d'aquelle homem, por quem elle ha de ser entregue.

23 Começárão elles então a perguntar entre si, qual d'elles seria o que tal houvesse de fazer.

24 E excitou-se tambem entr'elles a questão, sobre qual d'elles se devia reputar o maior.

25 Porém Jesus lhes disse: Os Reis dos Gentios dominão sobr'elles: e os que tem sobr'elles authoridade, chamão-se Bemfeitores.

26 Não ha de ser porém assim entre vós-outros: mas o que entre vós he o maior, faça-se como o mais pequeno: e o que governa, seja como o que serve.

27 Porque qual he maior, o que está sentado á meza, ou o que serve? não he maior o que está sentado á meza? Pois eu estou no meio de vós-outros, assim como o que serve:

28 mas vós-outros sois os que haveis permanecido comigo nas minhas tentações:

29 e por isso eu preparo o Reino para vós-outros, como meu Pai o tem preparado para mim,

30 para que comais, e bebais á minha meza no meu Reino: e vos senteis sobre thronos, para julgar as doze Tribus d'Israel.

31 Disse mais o Senhor: Simão, Simão, eis-ahi vos pedio Satanás com instancia, para vos joeirar como trigo:

32 mas eu roguei por ti, para que a tua fé não falte: e tu em fim depois de convertido, conforta a teus irmãos.

33 Respondeo-lhe Pedro: Senhor, eu estou prompto a ir comtigo, tanto para a prizão, como a morrer.

34 Mas Jesus lhe disse: Declaro-te, Pedro, que não cantará hoje o gallo, sem que tu por tres vezes não hajas negado que me conheces. Depois perguntou-lhes:

35 Quando eu vos mandei caminhar sem bolsa, e sem alforje, e sem çapatos, faltou-vos por ventura alguma cousa?

36 E elles respondêrão: Nada. Proseguio logo Jesus: Pois agora quem tem bolsa, tome-a, e tambem alforje: e o que a não tem, venda a sua tunica e compre espada.

37 Porque vos digo, que he necessario, que se veja cumprido em mim ainda isto que está

escrito: E foi reputado por hum dos iniquos. Porque as cousas que dizem respeito a mim, vão já a ter o seu cumprimento.

38 Mas elles respondêrão: Senhor, eis-aqui estão duas espadas. E Jesus lhes disse: Basta.

' 39 E tendo sahido, foi d'alli como costumava para o Monte das Oliveiras. E seus Discipulos o seguirão tambem.

40 E quando chegou áquelle lugar, lhes disse: Orai para que não entreis em tentação.

41 E Jesus se arrancou d'elles obra de hum tiro de pedra: e posto de joelhos, orava,

42 dizendo: Pai, se he do teu agrado, transfere de mim este Calis: Não se faça com tudo a minha vontade, senão a tua.

43 Então lhe appareceo hum Anjo do Ceo, que o confortava. E posto em agonia, orava Jesus com maior instancia.

44 E veio-lhe hum suor, como de gotas de sangue, que corria sobre a terra.

45 Depois tendo-se levantado da oração, e vindo ter com seus Discipulos, achou-os dormindo de tristeza,

46 e disse-lhes: Que, vós dormis? levantai-vos, orai, para que não entreis em tentação.

47 Estando elle ainda fallando, eis-que chega hum tropel de gente: e hum dos doze que se chamava Judas, vinha á testa d'elles: o qual se chegou a Jesus para o beijar.

48 E Jesus lhe disse: Judas, basta que entregas o Filho do Homem, dando-lhe hum osculo?

49 Então os que estavão com Jesus, vendo no que isto viria a parar, disserão para elle: Senhor, firamo-los á espada?

50 E hum d'elles deo hum golpe num servo do Summo Pontifice, e cortou-lhe a orelha direita.

51 Mas respondendo Jesus, disse: Deixai-os, basta. E tendo-lhe tocado a orelha, o sarou.

52 E voltando-se Jesus para os Principes dos Sacerdotes, e para os Magistrados do templo, e para os Anciãos, que tinhão vindo contra elle, disse: Viestes armados d'espadas e varapáos como contra hum ladrão?

53 Havendo eu estado cada dia comvosco no Templo, nunca estendestes as mãos contra mim: porém esta he a vossa hora, e o poder das trévas.

54 Prendendo logo a Jesus, o levárão a casa do Summo Pontifice: e Pedro o hia seguindo de longe.

55 E tendo-se accendido fogo no meio do pateo, e sentando-se todos em roda, estava Pedro no meio d'elles.

56 Então huma escrava, que o vio sentado ao lume, depois de encarar bem nelle, disse: Este tambem era da companhia d'aquelle homem.

57 Mas Pedro o negou, dizendo: Mulher, eu não no conheço.

58 E d'ahi a pouco vendo-o outro, disse-lhe: Tu tambem és dos taes. Ao que Pedro respondeo: Homem, não no sou.

59 E tendo-se passado o intervallo quasi de huma hora, affirmava outro o mesmo, dizendo: Certamente que este tambem estava com elle: pois que tambem he Galiléo.

60 E Pedro lhe respondeo: Homem, eu não sei que he o que tu dizes. E no mesmo ponto, quando elle ainda fallava, cantou o gallo.

61 E voltando-se o Senhor poz os olhos em Pedro. E Pedro se lembrou da palavra do Senhor, como lhe havia dito: Antes que o gallo cante, me negarás tres vezes:

62 e tendo sahido para fóra, chorou Pedro amargamente.

624

63 Entretanto os que tinhão prezo a Jesus, fazião escarneo d'elle, ferindo-o.

64 E vendárão-lhe os olhos, e davão-lhe na cara: e perguntavão-lhe dizendo: Adivinha quem he o que te deo?

65 E dizião outras muitas affrontas, blasfemando contra elle.

66 E depois que foi dia se ajuntárão os Anciãos do povo, e os Principes dos Sacerdotes, e os Escribas, e o levárão ao seu conselho, dizendo: alli: Se tu és o Christo, dize-no-lo.

67 E respondeo-lhes Jesus: Se vo-lo disser, não me haveis de dar credito:

68 e tambem se vos fizer qualquer pergunta, não me haveis de responder, nem deixar ir.

69 Mas depois d'isto estará sentado o Filho do Homem á mão direita do poder de Deos.

70 Então disserão todos: Logo tu és o Filho de Deos? Respondeo elle: Vós o dizeis, que eu o sou.

71 E elles proseguirão: Que mais testemunho nos he necessario? quando nós mesmos o ouvimos da sua boca.

CAPITULO XXIII.

E LEVANTANDO-SE toda a multidão dos d'aquelle Conselho, levárão Jesus a Pilatos.

2 E começárão a accusallo, dizendo: A este temos achado pervertendo a nossa Nação, e vedando dar tributo a Cesar, e dizendo, que elle he o Christo Rei.

3 E Pilatos lhe perguntou, dizendo: Tu és o Rei dos Judeos? E elle respondendo, disse: Tu o dizes.

4 Então disse Pilatos aos Principes dos Sacerdotes, e ao povo: Eu não acho neste homem crime algum.

5 Mas elles porfiavão cada vez mais, dizendo: Elle subleva o povo com a doutrina que préga por toda a Judéa, desde Galiléa, onde começou, até aqui.

6 E Pilatos ouvindo fallar de Galiléa, perguntou se era Galileo aquelle homem.

7 E quando soube que era da jurisdicção de Herodes, remetteo-o ao mesmo Herodes, o qual n'aquelles dias pessoalmente se achava tambem em Jerusalem.

8 E Herodes tendo visto a Jesus, folgou muito: porque de longo tempo tinha desejo de o ver, por ter ouvido dizer d'elle muitas cousas, e esperava ver-lhe fazer algum milagre.

9 Fez-lhe pois muitas perguntas. Mas elle a nenhuma deo resposta.

10 E os Principes dos Sacerdotes, e os Escribas estavão alli presentes accusando-o com grande instancia.

11 Herodes porém com os do seu exercito desprezou-o: e fez escarneo d'elle, tendo-o mandado vestir de huma vestidura branca, e tornou-o a enviar a Pilatos.

12 E naquelle dia ficárão amigos Herodes, e Pilatos: porque estavão antes inimigos hum do outro.

13 Pilatos pois tendo chamado os Principes dos Sacerdotes, e os Magistrados, e o povo,

14 lhes disse: Vós apresentastes-me este homem, como perturbador do povo, e vede que fazendo-lhe eu perguntas diante de vós-outros, não achei neste homem culpa alguma d'aquellas de que o accusais.

15 Nem Herodes tão pouco: porque vos remetti a elle, e eis que nada se lhe tem provado que mereça morte.

16 Soltallo-hei logo depois de o castigar.

17 Ora Pilatos estava precisado a soltar-lhes pela festa hum criminoso.

18 Por isso todo o povo gritou a huma voz dizendo : Faze morrer este, e solta-nos Barrabás,

19 o qual havia sido prezo por causa de huma sedição feita na Cidade, e por causa de hum homicidio.

20 E Pilatos, que desejava livrar a Jesus, fallou de novo aos Judeos.

21 Mas elles tornárão a gritar, dizendo : Crucifica-o, crucifica-o.

22 E terceira vez lhes disse Pilatos : Pois que mal fez elle? eu não acho nelle causa alguma de morte : irei logo castigallo, e depois soltallo-hei.

23 Mas elles instavão pedindo a grandes vozes que fosse crucificado : e crescião mais as suas vozes.

24 Em fim ordenou Pilatos, que se executasse o que elles pedião.

25 No mesmo tempo soltou-lhes aquelle, que havia sido prezo por causa do homicidio, e da sedição, que era quem elles pedião, e permittio-lhes que fizessem de Jesus o que quizessem.

26 Indo-o já levando, pegárão num certo homem de Cyrene, chamado Simão, que vinha de huma granja : e pozerão a Cruz sobr'elle, para que a levasse após de Jesus.

27 E seguia-o huma grande multidão de povo, e de mulheres : que batendo nos peitos o choravão, e lamentavão.

28 Mas Jesus voltando-se para ellas, lhes disse : Filhas de Jerusalem, não choreis sobre mim, mas chorai sobre vós mesmas, e sobre vossos filhos.

29 Porque sabei que virá tempo, em que se dirá : Ditosas as que são estéreis, e ditosos os ventres que não gerárão, e ditosos os peitos que não dérão de mamar.

30 Então começarão os homens a dizer aos montes : Cahi sobre nós, e aos outeiros : Cobri-nos.

31 Porque se isto se faz no lenho verde, que se fará no secco ?

32 E erão tambem levados com Jesus outros dous, que erão malfeitores, para se lhes dar a morte.

33 E depois que chegárão ao lugar que se chama Calvario, alli o crucificárão a elle : e aos ladrões, hum á direita, e outro á esquerda.

34 E Jesus dizia : Pai, perdoa-lhes : porque não sabem o que fazem. Dividindo porém os seus vestidos, sorteárão-nos.

35 Entretanto estava o povo olhando para elle, e os Principes dos Sacerdotes com o povo o escarnecião, dizendo : Quem salvou aos outros, que se salve a si, se este he o Christo escolhido de Deos.

36 E da mesma sorte o escarnecião os soldados, chegando-se a elle, e offerecendo-lhe a beber vinagre,

37 e dizendo : Se tu és o Rei dos Judeos, salva-te a ti mesmo.

38 E estava tambem sobre elle hum Titulo, escrito em letras Gregas, e Latinas, e Hebraicas, o qual dizia : ESTE HE O REI DOS JUDEOS.

39 E hum d'aquelles ladrões, que estavão dependurados, blasfemava contra elle, dizendo : Se tu és o Christo, salve-te a ti mesmo, e a nós-outros.

40 Mas o outro respondendo, o reprehendia, dizendo : Nem ainda tu temes a Deos, estando no mesmo supplicio.

41 E nós-outros o estamos na verdade justamente, porque recebemos o castigo que merecem as nossas obras : mas este nenhum mal fez.

42 E dizia a Jesus : Senhor, lembra-te de mim, quando entrares no teu Reino.

43 E Jesus lhe respondeo : Em verdade te digo : Que hoje serás comigo no Paraiso.

44 Era então quasi a hora sexta, e toda a terra ficou coberta de trévas até a hora nona.

45 Escureceo-se tambem o Sol : e rasgou-se pelo meio o véo do Templo.

46 E Jesus dando hum grande brado, disse : Pai, nas tuas mãos encommendo o meu espirito. E dizendo estas palavras, espirou.

47 O Centurião porém, que tinha visto o que succedêra, deo gloria a Deos, dizendo : Na verdade que este homem era justo.

48 E todo o povo que assistia a este espectaculo, e via o que passava, retirava-se batendo nos peitos.

49 Todos os que erão do conhecimento de Jesus, e as mulheres, que o tinhão seguido desde Galiléa, estavão da mesma sorte vendo estas cousas lá de parte.

50 E eis-que hum varão por nome José, que era Senador, varão bom e justo :

51 que não tinha consentido na determinação dos outros, nem com o que elles tinhão obrado, de Arimathéa, Cidade de Judéa, o qual tambem esperava o Reino de Deos :

52 este homem pois foi ter com Pilatos, e pedio-lhe o Corpo de Jesus :

53 e depois que o desceo, amortalhou-o num lençol, e depositou-o num sepulcro aberto em rocha, onde ainda ninguem tinha sido posto.

54 Era então dia da preparação, e já raiava o Sabbado,

55 Ora, as mulheres, que tinhão vindo de Galiléa com Jesus, indo atrás de José, observárão o sepulcro, e como o Corpo de Jesus fora nelle depositado.

56 E voltando preparárão aromas, e balsamos : e quanto ao dia de Sabbado, estivérão sem fazer cousa alguma, segundo a Lei.

CAPITULO XXIV.

MAS no primeiro dia da semana vierão muito cedo ao sepulcro, trazendo os aromas, que havião preparado :

2 e achárão que a pedra estava revolvida do sepulcro.

3 Entrando depois dentro, não achárão o Corpo do Senhor Jesus.

4 E aconteceo, que estando por isso consternadas, eis-que apparecérão junto d'ellas dous homens, vestidos de brilhantes roupas,

5 E como estivessem medrosas, e com os olhos no chão, disserão-lhe ellas : Porque buscais entre os mortos ao que vive?

6 Elle não está aqui, mas resuscitou : lembrai-vos do que elle vos declarou, quando ainda estava em Galiléa,

7 dizendo : Importa que o Filho do Homem seja entregue nas mãos de homens peccadores, e que seja crucificado, e que resuscite ao terceiro dia.

8 Então se lembrárão ellas das suas palavras.

9 E tendo voltado do sepulcro, contárão todas estas cousas aos onze, e a todos os mais.

10 E as que referião estas cousas aos Apostolos erão Maria Magdalena, e Joanna, e Maria mãi de Tiago, e as demais que estavão com ellas.

11 Mas o que as mulheres lhes dizião, pareceo-

lhes hum como desvario: e não lhes dérão credito.

12 Ainda levantando-se Pedro, correo ao sepulcro: e abaixando-se vio só os lençoes alli postos, e retirou-se admirando comsigo mesmo o que succedêra.

13 E eis-que no mesmo dia caminhavão dous d'elles para huma Aldeia, chamada Emmaús, que estava em distancia de Jerusalem sessenta estadios.

14 E elles hião fallando hum com outro em tudo o que se tinha passado.

15 E succedeo que quando elles hião conversando, e conferindo entre si: chegou-se tambem o mesmo Jesus, e hia com elles:

16 mas os olhos dos dous estavão como fechados, para o não conhecerem.

17 E elle lhes disse: Que he isso, que vós ides praticando e conferindo hum com o outro, e porque estais tristes?

18 E respondendo hum d'elles chamado Cléofas, lhe disse: Tu só és forasteiro em Jerusalem, e não sabes o que alli se tem passado estes dias?

19 Elle lhes disse: Que? E respondérão os dous: Sobre Jesus Nazareno, que foi hum varão Profeta, poderoso em obras, e em palavras diante de Deos, e de todo o povo:

20 e de que maneira os Summos Sacerdotes, e os nossos Magistrados, o entregárão a ser condemnado á morte, e o crucificárão:

21 ora nós esperavamos que elle fosse o que resgatasse a Israel: e agora sobre tudo isto, he já hoje o terceiro dia, depois que succedêrão estas cousas.

22 He verdade tambem que certas mulheres das que comnosco estão espantárão, as quaes na alvorada forão ao sepulcro,

23 e não tendo achado o seu corpo, voltárão, dizendo que ellas tambem tinhão tido huma visão de Anjos, os quaes dizem que elle vive.

24 E alguns dos nossos forão ao sepulcro: e achárão que era assim como tinhão dito as mulheres, mas a elle não no achárão.

25 Então lhes disse Jesus: O' estultos, e tardos de coração para crer tudo o que annunciárão os Profetas!

26 Por ventura não importava que o Christo soffresse estas cousas, e que assim entrasse na sua gloria?

27 E começando por Moysés, e discorrendo por todos os outros Profetas, lhes explicava o que d'elle se achava dito em todas as Escrituras.

28 E quando elles estavão perto da Aldeia, para onde caminhavão: fingio então Jesus que hia para mais longe.

29 Mas elles o constrangêrão, dizendo: Fica em nossa companhia, porque he já tarde, e está o dia na sua declinação. E elle entrou com os dous.

30 Mas o caso foi, que estando sentado com elles á meza, tomou o pão, e o abençoou, e tendo-o partido, lho dava.

31 No mesmo tempo se lhes abrirão os olhos, e

o conhecêrão: mas elle desappareceo-lhes de diante dos olhos.

32 Então disserão hum para o outro: Não he verdade que nós sentiamos abrazar-se-nos o coração, quando elle nos fallava pelo caminho, e nos explicava as Escrituras?

33 E levantando-se na mesma hora, voltárão para Jerusalem: e achárão juntos os onze, e os que com elles estavão,

34 que dizião: Na verdade que o Senhor resuscitou, e appareceo a Simão.

35 E elles os dous contárão tambem o que lhes havia acontecido no caminho: e como conhecêrão a Jesus ao partir do pão.

36 E estando ainda fallando nisto apresentou-se Jesus no meio d'elles, e disse-lhes: Paz seja comvosco: sou eu, não temais.

37 Mas elles achando-se perturbados, e espantados, cuidavão que vião algum espirito.

38 E Jesus lhes disse: Porque estais vós turbados, e que pensamentos são esses, que vos sobem aos corações?

39 Olhai para as minhas mãos, e pés, porque sou eu mesmo: apalpai, e vede: que hum espirito não tem carne, nem ossos, como vós vedes que eu tenho.

40 E em dizendo isto, mostrou-lhes as mãos, e os pés.

41 Mas não crendo elles ainda, e estando com admiração transportados de gosto, lhes disse: Tendes aqui alguma cousa, que se coma?

42 E elles lhe pozerão diante huma posta de peixe assado, e hum favo de mel.

43 E tendo comido Jesus á vista d'elles, tomando os sobejos lhos-deo.

44 Depois disse-lhes: Isto, que vós estais vendo, he o que querião dizer as palavras, que eu vos dizia, quando ainda estava comvosco: que era necessario que se cumprisse tudo o que de mim estava escrito na Lei de Moysés, e nos Profetas, e nos Salmos.

45 Então lhes abrio o entendimento, para alcançarem o sentido das Escrituras:

46 e disse-lhes: Assim he que está escrito, e assim he que importava que o Christo padecesse, e que resurgisse dos mortos ao terceiro dia:

47 e que em seu Nome se prégasse penitencia, e remissão de peccados em todas as nações, começando por Jerusalem.

48 Ora vós sois as testemunhas d'estas cousas.

49 E eu vou a mandar sobre vós o dom que vos está promettido por meu Pai: entretanto ficai vós de assento na Cidade, até que sejais revestidos de virtude lá do alto.

50 Depois levou-os fóra até Bethania: e levantando as suas mãos, os abençoou.

51 E aconteceo que em quanto os abençoava, se ausentou d'elles, e foi elevado ao Ceo.

52 E elles depois de o adorarem, voltárão para Jerusalem com grande jubilo:

53 e estavão continuamente no Templo louvando, e bemdizendo a Deos. Amen.

O SANTO EVANGELHO DE JESU CHRISTO

SEGUNDO

S. JOÃO.

CAPITULO I.

NO principio era o Verbo, e o Verbo estava com Deos, e o Verbo era Deos.

2 Elle estava no principio com Deos.

3 Todas as cousas forão feitas por elle: e nada do que foi feito, foi feito sem elle:

4 nelle estava a vida, e a vida era a luz dos homens:

5 e a luz resplandece nas trévas, mas as trévas não na comprehendêrão.

6 Houve hum homem enviado por Deos, que se chamava João.

7 Este veio por testemunha, para dar testemunho da luz, a fim de que todos cressem por meio d'elle:

8 elle não era a luz, mas para que désse testemunho da luz.

9 Era a luz verdadeira, que allumia a todo o homem, que vem a este Mundo:

10 estava no Mundo, e o Mundo foi feito por elle, e o Mundo não no conheceo.

11 Veio para o que era seu, e os seus não no recebêrão:

12 mas a todos os que o recebêrão deo elle poder de se fazerem filhos de Deos, aos que crem no seu nome:

13 que não nascêrão do sangue, nem da vontade da carne, nem da vontade do varão, mas de Deos.

14 E o Verbo se fez carne, e habitou entre nós: e nós vimos a sua gloria, gloria como de Filho Unigenito do Pai, cheio de graça, e de verdade.

15 João dá testemunho d'elle, e clama, dizendo: Este era o de quem eu disse: O que ha de vir depois de mim foi preferido a mim: porque era antes de mim.

16 E todos nós participámos da sua plenitude, e graça por graça:

17 porque a Lei foi dada por Moysés, a graça e a verdade foi trazida por Jesu Christo.

18 Ninguem já mais vio a Deos: O Filho Unigenito, que está no seio do Pai, esse he quem o deo a conhecer.

19 E este he o testemunho que deo João, quando os Judeos lhe enviárão de Jerusalem Sacerdotes, e Levitas a perguntar-lhe: Quem és tu?

20 Porque elle confessou, e não negou: e confessou: Eu não sou o Christo.

21 E perguntárão-lhe: Pois que és logo? Es tu Elias? E elle respondeo: Não no sou. Es tu Profeta? E respondeo: Não.

22 Disserão-lhe então elles: Quem és tu logo, para que possamos dar resposta aos que nos enviárão? que dizes de ti mesmo?

23 Disse-lhes elle: Eu sou voz do que clama no deserto: Endireitai o caminho do Senhor, como o disse o Profeta Isaias.

24 Ora os que havião sido enviados, erão de entre os Fariseos.

25 E elles lhe fizerão esta pergunta, e lhe disse-

627

rão: Porque baptizas logo, se tu não és o Christo, nem Elias, nem Profeta?

26 João respondeo, dizendo-lhes: Eu baptizo em agua: mas no meio de vós esteve, quem vós não conheceis.

27 Esse he o que ha de vir depois de mim, que foi preferido a mim: de quem eu não sou digno de desatar a correia dos çapatos.

28 Estas cousas passárão em Bethania de banda d'além do Jordão, onde João estava baptizando.

29 No dia seguinte vio João a Jesus, que vinha para elle, e disse: Eis-aqui o Cordeiro de Deos, eis-aqui o que tira o peccado do Mundo.

30 Este he o mesmo, de quem eu disse: Depois de mim vem hum homem, que me foi preferido: porque era antes de mim:

31 e eu não no conhecia, mas por isso eu vim baptizar em agua, para elle ser conhecido em Israel.

32 E João deo testemunho, dizendo: Vi o Espirito que descia do Ceo em fórma de pomba, e repousou sobr'elle.

33 E eu não no conhecia: mas o que me mandou baptizar em agua, me disse: Aquelle, sobre que tu vires descer o Espirito, e repousar sobr'elle, esse he o que baptiza no Espirito Santo.

34 E eu o vi: e dei testemunho de que elle he o Filho de Deos.

35 Ao outro dia ainda João lá estava, e dous de seus Discipulos.

36 E vendo a Jesus, que hia passando, disse: Eis-alli o Cordeiro de Deos.

37 Então os dous Discipulos, quando isto lhe ouvirão dizer, forão logo seguindo a Jesus.

38 E Jesus olhando para trás, e vendo que hião após elle, disse-lhes: Que buscais vós? Disserão-lhe elles: Rabbi, (que quer dizer Mestre) onde assistes tu?

39 Respondeo-lhes Jesus: Vinde, e vede. Forão elles, e virão onde assistia, e ficárão lá aquelle dia: era então quasi a hora decima.

40 E André, irmão de Simão Pedro, era hum dos dous, que tinhão ouvido o que João dissera, e que tinhão seguido a Jesus.

41 Este encontrou primeiro a seu irmão Simão, e lhe disse: Temos achado ao Messias: (que quer dizer o Christo.)

42 E levou-o a Jesus: e Jesus depois de olhar para elle, disse: Tu és Simão filho de Jona: tu serás chamado Céfas; que quer dizer Pedro.

43 No dia seguinte quiz Jesus ir a Galiléa, e achou lá a Filippe. Disse-lhe então: Segue-me:

44 e era Filippe natural da Cidade de Bethsaida, donde tambem o era André, e Pedro.

45 Encontrou Filippe a Nathanael, e disse-lhe: Saberás que achámos aquelle, de quem fallou Moyses na Lei, e de quem escrevêrão os Profetas, a saber, Jesus de Nazareth, Filho de José.

46 E Nathanael lhe disse: De Nazareth póde sahir cousa que boa seja? Disse-lhe Filippe: Vem, e vê.

47 Vio Jesus a Nathanael, que vinha a buscallo, e disse d'elle: Eis-aqui hum verdadeiro Israelita, em quem não ha dólo.

48 Perguntou-lhe Nathanael: Donde me conheces tu? Respondeo Jesus, e disse-lhe: Primeiro que Filippe te chamasse, te vi eu, quando estavas debaixo da figueira.

49 Nathanael lhe respondeo, e disse: Mestre, tu és o Filho de Deos, tu és o Rei d'Israel.

50 Jesus respondeo, e disse-lhe: Porque eu te disse, que te vi debaixo da figueira, crês: maiores cousas que estas verás.

51 Tambem lhe disse: Na verdade, na verdade vos digo, que vereis o Ceo aberto, e os Anjos de Deos subindo, e descendo sobre o Filho do Homem.

CAPITULO II.

E D'ALLI a tres dias se celebrárão humas vodas em Caná de Galiléa: e achava-se lá a Mãi de Jesus.

2 E foi tambem convidado Jesus com seus Discipulos para o noivado.

3 E faltando o vinho, a Mãi de Jesus lhe disse: Elles não tem vinho.

4 E Jesus lhe respondeo: Mulher, que me vai a mim, e a ti nisso? ainda não he chegada a minha hora.

5 Disse a Mãi de Jesus aos que servião: Fazei tudo o que elle vos disser.

6 Ora estavão alli postas seis talhas de pedra, para servirem ás purificações, de que usavão os Judeos, que cada huma levavão dous, ou tres almudes.

7 Disse-lhes Jesus: Enchei de agua essas talhas. E enchêrão-nas até cima.

8 Então lhes disse Jesus: Tirai agora, e levai ao Arquitriclino. E elles lha levárão.

9 E o que governava a meza, tanto que provou a agua, que se fizera vinho, como não sabia donde lhe viera, ainda que o sabião os serventes, porque erão os que tinhão tirado a agua: chamou ao noivo o tal Arquitriclino,

10 E disse-lhe: Todo o homem põe primeiro o bom vinho: e quando já os convidados tem bebido bem, então lhes apresenta o inferior: Tu ao contrario tiveste o bom vinho guardado atégora.

11 Por este milagre deo Jesus principio aos seus em Caná de Galiléa: e assim fez que se conhecesse a sua gloria, e seus Discipulos crêrão nelle.

12 Depois d'isto vierão para Cafarnaum, elle, e sua Mãi, e seus Irmãos, e seus Discipulos: mas não se demorárão alli muitos dias.

13 Porque como estava a chegar a Pascoa dos Judeos, foi logo Jesus para Jerusalem:

14 e achou no Templo a muitos vendendo bois, e ovelhas, e pombas, e os Cambiadores lá sentados.

15 E tendo feito de cordas hum como azorrague, os lançou fóra a todos do Templo, tambem as ovelhas, e os bois, e arrojou por terra o dinheiro dos Cambiadores, e derribou as mezas.

16 E para os que vendião as pombas, disse: Tirai d'aqui isto, e não façais da casa de meu Pai casa de negociação.

17 Então se lembrárão seus Discipulos, do que está escrito: O zelo da tua casa me comeo.

18 Perguntárão-lhe pois os Judeos, e disserão-lhe: Que milagre nos fazes tu, para mostrares que tens authoridade para fazeres estas cousas?

19 Respondeo-lhes Jesus, e disse: Desfazei este Templo, e eu o levantarei em tres dias.

20 Replicárão logo os Judeos: Em se edificar este Templo gastárão-se quarenta e seis annos, e tu has de levantallo em tres dias?

21 Mas elle fallava do Templo de seu corpo.

22 Assim que depois que elle resurgio dos mortos, se lembrárão seus Discipulos do que elle dissera, e crêrão na Escritura, e nas palavras, que Jesus tinha dito.

23 E estando em Jerusalem pela festa solemne da Pascoa, muitos vendo os milagres, que elle fazia, crêrão no seu Nome.

24 Mas o mesmo Jesus não se fiava d'elles, porque os conhecia a todos,

25 e porque não necessitava de que lhe dessem testemunho do homem algum: pois elle bem sabia por si mesmo o que havia no homem.

CAPITULO III.

E HAVIA hum homem d'entre os Fariseos, por nome Nicodemos, senhor entre os Judeos.

2 Este huma noite veio buscar a Jesus, e disse-lhe: Rabbi, sabemos que és Mestre, vindo da parte de Deos, porque ninguem póde fazer estes milagres, que tu fazes, se Deos não estiver com elle.

3 Jesus respondeo, e lhe disse: Na verdade, na verdade te digo, que não póde ver o Reino de Deos, senão aquelle que renascer de novo.

4 Nicodemos lhe disse: Como póde hum homem nascer, sendo velho? por ventura póde tornar a entrar no ventre de sua mãi, e nascer outra vez?

5 Respondeo-lhe Jesus: Em verdade, em verdade te digo, que quem não renascer da agua, e do Espirito Santo, não póde entrar no Reino de Deos.

6 O que he nascido da carne, he carne: e o que he nascido do espirito, he espirito.

7 Não te maravilhes de eu te dizer: Importa-vos nascer outra vez.

8 O espirito assopra onde quer: e tu ouves a sua voz, mas não sabes donde elle vem, nem para onde vai: assim he todo aquelle, que he nascido do espirito.

9 Perguntou Nicodemos, e disse-lhe: Como se póde isto fazer?

10 Respondeo Jesus, e disse-lhe: Tu és Mestre em Israel, e não sabes estas cousas?

11 Em verdade, em verdade te digo, que nós dizemos o que sabemos, e que damos testemunho do que vimos, e vós com tudo isso não recebeis o nosso testemunho.

12 Se quando eu vos tenho fallado nas cousas terrenas, ainda assim vós me não credes: como me crereis vós, se eu vos fallar nas celestiaes?

13 Tambem ninguem subio ao Ceo, senão aquelle, que desceo do Ceo, a saber, o Filho do Homem, que está no Ceo.

14 E como Moysés no Deserto levantou a serpente: assim importa que seja levantado o Filho do Homem:

15 para que todo o que crê nelle, não pereça, mas tenha a vida eterna.

16 Porque assim amou Deos ao Mundo, que lhe deo o seu Filho Unigenito: para que todo o que crê nelle, não pereça, mas tenha a vida eterna.

17 Porque Deos não enviou seu Filho ao Mundo, para condemnar o Mundo, mas para que o Mundo seja salvo por elle.

18 Quem nelle crê, não he condemnado: mas o que não crê, já está condemnado: porque não crê no Nome do Filho Unigenito de Deos.

19 E a causa d'esta condemnação he: que a luz

velo ao Mundo, e os homens amárão mais as trévas, do que a luz: porque erão más as suas
obras.

20 Por quanto todo aquelle, que obra mal, aborrece a luz, e não se chega para a luz, para que
não sejão arguidas as suas obras:

21 mas aquelle, que obra verdade, chega-se para
a luz, para que as suas obras sejão manifestas,
porque são feitas em Deos.

22 Passado isto, velo Jesus com seus Discipulos
para a terra de Judéa; e alli se demorava com
elles, e baptizava.

23 E João baptizava tambem em Ennon, junto
a Salim: porque havia alli muitas aguas, e erão
muitos os que vinhão, e erão baptizados.

24 Porque ainda João não tinha sido posto no
carcere.

25 Excitou-se pois huma questão entre os Discipulos de João, e os Judeos ácerca da Purificação.

26 E forão ter com João, e lhe disserão: Mestre,
o que estava comtigo da banda d'além do Jordão,
de quem tu déste testemunho, el-lo ahi está baptizando, e todos vem a elle.

27 Respondeo João, e disse: O homem não
póde receber cousa alguma, se do Ceo lhe não for
dada.

28 Vós-outros mesmos me sois testemunhas de
que eu vos disse: Eu não sou o Christo: mas
sou enviado adiante d'elle.

29 O que tem a Esposa, he o Esposo: mas o
amigo do Esposo, que está com elle, e o ouve, se
enche de gosto com a voz do Esposo. Pois já
este meu gozo he cumprido.

30 Convem que elle cresça, e que eu diminua.

31 O que vem lá de riba, he sobre todos. O que
he da terra, he da terra, e falla da terra. O que
vem do Ceo, he sobre todos.

32 E o que vio, e ouvio, isso testifica: e ninguem
recebe o seu testemunho.

33 O que recebeo o seu testemunho, confirmou
que Deos he verdadeiro.

34 Porque aquelle, a quem Deos enviou, esse
falla palavras de Deos: porque não lhe dá Deos
o Espirito por medida.

35 O Pai ama ao Filho: e todas as cousas poz
na sua mão.

36 O que crê no Filho, tem a vida eterna: o que
porém não crê no Filho, não verá a vida, mas
sobr'elle permanece a ira de Deos.

CAPITULO IV.

E QUANDO Jesus entendeo, que os Fariseos
tinhão ouvido, que elle Jesus fazia mais
Discipulos, e baptizava mais pessoas do que
João,

2 (sendo assim que não era Jesus o que baptizava, mas seus Discipulos,)

3 deixou a Judéa, e foi outra vez para Galiléa:

4 e importava que elle passasse por Samaria.

5 Velo pois a huma Cidade de Samaria, que se
chamava Sicar: junto da herdade, que tinha
dado Jacob a seu filho José.

6 Ora alli havia hum poço, chamado a fonte de
Jacob. Fatigado pois do caminho, estava Jesus
assim sentado sobre a borda do poço. Era isto
quasi á hora sexta.

7 Velo huma mulher de Samaria a tirar agua.
Jesus lhe disse: Dá-me de beber.

8 (Porque seus Discipulos tinhão ido á Cidade
a comprar mantimento.)

9 Mas aquella mulher Samaritana lhe disse:
Como sendo tu Judeo, me pedes de beber a
mim, que sou mulher Samaritana? porque os

Judeos não se communicão com os Samaritanos.

10 Respondeo Jesus, e disse-lhe: Se tu conhe-
cêras o dom de Deos, e quem he o que te diz:
Dá-me de beber: tu certamente lhe pedíras, e
elle te daria a ti da agua viva.

11 Disse-lhe a mulher: Senhor, tu não tens
com que a tirar, e o poço he fundo: onde tens
logo essa agua viva?

12 E's tu por ventura maior do que nosso pai
Jacob, que foi o que nos deo este poço, do qual
tambem elle mesmo bebeo, e seus filhos, e seus
gados?

13 Respondeo Jesus, e disse-lhe: Todo aquelle
que bebe d'esta agua, tornará a ter sede: mas o
que beber da agua, que eu lhe hei de dar, nunca
jámais terá sede:

14 mas a agua, que eu lhe der, virá a ser nelle
huma fonte d'agua, que salte para a vida eterna.

15 Disse-lhe a mulher: Senhor, dá-me d'essa
agua, para eu não ter mais sede, nem vir aqui
tirálla.

16 Disse-lhe Jesus: Vai, chama a teu marido,
e vem cá.

17 Respondeo a mulher, e disse: Eu não tenho
marido. Jesus lhe disse: Bem disseste, não
tenho marido:

18 porque cinco maridos tiveste, e o que agora
tens não he teu marido: isto disseste com verdade.

19 Disse-lhe a mulher: Senhor, pelo que vejo,
tu és Profeta.

20 Nossos pais adorárão sobre este monte, e
vós-outros dizeis, que em Jerusalem he o lugar
onde se deve adorar.

21 Disse-lhe Jesus: Mulher, cre-me, que he
chegada a hora, em que vós não adorareis o Pai,
nem neste monte, nem em Jerusalem.

22 Vós adorais o que não conheceis: nós ado-
ramos o que conhecemos, porque dos Judeos he
que vem a salvação.

23 Mas a hora vem, e agora he, quando os verdadeiros adoradores hão de adorar o Pai em
espirito, e verdade. Porque taes quer tambem
o Pai que sejão os que o adorem.

24 Deos he espirito: e em espirito, e verdade
he que o devem adorar, os que o adorão.

25 Disse-lhe a mulher: Eu sei que está a chegar o Messias, (o que se chama o Christo,)
quando pois elle vier, então nos annunciará
todas as cousas.

26 Disse-lhe Jesus: Eu sou, que fallo comtigo.

27 E nisto vierão seus Discipulos: os quaes se
maravilhárão, de que elle estivesse fallando
com huma mulher. Nenhum com tudo lhe
disse: Que he o que perguntas, ou que fallas
com ella?

28 A mulher pois deixou o seu cantaro, e foi-
se á Cidade, e disse áquelles homens:

29 Vinde, e vede hum homem, que me disse
tudo o que eu tenho feito: será este por ventura o Christo?

30 Sahírão pois da Cidade, e vierão ter com elle.

31 Entretanto seus Discipulos o rogavão, dizendo: Mestre, come.

32 Mas elle lhes respondeo: Eu para comer
tenho hum manjar, que vós não sabeis.

33 Pelo que dizião os Discipulos huns para os
outros: Será caso que alguem lhe trouxesse de
comer?

34 Disse-lhes Jesus: A minha comida he fazer
eu a vontade d'aquelle, que me enviou, para
cumprir a sua obra.

35 Não dizeis vós, que ainda ha quatro mezes até á seifa? Mas eu digo-vos: Levantai os vossos olhos, e olhai para essas terras, que já estão branquejando proximas á seifa.

36 E o que sega, recebe galardão, e ajunta fruto para a vida eterna: para que assim o que semea, como o que sega, juntamente se regozijem.

37 Porque nisto he verdadeiro o ditado: que hum he o que semea, e outro o que sega.

38 Eu enviei-vos a segar o que vós não trabalhastes: outros forão os que trabalhárão, e vós entrastes nos seus trabalhos.

39 Ora d'aquella Cidade forão muitos os Samaritanos, que crêrão em Jesus, por causa da palavra da mulher, que dava este testemunho: Elle me disse tudo quanto eu tenho feito.

40 Vindo pois ter com elle os Samaritanos, pedîrão-lhe que se deixasse ficar alli com elles. E elle ficou alli dous dias.

41 E forão então muitos mais, os que crêrão nelle, pelo ouvirem fallar.

42 De sorte, que dizião á mulher: Não he já sobre o teu dito, que nós cremos nelle: mas he porque nós mesmos o ouvimos, e porque sabemos ser este verdadeiramente o Salvador do Mundo.

43 E passados dous dias, sahio Jesus d'alli: e foi para Galiléa.

44 Porque Jesus mesmo deo testemunho, de que hum Profeta não tem honra na sua patria.

45 Tendo pois vindo a Galiléa, recebêrão-no bem os Galiléos, porque tinhão visto todas as cousas. que Jesus fizera no dia da festa em Jerusalem: pois elles tambem tinhão ido á festa.

46 Veio pois outra vez a Caná de Galiléa, onde fizera da agua vinho. Havia porém alli hum Régulo, cujo filho estava doente em Cafarnaum.

47 Este tendo ouvido que Jesus vinha de Judéa para Galiléa, foi ter com elle, e rogou-o que viesse a sua casa curar a seu filho: porque estava a morrer.

48 Disse-lhe pois Jesus: Vós senão vedes milagres, e prodigios, não credes.

49 Disse-lhe o Régulo: Senhor, vem antes que meu filho morra.

50 Disse-lhe Jesus: Vai, que teu filho vive. Deo o homem credito ao que lhe disse Jesus, e foi-se.

51 E quando elle já hia andando, vierão os seus criados sahir-lhe ao encontro, e derão-lhe novas de que seu filho vivia.

52 E perguntou-lhes a hora, em que o doente se achára melhor. E elles lhe disserão: Hontem pelas sete horas o deixou a febre.

53 Conheceo logo o pai ser aquella mesma a hora, em que Jesus lhe dissera: Teu filho vive: e creo elle, e toda a sua casa.

54 Foi este o segundo milagre, que Jesus obrou, tendo vindo de Judéa para Galiléa.

CAPITULO V.

DEPOIS d'isto era dia d'huma festa dos Judeos, e Jesus subio a Jerusalem.

2 Ora em Jerusalem está o tanque das ovelhas, que em Hebreo se chama Bethsaida, o qual tem cinco alpendres.

3 Nestes jazia huma grande multidão de enfermos, de cégos, de coxos, dos que tinhão os membros resiccados, todos os quaes esperavão que se movesse a agua.

4 Porque hum anjo do Senhor descia em certo tempo ao tanque: e movia-se a agua. E o primeiro que entrava no tanque depois de se mover a agua, ficava curado de qualquer doença que tivesse.

5 Estava tambem alli hum homem, que havia trinta e oito annos que se achava enfermo.

6 Jesus, que o vio deitado, e que soube que tinha já muito tempo de enfermo, disse-lhe: Queres ficar são?

7 O enfermo lhe respondeo: Senhor, não tenho homem, que me metta no tanque, quando a agua se movida: porque em quanto eu vou, outro entra primeiro do que eu.

8 Disse-lhe Jesus: Levanta-te, toma a tua cama, e anda.

9 E no mesmo instante ficou são aquelle homem: e tomou a sua cama, e começou a andar. E era aquelle dia hum dia de Sabbado.

10 Dizião pois os Judeos ao que havia sido curado: Hoje he Sabbado, não te he licito levar a tua cama.

11 Respondeo-lhes elle: Aquelle, que me curou, esse mesmo me disse: Toma a tua cama, e anda.

12 Perguntárão-lhe então: Quem he esse homem, que te disse: Toma a tua cama, e anda?

13 Porém o que havia sido curado, não sabia quem elle era: porque Jesus se havia retirado do muito povo, que estava naquelle lugar.

14 Depois achou-o Jesus no Templo, e disse-lhe: Olha que já estás são: não peques mais, para que te não succeda alguma cousa peior.

15 Foi aquelle homem declarar aos Judeos, que Jesus era o que o havia curado.

16 Por esta causa perseguião os Judeos a Jesus, por elle fazer estas cousas em dia de Sabbado.

17 Mas Jesus lhes respondeo: Meu Pai até agora não cessa de obrar, e eu obro tambem incessantemente.

18 Por isso pois procuravão os Judeos com maior ancia matallo: porque não sómente quebrantava o Sabbado, mas tambem dizia que Deos era seu Pai, fazendo-se igual a Deos. E assim Jesus lhes respondeo, e lhes disse:

19 Em verdade, em verdade vos digo: que o Filho não póde de si mesmo fazer cousa alguma, senão o que vir fazer ao Pai: porque tudo o que fizer o Pai, o faz tambem semelhantemente o Filho.

20 Porque o Pai ama ao Filho, e mostra-lhe tudo o que elle faz, e maiores obras do que estas lhe mostrará, até o ponto de vós ficardes admirados.

21 Porque assim como o Pai resuscita os mortos, e lhes dá vida: assim tambem dá o Filho vida áquelles, que quer.

22 Porque o Pai a ninguem julga: mas todo o juizo deo ao Filho,

23 a fim de que todos honrem ao Filho, bem como honrão ao Pai: o que não honra ao Filho, não honra ao Pai.

24 Em verdade, em verdade vos digo, que quem ouve a minha palavra, e crê naquelle que me enviou, tem a vida eterna, e não incorre na condemnação, mas passou da morte para a vida.

25 Em verdade, em verdade vos digo, que vem a hora, e agora he, em que os mortos ouvirão a voz do Filho de Deos: e os que a ouvirem, viverão.

26 Porque assim como o Pai tem a vida em si

mesmo: assim tambem deo elle ao Filho ter vida em si mesmo:

27 e lhe deo o poder de exercitar o juizo, porque he Filho do Homem.

28 Não vos maravilheis d'isso, porque vem a hora, em que todos os que se achão nos sepulcros, ouvirão a voz do Filho de Deos:

29 e os que obrárão bem, sahirão para a resurreição da vida: mas os que obrárão mal, sahirão resuscitados para a condemnação.

30 Eu não posso de mim mesmo fazer cousa alguma. Assim como ouço, julgo: e o meu juizo he justo: porque não busco a minha vontade, mas a vontade d'aquelle, que me enviou.

31 Se eu dou testemunho de mim mesmo, não he verdadeiro o meu testemunho.

32 Outro he o que dá testemunho de mim: e eu sei que he verdadeiro o testemunho, que elle dá de mim.

33 Vós enviastes mensageiros a João: e elle deo testemunho da verdade.

34 Eu porém não he do homem que recebo o testemunho: mas digo-vos estas cousas, a fim de que sejais salvos.

35 Elle era huma alampada, que ardia e allumiava. E vós por algum tempo quizestes alegrar-vos com a sua luz.

36 Mas eu tenho maior testemunho, que o de João. Porque as obras, que meu Pai me deo que cumprisse: as mesmas obras, que eu faço, dão por mim testemunho, de que meu Pai he quem me enviou:

37 e meu Pai, que me enviou, esse he o que deo testemunho de mim: vós nunca ouvistes a sua voz, nem vistes quem o representasse.

38 E não tendes em vós permanente a sua palavra: porque não credes no que elle enviou.

39 Examinai as Escrituras, pois julgais ter nellas a vida eterna: e ellas mesmas são as que dão testemunho de mim:

40 mas vós não quereis vir a mim, para terdes vida.

41 Eu não recebo dos homens a minha gloria.

42 Mas bem vos conheço, que não tendes em vós a dilecção de Deos.

43 Eu vim em Nome de meu Pai, e vós não me recebeis: se vier outro em seu proprio nome, haveis de recebello.

44 Como podeis crer vós-outros, que recebeis a gloria huns dos outros: e que não buscais a gloria, que vem só de Deos?

45 Não julgueis que eu vos hei de accusar diante de meu Pai: o mesmo Moysés, em que vós tendes as esperanças, he o que vos accusa.

46 Porque se vós cresseis a Moysés, certamente me crerieis tambem a mim: porque elle escreveo de mim.

47 Porém se vós não dais credito aos seus Escritos: como dareis credito ás minhas palavras?

CAPITULO VI.

DEPOIS d'isto passou Jesus á outra banda do mar de Galiléa, que he o de Tiberiades:

2 e seguia-o huma grande multidão de gente, porque vião os milagres que fazia sobre os que se achavão enfermos.

3 Subio pois Jesus a hum monte: e alli se assentou com seus Discipulos.

4 E estava perto a Pascoa, dia da festa dos Judeos.

5 Pelo que tendo Jesus levantado os olhos, e visto que vierão ter com elle huma grandissima multidão de povo, disse para Filippe: Com que compraremos nós o pão, de que estes necessitão para comer?

6 Mas Jesus fallava assim para o experimentar: porque elle bem sabia o que havia de fazer.

7 Respondeo-lhe Filippe: Duzentos dinheiros de pão não lhes bastão, para que cada hum receba á sua parte hum pequeno bocado.

8 Hum de seus Discipulos, chamado André, irmão de Simão Pedro, disse-lhe:

9 Aqui está hum moço, que tem cinco pães de cevada, e dous peixes: mas isto que he para se repartir entre tanta gente?

10 Então disse Jesus: Fazei assentar essa gente. E havia naquelle lugar muito feno. E se assentárão a comer, perto em número de cinco mil pessoas.

11 Tomou pois Jesus os pães: e tendo dado graças, distribuio-os aos que estavão assentados: e assim mesmo dos peixes, quanto elles querião.

12 E como estiverão fartos, disse a seus Discipulos: Recolhei os pedaços, que sobejárão, para que se não percão.

13 Elles pois os recolherão, e enchêrão doze cestos de pedaços dos cinco pães de cevada, que tinhão sobejado aos que havião comido.

14 Vendo então aquelles homens o milagre, que Jesus obrára, dizião: Este he verdadeiramente o Profeta, que devia vir ao Mundo.

15 E entendendo Jesus que o virião arrebatar para o fazerem Rei, tornou-se a retirar para o monte elle só.

16 E quando veio a tarde, descêrão seus Discipulos ao mar.

17 E mettendo-se numa barca, atravessárão á banda d'além a Cafarnaum: e era já escuro: e ainda Jesus não tinha vindo a elles.

18 Entretanto o mar começava a empolar-se, por causa do vento rijo, que assoprava.

19 E tendo navegado quasi o espaço de vinte e cinco, ou trinta estadios, virão a Jesus, que vinha andando sobre o mar, e vinha chegando á barca, do que elles ficárão atemorizados.

20 Mas Jesus lhes disse: Sou eu, não temais.

21 Quizerão elles pois recebello na barca: e logo a barca chegou á terra, a que elles querião abordar.

22 No dia seguinte o povo, que estava da outra banda do mar, advertio que não tinha alli estado outra barca, senão só aquella, e que Jesus não tinha entrado na barca com seus Discipulos, mas que os seus mesmos Discipulos tinhão ido sós:

23 mas depois arribárão de Tiberiades outras barcas, perto do lugar, onde tinhão comido o pão, depois de Senhor ter dado graças.

24 Quando em fim vio a gente, que nem Jesus lá estava, nem seus Discipulos, entrárão naquellas barcas, e vierão até Cafarnaum em busca de Jesus.

25 E depois que o achárão da banda d'além do mar, disserão-lhe: Mestre, quando chegaste tu aqui?

26 Respondeo-lhes Jesus, e disse: Em verdade, em verdade vos digo: que vós me buscais, não porque vistes os milagres, mas porque comestes dos pães, e ficastes fartos.

27 Trabalhai pela comida, que perece, mas pela que dura até a vida eterna, a qual o Filho do Homem vos dará. Porque elle he o em que Deos Padre imprimio o seu sello.

28 Disserão-lhe pois elles: Que faremos nós, para obrarmos as obras de Deos?

29 Respondeo Jesus, e disse-lhes: A obra de

2 E 3

Deos he esta, que creais naquelle, que elle enviou.

30 Disserão-lhe então elles: Pois que milagre fazes tu, para que o vejamos, e creamos em ti? que obras tu?

31 Nossos pais comêrão o Manná no Deserto, segundo o que está escrito: Elle lhes deo a comer o pão do Ceo.

32 E Jesus lhes respondeo: Em verdade, em verdade vos digo: Que Moysés não vos deo o pão do Ceo, mas meu Pai he o que vos dá o verdadeiro pão do Ceo.

33 Porque o pão de Deos he o que desceo do Ceo, e que dá vida ao Mundo.

34 Elles pois disserão-lhe: Senhor, dá-nos sempre d'este pão.

35 E Jesus lhes respondeo: Eu sou o pão da vida: o que vem a mim, não terá jámais fome, e o que crê em mim, não terá jámais sede.

36 Porém eu já vos disse, que vós me vistes, e que não credes.

37 Todo o que o Pai me dá, virá a mim: e o que vem a mim, não no lançarei fóra:

38 porque eu desci do Ceo, não para fazer a minha vontade, mas a vontade d'aquelle, que me enviou.

39 E esta he a vontade d'aquelle Pai, que me enviou: que nenhum perca eu de todos aquelles que elle me deo, mas que o resuscite no ultimo dia.

40 E a vontade de meu Pai, que me enviou, he esta: que todo o que vê o Filho, e crê nelle, tenha a vida eterna, e eu o resuscitarei no ultimo dia.

41 Murmuravão pois d'elle os Judeos, porque dissera: Eu sou o pão vivo, que desci do Ceo,

42 E dizião: Por ventura não he este Jesus o filho de José, cujo pai, e mãi nós conhecemos? Como logo diz elle: Desci do Ceo?

43 Respondeo pois Jesus, e disse-lhes: Não murmureis entre vós-outros:

44 ninguem póde vir a mim, se o Pai, que me enviou, o não trouxer: e eu o resuscitarei no ultimo dia.

45 Escrito está nos Profetas: E serão todos ensinados de Deos. Assim que todo aquelle, que do Pai ouvio, e aprendeo, vem a mim.

46 Não que alguem tenha visto ao Pai, senão só aquelle, que he de Deos, esse he o que tem visto ao Pai.

47 Em verdade, em verdade vos digo: O que crê em mim, tem a vida eterna.

48 Eu sou o pão da vida.

49 Vossos pais comêrão o Manná no Deserto, e morrêrão.

50 Aqui está o pão, que desceo do Ceo: para que todo o que d'elle comer, não morra:

51 Eu sou o pão vivo, que desci do Ceo.

52 Se qualquer comer d'este pão, viverá eternamente: e o pão, que eu darei, he a minha carne, para ser a vida do Mundo.

53 Disputavão pois entre si os Judeos, dizendo: Como póde este dar-nos a comer a sua carne?

54 E Jesus lhes disse: Em verdade, em verdade vos digo: Senão comerdes a carne do Filho do Homem, e beberdes o seu sangue, não tereis vida em vós.

55 O que come a minha carne, e bebe o meu sangue, tem a vida eterna: e eu o resuscitarei no ultimo dia.

56 Porque a minha carne verdadeiramente he comida: e o meu sangue verdadeiramente he bebida:

57 o que come a minha carne, e bebe o meu sangue, esse fica em mim, e eu nelle.

58 Assim como o Pai, que he vivo, me enviou, e eu vivo pelo Pai: assim o que me come a mim, esse mesmo tambem viverá por mim.

59 Aqui está o pão que desceo do Ceo. Não como vossos pais, que comerão o Manná, e morrêrão. O que come d'este pão viverá eternamente.

60 Estas cousas disse Jesus, quando em Caphrnaum ensinava na Synagoga.

61 Muitos pois de seus Discipulos, ouvindo isto, disserão: Duro he este discurso, e quem no póde ouvir?

62 Porém Jesus conhecendo em si mesmo, que seus Discipulos murmuravão por isso, disse-lhes: Isto escandaliza-vos?

63 Pois que será, se vós virdes subir o Filho do Homem, onde elle primeiro estava?

64 O espirito he o que vivifica: a carne para nada aproveita: as palavras, que eu vos disse, são espirito e vida.

65 Mas ha alguns de vós-outros, que não crem. Porque bem sabia Jesus des do principio quem erão os que não crião, e quem o havia de entregar.

66 E dizia: Por isso eu vos tenho dito, que ninguem póde vir a mim, se por meu Pai lhe não for isso concedido.

67 Desde então se tornárão atrás muitos de seus Discipulos: e já não andavão com elle.

68 Por isso disse Jesus aos doze: Quereis vós-outros tambem retirar-vos?

69 E respondeo-lhe Simão Pedro: Senhor, para quem havemos nós de ir? tu tens palavras da vida eterna:

70 e nós temos crido, e conhecido que tu és o Christo Filho de Deos.

71 Disse-lhes Jesus: Não he assim que eu vos escolhi em número de doze: e com tudo hum de vós he o diabo?

72 O que elle dizia por Judas Iscariotes, filho de Simão: porque elle era o que o havia de entregar, sendo que era hum dos doze.

CAPITULO VII.

E DEPOIS d'isto andava Jesus por Galiléa, porque não queria andar por Judéa: visto que os Judeos o querião matar.

2 Estava porém a chegar a festa dos Judeos, chamada dos Tabernaculos.

3 Disserão-lhe pois seus irmãos: Sahe d'aqui, e vai para Judéa, para que tambem teus Discipulos vejão as obras que fazes.

4 Porque ninguem, que deseja ser conhecido em público, obra cousa alguma em secreto: já que fazes estas cousas, descubre-te ao Mundo.

5 Porque nem ainda seus irmãos crião nelle.

6 Disse-lhes pois Jesus: Ainda não he chegado o meu tempo: mas o vosso tempo sempre está prompto.

7 O Mundo não vos póde aborrecer: mas elle me aborrece a mim: porque eu dou testemunho d'elle, que são más as suas obras.

8 Vós-outros subi a esta festa, que eu todavia não vou a esta festa: porque não he ainda cumprido o meu tempo.

9 Tendo dito isto, deixou-se ficar elle mesmo em Galiléa.

10 Mas quando seus irmãos já tinhão subido, então subio elle tambem á festa não descobertamente, mas como em segredo.

11 Buscavão-no pois os Judeos no dia da festa, e dizião: Onde está elle.

12 E era grande a murmuração, que d'elle havia no povo. Porque huns dizião: Elle he bom. Outros porém dizião: Não he, antes engana o povo.

13 Ninguem com tudo ousava fallar d'elle em público, por medo dos Judeos.

14 Ora estando já os dias da festa no meio, entrou Jesus no Templo, e poz-se a ensinar.

15 E admiravão-se os Judeos, dizendo: Como sabe este letras, não nas tendo estudado?

16 Respondeo-lhes Jesus e disse: A minha doutrina não he minha, mas he d'aquelle, que me enviou.

17 Se algum quizer fazer a vontade de Deos: reconhecerá se a minha doutrina vem d'elle, ou se eu fallo de mim mesmo.

18 O que falla de si mesmo, busca a propria gloria: mas aquelle, que busca a gloria de quem no enviou, esse he verdadeiro, e não ha nelle injustiça.

19 Não he assim que Moysés vos deo a Lei: e com tudo nenhum de vós cumpre com a Lei.

20 Porque me procurais vós matar? Respondeo o povo, e disse: Tu estás possésso do demonio: quem he que procura matar-te?

21 Respondeo Jesus, e disse-lhes: Eu fiz huma só obra, e todos vós estais por isso maravilhados:

22 vós com tudo, porque Moysés vos ordenou a Circumcisão: (se bem que ella não vem de Moysés, mas dos Patriarcas) no Sabbado mesmo circumcidais hum homem.

23 Se por não se violar a Lei de Moysés, recebe hum homem a Circumcisão em dia de Sabbado: porque vos indignais vós de que eu em dia de Sabbado curasse a todo hum homem?

24 Não julgueis segundo a apparencia, mas julgai segundo a recta justiça.

25 Então alguns de Jerusalem dizião: Não he este o a quem procurão matar?

26 E com tudo ei-lo ahi está fallando em público, e não lhe dizem cousa alguma. Será que tenhão verdadeiramente reconhecido os Senadores, que este he o Christo?

27 Mas nós sabemos donde este he: e do Christo quando vier, ninguem saberá donde elle seja.

28 E Jesus levantava a voz no Templo ensinando, e dizendo: Vós-outros não só me conheceis, mas sabeis donde eu sou: e eu não vim de mim mesmo, mas he verdadeiro o que me enviou, a quem vós não conheceis.

29 Eu sou quem o conheço: porque d'elle sou, e elle me enviou.

30 Procuravão pois os Judeos prendello: mas ninguem lhe lançou as mãos, porque não era ainda chegada a sua hora.

31 E muitos do povo crêrão nelle, e dizião: Quando vier o Christo, fará elle mais prodigios que os que este faz?

32 Ouvirão os Fariseos este murmurinho que d'elle fazia o povo: e os Principes dos Sacerdotes, e os Fariseos enviárão quadrilheiros para o prenderem.

33 Mas Jesus lhes disse: Ainda por hum pouco de tempo estou comvosco: e depois vou para aquelle, que me enviou.

34 Vós me buscareis, e não me achareis: nem vós podeis vir, onde eu estou.

35 Disserão logo entre os Judeos: Para onde he que irá este, que o não possamos achar? será caso, que vá para os que se achão dispersos entre as Nações, e para instruir os Gentios?

36 Que quer dizer esta palavra, que elle nos disse: Vós me buscareis, e não me achareis: e onde eu estou, não podeis vós vir?

37 E no ultimo dia da festa que era o mais solemne, estava alli Jesus, posto em pé, e levantava a voz dizendo: Se algum tem sede, venha a mim, e beba.

38 O que crê em mim, como diz a Escritura, do seu ventre correrão rios d'agua viva.

39 Isto porém dizia elle, fallando do Espirito, que havião de receber os que cressem nelle: porque ainda o Espirito não fora dado, por não ter sido ainda glorificado Jesus.

40 Entretanto alguns d'aquelle povo, tendo ouvido estas suas palavras, dizião: Este seguramente he Profeta.

41 Outros dizião: Este he o Christo. Porém dizião alguns: Pois que, de Galiléa he que ha de vir o Christo?

42 Não diz a Escritura: Que o Christo ha de vir da geração de David, e da Villota de Belém, onde assistia David?

43 Assim que havia esta dissensão entre o povo ácerca d'elle.

44 E alguns d'elles o querião prender: mas nenhum lançou as mãos sobr'elle.

45 Voltárão pois os quadrilheiros para os Principes dos Sacerdotes, e Fariseos. E elles lhes perguntárão: Porque o não trouxestes vós prezo?

46 Respondêrão os quadrilheiros: Nunca homem algum fallou, como este homem.

47 Replicárão-lhes então os Fariseos: Dar-se-ha caso que sejais vós tambem dos enganados?

48 Houve por ventura algum d'entre os Senadores, ou dos Fariseos, que cresse nelle?

49 Porque em quanto a esta plebe, que não sabe o que he Lei, elles são huns homens amaldiçoados.

50 Disse-lhes Nicodemos, que era hum d'elles, e o mesmo que viera de noite buscar a Jesus:

51 Condemna por ventura a nossa Lei a algum homem, antes de o ouvir, e antes de se informar das suas acções?

52 Respondêrão elles, e disserão-lhe: és tu tambem Galileo? Examina as Escrituras, e verás que de Galiléa não se levanta Profeta.

53 E tornárão-se cada hum para sua casa.

CAPITULO VIII.

ENTRETANTO foi Jesus para o Monte das Oliveiras:

2 e ao romper da manhãa tornou para o Templo, e todo o povo veio ter com elle, e assentado os ensinava.

3 Então lhe trouxerão os Escribas, e os Fariseos huma mulher, que fora apanhada em adulterio: e a pozerão no meio,

4 e lhe disserão: Mestre, esta mulher foi agora mesmo apanhada em adulterio.

5 E Moysés na Lei mandou-nos apedrejar a estas taes. Que dizes tu logo?

6 Dizião pois isto os Judeos tentando-o, para o poderem accusar. Porém Jesus abaixando-se, poz-se a escrever com o dedo na terra.

7 E como elles perseveravão em fazer-lhe perguntas, ergueo-se Jesus, e disse-lhes: O que de vós-outros está sem peccado, seja o primeiro que a apedreje.

8 E tornando a abaixar-se, escrevia na terra.

9 Mas elles ouvindo-o, forão sahindo hum a hum, sendo os mais velhos os primeiros: e ficou só Jesus, e a mulher, que estava no meio em pé.

10 Então erguendo-se Jesus, disse-lhe: Mulher, onde estão os que te accusavão? ninguem te condemnou?

11 Respondeo ella: Ninguem, Senhor: Então disse Jesus: Nem eu tão pouco te condemnarei: Vai, e não peques mais.

12 E outra vez lhes fallou Jesus, dizendo: Eu sou a luz do mundo: o que me segue não anda em trévas, mas terá o lume da vida.

13 E os Fariseos lhe disserão: Tu és o que dás testemunho de ti mesmo: assim o teu testemunho não he verdadeiro.

14 Respondeo Jesus, e disse-lhes: Ainda que eu mesmo sou o que dou testemunho de mim, o meu testemunho he verdadeiro: porque sei donde vim, e para onde vou: mas vós não sabeis donde eu venho, nem para onde vou.

15 Vós julgais segundo a carne: eu a ninguem julgo:

16 e se eu julgoa a alguem, o meu juizo he verdadeiro, porque eu não sou só: mas eu, e o Pai, que me enviou.

17 E na vossa mesma Lei está escrito, que o testemunho de duas pessoas he verdadeiro.

18 Ora eu sou o que dou testemunho de mim mesmo: e meu Pai, que me enviou, tambem dá testemunho de mim.

19 Perguntárão-lhe elles então: Onde está teu Pai? Respondeo-lhes Jesus: Vós não me conheceis a mim, nem a meu Pai: se me conhecesseis a mim, certamente conheceríeis tambem a meu Pai.

20 Estas palavras disse Jesus, ensinando no Templo no lugar do gazofylacio: e ninguem o prendeo, porque não era ainda chegada a sua hora.

21 E em outra occasião lhes disse Jesus: Eu retiro-me, e vós me buscareis, e morrereis no vosso peccado. Para onde eu vou, não podeis vós vir.

22 Dizião pois os Judeos: Será que elle se mate a si mesmo, pois diz: Para onde eu vou, não podeis vós vir?

23 Mas Jesus lhes respondia: Vós sois cá debaixo, e eu sou lá de riba. Vós sois d'este Mundo, eu não sou d'este Mundo.

24 Por isso vos disse, que morrereis nos vossos peccados: porque se não crerdes em quem eu sou, morrereis no vosso peccado.

25 Perguntárão-lhe pois elles: Quem és tu? Respondeo-lhes Jesus: Eu sou o principio, o mesmo que vos fallo.

26 Muitas cousas ás que tenho que vos dizer, e de que vos condemnar: mas o que me enviou, he verdadeiro: e eu o que digo no Mundo, he o que d'elle aprendi.

27 E não conhecêrão os Judeos que elle dizia, que Deos era seu Pai.

28 Disse-lhes pois Jesus: Quando vós tiverdes levantado o Filho do Homem, então conhecereis quem eu sou, e que nada faço de mim mesmo, mas que como o Pai me ensinou, assim fallo:

29 e o que me enviou, está comigo, e não me deixou só. porque eu sempre faço o que he do seu agrado.

30 Ao tempo que Jesus dizia estas palavras, crêrão muitos nelle.

31 Pelo que dizia Jesus aos Judeos, que nelle crêrão: Se vos permanecerdes na minha palavra, sereis verdadeiramente meus.discipulos:

32 e conhecereis a verdade, e a verdade vos livrará.

33 Respondêrão-lhe elles: Nós somos descen-
634

dentes de Abrahão, e em nenhum tempo fomos escravos d'alguem: como dizes tu: Que viremos a ser livres?

34 Respondeo-lhes Jesus: Em verdade, em verdade vos digo: que todo o que commette peccado, he escravo do peccado:

35 ora o escravo não fica para sempre na casa: mas o Filho fica nella para sempre:

36 assim que se o Filho vos livrar, sereis verdadeiramente livres.

37 Eu bem sei que sois filhos de Abrahão: mas vós quereis-me dar a morte, porque a minha palavra não cabe em vós.

38 Eu fallo o que vi em meu Pai: e vós fazeis o que vistes em vosso pai.

39 Respondêrão elles, e disserão-lhe: Nosso pai he Abrahão. Disse-lhes Jesus: Se sois filhos de Abrahão, fazei obras de Abrahão.

40 Mas vós actualmente procurais tirar-me a vida, a mim que sou hum homem, que vos fallei a verdade, que ouvi de Deos: isto he o que Abrahão nunca fez.

41 Vós fazeis as obras de vosso pai. E elles lhe disserão: Nós não somos nascidos de fornicação: hum pai temos que he Deos.

42 Respondeo-lhes pois Jesus: Se Deos fosse vosso pai, vós certamente me amarieis: porque eu sahi de Deos, e vim: porque não vim de mim mesmo, mas elle foi quem me enviou.

43 Porque não conheceis vós a minha falla? He porque não podeis ouvir a minha palavra.

44 Vós sois filhos do diabo: e quereis cumprir os desejos de vosso pai: elle era homicida des do principio, e não permaneceo na verdade: porque a verdade não está nelle: quando elle diz a mentira, falla do que lhe he proprio, porque he mentiroso, e pai da mentira.

45 Mas ainda que eu vos digo a verdade, vós não me credes.

46 Qual de vós me arguirá de peccado? Se eu vos digo a verdade, porque me não credes.

47 O que he de Deos, ouve as palavras de Deos. Por isso vós não nas ouvis, porque não sois de Deos.

48 Respondêrão então os Judeos, e disserão-lhe: Não dizemos nós bem, que tu és hum Samaritano, e que tens demonio?

49 Respondeo-lhes Jesus: Eu não tenho demonio: mas dou honra a meu Pai, e vós a mim deshonrastes-me.

50 Eu não busco a minha gloria: outro he o que a buscará, e que fará justiça.

51 Em verdade, em verdade vos digo: que se alguem guardar a minha palavra, não verá a morte eternamente.

52 Disserão-lhe pois os Judeos: Agora he que conhecemos que estás possésso do demonio. Abrahão morreo, e os Profetas morrêrão, e tu dizes: Se alguem guardar a minha palavra, não provará a morte eternamente.

53 Acaso és tu maior do que nosso pai Abrahão, que morreo? e do que os Profetas, que tambem morrêrão? Quem te fazes tu ser?

54 Respondeo Jesus: Se eu glorifico a mim mesmo, nada he a minha gloria: meu Pai he que me glorifica, aquelle, que vós dizeis que he vosso Deos,

55 e entretanto vós não no tendes conhecido: mas eu conheço-o: E se disser que o não conheço, serei como vós mentiroso. Mas eu conheço-o, e guardo a sua palavra.

56 Vosso pai Abrahão desejou anciosamente ver o meu dia: vio-o, e ficou cheio de gozo.

57 Disserão lhe por isso os Judeos: Tu ainda não tens cincoenta annos, e viste a Abrahão?

58 Respondeo-lhes Jesus: Em verdade, em verdade vos digo, que antes que Abrahão fosse feito, sou eu.

59 Então pegárão os Judeos em pedras para lhe atirarem: mas Jesus encobrio-se, e sahio do Templo.

CAPITULO IX.

E PASSANDO Jesus, vio a hum homem, que era cégo de nascença:

2 e seus Discipulos lhe perguntárão: Mestre, bue peccado fez este, ou fizerão seus pais, para nascer cégo?

3 Respondeo Jesus: Nem foi por peccado que elle fizesse, nem seus pais: mas foi para se manifestarem nelle as obras de Deos.

4 Importa que eu faça as obras d'aquelle, que me enviou, em quanto he dia: a noite vem, quando ninguem póde obrar.

5 Eu entretanto que estou no Mundo, sou a luz do Mundo.

6 Dito isto, cuspio no chão, e fez lodo do cuspo, e untou com o lodo as olhos do cégo,

7 e disse-lhe: Vai, lava-te no tanque Siloé (que quer dizer o Enviado). Foi elle pois, e lavou-se, e veio com vista.

8 Então os seus vizinhos, e os que o tinhão visto antes pedindo esmola, dizião: Não he este aquelle, que estava assentado, e pedia esmola? Respondião huns: Este he.

9 Outros pelo contrario: Não he, mas he outro, que se parece com elle. Porém elle dizia: Eu he que sou.

10 Perguntárão-lhe pois: Como te forão abertos os olhos?

11 Respondeo elle: Aquelle homem que se chama Jesus, fez lodo: e untou-me os olhos, e disse-me: Vai ao tanque de Siloé, e lava-te. E fui, lavei-me, e acho-me com vista.

12 E perguntárão-lhe: Onde está elle? Respondeo: Não sei.

13 Então levárão o que fora cégo aos Fariseos.

14 E era dia de Sabbado, quando Jesus fez o lodo, e lhe abrio os olhos.

15 Perguntárão-lhe pois de novo os Fariseos, de que modo víra. E elle lhes disse: Poz-me lodo sobre os olhos, e lavei-me, e estou vendo.

16 Pelo que dizião alguns dos Fariseos: Este homem, que não guarda o Sabbado, não he de Deos. Porém outros dizião: Como póde hum homem peccador fazer estes prodigios? e havia dissensão entre elles.

17 Perguntárão pois ainda ao cégo: Tu que dizes d'aquelle, que te abrio os olhos? E respondeo elle: Que he hum Profeta.

18 Mas os Judeos não crêrão que elle fosse cégo, e visse, em quanto não chamárão os pais do que víra:

19 e lhes fizerão esta pergunta, dizendo: He este o vosso filho, que vós dizeis que nasceo cégo? Pois como vê agora?

20 Seus pais lhes respondêrão, e disserão: O que nós sabemos he que este he nosso filho, e que elle nasceo cégo:

21 mas não sabemos como elle agora vê: ou quem foi o que lhe abrio os olhos, nós o não sabemos tambem: perguntai-lho a elle mesmo: elle idade tem, que falle elle mesmo de si.

22 Isto disserão seus pais, por medo que tinhão dos Judeos: porque já os Judeos tinhão conspi-

635

rado em ser expulsado fóra da Synagoga todo o que confessasse que Jesus era o Christo.

23 Por isso he que seus pais respondêrão: Elle idade tem, perguntai-lho.

24 Tornárão pois a chamar ao homem, que fora cégo, e disserão-lhe: Dá gloria a Deos: nós sabemos, que esse homem he hum peccador.

25 Então lhes respondeo elle: Se elle he peccador, não no sei: o que só sei he, que sendo eu antes cégo, vejo agora.

26 Perguntárão-lhe pois: Que he o que te fez elle? como te abrio elle os olhos?

27 Respondeo-lhes: Eu já vo-lo disse, e vós já o ouvistes: porque o quereis vos tornar a ouvir? quereis vós por ventura fazer-vos tambem seus discipulos?

28 Sobre isto o carregárão elles de injúrias, e lhe disserão: Discipulo d'elle sejas tu: que nós-outros somos discipulos de Moysés.

29 Nós sabemos que Deos fallou a Moysés: mas d'este não sabemos donde he.

30 Respondeo aquelle homem, e disse-lhes: Por certo que he cousa admiravel, que vós não saibais donde elle he, e que elle me abrisse os olhos:

31 e nós sabemos que Deos não ouve a peccadores: mas se alguem lhe dá culto, e faz a sua vontade, a este escuta Deos.

32 Desde que ha mundo, nunca se ouvio que alguem abrisse os olhos a hum cégo de nascença.

33 Se este não fosse de Deos, não podia elle obrar cousa alguma.

34 Respondêrão elles, e disserão-lhe: Tu des do ventre de tua mãi todo és peccado, e tu és o que nos queres ensinar? E lançárão-no fóra.

35 Ouvio Jesus dizer, que o tinhão lançado fóra: e havendo-o encontrado, disse-lhe: Tu crês no Filho de Deos?

36 Respondeo elle, e disse: Quem he elle, Senhor, para eu crer nelle?

37 Disse-lhe pois Jesus: Até já tu o viste, e he aquelle mesmo, que falla comtigo.

38 Então respondeo elle: Eu creio, Senhor. E prostrando-se, o adorou.

39 E Jesus lhe disse: Eu vim a este Mundo a exercitar hum juizo: a fim de que os que não vem, vejão, e os que vem, se fação cégos.

40 E ouvirão alguns dos Fariseos, que estavão com elle, e disserão-lhe: Logo tambem nós somos cégos?

41 Respondeo-lhes Jesus: Se vós fosseis cégos não terieis culpa: mas como vós agora mesmo dizeis: Nós vemos, fica subsistindo o vosso peccado.

CAPITULO X.

EM verdade, em verdade vos digo: que o que não entra pela porta no curral das ovelhas, mas sóbe por outra parte: esse he ladrão, e roubador.

2 O que porém entra pela porta, esse he o pastor das ovelhas.

3 A este abre o porteiro, e as ovelhas ouvem a sua voz, e ás ovelhas proprias chama pelo seu nome, e as tira para fóra.

4 E depois que tirou para fóra as proprias ovelhas, vai adiante d'ellas: e as ovelhas o seguem, porque conhecem a sua voz.

5 E não seguem ao estranho, antes fogem d'elle: porque não conhecem a voz dos estranhos.

6 Jesus lhes disse esta parabola. Mas elles não entendêrão que era o que lhes dizia.

7 Tornou pois Jesus a dizer-lhes: Em verdade,

em verdade vos digo, que eu sou a porta das ovelhas.

8 Todos quantos tem vindo são ladrões, e roubadores, e as ovelhas não lhes dérão ouvidos.

9 Eu sou a porta. Se alguem entrar por mim, será salvo: e elle entrará, e sahirá, e achará pastagens.

10 O ladrão não vem senão a furtar, e a matar, e a perder. Mas eu vim para ellas terem vida, e para a terem em maior abundancia.

11 Eu sou o bom Pastor. O bom pastor dá a propria vida pelas suas ovelhas.

12 Porém o mercenario, e o que não he pastor, de quem não são proprias as ovelhas, vê vir o lobo, e deixa as ovelhas, e foge: e o lobo arrebata, e faz desgarrar as ovelhas:

13 e o mercenario foge, porque he mercenario, e porque lhe não tocão as ovelhas.

14 Eu sou o bom Pastor: e eu conheço as minhas ovelhas, e as que são minhas me conhecem a mim.

15 Assim como meu Pai me conhece, tambem eu conheço a meu Pai: e ponho a minha vida pelas minhas ovelhas.

16 Tenho tambem outras ovelhas, que não são d'este aprisco: e importa que eu as traga, e ellas ouvirão a minha voz, e haverá hum rebanho, e hum Pastor.

17 Por isso meu Pai me ama: porque eu ponho a minha vida, para outra vez a assumir.

18 Ninguem a tira de mim: mas eu de mim mesmo a ponho, e tenho poder de a pôr: e tenho poder de a reassumir: Este mandamento recebi de meu Pai.

19 Originou-se por causa d'estes discursos huma nova dissensão entre os Judeos.

20 Porque muitos d'elles dizião: Elle está possesso do demonio, e perdeo o juizo: porque o estais vós ouvindo?

21 Dizião outros: Estas palavras não são de quem está possesso do demonio: acaso póde o demonio abrir os olhos aos cégos?

22 Ora em Jerusalem celebrava-se a festa da Dedicação: e era Inverno.

23 E Jesus andava passeando no Templo, no alpendre de Salamão.

24 Rodeárão-no pois os Judeos, e disserão-lhe: Até quando nos terás tu perplexos? se tu és o Christo, dize-no-lo claramente.

25 Respondeo-lhes Jesus: Eu digo-vo-lo, e vós não me credes: as obras, que eu faço em Nome de meu Pai, ellas dão testemunho de mim:

26 porém vós não credes, porque não sois das minhas ovelhas.

27 As minhas ovelhas ouvem a minha voz: e eu conheço-as, e ellas me seguem:

28 e eu lhes dou a vida eterna: e ellas nunca jámais hão de perecer, e ninguem as ha de arrebatar da minha mão.

29 O que meu Pai me deo, he maior do que todas as cousas: e ninguem as póde arrebatar da mão de meu Pai.

30 Eu, e o Pai somos huma mesma cousa.

31 Então pegárão os Judeos em pedras para lhe atirarem.

32 Disse-lhes Jesus: Eu tenho-vos mostrado muitas obras boas, que fiz em virtude de meu Pai, por qual d'estas obras me quereis vós apedrejar?

33 Respondêrão-lhe os Judeos: Não he por causa de alguma boa obra, que nós te apedrejamos, mas sim porque dizes blasfemias: e porque sendo tu homem, te fazes Deos a ti mesmo.

636

34 Replicou-lhes Jesus: Não he assim que está escrito na vossa Lei: Eu disse, vós sois deoses?

35 Se ella chama deoses áquelles, a quem a palavra de Deos foi dirigida, e a Escritura não póde falhar:

36 a mim, a quem o Pai santificou, e enviou ao Mundo, porque dizeis vós: Tu blasfemas: por eu ter dito, que sou Filho de Deos?

37 Se eu não faço as obras de meu Pai, não me creais.

38 Porém se eu as faço: e quando não queirais crer em mim, crede as minhas obras, para que conheçais, e creais que o Pai está em mim, e eu no Pai.

39 Então procurarão os Judeos prendello: mas elle se escapou das suas mãos.

40 E retirou-se outra vez para a banda d'além do Jordão, para o lugar, em que João baptizava no principio: e deixou-se lá ficar:

41 e vierão a elle muitos, e dizião: Por certo que João não fez milagre algum:

42 e todas as cousas, que João disse d'este, erão verdadeiras. E muitos crerão nelle.

CAPITULO XI.

ESTAVA pois enfermo hum homem, chamado Lazaro, que era da Aldeia de Bethania, onde assistião Maria e Martha suas irmãs.

2 (E esta Maria era aquella, que ungio o Senhor com o balsamo, e lhe alimpou os pés com os seus cabellos: cujo irmão Lazaro estava enfermo.)

3 Mandárão pois suas irmãs dizer a Jesus: Senhor, eis-ahi está enfermo aquelle, que tu amas.

4 E ouvindo isto Jesus, disse-lhes: Esta enfermidade não se encaminha a morrer, mas a dar gloria a Deos, para o Filho de Deos ser glorificado por ella.

5 Ora Jesus amava a Martha, e a sua irmãa Maria, e a Lazaro.

6 Tanto que ouvio pois que Lazaro estava enfermo, deixou-se então ficar ainda dous dias no mesmo lugar:

7 depois passado isto disse a seus Discipulos: Tornemos outra vez para Judéa.

8 Disserão-lhe os Discipulos: Mestre, ainda agora te querião apedrejar os Judeos, e tu vás outra vez para lá?

9 Respondeo-lhes Jesus: Não são doze as horas do dia? Aquelle, que caminhar de dia, não tropeça, porque vê a luz d'este Mundo:

10 porém o que andar de noite, tropeça, porque lhe falta a luz.

11 Assim fallou, e depois d'isto lhes disse: Nosso amigo Lazaro dorme: mas eu vou despertallo do somno.

12 Disserão-lhe então seus Discipulos: Senhor, se elle dorme estará são.

13 Mas Jesus tinha fallado da sua morte: e elles entendêrão, que fallava do dormir do somno.

14 Disse-lhes pois Jesus então abertamente: Lazaro he morto:

15 e eu por amor de vós folgo de me não ter achado lá, para que creais. mas vamos a elle.

16 Disse então Thomé, chamado Didymo, aos outros Condiscipulos: Vamos nós tambem, para morrermos com elle.

17 Chegou em fim Jesus: e achou que Lazaro estava na sepultura havia já quatro dias.

18 (Estava pois Bethania em distancia de Jerusalem, perto de quinze estadios.)

19 E muitos dos Judeos tinhão vindo a Martha, e a Maria, para as consolarem na morte de seu irmão.

20 Martha pois tanto que ouvio que vinha Jesus, sahio a recebello: e Maria ficou em casa.

21 Disse então Martha a Jesus: Senhor, se tu houveras estado aqui, não morrêra meu irmão.

22 Mas tambem sei agora, que tudo o que pedires a Deos, Deos to concederá.

23 Respondeo-lhe Jesus: Teu irmão ha de resurgir.

24 Disse-lhe Martha: Eu sei que elle ha de resurgir na resurreição, que haverá no ultimo dia.

25 Disse-lhe Jesus: Eu sou a resurreição, e a vida: o que crê em mim, ainda que esteja morto, vivirá:

26 e todo o que vive, e crê em mim, não morrerá eternamente. Crês isto?

27 Ella lhe disse: Sim Senhor, eu já estou na crença de que tu és o Christo Filho de Deos vivo, que vieste a este Mundo.

28 E dito isto, retirou-se Martha, e foi chamar em segredo a sua irmãa Maria, a quem disse: He chegado o Mestre, e elle te chama.

29 Ella como ouvio isto, levantou-se logo, e foi buscallo:

30 porque ainda Jesus não tinha entrado na Aldeia: mas estava ainda naquelle mesmo lugar, onde Martha sahíra a recebello.

31 Então os Judeos, que estavão com ella em casa, e a consolavão, como virão que Maria se havia levantado tão depressa, e tinha sahido, forão nas suas costas, dizendo: Ella vai chorar ao sepulcro.

32 Maria porém depois de chegar aonde Jesus estava, tanto que o vio, lançou-se aos seus pés, e disse-lhe: Senhor, se tu houveras estado aqui, não morrêra meu irmão.

33 Jesus porém tanto que vio chorar a ella, e chorar os Judeos, que tinhão vindo com ella, bramio em seu espirito, e turbou-se a si mesmo,

34 e perguntou: Onde o pozestes vós? Responderão-lhe elles: Senhor, vem, e vê.

35 Então chorou Jesus.

36 O que foi causa de dizerem os Judeos: Vejão como elle o amava.

37 Mas alguns d'entre elles disserão: Este, que abrio os olhos ao que era cégo de nascença, não podia fazer que estoutro não morresse?

38 Jesus pois tornando a bramir em si mesmo, veio ao sepulcro: e era este huma gruta: e em cima d'ella se havia posto huma campa.

39 Disse Jesus: Tirai a campa. Respondeo-lhe Martha, irmãa do defunto: Senhor, elle já cheira mal, porque he já de quatro dias.

40 Disse-lhe Jesus: Não te disse eu, que se tu creres, verás a gloria de Deos?

41 Tirárão pois a campa: e Jesus levantando os olhos ao Ceo, disse: Pai, eu te dou graças, porque me tens ouvido:

42 en pois bem sabía que tu sempre me ouves, mas fallei assim por attender a este povo, que está á roda de mim; para que elles creião que tu me enviaste.

43 Tendo dito estas palavras, bradou em alta voz: Lazaro, sahe para fóra.

44 E no mesmo instante sahio o que estivera morto, ligados os pés, e mãos com as ataduras, e o seu rosto estava envolto num lenço. Disse Jesus aos circumstantes: Desatai-o, e deixai-o ir.

45 Então muitos d'entre os Judeos, que tinhão

vindo visitar a Maria, e a Martha, e que tinhão presenciado o que Jesus fizera, crêrão nelle.

46 Porém alguns d'elles forão ter com os Fariseos, e disserão-lhes o que Jesus tinha feito.

47 Por cuja causa se ajuntárão os Pontifices, e os Fariseos em Conselho, e dizião: Que fazemos nós, que este homem faz muitos milagres?

48 Se o deixamos assim livre, crerão todos nelle: e virão os Romanos, e tirar-nos-hão o nosso lugar, e a nossa gente.

49 Mas hum d'elles, por nome Caifás, que era o Pontifice d'aquelle anno, disse-lhes: Vós não sabeis nada,

50 nem considerais, que vos convem que morra hum homem pelo povo, e que não pereça toda a Nação.

51 Ora elle não disse isto de si mesmo: mas como era Pontifice d'aquelle anno, profetou que Jesus tinha de morrer pela Nação.

52 E não sómente pela Nação, mas tambem para elle unir num corpo os filhos de Deos, que estavão dispersos.

53 Des d'aquelle dia pois cuidavão elles em ver, como lhe darião a morte.

54 De sorte que já não andava Jesus em público entre os Judeos, mas retirou-se para huma terra vizinha do Deserto, a huma Cidade chamada Efrem, e lá estava com seus Discipulos.

55 E estava proxima a Pascoa dos Judeos: e muitos d'aquella terra subirão a Jerusalem antes da Pascoa, para se purificarem a si mesmos.

56 E buscavão a Jesus: e dizião huns para os outros, estando no Templo: Que julgais vós de não ter elle vindo a este dia de festa? Mas os Pontifices, e Fariseos tinhão passado ordem, que todo o que soubesse onde Jesus estava, o denunciasse para o prenderem.

CAPITULO XII.

SEIS dias pois antes da Pascoa veio Jesus a Bethania, onde morrêra Lazaro, a que Jesus resuscitou.

2 E derão-lhe lá huma cêa: na qual servia Martha, e onde Lazaro era hum dos que estavão á meza com elle.

3 Tomou Maria então huma libra de balsamo feito de nardo puro de grande preço, e ungio os pés de Jesus, e lhe enxugou os pés com os seus cabellos: e ficou cheia toda a casa do cheiro do balsamo.

4 Então Judas Iscariotes, hum dos Discipulos de Jesus, aquelle, que o havia de entregar, disse:

5 Porque se não vendeo este balsamo por trezentos dinheiros, e se deo aos pobres?

6 E disse isto, não porque elle tivesse cuidado dos pobres, mas porque era ladrão, e sendo o que tinha a bolsa, trazia o que se lançava nella.

7 Mas Jesus respondeo: Deixai-a que ella guarde isto para o dia da minha sepultura.

8 Porque vós-outros sempre tendes comvosco os pobres: mas a mim não me tendes sempre.

9 Soube pois hum crescido número de Judeos, que Jesus estava alli: e vierão, não sómente por causa d'elle, senão tambem para verem a Lazaro, a quem elle havia resuscitado d'entre os mortos.

10 Porém os Principes dos Sacerdotes assentárão matar tambem a Lazaro:

11 porque muitos por causa d'elle se retiravão dos Judeos, e crião em Jesus.

12 E no dia seguinte huma grande multidão de povo, que tinha vindo á festa, ouvindo dizer que Jesus vinha a Jerusalem:

13 tomárão ramos de palmas, e sahirão a recebello, e clamavão : Hosanna, bemdito seja o Rei d'Israel, que vem em Nome do Senhor.

14 E achou Jesus hum jumentinho, e montou em cima d'elle, segundo o que está escrito:

15 Não temas, filha de Sião : eis-ahi o teu Rei, que vem montado sobre o asninho, filho da jumenta.

16 Não fizerão seus Discipulos no principio reflexão nestas cousas: mas quando Jesus foi glorificado, então se lembrárão de que assim estava escrito d'elle: e que elles mesmos havião contribuido para o seu cumprimento.

17 E o grande número dos que se achavão com Jesus, quando este chamou a Lazaro do sepulcro, e o resuscitou dos mortos, dava testemunho d'elle.

18 E isto foi o que tambem fez que o povo o viesse a receber : porque ouvirão que elle obrára este milagre.

19 De sorte, que disserão entre si os Fariseos: Vedes vós que nada aproveitamos? eis-ahi vai após elle todo o Mundo.

20 Ora havia alguns Gentios d'aquelles, que tinhão vindo adorar a Deos no dia da festa.

21 Estes pois se encaminhárão a Filippe, que era de Bethsaida de Galiléa, e lhe fizerão esta rogativa dizendo : Senhor, nós quizeramos ver a Jesus:

22 veio Filippe dizello a André : então André e Filippe o disserão a Jesus.

23 E Jesus lhes respondeo, dizendo: He chegada a hora, em que o Filho do Homem será glorificado.

24 Em verdade, em verdade vos digo, que se o grão de trigo, que cahe na terra, não morrer:

25 fica elle só : mas se elle morrer, produz muito fruto. O que ama a sua vida, perdelha : e o que aborrece a sua vida neste Mundo, conservalla-ha para a vida eterna.

26 Se alguem me serve, siga me: e onde eu estiver, estará alli tambem o que me serve. Se alguem me servir, meu Pai o honrará.

27 Agora presentemente está turbada a minha alma. E que direi eu? Pai, livra-me d'esta hora. Mas para padecer nesta hora he que eu vim a ella.

28 Pai, glorifica o teu Nome. Então veio esta voz do Ceo: Eu não só o tenho já glorificado, mas ainda segunda vez o glorificarei.

29 Ora o povo, que alli estava, e ouvíra aquella voz, dizia que havia sido hum trovão. Outros dizião : Algum Anjo lhe fallou.

30 Respondeo Jesus, e disse : Esta voz não veio por amor de mim, mas veio por amor de vós-outros.

31 Agora he o juizo do Mundo: agora será lançado fóra o Principe d'este Mundo.

32 E eu quando for levantado da terra, tôdas as cousas attrahirei a mim mesmo:

33 (e dizia isto, para designar de que morte havia de morrer).

34 Respondeo-lhe o povo : Nós temos ouvido da Lei, que o Christo permanece para sempre: como dizes tu logo : Importa que o Filho do Homem seja levantado? Quem he este Filho do Homem?

35 Respondeo-lhes então Jesus : Ainda por hum pouco de tempo está a luz comvosco. Andai em quanto tendes luz, para que não apanhem as trévas : porque quem caminha em trévas, não sabe para onde vai.

36 Em quanto tendes a luz, crede na luz, para

638

que sejais filhos da luz. Isto disse Jesus: e retirou-se, e escondeo-se d'elles.

37 Mas sendo tantos os milagres, que fizera em sua presença, não crião nelle :

38 para se cumprir a palavra do Profeta Isaias, a qual elle proferio : Senhor, quem chegou a crer o que ouvio de nós? e a quem foi revelado o braço do Senhor?

39 Por isso não podião crer, porque outra vez disse Isaias:

40 Elle obcecou-lhes os olhos, e obdurou-lhes o coração: para que não vejão com os olhos, e não entendão com o coração, e se convertão, e eu os sare.

41 Isto disse Isaias, quando vio a sua gloria, e fallou d'elle.

42 Com tudo isto tambem crêrão nelle muitos dos Senadores: mas por causa dos Fariseos não no confessavão, por não serem expulsados da Synagoga:

43 porque amárão mais a gloria dos homens, do que a gloria de Deos.

44 Mas Jesus levantou a voz, e disse : O que crê em mim, não crê em mim, mas naquelle, que me enviou.

45 E o que me vê a mim, vê aquelle, que me enviou.

46 Eu, que sou a luz, vim ao Mundo: para que todo o que crê em mim, não fique em trévas.

47 E se alguem ouvir as minhas palavras, e não nas guardar: eu não no julgo: porque não vim a julgar o Mundo, mas a salvar o Mundo.

48 O que me despreza, e não recebe as minhas palavras : tem quem no julgue: a palavra, que eu tenho fallado, essa o julgará no dia ultimo.

49 Porque eu não fallei de mim mesmo, mas o Pai, que me enviou, he o mesmo que me escreveo pelo seu mandamento, o que eu devo dizer, e o que devo fallar.

50 E eu sei que o seu mandamento he a vida eterna. Assim que o que eu digo, digo-o segundo mo disse o Pai.

CAPITULO XIII.

ANTES do dia da festa da Pascoa, sabendo Jesus que era chegada a sua hora, de passar d'este Mundo ao Pai: como tinha amado os seus, que estavão no Mundo, amou-os até o fim.

2 E acabada a cêa, como já o diabo tinha mettido no coração a Judas, filho de Simão Iscariote, a determinação de o entregar:

3 sabendo que o Pai depositára em suas mãos todas as cousas, e que elle sahíra de Deos, e hia para Deos:

4 levantou-se da cêa, e depoz suas vestiduras: e pegando numa toalha, cingio-se.

5 Depois lançou agua numa bacia, e começou a lavar os pés aos Discipulos, e a alimpar-lhes com a toalha, com que estava cingido.

6 Veio pois a Simão Pedro. E disse-lhe Pedro: Senhor, tu a mim me lavas os pés?

7 Respondeo Jesus, e disse-lhe: O que eu faço, tu não o sabes agora, mas sabello-has depois.

8 Disse-lhe Pedro: Não me lavarás tu jámais os pés. Respondeo-lhe Jesus : Se eu te não lavar, não terás parte comigo.

9 Disse-lhe Simão Pedro: Senhor, não sómente os méus pés, mas tambem as mãos, e a cabeça.

10 Disse-lhe Jesus: Aquelle, que está lavado, não tem necessidade de lavar senão os pés, e no mais todo elle está limpo. E vós-outros estais limpos, mas não todos.

11 Porque elle sabia qual era o que o havia de entregar : por isso disse : Não estais todos limpos.

12 E depois que lhes lavou os pés, tomou logo as suas vestiduras: e tendo-se tornado a pôr á meza, disse-lhes: Sabeis o que vos fiz?

13 Vós chamais-me Mestre, e Senhor : e dizeis bem : porque o sou.

14 Se eu logo sendo vosso Senhor, e Mestre, vos lavei os pés : deveis vós tambem lavar-vos os pés huns aos outros.

15 Porque eu dei-vos o exemplo, para que como eu vos fiz, assim façais vós tambem.

16 Em verdade, em verdade vos digo : Não he o servo maior do que seu Senhor : nem o Enviado he maior do que aquelle que o enviou.

17 Se sabeis estas cousas, bemaventurados sereis, se as praticardes.

18 Eu não digo isto de todos vós : eu sei os que tenho escolhido : porém he necessario que se cumpra o que diz a Escritura : O que come o pão comigo, levantará contra mim o seu calcanhar.

19 Des d'agora vo-lo digo, antes que succeda : para que quando succeder, creais que eu sou.

20 Em verdade, em verdade vos digo : O que recebe aquelle, que eu enviar, a mim me recebe : e o que me recebe a mim, recebe aquelle, que me enviou.

21 Tendo Jesus dito estas palavras, turbou-se todo no espirito : e protestou, e disse : Em verdade, em verdade vos digo : Que hum de vós me ha de entregar.

22 Olhavão pois os Discipulos huns para os outros, na dúvida de quem fallava elle.

23 Ora hum dos seus Discipulos ao qual amava Jesus, estava recostado á meza no seio de Jesus.

24 A este pois fez Simão Pedro hum sinal, e disse-lhe : Quem he o de quem elle falla?

25 Aquelle Discipulo pois tendo-se reclinado sobre o peito de Jesus, perguntou-lhe : Senhor, quem he esse ?

26 Respondeo Jesus: He aquelle, a quem eu der o pão molhado. E tendo molhado o pão, deo-o a Judas, filho de Simão Iscariotes.

27 E atrás do bocado, entrou nelle Satanás. E Jesus lhe disse : O que fazes, faze-o depressa.

28 Nenhum porém dos que estavão á meza percebeo a que proposito elle lhe dizia isto.

29 Porque alguns, como Judas era o que tinha a bolsa, cuidavão que lhe dissera Jesus: Compra as cousas, que havemos mister para o dia da festa : ou que désse alguma cousa aos pobres.

30 Tendo pois Judas recebido o bocado, sahio logo para fóra. E era já noite.

31 E depois que elle sahio, disse Jesus : Agora he glorificado o Filho do Homem : e Deos he glorificado nelle.

32 Se Deos he glorificado nelle, tambem a elle o glorificará Deos em si mesmo : e glorificallo-ha logo.

33 Filhinhos, ainda estou comvosco hum pouco. Vós buscar-me-heis : e o que eu disse aos Judeos : Vós não podeis vir para onde eu vou : isso mesmo vos digo eu agora.

34 Eu dou-vos hum novo mandamento: Que vos ameis huns aos outros, assim como eu vos amei, para que vós tambem mutuamente vos ameis.

35 Nisto conhecerão todos que sois meus Discipulos, se vos amardes huns aos outros.

36 Disse-lhe Simão Pedro : Senhor, para onde vás tu ? Respondeo-lhe Jesus : Para onde eu

639

vou, não pódes tu agora seguir-me : mas seguir-me-has depois.

37 Disse-lhe Pedro : Porque te não posso eu seguir agora ? eu darei a minha vida por ti.

38 Respondeo-lhe Jesus : Has de dar a tua vida por mim ? Em verdade, em verdade te digo : Que não cantará o gallo, sem que tu me negues tres vezes.

CAPITULO XIV.

NÃO se turbe o vosso coração. Credes em Deos, crede tambem em mim.

2 Na casa de meu Pai ha muitas moradas : se assim não fora, eu vo-lo tivera dito : Pois vou a apparelhar-vos o lugar.

3 E depois que eu for, e vos apparelhar o lugar : virei outra vez, e tomar-vos-hei para mim mesmo, para que onde eu estou, estejais vós tambem.

4 Assim que vós sabeis para onde eu vou, e sabeis o caminho.

5 Disse-lhe Thomé : Senhor, nós não sabemos para onde tu vás : e como podemos nós saber o caminho ?

6 Respondeo-lhe Jesus : Eu sou o caminho, e a verdade, e a vida : ninguem vem ao Pai, senão por mim.

7 Se vós me conhecesseis a mim, tambem certamente havieis de conhecer a meu Pai : mas conhecello-heis bem cedo, e já o tendes visto.

8 Disse-lhe Filippe : Senhor, mostra-nos o Pai, e isso nos basta.

9 Respondeo-lhe Jesus : Ha tanto tempo que estou comvosco : e ainda me não tendes conhecido ? Filippe, quem me vê a mim, vê tambem o Pai. Como dizes tu : Mostra-nos o Pai ?

10 Não credes que eu estou no Pai, e que o Pai está em mim ? As palavras, que eu vos digo, não nas digo de mim mesmo : mas o Pai, que está em mim, esse he o que faz as obras.

11 Não credes que eu estou no Pai, e que o Pai está em mim ?

12 Crede-o ao menos por causa das mesmas obras. Em verdade, em verdade vos digo, que aquelle, que crê em mim, esse fará tambem as obras, que eu faço, e fará outras ainda maiores : porque eu vou para o Pai.

13 E tudo o que pedirdes ao Pai em meu Nome, eu vo-lo farei : para que o Pai seja glorificado no Filho.

14 Se me pedirdes alguma cousa em meu Nome, essa vos farei.

15 Se me amais : guardai os meus mandamentos.

16 E eu rogarei ao Pai, e elle vos dará outro Consolador, para que fique eternamente comvosco,

17 O Espirito de verdade, a quem o Mundo não póde receber, porque o não vê, nem no conhece : mas vós o conhecereis : porque elle ficará comvosco, e estará em vós.

18 Não vos hei de deixar orfãos : eu hei de vir a vós.

19 Resta ainda hum pouco : depois já o Mundo me não verá. Mas ver-me-heis vós : porque eu vivo, e vós vivereis.

20 Naquelle dia conhecereis vós, que eu estou em meu Pai, e vós em mim, e eu em vós.

21 Aquelle, que tem os meus Mandamentos, e que os guarda : esse he o que me ama. E aquelle, que me ama, será amado de meu Pai : e eu o amarei tambem, e me manifestarei a elle.

22 Disse-lhe Judas, não o Iscariotes : Senhor,

donde procede que te has de manifestar a nós, e não ao Mundo?

23 Respondeo-lhe Jesus, e disse-lhe: Se alguem me ama, guardará a minha palavra, e meu Pai o amará, e nós viremos a elle, e faremos nelle morada:

24 O que me não ama, não guarda as minhas palavras. E a palavra, que vós tendes ouvido, não he minha: mas sim do Padre, que me enviou.

25 Eu disse-vos estas cousas, permanecendo comvosco.

26 Mas o Consolador, que he o Espirito Santo, a quem o Pai enviará em meu Nome, elle vos ensinará todas as cousas, e vos fará lembrar de tudo o que vos tenho dito.

27 A paz vos deixo, a minha paz vos dou: eu não vo-la dou, como a dá o Mundo. Não se turbe o vosso coração, nem fique sobresaltado.

28 Já tendes ouvido que eu vos disse: Eu vou, e venho a vós. Se vós me amasseis, certamente havieis de folgar, de que eu vá para o Pai: porque o Pai he maior do que eu.

29 E eu vo-lo disse agora, antes que succeda: para que quando succeder, o creais.

30 Já não fallarei muito comvosco: porque vem o Principe d'este Mundo, e elle não tem em mim cousa alguma.

31 Mas para que o Mundo conheça que amo ao Pai, e que faço como elle me ordenou: Levantai-vos, vamo-nos d'aqui.

CAPITULO XV.

EU sou a videira verdadeira: e meu Pai he o agricultor.

2 Todas as varas, que não derem fruto em mim, elle as tirará: e todas as que derem fruto, alimpallas-ha, para que o dem mais abundante.

3 Vós já estais puros em virtude da palavra, que eu vós disse.

4 Permanecei em mim: e eu permanecerei em vós. Como a vara da videira não póde de si mesmo dar fruto, senão permanecer na videira: assim nem vós o podereis dar, senão permanecerdes em mim.

5 Eu sou a videira, vós-outros as varas: o que permanece em mim, e o em que eu permaneço, esse dá muito fruto: porque vós sem mim não podeis fazer nada.

6 Se alguem não permanecer em mim: será lançado fóra como a vara, e seccará, e enfeixallo-hão, e lançallo-hão no fogo, e alli arderá.

7 Se vós permanecerdes em mim, e as minhas palavras permanecerem em vós: pedireis tudo o que quizerdes, e ser-vos-ha feito.

8 Nisto he glorificado meu Pai, em que vós deis muito fruto, e em que sejais meus Discipulos.

9 Como meu Pai me amou, assim vos amei eu. Permanecei no meu amor.

10 Se guardardes os meus preceitos, permanecereis no meu amor, assim como tambem eu guardei os preceitos de meu Pai, e permaneço no seu amor.

11 Eu tenho-vos dito estas cousas: para que o meu gozo fique em vós, e para que o vosso gozo seja completo.

12 O meu preceito he este, que vos ameis huns aos outros, como eu vos amei.

13 Ninguem tem maior amor do que este, de dar hum a propria vida por seus amigos.

14 Vós sois meus amigos, se fizerdes o que eu vos mando.

640

15 Já vos não chamarei servos: porque o servo não sabe o que faz seu Senhor. Mas chamei-vos amigos: porque vos descobri tudo quanto ouvi de meu Pai.

16 Vós não fostes os que me escolhestes a mim: mas eu fui o que vos escolhi a vós, e o que vos constitui, para que vades, e deis fruto: e para que o vosso fruto permaneça: para que tudo quanto vos pedirdes a meu Pai em meu Nome, elle vo-lo conceda.

17 Isto he o que eu vos mando, que vos ameis huns aos outros.

18 Se o Mundo vos aborrece: sabei que primeiro do que a vós, me aborreceo elle a mim.

19 Se vós fosseis do Mundo: amaria o Mundo o que era seu: mas porque vós não sois do Mundo, antes eu vos escolhi do Mundo, por isso he que o Mundo vos aborrece.

20 Lembrai-vos da minha palavra, que eu vos disse: Não he o servo maior do que seu Senhor. Se elles me perseguirão a mim, tambem vos hão de perseguir a vós: se elles guardárão a minha palavra, tambem hão de guardar a vossa.

21 Mas elles far-vos-hão todos estes máos tratamentos por causa do meu Nome: porque não conhecem aquelle, que me enviou.

22 Se eu não viera, e não lhes tivera fallado, não terião elles peccado: mas agora não tem desculpa no seu peccado.

23 Aquelle, que me aborrece: aborrece tambem a meu Pai.

24 Se eu não tivera feito entre elles taes obras, quaes não fez outro algum, não haveria da parte d'elles peccado: mas agora elles não sómente as virão, mas ainda me aborrecêrão tanto a mim, como a meu Pai.

25 Mas isto he para se cumprir a palavra, que está escrita na sua Lei: Elles me aborrecêrão sem motivo.

26 Quando porém vier o Consolador, aquelle Espirito de verdade, que procede do Pai, que eu vos enviarei da parte do Pai, elle dará testemunho de mim:

27 e tambem vós dareis testemunho, porque estais comigo des do principio.

CAPITULO XVI.

EU disse-vos estas cousas, para que vós voe não escandalizeis.

2 Elles vos lançarão fóra das Synagogas: e está a chegar o tempo, em que todo o que vos matar, julgará que nisso faz serviço a Deos:

3 e elles vos tratarão assim, porque não conhecem ao Pai, nem a mim.

4 Ora eu disse-vos estas cousas: para que quando chegar este tempo, vos lembreis vós de que eu vo-las disse.

5 Não vo-las disse porém des do principio, porque estava comvosco. E agora vou eu para aquelle, que me enviou: e nenhum de vós me pergunta: Para onde vás?

6 Antes porque eu vos disse estas cousas, se apoderou do vosso coração a tristeza.

7 Mas eu digo-vos a verdade: a vós convemvos que eu vá: porque se eu não for, não virá a vós o Consolador: mas se for, enviar-vo-lo-hei.

8 E elle quando vier, arguirá o Mundo d o peccado, e da justiça, e do juizo.

9 Sim do peccado: porque não crêrão em mim:

10 e da justiça: porque eu vou para o Pai: e vós não me vereis mais:

11 do juizo em fim: porque o Principe d'este Mundo já está julgado.

12 Eu tenho ainda muitas cousas que vos dizer: mas vós não nas podeis supportar agora.

13 Quando vier porém aquelle Espirito de verdade, elle vos ensinará todas as verdades : porque elle não fallará de si mesmo : mas dirá tudo o que tiver ouvido, e annunciar-vos-ha as cousas, que estão para vir.

14 Elle me glorificará : porque ha de receber do que he meu, e vo-lo ha de annunciar.

15 Todas quantas cousas tem o Pai, são minhas. Por isso he que eu vos disse : que elle ha de receber do que he meu, e vo-lo ha de annunciar.

16 Hum pouco, e já me não vereis : e outra vez hum pouco, e ver-me-heis : porque vou para o Pai.

17 Disserão então alguns de seus Discipulos huns para os outros : Que vem a ser isto, que elle nos diz : Hum pouco, e já me não vereis : e outra vez hum pouco, e ver-me-heis, e porque eu vou para o Pai?

18 E dizião : Que vem a ser isto, que elle nos diz, Hum pouco? nós não sabemos o que elle vem a dizer.

19 E entendeo Jesus que lho querião perguntar, e disse-lhes : Vós perguntais huns aos outros, que he o que vos quiz eu significar, quando disse : Hum pouco, e já me não vereis : e outra vez hum pouco, e ver-me-heis.

20 Em verdade, em verdade vos digo : que vós haveis de chorar, e gemer, e que o Mundo se ha de alegrar : e que vós haveis de estar tristes, mas que a vossa tristeza se ha de converter em gozo.

21 Quando huma mulher pare, está em tristeza, porque lhe chegada a sua hora : mas depois que ella pario hum menino, já se não lembra do aperto, pelo gozo que tem, por haver nascido ao Mundo hum homem.

22 Assim tambem vós-outros sem dúvida estais agora tristes, mas eu hei de ver-vos de novo, e o vosso coração ficará cheio de gozo : e o vosso gozo ninguem vo-lo tirará.

23 E naquelle dia nada mais me perguntareis. Em verdade, em verdade vos digo : Se vós pedirdes a meu Pai alguma cousa em meu Nome, elle vo-la ha de dar.

24 Vós atégora não pedistes nada em meu Nome : Pedi, e recebereis, para que o vosso gozo seja completo.

25 Eu tenho-vos dito estas cousas debaixo de parabolas. Está chegado o tempo, em que eu vos não hei de fallar já por parabolas, mas abertamente vos fallarei do Pai :

26 naquelle dia pedireis vós em meu Nome : e eu não vos digo que hei de rogar ao Pai por vós-outros :

27 porque o mesmo Pai vos ama, porque vós me amastes, e crestes que eu sahi de Deos.

28 Eu sahi do Pai, e vim ao Mundo : outra vez deixo o Mundo, e torno para o Pai.

29 Disserão-lhe seus Discipulos : Eis-ahi está que tu agora he que nos fallas abertamente, e não usas de parabola nenhuma :

30 agora conhecemos nós que tu sabes tudo, e que a ti não he necessario fazer-te ninguem perguntas : nisto cremos que sahiste de Deos.

31 Respondeo-lhes Jesus : Vós credes agora?

32 Eis-ahi vem, e já he chegada a hora, em que sejais espalhados, cada hum para sua parte, e que me deixeis só : mas eu não estou só, porque o Pai está comigo.

33 Eu tenho-vos dito estas cousas, para que vós tenhais paz em mim. Vós haveis de ter afflicções no Mundo : mas tende confiança, eu venci o Mundo.

CAPITULO XVII.

ASSIM fallou Jesus : e levantando os olhos ao Ceo, disse : Pai, he chegada a hora, glorifica a teu Filho, para que teu Filho te glorifique a ti :

2 assim como tu lhe déste poder sobre todos os homens, a fim de que elle dê a vida eterna a todos aquelles, que tu lhe déste.

3 A vida eterna porém consiste : Em que elles conheção por hum só verdadeiro Deos a ti, e a Jesu Christo, que tu enviaste.

4 Eu glorifiquei-te sobre a terra : eu acabei a obra, que tu me encarregaste que fizesse :

5 tu pois agora, Pai, glorifica-me a mim em ti mesmo, com aquella gloria, que eu tive em ti, antes que houvesse Mundo.

6 Eu manifestei o teu Nome aos homens, que tu me déste do Mundo. Elles erão teus, e tu mos déste : e elles guardárão a tua palavra.

7 Agora conhecerão elles, que todas as cousas, que tu me déste, vem de ti :

8 porque eu lhes dei as palavras, que tu me déste : e elles as recebêrão, e verdadeiramente conhecêrão que eu sahi de ti, e crêrão que tu me enviaste.

9 Por elles he que eu rogo : Eu não rogo pelo Mundo, mas por aquelles, que tu me déste : porque são teus :

10 e todas as minhas cousas são tuas, e todas as tuas cousas são minhas : e nelles sou eu glorificado.

11 E eu não estou jámais no Mundo, mas elles estão no Mundo, e eu vou para ti. Padre Santo, guarda em teu Nome aquelles, que me déste : para que elles sejão hum, assim como tambem nós.

12 Quando eu estava com elles, eu os guardava em teu Nome. Eu conservei os que tu me déste : e nenhum d'elles se perdeo, mas sómente o que era filho de perdição, para se cumprir a Escritura.

13 Mas agora vou eu para ti : e digo estas cousas, estando ainda no Mundo, para que elles tenhão em si mesmos a plenitude do meu gozo.

14 Eu dei-lhes a tua palavra, e o Mundo os aborreceo, porque elles não são do Mundo, como tambem eu não sou do Mundo.

15 Eu não peço que os tires do Mundo, mas sim que os guardes do mal.

16 Elles não são do Mundo, como eu tambem não sou do Mundo.

17 Santifica-os na verdade. A tua palavra he a verdade.

18 Assim como tu me enviaste ao Mundo, tambem eu os enviei ao Mundo.

19 E eu me santifico a mim mesmo por elles : para que tambem elles sejão santificados na verdade.

20 E eu não rogo sómente por elles, mas rogo tambem por aquelles, que hão de crer em mim por meio da sua palavra :

21 para que elles sejão todos hum, como tu Pai o és em mim, e eu em ti, para que tambem elles sejão hum em nós : e creia o Mundo que tu me enviaste.

22 E eu lhes dei a gloria, que tu me havias dado : para que elles sejão hum, como tambem nós somos hum.

23 Eu estou nelles, e tu estás em mim : para

que elles sejão consummados na unidade: e para que o Mundo conheça que tu me enviaste, e que tu os amaste, como amaste tambem a mim.

24 Pai, a minha vontade he, que onde eu estou, estejão tambem comigo aquelles, que tu me déste: para verem a minha gloria, que tu me déste: porque me amaste antes da creação do Mundo.

25 Pai justo, o Mundo não te conheceo: mas eu conheci-te: e estes conhecêrão que tu me enviaste.

26 E eu lhes fiz conhecer o teu Nome, e lho farei ainda conhecer: a fim de que o mesmo amor com que tu me amaste, esteja nelles, e eu nelles.

CAPITULO XVIII.

TENDO Jesus dito estas palavras, sahio com os seus Discipulos para a outra banda do Ribeiro de Cedron, onde havia hum horto, no qual entrou elle, e seus Discipulos.

2 Ora Judas, que o entregava, sabia tambem d'este lugar: porque a elle tinha vindo Jesus muitas vezes com seus Discipulos.

3 Tendo pois Judas tomado huma companhia de soldados, e os quadrilheiros da parte dos Pontifices, e Fariseos, veio alli com lanternas, e archotes, e armas.

4 Pelo que Jesus, que sabia tudo o que estava para lhe sobrevir, adiantou-se, e disse-lhe: A quem buscais?

5 Respondêrão-lhe elles: A Jesus Nazareno. Disse-lhes Jesus: Eu sou. E Judas, que o entregava, estava tambem com elles.

6 Tanto pois que Jesus lhes disse: Eu sou: recuárão para trás, e cahírão por terra.

7 Perguntou-lhes pois Jesus segunda vez: A quem buscais? E respondêrão elles: A Jesus Nazareno.

8 Disse-lhes Jesus: Já vos disse que eu sou: se a mim pois he que buscais, deixai ir estes.

9 Para se cumprir a palavra, que elle dissera: Dos que me déste não perdi nenhum d'elles.

10 Mas Simão Pedro, que tinha espada, puxou d'ella, e ferio a hum servo do Pontifice: e lhe cortou a orelha direita. E o servo se chamava Malco.

11 Porém Jesus disse a Pedro: Mette a tua espada na bainha. Não hei de beber o calis, que o Pai me deo?

12 A Cohorte pois, e o Tribuno, e os quadrilheiros dos Judeos prendêrão a Jesus, e o maniatárão:

13 e primeiramente o levárão a casa de Annás, por ser sogro de Caifás, que era o Pontifice d'aquelle anno.

14 Caifás porém era aquelle, que tinha dado aos Judeos o conselho: De que convinha, que hum homem morresse pelo povo.

15 Ora seguia a Jesus Simão Pedro, e outro Discipulo. Era pois o tal Discipulo conhecido do Pontifice, e entrou com Jesus no páteo do Pontifice.

16 Mas Pedro estava de fóra á porta. Sahio então o outro Discipulo que era conhecido do Pontifice, e fallou á porteira: e esta fez entrar a Pedro.

17 Esta porteira pois, que era escrava, disse a Pedro: Não és tu tambem dos Discipulos d'este homem? Respondeo elle: Não sou.

18 Ora os servos, e quadrilheiros estavão em pé ao lume: porque fazia frio, e alli se aquentavão: e com elles estava tambem Pedro em pé, do mesmo modo aquentando-se.

642

19 Entretanto fez o Pontifice perguntas a Jesus, sobre que Discipulos tinha, e qual era a sua doutrina.

20 Respondeo-lhe Jesus: Eu fallei publicamente ao Mundo: eu sempre ensinei na Synagoga, e no Templo, aonde concorrem todos os Judeos: e nada disse em secreto.

21 Porque me fazes tu perguntas? Faze-as áquelles, que ouvirão o que eu lhes disse: ei-los-ahi estão que sabem o que eu ensinei.

22 E tendo dito isto, hum dos quadrilheiros, que se achavão presentes, lhe deo huma bofetada em Jesus, dizendo: Assim he que tu respondes ao Pontifice?

23 Disse-lhe Jesus: Se eu fallei mal, dá tu testemunho do mal: mas se fallei bem, porque me feres?

24 E Annás o enviou maniatado ao Pontifice Caifás.

25 Estava pois alli em pé Simão Pedro, aquentando-se ainda. E elles lhe disserão: Não és tu tambem dos seus Discipulos? Negou elle, e disse: Não sou.

26 Disse-lhe hum dos servos do Pontifice, que era parente d'aquelle, a quem Pedro cortára a orelha: Não he assim que eu te vi com elle no horto?

27 E negou-o Pedro outra vez: e immediatamente cantou o gallo.

28 Levárão pois a Jesus da casa de Caifás ao Pretorio. E era de manhã: e elles não entrárão no Pretorio, por se não contaminarem, mas comerem a Pascoa.

29 Pilatos pois sahio fóra para lhes fallar, e disse: Que accusação trazeis vós contra este homem?

30 Respondêrão elles, e disserão-lhe: Se este não fôra malfeitor, não to entregáramos nos.

31 Disse-lhes então Pilatos: Tomai-o lá vós-outros, e julgai-o segundo a vossa Lei. E os Judeos lhe disserão: A nós não nos he permittido matar ninguem.

32 Para se cumprir a palavra, que Jesus dissera, significando de que morte havia de morrer.

33 Tornou pois a entrar Pilatos no Pretorio, e chamou a Jesus, e disse-lhe: Tu és o Rei dos Judeos?

34 Respondeo Jesus: Tu dizes isso de ti mesmo, ou forão outros os que to disserão de mim?

35 Disse Pilatos: Por ventura sou eu Judeo? A tua nação, e os Pontifices são os que te entregárão nas minhas mãos: que fizeste tu?

36 Respondeo Jesus: O meu Reino não he d'este Mundo, certo que os meus Ministros havião de pelejar, para que eu não fosse entregue aos Judeos: mas agora não he d'aqui o meu Reino.

37 Disse-lhe hum então Pilatos: Logo tu és Rei? Respondeo Jesus: Tu o dizes que eu sou Rei. Eu para isso nasci, e ao que vim ao Mundo, foi para dar testemunho da verdade: todo o que he da verdade, ouve a minha voz.

38 Disse-lhe Pilatos: Que cousa he a verdade? E dito isto; tornou a sahir a ver-se com os Judeos, e disse-lhes: Eu não acho nelle crime algum.

39 Mas he costume entre vós, que eu pela Pascoa vos solte hum: quereis vós logo que vos solte o Rei dos Judeos?

40 Então gritárão todos novamente, dizendo: Não queremos solto a este, mas a Barrabás. Ora este Barrabás era hum ladrão.

CAPITULO XIX.

PILATOS pois tomou então a Jesus, e o mandou açoutar.

2 E os soldados tecendo de espinhos huma coroa, lha pozerão sobre a cabeça: e o vestirão d'hum manto de purpura.

3 Depois vinhão ter com elle, e dizião-lhe: Deos te salve, Rei dos Judeos: e davão-lhe bofetadas.

4 Sahio Pilatos ainda outra vez fóra, e disselhes: Eis-aqui vo-lo trago fóra, para que vós conheçais que eu não acho nelle crime algum.

5 (Sahio pois Jesus trazendo huma coroa de espinhos, e hum vestido de purpura:) E Pilatos lhes disse: Eis-aqui o homem.

6 Então os Principes dos Sacerdotes, e os seus Officiaes, tendo-o visto, gritárão, dizendo: Crucifica-o, crucifica-o. Disse-lhes Pilatos: Tomaio vós-outros, e crucificai-o: porque eu não acho nelle crime algum.

7 Respondêrão-lhe os Judeos: Nós temos huma Lei, e elle deve morrer segundo a Lei, pois se fez Filho de Deos.

8 Pilatos pois como ouvio estas palavras, temeo ainda mais.

9 E entrou outra vez no Pretorio: e disse a Jesus: Donde és tu? mas Jesus não lhe deo resposta alguma.

10 Então lhe disse Pilatos: Tu não me fallas? não sabes que tenho poder para te crucificar, e que tenho poder para te soltar?

11 Respondeo-lhe Jesus: Tu não terias sobre mim poder algum, se elle te não fôra dado lá de cima. Por isso o que me entregou a ti, tem maior peccado.

12 E d'este ponto em diante buscava Pilatos algum meio de o livrar. Mas os Judeos gritavão, dizendo: Tu se livras a este, não és amigo do Cesar: porque todo o que se faz Rei, contradiz ao Cesar.

13 Pilatos pois como ouvio estas vozes, trouxe para fóra a Jesus: e assentou-se no seu Tribunal, no lugar, que se chama Lithostrótos, e em Hebraico Gabbatha.

14 Era então o dia da Preparação da Pascoa, quasi a hora sexta, e disse Pilatos aos Judeos: Eis-aqui o vosso Rei.

15 Mas elles dizião a gritos: Tira-o, tira-o, crucifica-o. Disse-lhes Pilatos: Pois eu hei de crucificar o vosso Rei? Respondêrão os Principes dos Sacerdotes: Nós não temos outro Rei, senão o Cesar.

16 Então porém lho entregou para que fosse crucificado. E elles tomárão a Jesus, e o tirárão para fóra.

17 E levando a sua Cruz ás costas, sahio para aquelle lugar que se chama do Calvario, e em Hebreo Golgotha.

18 onde o crucificárão, e com elle outros dous, hum de huma parte, outro d'outra, e Jesus no meio.

19 E Pilatos escreveo tambem hum titulo; e poz sobre a Cruz. E dizia a Inscripção: JESUS NAZARENO, REI DOS JUDEOS.

20 E muitos dos Judeos lêrão este titulo: porque estava perto da Cidade o lugar, onde Jesus fora crucificado. E estava escrito em Hebraico, em Grego, e em Latim.

21 Dizião pois a Pilatos os Pontifices dos Judeos: Não escrevas, Rei dos Judeos: mas que elle diz: Eu sou Rei dos Judeos.

22 Respondeo Pilatos: O que escrevi, escrevi.

23 Porém os soldados, depois de haverem crucificado a Jesus, tomárão as suas vestiduras (e fizerão d'ellas quatro partes, para cada soldado sua parte) e a tunica. Mas a tunica não tinha costura, porque era toda tecida d'alto abaixo.

24 E disserão huns para os outros: Não na rasguemos, mas lancemos sortes sobre ella, a ver quem na ha de levar. Para se cumprir a Escritura, que diz: Repartirão meus vestidos entre si: e lançárão sortes sobre a minha vestidura. E os soldados de facto assim o fizerão.

25 Entretanto estavão em pé junto á Cruz de Jesus sua mãi, e a irmãa de sua mãi, Maria, mulher de Cleofas, e Maria Magdalena.

26 Jesus pois tendo visto a sua mãi, e ao Discipulo que elle amava, o qual estava presente, disse a sua mãi: Mulher, eis-ahi teu filho.

27 Depois disse ao Discipulo: Eis-ahi tua mãi. E d'esta hora por diante a tomou o Discipulo para sua casa.

28 Depois sabendo Jesus que tudo estava cumprido, para se cumprir huma palavra, que ainda restava da Escritura, disse: Tenho sede.

29 Tinha-se porém alli posto hum vaso cheio de vinagre. Então os soldados ensopada no vinagre huma esponja, e atando-a a hum hyssopo, lha chegárão á boca.

30 Jesus porém havendo tomado o vinagre, disse: Tudo está cumprido. E abaixando a cabeça, rendeo o espirito.

31 E os Judeos (por quanto era a Preparação) para que não ficassem os córpos na Cruz em dia de Sabbado (porque aquelle dia de Sabbado era de grande solemnidade) rogárão a Pilatos que se lhes quebrassem as pernas, e que fossem d'alli tirados.

32 Vierão pois os soldados: e quebrárão as pernas ao primeiro, e ao outro, que com elle fora crucificado.

33 Tendo vindo depois a Jesus, como virão que estava já morto, não lhe quebrárão as pernas,

34 mas hum dos soldados lhe abrio o lado com huma lança, e immediatamente sahio sangue, e agua.

35 Aquelle porém que o vio, deo testemunho d'isso: e o seu testemunho he verdadeiro. E elle sabe que diz a verdade: para que tambem vós a creais.

36 Porque estas cousas succedêrão, para que se cumprisse esta palavra da Escritura: Não quebrareis d'elle osso algum.

37 E tambem diz outro lugar da Escritura: Elles verão aquelle, a quem traspassárão.

38 E depois d'isto José de Arimathéa (pois que era Discipulo de Jesus, ainda que occulto por medo dos Judeos) rogou a Pilatos, que o deixasse tirar o corpo de Jesus. E Pilatos lhe permittio. Veio pois, e tirou o corpo de Jesus.

39 E Nicodemus, o que havia ido primeiramente de noite buscar a Jesus, veio tambem, trazendo huma composição de quasi cem libras de myrrha, e de áloe.

40 Tomárão pois o Corpo de Jesus, e o ligárão envolto em lençóis depois de embalsamado com aromas, da maneira que os Judeos tem por costume sepultar os mortos.

41 No lugar porém, em que Jesus fora crucificado, havia hum horto: e neste horto hum sepulcro novo, em que ninguem ainda tinha sido depositado.

42 Por tanto em razão de ser o dia da Preparação dos Judeos, visto que este sepulcro estava perto, depositárão nelle a Jesus.

CAPITULO XX.

NO primeiro dia porém da semana veio Maria Magdalena ao sepulcro de manhãa, fazendo ainda escuro : e vio que a campa estava tirada do sepulcro.

2 Correo pois, e foi ter com Simão Pedro, e com o outro Discipulo, a quem Jesus amava, e disse-lhes : Levárão o Senhor do sepulcro, e não sabemos onde o pozerão.

3 Sahio então Pedro, e aquell'outro Discipulo, e forão ao sepulcro.

4 Ora elles corrião ambos juntos, mas aquell'-outro Discipulo correo mais do que Pedro, e levando-lhe a dianteira chegou primeiro ao sepulcro.

5 E tendo-se abaixado, vio os lençóes postos no chão, mas todavia não entrou.

6 Chegou pois Simão Pedro, que o seguia, e entrou no sepulcro, e vio postos no chão os lençóes.

7 E o lenço, que estivera sobre a cabeça de Jesus, o qual não estava com os lençóes, mas estava dobrado num lugar á parte.

8 Então pois entrou tambem aquelle Discipulo, que havia chegado primeiro ao sepulcro : e vio, e creo :

9 porque ainda não entendião a Escritura, que importava que elle resuscitasse d'entre os mortos.

10 E voltárão outra vez os Discipulos para sua casa.

11 Porém Maria conservava-se em pé da parte de fóra, chorando junto do sepulcro. E a tempo que ella chorava, abaixou-se, e olhou para ver o sepulcro :

12 e vio dous Anjos vestidos de branco, assentados no lugar, onde fora o Corpo de Jesus, hum á cabeceira, e outro aos pés.

13 Os quaes lhe disserão : Mulher, porque choras? Respondeo-lhes ella : Porque levárão o meu Senhor ; e não sei onde o pozerão.

14 Ditas estas palavras, olhou para trás, e vio a Jesus em pé : sem saber com tudo que era Jesus.

15 Disse-lhe Jesus : Mulher, porque choras? a quem buscas? Ella julgando que era o hortelão, disse-lhe : Senhor, se tu o tiraste, dize-me onde o pozeste : e eu o levarei.

16 Disse-lhe Jesus : Maria. Ella voltando-se, lhe disse : Rabboni (que quer dizer Mestre).

17 Disse-lhe Jesus : Não me toques, porque ainda não subi a meu Pai : mas vai a meus irmãos, e dize-lhes : Que vou para meu Pai e vosso Pai, para meu Deos e vosso Deos.

18 Veio Maria Magdalena dar aos Discipulos a nova : De que ella tinha visto o Senhor, e de que elle lhe havia dito estas cousas.

19 Chegada porém que foi a tarde d'aquelle mesmo dia, que era o primeiro da semana, e estando fechadas as portas da casa, onde os Discipulos se achavão juntos, por medo que tinhão dos Judeos : veio Jesus, e poz-se em pé no meio d'elles, e disse-lhes : Paz seja comvosco.

20 E dito isto, mostrou-lhes as mãos, e o lado. Alegrárão-se pois os Discipulos de terem visto o Senhor.

21 E elle lhes disse segunda vez : Paz seja comvosco. Assim como o Pai me enviou a mim, tambem eu vos envio a vós.

22 Tendo dito estas palavras, assoprou sobr'-elles : e disse-lhes : Recebei o Espirito Santo :

23 aos que vós perdoardes os peccados, ser-
644

lhes-hão elles perdoados : e aos que vós os retiverdes, ser-lhes-hão elles retidos.

24 Porém Thomé hum dos doze, que se chama Didymo, não estava com elles, quando veio Jesus.

25 Disserão-lhe pois os outros Discipulos : Nós vimos o Senhor. Ma elle lhes disse : Eu se não vir nas suas mãos a abertura dos cravos, e se não metter o meu dedo no lugar dos cravos, e se não metter a minha mão no seu lado, não hei de crer.

26 E oito dias depois, estavão os seus Discipulos outra vez dentro : e Thomé com elles. Veio Jesus ás portas fechadas, e poz-se em pé no meio, e disse : Paz seja comvosco.

27 Logo disse a Thomé : Mette aqui o teu dedo, e vê as minhas mãos, chega tambem a tua mão, e mette-a no meu lado : e não sejas incredulo, mas fiel.

28 Respondeo Thomé, e disse-lhe : Senhor meu, e Deus meu.

29 Disse-lhe Jesus : Tu creste, Thomé, porque me viste : bemaventurados os que não virão, e crêrão.

30 Outros muitos prodigios ainda fez tambem Jesus em presença de seus Discipulos, que não forão escritos neste Livro.

31 Mas forão escritos estes, a fim de que vós creais, que Jesus he o Christo Filho de Deos : e de que crendo-o assim, tenhais a vida em seu Nome.

CAPITULO XXI.

DEPOIS tornou Jesus a mostrar-se a seus Discipulos junto do mar de Tiberiades. E mostrou-se-lhes d'esta sorte :

2 Estavão juntos Simão Pedro, e Thomé, chamado Didymo, e João fora de Caná de Galiléa, e os filhos de Zebedeo, e outros dous de seus Discipulos.

3 Disse-lhes Simão Pedro : Eu vou pescar. Respondêrão-lhe os mais : Tambem nós-outros vamos comtigo. Sahirão pois, e entrárão numa barca : mas naquella noite nada apanhárão.

4 Mas chegada a manhãa, veio Jesus pôr-se na ribeira : sem que ainda assim conhecessem os Discipulos que era Jesus.

5 Disse-lhes pois Jesus : O' moços, tendes alguma cousa de comer? Respondêrão-lhe elles : Nada.

6 Disse-lhes Jesus : Lançai a rede para a parte direita da embarcação : e achareis. Lançárão elles pois a rede : mas já a não podião trazer acima, que tão grande era a carga dos peixes.

7 Então aquelle Discipulo, a quem Jesus amava, disse a Pedro : He o Senhor. Simão Pedro quando ouvio que era o Senhor, cingio-se com a sua tunica (porque estava nú) e lançou-se ao mar.

8 E os outros Discipulos vierão na barca, (porque não estavão distantes de terra, senão só obra de duzentos covados) trazendo a rede cheia de peixes.

9 E tanto que saltárão em terra, virão humas brazas postas, e hum peixe em cima d'ellas, e pão.

10 Disse-lhes Jesus : Dai cá dos peixes, que agora apanhastes.

11 Subio Simão Pedro á barca, e tirou a rede para terra, cheia de cento e cincoenta e tres grandes peixes. E sendo tão grandes, não se rompeo a rede.

12 Disse-lhes Jesus : Vinde, jantai. E nenhum

dos que estavão á meza ousava perguntar-lhe: Quem és tu? sabendo que era o Senhor.

13 Veio pois Jesus, e tomou o pão, e deo-lho, e assim mesmo do peixe.

14 Foi esta já a terceira vez, que Jesus se manifestou a seus Discipulos, depois de resurgir dos mortos.

15 Tendo elles pois jantado, perguntou Jesus a Simão Pedro: Simão, filho de João, tu amas-me mais do que estes? Elle lhe respondeo: Sim, Senhor, tu sabes que eu te amo. Disse-lhe Jesus: Apascenta os meus cordeiros.

16 Perguntou-lhe outra vez: Simão, filho de João, tu amas-me? Elle lhe respondeo: Sim, Senhor, tu sabes que eu te amo. Disse-lhe Jesus: Apascenta os meus cordeiros.

17 Perguntou-lhe terceira vez: Simão, filho de João, tu amas-me? Ficou Pedro triste, porque terceira vez lhe perguntára, tu amas-me? e respondeo-lhe: Senhor, tu conheces tudo: tu sabes que eu te amo. Disse-lhe Jesus: Apascenta as minhas ovelhas.

18 Em verdade, em verdade, te digo: Quando tu eras mais moço, tu te cingias, e hias por onde te dava na vontade: mas quando já fores velho, estenderás as tuas mãos, e outro será o que te cinja, e que te leve para onde tu não queiras.

19 E isto disse Jesus, para significar com que genero de morte havia Pedro de dar gloria a Deos. E depois de assim ter fallado, disse-lhe: Segue-me.

20 Voltando Pedro, vio que o seguia aquelle Discipulo, que Jesus amava, que ao tempo da cêa estivera até reclinado sobre o seu peito e lhe perguntára: Senhor, quem he o que te ha de entregar?

21 Assim que como Pedro vio a este, disse para Jesus: Senhor, e este que?

22 Disse-lhe Jesus: Eu quero que elle fique assim, até que eu venha, que tens tu com isso? segue-me tu.

23 Correo logo esta voz entre os irmãos, que aquelle Discipulo não morreria. E não lhe disse Jesus: Não morre; senão: Eu quero que elle fique assim, até que eu venha, que tens tu com isso?

24 Este he aquelle Discipulo, que dá testemunho d'estas cousas, e que as escreveo: e nos sabemos que he verdadeiro o seu testemunho.

25 Muitas outras cousas porém ha ainda, que fez Jesus: as quaes se se escrevessem huma por huma, creio que nem no Mundo todo poderião caber os Livros, que d'ellas se houvessem de escrever.

ACTOS DOS APOSTOLOS.

CAPITULO I.

NO meu primeiro discurso, fallei na verdade, ó Theófilo, de todas as cousas que Jesus começou a fazer, e a ensinar,

2 até ao dia em que, dando preceitos pelo Espirito Santo aos Apostolos que elegeo, foi assumpto acima:

3 aos quaes tambem se manifestou a si mesmo vivo com muitas provas depois da sua Paixão, apparecendo-lhes por quarenta dias, e fallando-lhes do Reino de Deos.

4 E comendo com elles, lhes ordenou, que não sahissem de Jerusalem, mas que esperassem a promessa do Padre, que ouvistes (disse elle) da minha boca.

5 Porque João na verdade baptizou em agua, mas vós sereis baptizados no Espirito Santo, não muito depois d'estes dias.

6 Por tanto os que se havião congregado lhe perguntavão, dizendo: Senhor, dar-se ha caso que restituas neste tempo o Reino a Israel?

7 E elle lhes disse: Não he da vossa conta saber os tempos, nem momentos, que o Padre reservou ao seu poder:

8 mas recebereis a virtude do Espirito Santo, que descerá sobre vós, e me sereis testemunhas em Jerusalem, e em toda a Judéa, e Samaria, e até ás extremidades da terra.

9 E tendo dito isto, vendo-o elles, se foi elevando: e o recebeo huma nuvem que o occultou a seus olhos.

10 E como estivessem olhando para o Ceo quando elle hia subindo, eis-que se pozerão ao lado d'elles dous varões com vestiduras brancas,

11 os quaes tambem lhes disserão: Varões

Galileos, que estais olhando para o Ceo? Este Jesus que separando-se de vós foi assumpto ao Ceo, assim virá, do mesmo modo que o haveis visto ir ao Ceo.

12 Então voltárão para Jerusalem des do monte, que se chama do Olival, que está perto da Jerusalem na distancia da jornada de hum sabbado.

13 E tendo entrado em certa casa, subirão ao quarto de cima, onde permanecião Pedro, e João, Sant-Iago, e André, Filippe, e Thomé, Bartholomeo, e Mattheus, Sant-Iago filho de Alfeo, e Simão o Zeloso, e Judas irmão de Sant-Iago:

14 todos estes perseveravão unanimemente em oração com as mulheres, e com Maria Mãi de Jesus, e com os Irmãos d'elle.

15 Naquelles dias levantando-se Pedro no meio dos irmãos (e montava a multidão dos que alli se achavão juntos, a quasi cento e vinte pessoas) disse:

16 Varões irmãos, he necessario que se cumpra a Escritura, que o Espirito Santo predisse por boca de David ácerca de Judas, que foi o conductor d'aquelles, que prendêrão a Jesus:

17 o qual estava entre nós alistado no mesmo número, e a quem coube a sorte d'este ministerio.

18 E este possuio de facto hum campo do preço da iniquidade, e depois de se enforcar rebentou pelo meio: e todas as suas entranhas se derramárão.

19 E tão notorio se fez a todos os habitantes de Jerusalem este successo, que se ficou chamando aquelle campo na lingua d'elles, Haceldama, isto he, campo de sangue.

20 Porque escrito está no Livro dos Salmos: Fique deserta a habitação d'elle, e não haja quem habite nella: e receba outro o seu Bispado.

21 Convem pois que d'estes varões, que tem estado juntos na nossa companhia todo o tempo, em que entrou e sahio entre nós o Senhor Jesus,

22 começando des do baptismo de João até ao dia, em que foi assumpto acima d'entre nós, que hum dos taes seja testemunha comnosco da sua Resurreição.

23 E propozerão dous, a José, que era chamado Barsabas, o qual tinha por sobrenome o Justo: e a Mathias.

24 E orando disserão: Tu, Senhor, que conheces os corações de todos, mostra-nos d'estes dous hum a quem tiveres escolhido,

25 para que tome o lugar d'este ministerio, e Apostolado, do qual pela sua prevaricação cahio Judas para ir ao seu lugar.

26 E a seu respeito lançárão sortes, e cahio a sorte sobre Mathias, e foi contado com os onze Apostolos.

CAPITULO II.

E QUANDO se completavão os dias de Pentecoste, estavão todos juntos num mesmo lugar:

2 e de repente veio do Ceo hum estrondo, como de vento que assoprava com impeto, e encheo toda a casa onde estavão assentados.

3 E lhes apparecêrão repartidas humas como linguas de fogo, que repousou sobre cada hum d'elles:

4 e forão todos cheios do Espirito Santo, e começárão a fallar em varias linguas, conforme o Espirito Santo lhes concedia que fallassem.

5 E achavão-se então habitando em Jerusalem Judeos, varões religiosos de todas as Nações, que ha debaixo do Ceo.

6 E tanto que correo esta voz, acudio muita gente, e ficou pasmada, porque os ouvia a elles fallar cada hum na sua propria lingua.

7 Estavão pois todos attonitos, e se admiravão, dizendo: Por ventura não se está vendo que todos estes que fallão, são Galileos?

8 e como assim os temos ouvido fallar cada hum na nossa lingua, em que nascemos?

9 Parthos, e Médos, e Elamitas, e os que habitão a Mesopotamia, a Judéa, e a Cappadocia, o Ponto, e a Asia,

10 a Frygia, e a Pamfylia, o Egypto, e varias partes da Lybia, que he comarca a Cyrene, e os que são vindos de Roma,

11 tambem Judeos, e Proselytos, Cretenses, e Arabios: todos os temos ouvido fallar nas nossas linguas as maravilhas de Deos.

12 Estavão pois todos attonitos, e se maravilhavão dizendo huns para os outros: Que quer isto dizer?

13 Outros porém escarnecendo dizião: He porque estes estão cheios de mosto.

14 Porém Pedro em companhia dos onze, posto em pé levantou a sua voz, e lhes fallou assim: Varões de Judéa, e todos os que habitais em Jerusalem, seja-vos isto notorio, e com ouvidos attentos percebei as minhas palavras.

15 Porque estes não estão tomados do vinho, como vós cuidais, sendo a hora terceira do dia:

16 mas isto he o que foi dito pelo Profeta Joel:

17 e acontecerá nos ultimos dias, diz o Senhor, que eu derramarei do meu Espirito sobre toda a

carne: e profetizarão vossos filhos, e vossas filhas, e os vossos mancebos verão visões, e os vossos Anciãos sonharão sonhos.

18 E certamente naquelles dias derramarei do meu Espirito sobre os meus servos, e sobre as minhas servas, e profetizarão:

19 e farei ver prodigios em cima no Ceo, e sinaes em baixo na terra, sangue, e fogo, e vapor de fumo.

20 O Sol se converterá em trévas, e a Lua em sangue, antes que venha o grande, e illustre dia do Senhor.

21 E isto acontecerá: todo aquelle, que invocar o Nome do Senhor, será salvo.

22 Varões Israelitas, ouvi estas palavras: A Jesus Nazareno, Varão approvado por Deos entre vós com virtudes, e prodigios, e sinaes, que Deos obrou por elle no meio de vós, como tambem vós o sabeis:

23 a este depois de vos ser entregue pelo decretado conselho e presciencia de Deos, crucificando-o por mãos de iniquos, lhe tirastes a mesma vida:

24 ao qual Deos resuscitou, soltas as dôres do Inferno, por quanto era impossivel que por este fosse elle retido.

25 Porque David diz d'elle: Eu via sempre ao Senhor diante de mim: porque elle está á minha direita, para que eu não seja commovido.

26 Por amor d'isto se alegrou o meu coração, e se regozijou a minha lingua, além de que tambem a minha carne repousará em esperança:

27 porque não deixarás a minha alma no Inferno, nem permittirás que o teu Santo experimente corrupção.

28 Tu me fizeste conhecer os caminhos da vida: e me encherás d'alegria, mostrando-me a tua face.

29 Varões irmãos, seja-me permittido dizer-vos ousadamente do Patriarca David, que elle morreo, e foi sepultado: e o seu sepulcro se vê entre nós até o dia d'hoje.

30 Sendo elle pois hum Profeta, e sabendo que com juramento lhe havia Deos jurado, que do fruto dos seus lombos se assentaria hum sobre o seu Throno:

31 prevendo isto fallou da resurreição de Christo, que nem foi deixado no Inferno, nem a sua carne vio a corrupção.

32 A este Jesus resuscitou Deos, do que todos nós somos testemunhas.

33 Assim que exaltado pela dextra de Deos, e havendo recebido do Padre a promessa do Espirito Santo, derramou sobre nós a este, a quem vós vedes, e ouvis.

34 Porque David não subio ao Ceo: mas elle mesmo disse: O Senhor disse ao meu Senhor: Assenta-te á minha mão direita,

35 até que eu ponha a teus inimigos por escabello de teus pés.

36 Saiba logo toda a casa d'Israel com a maior certeza, que Deos o fez não só Senhor, mas tambem Christo a este Jesus, a quem vós crucificastes.

37 Depois que elles ouvirão estas cousas, ficárão compungidos no seu coração, e disserão a Pedro, e aos mais Apostolos: Que faremos nós, Varões irmãos?

38 Pedro então lhes respondeo: Fazei penitencia, e cada hum de vós seja baptizado em Nome de Jesu Christo para remissão de vossos peccados: e recebereis o dom do Espirito Santo.

39 Porque para vós he a promessa, e para vos-

sos filhos, e para todos os que estão longe, quantos chamar a si o Senhor nosso Deos.

40 Com outros muitissimas razões testificou ainda isto, e os exhortava, dizendo: Salvai-vos d'esta geração depravada.

41 E os que receberão a sua palavra, forão baptizados: e ficárão aggregadas naquelle dia perto de tres mil pessoas.

42 E elles perseveravão na doutrina dos Apostolos, e na communicação da fracção do pão, e nas orações.

43 E a toda a pessoa se lhe infundia temor: erão tambem obrados pelos Apostolos muitos prodigios e sinaes em Jerusalem, e em todos geralmente havia hum grande medo.

44 E todos os que crião, estavão unidos, e tudo o que cada hum tinha, era possuido em commum por todos.

45 Vendião as suas fazendas e os seus bens, e distribuião-nos por todos, segundo a necessidade que cada hum tinha.

46 E todos os dias perseveravão unanimemente no Templo, e partindo o pão pelas casas, tomavão a comida com regozijo, e simplicidade de coração,

47 louvando a Deos, e achando graça para com todo o Povo. E o Senhor augmentava cada dia mais o número dos que se havião de salvar, encaminhando-os á unidade da sua mesma corporação.

CAPITULO III.

PEDRO pois, e João hião ao Templo á oração á hora de Noa.

2 E era para alli trazido hum certo homem, que era coxo des do ventre de sua mãi: ao qual punhão todos os dias á porta do Templo chamada a Especiosa, para que pedisse esmola aos que entravão no Templo.

3 Este quando vio a Pedro, e a João que hião a entrar no Templo, fazia a sua rogativa para receber alguma esmola.

4 E Pedro pondo nelle os olhos juntamente com João, lhe disse: Olha para nós.

5 E elle os olhava com attenção, esperando receber d'elles alguma cousa.

6 E Pedro disse: Não tenho prata nem ouro: mas o que tenho, isso te dou: Em Nome de Jesu Christo Nazareno levanta-te, e anda.

7 E tomando-o pela mão direita, o levantou, e no mesmo ponto forão consolidadas as bazes dos seus pés, e as suas plantas.

8 E dando hum salto se poz em pé, e andava: e entrou com elles no Templo andando, e saltando, e louvando a Deos.

9 E todo o Povo o vio andando, e louvando a Deos.

10 E conhecião que elle era o mesmo que se assentava á porta Especiosa do Templo á esmola: e ficárão cheios d'espanto, e como fóra de si pelo que áquelle lhe havia acontecido.

11 E tendo afferrado de Pedro, e de João, todo o Povo correo para elles de tropel ao Portico, que se chama de Salamão, attonitos.

12 E vendo isto Pedro, disse ao Povo: Varões Israelitas, porque vos admirais d'isto, ou porque pondes os olhos em nós, como se por nossa virtude ou poder tivessemos feito a este que anda?

13 O Deos de Abrahão, e o Deos de Isaac, e o Deos de Jacob, o Deos de nossos pais glorificou a seu Filho Jesus, a quem vós sem dúvida entregastes, e negastes perante a face de Pilatos, julgando elle que se soltasse.

14 Mas vós negastes ao Santo, e ao Justo, e pedistes que se vos désse hum homem homicida:

15 e assim matastes ao Author da vida, a quem Deos resuscitou d'entre os mortos, do que nós somos testemunhas.

16 E na fé do seu Nome confirmou seu mesmo Nome a este, que vós tendes visto, e conheceis. e a fé, que ha por meio d'elle, foi a que lhe deo esta inteira saude á vista de todos vós.

17 E agora, irmãos, eu sei que o fizestes por ignorancia, como tambem os vossos Magistrados.

18 Porém Deos, o que já d'antes annunciou por boca de todos os Profetas, que padeceria o seu Christo, assim o cumprio.

19 Por tanto arrependei-vos, e convertei-vos, para que os vossos peccados vos sejão perdoados:

20 para que quando vierem os tempos do refrigerio diante do Senhor, e enviar aquelle Jesu Christo, que a vós vos foi prégado,

21 ao qual certamente he necessario que o Ceo receba até aos tempos da restauração de todas as cousas, as quaes Deos fallou por boca dos seus Santos Profetas, des do principio do Mundo.

22 Moysés sem dúvida disse: Por quanto o Senhor vosso Deos vos suscitará hum Profeta d'entre vossos irmãos, semelhante a mim: a este ouvireis em tudo o que elle vos disser.

23 E isto acontecerá: toda a alma que não ouvir aquelle Profeta, será exterminada do meio do Povo.

24 E todos os Profetas des de Samuel, e quantos depois fallárão, annunciárão estes dias.

25 Vós sois os filhos dos Profetas, e do testamento, que Deos ordenou a nossos pais, dizendo a Abrahão: E na tua semente serão abençoadas todas as familias da terra.

26 Deos resuscitando a seu Filho vo-lo enviou primeiramente a vós, para que vos abençoasse: a fim de que cada hum se aparte da sua maldade.

CAPITULO IV.

ESTANDO elles fallando ao Povo, sobrevierão os Sacerdotes, e o Magistrado do Templo, e os Sadduceos,

2 doendo-se de que elles ensinassem o Povo, e de que annunciassem na pessoa de Jesus a resurreição dos mortos:

3 e lançárão mão d'elles, e os mettêrão em prizão até o outro dia: porque era já tarde.

4 Porém muitos d'aquelles, que tinhão ouvido a prégação, crêrão nella: e chegou o seu número a cinco mil pessoas.

5 E aconteceo que no dia seguinte se ajuntárão em Jerusalem os Principaes d'elles, e os Anciãos, e os Escribas:

6 e Annás Principe dos Sacerdotes, e Caifás, e João, e Alexandre, e todos os que erão da linhagem sacerdotal.

7 E mandando-os apresentar no meio, lhes perguntavão: Com que poder, ou em nome de quem fizestes vós isto?

8 Então Pedro cheio do Espirito Santo, lhes respondeo: Principes do Povo, e vós Anciãos. ouvi me.

9 Se a nós hoje se nos pede razão do beneficio feito a hum homem enfermo, com que virtude este foi curado,

10 seja notorio a todos vós, e a todo o Povo d'Israel: que em nome de nosso Senhor Jesu Christo Nazareno, a quem vós crucificastes, a quem Deos resuscitou dos mortos, no tal nome

que digo, he que este se acha em pé diante de vós já são.

11 Esta he a pedra, que foi reprovada por vós arquitectos, que foi posta pela primeira fundamental do angulo:

12 e não ha salvação em nenhum outro. Porque do Ceo abaixo nenhum outro nome foi dado aos homens, pelo qual nós devamos ser salvos.

13 Vendo elles pois a firmeza de Pedro, e de João, depois de saberem que erão homens sem letras, e idiotas, se admiravão, e conhecião ser os que havião estado com Jesus:

14 vendo tambem estar com elles o homem, que havia sido curado, não podião dizer nada em contrario.

15 Mandárão-lhes pois que sahissem fóra da Junta: e conferião entre si,

16 dizendo: Que faremos a estes homens? por quanto foi por elles feito na verdade hum milagre notorio a todos os habitantes de Jerusalem: he manifesto, e não no podemos negar.

17 Todavia, para que não se divulgue mais no Povo, ameacemo-los que para o futuro não fallem mais a homem algum neste Nome.

18 E chamando-os, lhes intimárão que absolutamente não fallassem mais, nem ensinassem em Nome de Jesus.

19 Então Pedro, e João respondendo, lhes disserão: Se he justo diante de Deos ouvir-vos a vós antes que a Deos, julgai-o vós:

20 porque não podemos deixar de fallar das cousas que temos visto, e ouvido.

21 Elles então ameaçando-os os deixárão ir livres: não achando pretexto para os castigar por medo do Povo, porque todos celebravão o milagre, que se fizera neste facto que tinha acontecido.

22 Por quanto já tinha mais de quarenta annos o homem, em quem havia sido feito aquelle prodigio de saude.

23 Mas depois de postos em liberdade vierão aos seus: e lhes referirão quanto lhes havião dito os Principes dos Sacerdotes, e os Anciãos.

24 Os quaes tendo-os ouvido, levantárão unanimes a voz a Deos, e disserão: Senhor, tu és o que fizeste o Ceo, e a terra, o mar, e tudo o que ha nelles:

25 o que pelo Espirito Santo por boca de nosso pai David, teu servo, disseste: Porque bramárão as Gentes, e meditárão os Povos projectos vãos?

26 Levantárão-se os Reis da terra, e os Principes se ajuntárão em Conselho contra o Senhor, e contra o seu Christo.

27 Porque verdadeiramente se ligárão nesta Cidade contra o teu santo Filho Jesus, que ungiste, Herodes, e Poncio Pilatos com os Gentios, e com os Povos d'Israel,

28 para executarem o que o teu poder, e o teu conselho determinárão que se fizesse.

29 Agora pois, Senhor, olha para as suas ameaças, e concede a teus servos, que com toda a liberdade fallem a tua palavra,

30 estendendo a tua mão a sarar as enfermidades, e a que se façãо maravilhas, e prodigios em Nome do teu santo Filho Jesus.

31 E tendo elles assim orado, tremeo o lugar onde estavão congregados: e todos forão cheios do Espirito Santo, e annunciavão a palavra de Deos confiadamente.

32 E da multidão dos que crião o coração era hum, e a alma huma: e nenhum dizia ser sua cousa alguma d'aquellas que possuia, mas tudo entr'elles era commum.

648

33 E os apostolos com grande valor davão testemunho da Resurreição de Jesu Christo nosso Senhor: e havia muita graça em todos elles.

34 E não havia nenhum necessitado entr'elles. Porque todos quantos erão possuidores de campos, ou de casas, vendendo isso trazião o preço do que vendião,

35 e o punhão aos pés dos Apostolos. Repartia-se pois por elles em particular segundo a necessidade que cada hum tinha.

36 E José, a quem os Apostolos davão o sobrenome de Barnabé (que quer dizer Filho de consolação) Levita, natural de Chypre,

37 como tivesse hum campo, o vendeo, e levou o preço, e o poz ante os pés dos Apostolos.

CAPITULO V.

HUM varão pois por nome Ananias com sua mulher Safira, vendeo hum campo,

2 e com fraude usurpou certa porção do preço do campo, consentindo-o sua mulher: e levando huma parte a poz aos pés dos Apostolos.

3 E disse Pedro: Ananias, porque tentou Satanás o teu coração para que tu mentisses ao Espirito Santo, e reservasses parte do preço do campo?

4 Por ventura não te era livre ficar com elle, e ainda depois de vendido, não era teu o preço? Como pozeste logo em teu coração fazer tal? Sabe que não mentiste aos homens, mas a Deos.

5 Ananias em ouvindo porém 'estas palavras, cahio e espirou. E infundio-se hum grande temor em todos os que isto ouvirão.

6 Levantando-se pois huns mancebos, o retirárão, e levando-o d'alli para fóra o enterrárão.

7 E passado que foi quasi o espaço de tres horas, entrou tambem sua mulher, não sabendo o que tinha acontecido.

8 E Pedro lhe disse: Dize-me, mulher, se vendestes vós por tanto a herdade? E ella disse: Sim, por tanto.

9 Pedro então disse para ella: Porque vos haveis por certo concertado para tentar o Espirito do Senhor? Eis-ahi estão á porta os pés d'aquelles, que enterrárão a teu marido, e te levarão a ti.

10 No mesmo ponto cahio a seus pés, e espirou. E aquelles moços entrando, a achárão morta: e a levárão, e enterrárão junto a seu marido.

11 E diffundio-se hum grande temor por toda a Igreja, e entre todos os que ouvirão este successo.

12 E pelas mãos dos Apostolos se fazião muitos milagres, e prodigios entre a plebe: e estavão todos unanimes no Portico de Salamão.

13 E nenhum dos outros ousava ajuntar-se com elles: mas o Povo lhes dava grandes louvores.

14 E cada vez se augmentava mais a multidão de homens, e mulheres, que crião no Senhor,

15 de maneira, que trazião os doentes para as ruas, e os punhão em leitos e enxergões, a fim de que ao passar Pedro, cobrisse sequer a sua sombra alguns d'elles, e ficassem livres das suas enfermidades.

16 Assim mesmo concorrião enxames d'elles das Cidades vizinhas a Jerusalem, trazendo os seus enfermos, e os vexados dos espiritos immundos: os quaes todos erão curados.

17 Mas levantando-se o Principe dos Sacerdotes, e todos os que com elle estavão (que he a seita dos Sadduceos) se enchêrão d'inveja, e ciume:

18 e fizerão prender aos Apostolos, e os mandárão metter na cadeia pública.

19 Mas o Anjo do Senhor abrindo de noite as portas do carcere, e tirando-os para fóra, lhes disse :

20 Ide, e apresentando-vos no Templo, prégai ao Povo todas as palavras d'esta vida.

21 Os quaes tendo ouvido isto, entrárão ao amanhecer no Templo, e se punhão a ensinar. Mas chegando o Principe dos Sacerdotes, e os que com elle estavão, convocárão o Conselho, e a todos as Anciãos dos filhos d'Israel: e enviárão ao carcere para que fossem alli trazidos.

22 Mas tendo lá ido os Ministros, e como aberto o carcere, os não achassem, depois de voltarem derão a noticia,

23 dizendo : Achámos sim o carcere fechado com toda a diligencia, e os guardas postos diante das portas : mas abrindo-se não achámos ninguem dentro.

24 Quando porém ouvirão esta novidade, os Magistrados do Templo, e os Principes dos Sacerdotes estavão perplexos sobre o que teria sido feito d'elles.

25 Mas ao mesmo tempo chegou hum que lhes deo esta noticia : Olhai que aquelles homens, que mettestes no carcere, estão póstos no Templo, e doutrinando ao Povo.

26 Então foi o Magistrado com os seus Ministros, e os trouxe sem violencia: porque temião que o Povo os apedrejasse.

27 E logo que os trouxerão, os apresentárão no Conselho. E o Principe dos Sacerdotes lhes fez a seguinte pergunta,

28 dizendo: Com expresso preceito vos mandámos, que não ensinasseis neste nome: e isto não obstante, eis-ahi tendes enchido a Jerusalem da vossa doutrina : e quereis lançar sobre nós o sangue d'esse homem.

29 Mas Pedro e os Apostolos dando a sua resposta, disserão : Importa obedecer mais a Deos, do que aos homens.

30 O Deos de nossos pais resuscitou a Jesus, a quem vós déstes a morte, pendurando-o num madeiro.

31 A este elevou Deos com a sua dextra por Principe, e por Salvador, para dar o arrependimento a Israel, e a remissão dos peccados.

32 E nós somos testemunhas d'estas palavras, e tambem o Espirito Santo, que Deos deo a todos os que lhe obedecem.

33 Quando isto ouvirão enraivecião-se, e formavão tenção de os matar.

34 Mas levantando-se no Conselho hum Fariseo por nome Gamaliel, Doutor da Lei, homem de respeito em todo o Povo, mandou que sahissem para fóra aquelles homens por hum breve espaço :

35 e lhes disse : Varões Israelitas, attendei por vós, reparando no que haveis de fazer ácerca d'estes homens.

36 Porque ha huns tempos a esta parte que se levantou hum certo Theodas, que dizia ser elle hum grande homem, a quem se accostou o numero de quatrocentas pessoas com pouca differença : o qual foi morto : e todos aquelles, que o acreditavão, forão desfeitos, e reduzidos a nada.

37 Depois d'este levantou-se Judas Galileo nos dias em que se fazia o Arrolamento do Povo, e levou-o após si, mas elle pereceo : e forão dispersos todos quantos a elle se accostárão.

38 Agora pois em fim vos digo, não vos mettais cora estes homens, e deixai-os: porque se este conselho, ou esta obra vem dos homens, ella se desvanecerá :

39 porém se vem de Deos, não na podereis desfazer, porque não pareça que até a Deos resistis. E elles seguirão o seu conselho.

40 E tendo chamado aos Apostolos, depois de os haverem feito açoutar, lhes mandárão que não fallassem mais no Nome de Jesus, e os soltárão.

41 Porém elles sahião por certo gozosos de diante do Conselho, por terem sido achados dignos de soffrer affrontas pelo Nome de Jesus.

42 E todos os dias não cessavão de ensinar, e de prégar a Jesu Christo no Templo e pelas casas.

CAPITULO VI.

NAQUELLES dias porém, crescendo o número dos Discipulos, se moveo huma murmuração dos Gregos contra os Hebreus pelo motivo de que as suas viuvas erão desprezadas no serviço de cada dia.

2 Pelo que os doze convocando a multidão dos Discipulos, disserão: Não he justo que nós deixemos a palavra de Deos, e que sirvamos ás mezas.

3 Por tanto, Irmãos, escolhei d'entre vós a sete varões de boa reputação, cheios do Espirito Santo, e de sabedoria, aos quaes encarreguemos d'esta obra.

4 E nós attenderemos de continuo á oração, e á administração da palavra.

5 E aprouve este arrazoamento a toda a Junta. E elles escolhêrão a Estevão, homem cheio de fé, e do Espirito Santo, e a Filippe, e a Prócoro, e a Nicanor, e a Timão, e a Pármenas, e a Nicoláo proselyto d'Antioquia.

6 A estes apresentárão diante dos Apostolos : e orando pozerão-lhe as mãos sobr'elles.

7 E crescia a palavra do Senhor, e se multiplicava muito o número dos Discipulos em Jerusalem : huma grande multidão de Sacerdotes obedecia tambem á fé.

8 Mas Estevão cheio da graça, e de fortaleza, fazia grandes prodigios, e milagres entre o Povo.

9 E alguns da Synagoga, que se chama dos Libertinos, e dos Cyreneuses, e dos Alexandrinos, e dos que erão da Cilicia, e da Asia, se levantárão a disputar com Estevão

10 e não podião resistir á sabedoria, e ao Espirito, que nelle fallava.

11 Então subornárão a alguns, que dissessem que elles lhe havião ouvido dizer palavras de blasfemia contra Moysés, e contra Deos.

12 Amotinárão em o Povo, e os Anciãos, e os Escribas : e conjurados o arrebatárão, e levárão no Conselho,

13 e produzirão falsas testemunhas, que dissessem : Este homem não cessa de proferir palavras contra o lugar santo, e contra a Lei :

14 porque nós o ouvímos dizer : Que esse Jesus Nazareno ha de destruir este lugar, e ha de trocar as tradições, que Moysés nos deixou.

15 E fixando nelle os olhos todos aquelles, que estavão assentados no Conselho, virão o seu rosto como o rosto d'hum Anjo.

CAPITULO VII.

ENTÃO o Summo Sacerdote disse: Pois com effeito são assim estas cousas?

2 Respondeo elle: Varões irmãos, e Padres, escutai: O Deos da Gloria appareceo a nosso pai Abrahão, quando estava em Mesopotamia, antes de assistir em Caran

3 e lhe disse: Sahe do teu paiz, e da tua parentela, e vem para a terra, que eu te mostrar.

4 Então sahio elle da terra dos Caldeos, e veio morar em Caran. E de lá, depois que morreo seu pai, Deos o fez passar a esta terra, na qual vós agora habitais.

5 E não lhe deo herança nella, nem ainda o espaço d'hum pé: mas prometteo dar-lhe a posse d'ella a elle, e depois d'elle á sua posteridade, quando ainda não tinha filho.

6 E Deos lhe disse: Que a sua descendencia seria habitadora em terra estranha, e que a reduzirião a servidão, e a maltratarião pelo espaço de quatrocentos annos:

7 mas eu julgarei a gente, a quem elles houverem servido, disse o Senhor: e depois d'isto sahirão, e me servirão neste lugar.

8 E lhe deo o testamento da circumcisão: e assim gerou a Isaac, e o circumcidou passados oito dias: e Isaac gerou a Jacob: e Jacob aos doze Patriarcas,

9 E os Patriarcas movidos d'inveja, venderão a José para ser levado ao Egypto: mas Deos era com elle:

10 e o livrou de todas as suas tribulaçoes: e lhe deo graça, e sabedoria diante de Faraó Rei do Egypto, o qual o fez Governador do Egypto, e de toda a sua casa.

11 Veio depois fome por toda a terra do Egypto, e de Canaan, e huma grande tribulação: e os nossos pais não achavão que comer.

12 E tendo Jacob ouvido dizer que havia trigo no Egypto, enviou a primeira vez a nossos pais:

13 e na segunda foi conhecido José de seus irmãos, e foi descoberta a Faraó a sua linhagem.

14 E enviando José messageiros fez ir a seu pai Jacob, e a toda a sua familia, que constava de setenta e cinco pessoas.

15 E Jacob desceo ao Egypto, e morreo elle, e nossos pais.

16 E forão trasladados a Siquem, e postos no monimento, que Abrahão tinha comprado em moeda de prata aos filhos d'Hemor, filho de Siquem.

17 E chegando o tempo da promessa, que Deos havia jurado a Abrahão, cresceo o Povo, e se multiplicou no Egypto,

18 até que se levantou outro Rei no Egypto, que não conhecia a José.

19 Este usando d'astucia contra a nossa Nação, apertou a nossos pais, para que expozessem a seus filhos a fim de que não vivessem.

20 Naquelle mesmo tempo nasceo Moysés, e foi agradavel a Deos, e se criou tres mezes na casa de seu pai.

21 Depois, como elle fosse exposto, a filha de Faraó o levantou, e o criou como seu filho.

22 Depois foi Moysés instruido em toda a litteratura dos Egypcios, e era elle poderoso em palavras, e obras.

23 E depois que completou o tempo de quarenta annos, lhe veio ao coração o visitar a seus irmãos os filhos d'Israel.

24 E como visse a hum que era injuriado, o defendeo: e vingou ao que padecia a injúria, matando ao Egypcio.

25 E elle cuidava que seus irmãos estavão capacitados, de que por sua mão os havia de livrar Deos: mas elles não no entendêrão.

26 Porém no dia seguinte, pelejando elles, se lhes manifestou: e os reconciliava em paz, dizendo: Varões, irmãos sois, porque vos maltratais num a outro?

650

27 Mas o que fazia injúria ao seu proximo o repellio, dizendo: Quem te constituo a ti Principe, e Juiz sobre nós?

28 Dar-se-ha caso que tu me queiras matar, assim como mataste hontem aquelle Egypcio?

29 Porém Moysés ouvindo esta palavra, fugio: e esteve como estrangeiro na terra de Madian, onde houve dous filhos.

30 E cumpridos quarenta annos, lhe appareceo no deserto do monte Sina hum Anjo na chamma d'huma çarça que ardia.

31 E vendo isto Moysés, se admirou d'huma tal visão: e chegando-se elle para a examinar, se dirigio a elle a voz do Senhor, a qual dizia:

32 Eu sou o Deos de teus pais, o Deos d'Abrahão, o Deos d'Isaac, e o Deos de Jacob. Moysés porém espantado, não ousava olhar.

33 E o Senhor lhe disse: Tira os çapatos dos teus pés, porque o lugar em que estás, he huma terra santa.

34 Considerando bem, tenho visto a afflicção do meu Povo, que reside no Egypto, e tenho ouvido os seus gemidos, e baixei a livrallos. Vem pois agora, para eu te enviar no Egypto.

35 A este Moysés, ao qual desprezárão, dizendo: Quem te fez a ti Principe, e Juiz? a este enviou Deos por Principe, e Redemptor, por mão do Anjo, que lhe appareceo na çarça.

36 Este os fez sahir obrando prodigios, e milagres na terra do Egypto, e no mar Vermelho, e no deserto por espaço de quarenta annos.

37 Este he aquelle Moysés, que disse aos filhos d'Israel: Deos vos suscitará d'entre vossos irmãos hum Profeta como eu, a elle ouvireis.

38 Este he o que esteve entre a congregação do Povo no deserto com o Anjo, que lhe fallava no monte Sina, e com os nossos pais: que recebeo palavras de vida, para no-las dar a nós.

39 A quem nossos pais não quizerão obedecer: antes o repellirão, e com os seus corações se tornárão ao Egypto,

40 dizendo a Arão: Faze-nos Deoses, que vão adiante de nós: porque no tocante a este Moysés, que nós tirou da terra do Egypto, nos não sabemos que foi feito d'elle.

41 E por aquelles dias fizerão hum bezerro, e offerecérão sacrificio ao idolo, e se alegravão nas obras das suas mãos.

42 Mas Deos se apartou, e os abandonou a quo servissem a milicia do Ceo, como está escrito no Livro dos Profetas: Por ventura offerecestes-me vós, Casa d'Israel, algumas victimas, e sacrificios pelo espaço de quarenta annos no deserto?

43 E recebestes a tenda de Moloch, e a estrella do vosso Deos Remfam, figuras, que vós fizestes, para as adorar. Pois eu vos farei ir para lá de Babylonia.

44 O tabernaculo do testemunho esteve com os nossos pais no deserto, assim como Deos lho ordenou, dizendo a Moysés, que o fizesse conforme o modelo, que tinha visto.

45 E nossos pais, depois de o terem recebido, o levárão debaixo da conducta de Josué á possessão dos Gentios, aos quaes lançou Deos fóra da presença de nossos pais, até aos dias de David,

46 o qual achou graça diante de Deos, e pedio o achar tabernaculo para o Deos de Jacob.

47 Mas Salamão lhe edificou a casa.

48 Porém o Excelso não habita em feituras de mãos, como diz o Profeta:

49 O Ceo he o meu Throno: e a terra o estrado dos meus pés. Que Casa me edificareis vós, dia o Senhor? ou qual he o lugar do meu repouso?

50 Não fez por ventura a minha mão todas estas cousas?

51 Homens de dura cerviz, e de corações, e ouvidos incircumcisos, vós sempre resistis ao Espirito Santo, assim como obrárão vossos pais, assim no fazeis vós tambem.

52 A qual dos Profetas não perseguírão vossos pais? E matárão elles aos que d'antemão annunciavão a vinda do Justo, do qual vós agora fostes traidores, e homicidas:

53 vós, que recebestes a Lei por ministerio dos Anjos, e não na guardastes.

54 Ao ouvir porém taes palavras, enraiveciãose dentro nos seus corações, e rangião com os dentes contra elle.

55 Mas como elle estava cheio do Espirito Santo, olhando para o Ceo, vio a gloria de Deos, e a Jesus que estava em pé á dextra de Deos. E disse: Eis estou eu vendo os Ceos abertos, e o Filho do Homem que está em pé á mão direita de Deos.

56 Então elles levantando huma grande grita, tapárão os seus ouvidos, e todos juntos arremettêrão a elle com furia.

57 E tendo-o lançado para fóra da Cidade, o apedrejavão: e as testemunhas depozerão os seus vestidos aos pés d'hum moço, que se chamava Saulo.

58 E apedrejavão a Estevão, que invocava a Jesus, e dizia: Senhor Jesus, recebe o meu espirito.

59 E posto de joelhos, clamou em voz alta, dizendo: Senhor, não lhes imputes este peccado. E tendo dito isto, dormio no Senhor. E Saulo era consentidor na sua morte.

CAPITULO VIII.

NAQUELLE dia pois se moveo huma grande perseguição na Igreja, que estava em Jerusalem, e forão todos dispersos pelas Provincias da Judéa, e de Samaria, exceptuando os Apostolos.

2 E huns homens timoratos tratárão de enterrar a Estevão, e fizerão hum grande pranto sobr'elle.

3 Mas Saulo assolava a Igreja entrando pelas casas, e tirando com violencia homens e mulheres, os fazia metter no carcere.

4 Por tanto os que havião sido dispersos hião d'huma parte para a outra, annunciando a palavra de Deos.

5 E Filippe descendo a huma Cidade de Samaria, lhes prégava a Christo.

6 E os Povos estavão attentos ao que Filippe lhes dizia, escutando-o com hum mesmo ardor, e vendo os prodigios que fazia.

7 Porque os espiritos immundos de muitos possessos sahião dando grandes gritos.

8 E muitos paralyticos, e coxos, forão curados.

9 Pelo que se originou huma grande alegria naquella Cidade. Havia porém nella hum homem, por nome Simão, o qual antes tinha alli exercitado a mágica, enganando ao Povo Samaritano, dizendo, que elle era hum grande homem:

10 a quem todos davão ouvidos des do menor até ao maior, dizendo: Este he a virtude de Deos, a qual se chama grande.

11 E elles o attendião: porque com as suas artes mágicas por muito tempo os havia dementado.

12 Porém depois que crêrão o que Filippe lhes annunciava do Reino de Deos, hião-se baptizando homens e mulheres, em Nome de Jesu Christo.

13 Então creo tambem o mesmo Simão: e depois que foi baptizado, andava unido a Filippe. Vendo tambem os prodigios, e grandissimos milagres que se fazião, todo cheio de pasmo se admirava.

14 Os Apostolos porém que se achavão em Jerusalem, tendo ouvido que a Samaria recebêra a palavra de Deos, mandárão-lhes lá a Pedro, e a João.

15 Os quaes como chegárão, fizerão oração por elles, a fim de receberem o Espirito Santo:

16 porque elle ainda não tinha descido sobre nenhum, mas sómente tinhão sido baptizados em Nome do Senhor Jesus.

17 Então punhão as mãos sobre elles, e recebião o Espirito Santo.

18 E quando Simão vio que se dava o Espirito Santo por meio da imposição da mão dos Apostolos, lhes offereceo dinheiro,

19 dizendo: Dai-me tambem a mim este poder, que qualquer a quem eu impozer as mãos, receba o Espirito Santo. Mas Pedro lhe disse:

20 O teu dinheiro pereça comtigo: huma vez que tu te persuadiste, que o dom de Deos se podia adquirir com dinheiro.

21 Tu não tens parte, nem sorte alguma, que pretender neste ministerio: porque o teu coração não he recto diante de Deos.

22 Faze pois penitencia d'esta tua maldade: e roga a Deos, que se he possivel, te seja perdoado este pensamento do teu coração.

23 Porque eu vejo que tu estás num fel d'amargura, e prezo nos laços da iniquidade.

24 E respondendo Simão, disse: Rogai vós por mim ao Senhor, para que não venha sobre mim nenhuma cousa das que haveis dito.

25 E elles, depois de terem testemunhado com effeito, e annunciado a palavra do Senhor, tornavão já para Jerusalem, e prégavão por muitos lugares dos Samaritanos.

26 E o Anjo do Senhor fallou a Filippe, dizendo: Levanta-te, e vai contra o Meio dia, em direitura ao caminho que vai de Jerusalem a Gaza: esta se acha deserta.

27 E elle levantando-se, partio. E eis-que hum Varão Ethiope, Eunuco, valido de Cândace, Rainha da Ethiopia, o qual era Superintendente de todos os seus thesouros, tinha vindo a Jerusalem para fazer a sua adoração:

28 e voltava já assentado sobre o seu coche, e hia lendo o Profeta Isaias.

29 Então disse o Espirito a Filippe: Chega, e ajunta-te a este coche.

30 E correndo logo Filippe, ouvio que o Eunuco lia no Profeta Isaias, lhe disse: Cres por ventura que entendes o que estás lendo?

31 Elle lhe respondeo: E como o poderei eu entender, se não houver alguem, que mo explique? E rogou a Filippe que montasse, e se assentasse com elle.

32 Ora a passagem da Escritura, que lia, era esta: Como ovelha foi levado ao matadouro: e como cordeiro mudo diante do que o tosquia, assim elle não abrio a sua boca.

33 No seu abatimento o seu juizo foi exaltado. Quem poderá contar a sua geração, pois que a sua vida será tirada da terra?

34 E respondendo o Eunuco a Filippe, disse: Rogo-te que me digas de quem disse isto o Profeta? de si mesmo, ou d'algum outro?

35 E abrindo Filippe a sua boca, e principiando por esta Escritura, lhe annunciou a Jesus.

36 E continuando elles o seu caminho, chegárão

a hum lugar onde havia agua: e disse o Eunuco: Eis-aqui está agua, que embaraço ha, para que eu não seja baptizado?

37 E disse Filippe: Se cres de todo o coração, bem pódes. E elle respondendo disse: Creio que Jesu Christo he o Filho de Deos.

38 E mandou parar o coche: e descêrão os dous á agua, Filippe, e o Eunuco, e o baptizou.

39 E tanto que elles sahírão da agua, arrebatou o Espirito do Senhor a Filippe, e o Eunuco o não vio mais. Porém continuava o seu caminho cheio de prazer.

40 Mas Filippe se achou em Azot, e indo passando prégava o Evangelho em todas as Cidades, até que veio a Cesaréa.

CAPITULO IX.

SAULO pois respirando ainda ameaças, e morte contra os Discipulos do Senhor, se apresentou ao Principe dos Sacerdotes,

2 e lhe pedio cartas para as Synagogas de Damasco: com o fim de levar prezos a Jerusalem quantos achasse d'esta profissão, homens, e mulheres.

3 E indo elle seu caminho, foi cousa factivel que se avizinhasse a Damasco: e subitamente o cercou alli huma luz vinda do Ceo.

4 E cahindo em terra ouvio huma voz que lhe dizia: Saulo, Saulo, porque me persegues?

5 Elle disse: Quem és tu, Senhor? E elle lhe respondeo: Eu sou Jesus, a quem tu persegues: dura cousa he para ti recalcitrar contra o aguilhão.

6 Então tremente, e attonito disse: Senhor, que queres tu que eu faça?

7 E o Senhor lhe respondeo: Levanta-te, e entra na Cidade, e ahi se te dirá o que te convem fazer. A este tempo aquelles homens, que o acompanhavão, estavão espantados, ouvindo sim a voz, mas sem ver ninguem.

8 Levantou-se pois Saulo da terra, e tendo os olhos abertos, não via nada. Elles porém levando-o pela mão, o introduzírão em Damasco.

9 E esteve alli tres dias sem ver, e não comeo, nem bebeo.

10 Ora em Damasco havia hum Discipulo, que tinha por nome Ananias: e o Senhor numa visão lhe disse: Ananias. E elle acudio, dizendo: Eis-me aqui, Senhor.

11 E o Senhor lhe tornou: Levanta-te, e vai ao bairro, que se chama Direito: e busca em casa de Judas a hum de Tarso, chamado Saulo: porque ei-lo-ahi está orando.

12 (E vio hum homem por nome Ananias, que entrava, e que lhe impunha as mãos para recobrar a vista.)

13 Respondeo pois Ananias: Senhor, eu tenho ouvido dizer a muitos a respeito d'este homem, quantos males fez aos teus Santos em Jerusalem:

14 e este tem poder dos Principes dos Sacerdotes de prender a todos aquelles, que invocão o teu Nome.

15 Mas o Senhor lhe disse: Vai, porque este he para mim hum vaso escolhido para levar o meu Nome diante das Gentes, e dos Reis, e dos filhos d'Israel.

16 Porque eu lhe mostrarei quantas cousas lhe he necessario padecer pelo meu Nome.

17 E foi Ananias, e entrou na casa: e pondo as mãos sobr'elle, disse: Saulo irmão, o Senhor Jesus, que te appareceo no caminho por onde vinhas, me enviou para que recobres a vista, e fiques cheio do Espirito Santo.

18 E no mesmo ponto lhe cahírão dos olhos humas como escamas, e assim recuperou a vista: e levantando-se foi baptizado.

19 E depois que tomou alimento, ficou então com as forças recobradas. Alguns dias porém esteve com os Discipulos, que se achavão em Damasco.

20 E logo prégava nas Synagogas a Jesus, que este era o Filho de Deos.

21 E pasmavão todos os que o ouvião, e dizião: Pois não he este o que perseguia em Jerusalem aos que invocavão esse Nome: e ao que veio cá, não foi para os levar prezos aos Principes dos Sacerdotes?

22 Porém Saulo muito mais se esforçava, e confundia aos Judeos, que habitavão em Damasco, affirmando que este era o Christo.

23 E passando muitos dias, os Judeos juntos tiverão conselho para matallo.

24 Porém Saulo foi advertido das suas ciladas. Guardavão pois até ás portas de dia e de noite, para o matarem.

25 E tomando conta d'elle, os Discipulos de noite o deslizírão pela muralha, mettendo-o numa alcofa.

26 Tendo porém chegado a Jerusalem, procurava Saulo ajuntar-se com os Discipulos, mas todos o temião, não crendo que elle fosse Discipulo.

27 Então Barnabé, levando-o comsigo, o apresentou aos Apostolos: e lhes contou como havia visto ao Senhor no caminho, e que lhe havia fallado, e como depois em Damasco se portára com toda a liberdade em Nome de Jesus.

28 E estava com elles em Jerusalem entrando, e sahindo, e portando-se com liberdade em Nome do Senhor.

29 Fallava tambem com os Gentios, e disputava com os Gregos: mas elles tratavão de o matar.

30 O que tendo sabido os irmãos, o acompanhárão até Cesaréa, e o enviárão a Tarso.

31 Tinha então paz a Igreja por toda a Judéa, e Galiléa, e Samaria, e se propagava, caminhando no temor do Senhor, e estava cheia da consolação do Espirito Santo.

32 Aconteceo pois, que andando Pedro visitando a todos, chegou aos Santos, que habitavão em Lydda.

33 E achou alli hum homem por nome Eneas, que havia oito annos jazia em hum leito, porque estava paralytico.

34 E Pedro lhe disse: Eneas, o Senhor Jesu Christo te sara: levanta-te, e faze a tua cama. E num momento se levantou.

35 E virão-no todos os que habitavão em Lydda, e em Sarona: os quaes se convertêrão ao Senhor.

36 Houve tambem em Joppe huma discipula, por nome Tabitha, que quer dizer Dorcas. Esta se achava cheia de boas obras, e d'esmolas que fazia.

37 E aconteceo naquelles dias, que depois de cahir enferma morresse. A qual tendo-a primeiro lavado, a pozerão num quarto alto.

38 E como Lydda estava perto de Joppe, os Discipulos ouvindo que Pedro se achava lá, enviárão-lhe dous homens, rogando-lhe: Não te demores em vir ter comnosco.

39 E levantando-se Pedro foi com elles. E logo que chegou, o levárão ao quarto alto: e o cercárão todas as viuvas chorando, e mostrando-lhe as tunicas, e os vestidos, que lhes fazia Dorcas.

40 Mas Pedro, tendo feito sahir a todos para fóra, pondo-se joelhos entrou a orar: e depois de se ter voltado para o corpo, disse: Tabitha, levanta-te. E ella abrio os .seus olhos: e vendo a Pedro, se assentou.

41 Mas elle a fez levantar, dando-lhe a mão. E havendo chamado os Santos, e as viuvas, lha entregou viva.

42 E este caso se fez notorio por toda Joppe: e forão muitos os que crêrão no Senhor.

43 E aconteceo que Pedro se deixou ficar em Joppe por muitos dias, em casa d'hum curtidor de pelles, chamado Simão.

CAPITULO X.

HAVIA pois em Cesaréa hum homem, por nome Cornelio, que era Centurião da Cohorte, que se chama Italiana,

2 cheio de Religião, e temente a Deos com toda a sua casa, que fazia muitas esmolas ao Povo, e que estava orando a Deos incessantemente:

3 este vio em visão manifestamente, quasi á hora de Noa, que hum Anjo de Deos se apresentava diante d'elle, e lhe dizia: Cornelio.

4 E elle fixando nelle os olhos, possuido de temor, disse: Que he isto, Senhor? Elle porém lhe respondeo: As tuas orações, e as tuas esmolas subirão para ficarem em lembrança na presença de Deos.

5 Envia pois agora homens a Joppe, e faze vir aqui a hum certo Simão, que tem por sobrenome Pedro:

6 este se acha hospedado em casa d'hum certo Simão curtidor de pelles, cuja casa fica junto ao mar: elle te dirá o que te convem fazer.

7 E logo que se retirou o Anjo, que lhe fallava, chamou a dous dos seus domesticos, e a hum soldado temente a Deos, d'aquelles, que estavão ás suas ordens:

8 e havendo-lhes contado tudo isto, os enviou a Joppe.

9 E no dia seguinte, hindo elles seu caminho, e estando já perto da Cidade, subio Pedro ao alto da casa a fazer oração perto da hora de Sexta,

10 E como tivesse fome, quiz comer. Mas ao tempo que lho preparavão, sobreveio-lhe hum rapto de espirito:

11 e vio o Ceo aberto, e que descendo hum vaso, como huma grande toalha, suspenso pelos quatro cantos, era feito baixar do Ceo á terra,

12 no qual havia de todos os quadrupedes, e dos reptis da terra, e das aves do Ceo.

13 E foi dirigida a elle huma voz, que lhe disse: Levanta-te, Pedro, mata, e come.

14 E disse Pedro: Não Senhor, porque nunca comi cousa alguma commum, nem immunda.

15 E a voz lhe tornou segunda vez a dizer: Ao que Deos purificou não chames tu commum.

16 E isto se repetio até tres vezes: e logo o vaso se recolheo ao Ceo.

17 E em quanto Pedro entre si duvidava sobre o que seria a visão, que havia visto: eis-que os homens, que tinha enviado Cornelio, perguntando pela casa de Simão, chegárão á porta.

18 E havendo chamado, perguntavão, se estava alli hospedado Simão, que tinha por sobrenome Pedro.

19 E considerando Pedro na visão, lhe disse o Espirito: Eis-ahi tres homens que te procurão.

20 Levanta-te pois, desce, e vai com elles sem duvidar: porque eu sou o que os enviei.

21 E descendo Pedro para ir ter com os homens, 653

lhes disse: Aqui me tendes que eu sou, a quem buscais: qual he a causa porque aqui viestes?

22 Responderão elles: O Centurião Cornelio, homem justo, e temente a Deos, e que d'isto mesmo logra o testemunho de toda a Nação dos Judeos, recebeo resposta do santo Anjo, que te mandasse chamar a sua casa, e que ouvisse as tuas palavras.

23 Pedro pois fazendo-os entrar, os hospedou. E levantando-se ao seguinte dia partio com elles: e alguns dos irmãos, que vivião em Joppe, o acompanhárão.

24 E ao outro dia depois entrou em Cesaréa. E Cornelio os estava esperando, havendo convidado já aos seus parentes, e mais íntimos amigos.

25 E aconteceo, que quando Pedro estava para entrar, sahio Cornelio a recebello: e prostrando-se a seus pés o adorou.

26 Mas Pedro o levantou, dizendo: Levanta-te, que eu tambem sou homem.

27 E entrou fallando com elle, e achou muitos que havião concorrido:

28 e lhes disse: Vós sabeis como he cousa abominavel para hum homem Judeo o ajuntar-se, ou unir-se a hum estrangeiro: mas Deos me mostrou, que a nenhum homem chamasse commum, ou immundo.

29 Por isso sem duvidar vim logo assim que fui chamado. Pergunto pois, por que causa me chamastes?

30 E disse Cornelio: Hoje faz quatro dias que estava orando em minha casa á hora de Noa, e eis-que se me poz diante hum varão vestido de branco, e me disse:

31 Cornelio, a tua oração foi attendida, e as tuas esmolas forão lembradas na presença de Deos.

32 Manda pois a Joppe, e faze vir a hum Simão, que tem por sobrenome Pedro: elle está hospedado em casa de Simão, curtidor de pelles, á borda do mar.

33 Em consequencia d'isto enviei logo a buscar-te: e tu fizeste bem em vir. Agora porém nós todos estamos na tua presença, para ouvir todas as cousas quantas o Senhor te ordenou que nos dissesses.

34 Então Pedro abrindo a sua boca, disse: Tenho na verdade alcançado que Deos não faz accepção de pessoas,

35 mas que em toda a Nação aquelle que o teme, e obra o que he justo, esse lhe he acceito.

36 Deos enviou a sua palavra aos filhos d'Israel, annunciando-lhes a paz por meio de Jesu Christo: (este he o Senhor de todos.)

37 Vós sabeis que a palavra foi enviada por toda a Judéa: pois começando des da Galiléa, depois do baptismo, que prégou João,

38 sabeis que a palavra mencionada he Jesus de Nazareth: como Deos o ungio do Espirito Santo, e de virtude, o qual andou fazendo bem, e sarando a todos os opprimidos do diabo, porque Deos era com elle.

39 E nós somos testemunhas de tudo quanto fez na Região dos Judeos, em Jerusalem, ao qual elles matárão, pendurando-o num madeiro.

40 A este resuscitou Deos ao terceiro dia, e quiz que se manifestasse,

41 não a todo o Povo, mas ás testemunhas que Deos havia ordenado antes: a nós, que comemos e bebemos com elle, depois que resuscitou d'entre os mortos.

42 E nos mandou prégar ao Povo, e dar teste-

2 F 2

munho de que elle he o que por Deos foi constituido Juiz de vivos e mortos.

43 A este dão testemunho todos os Profetas, de que todos os que crem nelle, recebem perdão dos peccados por meio do seu Nome.

44 Estando Pedro ainda proferindo estas palavras, desceo o Espirito Santo sobre todos os que ouvião a palavra.

45 E se espantárão os Fiéis que erão da circumcisão, os quaes tinhão vindo com Pedro : de verem que a graça do Espirito Santo foi tambem derramada sobre os Gentios.

46 Porque elles os ouvião fallar diversas linguas, e engrandecer a Deos.

47 Então respondeo Pedro : Por ventura póde alguem impedir a agua, para que não sejão baptizados estes, que receberão o Espirito Santo, assim tambem como nós ?

48 E mandou que elles fossem baptizados em Nome do Senhor Jesu Christo. Então lhe rogárão, que ficasse com elles por alguns dias.

CAPITULO XI.

E OUVÎRÃO os Apostolos, e os irmãos que estavão na Judéa : que tambem os Gentios havião recebido a palavra de Deos.

2 E quando Pedro passou a Jerusalem, disputavão contra elle os que erão da circumcisão,

3 dizendo : Porque entraste tu em casa d'homens que não são circumcidados, e comeste com elles ?

4 Mas Pedro tomando as cousas des do principio, lhas expunha pela sua ordem, dizendo :

5 Eu estava orando na Cidade de Joppe, e vi em hum arrebatamento d'espirito huma visão, em que descendo hum vaso, como huma grande toalha, sustida pelas quatro pontas, baixava do Ceo, e veio até onde eu estava.

6 Detendo eu nelle os olhos o estava contemplando, e vi dentro animaes terrestres de quatro pés, e alimarias, e reptís, e aves do Ceo.

7 E ouvi tambem huma voz que me dizia : Levanta-te, Pedro, mata, e come.

8 E eu disse : De nenhuma sorte, Senhor : porque nunca na minha boca entrou cousa commum, ou immunda.

9 E me respondeo outra vez a voz do Ceo : O que Deos purificou, tu não lhe chames commum.

10 E isto succedeo por tres vezes : e depois todas estas cousas tornárão a recolher-se no Ceo.

11 E eis-que chegárão logo tres homens á casa onde eu estava, enviados a mim de Cesaréa.

12 E o Espirito me disse, que fosse em com elles, sem pôr a isso alguma dúvida. Estes seis irmãos, que vedes, forão tambem comigo, e entrámos na casa de certo varão.

13 E nos referio, como tinha visto na sua casa ao Anjo, que estava diante d'elle, e que lhe dizia : Envia a Joppe, e faze vir a Simão, que tem por sobrenome Pedro,

14 o qual te dirá as palavras, pelas quaes serás salvo tu, e toda a tua casa.

15 E como eu tivesse começado a fallar, desceo o Espirito Santo sobre elles, assim como tambem tinha descido sobre nós no principio.

16 E eu me lembrei então das palavras do Senhor, como elle havia dito : João na verdade baptizou em agua, mas vós sereis baptizados no Espirito Santo.

17 Pois se Deos deo áquelles a mesma graça que tambem a nós, que cremos no Senhor Jesu Christo : quem era eu, para que me podesse oppôr a Deos ?

18 Elles, tendo ouvido este arrazoamento, se aquietárão : e derão gloria a Deos, dizendo : Logo tambem aos Gentios participou Deos o dom da penitencia, que conduz á vida.

19 E na verdade aquelles, que havião sido dispersos pela tribulação, que tinha acontecido por causa de Estevão, chegárão até Fenicia, e Chypre, e Antioquia, não prégando a ninguem a palavra, senão só aos Judeos.

20 E entr'elles havia alguns varões de Chypre, e de Cyrene, os quaes, quando entrárão em Antioquia, fallavão tambem aos Gregos, annunciando-lhes ao Senhor Jesus.

21 E a mão do Senhor era com elles : e hum grande número de crentes se converteo ao Senhor.

22 E chegou a fama d'estas cousas aos ouvidos da Igreja, que estava em Jerusalem : e enviárão Barnabé a Antioquia.

23 O qual quando lá chegou, e vio a graça de Deos, se alegrou : e exhortava a todos a perseverar no Senhor pelo proposito do seu coração :

24 porque era varão bom, e cheio do Espirito Santo, e de fé. E se unio ao Senhor grande número de gente.

25 E d'alli partio Barnabé para Tarso, em busca de Saulo : e tendo-o achado, o levou a Antioquia.

26 E aqui nesta Igreja passárão elles todo hum anno : e instruírão huma grande multidão de gente, de maneira que em Antioquia forão primeiro os discipulos denominados Christãos.

27 E por estes dias vierão de Jerusalem a Antioquia huns Profetas :

28 e levantando-se hum d'elles por nome Agabo, dava a entender por espirito, que havia de haver huma grande fome por todo o globo da terra : esta veio em tempo de Claudio.

29 E os discipulos, cada hum conforme a possibilidade que tinha, resolverão enviar algum soccorro aos irmãos que habitavão na Judéa :

30 o que elles effectivamente fizerão, enviando-o aos Anciãos por mãos de Barnabé, e de Saulo.

CAPITULO XII.

E NESTE mesmo tempo enviou o Rei Herodes tropas, para maltratar a alguns da Igreja.

2 E matou á espada a Tiago, irmão de João.

3 E vendo que agradava aos Judeos, fez tambem prender a Pedro. Erão então os dias dos Asmos.

4 Tendo-o pois feito prender, metteo-o num carcere, dando-o a guardar a quatro esquadras, cada huma de quatro soldados, com tenção de o presentar ao Povo depois da Pascoa.

5 E Pedro estava guardado na prizão a bom recado. Entretanto pela Igreja se fazia sem cessar oração a Deos por elle.

6 Mas quando Herodes estava para o apresentar, nessa mesma noite se achava dormindo Pedro entre dous soldados, liado com duas cadeias : e as guardas á porta vigiavão o carcere.

7 E eis-que sobreveio o Anjo do Senhor : e resplandeceo huma claridade naquella habitação : e tocando a Pedro em hum lado, o despertou, dizendo : Levanta-te depressa. E cahírão as cadeias das suas mãos.

8 E o Anjo lhe disse : Toma a tua cinta, e calça as tuas sandalhas. E fêllo Pedro assim. E o Anjo lhe disse : Põe sobre ti a tua capa, e segue-me.

9 E sahindo, o hia seguindo, e não sabia que o que se fazia por intervenção do Anjo era assim

na realidade: mas julgava que elle via huma visão.

10 E depois de passarem a primeira, e a segunda guarda, chegárão á porta de ferro, que guia para a Cidade: a qual se lhes abrio por si mesma. E sahindo, caminhárão juntos o cumprimento d'huma rua: e logo depois o deixou o Anjo.

11 Então Pedro entrando em si, disse: Agora he que eu conheço verdadeiramente, que mandou o Senhor o seu Anjo, e me livrou da mão de Herodes, e de tudo o que esperava o Povo dos Judeos.

12 E considerando nisto, foi ter a casa de Maria, mãi de João, que tem por sobrenome Marcos, onde muitos estavão congregados, e fazião oração.

13 Mas quando elle bateo á porta, foi huma moça chamada Rhode, a que veio ver quem era.

14 E tanto que conheceo a voz de Pedro, com o alvoroço lhe não abrio logo a porta, mas correndo para dentro, foi dar a nova de que Pedro estava á porta.

15 Elles porém lhe disserão: Tu estás louca. Mas elle asseverava que assim era. E elles dizião: Deve de ser o seu Anjo.

16 Entretanto Pedro continuava em bater. E depois de lhe terem aberto a porta, então o conhecêrão, e ficárão pasmados.

17 Mas elle tendo-lhes feito sinal com a mão, que se calassem, contou-lhes como o Senhor o havia livrado da prizão, e disse-lhes: Fazei saber isto a Tiago, e aos irmãos. E tendo sahido se foi logo a outra parte.

18 Mas quando foi dia, houve não pequena turbação entre os soldados, sobre o que tinha sido feito de Pedro.

19 E Herodes tendo-o feito buscar, e não no achando, feito exame a respeito dos guardas, os mandou justiçar: e passando de Judéa a Cesaréa, deixou-se aqui ficar.

20 Ora Herodes estava irritado contra os de Tyro, e de Sidonia. Mas estes de commum acordo o forão buscar, e com o favor de Blasto, que era seu Camarista, pedirão paz, porque das terras do Rei he que o seu paiz tirava a subsistencia.

21 E hum dia assignado, Herodes vestido em traje Real se assentou no tribunal, e lhes fazia huma falla.

22 E o Povo o applaudia, dizendo: Isto são vozes de Deos, e não de homem.

23 Porém subitamente o ferio o Anjo do Senhor, pelo motivo de que não tinha tributado honra á Deos: e comido de bichos, expirou.

24 Entretanto a palavra do Senhor crescia, e se multiplicava.

25 Mas Barnabé, e Saulo, tendo concluido o seu ministerio, tornárão a sahir de Jerusalem, levando comsigo a João, que tem por sobrenome Marcos.

CAPITULO XIII.

HAVIA pois na Igreja, que era de Antioquia varios profetas, e doutores, entr'elles Barnabé, e Simão, que tinha por appellido o Negro, e Lucio de Cyrene, e Manahen, o qual era collaço de Herodes o Tetrarca, e Saulo.

2 A tempo porém que elles exercião o seu ministerio ao Senhor, e jejuavão, disse-lhes o Espirito Santo: Separai-me a Saulo, e a Barnabé, para a obra a que eu os hei destinado.

655

3 Depois que jejuárão, e orárão, e lhes impozerão as mãos, os despedirão.

4 E elles, assim enviados pelo Espirito Santo, forão a Seleucia; e d'alli navegárão até Chypre.

5 E quando chegárão a Salamina, prégavão a palavra de Deos nas Synagogas dos Judeos. Tinhão pois elles tambem a João no ministerio.

6 E tendo discorrido por toda a Ilha até Páfos, achárão hum homem Mago, falso profeta, Judeo, que tinha por nome Barjesús,

7 o qual estava com o Proconsul Sergio Paulo, varão prudente. Este, havendo feito chamar a Barnabé, e a Saulo, desejava ouvir a palavra de Deos.

8 Mas Elymas o Mago (porque assim se interpreta o seu nome) se lhes oppunha, procurando apartar da Fé ao Proconsul.

9 Porém Saulo, que he tambem chamado Paulo, cheio do Espirito Santo, fixando nelle os olhos,

10 disse: O' cheio de todo o engano, e de toda a astucia, filho do diabo, inimigo de toda a justiça, tu não deixas de perverter os caminhos rectos do Senhor.

11 Pois agora eis-ahi está sobre ti a mão do Senhor, e serás cego, que não verás o Sol até certo tempo. E logo cahio sobr'elle huma obscuridade, e trévas, e andando á roda buscava quem lhe désse a mão.

12 Então o Proconsul quando vio este facto, abraçou a Fé, admirando a doutrina do Senhor.

13 E tendo Paulo, e os que com elle se achavão, desafferrado de Páfos, vierão a Perge na Pamfylia. Mas João apartando-se d'elles, voltou a Jerusalem.

14 E elles passando por Perge, vierão a Antioquia de Pisidia: e tendo entrado na Synagoga em dia de sabbado, assentárão-se.

15 E depois da lição da Lei, e dos Profetas, mandárão-lhes dizer os Chefes da Synagoga: Varões irmãos, se vós tendes que fazer alguma exhortação ao Povo, fazei-a.

16 E levantando-se Paulo, e fazendo com a mão sinal de silencio, disse: Varões Israelitas, e os que temeis a Deos, ouvi:

17 O Deos do Povo d'Israel escolheo nossos pais, e exaltou a este Povo sendo elles estrangeiros na terra do Egypto, de donde os tirou com o excelso poder do seu braço,

18 E supportou os costumes d'elles no deserto por espaço de quarenta annos.

19 E destruindo sete Nações na terra de Canaan, distribuio entr'elles por sorte aquella sua terra,

20 e quasi quatrocentos e cincoenta annos depois: e dahi em diante lhes deo Juizes, até ao Profeta Samuel.

21 E depois pedirão Rei: e Deos lhes deo a Saul filho de Cis, varão da Tribu de Benjamin, por quarenta annos.

22 E tirado este, lhes levantou em Rei a David: a quem dando testemunho, disse: Achei a David, filho de Jessé, homem segundo o meu coração, que ha de fazer as minhas vontades.

23 Da linhagem d'este, conforme a sua promessa, trouxe Deos a Israel o Salvador Jesus,

24 havendo João prégado antes da manifestação da sua vinda, o baptismo de penitencia a todo o Povo d'Israel.

25 E João quando acabava a sua carreira, dizia: Não sou eu quem vós cuidais que eu sou, mas eis-ahi vem após de mim aquelle, a quem eu não sou digno de desatar o calçado dos pés.

2 F 3

26 Varões irmãos, filhos da linhagem d'Abrahão, e os que entre vós temem a Deos, a vós he que foi enviada a palavra d'esta salvação.

27 Porque os que habitavão em Jerusalem, e os Principes d'ella, não conhecendo a este, nem as vozes dos Profetas, que cada sabbado se lem, sentenciando-o as cumprirão,

28 e não achando nelle nenhuma causa de morte, fizerão a sua petição a Pilatos, para assim lhe tirarem a vida.

29 E quando tiverão cumprido todas as cousas, que d'elle estavão escritas, tirando-o do madeiro, o pozerão no sepulcro.

30 Mas Deos o resuscitou d'entre os mortos ao terceiro dia: e foi visto muitos dias por aquelles,

31 que tinhão vindo juntamente com elle da Galiléa a Jerusalem: os quaes atégora dão testemunho d'elle ao Povo.

32 E nós vos annunciamos aquella promessa, que foi feita a nossos pais:

33 visto Deos a ter cumprido a nossos filhos, resuscitando a Jesus, como tambem está escrito no Salmo segundo: Tu és meu Filho, eu te gerei hoje.

34 E que o haja resuscitado d'entre os mortos, para nunca mais tornar á corrupção, elle o disse d'esta maneira: Dar-vos-hei pois as cousas Santas de David firmes.

35 E por isso he que tambem diz noutro lugar: Não permittirás que o teu Santo experimente corrupção.

36 Porque David no seu tempo, havendo servido conforme a vontade de Deos, morreo: e foi sepultado com seus pais, e experimentou corrupção.

37 Porém aquelle, que Deos resuscitou d'entre os mortos, não experimentou corrupção.

38 Seja-vos pois notorio, Varões irmãos, que por este se vos annuncia remissão de peccados, e de tudo o de que não podestes ser justificados pela Lei de Moysés,

39 por este he justificado todo aquelle, que crê.

40 Guardai-vos pois que não venha sobre vós o que foi dito pelos Profetas:

41 Vede, ó desprezadores, e admirai-vos, e finai-vos: que eu obro huma obra em vossos dias, huma obra que vós não crereis, se alguem vo-la referir.

42 E quando elles sahião lhes rogavão, que no seguinte sabbado lhes fallassem estas palavras.

43 E como tivesse sido despedida a Synagoga, muitos dos Judeos, e Proselytos tementes a Deos seguirão a Paulo, e a Barnabé: os quaes com as suas razões os exhortavão a que perseverassem na graça de Deos.

44 E no sabbado seguinte concorreo quasi toda a Cidade a ouvir a palavra de Deos.

45 Mas vendo os Judeos tanta multidão de gente, enchêrão-se d'inveja, e blasfemando, contradizião as razões que por Paulo erão proferidas.

46 Então Paulo, e Barnabé lhes disserão resolutamente: Vós ereis os primeiros, a quem se devia annunciar a palavra de Deos: mas porque vós a rejeitais, e vos julgais indignos da vida eterna, desde já nos vamos d'aqui para os Gentios.

47 Porque o Senhor assim no-lo mandou: Eu te puz para luz das Gentes, para que sejas de salvação até á extremidade da terra.

48 Os Gentios porém ouvindo isto, se alegrárão, e glorificavão a palavra do Senhor: e crêrão

856

todos os que havião sido predestinados para a vida eterna.

49 Assim por toda esta terra se disseminava a palavra do Senhor.

50 Mas os Judeos concitárão a algumas mulheres devotas, e nobres, e os principaes da Cidade, e excitárão huma perseguição contra Paulo, e Barnabé: e os lançárão fóra do seu paiz.

51 Então Paulo, e Barnabé, tendo sacudido contra elles o pó dos seus pés, forão para Iconio.

52 Entretanto estavão os Discipulos cheios de gozo, e do Espirito Santo.

CAPITULO XIV.

ACONTECEO em Iconio, que entrárão juntos na Synagoga dos Judeos, e que alli prégarão, de maneira que huma copiosa multidão de Judeos, e de Gregos se converteo á Fé.

2 Mas os Judeos que permanecêrão incredulos, concitárão e fizerão irritar os animos dos Gentios contra seus irmãos.

3 Por isso se demorárão alli muito tempo, trabalhando com confiança no Senhor, que dava testemunho á palavra da sua graça, concedendo que se fizessem por suas mãos prodigios, e milagres.

4 E se dividio a multidão da gente da Cidade: e assim huns erão pelos Judeos, outros porém pelos Apostolos.

5 Mas como se tivesse levantado hum motim dos Gentios, e dos Judeos com os seus Chefes, para os ultrajar, e apedrejar,

6 entendendo-o elles fugirão para Lystra, e Derbe, Cidades da Lycaonia, e para toda aquella Comarca em circuito, e alli se achavão prégando o Evangelho.

7 Ora em Lystra residia hum homem leso dos pés, coxo des do ventre de sua mãi, o qual nunca tinha andado.

8 Este homem ouvio prégar a Paulo. Paulo pondo nelle os olhos, e vendo que elle tinha fé de que seria curado,

9 disse em alta voz: Levanta-te direito sobre os teus pés. E elle saltou, e andava.

10 Os do Povo porém tendo visto o que fizera Paulo, levantárão a sua voz, dizendo em lingua Lycaonica: Estes são Deoses, que baixárão a nós em figura de homens.

11 E chamavão a Barnabé Jupiter, e a Paulo Mercurio: porque elle era o que levava a palavra.

12 Tambem o Sacerdote de Jupiter, que estava á entrada da Cidade, trazendo para ante as portas touros, e grinaldas, queria sacrificar com o Povo.

13 Mas os Apostolos Barnabé e Paulo, quando isto ouvirão, tendo rasgado as suas vestiduras, saltárão no meio das gentes clamando,

14 e dizendo: Varões, porque fazeis isto? Nós tambem somos mortaes, homens assim como vós, e vos prégamos, que d'estas cousas vans vos convertais ao Deos vivo, que fez o Ceo, e a terra, e o mar, e tudo quanto ha nelles:

15 o que nos seculos passados permittio a todos os Gentios andar nos seus caminhos.

16 E nunca se deixou por certo a si mesmo sem testemunho, fazendo bem lá do Ceo, dando chuvas, e tempos favoraveis para os frutos, enchendo os nossos corações de mantimento, e d'alegria.

17 E dizendo isto, apenas podérão apaziguar as gentes, para que lhes não sacrificassem.

18 Então sobrevierão de Antioquia, e de Iconio alguns Judeos: os quaes tendo ganhado para si a vontade do Povo, e apedrejando a Paulo, o trouxerão arrastando-o fóra da Cidade, dando-o por morto.

19 Mas rodeando-o os Discipulos, e levantando-se elle, entrou na Cidade, e ao dia seguinte partio com Barnabé para Derbe.

20 E tendo elles prégado o Evangelho áquella Cidade, e ensinado a muitos, voltárão para Lystra, e Iconio, e Antioquia,

21 confirmando os corações dos Discipulos, e exhortando-os a perseverar na Fé: e que por muitas tribulações nos he necessario entrar no Reino de Deos.

22 Por fim tendo-lhes ordenado em cada Igreja seus Presbyteros, e feito orações com jejuns, os deixárão encommendados ao Senhor, em quem tinhão crido.

23 E atravessando a Pisidia, forão a Pamfylia,

24 e annunciando a palavra do Senhor em Perge, descêrão a Attalia:

25 e d'alli navegárão para Antioquia, de donde havião sido encommendados á graça de Deos para a obra, que concluírão.

26 E havendo chegado, e congregado a Igreja, contárão quão grandes cousas havia Deos feito com elles, e como havia aberto a porta da Fé aos Gentios.

27 E se detiverão com os Discipulos não pouco tempo.

CAPITULO XV.

E VINDO alguns da Judéa, ensinavão assim aos irmãos: Pois se vos não circumcidais, segundo o rito de Moysés, não podeis ser salvos.

2 E tendo-se movido huma disputa não mui pequena, de Paulo e Barnabé contra elles, sem os convencer, resolvêrão que fossem Paulo, e Barnabé, e alguns dos outros aos Apostolos, e aos Presbyteros de Jerusalem sobre esta questão.

3 Elles pois, acompanhados pela Igreja, passavão já pela Fenicia, e por Samaria, contando a conversão dos Gentios: e davão grande contentamento a todos os irmãos.

4 E tendo chegado a Jerusalem, forão recebidos da Igreja, e dos Apostolos, e dos Presbyteros, aos quaes elles referírão quão grandes cousas tinha obrado Deos com elles.

5 Mas levantárão-se alguns da seita dos Fariseos, que abraçárão a Fé, dizendo: He necessario pois que os Gentios sejão circumcidados, mandar-lhes tambem que observem a Lei de Moysés.

6 Congregárão-se pois os Apostolos, e os Presbyteros para examinar este ponto.

7 E depois de se fazer sobr'elle hum grande exame, levantando-se Pedro, lhes disse: Varões irmãos, vós sabeis que des dos primeiros dias ordenou Deos entre nós, que da minha boca ouvissem os Gentios a palavra do Evangelho, e que a cressem.

8 E Deos, que conhece os corações, se declarou por elles, dando-lhes o Espirito Santo, assim como tambem a nós,

9 e não fez differença alguma entre nós e elles, purificando com a fé os seus corações.

10 Logo porque tentais agora a Deos, pondo hum jugo sobre as cervizes dos Discipulos, que nem nossos pais, nem nós podémos supportar?

11 Mas nós cremos, que pela graça do Senhor

Jesu Christo somos salvos, assim como elles tambem o forão.

12 Então toda a Assembléa se calou: e escutavão a Barnabé, e a Paulo, que lhes contavão quão grandes milagres, e prodigios fizera Deos por intervenção d'elles nos Gentios.

13 E depois que elles se calárão, entrou a fallar Tiago, dizendo: Varões irmãos, ouvi-me.

14 Simão tem contado como Deos primeiro visitou aos Gentios, para tomar d'elles hum Povo para o seu Nome.

15 E com isto concordão as palavras dos Profetas, como está escrito:

16 Depois d'isto eu voltarei, e edificarei de novo o tabernaculo de David, que cahio: e repararei as suas ruinas, e o levantarei:

17 para que os restos dos homens busquem a Deos, e todas as gentes, sobre as quaes tem sido invocado o meu Nome, diz o Senhor, que faz estas cousas.

18 Pelo Senhor he conhecida a sua obra des da eternidade.

19 Pelo que, julgo eu que se não devem inquietar, os que d'entre os Gentios se convertem a Deos,

20 mas que se lhes deve sómente escrever, que se abstenhão das contaminações dos idolos, e da fornicação, e das carnes suffocadas, e do sangue.

21 Porque Moysés, des de tempos antigos, tem em cada Cidade homens que o préguem nas Synagogas, onde he lido cada sabbado.

22 Então pareceo bem aos Apostolos, e aos Presbyteros com toda a Igreja, eleger varões d'entrelles, e envialos a Antioquia com Paulo, e Barnabé, enviando a Judas, que tinha o sobrenome de Barsabas, e a Silas, varões principaes entre os irmãos,

23 escrevendo-lhes por mão d'elles assim: Os Apostolos, e os Presbyteros irmãos, áquelles irmãos convertidos dos Gentios, que se achão em Antioquia, e na Syria, e na Cilicia, saude.

24 Por quanto havemos ouvido, que alguns, que tem sahido de nós, transtornando os vossos corações, vos tem perturbado com palavras, sem lhes termos mandado tal:

25 aprouve-nós a nos congregados em Concilio, escolher Varões, e envialos a vós, com os nossos mui amados Barnabé, e Paulo,

26 que são huns homens, que tem exposto as suas vidas pelo Nome de nosso Senhor Jesu Christo.

27 Enviámos por tanto a Judas, e a Silas, que até de palavra elles vos exporão as mesmas cousas.

28 Porque pareceo bem ao Espirito Santo, e a nós, não vos impôr mais encargos do que os necessarios, que são estes:

29 a saber, que vos abstenhais do que tiver sido sacrificado aos idolos, e do sangue, e das carnes suffocadas, e da fornicação, das quaes cousas fareis bem de vos guardar. Deos seja comvosco.

30 Elles enviados assim, forão a Antioquia: e havendo congregado a multidão dos Fiéis, entregárão a carta.

31 A qual tendo elles lido, se enchêrão de contentamento, pela consolação que lhes causou.

32 E Judas, e Silas, como tambem Profetas que erão, consolárão com muitas palavras aos irmãos, e os confirmárão na Fé.

33 E tendo-se demorado alli por algum tempo, forão remettidos em paz pelos irmãos, aos que lhos tinhão enviado.

34 A Silas, com tudo, pareceo bem ficar alli : e Judas foi só para Jerusalem.

35 E Paulo, e Barnabé se demoravão em Antioquia ensinando, e prégando com outros muitos a palavra do Senhor.

36 E d'alli a alguns dias, disse Paulo a Barnabé : Tornemos a ir visitar os irmãos por todas as Cidades, em que temos prégado a palavra do Senhor, para ver como se portão.

37 E Barnabé queria tambem levar comsigo a João, que tinha por sobrenome Marcos.

38 Mas Paulo lhe rogava, tendo por justo, que (pois se havia separado d'elles des de Pamfylia, e não havia ido com elles á obra) não devia ser admittido.

39 E houve tal desavença entre elles, que se separárão hum do outro, e assim Barnabé, levando comsigo a Marcos, navegou para Chypre.

40 E Paulo tendo escolhido a Silas, partio, encommendado pelos irmãos á graça de Deos.

41 E andava pela Syria, e pela Cilicia, confirmando as Igrejas : ordenando-lhes que guardassem os Canones dos Apostolos, e dos Presbyteros.

CAPITULO XVI.

E CHEGOU a Derbe, e a Lystra. E eis-que havia alli hum Discipulo por nome Timotheo, filho d'huma mulher fiel de Judéa, de pai Gentio.

2 D'este davão bom testemunho os irmãos que estavão em Lystra, e em Iconio.

3 Quiz Paulo que este fosse em sua companhia : e tomando-o o circumcidou por causa dos Judeos que havia naquelles lugares. Porque todos sabião que seu pai era Gentio.

4 E quando passavão pelas Cidades, lhes ensinavão que guardassem os decretos, que havião sido estabelecidos pelos Apostolos e pelos Presbyteros, que estavão em Jerusalem.

5 E com effeito as Igrejas erão confirmadas na fé, e crescião en número cada dia.

6 E atravessando a Frygia, e a provincia de Galacia, forão prohibidos pelo Espirito Santo de annunciarem a palavra de Deos na Asia.

7 E tendo chegado a Mysia, intentavão passar a Bithynia : mas o Espirito de Jesus lho não permittio.

8 E depois de haverem atravessado a Mysia, baixárão a Tróade :

9 e de noite foi representada a Paulo esta visão : Achava-se alli em pé hum homem Macedonio que lhe rogava, e dizia : Tu passando a Macedonia, ajuda-nos.

10 E assim que teve esta visão, procurámos logo partir para Macedonia, certificados de que Deos nos chamava a lhes irmos prégar o Evangelho.

11 Tendo nos pois embarcado em Tróade, viemos em direitura a Samothracia, e ao outro dia a Napoles :

12 e d'ahi a Filippos, que he huma Colonia, e Cidade principal d'aquella parte da Macedonia. E nesta Cidade nos detivemos alguns dias, conferindo.

13 E hum dia dos sabbados sahimos fóra da porta junto ao rio, onde parecia que se fazia oração : e assentando-nos alli, fallavamos ás mulheres que havião concorrido.

14 E huma mulher por nome Lydia, da Cidade dos Thyatirenos, que commerciava em purpura, serva de Deos, ouvio : o Senhor lhe abrio o coração, para attender áquellas cousas, que por Paulo erão ditas.

15 E tendo sido baptizada ella, e a sua familia, fez esta deprecação dizendo : Se haveis feito juizo de que eu sou fiel ao Senhor, entrai em minha casa, e pousai nella. E nos obrigou a isso.

16 Aconteceo pois, que indo nós á oração, nos encontrou huma moça, que tinha o espirito de Python, a qual com suas adevinhações dava muito lucro a seus amos.

17 Esta seguindo a Paulo, e a nós, gritava dizendo : Estes homens são servos do Deos Excelso, que vos annuncião o caminho da salvação.

18 E isto fazia muitos dias. Mas Paulo indignando-se já, e tendo-se voltado para ella, disse ao espirito : Eu te mando em Nome de Jesu Christo, que saias d'esta mulher. E elle na mesma hora sahio.

19 E vendo seus amos que se lhes tinha acabado a esperança do seu lucro, pegando em Paulo e em Silas, os levárão a praça aos do Governo :

20 e apresentando-os aos Magistrados, disserão : Estes homens amotinão a nossa Cidade, porque são Judeos :

21 e prégão hum modo de vida, que a nós nos não he licito receber, nem praticar, sendo Romanos.

22 E acudio o Povo pondo-se contra elles : e os Magistrados, rasgados os vestidos d'elles, mandárão que fossem açoutados com varas.

23 E depois de muito bem os terem fustigado, mettérão-nos numa prizão, mandando ao carcereiro, que os tivesse a bom recado.

24 Elle tendo recebido huma ordem tal como esta, os metteo em hum segredo, e lhes apertou os pés no cepo.

25 Mas á meia noite, postos em oração Paulo, e Silas, louvavão a Deos : e os que estavão na prizão os ouvião.

26 E subitamente se sentio hum terremoto tão grande, que se movérão os fundamentos do carcere. E se abrirão logo todas as portas : e forão soltas as prizões de todos.

27 Tendo pois espertado o carcereiro, e vendo abertas as portas do carcere, tirando da espada, queria matar-se, cuidando que erão fugidos os prezos.

28 Mas Paulo lhe bradou mui de rijo, dizendo : Não te faças nenhum mal : porque todos aqui estamos.

29 Então tendo pedido luz, entrou dentro : e todo tremendo se lançou aos pés de Paulo, e de Silas :

30 e tirando-os para fóra, disse-lhes : Senhores, que he necessario que eu faça, para me salvar?

31 E elles lhe disserão : Crê no Senhor Jesus : e serás salvo tu, e a tua familia.

32 E lhe prégárão a palavra do Senhor, e a todos os que estavão em sua casa.

33 E tomando-os naquella mesma hora da noite, lhes lavou as chagas : e immediatamente foi baptizado elle, e toda a sua familia.

34 E havendo-os levado a sua casa, lhez poz a meza, e se alegrou com todos os da sua casa, creudo em Deos.

35 E quando foi dia, lhe enviárão a dizer os Magistrados pelos lictores : Deixa ir livres esses homens.

36 E o carcereiro fez aviso d'esta ordem a Paulo : Já os Magistrados mandárão que sejais postos em liberdade, agora pois sahindo d'aqui, ide em paz.

37 Então Paulo lhes disse : Açoutados publica-

mente sem fórma de Juizo, sendo Romanos, nos mettêrão no carcere, e agora nos lanção fóra em segredo? Não será assim: mas venhão,

38 e tirem-nos elles mesmos. E os lictores dérão parte d'estas palavras aos Magistrados. E estes temêrão quando ouvirão que erão Romanos:

39 e vindo, lhes pedirão perdão, e tirando-os lhes rogavão que sahissem da Cidade.

40 Sahindo pois do carcere, entrárão em casa de Lydia: e como virão aos irmãos, os consolárão, e logo partirão.

CAPITULO XVII.

E TENDO passado por Amfipolis, e Apollonia, chegárão a Thessalonica, onde havia huma Synagoga de Judeos.

2 E Paulo entrou a elles, segundo o seu costume, e por tres sabbados disputou com elles sobre as Escrituras,

3 declarando, e mostrando que havia sido necessario que Christo padecesse, e resurgisse dos mortos: e este, dizia, he o Jesu Christo, que eu vos annuncio.

4 E alguns d'elles crêrão, e se aggregirão a Paulo, e a Silas, como tambem huma grande multidão de Proselytos, e de Gentios, e não poucas mulheres de qualidade.

5 Porém os Judeos levados do zelo, e fazendo seus alguns da escoria do vulgo, máos homens, com esta gente junta amotinárão a Cidade: e bloqueando a casa de Jason, procurávão apresentallos ao Povo.

6 E como os não tivessem achado, trouxerão por força a Jason, e a alguns irmãos á presença dos Magistrados da Cidade, dizendo a gritos: Estes são pois os que amotinão a Cidade, e vierão a ella,

7 aos quaes recolheo Jason, e elles todos são rebeldes aos Decretos do Cesar, sustentando que ha outro Rei, que he JESUS.

8 E amotinárão ao Povo, e aos principaes da Cidade ao ouvir estas cousas.

9 Mas depois que Jason, e os outros dérão caução, os deixárão ir.

10 E os irmãos logo que chegou a noite, enviárão a Paulo, e a Silas a Beréa. Os quaes tendo lá chegado, entrárão na Synagoga dos Judeos.

11 Estes pois erão mais generosos do que aquelles que se achão em Thessalonica, os quaes recebêrão a palavra com ancioso desejo, indagando todos os dias nas Escrituras, se estas cousas erão assim.

12 De sorte, que forão muitos d'entr'elles os que crêrão, e dos Gentios muitas mulheres nobres, e não poucos homens.

13 Porém como os Judeos de Thessalonica soubessem, que tambem em Beréa tinha sido prégada por Paulo a palavra de Deos, forão tambem lá commover, e sublevar o Povo.

14 E logo então os irmãos dérão modo a que Paulo se retirasse, e fosse para a parte do mar: porém Silas, e Timotheo ficárão alli.

15 E os que acompanhavão a Paulo, o levárão até Athenas, e depois de haverem d'elle recebido ordem para dizerem a Silas, e a Timotheo, que muito á pressa viessem a elle, partirão logo.

16 E em quanto Paulo os esperava em Athenas, o seu espirito se sentia commovido em si mesmo, vendo a Cidade toda entregue á idolatria.

17 Disputava por tanto na Synagoga com os Judeos, e Proselytos, e na praça todos os dias com aquelles, que se achavão presentes.

18 E alguns Filosofos Epicureos, e Estoicos disputavão com elle, e huns dizião: Que quer dizer este Paroleiro? E outros: Parece que he prégador de novos deoses: porque lhes annunciava a Jesus, e a resurreição.

19 E depois de pegarem nelle, o levárão ao Areópago, dizendo: Podemos nós saber que nova doutrina he essa, que prégas?

20 Porque nos andas mettendo pelos ouvidos humas cousas todas novas para nós: queremos pois saber que vem a ser isto.

21 (E todos os Athenienses, e os forasteiros alli assistentes, não se occupavão noutra cousa, senão em ou dizer, ou em ouvir alguma cousa de novo.)

22 Paulo pois, posta em pé no meio do Areópago, disse: Varões Athenienses, em tudo, e por tudo vos vejo hum pouco excessivos no culto da vossa Religião.

23 Pois indo passando, e vendo os vossos Simulacros, achei tambem hum Altar, em que se achava esta Letra: Ao DEOS DESCONHECIDO. Pois aquelle Deos que vós adorais sem no conhecer, esse he de facto o que eu vos annuncio.

24 Deos, que fez o Mundo, e tudo o que nelle ha, sendo elle o Senhor do Ceo, e da terra, não habita em Templos feitos pelos homens,

25 nem he servido por mãos de homens, como se necessitasse d'alguma creatura, quando elle mesmo he o que dá a todos a vida, e a respiração, e todas as cousas:

26 e de hum só fez todo o genero humano, para que habitasse sobre toda a face da terra, assignando a ordem dos tempos, e os limites da sua habitação,

27 para que buscassem a Deos, se por ventura o podessem tocar, ou achar, ainda que não esteja longe de cada hum de nós.

28 Porque nelle mesmo vivemos, e nos movemos, e existimos: como ainda disserão alguns de vossos Poetas: Porque d'elle tambem somos linhagem.

29 Sendo nós pois linhagem de Deos, não devemos pensar que a Divindade he semelhante ao ouro, ou á prata, ou á pedra lavrada por arte, e industria de homem.

30 E Deos dissimulando por certo os tempos d'esta ignorancia, denuncia agora aos homens, que todos em todo o lugar fação penitencia,

31 pelo motivo de que elle tem determinado hum dia, em que ha de julgar o Mundo, conforme a justiça, por aquelle varão, que destinou para Juiz, do que dá certeza a todos, resuscitando-o d'entre os mortos.

32 E quando ouvirão a resurreição dos mortos, huns na verdade fazião zombaria, e outros disserão: Outra vez te ouviremos sobre este assumpto.

33 Assim sahio Paulo do meio d'elles.

34 Todavia alguns varões aggregando-se a elle, abraçárão a Fé: entre os quaes foi não só Dionysio Areopagita, mas tambem huma mulher por nome Damaris, e com elles outros.

CAPITULO XVIII.

D EPOIS d'isto havendo sahido Paulo de Athenas, chegou a Corintho:

2 e achando alli hum Judeo por nome Aquila, natural do Ponto, que pouco antes havia chegado de Italia, e a Priscilla sua mulher (pelo motivo de que tinha mandado Claudio sahir de Roma a todos os Judeos) se unio a elles.

3 E por quanto era do seu mesmo officio, estava com elles, e trabalhava: (porque o officio d'elles era o de fazer tendas de campanha.)

4 E disputava todos os sabbados na Synagoga, fazendo entrar nos seus discursos o Nome do Senhor Jesus, e convencia aos Judeos, e aos Gregos.

5 E quando vierão de Macedonia Silas, e Timotheo, Paulo instava com a sua prégação, dando testemunho aos Judeos de que Jesus era o Christo.

6 Mas como elles contradissessem, e blasfemassem, sacudindo elle os seus vestidos, lhe disse: O vosso sangue seja sobre a vossa cabeça: eu estou limpo, des de agora me vou para os Gentios.

7 E sahindo d'alli, entrou em casa de hum chamado Tito Justo, temente a Deos, cuja casa vizinhava com a Synagoga.

8 E Crispo que era o Principe da Synagoga creo no Senhor com todos os da sua casa: e muitos dos Corinthios, ouvindo-o, crião, e erão baptizados.

9 Ora de noite em visão, disse o Senhor a Paulo: Não temas, mas falla, e não te cales:

10 porque eu sou comtigo: e ninguem se chegará a ti para te fazer mal: porque tenho muito Povo nesta Cidade.

11 E se deteve alli hum anno, e seis mezes, ensinando entr'elles a palavra de Deos.

12 Mas sendo Proconsul de Acaia Gallião, os Judeos de commum acordo se levantárão contra Paulo, e o levárão ao Tribunal,

13 dizendo: Este pois, contra a Lei, persuade aos homens que sirvão a Deos.

14 E como Paulo começasse a abrir a sua boca, disse Gallião aos Judeos: Se isto fosse na realidade algum aggravo, ou enormissimo crime, eu vos ouviria, ó Varões Judeos, conforme o direito.

15 Mas se são questões de palavra, e de nomes, e da vossa Lei, vede-o vós lá: porque eu não quero ser Juiz d'estas cousas.

16 E assim os mandou sahir do Tribunal.

17 Então elles todos lançando mão de Sósthenes, cabeça da Synagoga, lhe davão pancadas diante do Tribunal: e a Gallião nada d'isto lhe dava cuidado.

18 Mas Paulo havendo permanecido alli ainda muitos dias, despedindo-se dos irmãos, navegou para a Syria, (e com elle Priscilla, e Aquila,) depois de se ter feito cortar o cabello em Cenchris: porque tinha voto.

19 E chegou a Efeso, e os deixou alli. E tendo elle entrado na Synagoga, disputava com os Judeos.

20 E rogando-lhe elles que ficasse alli mais tempo, não consentio nisso,

21 mas despedindo-se d'elles, e dizendo-lhes: Outra vez, querendo Deos, voltarei a vós, partio de Efeso.

22 E descendo a Cesaréa, subio a Jerusalem, e saudou aquella Igreja, e logo passou a Antioquia.

23 E havendo estado alli por algum tempo, partio, atravessando por sua ordem a terra de Galacia, e a Frygia, fortalecendo a todos os Discipulos.

24 E veio a Efeso hum Judeo por nome Apóllo, natural d'Alexandria, homem eloquente, mui versado nas Escrituras.

25 Este era instruido no caminho do Senhor: e fallava com fervor de espirito, e ensinava com

660

diligencia o que pertencia a Jesus, conhecendo sómente o baptismo de João.

26 Este pois começou a fallar com liberdade na Synagoga. Quando Priscilla, e Aquila o ouvirão, o levárão comsigo, e lhe declarárão mais particularmente o caminho do Senhor.

27 E querendo elle ir a Acaia, havendo-o animado a isso os Irmãos, escrevérão aos Discipulos, que o recebessem. Elle tendo alli chegado, foi de muito proveito para aquelles, que havião crido.

28 Porque com grande vehemencia convencia publicamente aos Judeos, mostrando-lhes pelas Escrituras, que Jesus era o Christo.

CAPITULO XIX.

ACONTECEO que, estando Apóllo em Corintho, Paulo, depois de haver atravessado as Altas Provincias d'Asia, veio a Efeso, e achou alguns Discipulos;

2 e lhes disse: Vós recebestes já o Espirito Santo quando abraçastes a fé? E elles lhe responderão: Antes nós nem sequer temos ainda ouvido, se ha Espirito Santo.

3 E elle lhes disse: Em que baptismo logo fostes vós baptizados? Elles disserão: No baptismo de João.

4 Então disse Paulo: João baptizou ao Povo com baptismo de penitencia, dizendo: Que cressem naquelle que havia de vir depois d'elle, isto he, em Jesus.

5 Ouvido isto, forão baptizados em Nome do Senhor Jesus.

6 E havendo-lhes Paulo imposto as mãos, veio sobr'elles o Espirito Santo, e fallavão em diversas linguas, e profetizavão.

7 E erão por todos algumas doze pessoas.

8 E tendo pois entrado dentro na Synagoga, fallou com liberdade por espaço de tres mezes, disputando, e persuadindo-os acerca do Reino de Deos.

9 Mas como alguns se endurecessem, não cressem, desacreditando o caminho do Senhor diante da multidão, apartando-se d'elles, separou os Discipulos, disputando todos os dias na Escola de hum certo Tyranno.

10 E isto foi por dous annos, de tal maneira que todos os que moravão na Asia ouvirão a palavra do Senhor, Judeos, e Gentios.

11 E Deos fazia milagres, não quaesquer, por mão de Paulo:

12 chegando estes a tal extremo, que até sendo applicados aos enfermos os lenços, e aventaes, que tinhão tocado no corpo de Paulo, não só fugião d'elles as doenças, mas tambem os espiritos malignos se retiravão.

13 Ora tambem alguns dos Exorcistas Judeos, que andavão de terra em terra, tentárão invocar o Nome do Senhor Jesus sobre os que se achavão possessos dos malignos espiritos, dizendo: Eu vos esconjuro por Jesus, a quem Paulo préga.

14 E os que fazião isto erão huns sete filhos de certo Judeo, Principe dos Sacerdotes, chamado Sceva.

15 Mas o espirito maligno respondendo, lhes disse: Eu conheço a Jesus, e sei quem he Paulo: mas vós quem sois?

16 E o homem, no qual estava hum espirito malignissimo, saltando sobre elles, e apoderando-se de ambos, prevaleceo contra elles, de tal maneira que nús, e feridos fugirão d'aquella casa.

17 E este caso se fez notorio a todos os Judeos

e Gentios, que habitavão em Eféso: e cahio sobre todos elles grande temor, e o Nome do Senhor Jesus era engrandecido.

18 E muitos dos que havião crido vinhão confessando, e denunciando as suas obras.

19 Muitos tambem d'aquelles, que tinhão seguido as artes vans, trouxerão juntos os seus Livros, e os queimárão diante de todos: e calculando o seu valor, achárão que montava a cincoenta mil dinheiros.

20 D'este modo crescia muito, e tomava novas forças a palavra de Deos.

21 E concluidas estas cousas, propoz Paulo por instincto do Espirito Santo ir a Jerusalem depois d'atravessar a Macedonia, e a Acaia, dizendo: Porque depois que eu estiver alli, he necessario que tambem eu veja Roma.

22 E enviando á Macedonia dous dos que lhe ministravão, Timotheo, e Erasto, ainda elle mesmo se demorou algum tempo na Asia.

23 Mas neste tempo se excitou hum não mui pequeno tumulto a respeito do caminho do Senhor.

24 Porque hum ourives da prata, por nome Demetrio, que fazia de prata huns nichos de Diana, dava não pouco que ganhar aos artifices:

25 aos quaes convocando elle, e a outros, que trabalhavão em semelhantes obras, disse: Varões, vós sabeis que o nosso ganho nos resulta d'este artificio:

26 e estais vendo, e ouvindo, que não só em Efeso, mas em quasi toda a Asia este Paulo com as suas persuasões aparta do nosso culto muitas gentes, dizendo: Que não são Deoses os que são feitos por mãos de homens.

27 Pelo que não sómente correrá perigo de que esta nossa profissão venha a ficar em descredito, senão que tambem o Templo da grande Diana será tido em nada, e até começará a cahir por terra a magestade d'aquella, a quem toda a Asia, e o Mundo adora.

28 Ouvindo isto, se enchêrão de Ira, e levantárão hum grito, dizendo: Viva a grande Diana dos Efesios.

29 E se encheo toda a Cidade de confusão, e todos á huma arremetêrão ao theatro, arrebatando a Gaio, e a Aristarco Macedonios, companheiros de Paulo.

30 E querendo Paulo presentar-se no Povo, os Discipulos o não deixárão.

31 E alguns até dos principaes da Asia, que erão seus amigos, lhe enviárão a rogar, que não se apresentasse no theatro:

32 e outros levantavão outro grito. Por quanto aquella concurrencia de Povo estava alli confusa: e os mais d'elles não sabião o porque se havião ajuntado.

33 E tirárão a Alexandre d'entre aquella turba, levando-o a empurrões os Judeos. E Alexandre pedindo silencio com a mão, queria dar satisfação ao Povo.

34 Quando conhecêrão que elle era Judeo, todos a huma voz gritárão pelo espaço de quasi duas horas: Viva a grande Diana dos Efesios.

35 Então o Escrivão tendo apazíguado a gente, disse: Varões de Efeso, quem ha pois d'entre todos os homens, que não saiba que a Cidade de Efeso he honradora da grande Diana, e filha de Jupiter?

36 E por quanto isto se não póde contradizer, convém que vos socegueis, e que nada façais inconsideradamente.

37 Porque estes homens, que vós fizestes vir

661

aqui, nem são sacrilegos, nem são blasfemadores da vossa Deosa.

38 Mas se Demetrio, e os Officiaes que estão com elle, tem alguma queixa contra algum. Audiencias públicas se dão, e Proconsules ha, accusem-se huns a outros.

39 E se pretendeis alguma cousa sobre outros negocios: em legitimo Ajuntamento se poderá despachar.

40 Porque até corremos risco de sermos arguidos pela sedição de hoje: não havendo nenhuma causa (de que possamos dar razão) d'este concurso. E havendo dito isto, despedio o congresso.

CAPITULO XX.

E DEPOIS que cessou o tumulto, chamando Paulo aos discipulos, e fazendo-lhes huma exhortação, se despedio d'elles, e se poz a caminho para ir a Macedonia.

2 E depois de haver andado aquellas terras, e de os ter exhortado alli com muitas palavras, veio á Grecia:

3 onde havendo estado tres mezes, lhe forão armadas ciladas pelos Judeos, estando elle para navegar para a Syria: e assim tomou a resolução de voltar por Macedonia.

4 E acompanhou-o Sopatro de Beréa, filho de Pyrrho, e dos de Thessalonica Aristarco, e Secundo, e Gaio de Derbe, e Timotheo: e dos de Asia Tychico, e Trofimo.

5 Estes tendo partido adiante, nos esperárão em Tróade:

6 e nós, depois dos dias dos Asmos, nos fizemos á véla dos de Filippos, e fomos em cinco dias ter com elles a Tróade, onde nos detivemos sete.

7 Ora no primeiro dia da semana, tendo-se ajuntado os Discipulos a partir o pão, Paulo, que havia de fazer jornada ao dia seguinte, disputava com elles, e foi alargando o discurso até á meia noite.

8 E havia muitas alampadas no cenaculo, onde estavamos congregados.

9 E hum mancebo, por nome Eutyco, que estava assentado sobre huma janella, como fosse tomado d'hum profundo somno, em quanto Paulo lha prolongando o seu discurso, vencido já do somno caindo abaixo des do terceiro andar da casa, e foi levantado morto.

10 Para soccorrer o qual havendo Paulo descido, se recostou sobre elle: e tendo-o abraçado disse: Não vos perturbeis, porque a sua alma nelle está.

11 E subindo, e partindo o pão, e comendo, ainda lhes fallou largamente até que foi de dia, depois d'isto partio.

12 E levárão vivo ao mancebo, de que recebêrão não mui pequena consolação.

13 Nós porém mettendo-nos num navio, navegámos até Asson, para recebermos alli a Paulo: pois assim o havia elle disposto, devendo fazer a viagem por terra.

14 E tendo-se ajuntado comnosco em Asson, depois de tomarmos, fomos a Mitylene.

15 E continuando d'alli a nossa derrota, chegámos ao seguinte dia bem defronte de Quio, e no outro aportámos em Samos, e no seguinte chegámos a Mileto:

16 porque Paulo havia determinado passar a diante de Efeso, por se não demorar na Asia. Apressava-se pois, se possivel lhe fosse, por celebrar em Jerusalem o dia de Pentecoste.

17 E enviando des de Mileto a Efeso, chamou aos Anciãos da Igreja.

18 Os quaes depois de virem ter com elle, e estando todos juntos, lhes disse : Vós sabeis des do primeiro dia que entrei na Asia, de que modo me tenho portado comvosco por todo esse tempo,

19 servindo ao Senhor com toda a humildade, e com lagrimas, e com tentações, que me acontecêrão por via das emboscadas dos Judeos :

20 como não tenho occultado cousa alguma das que vos podião ser uteis, para que vo-las deixasse de annunciar, e vos ensinasse publicamente, e dentro em vossas casas,

21 prégando aos Judeos, e aos Gentios a penitencia para com Deos, e a Fé em nosso Senhor Jesu Christo.

22 E agora eis-aqui estou eu, que liado pelo Espirito, vou para Jerusalem : não sabendo as cousas que alli me hão de acontecer :

23 senão o que o Espirito Santo me assegura por todas as Cidades, dizendo : que me esperão em Jerusalem prizões, e tribulações.

24 Porém eu nada d'isto temo : nem faço a minha propria vida mais preciosa, que a mim mesmo, com tanto que acabe a minha carreira, e o ministerio da palavra, que recebi do Senhor Jesus, para dar testemunho do Evangelho da graça de Deos.

25 E agora eis-aqui estou eu, que já sei que não tornareis mais a ver a minha face todos vós, por entre os quaes passei prégando o Reino de Deos.

26 Por tanto eu vos protesto neste dia, que estou limpo do sangue de todos.

27 Porque não tenho buscado subterfugio, para vos deixar de annunciar toda a disposição de Deos.

28 Attendei por vós, e por todo o rebanho, sobre que o Espirito Santo vos constituío Bispos, para governardes a Igreja de Deos, que elle adquirio pelo seu proprio sangue.

29 Porque eu sei que depois da minha despedida, hão de entrar a vós certos lobos arrebatadores, que não hão de perdoar ao rebanho.

30 E que d'entre vós mesmos hão de sahir homens, que hão de publicar doutrinas perversas, com o ir 'ento de levarem após si muitos Discipulos.

31 Por cuja causa vigiai, lembrando-vos : que por tres annos não cessei de noite e de dia de admoestar com lagrimas a cada hum de vós.

32 E agora eu vos encommendo a Deos, e á palavra da sua graça, áquelle, que he poderoso para edificar, e dar-vos herança entre todos os que são santificados.

33 Não cubicei prata, nem ouro, nem vestido de nenhum, como

34 vós mesmos sabeis : porque estas mãos me servirão para as cousas, que me erão necessarias a mim, e áquelles que estão comigo.

35 Em tudo vos tenho mostrado, que trabalhando todos d'esta maneira, convem receber os enfermos, e lembrar d'aquellas palavras do Senhor Jesus, por quanto elle mesmo disse : Cousa mais bemaventurada he dar, que receber.

36 E havendo dito isto, depois de pôr em terra os seus joelhos, orou com todos elles.

37 E entre todos se levantou hum grande pranto : e lançando-se sobre o pescoço de Paulo, o beijavão,

38 afflictos em grande maneira, pela palavra que havia dito, que não tornarião a ver mais a sua face. E elles o conduzirão a bordo.

662

CAPITULO XXI.

E TENDO-NOS feito á véla depois que nos separámos d'elles, fomos em direitura a Cóos, e no dia seguinte a Rhodes, e d'alli a Pátara.

2 E como tivessemos achado hum navio, que passava á Fenicia, entrando nelle, nos fizemos a véla.

3 E depois de estarmos á vista de Chypre, deixando-a á esquerda, continuámos a nossa derrota para as partes da Syria, e chegámos a Tyro : porque ahi se devia descarregar o navio.

4 E como achassemos Discipulos, nos detivemos alli sete dias : os quaes inspirados pelo Espirito Santo dizião a Paulo que não subisse a Jerusalem.

5 E passados estes dias tendo partido d'alli, hiamos nosso caminho, acompanhando-nos todos com suas mulheres, e com seus filhos até fóra da Cidade : e postos de joelhos na praia, fizemos a nossa oração.

6 E tendo-nos despedido huns dos outros, nos embarcámos : e elles voltárão para suas casas.

7 Nós porém, concluida a nossa navegação, de Tyro passámos a Ptolemaida : e havendo saudado aos irmãos, nos detivemos hum dia com elles.

8 E no dia seguinte havendo partido d'alli, chegámos a Cesaréa. E entrando em casa de Filippe o Evangelista, que era hum dos sete, ficámos com elle.

9 E tinha elle quatro filhas virgens, que profetavão.

10 E como nos detivessemos alli por alguns dias, chegou da Judéa hum Profeta, por nome Agabo.

11 Este tendo vindo a nós, tomou a cinta de Paulo : e atando-se os pés, e as mãos, disse : Isto diz o Espirito Santo : Assim atarão os Judeos em Jerusalem ao Varão, cuja he esta cinta, e o entregarão nas mãos dos Gentios.

12 Quando ouvimos isto, nós, e os que erão d'aquelle lugar, lhe rogámos que não fosse a Jerusalem.

13 Então Paulo a resposta que deo foi dizendo : Que fazeis chorando, e affligindo-me o coração ? Porque eu estou apparelhado não só para ser atado, mas até para morrer em Jerusalem pelo Nome do Senhor Jesus.

14 E vendo que o não podiamos persuadir, não no importunámos mais, dizendo : Faça-se a vontade do Senhor.

15 E depois d'estes dias, tendo-nos prevenido, subimos a Jerusalem.

16 E alguns dos Discipulos vierão tambem comnosco des de Cesaréa, os quaes levavão comsigo a hum Mnason de Chypre, Discipulo antigo, para nos hospedarmos em sua casa.

17 E chegados que fomos a Jerusalem, os irmãos nos recebêrão de boa vontade.

18 E no seguinte dia foi Paulo em nossa companhia a casa de Tiago, onde se tinhão congregado todos os Anciãos.

19 Havendo-os saudado, lhes contou huma por huma todas as cousas, que Deos tinha obrado entre os Gentios por seu ministerio.

20 Elles porém ouvindo-o, engrandecêrão a Deos, e lhe disserão : Bem vês, irmão quantos milhares de Judeos são os que tem crido, e todos são zeladores da Lei.

21 E tem ouvido dizer de ti, que ensinas aos Judeos, que estão entre os Gentios, que deixem

a Moysés: dizendo, que elles não devem circumcidar a seus filhos, nem andar segundo o seu rito.

22 Pois que se ha de fazer? certamente he necessario que a multidão se ajunte: porque ouvirão que tu és chegado.

23 Faze pois o que te vamos a dizer: Temos aqui quatro varões, que tem voto sobre si.

24 Depois de haveres tomado estes comtigo, santifica-te com elles: e faze-lhes os gastos da ceremonia, para que rapem as cabeças: e saberão todos que he falso quanto de ti ouvirão, e que pelo contrario segues o teu caminho guardando a Lei.

25 E ácerca d'aquelles, que crêrão dentre Gentios, nos temos escrito, ordenando, que se abstenhão do que for sacrificado aos idolos, e de sangue, e de suffocado, e da fornicação.

26 Então Paulo, depois de tomar comsigo aquelles varões, purificado com elles no seguinte dia entrou no Templo, fazendo saber o cumprimento dos dias da purificação, até que se fizesse a offrenda por cada hum d'elles.

27 Mas quando estavão a findar os sete dias, aquelles Judeos que se achavão alli da Asia, tendo-o visto no Templo, amotinárão todo o Povo, e lhe lançárão as mãos, gritando:

28 Varões d'Israel, soccorro: este he aquelle homem, que por todas as partes ensina a todos contra o Povo, e contra a Lei, e contra este lugar, até de mais a mais metteo os Gentios no Templo, e profanou este santo lugar.

29 Porque tinhão visto andar com elle pela Cidade a Trofimo de Efeso, crêrão que Paulo o havia introduzido no Templo.

30 E se commoveo toda a Cidade, e se ajuntou hum grande concurso do Povo. E lançando mão de Paulo o arrastárão para fóra do Templo: e logo forão fechadas as portas.

31 E procurando elles matallo chegou aos ouvidos do Tribuno da Cohorte: Que toda Jerusalem estava amotinada.

32 Elle havendo logo tomado soldados, e Centuriões, correo a elles. Os quaes tendo visto ao Tribuno, e aos soldados, cessárão de ferir a Paulo.

33 Então chegando-se o Tribuno, lançou mão d'elle, e o mandou atar com duas cadeias: e lhe perguntou quem era, e o que havia feito.

34 Mas nesta confusão de gente, huns gritavão d'huma sorte, outros d'outra. E como por causa do tumulto não podia vir no conhecimento de cousa alguma ao certo, mandou que o levassem á Cidadela.

35 E quando Paulo chegou ás escadas, foi necessario tomarem-no os soldados, de grande que era a violencia do Povo.

36 Porque era grande a alluvião, que o segula, dizendo a gritos: Mata-o.

37 E quando começavão já a metter a Paulo na Cidadela, disse ao Tribuno: Deseja ra saber se me he permittido dizer-te duas palavras? O qual lhe respondeo: Sabes o Grego?

38 Por ventura não és tu aquelle Egypcio, que os dias passados levantaste hum tumulto, e conduziste ao deserto quatro mil homens assassinos?

39 E Paulo lhe disse: Eu na verdade sou homem Judeo natural de Tarso na Cilicia, cidadão d'esta não desconhecida Cidade. Mas rogo-te que me permittas fallar ao Povo.

40 E quando lho permittio o Tribuno, pondo-se Paulo em pé sobre os degraos, fez sinal ao Povo com a mão, e tendo ficado todos num

663

grande silencio, fallou então em lingua Hebraica, dizendo:

CAPITULO XXII.

VARÕES irmãos, e Padres, ouvi a razão que presentemente vos dou de mim.

2 E quando ouvirão que lhes fallava em lingua Hebraica, o escutárão com maior silencio.

3 E disse: Eu pelo que toca á minha pessoa sou Judeo, que nasci em Tarso de Cilicia, e me criei nesta Cidade, instruido aos pés de Gamaliel conforme a verdade da Lei de nossos pais, zelador da Lei, assim como todos vós tambem o sois no dia d'hoje:

4 eu o que persegui este caminho até á morte, prendendo, e mettendo em carceres a homens, e mulheres,

5 como o Principe dos Sacerdotes, e todos os Anciãos me são testemunhas, dos quaes havendo tambem recebido cartas para os irmãos, hia a Damasco com o fim de os trazer d'alli prezos a Jerusalem, para que fossem castigados.

6 Mas aconteceo, que indo eu no caminho, e achando-me já perto de Damasco á hora do meio dia, de repente me cercou huma grande luz do Ceo:

7 e cahindo por terra, ouvi huma voz, que me dizia: Saulo, Saulo, porque me persegues?

8 E eu respondi: Quem és tu, Senhor? E o que fallava me disse: Eu sou Jesus Nazareno, a quem tu persegues.

9 E os que estavão comigo virão sim a luz, mas não ouvirão a voz d'aquelle que fallava comigo.

10 Então disse eu: Senhor, que farei? E o Senhor me respondeo: Levanta-te, vai a Damasco: e lá se te dirá tudo o que deves fazer.

11 E como eu ficasse cégo pelo intenso clarão d'aquella luz, tendo sido pelos que me acompanhavão levado pela mão, cheguei a Damasco.

12 E hum certo Ananias, varão segundo a Lei, que tinha o testemunho de todos os Judeos que alli assistião,

13 vindo ter comigo, e pondo-se-me diante me disse: Saulo irmão, recebe a vista. E eu no mesmo ponto o vi a elle.

14 E elle me disse: O Deos de nossos Padres te predestinou, para que conhecesses a sua vontade, e visses ao Justo, e ouvisses a voz da sua boca:

15 porque tu serás sua testemunha diante de todos os homens, das cousas que tens visto, e ouvido.

16 E agora que te demoras? Levanta-te, e recebe o baptismo, e lava os teus peccados, depois de invocar o seu Nome.

17 E aconteceo que voltando eu para Jerusalem, e orando no Templo, fui arrebatado fóra de mim,

18 e vi ao que me dizia: Dá-te pressa, e sahe logo de Jerusalem: porque não receberão o teu testemunho de mim.

19 E eu disse: Senhor, elles mesmos sabem que eu era o que mettia em carceres, e açoutava pelas Synagogas aos que crião em ti:

20 e quando se derramava o sangue de Estevão testemunha tua, eu estava presente, e o consentia, e guardava os vestidos dos que o matavão.

21 E elle me disse: Vai: porque eu te enviarei ás Nações de longe.

22 E os Judeos o havião escutado até esta palavra, mas levantárão então a sua voz, dizendo: Tira do mundo a tal homem: porque não he justo que elle viva.

23 E como elles fizessem alaridos, e arrojassem de si os seus vestidos, e lançassem pó ao ar,

24 mandou o Tribuno mettello na Cidadela, e que o açoutassem, e lhe dessem tormento para saber por que causa clamavão assim contra elle.

25 Mas tendo-o liado com humas correas, disse Paulo a hum Centurião, que estava presente: He-vos permittido açoutar hum Cidadão Romano, e que não foi condemnado?

26 Tendo ouvido isto, foi o Centurião ter com o Tribuno, e lhe fez aviso, dizendo: Que determinas tu fazer? pois este homem he Cidadão Romano.

27 E vindo o Tribuno, lhe disse: Dize-me se tu és Romano? E elle disse? Sim.

28 E respondeo o Tribuno: A mim custou-me huma grande somma de dinheiro alcançar este Foro de Cidadão. Então lhe disse Paulo: Pois eu sou-o de nascimento.

29 Logo ao mesmo tempo se apartárão d'elle os que o havião de pôr a tormento. Tambem o Tribuno entrou em temor, depois que soube que era Cidadão Romano, e porque o tinha feito liar.

30 E ao dia seguinte querendo saber com mais individuação a causa que tinhão os Judeos para accusallo, o fez desatar, e mandou que se ajuntassem os Sacerdotes, e todo o Conselho, e produzindo a Paulo, o apresentou diante d'elles.

CAPITULO XXIII.

PAULO pois, pondo os olhos no Conselho, disse: Varões irmãos, eu até ao dia d'hoje me tenho portado diante de Deos com toda a boa consciencia.

2 E Ananias, Principe dos Sacerdotes, mandou aos que estavão junto d'elle, que o ferissem na cara.

3 Então lhe disse Paulo: Deos te ferirá a ti, parede branqueada. Tu estás ahi sentado para julgar-me a mim segundo a Lei, e contra a Lei mandas que eu seja ferido?

4 E os que estavão alli disserão: Tu injurias ao Summo Sacerdote de Deos?

5 E disse Paulo: Não sabia eu, irmãos, que he o Principe dos Sacerdotes. Porque escrito está: Não dirás mal do Principe do teu Povo.

6 Ora sabendo Paulo que huma parte era de Sadduceos, e outra de Fariseos, disse em alta voz no Conselho: Varões irmãos, eu sou Fariseo, filho de Fariseos, ácerca da esperança, e da resurreição dos mortos eu sou julgado.

7 E quando isto disse, se moveo huma grande dissensão entre os Fariseos, e os Sadduceos, e se dividio a multidão.

8 Porque os Sadduceos dizem, que não ha resurreição, nem Anjo, nem Espirito: ao mesmo tempo que os Fariseos reconhecem hum, e o outro.

9 Houve pois grande vozeria. E levantando-se alguns dos Fariseos, altercavão, dizendo: Não achamos mal neste homem: quem sabe, se lhe fallou algum Espirito, ou Anjo?

10 E como se tivesse originado d'aqui huma grande dissensão, temendo o Tribuno que Paulo fosse por elles despedaçado, mandou que descessem os soldados, para que o tirassem d'entr'elles, e o levassem á Cidadela.

11 E na seguinte noite, apparecendo-lhe o Senhor, lhe disse: Tem constancia: porque assim como déste testemunho de mim em Jerusalem, assim importa que tambem mo dês em Roma.

12 E quando chegou o dia, houve alguns dos Judeos, que fizerão liga entre si, e apostados se praguejárão dizendo, que elles não havião de comer, nem beber, em quanto não matassem a Paulo.

13 E erão passante de quarenta pessoas, as que tinhão entrado nesta conjuração:

14 as quaes se forão presentar aos Principes dos Sacerdotes, e aos Senadores, e disserão: Nós temo-nos obrigado por voto, sob pena de maldição, a não provarmos bocado, até não matarmos a Paulo.

15 Vós pois agora com o Conselho fazei saber ao Tribuno, que quereis vo-lo produza, como para haverdes de tomar algum conhecimento mais ao certo da sua causa. E nós estaremos prestes para o matar, antes que elle chegue.

16 Mas hum filho da irmãa de Paulo, tendo ouvido esta conspiração, foi, e entrou na Cidadela, e deo aviso a Paulo.

17 Então Paulo, chamando a si hum dos Centuriões, disse: Leva este moço ao Tribuno, porque tem cousa, que lhe communicar.

18 E nesta conformidade tomando-o elle comsigo, o levou ao Tribuno, e disse: O prezo Paulo me rogou que trouxesse eu á tua presença este moço, que tem cousa que dizer-te.

19 E o tribuno tomando-o pela mão, o tirou á parte, e lhe perguntou: Que he o que tens que me dizer?

20 E elle disse: Os Judeos tem concertado rogar-te que á manhãa apresenteis Paulo ao Conselho, como para haverem de inquirir d'elle alguma cousa mais ao certo:

21 mas tu não os crêas, porque ha mais de quarenta d'elles que lhe armão traição, os quaes tem jurado sob pena de maldição, que não comerão, nem beberão, em quanto o não matarem: e para isto estão já prestes, esperando que tu faças o que elles desejão.

22 Então o Tribuno despedio o moço, mandando-lhe que a ninguem dissesse, que lhe havia dado aviso d'isto.

23 E chamando a dous Centuriões, lhes disse: Tende promptos duzentos soldados, que vão até Cesaréa, e setenta de cavallo, e duzentas lanças, des da hora terceira da noite:

24 e aparelhai cavalgaduras, para que fazendo elles montar a Paulo, o chegassem a levar com segurança ao Presidente Felis,

25 (porque temeo não se desse caso que os Judeos o arrebatassem, e o matassem, e depois d'isto fosse elle accusado como quem havia de receber dinheiro por lho entregar.)

26 escrevendo huma Carta nestes termos: CLAUDIO Lysias ao Optimo Presidente Felis, saude.

27 A este homem, que foi prezo pelos Judeos, e que estava a ponto de ser por elles morto, sobrevindo eu com a tropa o livrei, tendo sabido já que he Romano:

28 e querendo saber o delicto de que o accusavão, o levei ao Conselho d'elles.

29 Achei que elle era accusado sobre questões da Lei dos mesmos, sem haver nelle delicto algum que merecesse morte, ou prizão.

30 E como tivesse chegado a mim a noticia das traições, que elles Judeos lhe tinhão aparelhado, to remetti, intimando tambem aos accusadores, que recorrão a ti. A Deos.

31 Os soldados pois, conforme a ordem que tinhão, tomando a Paulo, o levárão de noite a Antipatride.

32 E ao dia seguinte, deixando aos de cavallo que fossem com elle, voltárão para a guarnição.

33 Os quaes tendo chegado a Cesaréa, e depois de entregarem ao Presidente a carta que leva-vão, apresentárão diante d'elle tambem a Paulo.

34 Elle porém depois de a ler, e perguntar de que Provincia era: e sabendo que era da Cilicia,

35 Ouvir-te-hei, lhe disse, quando chegarem os teus accusadores. E mandou que Paulo fosse posto em custodia no Pretorio d'Herodes.

CAPITULO XXIV.

E D'ALLI a cinco dias veio o Principe dos Sacerdotes, Ananias com alguns Anciãos, e com hum certo Tertullo Orador, todos os quaes comparecêrão ante o Presidente contra Paulo.

2 E citado Paulo, começou Tertullo a accusallo nestes termos: Como pela tua authoridade he que nós gozamos de huma profunda paz, e pela tua sabia providencia se tem emendado muitos abusos;

3 nós o reconhecemos em todo o tempo, e lu-gar, Optimo Felis, com a devida acção de graças.

4 Mas por te não ter suspenso muito tempo, rogo-te, que ouças com a tua equidade ordinaria, o que te vamos a dizer em breves palavras.

5 Nós temos achado, que este homem he pes-tifero, e que em todo o Mundo excita sedições entre todos os Judeos, e que he cabeça da sedi-ciosa seita dos Nazarenos:

6 que tambem intentou profanar o Templo, de maneira que depois de prezo o quizemos julgar segundo a nossa Lei.

7 Mas sobrevindo o Tribuno Lysias, elle no-lo tirou das mãos com grande violencia,

8 ordenando que os seus accusadores viessem comparecer diante de ti: d'elle poderás tu mes-mo julgando, tomar conhecimento de todas estas cousas, de que nós o accusamos.

9 E tambem os Judeos accrescentárão, dizendo ser isto assim.

10 Mas Paulo (tendo-lhe o Presidente feito sinal que fallasse) respondeo: Sabendo que tu és Juiz d'esta nação muitos annos ha, com bom animo satisfarei por mim.

11 Tu pódes facilmente saber, que não ha mais que doze dias, que eu cheguei a Jerusalem a fazer a minha adoração:

12 e nem me achárão no Templo disputando com algum, nem fazendo concurso de gente, nem nas Synagogas,

13 nem na Cidade: nem te podem provar as cousas, de que agora me accusão.

14 Porém confesso isto diante de ti, que se-gundo a seita que elles chamão heresia, sirvo eu a meu Pai e Deos, crendo todas as cousas, que estão escritas na Lei, e nos Profetas:

15 tendo esperança em Deos, como elles mes-mos tambem esperão, que ha de haver a resur-reição dos justos, e dos peccadores.

16 E por isso procuro ter sempre a minha cons-ciencia sem tropeço diante de Deos, e dos homens.

17 E depois de muitos annos vim á minha gente a fazer esmolas, e offrendas, e sacrificios:

18 nisto me achárão purificado no Templo: não com turba, nem com tumulto.

19 E estes forão huns Judeos da Asia, que de-vião comparecer diante de ti, e accusar-me, se tivessem alguma cousa contra mim:

20 ou estes mesmos digão se achárão em mim alguma maldade, quando eu comparecí em Con-selbo,

21 senão só d'estas palavras, que proferí em alta voz, estando no meio d'elles: Eu hoje pois sou julgado por vós ácerca da resurreição dos mortos.

22 Felis porém, que sabia perfeitissimamente as cousas d'este caminho, os remetteo para outro tempo, dizendo: Quando vier o Tribuno Lysias, então vos ouvirei.

23 E mandou a hum Centurião, que o tivesse em custodia, mas sem tanto aperto, e sem pro-hibir que os seus o servissem.

24 E passados alguns dias, vindo Felis com sua mulher Drusilla, que era Judia, chamou a Paulo, e o esteve ouvindo fallar da Fé, que ha em Jesu Christo.

25 Mas como Paulo lhe fallou em tom de dis-puta da justiça, e da castidade, e do Juizo futuro, Felis todo atemorizado lhe disse: Por ora basta, vai-te: e quando tiver vagar, eu te chamarei:

26 esperando tambem ao mesmo tempo, que Paulo lhe désse algum dinheiro, por cuja causa mandando-o chamar ainda repetidas vezes, se entretinha com elle.

27 Completos porém dous annos, teve Felis por successor a Porcio Festo. E querendo Felis ganhar a graça dos Judeos, deixou a Paulo na prizão.

CAPITULO XXV.

TENDO pois chegado Festo á Provincia, veio passados tres dias de Cesaréa a Jerusalem.

2 E os Principes dos Sacerdotes, e os principaes dos Judeos acudirão a elle contra Paulo: e lhe rogavão,

3 pedindo favor contra elle, para que o man-dasse vir a Jerusalem, armando-lhe insidias, para o assassinarem no caminho.

4 Mas Festo respondeo, que Paulo se achava em custodia em Cesaréa: e que elle partiria para lá dentro de poucos dias.

5 Por onde, os que d'entre vós, disse elle, são os principaes, vindo comigo, se algum crime ha neste homem, accusem-no.

6 E havendo-se demorado entre elles não mais de oito ou dez dias, baixou a Cesaréa, e o dia seguinte se assentou no Tribunal, e mandou tra-zer a Paulo.

7 O qual depois de ser alli trazido, o rodeárão os Judeos, que tinhão vindo de Jerusalem, ac-cusando-o de muitos e graves delictos, que não podião provar,

8 dizendo Paulo em sua defeza: Em nada pois tenho peccado contra a Lei dos Judeos, nem contra o Templo, nem contra Cesar.

9 Mas Festo querendo comprazer com os Ju-deos, respondendo a Paulo, disse: Queres subir a Jerusalem, e ser alli julgado d'estas cousas diante de mim?

10 E Paulo disse: Ante o Tribunal do Cesar estou, onde convem que seja julgado: eu ne-nhum mal tenho feito aos Judeos, como tu melhor o sabes.

11 E se tiia tenho feito algum mal, ou cousa digna de morte, não recuso morrer: mas se nada he d'aquillo, de que estes me accusão, ninguem me pode entregar a elles: appello para o Cesar.

12 Então Festo, depois de haver conferido o negocio com o Conselho, respondeo: Para o Cesar tens appellado? ao Cesar irás.

13 E alguns dias depois o Rei Agrippa, e Bere-nice vierão a Cesaréa a dar as emboras a Festo.

14 E demorando-se alli muitos dias, Festo deo noticia de Paulo ao Rei, dizendo: Felis deixou aqui prezo a hum certo homem,

15 por cujo respeito, quando estive em Jerusalem, acudirão a mim os Principes dos Sacerdotes, e os Anciãos dos Judeos, pedindo que o condemnasse.

16 Aos quaes respondi: Que não era costume dos Romanos condemnar homem algum, antes do accusado ter presentes os seus accusadores, e antes de se lhe dar liberdade para elle se defender dos crimes, que se lhe imputão.

17 Tendo elles pois acudido aqui sem a menor dilação, ao outro dia assentando-me no meu Tribunal, mandei trazer a este homem.

18 A quem, estando presentes os seus accusadores, nenhum delicto oppozerão dos que eu suspeitava:

19 mas tinhão só contra elle algumas questões sobre a sua superstição, e sobre hum certo Jesus defunto, o qual Paulo affirmava viver.

20 E duvidando eu de semelhante questão, lhe disse, se queria ir a Jerusalem, e alli ser julgado d'estas cousas.

21 Mas appellando Paulo, para que ficasse reservado ao conhecimento de Augusto, mandei que o guardassem, até que eu o remetta ao Cesar.

22 Então Agrippa disse a Festo: Eu tambem queria ouvir a este homem. A' manhãa, respondeo elle, o ouvíras.

23 Ao outro dia pois tendo vindo Agrippa e Berenice com grande pompa, e depois de entrarem na Audiencia com os Tribunos, e pessoas principaes da Cidade, foi trazido Paulo por ordem que Festo déra.

24 E disse Festo: Rei Agrippa, e todos os varões que aqui estais comnosco, aqui tendes este homem, contra quem toda a multidão dos Judeos me fez recurso em Jerusalem, pedindo, e gritando, que não convinha que elle vivesse mais.

25 E eu tenho achado que elle não tem feito cousa alguma digna de morte. Mas havendo elle mesmo appellado para Augusto, tenho determinado remetter-lho.

26 Do qual não tenho cousa certa, que escrever ao Senhor. Pelo que vo-lo tenho apresentado, e maiormente a ti, ó Rei Agrippa, a fim de ter que escrever-lhe, depois de feita a informação.

27 Porque me parece sem razão remetter hum homem prezo, e não informar das accusações que lhe fazem.

CAPITULO XXVI.

DISSE pois Agrippa a Paulo: A ti se te permitte fallar em defeza de ti mesmo. Então Paulo estendendo a mão, começou a dar razão de si.

2 Devendo eu fazer hoje a minha defensa na tua presença, ó Rei Agrippa, de tudo quanto me accusão os Judeos, me tenho por ditoso,

3 maiormente sabendo tu todas as cousas, e os costumes, e questões que ha entre os Judeos: pelo que eu te supplico me ouças com paciencia.

4 E quanto á minha vida des da mocidade, que eu observei des d'aquelle principio entre a minha gente em Jerusalem, he certo que a sabem todos os Judeos:

5 conhecendo-me des dos meus principios (se quizerem dar d'isso testemunho) porque eu, segundo a seita mais segura da nossa Religião, vivi Fariseo.

6 E agora sou accusado em juizo por esperar a promessa, que foi feita por Deos a nossos pais:

7 a qual as nossas doze Tribus, servindo a Deos

de noite, e de dia, esperão ver cumprida. Por esta esperança, ó Rei, sou accusado dos Judeos.

8 Reputa-se no vosso conceito por alguma cousa incrivel, que Deos resuscite os mortos?

9 E eu na verdade tinha para mim que devia fazer a maior resistencia contra o Nome de Jesus Nazareno.

10 E assim o fiz em Jerusalem, e eu encerrei em carceres a muitos Santos, havendo recebido poder dos Principes dos Sacerdotes: e quando os fazião morrer, consenti tambem nisso.

11 E muitas vezes castigando-os por todas as Synagogas, os obrigava a blasfemar: e enfurecendo-me mais e mais contra elles, os perseguia até nas Cidades estrangeiras.

12 Levado d'estes intentos hindo a Damasco com poder, e commissão dos Principes dos Sacerdotes,

13 ao meio dia vi, ó Rei, no caminho huma luz do Ceo, que excedia o resplandor do Sol, a qual me cercou a mim, e aos que hião comigo.

14 E como todos nós cahissemos por terra, ouvi huma voz, que me dizia em lingua Hebraica: Saulo, Saulo, porque me persegues? dura cousa te he recalcitrar contra o aguilhão.

15 Então disse eu: Quem és tu, Senhor? e o Senhor me respondeo: Eu sou Jesus, a quem tu persegues.

16 Mas levanta-te, e põe-te em pé: porque eu por isso te appareci, para te fazer ministro, e testemunha das cousas que viste, e d'outras, que te hei de mostrar em minhas apparições,

17 livrando-te do Povo, e dos Gentios, aos quaes eu agora te envio,

18 a abrir-lhes os olhos, a fim de que se convertão das trévas á luz, e do poder de Satanás a Deos, para que recebão perdão de seus peccados, e sorte entre os Santos pela fé, que ha em mim.

19 Pelo que, ó Rei Agrippa, não fui desobediente á visão celestial:

20 Mas preguei primeiramente aos de Damasco, e depois em Jerusalem, e por toda a terra de Judea, e aos Gentios, que fizessem penitencia, e se convertessem a Deos, fazendo dignas obras de penitencia.

21 Por esta causa os Judeos, estando eu no Templo, depois de prezo me intentárão matar.

22 Mas assistido eu do soccorro de Deos, permaneço até ao dia d'hoje, dando testemunho d'isso a pequenos, e a grandes, não dizendo outras cousas fóra d'aquellas, que disserão os Profetas, e Moysés que havião de acontecer,

23 que o Christo havia de padecer, que seria o primeiro da resurreição dos mortos, e para annunciar a luz ao Povo, e ás Gentes.

24 Dizendo elle estas cousas, e dando razão de si, disse Festo em alta voz: Estás louco, Paulo: as muitas letras te tirão de teu sentido.

25 Então Paulo: Eu não estou louco, disse, Optimo Festo, mas digo palavras de verdade, e de prudencia.

26 Porque d'estas cousas tem conhecimento o Rei, em cuja presença fallo até com toda a liberdade: pois creio que nada d'isto se lhe encobre. Porque nenhuma d'estas cousas se fez alli a hum canto.

27 Crês, ó Rei Agrippa, nos Profetas? Eu sei que crês.

28 Então Agrippa disse a Paulo: Por pouco me não persuades a fazer-me Christão.

29 E Paulo lhe respondeo: Prouvera a Deos que por pouco, e por muito, não sómente tu, senão tambem todos quantos me ouvem se

fizessem hoje taes, qual eu tambem sou, menos estas prizões.

30 Então se levantárão o Rei, e o Presidente, e Berenice, e os que estavão assentados com elles.

31 E havendo-se retirado á parte, fallárão huns com outros, dizendo : Este homem pois não fez cousa, que seja digna de morte, nem de prizão.

32 E Agrippa disse para Festo : Elle podia ser solto, senão tivesse appellado para o Cesar.

CAPITULO XXVII.

MAS como se determinou envialle por mar á Italia, e que Paulo fosse entregue com outros prezos a hum Centurião da Cohorte Augusta, por nome Julio,

2 embarcando num navio de Adruméte, levantámos ancora começando a costear as terras da Asia, perseverando em nossa companhia Aristarco Macedonio de Thessalonica.

3 Ao dia seguinte porém chegámos a Sidon. E Julio usando de humanidade com Paulo, lhe facultou ir ver seus amigos, e prover-se do que havia mister.

4 E feitos d'alli á véla, fomos navegando abaixo de Chypre, por nos serem contrarios os ventos.

5 E tendo atravessado o mar da Cilicia, e da Pamfylia, chegámos a Lystra, que he da Lycia :

6 e achando alli o Centurião hum navio de Alexandria que fazia viagem para Italia, fez-nos embarcar nelle.

7 E como por muitos dias navegassemos lentamente, e apenas podessemos avistar a Gnido, sendo-nos contrario o vento, fomos costeando a Ilha de Creta junto a Salmóna :

8 e navegando com difficuldade ao longo da costa, abordámos a hum lugar, a que chamão os Bons Pórtos, com quem vizinhava a Cidade de Thalassa.

9 E como se tivesse passado muito tempo, e não fosse já segura a navegação, pelo motivo de haver até já passado o jejum, Paulo os alentava,

10 dizendo-lhes : Varões, vejo que a navegação começa a ser trabalhosa, e com muito damno, não sómente do navio, e da sua carga, mas ainda das nossas vidas.

11 Porém o Centurião dava mais credito ao Mestre, e ao Piloto, do que ao que Paulo lhes dizia.

12 E como o porto não era azado para invernar, forão os mais d'elles de parecer que se passasse adiante, a ver se d'alguma sorte podião, em ganhando Fenice, invernar alli por ser este hum porto de Creta, o qual olha ao Africo, e ao Côro.

13 Começando porém a ventar brandamente o Sul, cuidando elles que tinhão o que desejavão, depois de levantarem ancora de Asson, hião costeando Creta.

14 Mas não muito depois veio contra a mesma Ilha hum tufão de vento que he chamado Euroaquilão.

15 E sendo a náo arrebatada, e não podendo resistir ao vento, eramos levados, deixada a náo aos ventos.

16 E arrojados da corrente a huma pequena Ilha, que se chama Clauda, apenas podémos ganhar o esquife.

17 Tendo-o trazido a nós, elles se valião de todos os meios, cingindo a náo, temerosos de dar na Syrte, caindas as vélas, erão assim levados.

18 E agitados nós da força da tormenta, ao dia seguinte alijárão :

19 e ao terceiro dia tambem arrojárão com as suas mãos os apparelhos da náo.

20 E não apparecendo por muitos dias Sol, nem estrellas, e ameaçando-nos huma não pequena tempestade, tinhamos já perdida toda a esperança de chegarmos a salvamento.

21 E havendo todos estado muito tempo sem comer, levantando-se então Paulo no meio d'elles, disse : Era por certo conveniente, ó varões, seguindo o meu conselho, não ter sahido de Creta, e evitar este perigo, e damno.

22 Mas agora vos admoesto que tenhais bom animo, porque não perecerá nenhum de vós, senão sómente o navio.

23 Porque esta noite me appareceo o Anjo de Deos, de quem eu sou, e a quem sirvo,

24 dizendo : Não temas Paulo, importa que tu compareças ante o Cesar : e eu te annuncio, que Deos te ha dado todos os que navegão comtigo.

25 Pelo que, ó Varões, tende bom animo : porque eu confio em Deos, que assim ha de succeder, como me foi dito.

26 Porém he necessario que vamos dar a huma Ilha.

27 E quando chegou a noite do dia quatorze, indo nós navegando pelo mar Adriatico perto da meia noite, suspeitárão os marinheiros que estavão perto d'alguma terra.

28 E lançando elles a sonda achárão vinte passos : depois hum pouco mais adiante, achárão quinze passos.

29 E temendo que déssemos em alguns penedos, lançando quatro ancoras dos da poppa, desejavão que viesse o dia.

30 E procurando os marinheiros fugir do navio, depois de lançarem o esquife ao mar, com o pretexto de começarem a largar as ancoras da proa,

31 disse Paulo ao Centurião, e aos soldados : Se estes homens não permanecerem no navio, não podereis vós salvar-vos.

32 Então cortárão os soldados os cabos ao esquife, e deixárão-no perder.

33 E entretanto que o dia vinha, rogava Paulo a todos que comessem alguma cousa, dizendo : Faz hoje já quatorze dias, que estais á espera em jejum, sem comer bocado.

34 Por tanto rogo-vos por vida vossa, que comais alguma cousa : porque não perecerá nem hum só cabello da cabeça de nenhum de vós.

35 E tendo dito isto, tomando do pão, deo graças a Deos em presença de todos : e depois que o partio, começou a comer.

36 Todos com isto tomárão animo, e se pozerão tambem a comer.

37 E as pessoas do navio eramos por todas duzentas e setenta e seis.

38 E depois que se refizerão com a comida, alliviárão o navio, lançando o trigo ao mar.

39 E como já tivesse aclarado o dia, não conhecêrão a terra : sómente virão huma enseada que tinha ribeira, na qual intentavão, se podessem, encalhar o navio.

40 Pelo que tendo levantado ancoras, se entregárão ao mar, largando ao mesmo tempo as amarraduras dos lemes : e levantada ao vento a cevadeira, encaminhárão-se á praia.

41 Mas tendo nós dado numa lingua de terra, que d'ambos os lados era torneada de mar, dérão com o navio ao través : e a proa sem duvida affincada permanecia immovel, ao mesmo tempo que a poppa se abria com a força do mar.

42 Nestes termos a resolução dos soldados era

matar os prezos: por temerem não fugisse algum, salvando-se a nado.

43 Mas o Centurião, querendo salvar a Paulo, embaraçou que o fizessem: e mandou que aquelles, que podessem nadar, fossem os primeiros que se lançassem ás ondas, e se salvassem, e sahissem em terra:

44 e quanto aos mais, a huns fazião salvar em taboas: a outros em cima dos destroços, que erão do navio. E d'este modo aconteceo, que todas as pessoas sahissem em terra.

CAPITULO XXVIII.

E ESTANDO nós já em salvo, soubemos então que a Ilha se chamava Malta. E os barbaros nos tratárão não com pouca humanidade.

2 Por quanto, accesa huma grande fogueira, nos alentárão a todos contra a chuva que vinha, e em razão do frio.

3 Então havendo Paulo ajuntado, e posto sobre o lume hum mólho de vides, huma vibora, que fugíra do calor, lhe accommetteo huma mão.

4 Quando porém os barbaros virão a bicha pendente da sua mão, dizião huns para os outros: Certamente este homem he algum matador, pois tendo escapado do mar, a vingança o não deixa viver.

5 Mas he certo que elle sacudindo a bicha no fogo, não experimentou nenhum damno.

6 Os taes porém julgavão que elle viesse a inchar, e que subitamente cahisse, e morresse. Mas depois de esperarem muito tempo, e vendo que lhe não succedia mal nenhum, mudando de parecer, disserão que elle era algum Deos.

7 E naquelles lugares havia humas terras do Principe da Ilha, chamado Publio, o qual hospedando-nos em sua casa, tres dias nos tratou bem.

8 Succedeo porém achar-se então doente de febre, e de dysenteria o pai de Publio. Foi Paulo vello: e como fizesse oração, e lhe impozesse as mãos, sarou-o.

9 Depois do qual milagre, todos os que na Ilha se achavão doentes, vinhão a elle, e erão curados:

10 elles nos fizerão tambem grandes honras, e quando estavamos a ponto de navegar, nos provêrão do que era necessario.

11 E ao cabo de tres mezes embarcámos num navio de Alexandria, que tinha invernado na Ilha, o qual levava por insignia Castór e Pollux.

12 E arribados a Syracusa, ficámos alli tres dias.

13 De lá correndo a costa viemos a Rhégio: e hum dia depois, ventando o Sul, chegámos em dous a Puzzolo;

14 onde como achámos irmãos, elles nos rogarão, que ficassemos na sua companhia sete dias: e passados elles, tomámos o caminho de Roma.

15 Donde porém tendo os irmãos novas que chegavamos, sahirão a receber-nos á Praça d'Appio, e ás Tres Vendas. Paulo, como os vio, dando graças a Deos, cobrou animo.

16 E chegados que fomos a Roma, deo-se licença a Paulo que ficasse onde quizesse com hum soldado que o guardasse.

17 Mas passados tres dias convocou Paulo os principaes dos Judeos. Havendo-se elles ajuntado, lhes disse: Eu, Varões irmãos, sem commetter nada contra o Povo, nem contra os costumes de nossos pais, havendo sido prezo em Jerusalem, fui entregue nas mãos dos Romanos,

18 os quaes tendo-me examinado, quizerão soltar-me, visto que não achavão em mim crime algum, que merecesse morte.

19 Mas oppondo-se a isso os Judeos, vi-me obrigado a appellar para o Cesar, sem intentar com tudo accusar d'alguma cousa os da minha Nação.

20 Por esta causa pois he que vos mandei chamar aqui, para vos ver, e vos fallar. Por quanto pela esperança d'Israel he que estou prezo com esta cadeia.

21 Então elles lhe respondêrão: Nós nem temos recebido carta de Judéa, que falle em ti, nem de lá tem vindo irmão algum, que nos dissesse, ou fallasse algum mal da tua pessoa.

22 Porém quizeramos que tu nos dissesses o que sentes: porque o que nós sabemos d'esta seita, he que em toda a parte a impugnão.

23 Tendo-lhe pois apprazado dia, vierão muitos vello ao seu hospicio, aos quaes elle tudo expunha, dando testemunho do Reino de Deos, e convencendo-os a respeito de Jesus pela Lei de Moysés, e pelos Profetas, de pela manhãa até á tarde.

24 E huns crião o que elle dizia: outros porém não crião.

25 E como não estivessem entre si concordes, estavão para se retirar, quando lhes disse Paulo esta palavra: Bem fallou pois o Espirito Santo pelo Profeta Isaias, a nossos pais,

26 dizendo: Vai a esse Povo, e dize-lhes: De ouvido ouvireis, e não entendereis: e vendo vereis, e não percebereis.

27 Porque o coração d'este Povo se endurecco, e dos ouvidos ouvirão pezadamente, e apertárão os seus olhos: porque não vejão com os olhos, e oução com os ouvidos, e entendão no coração, e se convertão, e eu os sare.

28 Seja-vos pois notorio, que aos Gentios he enviada esta salvação de Deos, e elles a ouvirão.

29 E tendo acabado de dizer isto, sahirão d'alli os Judeos, tendo entre si grandes altercações.

30 E dous annos inteiros permaneceo Paulo num aposento, que allugára: e recebia a todos os que o vinhão ver,

31 prégando o Reino de Deos, e ensinando as cousas que são concernentes ao Senhor Jesu Christo, com toda a liberdade, sem prohibição.

EPISTOLA DE S. PAULO APOSTOLO

AOS

ROMANOS.

CAPITULO I.

PAULO, servo de Jesu Christo, chamado Apostolo, escolhido para o Evangelho de Deos,

2 o qual Evangelho tinha elle antes promettido pelos seus Profetas nas Santas Escrituras,

3 sobre seu Filho Jesu Christo Senhor nosso, que lhe foi feito da linhagem de David, segundo a carne,

4 que foi predestinado Filho de Deos com poder, segundo o Espirito de santificação, pela Resurreição d'entre os mortos:

5 pelo qual havemos recebido a graça, e o Apostolado para que se obedeça á Fé em todas as Gentes pelo seu Nome,

6 entre os quaes tambem vós sois chamados de Jesu Christo:

7 a todos os que estão em Roma, queridos de Deos, chamados Santos. Graça vos seja dada, e paz da parte de Deos nosso Pai, e da de Jesu Christo nosso Senhor.

8 Primeiramente dou na verdade graças ao meu Deos por Jesu Christo na consideração de todos vós: porque em todo o Mundo he divulgada a vossa fé.

9 Porque Deos, a quem sirvo em meu espirito, no Evangelho de seu Filho, me he testemunha, que incessantemente faço menção de vós,

10 sempre nas minhas orações: rogando-lhe que me abra em fin nalguma occasião de qualquer modo algum caminho favoravel, sendo esta a vontade d'elle Deos, para ir a vós.

11 Porque vos desejo ver: para vos communicar alguma graça espiritual com que sejais confirmados:

12 isto he, para me consolar juntamente comvosco, por aquella vossa e minha fé que huns, e outros professamos.

13 Mas não quero que ignoreis, irmãos, que muitas vezes tenho proposto ir ver-vos, (e tenho sido impedido atégora) para lograr tambem algum fruto entre vós, como ainda entre as outras Nacões.

14 Eu sou devedor a Gregos, e a Barbaros, a sabios, e a ignorantes:

15 assim (quanto he em mim) estou prompto para vos annunciar tambem o Evangelho, a vós que viveis em Roma.

16 Porque eu não me envergonho do Evangelho. Por quanto a virtude de Deos he para dar a salvação a todo o que crê, ao Judeo primeiro, e ao Grego.

17 Porque a Justiça de Deos se descobre nelle de fé em fé: como está escrito: O justo porém vive da fé.

18 Porque a ira de Deos se manifesta do Ceo contra toda a impiedade, e injustiça d'aquelles homens, que retem na injustiça a verdade de Deos:

19 porque o que se póde conhecer de Deos lhes

669

he manifesto a elles: porque Deos lho manifestou.

20 Porque as cousas d'elle invisiveis se vem depois da creação do Mundo, consideradas pelas obras que forão feitas: ainda a sua virtude sempiterna, e a sua divindade: de modo que são inexcusaveis.

21 Por quanto depois de terem conhecido a Deos, não no glorificárão como a Deos, ou derão graças: antes se desvanecêrão nos seus pensamentos, e se obscureceo o seu coração insensato:

22 porque attribuindo-se o nome de sabios, se tornárão estultos:

23 E mudárão a gloria do Deos incorruptivel em semelhança de figura de homem corruptivel, e de aves, e de quadrupedes, e de serpentes.

24 Pelo que os entregou Deos aos desejos dos seus corações, á immundicia: de modo que deshonrárão os seus corpos em si mesmos:

25 os quaes mudárão a verdade de Deos em mentira: e adorárão, e servírão á creatura antes que ao Creador, que he bemdito por todos os seculos. Amen.

26 Por isso os entregou Deos a paixões d'ignominia. Porque as suas mulheres mudárão o natural uso em outro uso, que he contra a natureza.

27 E assim mesmo tambem os homens, deixado o natural uso das mulheres, ardêrão nos seus desejos mutuamente, commettendo homens com homens a torpeza, e recebendo em si mesmos a paga que era devida ao seu peccado.

28 E assim como elles não derão provas de que tivessem o conhecimento de Deos: assim os entregou Deos a hum sentimento depravado · para que fizessem cousas, que não convem,

29 cheios de toda a iniquidade, de malicia, de fornicação, d'avareza, de maldade, cheios d'inveja d'homicidios, de contendas, d'engano, de malignidade, mexeriqueiros,

30 murmuradores, aborrecidos de Deos, contumeliosos, soberbos, altivos, inventores de males, desobedientes a seus pais,

31 insipientes, immodestos, sem benevolencia, sem palavra, sem misericordia.

32 Os quaes tendo conhecido a justiça de Deos, não comprehendêrão que os que fazem semelhantes cousas, são dignos de morte: e não sómente os que estas cousas fazem, senão tambem os que consentem aos que as fazem.

CAPITULO II.

PELO que és inexcusavel, tu, ó homem, qualquer que julgas. Porque no mesmo em que julgas a outro, a ti mesmo te condemnas: porque fazes essas mesmas cousas que julgas.

2 Porque nós sabemos, que o juizo de Deos he segundo a verdade contra aquelles, que taes cousas fazem.

3 E tu, ó homem, que julgas aquelles que

fazem taes cousas, e executas as mesmas, entendes que escaparás do juizo de Deos?

4 Acaso desprezas tu as riquezas da sua bondade, e paciencia, e longanimidade? Ignoras, que a benignidade de Deos te convida á penitencia?

5 Mas pela tua dureza, e coração impenitente, enthesouras para ti ira no dia da ira, e da revelação do justo juizo de Deos,

6 que ha de retribuir a cada hum segundo as suas obras:

7 com a vida eterna por certo, aos que perseverando em fazer obras boas, buscão gloria, e honra, e immortalidade:

8 mas com ira, e indignação aos que são de contenda, e que não se rendem á verdade, mas que obedecem á injustiça.

9 A tribulação, e a angustia virá sobre toda a alma do homem que obra mal, do Judeo primeiramente, e do Grego:

10 mas a gloria, e a honra, e a paz será dada a todo o obrador do bem, ao Judeo primeiramente, e ao Grego:

11 porque não ha para com Deos accepção de pessoas.

12 Porque todos os que sem Lei peccárão, sem Lei perecerão: e quantos com Lei peccárão, por Lei serão julgados.

13 Porque não são justos diante de Deos os que ouvem a Lei: mas os que fazem o que manda a Lei, serão justificados.

14 Porque quando os Gentios, que não tem Lei, fazem naturalmente as cousas, que são da Lei, esses taes não tendo semelhante Lei, a si mesmos servem de Lei:

15 os quaes mostrão a obra da Lei escrita nos seus corações, dando testemunho a elles a sua mesma consciencia, e os pensamentos de dentro, que humas vezes os accusão, e outras os defendem,

16 no dia, em que Deos, segundo o meu Evangelho, ha de julgar as cousas occultas dos homens, por Jesu Christo.

17 Mas se tu, que tens o sobrenome de Judeo, e repousas sobre a Lei, e te glorías em Deos:

18 e sabes a sua vontade, e distingues o que he mais proveitoso, instruido pela Lei,

19 tu mesmo que presumes ser o guia dos cegos, o farol d'aquelles que estão em trévas,

20 o Doutor dos ignorantes, o Mestre das crianças, que tens a regra da sciencia, e da verdade na Lei.

21 Tu pois, que a outro ensinas, não te ensinas a ti mesmo: tu que prégas que se não deve furtar, furtas:

22 tu que dizes que se não deve commetter adulterio, o commettes: tu que abominas os idolos, sacrilegamente os adoras:

23 tu que te glorías na Lei, deshonras a Deos pela transgressão da Lei.

24 (Porque o nome de Deos por vós he blasfemado entre as Gentes, assim como está escrito.)

25 A circumcisão na verdade aproveita, se guardas a Lei: mas se fores transgressor da Lei, a tua circumcisão se converteo em prepucio.

26 Pois se o incircumciso guardar os preceitos da Lei: não he verdade que o seu prepucio será reputado como circumcisão?

27 E se o que naturalmente he incircumciso cumpre de todo o ponto a Lei, te julgará elle a ti, que com a letra, e com a circumcisão és transgressor da Lei?

28 Porque não he Judeo o que o he manifestamente: nem he circumcisão a que se faz exteriormente na carne:

29 mas he Judeo o que o he no interior: e a circumcisão do coração he no espirito, não segundo a letra: cujo louvor não vem dos homens, senão de Deos.

CAPITULO III.

QUE tem pois de mais o Judeo? ou que utilidade he a da circumcisão?

2 Muita vantagem logra em todas as maneiras. Principalmente porque lhes forão por certo confiados os oraculos de Deos.

3 Que será pois se alguns d'elles não crêrão? Por ventura a sua incredulidade destruirá a fidelidade de Deos? Não por certo.

4 Porque Deos he veraz: e todo o homem mentiroso, segundo está escrito: Para que sejas reconhecido por fiel nas tuas palavras: e venças quando fores julgado.

5 Se a nossa injustiça porém faz brilhar a justiça de Deos, que diremos? Acaso Deos, que castiga como ira, he injusto?

6 (Como homem fallo.) Não por certo: de outra maneira, como julgará Deos a este Mundo?

7 Porque se a verdade de Deos pela minha mentira cresceo para gloria sua: porque sou eu ainda assim julgado como peccador?

8 E não (como somos murmurados, e como alguns dizem que nós dizemos) que façamos males para que venhão bens: a condemnação dos quaes he justa.

9 Que dizemos pois? logramos alguma vantagem sobr'elles? De nenhuma sorte. Porque já temos provado, que Judeos e Gentios estão todos debaixo do peccado,

10 assim como está escrito: Não ha pois nenhum justo:

11 Não ha quem entenda, não ha quem busque a Deos.

12 Todos se extraviárão, á huma se fizerão inuteis, não ha quem faça bem, não ha nem sequer hum.

13 A garganta d'elles he hum sepulcro aberto, com as suas linguas fabricavão enganos: hum veneno de aspides se esconde debaixo dos labios d'elles:

14 cuja boca está cheia de maldição, e d'amargura.

15 Os pés d'elles são velozes para derramar sangue:

16 a dor, e a infelicidade se acha nos caminhos d'elles:

17 e não conhecêrão o caminho da paz:

18 não ha temor de Deos diante dos olhos d'elles.

19 Sabemos pois, que quanto a Lei diz, áquelles, que debaixo da Lei estão, o diz: para que toda a boca esteja fechada, e todo o Mundo fique sujeito a Deos:

20 porque pelas obras da Lei não será justificado nenhum homem diante d'elle. Porque pela Lei he que vem o conhecimento do peccado.

21 Mas agora sem a Lei se tem manifestado a justiça de Deos: testificada pela Lei, e pelos Profetas.

22 E a justiça de Deos he infundida pela fé de Jesu Christo em todos, e sobre todos os que crem nelle: porque não ha nisto distinção alguma:

23 porque todos peccárão, e necessitão da gloria de Deos:

24 tendo sido justificados gratuitamente por

sua graça, pela redempção que tem em Jesu Christo,

25 ao qual propoz Deos para ser victima de propiciação pela fé no seu sangue, a fim de manifestar a sua justiça pela remissão dos delictos passados,

26 na paciencia de Deos, para demonstração da sua justiça neste tempo: a fim de que elle seja achado justo, e justificador d'aquelle, que tem a fé de Jesu Christo.

27 Onde está logo o motivo de te glorlares? Todo elle foi excluido. Por que Lei? Pela das obras? Não: mas pela Lei da fé.

28 Concluimos pois que o homem he justificado pela fé, sem as obras da Lei.

29 Por ventura Deos só o he dos Judeos? não no he elle tambem dos Gentios? Sim por certo, elle o he tambem dos Gentios.

30 Porque na verdade não ha senão hum Deos, que justifica pela fé os circumcidados, e que tambem pela fé justifica os incircumcidados.

31 Logo destruimos nós a Lei pela fé? De nenhuma sorte: antes estabelecemos a mesma Lei.

CAPITULO IV.

QUE vantagem diremos pois ter achado Abrahão nosso pai segundo a carne?

2 Porque se Abrahão foi justificado pelas obras, tem de que se gloriar, mas não diante de Deos.

3 Que diz pois a Escritura? Abrahão creo a Deos: e lhe foi imputado a justiça.

4 E ao que obra, não se lhe conta o jornal por graça, mas por divida.

5 Mas ao que não obra, e crê naquelle, que justifica ao impio, a sua fé lhe he imputada a justiça, segundo o decreto da graça de Deos.

6 Como tambem David declara a bemaventurança do homem, a quem Deos attribue justiça sem obras:

7 Bemaventurados aquelles, cujas iniquidades forão perdoadas, e cujos peccados tem sido cobertos.

8 Bemaventurado o varão, a quem o Senhor não imputou peccado.

9 Ora esta bemaventurança está sómente na circumcisão, ou tambem no prepucio? Por quanto dizemos que a fé foi imputada a Abrahão a justiça.

10 Como lhe foi ella pois imputada? na circumcisão, ou no prepucio? Não foi na circumcisão, mas sim no prepucio.

11 E recebeo o sinal da circumcisão, como sello da justiça da Fé, que teve no prepucio: a fim de que fosse pai de todos os que crem estando no prepucio, de que tambem a elles lhes seja imputado a justiça:

12 e seja pai da circumcisão, não sómente áquelles que são da circumcisão, senão tambem aos que seguem as pizadas da Fé, que teve nosso pai Abrahão antes de ser circumcidado.

13 Porque a promessa a Abrahão, ou á sua posteridade, de que seria herdeiro do Mundo, não foi pela Lei: mas pela justiça da Fé.

14 Porque se os da Lei, he que são os herdeiros: fica anniquilada a Fé, sem valor a promessa.

15 Porque a Lei obra ira. Por quanto onde não ha Lei, não ha transgressão.

16 Em consequencia do que pela Fé he que são os herdeiros, a fim de que por Fé a promessa seja firme a toda a sua posteridade, não somente ao que he da Lei, senão tambem ao que he da Fé de Abrahão, que he pai de todos nós,

671

17 (como está escrito: Eu pois te constitui pai de muitas gentes) diante de Deos, a quem havia crido, o qual dá vida aos mortos, e chama as cousas que não são, como as que são.

18 Elle creo em esperança contra a esperança, que seria pai de muitas gentes, segundo o que se lhe havia dito: Assim será a tua descendencia.

19 E não fraqueou na fé, nem considerou o seu proprio corpo amortecido, sendo já de quasi cem annos: nem que a virtude de conceber se achava extincta em Sara.

20 Não hesitou ainda com a mais leve desconfiança na promessa de Deos, mas foi fortificado pela Fé dando gloria a Deos:

21 tendo por muito certo, que tambem he poderoso para cumprir tudo quanto prometteo.

22 Por isso lhe foi tambem imputado a justiça.

23 E não está escrito sómente por elle, que lhe foi imputado a justiça:

24 mas tambem por nós, a quem será imputado, se crermos naquelle, que resurgio dos mortos, Jesu Christo nosso Senhor,

25 o qual foi entregue por nossos peccados, e resuscitou para nossa justificação.

CAPITULO V.

JUSTIFICADOS pois pela Fé, tenhamos paz com Deos por meio de nosso Senhor Jesu Christo:

2 pelo qual temos tambem accesso pela Fé a esta graça, na qual estamos firmes, e nos gloriamos na esperança da gloria dos filhos de Deos.

3 E não sómente nesta esperança, mas tambem nas tribulações nos gloriamos: sabendo que a tribulação produz paciencia:

4 e a paciencia experiencia, e a experiencia esperança,

5 e a esperança não traz confusão: porque a caridade de Deos está derramada em nossos corações pelo Espirito Santo, que nos foi dado.

6 A que fim pois, quando nós ainda estavamos enfermos, morreo Christo a seu tempo por huns impios?

7 Porque apenas ha quem morra por hum justo: ainda que algum se atreva talvez a morrer por hum bom.

8 Mas Deos faz brilhar a sua caridade em nós: porque ainda quando eramos peccadores, em seu tempo

9 morreo Christo por nós: pois muito mais agora, que somos justificados pelo seu sangue, seremos salvos da ira por elle mesmo.

10 Porque se sendo nós inimigos, fomos reconciliados com Deos pela morte de seu Filho: muito mais estando já reconciliados, seremos salvos por sua vida.

11 E não só temos reconciliados: mas tambem nos gloriamos em Deos por nosso Senhor Jesu Christo, por quem agora temos recebido a reconciliação.

12 Por tanto assim como por hum homem entrou o peccado neste Mundo, e pelo peccado a morte, assim passou tambem a morte a todos os homens por hum homem, no qual todos peccárão.

13 Porque até á Lei o peccado estava no Mundo: mas não era imputado o peccado, quando não havia Lei.

14 Entretanto reinou a morte desde Adão até Moysés, ainda sobre aquelles, que não peccárão por huma transgressão semelhante á de Adão, o qual he figura do que havia de vir.

15 Mas não he assim o dom, como o peccado:

porque se pelo peccado de hum morrérão muitos : muito mais a graça de Deos, e o dom pela graça de hum só homem, que he Jesu Christo, abundou sobre muitos.

16 E não foi assim o dom, como o peccado por hum : porque o juizo na verdade se originou de hum peccado para condemnação : mas a graça procedeo de muitos delictos para justificação.

17 Porque se pelo peccado de hum reinou a morte por hum só homem : muito mais reinarão em vida por hum só que he Jesu Christo, os que recebem a abundancia da graça, e do dom, e da justiça.

18 Pois assim como pelo peccado de hum só incorrêrão todos os homens na condemnação : assim tambem pela justiça de hum só recebem todos os homens a justificação da vida.

19 Porque assim como pela desobediencia de hum só homem, forão muitos feitos peccadores : assim tambem pela obediencia de hum só muitos se tornarão justos.

20 E sobreveio a Lei para que abundasse o peccado. Mas onde abundou o peccado, superabundou a graça :

21 para que assim como o peccado reinou para a morte : assim reine tambem a graça pela justiça para a vida eterna, por meio de Jesu Christo nosso Senhor.

CAPITULO VI.

QUE diremos pois ? Permaneceremos no peccado, para que abunde a graça ?

2 Deos nos livre. Porque huma vez que ficamos mortos ao peccado, como viviremos ainda nelle ?

3 Vós não sabeis, que todos os que fomos baptizados em Jesu Christo, fomos baptizados na sua morte?

4 Porque nós fomos sepultados com elle para morrer ao peccado pelo baptismo : para que como Christo resurgio dos mortos pela gloria do Padre, assim tambem nós andemos em novidade de vida.

5 Porque se nós fomos plantados juntamente com elle, á semelhança da sua morte : sêllo-hemos tambem igualmente na conformidade da sua Resurreição.

6 Sabendo isto, que o nosso homem velho foi crucificado juntamente com elle, para que seja destruido o corpo do peccado, e não sirvamos já mais ao peccado.

7 Porque o que he morto, justificado está do peccado.

8 E se somos mortos com CHRISTO : cremos que juntamente viveremos tambem com Christo :

9 sabendo, que tendo Christo resurgido dos mortos, já não morre, nem a morte terá sobr'elle mais dominio.

10 Porque em quanto a elle morrer pelo peccado, elle morreo huma só vez : mas em quanto ao viver, vive para Deos.

11 Assim tambem vós considerai-vos, que estais certamente mortos ao peccado, porém vivos para Deos, em nosso Senhor Jesu Christo.

12 Não reine pois o peccado no vosso corpo mortal, de maneira que obedeçais aos seus appetites.

13 Nem tão pouco offereçais os vossos membros ao peccado por instrumentos de iniquidade : mas offerecei-vos a Deos, como resuscitados dos mortos : e os vossos membros a Deos, como instrumentos de justiça.

14 Porque o peccado vos não dominará : pois

672

já não estais debaixo da Lei, mas debaixo da graça.

15 Pois que ? Peccaremos, porque não estamos debaixo da Lei, mas debaixo da graça? Deos tal não permitta.

16 Não sabeis, que seja qual fôr o a quem vos offereceis por servos para lhe obedecer, ficais servos do mesmo a quem obedeceis, ou do peccado para a morte, ou da obediencia para a justiça?

17 Porém graças a Deos, que fostes servos do peccado, e haveis obedecido de coração áquella fórma de doutrina, a que tendes sido entregues.

18 E libertados do peccado, haveis sido feitos servos da justiça.

19 Humanamente fallo, attendendo á fraqueza da vossa carne : que assim como para a maldade offerecestes os vossos membros para que servissem á immundicia, e á iniquidade : assim para santificação offerecei agora os vossos membros para que sirvão á justiça.

20 Porque quando ereis escravos do peccado, fostes livres da justiça.

21 Que fruto pois tivestes então naquelles cousas, de que agora vos envergonhais? Pois o fim d'ellas he morte.

22 Mas agora que estais livres do peccado, e que haveis sido feitos servos de Deos, tendes o vosso fruto em santificação, e por fim a vida eterna.

23 Porque o estipendio do peccado, he a morte. Mas a graça de Deos he a vida perduravel em nosso Senhor Jesu Christo.

CAPITULO VII.

POR ventura ignorais vós, irmãos, (fallo pois com os que sabem a Lei,) que a Lei só tem dominio sobre o homem, por quanto tempo elle vive?

2 Porque a mulher que está sujeita ao marido, em quanto vive o marido, atada está á Lei : mas se morrer seu marido, solta fica da Lei do marido.

3 Logo se vivendo o marido, for achada com outro homem, será chamada adultera : mas se morrer seu marido, livre fica da Lei do marido de maneira que não he adultera se estiver com outro marido.

4 Pelo que, irmãos meus, tambem vós estais mortos á Lei pelo corpo de Christo : para que sejais de outro, do que resuscitou d'entre os mortos, a fim de que demos fruto a Deos.

5 Porque em quanto estavamos na carne, as paixões dos peccados, que havia pela Lei, obravão em nossos membros, para darem fruto á morte :

6 mas agora soltos estamos da Lei, na qual estavamos presos, de sorte que sirvamos em novidade de espirito, e não na velhice da letra.

7 Que diremos logo? He a Lei peccado? Deos nos livre de tal cuidarmos. Mas eu não conheci o peccado, senão pela Lei : porque eu não conheceria a concupiscencia, se a Lei não dissera : Não cubiçarás.

8 E o peccado, tomando occasião pelo mandamento, obrou em mim toda a concupiscencia. Porque sem a Lei o peccado estava morto.

9 E eu nalgum tempo vivia sem Lei. Mas quando veio o mandamento, revivo o peccado.

10 E eu sou morto : e o mandamento que me era para vida, esse foi achado que me era para morte.

11 Porque o peccado tomando occasião do man-

damento, me enganou, e me matou pelo mesmo mandamento.

12 Assim que, a Lei he na verdade santa, e o mandamento he santo, e justo, e bom.

13 Logo o que he bom, se tem feito morte para mim? Não por certo. Mas o peccado, para se mostrar peccado, produzio em mim a morte por bem: a fim de que o peccado se faça excessivamente peccador pelo mandamento.

14 Porque sabemos que a Lei he espiritual: mas eu sou carnal, vendido para estar sujeito ao peccado.

15 Porque eu não approvo o que faço: porque não faço esse bem, que quero: mas o mal que aborreço, esse he que faço.

16 Se eu porém faço o que não quero: consinto com a Lei, tendo-a por boa.

17 E neste caso não sou eu já o que faço isto, mas sim o peccado, que habita em mim.

18 Porque eu sei que em mim, quero dizer, na minha carne, não habita o bem. Porque o querer o bem, eu o acho em mim: mas não acho o meio de o fazer perfeitamente.

19 Porque eu não faço o bem, que quero: mas faço o mal, que não quero.

20 Se eu porém faço o que não quero: não sou eu já o que o faço, mas he sim o peccado, que habita em mim.

21 Por tanto querendo eu fazer o bem, acho a Lei de que o mal reside em mim:

22 porque eu me deleito na Lei de Deos, segundo o homem interior:

23 mas sinto nos meus membros outra Lei, que repugna á Lei do meu espirito, e que me faz cativo na Lei do peccado, que está nos meus membros.

24 Infeliz homem eu, quem me livrará do corpo d'esta morte?

25 A graça de Deos por Jesu Christo nosso Senhor. Assim que eu mesmo sirvo á Lei de Deos, segundo o espirito: e sirvo á Lei do peccado, segundo a carne.

CAPITULO VIII.

AGORA pois nada de condemnação tem os que estão em Jesu Christo: os quaes não andão segundo a carne.

2 Porque a Lei do espirito de vida em Jesu Christo me livrou da Lei do peccado, e da morte.

3 Por quanto o que era impossivel á Lei, em razão de que se achava debilitada pela carne: enviando Deos a seu Filho em semelhança de carne de peccado, ainda do peccado condemnou ao peccado na carne,

4 para que a justificação da Lei se cumprisse em nós, que não andamos segundo a carne, mas segundo o espirito.

5 Porque os que são segundo a carne, gostão das cousas que são da carne: mas os que são segundo o espirito, percebem as cousas que são do espirito.

6 Ora a prudencia da carne he morte: mas a prudencia do espirito he vida, e paz.

7 Porque a sabedoria da carne he inimiga de Deos: pois não he sujeita á Lei de Deos, nem tão pouco o póde ser.

8 Os que vivem pois segundo a carne, não podem agradar a Deos.

9 Vós porém não viveis segundo a carne, mas segundo o espirito: se he que o espirito de Deos habita em vós. Mas se algum não tem o espirito de Christo: este tal não he d'elle.

10 Porém se Christo está em vós: o corpo ver-

dadeiramente está morto pelo peccado, mas o espirito vive pela justificação.

11 Porque se o Espirito d'aquelle, que resuscitou dos mortos a Jesus, habita em vos: aquelle, que resuscitou dos mortos a Jesu Christo, tambem dará vida aos vossos corpos mortaes, pelo seu Espirito, que habita em vós.

12 Por tanto, irmãos, somos devedores não á carne, para que vivamos segundo a carne.

13 Porque se vós viverdes segundo a carne, morrereis: mas se vós pelo espirito fizerdes morrer as obras da carne, vivereis.

14 Porque todos os que são levados pelo Espirito de Deos, estes taes são filhos de Deos.

15 Porque vós não recebestes o espirito de escravidão, para estardes outra vez com temor, mas recebestes o espirito d'adopção de filhos, segundo o qual clamamos, dizendo: Pai, Pai.

16 Porque o mesmo Espirito dá testemunho ao nosso espirito, de que somos filhos de Deos.

17 E se somos filhos, tambem herdeiros: herdeiros verdadeiramente de Deos, e coherdeiros de Christo: se he que todavia lho padecemos com elle, para que sejamos tambem com elle glorificados.

18 Porque eu tenho para mim, que as penalidades da presente vida não tem proporção alguma com a gloria vindoura que se manifestará em nós.

19 Pelo que a expectação da creatura, he esperar anciosamente a manifestação dos filhos de Deos.

20 Porque a creatura está sujeita á vaidade, não por seu querer, mas pelo d'aquelle, que a sujeitou com a esperança:

21 porque tambem a mesma creatura será livre da sujeição á corrupção, para participar da liberdade da gloria dos filhos de Deos.

22 Porque sabemos que todas as creaturas gemem, e estão com dôres de parto atégora.

23 E não só ellas, mas tambem nós mesmos, que temos as primicias do Espirito: tambem nós gememos dentro de nós mesmos, esperando a adopção de filhos de Deos, a redempção do nosso corpo.

24 Porque na esperança he que temos sido feitos salvos. Ora a esperança que se vê, não he esperança: porque o que qualquer vê, como o espera?

25 E se o que não vemos, esperamos: por paciencia o esperamos.

26 E assim mesmo o Espirito ajuda tambem a nossa fraqueza: porque não sabemos o que havemos de pedir, como convem: mas o mesmo Espirito ora por nós com gemidos inexplicaveis:

27 E aquelle, que esquadrinha os corações, sabe o que deseja o Espirito: porque elle só pede segundo Deos pelos Santos.

28 Ora nós sabemos que aos que amão a Deos, todas as cousas lhes contribuem para seu bem, áquelles que segundo o seu decreto são chamados Santos.

29 Porque os que elle conheceo na sua presciencia, tambem os predestinou para serem conformes á imagem de seu Filho, para que elle seja o primogenito entre muitos irmãos.

30 E aos que predestinou, a estes tambem chamou: e aos que chamou, a estes tambem justificou: e aos que justificou, tambem os glorificou.

31 Pois que diremos á vista d'estas cousas? Se Deos he por nós, quem será contra nós?

32 O que ainda a seu proprio Filho não per-

doou, mas por nós todos o entregou: como, não nos deo tambem com elle todas as cousas?

33 Quem formará accusação contra os escolhidos de Deos? sendo Deos o que os justifica,

34 quem he o que os condemnará? Jesu Christo, que morreo, ou para melhor dizer, que tambem resuscitou, que está á mão direita de Deos, que tambem intercede por nós.

35 Quem nos separará pois do amor de Christo? será a tribulação? ou a angustia? ou a fome? ou a desnudez? ou o perigo? ou a perseguição? ou a espada?

36 (Assim como está escrito: Porque por amor de ti somos entregues á morte cada dia: somos reputados como ovelhas para o matadouro.)

37 Mas em todas estas cousas sahimos vencedores por aquelle, que nos amou.

38 Porque eu estou certo, que nem a morte, nem a vida, nem os Anjos, nem os Principados, nem as Virtudes, nem as cousas presentes, nem as futuras, nem a violencia,

39 nem a altura, nem a profundidade, nem outra creatura alguma nos poderá apartar do amor de Deos, que está em Jesu Christo Senhor nosso.

CAPITULO IX.

EU digo a verdade em Christo, não minto: dando-me testemunho a minha consciencia no Espirito Santo:

2 que tenho grande tristeza, e continua dor no meu coração.

3 Porque eu mesmo desejára ser anáthema por Christo, por amor de meus irmãos, que são do mesmo sangue que eu segundo a carne,

4 que são os Israelitas, dos quaes he a adopção de filhos, e a gloria, e a alliança, e a legislação, e o culto, e as promessas:

5 cujos pais são os mesmos, de quem descende tambem Christo segundo a carne, que he Deos sobre todas as cousas bemdito por todos os seculos. Amen.

6 E não que a palavra de Deos haja faltado. Porque nem todos os que são de Israel, estes taes são Israelitas:

7 nem os que são linhagem de Abrahão, todos são seus filhos: mas de Isaac sahirá huma estirpe que ha de ter o teu nome:

8 isto he, não os que são filhos da carne, esses taes são filhos de Deos: mas os que são filhos da promessa, se reputão descendentes.

9 Porque a palavra da promessa he esta: Por este tempo virei: e Sara terá hum filho.

10 E não sómente ella: mas tambem Rebecca de hum ajuntamento que teve com Isaac nosso pai, concebeo.

11 Porque não tendo elles ainda nascido, nem tendo ainda feito bem, ou mal algum, (para que o decreto de Deos ficasse firme segundo a sua eleição,)

12 não por respeito ás suas obras, mas por causa da vocação de Deos, lhe foi dito a ella:

13 O mais velho pois servirá ao mais moço, segundo o que está escrito: Eu amei a Jacob, e aborreci a Esaú.

14 Pois que diremos? ha por ventura em Deos injustiça? He certo que não.

15 Porque elle disse a Moysés: Eu terei misericordia, com quem me aprouver ter misericordia: e terei piedade, com quem me aprouver ter piedade.

16 Logo isto não depende do que quer, nem do que corre, mas de usar Deos da sua misericordia.

17 Porque diz a Escritura a Faraó: Para isto

mesmo pois eu te levantei, para mostrar em ti o meu poder: e para que seja annunciado o meu Nome por toda a terra.

18 Logo elle tem misericordia de quem quer, e ao que quer endurece.

19 Nestes termos dir-me has tu agora: De que se queixa elle ainda? por quanto quem he o que resiste á sua vontade?

20 Mas ó homem, quem és tu, para replicares a Deos? Por ventura o vaso de barro diz a quem no fez: Porque me fizeste assim?

21 Acaso não tem poder o oleiro para fazer por certo d'huma mesma massa hum vaso para honra, e outro para ignominia?

22 Do que te não deves queixar, se querendo Deos mostrar a sua ira, e fazer manifesto o seu poder, soffreo com muita paciencia os vasos de ira apparelhados para a morte,

23 a fim de mostrar as riquezas da sua gloria sobre os vasos de misericordia, que preparou para a gloria.

24 Os quaes somos nós, a quem elle tambem chamou não só dos Judeos, mas ainda dos Gentios,

25 assim como elle diz em Oseas: Chamarei Povo meu, ao que não era meu Povo: e amado, ao que não era amado: e que alcançou misericordia, ao que não havia alcançado misericordia.

26 E acontecerá isto: No lugar, em que lhes foi dito: Vós não sois Povo meu: alli serão chamados filhos de Deos vivo.

27 E pelo que toca a Israel, d'elle clama Isaias: Se for o número dos filhos d'Israel como a arêa do mar, as reliquias serão salvas.

28 Por quanto a palavra será consummadora, e abbreviadora em justiça: porque o Senhor fará abbreviada a palavra sobre a terra.

29 E assim como predisse Isaias: Se o Senhor dos exercitos nos não tivera deixado alguns da nossa geração, estariamos nós feitos semelhantes a Sodoma, e taes como Gomorrha.

30 Que diremos pois? Que os Gentios, que não seguião a justiça, abraçárão a justiça: e a justiça, que vem da fé.

31 Mas Israel, que seguia a Lei da justiça, não chegou á Lei da justiça.

32 Por que causa? Porque não pela fé, mas como se ella se podesse alcançar pelas obras: porque tropeçárão na pedra de tropeço,

33 conforme o que está escrito: Eis-ahi ponho eu em Sião o que he a pedra de tropeço, e a pedra d'escandalo: e todo aquelle que crê nelle, não será confundido.

CAPITULO X.

IRMÃOS, por certo que o bom desejo do meu coração, e a minha oração a Deos, he para que elles consigão a salvação.

2 Pois eu lhes dou testemunho de que elles tem zelo de Deos, mas não segundo a sciencia.

3 Porque não conhecendo a justiça de Deos, e querendo estabelecer a sua propria, não se sujeitárão á justiça de Deos.

4 Porque o fim da Lei he Christo, para justificar a todo o que crê.

5 Ora Moysés ácerca da justiça, que vem da Lei, escreve, que o homem que observar os seus Mandamentos, achará a vida nelles.

6 Mas a justiça que vem da fé, diz assim: Não digas no teu coração: Quem subirá ao Ceo? isto he, a trazer do alto a Christo:

7 ou quem descerá ao abysmo? isto he, para tornar a trazer a Christo d'entre os mortos.

8 Mas que diz a Escritura? Perto está a palavra na tua boca, e no teu coração: esta he a palavra da fé, que prégamos.

9 Porque se confessares com a tua boca ao Senhor Jesus, e creres no teu coração, que Deos o resuscitou d'entre os mortos, serás salvo.

10 Porque com o coração se crê para alcançar a justiça: mas com a boca se faz a confissão para conseguir a salvação.

11 Porque diz a Escritura: Todo o que crê nelle, não será confundido.

12 Porque não ha distinção de Judeo, e de Grego: posto que hum mesmo he o Senhor de todos, rico para com todos os que o invocão.

13 Porque todo aquelle, quem quer que for, o que invocar o Nome do Senhor, será salvo.

14 Como invocarão pois a aquelle, em quem não crerão? Ou como crerão áquelle, que não ouvirão? E como ouvirão sem prégador?

15 Porém como prégarão elles, se não forem enviados? assim como está escrito: Que formosos são os pés dos que annuncião a paz, dos que annuncião os bens!

16 Mas nem todos obedecem ao Evangelho. Porque Isaias diz: Senhor, quem creo ao que nos ouvio prégar?

17 Logo a Fé he pelo ouvido, e o ouvido pela palavra de Christo.

18 Mas pergunto: Acaso elles não tem ouvido? Sim por certo, pois por toda a terra sahio o som d'elles, e até aos limites da redondeza da terra as palavras d'elles.

19 Pergunto mais: Acaso Israel não no soube? Moysés he o primeiro que lhes diz: Eu vos metterei em ciume com huma, que não he gente: eu vos provocarei a ira contra huma gente ignorante.

20 E Isaias se atreve a mais, e diz: Fui achado dos que me não buscavão: claramente me descobri aos que não perguntavão por mim.

21 E a Israel diz: Todo o dia abri as minhas mãos a hum Povo incredulo, e rebelde.

CAPITULO XI.

DIGO pois agora: Rejeitou Deos acaso o seu Povo? Não por certo. Porque eu tambem sou Israelita, do sangue de Abrahão, da tribu de Benjamin.

2 Não rejeitou Deos o seu Povo, que elle conheceo na sua presciencia. Por ventura não sabeis vós, o que a Escritura refere de Elias: de que modo pede elle justiça a Deos contra Israel?

3 Senhor, matárão os teus Profetas, derribárão os teus Altares: e eu fiquei sosinho, e elles me procurão tirar a vida.

4 Mas que lhe disse a resposta de Deos? Eu reservei para mim sete mil homens, que não dobrárão os joelhos diante de Baal.

5 Do mesmo modo pois ainda neste tempo, segundo a eleição da sua graça, salvou Deos a hum pequeno número, que elle reservou para si.

6 E se isto foi por graça, não foi já pelas obras: d'outra sorte a graça já não será graça.

7 Que diremos logo? senão que Israel não conseguio o que buscava: e que os escolhidos o conseguirão: e que os mais forão obcecados:

8 assim como está escrito: Deos lhes deo hum espirito de estupidez: olhos para que não vejão, e ouvidos para que não oução, até ao presente dia.

9 E David diz: A meza d'elles se lhes converta em laço, e em prizão, e em escandalo, e em paga.

10 Escurecidos sejão os olhos d'elles para que não vejão: e incurvado sempre o seu espinhaço.

11 Digo pois: Acaso tropeçárão elles de maneira que cahissem? Não por certo. Mas pelo peccado d'elles veio a salvação aos Gentios, para incitallos á imitacão.

12 Porque se o peccado d'elles são as riquezas do Mundo, e o menoscabo d'elles as riquezas dos Gentios: quanto mais a plenitude d'elles?

13 Porque comvosco fallo, ó Gentios: Em quanto eu na verdade for Apostolo das Gentes, honrarei o meu ministerio,

14 para ver se d'algum modo posso mover á emulação aos da minha nação, e fazer que se salvem alguns d'elles.

15 Porque se a perda d'elles he a reconciliação do Mundo: que será o seu restabelecimento, senão huma vida restaurada d'entre os mortos?

16 E se as primicias porém são santas, tambem no he a massa: e se he santa a raiz, tambem o são os ramos.

17 E se alguns dos ramos fórão quebrados, e tu sendo zambujeiro, foste enxertado nelles, e tens sido participante da raiz, e do succo da oliveira,

18 não te jactes contra os ramos. Porque se te jactas: tu não sustentas a raiz, mas a raiz a ti.

19 Porém dirás: Os ramos fórão quebrados, para que eu seja enxertado.

20 Bem: por sua incredulidade forão quebrados. Mas tu pela fé estás firme: pois não te ensoberbeças por isso, mas teme.

21 Porque se Deos não perdoou aos ramos naturaes: deves tu temer que elle te não perdoe a ti.

22 Considera pois a bondade, e a severidade de Deos: a severidade por certo para com aquelles, que cahírão: e a bondade de Deos para comtigo, se permaneceres na bondade, d'outra maneira tambem tu serás cortado.

23 E ainda elles, senão permanecerem na incredulidade, serão enxertados: pois Deos he poderoso para enxertallos de novo.

24 Porque se tu foste cortado do natural zambujeiro, e contra a tua natureza, foste enxertado em boa oliveira: quanto mais aquelles, que são naturaes, serão enxertados na sua propria oliveira?

25 Mas não quero, irmãos, que vós ignoreis este mysterio: (para que não sejais sabios em vós mesmos) que a cegueira veio em parte a Israel, até que haja entrado a multidão das Gentes,

26 e que assim todo Israel se salvasse, como está escrito: Virá de Sião hum, que seja Libertador, e que desterre a impiedade de Jacob.

27 E esta será com elles a minha alliança: quando eu tirar os seus peccados.

28 He verdade que quanto ao Evangelho, elles agora são aborrecidos por vossa causa: mas quanto á eleição, elles são mui queridos por amor de seus pais.

29 Porque os dons, e a vocação de Deos são immutaveis.

30 Porque assim como tambem vós em algum tempo não crestes a Deos, e agora haveis alcançado misericordia pela incredulidade d'elles:

31 assim tambem estes agora não crerão na vossa misericordia: para que elles alcancem tambem misericordia.

32 Porque Deos a todos encerrou na incredulidade: para usar com todos de misericordia.

33 O' profundidade das riquezas da sabedoria, e

da sciencia de Deos: quão incomprehensiveis são os seus juizos, e quão inexcrutaveis os seus caminhos!

34 Porque quem conheceo a mente do Senhor? Ou quem foi o seu Conselheiro?

35 Ou quem lhe deo alguma cousa primeiro, para esta lhe haver de ser recompensada?

36 Porque d'elle, e por elle, e nelle existem todas as cousas: a elle seja dada gloria por todos os seculos. Amen.

CAPITULO XII.

ASSIM que pela misericordia de Deos vos rogo, irmãos, que offereçais os vossos córpos como huma hostia viva, santa, agradavel a Deos, que he o culto racional que lhe deveis.

2 E não vos conformeis com este seculo, mas reformai-vos em novidade do vosso espirito: para que experimenteis qual he a vontade de Deos, boa, e agradavel, e perfeita.

3 Porque pela graça que me foi dada, digo a todos os que estão entre vós: Que não saibão mais do que convem saber, mas que saibão com temperança: e cada hum conforme Deos lhe repartio a medida da fé.

4 Porque da maneira que em hum corpo temos muitos membros, mas todos os membros não tem huma mesma função:

5 assim ainda que muitos, somos hum só corpo em Christo, e cada hum de nós membros huns dos outros.

6 Mas temos dons differentes segundo a graça, que nos foi dada: ou seja profecia, segundo a proporção da fé,

7 ou ministerio em administrar, ou o que ensina em doutrina,

8 o que admoesta em exhortar, o que reparte em simplicidade, o que preside em vigilancia, o que se compadece em alegria.

9 O amor seja sem fingimento. Aborrecei o mal, adheri ao bem:

10 amai-vos reciprocamente com amor fraternal: Adiantai-vos em honrar huns aos outros:

11 no cuidado que deveis ter, não sejais preguiçosos: Sede fervorosos de espirito: Servi ao Senhor:

12 na esperança alegres: na tribulação soffridos: na oração perseverantes:

13 Soccorrei as necessidades dos Santos: exercitai a hospitalidade.

14 Abençoai aos que vos perseguem: abençoai-os, e não nos praguejeis.

15 Alegrai-vos com os que se alegrão, chorai com os que chorão:

16 tende entre vós huns mesmos sentimentos: Não blasoneis de cousas altas, mas accommodai-vos ás humildes: Não sejais sabios aos vossos olhos:

17 não torneis a ninguem mal por mal: procurando bens não só diante de Deos, mas tambem diante de todos os homens.

18 Se póde ser, quanto estiver da vossa parte, tendo paz com todos os homens.

19 Não vos vingueis a vós mesmos, ó carissimos, mas dai lugar á ira: porque está escrito: A mim me pertence a vingança: eu retribuirei, diz o Senhor.

20 Antes pelo contrario, se o teu inimigo tiver fome, dá-lhe de comer: se tem sede, dá-lhe de beber: porque se isto fizeres, amontoarás brazas vivas sobre a sua cabeça.

21 Não te deixes vencer do mal, mas vence o mal com o bem.

CAPITULO XIII.

TODO o homem esteja sujeito ás Potestades superiores: Porque não ha Potestade, que não venha de Deos: e as que ha, essas forão por Deos ordenadas.

2 Aquelle pois, que resiste á Potestade, resiste á ordenação de Deos. E os que lhe resistem, a si mesmos trazem a condemnação:

3 Porque os principes não são para temer, quando se faz o que he bom, mas quando se faz o que he máo. Queres tu pois não temer a Potestade? Obra bem: e terás louvor d'ella mesma:

4 porque o Principe he Ministro de Deos para bem teu. Mas se obrares mal, teme: porque não he debalde que elle traz a espada. Por quanto elle he Ministro de Deos: vingador em ira contra aquelle, que obra mal.

5 He logo necessario que lhe estejais sujeitos, não sómente pelo temor do castigo, mas tambem por obrigação de consciencia.

6 Porque por esta causa pagais tambem tributos: pois são Ministros de Deos, servindo-o nisto mesmo.

7 Pagai pois a todos o que lhe he devido: a quem tributo, tributo: a quem imposto, imposto: a quem temor, temor: a quem honra, honra.

8 A ninguem devais cousa alguma: senão he o amor, com que vos ameis huns aos outros: porque aquelle, que ama ao proximo, tem cumprido com a Lei.

9 Porque estes mandamentos de Deos: Não commetterás adulterio: Não matarás: Não furtarás: Não dirás falso testemunho: Não cubiçarás: E se ha algum outro mandamento, todos elles vem a resumir-se nesta palavra: Amarás a teu proximo, como a ti mesmo.

10 O amor do proximo não obra mal. Logo a caridade he o complemento da Lei.

11 E pratiquemos isto sabendo que he chegado o tempo: que he já hora de nos levantarmos do somno. Por quanto agora está mais perto a nossa salvação, que quando recebémos a fé.

12 A noite passou, e o dia vem chegando. Deixemos pois as obras das trévas, e vistamonos das armas da luz.

13 Caminhemos como de dia honestamente: não em glotonarias, e borracheiras, não em deshonestidades, e dissoluções, não em contendas, e emulações:

14 mas revesti-vos do Senhor Jesu Christo: e não façais caso da carne em seus appetites.

CAPITULO XIV.

AO que he pois ainda fraco na fé, ajudai-o, não com debates de opiniões.

2 Porque hum crê que póde comer de tudo: outro porém que he fraco, não come senão legumes.

3 O que come, não despreze ao que não come; e o que não come, não julgue ao que come: porque Deos o recebeo por seu.

4 Quem és tu, que julgas o servo alheio? Para seu Senhor está em pé, ou cahe: mas elle estará firme: porque poderoso he Deos para o segurar.

5 Porque hum faz differença entre dia, e dia: outro porém estima iguaes todos os dias: cada hum abunde em seu sentido.

6 O que distingue o dia, para o Senhor o distingue: E o que come, para o Senhor come:

porque a Deos dá graças. E o que não come, para o Senhor não come, e dá graças a Deos.

7 Porque nenhum de nós vive para si, e nenhum de nós morre para si.

8 Porque se vivemos, para o Senhor vivemos: se morremos, para o Senhor morremos. Logo ou nós vivamos, ou morramos, sempre somos do Senhor.

9 Porque por isso he que morreo Christo, e resuscitou: para ser Senhor tanto de mortos, como de vivos.

10 E tu porque julgas a teu irmão? Ou porque desprezas tu a teu irmão? Pois todos compareceremos ante o tribunal de Christo.

11 Porque escrito está: Por minha vida, diz o Senhor, que ante mim se dobrará todo o joelho: e toda a lingua dará louvor a Deos.

12 E assim cada hum de nós dará conta a Deos de si mesmo.

13 Não nos julguemos pois mais huns aos outros: antes cuidai bem nisto, em não pôrdes tropeço ou escandalo ao vosso irmão.

14 Eu sei, e estou persuadido no Senhor Jesus, que nenhuma cousa ha immunda de sua natureza, senão para aquelle que a tem por tal, para esse he que ella he immunda.

15 Pois se por causa da comida entristeces tu a teu irmão: já não andas segundo a caridade. Não percas tu pelo teu manjar aquelle por quem Christo morreo.

16 Não seja pois blasfemado o nosso bem.

17 Porque o Reino de Deos não he comida, nem bebida: mas justiça, e paz, e gozo no Espirito Santo:

18 e quem nisto serve a Christo, agrada a Deos, e he approvado dos homens.

19 Pelo que sigamos as cousas que são de paz: e as que são de edificação, guardemo-las assim huns, como outros.

20 Não queiras destruir a obra de Deos por causa da comida: todas as cousas na verdade são limpas: mas he máo para o homem, que come com escandalo.

21 Bom he não comer carne, nem beber vinho, nem cousa em que teu irmão acha tropeço, ou se escandaliza, ou se enfraquece.

22 Tu tens fé? pois tem-na em ti mesmo diante de Deos. Bemaventurado o que não se condemna a si mesmo naquillo que approva.

23 Mas o que faz distinção, se comer, he condemnado: porque não come por fé. E tudo o que não he segundo a fé, he peccado.

CAPITULO XV.

POR tanto nós, que somos mais valentes, devemos supportar as fraquezas dos que são debeis, e não buscar a nossa propria satisfação.

2 Cada hum de vós procure agradar ao seu proximo no que he bom, para edificação.

3 Porque Christo nenhum respeito se guardou a si mesmo, antes como está escrito: Os improperios dos que te ultrajavão cahirão sobre mim.

4 Porque tudo quanto está escrito para nosso ensino está escrito: a fim de que pela paciencia, e consolação das Escrituras, tenhamos esperança.

5 Mas o Deos de paciencia, e de consolação vos conceda huma uniformidade de sentimentos entre vós segundo o espirito de Jesu Christo:

6 para que unanimes, a huma boca glorifiqueis a Deos, e Pai de nosso Senhor Jesu Christo.

7 Por cuja causa mostrai acolhimento huns aos outros, como tambem Christo vo-lo mostrou para gloria de Deos.

677

8 Digo pois, que Jesu Christo foi Ministro da circumcisão, pela verdade de Deos, para confirmar as promessas dos pais:

9 e que os Gentios devem glorificar a Deos pela misericordia de que usou com elles, como está escrito: Por isto eu te confessarei, Senhor, entre os Gentios, e entoarei canticos de louvor ao teu Nome.

10 E outra vez diz: Alegrai-vos, ó Gentios, com o seu Povo.

11 E noutro lugar: Louvai ao Senhor todos os Gentios: e engrandecei-o todos os Povos.

12 E Isaias tambem diz: Sahirá a raiz de Jessé, e naquelle que se levantar a reger os Gentios, esperarão os Gentios.

13 O Deos pois de esperança vos encha de todo o gozo, e de paz na vossa crença: para que abundeis na esperança, e na virtude do Espirito Santo.

14 E certo estou, irmãos meus, sim eu mesmo a vosso respeito, que tambem vós mesmos estais cheios de caridade, cheios de todo o saber, de maneira que vos podeis admoestar huns aos outros.

15 O que não obstante, eu, irmãos, vos escrevi com mais huma pouca de ousadia, como trazendo-vos isto á memoria: por causa da graça, que a mim me foi dada por Deos,

16 a fim de que eu seja o Ministro de Jesu Christo entre os Gentios: santificando o Evangelho de Deos, para que seja acceita a oblação dos Gentios, e sanctificada pelo Espirito Santo.

17 Tenho pois gloria em Jesu Christo para com Deos.

18 Porque não ouso fallar cousa alguma d'aquellas, que não faz Christo por mim, para trazer as Gentes á obediencia, por palavras e por obras:

19 por efficacia de sinaes, e de prodigios, em virtude do Espirito Santo: de maneira que desde de Jerusalem, e terras comarcans até o Illyrico, tenho enchido tudo do Evangelho de Christo.

20 E assim tenho annunciado este evangelho, não onde se havia feito já menção de Christo, por não edificar sobre fundamento de outro: mas como está escrito:

21 Aquelles a quem não foi prégado d'elle, verão: e os que não ouvirão, entenderão.

22 Por cuja causa eu até me via embargado muitas vezes para vos ir ver, e tenho sido embaraçado atéqui.

23 Mas agora não tendo já motivo para demorrar-me mais nestas terras, e desejando já muitos annos a esta parte passar a ver-vos:

24 quando me puzer a caminho para Hespanha, espero de passagem vos verei, e que por vós seja encaminhado lá, depois de haver gozado primeiro algum tanto da vossa companhia.

25 Mas agora estou de partida para Jerusalem em serviço dos Santos.

26 Porque a Macedonia, e a Acaia tiverão por bem fazer huma Collecta para os pobres do número dos Santos, que estão em Jerusalem.

27 Assim pois o tiverão por bem: e d'isso lhes são devedores. Porque se os Gentios tem sido feitos participantes dos seus bens espirituaes: devem tambem elles assistir-lhes com os temporaes.

28 Quando houver eu pois cumprido isto, e lhes tiver feito entrega d'este fruto: irei a Hespanha passando por onde vós ahi estais.

29 E sei que quando vos for ver, chegarei com abundancia de benção do Evangelho de Christo.

30 Rogo-vos pois, ó irmãos, por nosso Senhor Jesu Christo, e pelo amor do Espirito Santo, que me ajudeis com as vossas orações por mim a Deos,

31 para que eu seja livre dos infieis, que ha na Judéa, e seja grata aos Santos de Jerusalem a offrenda do meu serviço,

32 para que eu passe a ver-vos com alegria pela vontade de Deos, e seja recreado comvosco.

33 Em fim o Deos de paz seja com todos vos. Amen.

CAPITULO XVI.

RECOMMENDO-vos pois a nossa irmãa Febe, que está no serviço da Igreja de Cenchris:

2 para que a recebais no Senhor, como devem fazer os Santos: e a ajudeis em tudo o que de vós houver mister: porque ella tem assistido tambem a muitos, e a mim em particular.

3 Saudai a Prisca, e a Aquila, que trabalhárão comigo em Jesu Christo;

4 (os quaes pela minha vida expozerão as suas cabeças: o que não lhe agradeço eu só, mas tambem todas as Igrejas dos Gentios.)

5 E do mesmo modo a Igreja que está em sua casa. Saudai ao meu querido Epéneto que he as primicias da Asia em Christo.

6 Saudai a Maria, a qual trabalhou muito entre vós.

7 Saudai a Andronico, e a Junia, meus parentes, e cativos comigo: os quaes se assinalárão entre os Apostolos, e que forão Christãos primeiro do que eu.

8 Saudai a Ampliato, a quem mui entranhavelmente amo no Senhor.

9 Saudai a Urbano, que trabalhou comigo em Jesu Christo, e ao meu amado Staquys.

10 Saudai a Apelles, provado em Christo.

11 Saudai aquelles que são da casa de Aristobúlo. Saudai a Herodião meu parente. Saudai aos que são da familia de Narcizo que estão no Senhor.

12 Saudai a Tryfena, e a Tryfosa, que trabalhão no Senhor. Saudai a nossa muito amada Perside, que trabalhou muito no Senhor.

13 Saudai a Rufo, escolhido no Senhor, e a sua mãi, e minha.

14 Saudai a Asyncrito, a Flegonte, a Hermas, a Pátrobas, a Hermes: e aos irmãos, que estão com elles.

15 Saudai a Filólogo, e a Julia, a Nereo, e a sua irmãa, e a Olympiades, e a todos os Santos, que com elles estão.

16 Saudai vos huns aos outros em osculo Santo. Todas as Igrejas de Christo vos saudão.

17 Rogo-vos porém, irmãos, que não percais de vista aquelles que causão dissenções, e escandalos contra a doutrina, que vós tendes aprendido, e apartai-vos d'elles.

18 Porque estes taes não servem a Christo Senhor nosso, mas ao seu ventre: e com doces palavras, e com benções enganão os corações dos simplices.

19 Por quanto a vossa obediencia tem-se feito em toda a parte notoria. Pelo que eu me alegro em vós. Mas quero que vós sejais sabios no bem, e simplices no mal.

20 E o Deos de paz esmague logo a Satanás debaixo de vossos pés. A graça de nosso Senhor Jesu Christo seja comvosco.

21 Sauda-vos Timotheo, meu Coadjutor, e Lucio, e Jason, e Sosipatro meus parentes.

22 Eu Tercio, que escrevi esta carta, vos saudo no Senhor.

23 Sauda-vos Caio meu hospedeiro, e toda a Igreja. Como tambem Erasto Thesoureiro da Cidade, e Quarto, irmão.

24 A graça de nosso Senhor Jesu Christo seja com todos vós. Amen.

25 E ao que he poderoso para vos confirmar, segundo o meu Evangelho, e a prégação de Jesu Christo, segundo a revelação do mysterio encoberto des de tempos eternos,

26 (o qual agora foi patenteado pelas Escrituras dos Profetas segundo o mandamento do Eterno Deos, para se dar obediencia á fé) entre todas as Gentes já sabido,

27 a Deos que só he sabio, a elle por meio de Jesu Christo seja tributada honra, e gloria por todos seculos dos seculos. Amen.

PRIMEIRA EPISTOLA DE S. PAULO APOSTOLO

AOS

CORINTHIOS.

CAPITULO I.

PAULO chamado Apostolo de Jesu Christo por vontade de Deos, e Sósthenes nosso irmão,

2 á Igreja de Deos, que está em Corintho, aos santificados em Jesu Christo, chamados Santos, com todos os que invocão o Nome de nosso Senhor Jesu Christo, em qualquer lugar d'elles, e nosso:

3 Graça vos seja augmentada, e paz da parte de Deos nosso Pai, e da do Senhor Jesu Christo.

4 Graças dou incessantemente ao meu Deos por vós, por causa da graça de Deos, que vos foi dada em Jesu Christo.

5 Porque em todas as cousas sois enriquecidos nelle, em toda a palavra, e em toda a sciencia:

6 assim como tem sido confirmado em vós o testemunho de Christo:

7 de maneira que nada vos falta em graça alguma, esperando vós a manifestação de nosso Senhor Jesu Christo,

8 o qual tambem vos confirmará até ao fim sem crime, no dia da vinda de nosso Senhor Jesu Christo.

9 Fiel he Deos: pelo qual fostes chamados á companhia de seu Filho Jesu Christo nosso Senhor.

10 Mas irmãos, rogo-vos, pelo Nome de nosso Senhor Jesu Christo, que todos digais huma

mesma cousa, e que não haja entre vós scismas: antes sejais perfeitos em hum mesmo sentimento, e em hum mesmo parecer.

11 Porque de vós, irmãos meus, se me tem significado pelos que são de Chloe, que ha contendas entre vós.

12 E digo isto, porque cada hum de vós diz: Eu na verdade sou de Paulo: e eu de Apollo: pois eu de Cefas: e eu de Christo.

13 Está dividido Christo? Por ventura Paulo foi crucificado por vós? ou haveis sido baptizados em nome de Paulo?

14 Dou graças a Deos, porque não tenho baptizado a nenhum de vós, senão a Crispo, e a Caio:

15 para que nenhum diga, que fostes baptizados em meu nome.

16 E baptizei tambem a familia de Estéfanas: não sei porém se tenho baptizado a algum outro.

17 Porque não me enviou Christo a baptizar, mas a prégar o Evangelho: não em sabedoria de palavras, para que não seja feita vã a Cruz de Christo.

18 Porque a palavra da Cruz he na verdade huma estultícia para os que se perdem: mas para os que se salvão, que somos nós, he ella a virtude de Deos.

19 Porque escrito está: Destruirei a sabedoria dos sabios, e reprovarei a prudencia dos prudentes.

20 Onde está o sabio? onde o Doutor da Lei? onde o esquadrinhador d'este seculo? Por ventura não tem Deos convencido de estulticia a sabedoria d'este Mundo?

21 Porque como na sabedoria de Deos não conheceo o mundo a Deos pela sabedoria: quiz Deos fazer salvos aos que cressem nelle, pela estultícia da prégação.

22 Porque tanto os Judeos pedem milagres, como os Gregos buscão sabedoria:

23 mas nós prégamos a Christo crucificado: que he hum escandalo de facto para os Judeos, e huma estultícia para os Gentios,

24 mas para os que tem sido chamados assim Judeos, como Gregos, prégamos a Christo, virtude de Deos, e sabedoria de Deos:

25 pois o que parece em Deos huma estultícia, he mais sabio que os homens: e o que parece em Deos huma fraqueza, he mais forte que os homens.

26 Vede pois, irmãos, a vossa vocação, porque chamados não forão muitos sabios segundo a carne, não muitos poderosos, não muitos nobres:

27 mas as cousas que ha loucas do mundo escolheo Deos, para confundir aos sabios: e as cousas fracas do mundo escolheo Deos, para confundir as fortes:

28 e as cousas vís, e desprezíveis do mundo escolheo Deos, e aquellas que não são, para destruir as que são:

29 para que nenhum homem se glorie na presença d'elle.

30 E do mesmo vem serdes vós o que sois em Jesu Christo, o qual nos tem sido feito por Deos sabedoria, e justiça, e santificação, e redempção:

31 para que, como está escrito: O que se gloria, glorie-se no Senhor.

CAPITULO II.

E EU, quando fui ter comvosco, irmãos, fui não com sublimidade de estilo, ou de sabedoria, a annunciar-vos o testemunho de Christo.

2 Porque julguei não saber cousa alguma entre vós, senão a Jesu Christo, e este crucificado.

3 E eu estive entre vós em fraqueza, e temor, e grande tremor:

4 tanto a minha conversação, como a minha prégação não consistio em palavras persuasivas de humana sabedoria, mas em demonstração de espirito, e de virtude:

5 para que a vossa fé não se funde em sabedoria de homens, mas na virtude de Deos.

6 Isto não obstante, entre os perfeitos fallamos da sabedoria: não porém da sabedoria d'este seculo, nem da dos Principes d'este seculo, que são destruidos:

7 mas fallamos da sabedoria de Deos em mysterio, que está encoberta, da que Deos predestinou antes dos Seculos, para nossa gloria,

8 a qual nenhum dos Principes d'este seculo conheceo: porque se elles a conhecêrão, nunca crucificarião ao Senhor da Gloria.

9 Mas antes como está escrito: Que o olho não vio, nem o ouvido ouvio, nem jámais veio ao coração do homem, o que Deos tem preparado para aquelles, que o amão:

10 porém Deos no-lo revelou a nós pelo seu Espirito: porque o Espirito tudo penetra, ainda o que ha de mais occulto na profundidade de Deos.

11 Porque qual dos homens conhece as cousas que são do homem, senão o espirito do homem, que nelle mesmo reside? assim tambem as que são de Deos ninguem as conhece, senão o Espirito de Deos.

12 Ora nós não recebemos o espirito d'este Mundo, mas sim o Espirito que vem de Deos, para sabermos as cousas, que por Deos nos forão dadas:

13 o que tambem annunciamos não com doutas palavras de humana sabedoria, mas com a doutrina do Espirito, accommodando o espiritual ao espiritual.

14 Mas o homem animal não percebe aquellas cousas, que são do Espirito de Deos: porque lhe parecem huma estultícia, e não as póde entender: por quanto ellas se ponderão espiritualmente.

15 Mas o espiritual julga todas as cousas: e elle não he julgado de ninguem.

16 Por quanto quem conheceo o conselho do Senhor, para que o possa instruir? Porém nós sabemos a mente de Christo.

CAPITULO III.

E EU, irmãos, não vos pude fallar como a espirituaes, senão como a carnaes. Como a pequeninos em Christo,

2 leite vos dei a beber, não comida: porque ainda não podieis: e nem ainda agora podeis: porque ainda sois carnaes.

3 Por quanto havendo entre vós zelos, e contendas: não he assim que sois carnaes, e andais segundo o homem?

4 Porque dizendo hum: Eu certamente sou de Paulo. E outro: Eu de Apollo: não se está vendo nisto que sois homens? Que he logo Apollo? e que he Paulo?

5 São huns Ministros d'aquelle, a quem crestes, e segundo o que o Senhor deo a cada hum.

6 Eu plantei, Apollo regou: mas Deos he o que deo o crescimento.

7 Assim que nem o que planta he alguma cousa, nem o que rega; mas Deos, que dá o crescimento.

8 E huma mesma cousa he o que planta, e o que rega. E cada hum receberá a sua recompensa particular segundo o seu trabalho.

9 Porque nós-outros somos huns cooperadores de Deos: vós sois agricultura de Deos, sois edificio de Deos.

10 Segundo a graça de Deos, que me foi dada, lancei o fundamento como sabio arquitecto: mas outro edifica sobr'elle. Porém veja cada hum como edifica sobr'elle.

11 Porque ninguem póde pôr outro fundamento senão o que foi posto, que he Jesu Christo.

12 Se algum porém levanta sobre este fundamento edificio d'ouro, do prata, de pedras preciosas, de madeira, de feno, de palha,

13 manifesta será a obra de cada hum: porque o dia do Senhor a demostrará, por quanto em fogo será descoberta : e qual seja a obra de cada hum, o fogo o provará.

14 Se permanecer a obra do que a sobreedificou, receberá premio.

15 Se a obra d'algum se queimar, padecerá elle detrimento: mas o tal será salvo: se bem d'esta maneira como por intervenção do fogo.

16 Não sabeis vós, que sois Templo de Deos, e que o Espirito de Deos mora em vós?

17 Se alguem pois violar o Templo de Deos, Deos o destruirá. Porque o Templo de Deos que sois vós, santo he.

18 Ninguem se engane a si mesmo: se algum d'entre vós se tem por sabio neste Mundo, faça-se insensato para ser sabio.

19 Porque a sabedoria d'este Mundo, he huma estulticia diante de Deos. Por quanto está escrito : Eu apanharei os sabios na sua mesma astucia.

20 E outra vez: O Senhor conhece os pensamentos dos sabios, que são vãos.

21 Por tanto nenhum se glorie entre os homens.

22 Porque todas as cousas são vossas, ou seja Paulo, ou seja Apollo, ou seja Cefas, ou seja o Mundo, ou seja a vida, ou seja a morte, ou sejão as presentes, ou sejão as futuras: porque tudo he vossa:

23 e vós de Christo: e Christo de Deos.

CAPITULO IV.

OS homens devem-nos considerar como huns Ministros de Christo : e como huns Dispenseiros dos mysterios de Deos.

2 Ora o que se deseja nos Dispenseiros, he que elles se achem fiéis.

3 A mim pois bem pouco se me dá de ser julgado de vós, ou de qualquer outro homem: pois nem ainda eu me julgo a mim mesmo.

4 Porque de nada me argue a consciencia: mas nem por isso me dou por justificado: pois o Senhor he quem me julga.

5 Pelo que não julgueis antes de tempo, até que venha o Senhor: o qual não só porá ás claras o que se acha escondido nas mais profundas trévas, mas descobrirá ainda o que ha de mais secreto nos corações: e então cada hum receberá de Deos o louvor.

6 Mas eu, irmãos, tenho representado estas cousas na minha pessoa e na de Apollo, por amor de vós: para que em nós-outros aprendais, que hum por causa de outro não se ensoberbeça contra outro fóra do que está escrito.

7 Porque quem he o que te differença? E que tens tu que não recebesses? Se porém o recebeste, porque te glorias, como se o não tiveras recebido?

8 Vós já estais fartos, já estais ricos: vós reinais sem nós : e praza a Deos que reineis, para tambem nós reinarmos comvosco.

9 Porque entendo, que Deos nos tem posto pelos ultimos dos Apostolos, como sentenciados á morte: porque somos feitos espectaculo ao mundo, e aos Anjos, e aos homens.

10 Nós nescios por Christo, e vós sabios em Christo: nós fracos, e vós fortes: vós nobres, e nós desprezives.

11 Até esta hora padecemos até fome, e sede, e desnudez, e somos esbofeteados, e não temos morada segura,

12 e trabalhamos obrando por nossas proprias mãos: amaldiçoão-nos, e bemdizemos: perseguem-nos, e o soffremos :

13 somos blasfemados, e rogamos : temos chegado a ser como a immundicia d'este mundo, como a escoria de todos atégora.

14 Eu não vos escrevo isto, para vos envergonhar, mas amoesto-vos como a filhos meus, que muito amo.

15 Porque ainda que tenhais dez mil Aios em Christo, não terieis todavia muitos Pais. Pois eu sou o que vos gerei em Jesu Christo pelo Evangelho.

16 Rogo-vos pois, que sejais meus imitadores, como tambem eu o sou de Christo.

17 Por isso he que vos enviei Timotheo, que he meu filho muito amado, e fiel no Senhor : que vos fará saber os meus caminhos, que são em Jesu Christo, como eu ensino por todas as partes em cada Igreja.

18 Alguns andão inchados, como se eu não houvesse de ir ter comvosco.

19 Mas brevemente irei ter comvosco, se o Senhor quizer : e examinarei, não as palavras dos que assim andão inchados, mas a virtude.

20 Porque o Reino de Deos não consiste nas palavras, mas na virtude.

21 Que quereis? irei a vós-outros com vara, ou com caridade, e espirito de mansidão ?

CAPITULO V.

HE fama constante, que entre vós ha fornicação, e tal fornicação, qual nem ainda entre os Gentios, tanto, que chega a haver quem abusa da mulher de seu pai.

2 E andais ainda inchados: e nem ao menos haveis mostrado pena, para que seja tirado d'entre vós o que fez tal maldade.

3 Eu na verdade, ainda que ausente com o corpo, mas presente com o espirito, já tenho julgado como presente aquelle que assim se portou,

4 em Nome de nosso Senhor Jesu Christo, congregados vós e o meu espirito, com o poder de nosso Senhor Jesus,

5 seja o tal entregue a Satanás, para mortificação da carne, a fim de que a sua alma seja salva no dia de nosso Senhor Jesu Christo.

6 Não he boa a vossa jactancia. Não sabeis que hum pouco de fermento corrompe toda a massa?

7 Purificai o velho fermento, para que sejais huma nova massa, assim como sois asmos. Por quanto Christo, que he nossa Pascoa, foi immolado.

8 E assim solemnizemos o nosso convite, não com o fermento velho, nem com o fermento da malicia, e da corrupção : mas com os asmos da sinceridade, e da verdade.

9 Por carta vos escrevi: Que não tivesseis communicação com os fornicarios:

10 não na entendendo por certo d'aquella com os fornicarios d'este Mundo, ou com os avarentos,

ou ladrões, ou com os que adorão idolos: de outra sorte deveríeis sahir d'este Mundo.

11 Mas agora vos escrevi, que não tenhais communicação com elles: vindo nisto a dizer, que se aquelle que se noméa vosso irmão he fornicario, ou avarento, ou idólatra, ou maldizente, ou dado a bebedices, ou ladrão : com este tal, nem comer deveis.

12 Porque, que me vai a mim em julgar d'aquelles, que estão fóra? Por ventura não julgais vós d'aquelles que estão dentro?

13 Porque Deos julgará aos que estão fóra. Tirai do meio de vós-outros a esse iniquo.

CAPITULO VI.

ATREVE-SE algum de vós, tendo negocio contra outro, ir a juizo perante os iniquos, e não á presença dos Santos?

2 Por ventura não sabeis que os Santos hão de hum dia julgar a este Mundo? E se o Mundo ha de ser julgado por vós, sois vós por ventura indignos de julgar das cousas minimas?

3 Não sabeis, que havemos de julgar aos Anjos? pois quanto mais as cousas do seculo?

4 Por tanto se tiverdes differenças por cousas do seculo: estabelecei ás que são de menor estimação na Igreja, para julgallas.

5 Eu vo-lo digo para confusão vossa. He possivel que não haja entre vós hum homem sabio, que possa julgar entre seus irmãos?

6 Mas o que se vê he, que hum irmão litiga com outro irmão: e isto diante d'infieis?

7 Já o haver entre vós demandas de huns contra os outros, he sem controversia hum peccado que commetteis. Porque não soffreis vós antes a injúria? Porque não tolerais antes o damno?

8 Mas vós mesmos sois os que fazeis a injúria, e os que causais o damno: e isto a vossos proprios irmãos.

9 Acaso não sabeis que os iniquos não hão de possuir o Reino de Deos? Não vos enganeis: Nem os fornicarios, nem os idólatras, nem os adulteros,

10 nem os effeminados, nem os sodomitas, nem os ladrões, nem os avarentos, nem os que se dão a bebedices, nem os maldizentes, nem os roubadores hão de possuir o Reino de Deos.

11 E taes haveis sido alguns: mas haveis sido lavados, mas haveis sido santificados, mas haveis sido justificados em Nome de nosso Senhor Jesu Christo, e pelo Espirito do nosso Deos.

12 Tudo me he permittido, mas nem tudo me convem: Tudo me he permittido, mas eu de ninguem me farei escravo.

13 Os manjares são para o ventre, e o ventre para os manjares: mas Deos destruirá tanto aquelle, como a estes : e o corpo não he para a fornicação, mas para o Senhor: e o Senhor para o corpo.

14 E Deos tambem resuscitou ao Senhor: e nos resuscitará a nós pela sua virtude.

15 Não sabeis que os vossos corpos são membros de Christo? Tomarei eu logo os membros de Christo, e fallos-hei membros d'huma prostituta? Por certo.

16 Não sabeis por ventura que o que se ajunta com a prostituta, faz-se hum mesmo corpo com ella? Porque serão, disse, dois em huma carne.

17 Mas o que está unido ao Senhor, he hum mesmo espirito com elle.

18 Fugi da fornicação. Todo o outro peccado, qualquer que o homem commetter, he fóra do corpo: mas o que commette fornicação, pecca contra o seu proprio corpo.

19 Acaso não sabeis que os vossos membros são templo do Espirito Santo, que habita em vós, o qual tendes por vo-lo haver dado Deos, e que não sois mais de vós mesmos?

20 Porque vós fostes comprados por hum grande preço. Glorificai pois, e trazei a Deos no vosso corpo.

CAPITULO VII.

PELO que pertence porém ás cousas, sobre que me escrevestes : Digo que bom seria a hum homem não tocar mulher alguma:

2 mas por evitar a fornicação, cada hum tenha sua mulher, e cada huma tenha seu marido.

3 O marido pague a sua mulher o que lhe deve. e da mesma maneira tambem a mulher ao marido.

4 A mulher não tem poder no seu corpo, mas tem-no o marido. E tambem da mesma sorte o marido não tem poder no seu corpo, mas tem-no a mulher.

5 Não vos defraudeis hum ao outro, senão talvez de commum acordo por algum tempo, para vos applicardes á oração: e de novo tornai a cohabitar, porque não vos tente Satanás, por vossa incontinencia.

6 Porém eu digo-vos isto como huma cousa, que se vos perdoa, não por mandamento.

7 Porque quero que todos vós sejais taes, como eu mesmo: porém cada hum tem de Deos seu proprio dom: huns na verdade d'huma sorte, e outros d'outra.

8 Digo tambem aos solteiros, e ás viuvas: que lhes he bom se permanecerem assim, como tambem eu.

9 Mas se não tem dom de continencia, casem-se. Porque melhor he casar-se, do que abrazar-se.

10 Mas áquelles que estão unidos em matrimonio, mando, não eu, senão o Senhor, que a mulher se não separe do marido:

11 e se ella se separar, que fique sem casar, ou que faça paz com seu marido. E o marido tão pouco deixe a sua mulher.

12 Pelo que toca porém aos mais, eu lhe que lho digo, não o Senhor: Que se algum irmão tem mulher infiel, e esta consente em cohabitar com elle, não na largue.

13 E que se huma mulher fiel tem marido, que he infiel, e este consente em cohabitar com ella, não largue a tal a seu marido:

14 porque o marido infiel he santificado pela mulher fiel, e a mulher infiel he santificada pelo marido fiel : d'outra sorte os vossos filhos não serião limpos, mas agora são santos.

15 Porém se o infiel se retira, que se retire : porque neste caso já o nosso irmão, ou a nossa irmãa não estão mais sujeitos á escravidão : mas Deos nos chamou em paz.

16 Porque donde sabes tu, ó mulher, se salvarás a teu marido? ou donde sabes tu, ó marido, se salvarás a tua mulher?

17 Porém todavia cada hum conforme o Senhor lhe haja repartido, cada hum conforme Deos o haja chamado, assim ande: e isto he como eu o ordeno em todas as Igrejas.

18 He chamado algum sendo circumcidado? não busque prepucio. He chamado algum em prepucio? não se circumcide.

19 A circumcisão nada val, e o prepucio nada val: senão a guarda dos mandamentos de Deos.

20 Cada hum na vocação em que foi chamado, nella permaneça.

21 Foste chamado sendo servo? não te dé cuidado: e se ainda podes ser livre, approveita-te melhor.

22 Porque o servo que foi chamado no Senhor, liberto he do Senhor: assim mesmo o que foi chamado sendo livre, servo he de Christo.

23 Por preço fostes comprados, não vos façais servos de homens.

24 Cada hum pois, irmãos, permaneça diante de Deos no estado em que foi chamado.

25 Quanto porém ás virgens, não tenho mandamento do Senhor: mas dou conselho, como quem do Senhor tem alcançado misericordia, para ser fiel.

26 Entendo pois que isto he bom por causa da instante necessidade, porque he bom para o homem o estar assim.

27 Estás ligado á mulher? não busques soltura. Estás livre de mulher? não busques mulher.

28 Mas se tomares mulher, não peccaste. E se a virgem se casar, não peccou: todavia os taes padecerão tribulação da carne. E eu quizera poupar-vos a ella.

29 Isto finalmente vos digo, irmãos: O tempo he breve: o que resta he, que não só os que tem mulheres, sejão como se as não tivessem:

30 mas tambem os que chorão, como se não chorassem: e os que folgão, como se não folgassem: e os que comprão, como se não possuissem:

31 e os que usão d'este Mundo, como se d'elle não usassem: porque a figura d'este Mundo passa.

32 Quero pois que vós vivais sem inquietação. O que está sem mulher, está cuidadoso das cousas que são do Senhor, de como ha de agradar a Deos.

33 Mas o que está com mulher, está cuidadoso das cousas que são do Mundo, de como ha de dar gosto á sua mulher, e anda dividido.

34 E a mulher solteira, e a virgem, cuida nas cousas que são do Senhor, para ser santa no corpo, e no espirito. Mas a que he casada, cuida nas cousas que são do mundo, de como agradará ao marido.

35 Na verdade digo-vos isto para proveito vosso: não para vos illaquear, mas sómente para o que he honesto, e que vos facilite o orar ao Senhor sem embaraço.

36 Mas se algum julga que parece ser deshonra propria, quanto a sua filha donzella, o ir-lhe passando a idade de casar, e que assim convem fazer-se-lhe o casamento: faça o que quizer: não pecca se casar.

37 Porque o que formou em seu peito huma firme resolução, não no obrigando a necessidade, mas antes tendo poder na sua propria vontade, e com isto determinou no seu coração conservar a sua filha virgem, bem faz.

38 Assim que o que casa a sua filha donzella, faz bem: e o que a não casa, faz melhor.

39 A mulher está ligada á lei por todo o tempo que seu marido vive: mas se morrer o seu marido fica ella livre: case com quem quizer: com tanto que seja no Senhor.

40 Porém será mais bemaventurada, se permanecer assim, conforme o meu conselho: e julgo que tambem eu tenho o espirito de Deos.

CAPITULO VIII.

NO tocante porém ás cousas que são sacrificadas aos idolos, sabemos que todos temos sciencia. A sciencia incha, mas a caridade edifica.

2 E se algum se lisongêa de saber alguma cousa, este ainda não conheceo de que modo convem que elle saiba.

3 Mas se algum ama a Deos, esse he conhecido d'elle.

4 Acerca porém das viandas, que são immoladas aos idolos, sabemos que os idolos não são nada no Mundo, e que não ha outro Deos, senão só hum.

5 Porque ainda que haja alguns, que se chamem Deoses, ou no Ceo, ou na terra (e assim sejão muitos os Deoses, e muitos os Senhores:)

6 para nós com tudo ha só hum Deos, o Padre, de quem tiverão o ser todas as cousas, e nós nelle: e só hum Senhor Jesu Christo, por quem todas as cousas existem, e nós-outros por elle.

7 Mas nem em todas ha conhecimento. Porque alguns até agora com consciencia do idolo, comem como do sacrificado a idolo: e a consciencia d'estes, como está enferma, he contaminada.

8 E a comida não nos faz agradaveis a Deos. Porque nem comendo-a, seremos mais ricos: nem seremos mais pobres, não na comendo.

9 Mas vede, que esta liberdade que tendes, não seja talvez occasião de tropeço aos fracos.

10 Porque se algum vir ao que tem sciencia, estar assentado á meza no lugar dos idolos: por ventura com a sua consciencia que está enferma, não se animará a comer do sacrificado aos idolos?

11 E pela tua sciencia perecerá o teu irmão fraco, pelo qual morreo Christo?

12 E d'este modo peccando contra os irmãos, e ferindo a sua debil consciencia, peccais contra Christo.

13 Pelo que se a comida serve de escandalo a meu irmão: nunca jámais comerei carne, por não escandalizar a meu irmão.

CAPITULO IX.

NÃO sou eu livre? Não sou Apostolo? Não vi eu a nosso Senhor Jesu Christo? Não sois vós obra minha no Senhor?

2 E quando eu não seja Apostolo a respeito de outros, ao menos sou-o a respeito de vós: porque vós sois o sello do meu Apostolado no Senhor.

3 Esta he a minha defensa contra aquelles que me perguntão.

4 Por ventura não temos nós direito de comer, e de beber?

5 Acaso não temos nós poder para levar por toda a parte huma mulher irmãa, assim como tambem os outros Apostolos, e os irmãos do Senhor e Cêfas?

6 Ou eu só, e Barnabé, não temos poder de fazer isto?

7 Quem jámais vai á guerra á sua custa? Quem planta huma vinha, e não come do seu fruto? Quem apascenta hum rebanho, e não come do leite do rebanho?

8 Por ventura digo eu isto como homem? Ou não no diz tambem a Lei?

9 Porque escrito está na Lei de Moysés: Não atarás a boca ao boi que debulha. Acaso tem Deos cuidado dos bois?

10 Não he antes por nós mesmos que elle diz isto? Por certo que por nós he que estão escritas estas cousas: porque o que lavra, deve lavrar com esperança: e o que debulha, deve-o fazer com esperança de perceber os frutos.

11 Se nós vos semeámos as cousas espirituaes, he por ventura muito, se recolhermos as temporalidades que vos pertencem a vós?

12 Se outros participão d'este poder sobre vós, porque não mais justamente nós? mas não temos feito uso d'este poder: antes soffremos tudo por não occasionarmos algum obstaculo ao Evangelho de Christo.

13 Não sabeis que os que trabalhão no Santuario, comem do que he do Santuario: e que os que servem ao altar, participão justamente do altar?

14 Por este modo ordenou tambem o Senhor aos que prégão o Evangelho, que vivessem do Evangelho.

15 Porém eu de nada d'isto tenho usado. Nem tão pouco tenho escrito isto, para que se faça assim comigo: porque tenho por melhor morrer, antes que algum me faça perder esta gloria.

16 Por quanto se prégo o Evangelho, não tenho de que gloriar-me: pois me he imposta essa obrigação: porque ai de mim se eu não evangelizar.

17 Pelo que se he por vontade, terei prémio: e se por força, a dispensação me veio só a ser encarregada.

18 Qual he por tanto a minha recompensa? Que prégando o Evangelho, dispense eu o Evangelho, sem causar gasto, para não abusar do meu poder no Evangelho.

19 Porque sendo livre para com todos, me fiz servo de todos, para ganhar muitos mais.

20 E me fiz para os Judeos como Judeo, para ganhar os Judeos:

21 para os que estão debaixo da Lei, como se eu estivera debaixo da Lei, (não me achando eu debaixo da Lei,) por ganhar aquelles, que estavão debaixo da Lei: para os que estavão sem Lei, como se eu estivera sem Lei, (ainda que não estava sem a Lei de Deos: mas estando na Lei de Christo,) por ganhar os que estavão sem Lei.

22 Fiz-me fraco com os fracos, por ganhar os fracos. Fiz-me tudo para todos, por salvar a todos.

23 E tudo faço pelo Evangelho: para d'elle me fazer participante.

24 Não sabeis, que os que correm no Estadio, correm sim todos, mas hum só he que leva o premio? Correi de tal maneira, que o alcanceis.

25 E todo aquelle, que tem de contender, de tudo se abstem, e aquelles certamente por alcançar huma coroa corruptivel: nós porém huma incorruptivel.

26 Pois eu assim corro, não como a cousa incerta: assim pelejo, não como quem açouta o ar:

27 mas castigo o meu corpo, e o reduzo á servidão: para que não succeda, que havendo prégado aos outros, venha eu mesmo a ser reprovado.

CAPITULO X.

PORQUE não quero, irmãos, que vós ignoreis, que nossos pais estiverão todos debaixo da nuvem, e que todos passarão o mar,

2 e todos forão baptizados debaixo da conducta de Moysés, na nuvem, e no mar:

3 e todos comérão d'hum mesmo manjar espiritual,

4 e todos bebêrão d'huma mesma bebida espiritual: (porque todos bebião da pedra mysteriosa, que os seguia: e esta pedra era Christo.)

5 Mas de muitos d'elles Deos se não agradou pelo que forão prostrados no deserto.

6 Mas estas cousas forão feitas em figura de nós-outros, porque não sejamos cubiçosos de cousas más, como tambem elles as cubiçárão:

7 nem vos façais idólatras, como alguns d'elles: conforme está escrito: O povo se assentou a comer, e a beber, e se levantárão a jogar.

8 Nem forniquemos, como alguns d'elles fornicárão, e morrêrão em hum dia vinte e tres mil.

9 Nem tentemos a Christo, como alguns d'elles o tentárão, e perecêrão pelas mordeduras das serpentes.

10 Nem murmureis, como murmurárão alguns d'elles, e forão mortos pelo Exterminador.

11 Todas estas cousas porém lhes acontecião a elles em figura: mas forão escritas para escarmento de nós-outros, a quem os fins dos seculos tem chegado.

12 Aquelle pois que crê estar em pé, veja não caia.

13 Vós ainda não experimentastes, senão tentações humanas: mas Deos he fiel, o qual não permittirá que vós sejais tentados, mais do que podem as vossas forças, antes fará que tireis ainda vantagem da mesma tentação, para a poderdes supportar.

14 Pelo que, meus carissimos, fugi da idolatria.

15 Eu fallo como a prudentes, julgai vós mesmos o que eu vos digo.

16 Por ventura o Calis de benção, que nós benzemos, não he a communhão do Sangue de Christo? e o pão, que partimos, não he a participação do Corpo do Senhor?

17 Porque nós todos somos hum pão, e hum corpo, nós todos, que participamos d'hum mesmo pão.

18 Considerai a Israel segunda a carne: os que comem as victimas, por ventura não tem parte com o altar?

19 Mas que? digo que o que foi sacrificado aos idolos, he alguma cousa? ou que o idolo he alguma cousa?

20 Antes digo, que as cousas que sacrificão os Gentios, as sacrificão aos demonios, e não a Deos. E não quero que vós tenhais sociedade com os demonios: não podeis beber o Calis do Senhor, e o Calis dos demonios.

21 Não podeis ser participantes da Meza do Senhor, e da meza dos demonios.

22 Queremos por ventura irritar com zelos ao Senhor? Acaso somos nós mais fortes do que elle? Tudo me he permittido, mas nem tudo me convem.

23 Tudo me he permittido, mas nem tudo edifica.

24 Ninguem busque o que he seu, senão o que he do outro.

25 De tudo o que se vende na praça, comei, sem perguntar nada por causa da consciencia.

26 Porque do Senhor he a terra, e tudo quanto ha nella.

27 Se algum dos infiéis vos convida, e quereis ir: comei de tudo o que se vos põe diante, não perguntando nada por causa da consciencia:

28 e se algum disser: Isto foi sacrificado aos idolos: não no comais em attenção d'aquelle, que o advertio, e por causa da consciencia:

29 e digo a consciencia, não a tua, mas a do

outro. Porque, a que fim a minha liberdade he julgada pela consciencia alheia?

30 Ainda que eu com graça participo, a que fim darei occasião a ser blasfemado por huma cousa porque dou graças?

31 Logo ou vós comais, ou bebais, ou façais qualquer outra cousa: fazei tudo para gloria de Deos.

32 Portai-vos sem dar escandalo, nem aos Judeos, nem aos Gentios, nem á Igreja de Deos:

33 como tambem eu em tudo procuro agradar a todos, não buscando o que me he de proveito, senão o de muitos: para que sejão salvos.

CAPITULO XI.

SEDE meus imitadores, bem como eu tambem o sou de Christo.

2 Eu vos louvo pois, irmãos, porque em tudo vos lembrais de mim: e guardais as minhas instrucções, como eu vo-las ensinei.

3 Porém quero que vós-outros saibais, que Christo he a cabeça de todo o varão: e o varão a cabeça da mulher · e Deos a cabeça de Christo.

4 Todo o homem, que faz oração, ou que profetiza com a cabeça coberta, deshonra a sua cabeça.

5 E toda a mulher, que faz oração, ou que profetiza não tendo coberta a cabeça, deshonra a sua cabeça, porque he como se estivesse rapada.

6 Por tanto, se a mulher se não cobre, tosquie-se tambem. E se para a mulher he huma deshonra tosquiar-se, ou rapar-se, cubra a sua cabeça.

7 O varão na verdade não deve cobrir a sua cabeça: porque he a imagem, e gloria de Deos, mas a mulher he a gloria do varão.

8 Porque não foi feito o varão da mulher, mas a mulher do varão.

9 E não foi outrosi creado o varão por causa da mulher, mas sim a mulher por causa do varão.

10 Por isso deve a mulher trazer o poder sobre a sua cabeça por causa dos Anjos.

11 Com tudo isso nem a varão he sem a mulher: nem a mulher sem o varão no Senhor.

12 Porque como a mulher foi tirada do varão, assim tambem o varão he concebido pela mulher: mas todas as cousas vem de Deos.

13 Julgai lá vós mesmos: he decente que huma mulher faça oração a Deos, não tendo véo?

14 Nem a mesma natureza vo-lo ensina, já quanto ao varão, se elle deixasse com effeito crescer os cabellos, isto he para elle huma ignominia:

15 e pelo contrario he gloria para a mulher deixallos crescer: porque elles lhe forão dados em lugar de véo.

16 Se porém algum quizer ser contencioso: nós não temos tal costume, nem a Igreja de Deos.

17 Isto pois vos prescrevo: não vos dando a minha approvação, por saber que vos não ajuntais para melhor, senão para peior.

18 Porque em primeiro lugar ouço, que quando vos ajuntais na Igreja, ha entre vós divisões, e eu em parte o creio.

19 Pois he necessario que até haja heresias para que tambem os que são provados, fiquem manifestos entre vós.

20 De maneira que quando vos congregais em hum corpo, não he já para comer a Cea do Senhor.

21 Porque se anticipa cada hum a comer a sua

cea particular. E huns tem na verdade fome: e outros estão mui fartos.

22 Por ventura não tendes vós as vossas casas, para lá comerdes, e beberdes? ou desprezais a Igreja de Deos, e envergonhais aquelles, que não tem? Que vos direi? Louvar-vos-hei? nisto não vos louvo.

23 Porque eu recebi do Senhor, o que tambem vos ensinei a vós, que o Senhor Jesus na noite em que foi entregue, tomou o pão,

24 e dando graças, o partio, e disse: Recebei, e comei: este he o meu Corpo, que será entregue por amor de vós: fazei isto em memoria de mim.

25 Por semelhante modo depois de haver ceado, tomou tambem o Calis, dizendo: Este Calis he o novo Testamento no meu Sangue: fazei isto em memoria de mim, todas as vezes que beberdes.

26 Porque todas as vezes que comerdes este Pão, e beberdes este Calis: annunciareis a morte do Senhor, até que elle venha.

27 Por tanto, todo aquelle que comer este Pão, ou beber o Calis do Senhor indignamente: será réo do Corpo, e do Sangue do Senhor.

28 Examine-se pois a si mesmo o homem: e assim coma d'este Pão, e beba d'este Calis.

29 Porque todo aquelle que o come, e bebe indignamente, come, e bebe para si a condemnação: não discernindo o Corpo do Senhor.

30 Esta he a razão, porque entre vós ha muitos enfermos e sem forças, e muitos que dormem.

31 O ra se nós nos examinassemos a nós mesmos, he certo que não seriamos julgados.

32 Mas quando nós somos julgados, somos corrigidos do Senhor, para não sermos condemnados com este Mundo.

33 Por tanto, irmãos meus, quando vos ajuntais a comer, esperai huns pelos outros.

34 Se algum tem fome, coma em casa: porque vos não ajuntais para juizo. No tocante ás demais cousas eu as ordenarei quando for.

CAPITULO XII.

E SOBRE os dons espirituaes, não quero, irmãos, que vivais em ignorancia.

2 Sabeis, que quando ereis Gentios, concorrieis aos simulacros mudos conforme ereis levados.

3 Por tanto vos faço saber, que ninguem, que falla pelo Espirito de Deos, diz anáthema a Jesus. E ninguem póde dizer, Senhor Jesus, senão pelo Espirito Santo.

4 Ha pois repartição de graças, mas hum mesmo he o Espirito:

5 e os ministerios são diversos, mas hum mesmo he o Senhor:

6 tambem as operações são diversas, mas hum mesmo Deos he o que obra tudo em todos.

7 E a cada hum he dada a manifestação do Espirito para proveito.

8 Porque a hum pelo Espirito he dada a palavra de sabedoria: a outro porém a palavra de sciencia, segundo o mesmo Espirito:

9 a outro a fé pelo mesmo Espirito: a outro graça de curar as doenças em hum mesmo Espirito:

10 a outro a operação de milagres, a outro a profecia, a outro o discernimento dos espiritos, a outro a variedade de linguas, a outro a interpretação das palavras.

11 Mas todas estas cousas obra só hum, e o mesmo Espirito, repartindo a cada hum como quer.

12 Porque assim como o corpo he hum, e tem muitos membros, e todos os membros do corpo, ainda que sejão muitos, são com tudo hum só corpo: assim tambem Christo.

13 Porque num mesmo Espirito fomos baptizados todos nós, para sermos hum mesmo corpo, ou sejamos Judeos, ou Gentios, ou servos, ou livres: e todos temos bebido em hum mesmo Espirito.

14 Porque tambem o corpo não he hum só membro, mas muitos.

15 Se disser o pé: Porque não sou mão, não sou do corpo: acaso deixa elle por isso de ser do corpo?

16 E se a orelha disser: Huma vez que eu não sou olho, não sou do corpo: por ventura deixa ella por isso de ser do corpo?

17 Se o corpo todo fosse olho: onde estaria o ouvido? Se fosse todo ouvido: onde estaria o olfacto?

18 Agora porém Deos poz os membros no corpo, cada hum d'elles assim como quiz.

19 Se todos os membros porém fossem hum só membro, onde estaria o corpo?

20 Mas a verdade he que são muitos os membros, e hum só o corpo.

21 Ora o olho não póde dizer á mão: Eu não necessito do teu prestimo: nem tambem a cabeça póde dizer aos pés: Vós não me sois necessarios.

22 Antes pelo contrario, os membros do corpo, que parecem mais fracos, são os mais necessarios:

23 e os que temos por mais vís membros do corpo, a esses cobrimos com mais decoro: e os que em nós são menos honestos, os recatamos com maior decencia.

24 Porque os que em nós são mais honestos, não tem necessidade de nada: mas Deos attemperou o corpo, dando honra mais avultada áquelle membro, que a não tinha em si,

25 para que não haja scisma no corpo, mas antes conspirem mutuamente todos os membros a se ajudarem huns aos outros.

26 De maneira que se algum mal padece hum membro, todos os membros padecem com elle: ou se hum membro recebe gloria, todos os membros se regozijão com elle.

27 Vós-outros pois sois corpo de Christo, e membros huns dos outros.

28 E assim a varios poz Deos na Igreja, primeiramente os Apostolos, segundariamente os Profetas, em terceiro lugar os Doutores, depois os que tem a virtude de obrar milagres, depois os que tem a graça de curar doenças, os que tem o dom de assistir a seus irmãos, os que tem o dom de governar, os que tem o dom de as interpretar.

29 São por ventura todos Apostolos? são todos Profetas? são todos Doutores?

30 Fazem todos por ventura milagres? tem todos a graça de curar doenças? fallão todos muitas linguas? tem todos o dom de as interpretar?

31 Entre estes dons aspirai pois aos que são melhores. Mas eu ainda vou a mostrar-vos outro caminho mais excellente.

CAPITULO XIII.

SE eu fallar as linguas dos homens, e dos Anjos, e não tiver caridade, sou como o metal, que sôa, ou como o sino, que tinne.

685

2 E se eu tiver o dom de profecia, e conhecer todos os mysterios, e quanto se póde saber: e se tiver toda a fé, até o ponto de transportar montes, e não tiver caridade, não sou nada.

3 E se eu distribuir todos os meus bens em o sustento dos pobres, e se entregar o meu corpo para ser queimado, se todavia não tiver caridade, nada d'isto me aproveita.

4 A caridade he paciente, he benigna: A caridade não he invejosa, não obra temeraria, nem precipitadamente, não se ensoberbece,

5 não he ambiciosa, não busca os seus proprios interesses, não se irrita, não suspeita mal,

6 não folga com a injustiça, mas folga com a verdade:

7 tudo tolera, tudo crê, tudo espera, tudo soffre.

8 A caridade nunca jámais ha de acabar: ou deixem de ter lugar as profecias, ou cessem as linguas, ou seja abolida a sciencia.

9 Porque em parte conhecemos, e em parte profetizamos.

10 Mas quando vier o que he perfeito, abolido será o que he em parte.

11 Quando eu era menino, fallava como menino, julgava como menino, discorria como menino. Mas depois que eu cheguei a ser homem feito, dei de mão ás cousas que erão de menino.

12 Nós agora vemos a Deos como por hum espelho em enigmas: mas então face a face. Agora conheço-o em parte: mas então hei de conhecello, como eu mesmo sou tambem d'elle conhecido.

13 Agora pois permanecem a Fé, a Esperança, a Caridade: estas tres virtudes: porém a maior d'ellas he a Caridade.

CAPITULO XIV.

SEGUI a caridade, anhelai aos dons espirituaes: e sobre todos ao de profecia.

2 Porque o que falla huma lingua desconhecida, não falla a homens, senão a Deos: porque nenhum o ouve: e em Espirito falla mysterios.

3 Mas o que profetiza, falla aos homens para sua edificação, e exhortação, e consolação.

4 O que falla huma lingua desconhecida, se edifica a si mesmo: porém o que profetiza, edifica a Igreja de Deos.

5 Quero pois, que todos vós tenhais o dom de linguas: porém muito mais que profetizeis. Porque maior he o que profetiza, que o que falla diversas linguas: a não ser que tambem elle interprete, de maneira que a Igreja receba edificação.

6 Agora pois, irmãos, se eu for ter comvosco fallando em diversas linguas: de que vos aproveitarei eu, se vos não fallar ou por revelação, ou por sciencia, ou por profecia, ou por doutrina?

7 Certamente as cousas inanimadas, que fazem consonancia, como a frauta, ou a cithara: se não fizerem differença de sons, como se distinguirá o que se canta á frauta, ou o que se toca na cithara?

8 Porque se a trombeta der hum som confuso, quem se preparará para a batalha?

9 Assim tambem vós, se pela lingua não deres palavras intelligiveis: como se entenderá o que se diz? porque sereis como quem falla ao vento.

10 Ha muito, acontece, tantos generos de linguas neste mundo: e nada ha sem voz.

11 Se eu pois não entender o que significão as palavras, serei hum barbaro para aquelle, a

quem fallo : e 5 que falla, sello-ha para mim do mesmo modo.

12 Assim tambem vós, por quanto sois desejosos de dons espirituaes, procurai abundar nelles, para edificação da Igreja.

13 E por isso o que falla huma lingua desconhecida : peça o dom de a interpretar.

14 Porque se eu orar numa lingua estrangeira, verdade he que o meu espirito ora, mas o meu entendimento fica sem fruto.

15 Que farei eu logo? Orarei com o espirito, orarei tambem com a mente : cantarei com o espirito, cantarei tambem com a mente.

16 Mas se louvares com o espirito : o que occupa o lugar do simples povo como dirá, Amen, sobre a tua benção ? visto não entender elle o que tu dizes :

17 verdade he que tu dás bem as graças : mas o outro não he edificado.

18 Graças dou ao meu Deos, que fallo todas as linguas que vós fallais.

19 Mas eu antes quero fallar na Igreja cinco palavras da minha intelligencia, para instruir tambem aos outros : do que dez mil palavras em lingua estranha.

20 Irmãos, não sejais meninos no sentido, mas sede pequeninos na malicia : e sede perfeitos no sentido.

21 Na Lei está escrito : Em outras linguas, e noutros labios fallarei pois a este Povo : e nem ainda assim me ouvirão, diz o Senhor.

22 E assim as linguas são para sinal, não aos fieis, mas aos infieis : porém as profecias, não aos infieis, mas aos fieis.

23 Se pois toda a Igreja se congregar em hum corpo, e todos fallarem linguas diversas, e entrarem então idiotas, ou infieis : não dirão por ventura que estais loucos?

24 Porém se profetizarem todos, e entrarem alli hum infiel, ou hum idiota, de todos he convencido, de todos he julgado :

25 as cousas occultas do seu coração se fazem manifestas : e assim prostrado com a face em terra adorará a Deos, declarando que Deos verdadeiramente está entre vós.

26 Pois que haveis de fazer, irmãos ? quando vos congregais, se cada hum de vós tem o dom de compôr Salmos, tem o de doutrina, tem o de revelação, tem o de linguas, tem o de as interpretar : faça-se tudo isto para edificação.

27 Ou se alguns tem o dom de linguas, não fallem senão dous, ou quando muito tres, e hum depois do outro, e haja algum que interprete o que elles disserem.

28 E se não houver interprete, esteja calado na Igreja, e não fallem senão comsigo, e com Deos.

29 Pelo que toca porém aos Profetas, fallem tambem só dous, ou tres, e os mais julguem o que ouvirem.

30 E se neste tempo for feita qualquer revelação a algum outro dos que se achão assentados, cale-se o que fallava primeiro.

31 Porque vós podeis profetizar todos, hum depois do outro : para assim aprenderem todos, e serem todos exhortados ao bem :

32 porque os espiritos dos Profetas estão sujeitos aos Profetas.

33 Por quanto Deos não he Deos de dissenção, senão de paz : como eu tambem o ensino em todas as Igrejas dos Santos.

34 As mulheres estejão caladas nas Igrejas, porque lhes não he permittido fallar, mas devem estar sujeitas, como tambem o ordena a Lei.

35 E se querem aprender alguma cousa, perguntem-na em casa a seus maridos. Porque he cousa indecente para huma mulher o fallar na Igreja.

36 Por ventura he d'entre vós 'que sahio a palavra de Deos? ou não veio ella senão para vós?

37 Se algum crê ser Profeta, ou espiritual, reconheça que as cousas, que vos escrevo, são mandamentos do Senhor.

38 Se algum porém o quer ignorar, será ignorado.

39 Assim que, irmãos, tende emulação ao dom de profetizar : e não prohibais o uso do dom de linguas.

40 Mas faça-se tudo com decencia, e com ordem.

CAPITULO XV.

PONHO-vos pois presente irmãos, o Evangelho, que vos préguei, o qual tambem vós recebestes, e nelle ainda perseverais,

2 pelo qual he certo que sois salvos : se todavia o conservais, como eu vo-lo préguei, salvo se em vão o crestes.

3 Porque des do principio eu vos ensinei o mesmo que havia aprendido : que Christo morreo por nossos peccados, segundo as Escrituras :

4 e que foi sepultado, e que resurgio ao terceiro dia, segundo as mesmas Escrituras :

5 e que foi visto por Cefas, e depois d'isto pelos onze.

6 Depois foi visto por mais de quinhentos irmãos estando juntos : dos quaes ainda hoje em dia vivem muitos, e alguns são já mortos :

7 depois foi visto de Tiago, logo de todos os Apostolos :

8 e ultimamente depois de todos os mais foi tambem visto de mim, como d'hum abortivo.

9 Porque eu sou o minimo dos Apostolos, que não sou digno de ser chamado Apostolo, porque persegui a Igreja de Deos.

10 Mas pela graça de Deos sou o que sou, e a sua graça nao tem sido vã em mim, antes tenho trabalhado mais copiosamente que todos elles : não eu com tudo, mas a graça de Deos comigo.

11 Porque seja eu, ou sejão elles : assim vo-lo prégamos, e assim crestes.

12 E se se préga que Christo resuscitou d'entre os mortos, como dizem alguns entre vós-outros, que não ha resurreiçao de mortos?

13 Pois senão ha resurreição de mortos nem Christo resuscitou.

14 E se Christo não resuscitou, he logo vã a nossa prégação, he tambem vã a nossa fé :

15 e somos assim mesmo convencidos por falsas testemunhas de Deos : porque démos testemunho contra Deos, dizendo, que resuscitou a Christo, ao qual não resuscitou, se os mortos não resuscitão.

16 Porque se os mortos não resuscitão, tambem Christo não resuscitou.

17 E se Christo não resuscitou, he vã a vossa fé, porque ainda permaneceis nos vossos peccados.

18 Tambem por conseguinte os que dormirão em Christo, perecêrão.

19 Se nesta vida tão somente esperamos em Christo, somos nós os mais infelices de todos os homens.

20 Mas agora resuscitou Christo d'entre os mortos, sendo elle as primicias dos que dormem,

21 porque como a morte veio na verdade por

hum homem, tambem por hum homem deve vir a resurreição dos mortos.

22 E assim como em Adão morrem todos, assim tambem todos serão vivificados em Christo.

23 Mas cada hum em sua ordem, as primicias foi Christo: depois os que são de Christo, que crêrão na sua vinda.

24 Depois será o fim: quando tiver entregado o Reino a Deos e ao Padre, quando houver destruido todo o principado, e poder, e virtude.

25 Porque he necessario que elle reine, até que ponha todos os seus inimigos debaixo de seus pés.

26 Ora o ultimo inimigo destruido será a morte: porque todas as cousas sujeitou debaixo dos pés d'elle. E quando diz:

27 Tudo está sujeito a elle, exceptua-se sem dúvida aquelle, que lhe sujeitou a elle todas as cousas.

28 E quando tudo lhe estiver sujeito: então ainda o mesmo Filho estará sujeito áquelle, que sujeitou a elle todas as cousas, para que Deos seja tudo em todos.

29 D'outra sorte, que farão os que se baptizão pelos mortos, se absolutamente os mortos não resuscitão? pois porque até se baptizão por elles?

30 Porque nos expomos tambem nós a perigos toda a hora?

31 Cada dia, irmãos, morro pela vossa gloria, a qual tenho em Jesu Christo Senhor nosso.

32 Se (como homem) eu batalhei com as bestas em Efeso, que me aproveita isso, senão resuscitão os mortos? comamos, e bebamos, porque á manhãa morreremos.

33 Não vos deixeis enganar: As roins conversações corrompem os bons costumes.

34 Vigiai, justos, e não pequeis: porque alguns não tem o conhecimento de Deos, para vergonha vossa o digo.

35 Mas dirá algum: Como resuscitarão os mortos? ou em que qualidade de corpo virão?

36 Como és insipiente! o que tu semêas, não se vivifica, se primeiro não morre.

37 E quando tu semêas, não semêas o corpo da planta, que ha de nascer, senão o mero grão, como por exemplo, de trigo, ou d'algum dos outros.

38 Porém Deos lhe dá o corpo como lhe apraz: e a cada huma das sementes o seu proprio corpo.

39 Nem toda a carne he a huma mesma carne: mas huma certamente he a dos homens, e outra a dos animaes, huma a das aves, e outra a dos peixes.

40 E corpos ha celestiaes, e corpos terrestres: mas huma he por certo a gloria dos celestiaes, e outra a dos terrestres:

41 huma he a claridade do Sol, outra a claridade da Lua, e outra a claridade das estrellas. E ainda ha differença de estrella a estrella na claridade:

42 assim tambem a resurreição dos mortos. Semêa-se o corpo em corrupção, resuscitará em incorrupção.

43 Semêa-se em villeza, resuscitará em gloria: semea-se em fraqueza, resuscitará em vigor:

44 he semeado o corpo animal, resuscitará o corpo espiritual. Se ha corpo animal, tambem o ha espiritual, assim como está escrito:

45 Foi feito o primeiro homem Adão em alma vivente, o ultimo Adão em espirito vivificante.

46 Mas não primeiro o que he espiritual, senão o que he animal: depois o que he espiritual.

637

47 O primeiro homem formado da terra, he terreno: o segundo homem do Ceo, celestial.

48 Qual foi o terreno, taes são tambem os terrenos: e qual he o celestial, taes são tambem os celestiaes.

49 Pelo que, assim como trouxemos a imagem do terreno, tragamos tambem a imagem do celestial.

50 Mas digo isto, irmãos: que a carne e o sangue não podem possuir o Reino de Deos: nem a corrupção possuirá a incorruptibilidade.

51 Eis-aqui vos digo hum mysterio: Todos certamente resuscitaremos, mas nem todos seremos mudados,

52 num momento, num abrir e fechar d'olhos, ao som da ultima trombeta: porque huma trombeta soará, e os mortos resuscitarão incorruptiveis: e nós-outros seremos mudados.

53 Porque importa que este corpo corruptivel se revista da incorruptibilidade: e que este corpo mortal se revista da immortalidade.

54 E quando este corpo mortal se revestir da immortalidade, então se cumprirá a palavra, que está escrita: Tragada foi a morte na victoria.

55 Onde está, ó morte, a tua victoria? onde está, ó morte, o teu aguilhão?

56 Ora o aguilhão da morte he o peccado: e a força do peccado he a Lei.

57 Porém graças a Deos, que nos deo a victoria por nosso Senhor Jesu Christo.

58 Por tanto, meus amados irmãos, estai firmes, e constantes: crescendo sempre na obra do Senhor, sabendo que o vosso trabalho não he vão no Senhor.

CAPITULO XVI.

QUANTO porém ás Collectas, que se fazem a beneficio dos Santos, fazei tambem vós o mesmo que eu ordenei ás Igrejas da Galacia.

2 Ao primeiro dia da semana, cada hum de vós ponha de parte alguma somma em sua casa, guardando assim o que bem lhe parecer: para que se não façao as Collectas quando eu chegar.

3 E quando eu for presente: aos que vós approvardes por cartas, a esses taes enviarei eu, para que levem a Jerusalem o vosso soccorro.

4 E se a cousa merecer que tambem vá eu mesmo, irão comigo.

5 E porém irei ver-vos, depois que tiver passado pela Macedonia: porque tenho de passar pela Macedonia.

6 E talvez que ficarei comvosco, e passarei tambem o inverno: para que vós me acompanheis aonde eu houver de ir.

7 Porque não vos quero agora ver de passagem, antes espero demorar-me algum tempo comvosco, se o Senhor o permittir.

8 E ficarei em Efeso até a Festa de Pentecoste.

9 Porque se me abrio huma porta grande, e espaçosa: e os adversarios são muitos.

10 E se vier Timotheo, vede que esteja sem temor entre vós: porque trabalha na obra do Senhor, assim como eu tambem.

11 Por tanto nenhum o tenha em pouco: antes o acompanhai em paz, para que venha ter comigo: porque o espero com os irmãos.

12 E vos faço saber do irmão Apollo, que lhe roguei muito que passasse a vós-outros com os irmãos: e na verdade não foi sua vontade o ir agora ter comvosco: mas irá, quando tiver opportunidade.

13 Vigiai, estai firmes na fé, portai-vos varonilmente, e fortalecei-vos.

14 Todas as vossas obras sejão feitas em caridade.

15 Rogo-vos porém, irmãos, pois já conheceis a casa de Estéfanas, e de Fortunato, e d'Acaico: porque são as primicias da Acaia, e se consagrárão ao serviço dos Santos:

16 que não só vós sejais obedientes a estes taes, mas tambem a todo aquelle que nos ajuda, e trabalha.

17 E eu me alegro com a vinda de Estéfanas, e de Fortunato, e d'Acaico: porque o que a vós vos faltava, elles o supprirão:

18 porque recreárão assim o meu espirito, como o vosso. Tende pois consideração com taes pessoas.

19 As Igrejas da Asia vos saudão. Muito vos saudão no Senhor Aquila, e Priscilla, com a Igreja de sua casa: na qual até me acho hospedado.

20 Todos os irmãos vos saudão. Saudai-vos huns aos outros no osculo santo.

21 Eu Paulo escrevi de meu proprio punho a seguinte saudação.

22 Se algum não ama a nosso Senhor Jesu Christo, seja anáthema, Maran-Atha.

23 A graça de nosso Senhor Jesu Christo seja comvosco.

24 O meu amor he por vós todos em Jesu Christo. Amen.

SEGUNDA EPISTOLA DE S. PAULO APOSTOLO

AOS

CORINTHIOS.

CAPITULO I.

PAULO Apostolo de Jesu Christo pela vontade de Deos, e Timotheo seu irmão, á Igreja de Deos, que está em Corintho, e a todos os Santos, que ha por toda a Acaia:

2 Graça vos seja dada, e paz da parte de Deos nosso Pai, e da do Senhor Jesu Christo.

3 Bemdito seja o Deos, e Pai de nosso Senhor Jesu Christo, Pai de misericordias, e Deos de toda a consolação,

4 o qual nos consola em toda a nossa tribulação: para que possamos tambem nós mesmos consolar aos que estão em toda a angústia, pelo conforto, com que tambem nós somos confortados de Deos.

5 Porque á medida que em nós crescem as penas de Christo: crescem tambem por Christo as nossas consolações.

6 Porque se somos atribulados, para vossa exhortação he e salvação, se somos consolados, para vossa consolação he, se somos confortados, para vosso conforto he e salvação, a qual obra o soffrimento das mesmas afflicções, que nós tambem soffremos:

7 para que seja firme a nossa esperança por vós: estando certos, que assim como sois companheiros nas afflicções, assim o sereis tambem na consolação.

8 Porque não queremos, irmãos, que vós ignoreis a nossa tribulação, que se excitou na Asia, porque fomos maltratados desmedidamente sobre as nossas forças, de sorte que até a mesma vida nos causava tédio.

9 Mas nós dentro de nós mesmos tivemos resposta de morte, para não pormos a nossa confiança em nós, mas em Deos, que resuscita os mortos:

10 o qual nos livrou de tão grandes perigos, e livra ainda: em quem esperamos que ainda igualmente nos livrará,

11 se vós nos ajudardes tambem orando por nós: para que pelo dom, que se nos tem concedido em attenção de muitas pessoas, por intervenção de muitas sejão dadas graças por nós-outros.

12 Porque a nossa gloria he esta, o testemunho da nossa consciencia, de que em simplicidade de coração e em sinceridade de Deos, e não em sabedoria carnal, mas pela graça de Deos, temos vivido neste mundo, e maiormente comvosco.

13 Porque, não vos escrevemos outra cousa, senão o que haveis lido, e conhecido. E espero que o conhecereis até ao fim,

14 e como tambem nos haveis conhecido em parte, que somos a vossa gloria, assim como tambem vós sereis a nossa, no dia de nosso Senhor Jesu Christo.

15 E nesta confiança tinha eu resolvido primeiro ir ver-vos, para que vós recebesseis huma dobrada graça:

16 e passar por vós a Macedonia, e de Macedonia ir outra vez ter comvosco, e ser acompanhado de vós-outros até á Judéa.

17 Tendo eu pois por então formado este designio, foi acaso por inconstancia não execurar eu? Ou quando eu tomo huma resolução, he esta huma resolução, que não passa de humana, de sorte que venha a se achar em mim SIM e NÃO?

18 Mas Deos he fiel testemunha, de que não ha SIM, e NÃO naquella falla, que tive comvosco.

19 Porque o Filho de Deos Jesu Christo, que tem sido por nossa intervenção prégado entre vós, por mim, e por Silvano, e Timotheo, não foi tal que se achasse nelle SIM, e NÃO, mas sempre houve SIM.

20 Porque todas as promessas de Deos são SIM em seu Filho: por elle tambem he o Amen, que se diz a Deos para nossa gloria.

21 E o que nos confirma em Christo comvosco, e o que nos ungio, he Deos:

22 o qual tambem nos sellou, e deo em nossos corações a prenda do Espirito.

23 Mas eu chamo a Deos por testemunha sobre a minha alma, de que por perdoar-vos, não tenho ido mais a Corintho: não porque tenhamos do-

minio sobre a vossa fé, mas porque somos cooperadores do vosso gozo: pois pela fé estais em pe.

CAPITULO II.

EU porem assentei isto mesmo comigo, não ir outra vez ter comvosco por não vos causar tristeza.

2 Porque se eu vos entristeço: quem he tambem o que me alegrará, senão o que por via de mim he entristecido?

3 E isto mesmo vos escrevi, para que quando passar a ver-vos, não tenha tristeza sobre tristeza, dos que me devêra alegrar: confiando em todos vós, que a minha alegria he a de todos vós.

4 Porque pela muita tribulação, e angústia de coração, com muitas lagrimas vos escrevi: não porque fosseis contristados: mas para que soubesseis, quanto maior amor tenho para comvosco.

5 E se algum me contristou, não me contristou: senão em parte, por não carregar-vos a todos vós.

6 Basta-lhe ao que he tal, esta reprehensão, que he dada por muitos:

7 de sorte que pelo contrario, deveis agora usar com elle de indulgencia, e consolalo, para que não aconteça que seja consumido de demaziada tristeza quem se acha em taes circumstancias.

8 Por conta do que vos rogo, que lhe deis effectivas provas da vossa caridade.

9 E por isto tambem vos escrevi, para ver por esta prova, se sois obedientes em todas as cousas.

10 E ao que perdoastes em alguma cousa, tambem eu: pois eu tambem a indulgencia de que usei, se d'alguma tenho usado, foi por amor de vós em pessoa de Christo,

11 para não sermos surprendidos de Satanás: pois que não ignoramos as suas maquinações.

12 Mas quando passei á Troade, pelo Evangelho de Christo, e me foi aberta a porta no Senhor,

13 não tive repouso no meu espirito, porque não achei a meu irmão Tito, mas despedindo-me d'elles, parti para Macedonia.

14 Mas graças a Deos, que sempre nos faz triumfar em Jesu Christo, e que por nosso meio diffunde o cheiro do conhecimento de si mesmo em todo o lugar:

15 porque nós somos diante de Deos o bom cheiro de Christo, nos que se salvão, e nos que perecem:

16 para huns na verdade cheiro de morte para morte: e para outros cheiro de vida para vida. E para estas cousas quem he tão idoneo?

17 Porque não somos falsificadores da palavra de Deos, como muitos, mas fallamos em Christo com sinceridade, e como da parte de Deos diante de Deos.

CAPITULO III.

COMEÇAMOS de novo a louvar-nos a nós mesmos? ou temos acaso necessidade (como alguns) de cartas de recommendação para vós, ou de vós?

2 A nossa Carta sois vós, escrita em nossos corações, que he reconhecida, e lida por todos os homens:

3 sendo manifesto, que vós sois a Carta de Christo, feita pelo nosso ministerio, e escrita não com tinta, mas com o espirito de Deos vivo:

689

não em taboas de pedra, mas em taboas de carne do coração.

4 E temos huma tal confiança em Deos por Christo:

5 não que sejamos capazes de nós mesmos de ter algum pensamento, como de nós mesmos: mas a nossa capacidade vem de Deos:

6 o qual he tambem o que nos fez idoneos ministros do Novo Testamento: não pela letra, mas pelo Espirito: porque a letra mata, e o Espirito vivifica.

7 E se o ministerio de morte gravado com letras sobre pedras, foi acompanhado de tanta gloria, de maneira que os filhos d'Israel não podião olhar para o rosto de Moysés, pela gloria do seu semblante, a qual era transitoria:

8 como não será de maior gloria o ministerio do Espirito?

9 Porque se o ministerio da condemnação foi gloria: de muito maior gloria vem a ser o ministerio da justiça.

10 Porque o que resplandeceo nesta parte, não foi glorioso, á vista da sublime gloria.

11 Porque se o que se desvanece he reputado por grande gloria: de muito maior gloria he o que fica permanente.

12 Tendo pois huma tal esperança, fallamos com muita confiança:

13 e não como Moysés, que punha hum véo sobre o seu rosto, para que os filhos d'Israel não fixassem a vista no seu semblante, cuja gloria havia de perecer:

14 e assim os sentidos d'elles ficárão obtusos: porque até no dia d'hoje permanece na lição do Antigo Testamento o mesmo véo sem levantar-se, (porque não se tira senão por Christo)

15 pelo que até ao dia d'hoje, quando lem a Moysés, o véo está posto sobre o coração d'elles.

16 Mas quando se converter ao Senhor, será tirado o véo.

17 Ora o Senhor he Espirito. E onde ha o Espirito do Senhor: ahi ha liberdade.

18 Todos nós pois, registrando á cara descoberta a gloria do Senhor, somos transformados de claridade em claridade na mesma imagem, como pelo Espirito do Senhor.

CAPITULO IV.

PELO que tendo nós esta administração, e segundo a misericordia que temos alcançado, não desmaiamos,

2 antes lançamos fóra de nós as paixões, que por ignominiosas se occultão, não nos conduzindo com artificio, nem adulterando a palavra de Deos, mas recommendando-nos a nós mesmos a toda a consciencia de homens diante de Deos na manifestação da verdade.

3 E se o nosso Evangelho ainda está encoberto: naquelles, que se perdem, está encoberto:

4 nos quaes o Deos d'este seculo cegou os entendimentos dos infieis, para que lhes não resplandeça o farol do Evangelho da gloria de Christo, o qual he a imagem de Deos.

5 Porque não nos prégamos a nós mesmos, mas a Jesu Christo nosso Senhor: e nós nos consideramos como servos vossos por Jesus:

6 porque Deos, que disse que das trévas resplandecesse a luz, elle mesmo resplandeceo em nossos corações, para illuminação do conhecimento da gloria de Deos, na face de Jesu Christo.

7 Temos porém este thesouro em vasos de

barro: para que a sublimidade seja da virtude de Deos, e não de nós.

8 Em tudo padecemos tribulação, mas nem por isso nos angustiamos: somos cercados de difficuldades insuperaveis, e a nenhumas succumbimos:

9 somos perseguidos, mas não desamparados: somos abatidos, mas nem por isso perecemos:

10 trazendo sempre no nosso corpo a mortificação de Jesus, para que tambem a vida de Jesus se manifeste nos nossos corpos.

11 Porque nós, que vivemos, somos a toda a hora entregues á morte por amor de Jesus: para que tambem a vida de Jesus appareça na nossa carne mortal.

12 Em nós logo obra-se a morte, e em vós a vida.

13 E porque nós temos hum mesmo espirito da fé, segundo está escrito: Eu cri, por isso he que fallei: tambem nós cremos, por isso he tambem que fallamos.

14 Sabendo que aquelle, que resuscitou a Jesus, nos resuscitará tambem com Jesus, e nos collocará comvosco.

15 Porque tudo he por amor de vós: para que a graça que abunda pela acção de graças rendida por muitos, redunde em gloria de Deos.

16 Esta he a razão, por que não desfalecemos: mas ainda que se destrua em nós o homem exterior: todavia o interior se vai renovando de dia em dia.

17 Porque o que aqui he para nós de huma tribulação momentanea, e ligeira, produz em nós, de hum modo todo maravilhoso no mais alto gráo hum pezo eterno de gloria,

18 não attendendo nós ás cousas que se vem, mas sim ás que se não vem. Porque as cousas visiveis são temporaes: e as invisiveis são eternas.

CAPITULO V.

PORQUE sabemos que se a nossa casa terrestre d'esta morada, for desfeita, temos de Deos hum edificio, casa não feita por mãos humanas, que durará sempre nos Ceos.

2 E por isto tambem gememos, desejando ser revestidos da nossa habitação, que he do Ceo:

3 se todavia formos achados vestidos, e não nús.

4 Porque tambem os que estamos neste tabernaculo, gememos carregados: não que desejemos ser despojados d'elle, mas sim ser revestidos por cima, de sorte, que o que ha em nós de mortal, seja absorvido pela vida.

5 Mas o que nos fez para isto mesmo, he Deos, que nos deo o penhor do Espirito.

6 Por isto vivemos sempre confiados, sabendo que em quanto estamos no corpo, vivemos ausentes do Senhor:

7 (porque andamos por fé, e não por visão.)

8 Mas temos confiança, e anciosos queremos mais ausentar-nos do corpo, e estar presentes ao Senhor.

9 E por isso forcejamos por lhe agradar, ou estejamos d'elle ausentes, ou lhe estejamos presentes.

10 Porque importa que todos nós compareçamos diante do Tribunal de Christo, para que cada hum receba o galardão segundo o que tem feito, ou bom, ou máo, estando no proprio corpo.

11 Certos pois do temor que se deve ao Senhor, persuadimos aos homens, mas a Deos estamos

descobertos. E espero que tambem nós estejamos descobertos nas vossas consciencias.

12 Isto não he que queiramos ainda recommendarmo-nos ao vosso conceito, mas he querer dar-vos occasião de vos gloriardes em nós: para terdes que responder aos que se glorião na apparencia, e não no coração.

13 Porque se enlouquecemos, he para Deos: e se conservamos a juizo, he para vós.

14 Porque o amor de Christo nos constrange: fazendo este juizo, que se hum morreo por todos, por consequencia todos são mortos:

15 e Christo morreo por todos: a fim de que tambem os que vivem, não vivão mais para si mesmos, mas para aquelle, que morreo e resurgio por elles.

16 Por isso nós des d'agora a ninguem conhecemos segundo a carne. E se houve tempo, em que conhecemos a Christo segundo a carne: já agora o não conhecemos d'este modo.

17 Se algum pois he de Christo, he huma nova creatura, passou o que era velho: nota! que tudo se fez novo.

18 E tudo vem de Deos, que nos reconciliou comsigo mesmo por Christo: que confiou de nós o ministerio da reconciliação:

19 porque certamente Deos estava em Christo reconciliando o mundo comsigo, não lhes imputando os seus peccados, e elle he o que poz em nós a palavra da reconciliação.

20 Logo nós fazemos o officio de embaixadores em Nome de Christo, com que Deos vos admoesta por nós-outros. Por Christo vos rogamos, que vos reconcilieis com Deos.

21 Aquelle, que não havia conhecido peccado, o fez peccado por nós, para que nós fossemos feitos justiça de Deos nelle.

CAPITULO VI.

E ASSIM nós como coadjutores vos exhortamos a que não recebais a graça de Deos em vão.

2 Porque elle diz: Eu te ouvi no tempo acceitavel, e te ajudei no dia da salvação. Eis-aqui agora o tempo acceitavel, eis-aqui agora o dia da salvação.

3 Não demos a ninguem occasião alguma de escandalo, para que não seja vituperado o nosso ministerio:

4 mas em todas as cousas nos portemos em nossas mesmas pessoas como Ministros de Deos, na muita paciencia, nas tribulações, nas necessidades, nas angustias,

5 nos açoutes, nos carceres, nas sedições, nos trabalhos, nas vigilias, nos jejuns,

6 na castidade, na sciencia, na longanimidade, na mansidão, no Espirito Santo, na caridade não fingida,

7 na palavra da verdade, na virtude de Deos, pelas armas da justiça, na prosperidade, e na adversidade,

8 por honra, e por deshonra, por infamia, e por boa fama: como enganadores, ainda que verdadeiros: como os que são desconhecidos, ainda que conhecidos:

9 como morrendo, e eis-aqui que vivemos: como castigando, mas não amortecidos:

10 como tristes, mas sempre alegres: como pobres, mas enriquecendo a muitos: como que não tendo nada, mas possuindo tudo.

11 A nossa boca aberta está para vós, ó Corinthios, o nosso coração se tem dilatado.

12 Não estais estreitados em nós: mas estais apertados nas vossas entranhas:

13 e correspondendo-me vós com igual ternura, eu vos fallo como a filhos: dilatai-vos tambem vós-outros.

14 Não vos prendais ao jugo com os infieis. Porque que união póde haver entre a justiça, e a iniquidade? Ou que commercio entre a luz, e as trévas?

15 E que concordia entre Christo, e Bellal? Ou que sociedade entre o fiel, e o infiel?

16 E que consenso entre o Templo de Deos, e os idolos? Porque vós sois o Templo de Deos vivo, como Deos diz: Eu pois habitarei nelles, e andarei entr'elles, e serei o seu Deos, e elles serão o meu Povo.

17 Por tanto sahi do meio d'elles, e separai-vos dos taes, diz o Senhor, e não toqueis o que he immundo:

18 e eu vos receberei: e ser-vos-hei Pai, e vós sereis para mim filhos e filhas, diz o Senhor Todo Poderoso.

CAPITULO VII.

TENDO pois recebido estas promessas, meus carissimos, purifiquemo-nos de toda a immundicia da carne, e do espirito, aperfeiçoando a nossa santificação no temor de Deos.

2 Recebei-nos dentro do vosso coração. Nós a ninguem temos offendido, a ninguem temos corrompido, a ninguem temos enganado.

3 Não vos digo isto por vos condemnar: pois já vos declarámos, que vós estais nos nossos corações para a morte, e para a vida.

4 Tenho grande confiança de vós, e grande motivo de me gloriar de vós, cheio estou de consolação, exubéro de gozo em toda a nossa tribulação.

5 Porque ainda quando passámos á Macedonia, nenhum repouso teve a nossa carne, antes soffremos toda a tribulação: combates fóra, sustos dentro.

6 Porém Deos, que consola aos humildes, nos consolou a nós com a chegada de Tito.

7 E não sómente com a sua chegada, mas tambem com a consolação que elle recebeo de vós, tendo-me o mesmo referido as extremosas saudades, que vós tendes de me ver, as vossas lagrimas, o vosso zelo por mim, o que tudo fez crescer a minha alegria.

8 Porque ainda quando eu vos entristeci com a minha carta, não me arrependo d'isso: se bem que ao principio me pezasse, vendo que a tal carta (ainda que por breve tempo) vos entristeceo;

9 agora folgo: não de vos haver entristecido, mas de que a vossa tristeza vos trouxe á penitencia. A tristeza, que tivestes, foi segundo Deos, de sorte que nella nenhum detrimento recebestes de nós.

10 Porque a tristeza, que he segundo Deos, produz para a salvação huma penitencia estavel: e a tristeza do seculo produz a morte.

11 Considerai pois quanto esta mesma tristeza, que sentistes segundo Deos, produzio em vós não só de vigilante cuidado: mas tambem de apologia, de indignação, de temor, de saudade, de zelo, de vingança: vós mostrastes em tudo, que não tinheis culpa neste negocio.

12 Por tanto, ainda que vos escrevi, não no fiz por causa do que fez a injuria, nem por causa do que a padeceo: mas sim para vos manifestar o nosso cuidado, que de vós temos

691

13 diante de Deos: por isso nos havemos consolado. Mas na nossa consolação ainda mais nos havemos alegrado, pela alegria de Tito, vendo que todos vós contribuistes a alliviar-lhe o espirito:

14 e se de vós em alguma cousa eu me tenho gloriado com elle, não me envergonho d'isso: antes, como tudo o que vos temos fallado foi com verdade, assim tambem a gloriosa abonação que de vós fizemos a Tito, se tem achado ser verdade,

15 e por isso a sua ternura por vós he cada vez maior: quando elle se lembra da obediencia que vós todos lhe prestastes: de como o recebestes com temor, e tremor.

16 Eu me alegro, vendo que tudo me possa prometter de vós.

CAPITULO VIII.

ASSIM mesmo, vos fazemos saber, irmãos, a graça de Deos, que foi dada nas Igrejas de Macedonia:

2 como em grande prova de tribulação, tiverão elles abundancia de gosto, e a sua abatidissima pobreza abundou em riquezas da sua beneficencia:

3 porque eu lhes dou testemunho, que segundo as suas forças, e ainda sobre as suas forças, tem sido voluntarios,

4 rogando-nos com muito encarecimento que communicassemos a graça, e serviço, que se faz para os Santos.

5 E não só o fizerão como nós o esperavamos, mas ainda se derão a si mesmos, primeiro ao Senhor, depois a nós pela vontade de Deos,

6 de maneira que rogámos a Tito: que assim como começou, assim tambem acabe em vós ainda esta graça.

7 Para que como em tudo abundais em fé, e em palavra, e em sciencia, e em toda a diligencia, e além d'isso no affecto que nos tendes, assim tambem abundeis nesta graça.

8 Não no digo como quem manda: mas pelo cuidado ácerca dos outros, e ainda para experimentar a boa indole da vossa caridade.

9 Porque sabeis que graça não foi a de nosso Senhor Jesu Christo, que sendo rico, se fez pobre por vosso amor, a fim de que vós fosseis ricos pela sua pobreza.

10 E neste particular vos dou hum conselho: porque isto he o que vos cumpre, se bem não só o começastes a fazer, mas já tivestes o designio d'isso mesmo des do anno passado:

11 agora pois cumpri-o já de facto: para que assim como a vontade está prompta para querello, assim tambem o esteja para o comprir, segundo as posses que tendes.

12 Porque se a vontade está prompta para dar, segundo aquillo que tem, he aceita, não segundo aquillo que não tem.

13 Não he porém minha intenção que os outros hajão de ter allivio, e vós fiqueis em aperto, mas sim que haja igualdade.

14 Ao presente a vossa abundancia suppra a indigencia d'aquelles: para que tambem a abundancia dos taes sirva de supplemento á vossa indigencia, de maneira que haja igualdade como está escrito:

15 Ao que d'elle colheo muito, não lhe sobejou: e ao que pouco, não lhe faltou.

16 E graças a Deos, que poz no coração de Tito o mesmo cuidado por vós:

17 porque na verdade recebeo a exhortação:

mas indo elle estando mais sollicito, por sua vontade partio a visitar-vos.

18 Enviámos tambem com elle a hum irmão, cujo louvor he célebre pelo Evangelho em todas as Igrejas:

19 e não sómente isto, senão que pelas Igrejas foi tambem escolhido por companheiro da nossa peregrinação, para esta graça, que por nós he ministrada para gloria do Senhor, e para mostrar a nossa prompta vontade:

20 evitando isto, que ninguem nos possa censurar nesta abundancia, que por nós he ministrada.

21 Porque procuramos fazer o bem não só diante de Deos, senão tambem diante dos homens.

22 E com elles enviámos tambem a outro nosso irmão, o qual varias vezes temos em muitas cousas experimentado ser diligente: e agora será muito mais pela grande confiança que ha de vós,

23 ou seja por causa de Tito, que he meu companheiro, e coadjutor para comvosco, ou por causa dos nossos irmãos, que são Legados das Igrejas, gloria de Christo.

24 Por tanto dai para com elles ante a face das Igrejas mostras do vosso amor, e de que sois a nossa gloria.

CAPITULO IX.

JA quanto á administração que se faz a beneficio dos Santos, cousa superflua he o eu escrever-vos.

2 Porque conheço a promptidão do vosso animo: pela qual eu de vós me glorio diante dos Macedonios. Por quanto Acaia tambem está prompta des do anno passado, e o vosso zelo tem alentado a muitissimos.

3 Enviei porém estes irmãos: para que o que nos gloriamos ácerca de vós, não deixe de ter fundamento nesta parte, para que (como o tenho dito) estejais prevenidos:

4 por não succeder que quando vierem comigo os Macedonios, e se vos acharem desapercebidos, tenhamos nós de que nos envergonhar, (por não dizer vós-outros) neste ponto.

5 Por tanto julguei que era necessario rogar aos irmãos, que vão antes de vós, e que preparem a benção já promettida, que ella esteja prompta, assim como benção, não como avareza.

6 E digo isto: Que aquelle, que semea pouco, tambem segará pouco: e que aquelle que semea em abundancia, tambem segará em abundancia.

7 Cada hum como propoz no seu coração, não com tristeza, nem como por força: porque Deos ama ao que dá com alegria.

8 E poderoso he Deos para fazer abundar em vós toda a graça: para que estando sempre abastados de tudo, abundeis para toda a obra boa,

9 assim como está escrito: Espalhou, deo aos pobres: a sua justiça dura para sempre dos sempres.

10 E o que subministra semente ao semeador, dará tambem pão para comer, e multiplicará a vossa semente, e augmentará os accrescentamentos dos frutos da vossa justiça:

11 para que enriquecidos em todas as cousas, abundeis em toda a sinceridade, a qual faz que por nós sejão dadas graças a Deos.

12 Porque a administração d'esta offrenda não sómente supre o que aos Santos falta, senão que abunda tambem em muitas acções de graças ao Senhor.

692

13 pela experiencia d'este serviço, dando elles gloria a Deos pela submissão que vós mostrais ao Evangelho de Christo, e pela sinceridade da vossa communicação com elles, e com todos,

14 e testemunhando na oração, que elles fazem por vós, o amor que vos tem, por causa da eminente graça de Deos, que ha em vós.

15 Graças a Deos pelo seu dom ineffavel.

CAPITULO X.

MAS eu mesmo Paulo vos rogo pela mansidão e modestia de Christo, eu que quando pessoalmente estou entre vós me mostro na verdade humilde, mas ausente sou ousado comvosco.

2 Rogo-vos pois, que quando estiver presente, não me veja obrigado a usar com liberdade da ousadia que se me attribue ter contra alguns, que nos julgão, com se andassemos segundo a carne.

3 Porque ainda que andamos em carne, não militamos segundo a carne.

4 Por quanto as armas da nossa milicia não são carnaes, mas são poderosas em Deos para destruição das fortificações, derribando os conselhos,

5 e toda a altura que se levanta contra a sciencia de Deos, e reduzindo a cativeiro todo o entendimento, para que obedeça a Christo,

6 e tendo em nossa mão o poder de castigar a todos os desobedientes, depois que for cumprida a vossa obediencia.

7 Julgai ao menos das cousas, pelo que elles são na apparencia. Se algum está confiado, que elle he de Christo, considere isto tambem dentro de si: que como elle he de Christo, assim tambem nós o somos.

8 Porque ainda que eu me glorie mais algum tanto do meu poder, que o Senhor me deo para vossa edificação, e não para vossa destruição, não me envergonharei por isso.

9 Mas para que não pareça que vos quero como aterrar por cartas:

10 porque na verdade as cartas, dizem alguns, são graves e fortes: mas a presença do corpo he fraca, e a palavra desprezivel:

11 o tal que assim pensa entenda, que quaes somos nas palavras por cartas estando ausentes, taes seremos tambem de facto quando estivermos presentes.

12 Porque não ousamos entremetter-nos, ou comparar-nos com alguns, que se gabão a si mesmos: mas nós nos medimos comnosco, e nos comparamos a nós mesmos.

13 Nós pois não nos gloriaremos fóra de medida, mas segundo a medida da regra, com que Deos nos medio, medida de chegar até vós-outros.

14 Porque não nos estendemos fóra dos limites, como se não chegassemos lá a vós: pois temos chegado até vós prégando o Evangelho de Christo:

15 não nos gloriando fóra de medida nos trabalhos alheios: mas esperando que crescendo a vossa fé, sejamos em abundancia engrandecidos em vós-outros, segundo a nossa regra,

16 que tambem annunciemos o Evangelho nos lugares, que estão além de vós, não no districto de outrem, para nos gloriarmos no que estava já apparelhado.

17 Aquelle pois, que se gloria, glorie-se no Senhor.

18 Porque não he o que a si mesmo se recommenda, o que he estimavel: mas he sim aquelle, a quem Deos recommenda.

CAPITULO XI.

OXALÁ que supportasseis por hum pouco a minha insipiencia, mas em fim tolerai-me:
2 porque vos zêlo com zelo de Deos. Por quanto eu vos tenho desposado com Christo, para vos apresentar como virgem pura ao unico Esposo.

3 Mas temo, que assim como a serpente enganou a Eva com a sua astucia, assim sejão corrompidos os vossos sentidos, e se apartem da sinceridade, que ha em Christo.

4 Porque se aquelle que vem préga outro Christo, que nós não temos prégado, ou recebeis outro Espirito, que não haveis recebido: ou outro Evangelho, que não haveis abraçado: bem o tolerarieis.

5 Mas eu cuido, que em nada tenho sido inferior aos maiores d'entre os Apostolos.

6 Porque ainda que eu sou grosseiro nas palavras, não no sou todavia na sciencia, mas em tudo a vós nos temos dado a conhecer.

7 Ou por ventura commetti eu delicto, humilhando-me a mim mesmo, para que vós fosseis exaltados? porque sem interesse vos préguei o Evangelho de Deos?

8 Eu despojei as outras Igrejas, recebendo d'ellas estipendio por vos servir.

9 E quando eu estava com vosco, e necessitava, não fui oneroso a nenhum: porque os irmãos, que tinhão vindo de Macedonia, supprirão tudo o que me me faltava: e em tudo me guardei, e guardarei de vos ser pezado.

10 A verdade de Christo está em mim, porque não será quebrantada em mim esta gloria, em quanto ás regiões da Acaia.

11 E porque? será porque eu vos não amo? Deos o sabe.

12 Mas eu o faço, e farei sempre: por cortar a occasião de se gloriarem, aos que a buscão, querendo parecer-se tambem comnosco, para dahi se gloriarem.

13 Porque os taes falsos Apostolos são obreiros dolosos, que se transformão em Apostolos de Christo.

14 E não he de espantar: porque o mesmo Satanás se transforma em Anjo de luz:

15 não he logo muito, que os seus Ministros se transformem como em Ministros de justiça: cujo fim será segundo as suas obras.

16 Outra vez o digo, (para que ninguem me tenha por imprudente, ao ménos soffrei-me como a insensato, para que eu me glorie ainda por hum pouco,)

17 o que fallo, pelo que toca a esta materia de gloria, não no digo segundo Deos, mas como por insipiencia.

18 Pois que muitos se glorião segundo a carne: tambem eu me gloriarei.

19 Porque vós, sendo como sois huns homens sensatos: soffreis de boamente aos insensatos.

20 Porque soffreis a quem vos põe em escravidão, a quem vos devora, a quem de vós recebe, a quem se exalta, a quem vos dá na cara.

21 Digo-o quanto á affronta, como se nós affracassemos nesta parte. No que qualquer tem ousadia, (fallo com imprudencia) tambem eu a tenho:

22 São Hebreos, tambem eu: São Israelitas, tambem eu: São descendencia de Abrahão, tambem eu:

23 São Ministros de Christo, (fallo como menos sabio) mais o sou eu: em muitissimos trabalhos,

693

em carceres muito mais, em açoutes sem medida, em perigos de morte muitas vezes.

24 Dos Judeos recebi cinco quarentenas de açoutes, menos hum.

25 Tres vezes fui açoutado com varas, huma vez fui apedrejado, tres vezes fiz naufragio, huma noite e hum dia estive no profundo do mar,

26 em jornadas muitas vezes, eu me vi em perigos de rios, em perigos de ladrões, em perigos dos da minha nação, em perigos dos Gentios, em perigos na Cidade, em perigos no deserto, em perigos no mar, em perigos entre falsos irmãos:

27 em trabalho, e fadiga, em muitas vigilias, com fome, e sede, em muitos jejuns, em frio, e desnudez,

28 a fóra estes males, que são exteriores, me combatem as minhas occurrencias urgentes de cada dia, o cuidado que tenho de todas as Igrejas.

29 Quem enferma, que eu não enferme? quem se escandaliza, que eu me não abraze?

30 Se importa que algum se glorie d'alguma cousa: eu me gloriarei nas cousas, que são da minha fraqueza.

31 O Deos, e Pai de nosso Senhor Jesu Christo, que he bemdito por todos os seculos, sabe que não minto.

32 Em Damasco o que era Governador da Provincia por el Rei Aretas, fazia que estivessem guardas naquella Cidade, para me prender:

33 mas numa alcofa me descêrão por huma janella da muralha abaixo, e assim escapei das suas mãos.

CAPITULO XII.

SE importa que alguem se glorie, (o que não convem na verdade:) descerei agora ás visões, e ás revelações do Senhor.

2 Conheço a hum homem em Christo, que quatorze annos ha foi arrebatado, se foi no corpo não no sei, ou se fóra do corpo, tambem não sei, Deos o sabe, até ao terceiro Ceo.

3 E conheço a este tal homem, se foi no corpo, ou fóra do corpo, não no sei, Deos o sabe:

4 que foi arrebatado ao Paraiso: e que ouvio lá palavras secretas, que não he permittido a hum homem referir.

5 D'este tal me gloriarei: mas de mim em nada me gloriarei, senão nas minhas fraquezas.

6 Porque, ainda quando me quizer gloriar, não serei insipiente: porque direi a verdade: mas deixo isto, para que nenhum cuide de mim fóra do que vê em mim, ou ouve de mim.

7 E para que a grandeza das revelações me não ensoberbecesse, permittio Deos que eu sentisse na minha carne hum estimulo, que he o Anjo de Satanás, para me esbofetear.

8 Por cuja causa roguei ao Senhor tres vezes, que elle se apartasse de mim.

9 E então me disse: Basta-te a minha graça: porque a virtude se aperfeiçôa na enfermidade. Por tanto de boa vontade me gloriarei nas minhas enfermidades, para que habite em mim a virtude de Christo.

10 Pelo que sinto complacencia nas minhas enfermidades, nas affrontas, nas necessidades, nas perseguições, nas angustias por Christo: porque quando estou enfermo, então estou forte.

11 Tenho-me feito insipiente, vós mesmos me obrigastes a isso. Porque eu devia ser louvado de vós: pois que em nada fui inferior aos mais excellentes Apostolos: ainda que eu nada sou:

12 entre vós com tudo se tem visto os sinaes do

meu Apostolado em todo o genero de tolerancia, nos milagres, e nos prodigios, e nas virtudes.

13 Porque em que tendes vós sido inferiores ás outras Igrejas, se não he que em nada vos quiz eu mesmo ser pezado? Perdoai-me esta injúria.

14 Eis-aqui estou prompto terceira vez a vos ir ver: e tambem agora vos não gravarei. Porque eu não busco as vossas cousas, mas a vós. Pois que não são os filhos os que devem enthesourar para os pais, mas os pais para os filhos.

15 E eu de mui boa vontade darei o meu, e me darei a mim mesmo pelas vossas almas: ainda que amando-vos eu mais, seja menos amado.

16 Mas seja assim: eu não vos gravei: porém, como sou astuto, vos tomei com dolo.

17 Por ventura enganei-vos por algum d'aquelles, que vos enviei?

18 Roguei a Tito, e enviei com elle hum irmão. Por ventura enganou-vos Tito? não andámos com hum mesmo espirito? não fomos por humas mesmas pizadas?

19 Cuidais ha bem tempo que nos escusamos comvosco? Deos he testemunha, que em Christo fallamos: e tudo, meus muito amados, para vossa edificação.

20 Porque temo, que talvez quando eu vier, vos não ache quaes eu vos quero: e que vós me acheis qual não quereis: que por desgraça não haja entre vós contendas, invejas, reixas, dissensões, detracções, mexericos, altivezas, parcialidades:

21 para que não succeda que quando eu vier outra vez, me humilhe Deos entre vós, e que chore a muitos d'aquelles, que antes peccárão, e não fizerão penitencia da immundicia, e fornicação, e deshonestidade, que commettêrão.

CAPITULO XIII.

EU me disponho a vos ir ver pela terceira vez. Na boca de duas, ou tres testemunhas estará toda a palavra.

2 Assim como já o disse d'antes achando-me presente, assim o digo tambem agora estando ausente, que se eu for outra vez, não perdoarei aos que antes peccárão, nem a todos os demais.

3 Por ventura buscais prova d'aquelle, que falla em mim, Christo, o qual não he fraco em vós, mas sim poderoso em vós?

4 Porque ainda que foi crucificado, por enfermidade: vive todavia pelo poder de Deos. Porque tambem nós somos enfermos nelle: mas viveremos com elle, pela virtude de Deos em vós.

5 Examinai-vos a vós mesmos, se estais firmes na fé: provai-vos a vós mesmos. Acaso não vos conheceis a vós mesmos, que Jesu Christo está em vós? se he que por ventura não sois reprovados.

6 Mas espero que conhecereis, que nós não somos reprovados.

7 E rogamos a Deos, que não façais mal nenhum, não porque nós pareçamos approvados, mas a fim de que vós façais o que he bem: ainda que nós sejamos como reprovados.

8 Porque nada podemos contra a verdade, senão pela verdade.

9 Porque nos alegramos de ser fracos, em quanto vós sois fortes. E ainda rogamos pela vossa perfeição.

10 Por tanto, eu vos escrevo isto ausente, para que estando presente não empregue com rigor a authoridade, que Deos me deo para edificação, e não para destruição.

11 Quanto ao mais, irmãos, alegrai-vos, sede perfeitos, admoestai-vos, senti huma e a mesma cousa, tende paz, e o Deos da paz, e da dilecção será comvosco.

12 Saudai-vos huns aos outros em osculo Santo. Todos os santos vos saudão.

13 A graça de nosso Senhor Jesu Christo, e a caridade de Deos, e a communicação do Espirito Santo seja com todos vós. Amen

---

EPISTOLA DE S. PAULO APOSTOLO

AOS

GALATAS.

CAPITULO I.

PAULO Apostolo, não pelos homens, nem por algum homem, mas por Jesu Christo, e por Deos Padre, que o resuscitou d'entre os mortos:

2 e todos os irmãos, que estão comigo, ás Igrejas da Galacia.

3 Graça a vós, e paz da parte de Deos Padre, e de nosso Senhor Jesu Christo,

4 o qual se deo a si mesmo por nossos peccados, para nos livrar d'este presente seculo máo, segundo a vontade de Deos, e Pai nosso,

5 ao qual seja dada gloria por todos os seculos dos seculos: Amen.

6 Eu me espanto, de que deixando aquelle, que vos chamou á graça de Christo, passasseis assim tão depressa a outro Evangelho:

7 porque não ha outro, senão he que ha alguns, que vos perturbão, e querem transtornar o Evangelho de Christo.

8 Mas ainda quando nós mesmos, ou hum Anjo do Ceo vos annuncie hum Evangelho differente do que nós vos temos annunciado, seja anáthema.

9 Assim como já vo-lo dissemos, agora de novo tambem vo-lo digo: Se algum vos annunciar hum Evangelho differente d'aquelle, que recebestes, seja anáthema.

10 Porque em fim desejo eu por acaso ser agora approvado dos homens, ou de Deos? Ou he aos homens que eu pretendo agradar? Se agradasse ainda aos homens, não seria servo de Christo.

11 Porque vos faço saber, irmãos, que o Evan-

gelho, que por mim vos tem sido prégado, não he segundo o homem:

12 porque eu não no recebi, nem aprendi de homem algum, mas sim por revelação de Jesu Christo.

13 Porque vós ouvistes dizer, de que modo eu vivi noutro tempo no Judaismo: com que excesso perseguia a Igreja de Deos, e a devastava,

14 e aproveitava no Judaismo mais do que muitos coetaneos meus da minha Nação, sendo em extremo zeloso das tradições de meus pais.

15 Mas quando aprouve áquelle, que me destinou des do ventre de minha mãi, e me chamou pela sua graça,

16 o revelar seu Filho por mim, para que eu o prégasse entre as Gentes: desde aquelle ponto não me accommodei á carne, nem ao sangue,

17 nem vim a Jerusalem aos que erão Apostolos antes de mim: mas parti para a Arabia: e voltei outra vez a Damasco:

18 d'alli, no fim de tres annos vim a Jerusalem por ver a Pedro, e fiquei com elle quinze dias:

19 e dos outros Apostolos não vi a nenhum, senão a Tiago, irmão do Senhor.

20 E nisto que vos escrevo, vos digo diante de Deos que não minto.

21 Ao depois fui para as partes da Syria, e da Cilicia.

22 E as Igrejas da Judéa, que crião em Christo, nem ainda de vista me conhecião:

23 mas sómente tinhão ouvido dizer: Aquelle porém que antes nos perseguia, agora préga aquella fé, que noutro tempo combatia:

24 e davão gloria a Deos a respeito de mim.

CAPITULO II.

QUATORZE annos depois subi d'alli outra vez a Jerusalem com Barnabé, levando tambem comigo a Tito.

2 E subi em consequencia d'huma revelação, e communiquei com elles o Evangelho, que prégo entre os Gentios, e particularmente com aquelles, que parecião ser de maior consideração: por temor de não correr em vão, ou de haver corrido.

3 Mas nem ainda Tito, que estava comigo, sendo Gentio, foi compellido a que se circumcidasse:

4 nem ainda pelos falsos irmãos, que se entremettêrão a esquadrinhar a nossa liberdade, que temos em Jesu Christo, para nos reduzirem á servidão:

5 aos quaes nem só huma hora quizemos estar em sujeição, para que permaneça entre vós a verdade do Evangelho:

6 mas quanto áquelles que parecião ser mais consideraveis, (quaes tenhão sido noutro tempo, nada me toca: Deos não aceita a apparencia do homem,) a mim certamente, os que parecião ser alguma cousa, nada me communicárão.

7 Antes pelo contrario, tendo visto que me havia sido encommendado o Evangelho do prepucio, como tambem a Pedro o da circumcisão:

8 (porque o que obrou em Pedro para o Apostolado da circumcisão, tambem obrou em mim para com as Gentes)

9 e como Tiago, e Céfas, e João, que parecião ser as columnas, conhecêrão a graça que me navia dado, derão as dextras a mim, e a Barnabé, em sinal de companhia: para que nós fossemos aos Gentios, e elles á circumcisão:

10 recommendando sómente que nos lembrassemos dos pobres, isto mesmo he o que eu tambem procurei executar com cuidado.

11 Ora tendo vindo Céfas a Antioquia: eu lhe resisti na cara, porque era reprehensivel.

12 Porque antes que chegassem os que vinhão de estar com Tiago, comia elle com os Gentios: mas depois que elles chegárão, subtrahia-se, e separava-se dos Gentios, temendo offender aos que erão circumcidados.

13 E os outros Judeos consentírão na sua dissimulação, de sorte que ainda Barnabé foi induzido por elles áquella simulação.

14 Mas quando eu vi que elles não andavão direitamente segundo a verdade do Evangelho, disse a Céfas diante de todos: Se tu, sendo Judeo, vives como os Gentios, e não como os Judeos: porque obrigas tu os Gentios a judaizar?

15 Nós somos Judeos por natureza, e não peccadores d'entre os Gentios.

16 Mas como sabemos que o homem não se justifica pelas obras da Lei, senão pela fé de Jesu Christo: por isso tambem nós cremos em Jesu Christo, para sermos justificados pela fé de Christo, e não pelas obras da Lei: por quanto pelas obras da Lei não será justificada toda a carne.

17 Pois se nós, que procuramos ser justificados em Christo, somos tambem achados peccadores, he por ventura Christo ministro do peccado? Certo que não.

18 Porque se eu torno a edificar o que destrui: faço-me prevaricador.

19 Porque eu estou morto á Lei pela mesma Lei, para viver para Deos: estou encravado com Christo na Cruz.

20 E vivo, por melhor dizer, não sou eu ja o que vivo, mas Christo he que vive em mim. E se eu vivo agora em carne: vivo na fé do Filho de Deos, que me amou, e se entregou a si mesmo por mim.

21 Eu não rejeito a graça de Deos. Porque se a justiça he pela Lei, segue-se que morreo Christo em vão.

CAPITULO III.

O INSENSATOS Gálatas, quem vos fascinou para não obedecerdes á verdade, vós ante cujos olhos foi ja representado Jesu Christo, como crucificado entre vós mesmos?

2 Só quero saber isto de vós: Tendes recebido o Espirito pelas obras da Lei, ou pela fé que ouvistes?

3 Sois vós tão faltos de juizo, que depois de terdes começado pelo espirito, acabeis agora pela carne?

4 Será debalde que vós tenhais padecido tantos trabalhos? se he que todavia forão debalde.

5 Aquelle pois, que vos dá o seu Espirito, e que obra milagres entre vós: acaso fállo elle pelas obras da Lei, ou pela fé, que vós ouvistes prégar?

6 Assim como está escrito: Abrahão creo a Deos, e lhe foi imputado a justiça.

7 Reconhecei pois que os que são da fé, esses taes são filhos d'Abrahão.

8 Mas vendo antes a Escritura, que Deos pela fé justifica as Gentes, annunciou primeiro a Abrahão: Em ti serão pois bemditas todas as Gentes.

9 Assim os que são da fé, serão bemditos com o fiel Abrahão.

10 Porque todos os que são das obras da Lei, estão debaixo de maldição. Porque escrito está:

Maldito todo o que não permanecer em todas as cousas, que estão escritas no Livro da Lei, para fazellas.

11 E he claro, que pela Lei nenhum he justificado diante de Deos: porque o justo vive da fé.

12 Ora a Lei não he da fé, mas diz: O que observar estes preceitos, achará nelles vida.

13 Christo nos remio da maldição da Lei, feito elle mesmo maldição por nós: porque está escrito: Maldito todo aquelle, que he pendurado no lenho:

14 para que a benção de Abrahão fosse communicada aos Gentios em Jesu Christo, a fim de que pela fé recebamos a promessa do Espirito.

15 Irmãos (fallo como homem) ainda que hum testamento seja de hum homem, com tudo sendo confirmado, ninguem o reprova, nem lhe accrescenta cousa alguma.

16 As promessas forão ditas a Abrahão, e á sua semente. Não diz: E ás sementes, como de muitos: senão como de hum: E á tua semente, que he Christo.

17 Mas digo isto, que o testamento foi confirmado por Deos: a Lei que foi feita quatrocentos e trinta annos depois, não o faz nullo para abrogar a promessa.

18 Porque se da Lei he que vem a herança, logo não vem ella já da promessa. Ora pela promessa he que Deos deo a esperança a Abrahão.

19 Para que he logo a Lei? Por causa das transgressões foi posta, até que viesse a semente, a quem havia feito a promessa, ordenada por Anjos, na mão de hum Mediador.

20 O Mediador porém não he de hum só: e Deos he só hum.

21 Logo a Lei he contra as promessas de Deos? De nenhuma sorte. Porque se a Lei, que foi dada, podesse vivificar, a justiça na verdade seria pela Lei.

22 Mas a Escritura todas as cousas encerrou debaixo do peccado, para que a promessa fosse dada aos crentes, pela fé em Jesu Christo.

23 Ora antes que a fé viesse, estavamos debaixo da guarda da Lei, encerrados para aquella fé, que havia de ser revelada.

24 Assim que a Lei nos servio de pedagogo, que nos conduzio a Christo, para sermos justificados pela fé.

25 Mas depois que veio a fé, já não estamos debaixo de pedagogo.

26 Porque todos vós sois filhos de Deos pela fé, que he em Jesu Christo.

27 Porque todos os que fostes baptizados em Christo, revestistes vos de Christo.

28 Não ha Judeo, nem Grego: não ha servo, nem livre: não ha macho, nem femea. Porque todos vós sois hum em Jesu Christo.

29 E se vós sois de Christo: logo sois vós a semente de Abrahão, os herdeiros segundo a promessa.

CAPITULO IV.

DIGO pois: Que quanto tempo o herdeiro he menino, em nada differe do servo, ainda que seja senhor de tudo:

2 mas está debaixo dos tutores, e curadores, até o tempo determinado por seu pai:

3 assim tambem nós, quando eramos meninos, serviamos debaixo dos rudimentos do mundo.

4 Mas quando veio o cumprimento do tempo, enviou Deos a seu Filho, feito de mulher, feito sujeito á Lei,

5 a fim de remir aquelles, que estavão debaixo da Lei, para que recebessemos a adopção de filhos.

6 E porque vós sois filhos, mandou Deos aos vossos corações o Espirito de seu Filho, que clama: Pai, Pai.

7 E assim já não he servo, mas filho. E se he filho: tambem he herdeiro por Deos.

8 Mas então que certamente não conhecieis a Deos, servieis aos que por natureza não são Deoses.

9 Porém agora tendo vós conhecido a Deos, ou para melhor dizer, sendo conhecidos de Deos: como tornais outra vez aos rudimentos fracos, e pobres, aos quaes quereis de novo servir?

10 Observais os dias, e os mezes, e os tempos, e os annos.

11 Temo-me de vós, não tenha sido talvez baldado o trabalho que tive comvosco.

12 Sede como eu, porque tambem eu sou como vós: o que vos peço, irmãos: Vós nunca me offendestes.

13 E sabeis que ao principio vos préguei o Evangelho com enfermidade da carne: e sendo eu a vossa tentação na minha carne

14 vós me não desprezastes, nem rejeitastes: antes me recebestes como a hum Anjo de Deos, como a Jesu Christo.

15 Onde está logo a vossa bemaventurança? Porque vós dou testemunho, que, se podesse ser, vos arrancarieis os olhos, e mos houvereis dado.

16 Tornei-me eu logo vosso inimigo, porque vos disse a verdade?

17 Elles vos zelão, não rectamente: mas querem-vos separar, para que os sigais a elles:

18 sede pois zelosos do bem em bem sempre: e não só quando eu estou presente comvosco.

19 Filhinhos meus, por quem eu de novo sinto as dores do parto, até que Jesu Christo se forme em vós.

20 Eu porém quizera agora estar comvosco, e mudar de palavras: porque me vejo em tormento, sobre como vos hei de fallar.

21 Dizei-me vós, os que quereis estar debaixo da Lei: não tendes lido a Lei?

22 Porque está escrito: Que Abrahão teve dous filhos: hum de mulher escrava, e outro de mulher livre.

23 Mas o que nasceo da escrava, nasceo segundo a carne: e o que nasceo da livre, nasceo por promessa:

24 as quaes cousas forão ditas por allegoria. Porque estes são os dous Testamentos. Hum certamente no monte Sina, que gera para servidão: este he figurado em Agar:

25 porque Sina he hum monte da Arabia, que representa a Jerusalem, que he cá debaixo, e que he escrava com seus filhos.

26 Mas aquella Jerusalem, que he lá de cima, he livre, a qual he nossa mãi.

27 Porque escrito está: Alegra-te, ó esteril, que não pares: esforça-te, e dá vozes, tu que não estás de parto: porque são muitos mais os filhos da desolada, que d'aquella, que tem marido.

28 E nós, irmãos, somos filhos da promessa segundo Isaac.

29 Mas como então aquelle, que havia nascido segundo a carne, perseguia ao que era segundo o espirito: assim tambem agora.

30 Mas que he o que diz a Escritura? Lança fóra a escrava, e a seu filho: porque o filho da escrava não será herdeiro com o filho da livre.

696

31 E assim, irmãos, não somos filhos da escrava, senão da livre: com cuja liberdade Christo nos fez livres.

CAPITULO V.

TENDE-VOS firmes, e não vos mettais outra vez debaixo do jugo da escravidão.

2 Olhai que eu Paulo vos digo: que se vos fazeis circumcidar, Christo vos não aproveitará nada.

3 E de novo protesto a todo o homem que se circumcida, que está obrigado a guardar toda a Lei.

4 Vasios estais de Christo os que vos justificais pela Lei: descahistes da graça.

5 Porque nós aguardamos pelo Espirito a esperança da justiça pela fé.

6 Porque em Jesu Christo nem a circumcisão val alguma cousa, nem o prepucio: mas sim a fé, que obra por caridade.

7 Vós correis bem: quem vos impedio que não obedecesseis á verdade?

8 Esta persuasão não vem d'aquelle, que vos chamou.

9 Hum pouco de fermento altéra toda a massa.

10 Eu confio de vós no Senhor, que não tereis outros sentimentos: mas o que vos inquieta, quem quer que elle seja, levará sobre si a condemnação.

11 E quanto a mim, irmãos, se eu ainda prégo a circumcisão: a que fim padeço eu ainda perseguição? Logo está tirado o escandalo da Cruz.

12 Oxalá que tambem forão cortados os que vos inquietão.

13 Porque vós, irmãos, haveis sido chamados á liberdade: cuidai só em que não deis a liberdade por occasião da carne, mas servi-vos huns aos outros pela caridade do Espirito.

14 Porque toda a Lei se encerra neste só preceito: Amarás ao teu proximo, como a ti mesmo.

15 Se vós porém vos mordeis, e vos devorais huns aos outros: vede não vos consumais huns aos outros.

16 Digo-vos pois: Andai segundo o espirito, e não cumprireis os desejos da carne.

17 Porque a carne deseja contra o espirito: e o espirito contra a carne: porque estas cousas são contrarias entre si: para que não façais todas aquellas cousas que quereis.

18 Se vós porém sois guiados pelo Espirito, não estais debaixo da Lei.

19 Mas as obras da carne estão patentes: como são a fornicação, a impureza, a deshonestidade, a luxuria,

20 a idolatria, os empeçonhamentos, as inimizades, as contendas, os zelos, as iras, as brigas, as discordias, as seitas,

21 as invejas, os homicidios, as bebedices, as glotonerias, e outras cousas semelhantes, das quaes eu vos declaro, como já vos disse, que os que taes cousas commettem, não possuirão o Reino de Deos.

22 Mas o fruto do Espirito he: a caridade, o gozo, a paz, a paciencia, a benignidade, a bondade, a longanimidade,

23 a mansidão, a fidelidade, a modestia, a continencia, a castidade. Contra estas cousas não ha lei.

24 E os que são de Christo, crucificárão a sua propria carne com os seus vicios, e concupiscencias.

25 Se nós vivemos pelo Espirito, conduzamonos tambem pelo Espirito.

26 Não nos façamos cubiçosos da vangloria, provocando-nos huns aos outros, tendo inveja huns dos outros.

CAPITULO VI.

IRMÃOS, se algum como homem for surprendido ainda em algum delicto, vós-outros, que sois espirituaes, admoestai ao tal com espirito de mansidão: tu considera-te a ti mesmo por que não sejas tambem tentado.

2 Levai as cargas huns dos outros, e d'esta maneira cumprireis a Lei de Christo.

3 Porque se algum tem para si que he alguma cousa, não sendo nada, elle mesmo a si se engana.

4 Mas próve cada hum a sua obra, e então terá gloria em si mesmo sómente, e não em outro.

5 Porque cada hum levará a sua carga.

6 E o que he catequizado na palavra, reparta de todos os bens com o que o doutrina.

7 Não queirais errar: de Deos não se zomba.

8 Porque aquillo que semear o homem, isso tambem segará. Por quanto o que semêa na sua carne, da carne tambem segará corrupção: mas o que semêa no Espirito, do Espirito segará a vida eterna.

9 Não nos cancemos pois de fazer bem: porque a seu tempo segaremos, não desfalecendo.

10 Logo em quanto temos tempo, façamos bem a todos, mas principalmente aos domesticos da fé.

11 Vede que carta vos escrevi de minha propria mão.

12 Porque todos os que querem agradar na carne, estes vos obrigão a que vos circumcideis, só por não padecerem elles a perseguição da Cruz de Christo.

13 Porque esses mesmos, que se circumcidão, não guardão a Lei: mas querem que vós vos circumcideis para se gloriarem na vossa carne.

14 Mas nunca Deos permitta que eu me glorie, senão na Cruz de nosso Senhor Jesu Christo: por quem o Mundo está crucificado para mim, e eu crucificado para o Mundo.

15 Porque em Jesu Christo nem a circumcisão, nem a incircumcisão valem nada, mas o ser huma nova creatura.

16 E a todos os que seguirem esta regra, paz, e misericordia sobr'elles, e sobre o Israel de Deos.

17 Quanto ao mais ninguem me seja molesto: porque eu trago no meu corpo as marcas do Senhor Jesus.

18 A graça de nosso Senhor Jesu Christo, irmãos, assista no vosso espirito. Amen.

EPISTOLA DE S. PAULO APOSTOLO

AOS

EFESIOS.

CAPITULO I.

PAULO Apostolo de Jesu Christo por vontade de Deos, a todos os Santos, que ha em Efeso, e fieis em Jesu Christo.

2 Graça seja a vós-outros, e paz da parte de Deos nosso Pai, e da do Senhor Jesu Christo.

3 Bemdito o Deos, e Pai de nosso Senhor Jesu Christo, que nos abençoou com toda a benção espiritual em bens celestiaes em Christo,

4 assim como nos elegeo nelle mesmo antes do estabelecimento do Mundo, pelo amor que nos teve, para sermos santos e immaculados diante de seus olhos.

5 O qual nos predestinou para sermos seus filhos adoptivos por Jesu Christo em crédito de si mesmo: por hum puro effeito da sua benevolencia,

6 em louvor, e gloria da sua graça, pela qual elle nos fez agradaveis a si em seu amado Filho.

7 No qual nós temos a redempção pelo seu sangue, a remissão dos peccados, segundo as riquezas da sua graça,

8 a qual elle derramou em abundancia sobre nós, enchendo-nos de toda a sabedoria, e de prudencia:

9 a fim de nos fazer conhecer o segredo da sua vontade, segundo o seu beneplacito, que havia proposto em si mesmo,

10 para restaurar em Christo todas as cousas na dispensação do cumprimento dos tempos, assim as que ha no Ceo, como as que ha na terra, nelle mesmo:

11 nelle he tambem que a herança nos calio como por sorte, sendo predestinados pelo decreto d'aquelle, que obra todas as cousas segundo o conselho da sua vontade:

12 para que sejamos o motivo do louvor da sua gloria, nós, que antes haviamos esperado em Christo:

13 no qual tambem vós esperastes, quando ouvistes a palavra da verdade, (o Evangelho da vossa salvação) e havendo crido nelle, fostes sellados com o Espirito Santo, que fora promettido:

14 o qual he o penhor da nossa herança, para redempção da possessão adquirida, em louvor da gloria d'elle mesmo.

15 Por isso eu tambem tendo ouvido a fé, que vós tendes no Senhor Jesus, e o amor para com todos os Santos,

16 não césso de dar graça a Deos por vós, fazendo memoria de vós nas minhas orações:

17 para que o Deos de gloria, o Pai de nosso Senhor Jesu Christo, vos dê o Espirito de sabedoria, e de luz, para o conhecerdes:

18 para que elle esclareça os olhos do vosso coração, em ordem a que vós conheçais qual he a esperança, a que elle vos chamou, e quaes as riquezas, e a gloria da herança, que elle prepara aos Santos,

19 e qual he a suprema grandeza do poder, que elle excercita em nós, os que cremos, pela força toda poderosa da sua operação,

20 a qual effeituou em Christo, resuscitando-o dos mortos, e pondo-o á sua mão direita no Ceo:

21 sobre todo o Principado, e Potesdade, e Virtude, e Dominação, e sobre todo o nome, que se nomêa, não só neste seculo, mas ainda no futuro.

22 E lhe metteo debaixo dos pés todas as cousas: e o constituio a elle mesmo Cabeça de toda a Igreja,

23 que he o seu corpo, e o inteiro complemento d'aquelle, que cumpre tudo em todas as cousas.

CAPITULO II.

E ELLE he quem vos deo a vida, quando vós estaveis mortos pelos vossos delictos, e peccados,

2 em que noutro tempo andastes segundo o costume d'este Mundo, segundo o principe das potestades d'este ar, o principe d'aquelles espiritos, que agora exercitão o seu poder sobre os filhos da infidelidade,

3 entre os quaes vivemos tambem todos nós em outro tempo segundo os desejos da nossa carne, fazendo a vontade da carne, e dos seus pensamentos, e eramos por natureza filhos da ira, como tambem os outros:

4 Mas Deos, que he rico em misericordia, pela sua extremada caridade, com que nos amou,

5 ainda quando estavamos mortos pelos peccados, nos deo vida juntamente em Christo, (por cuja graça sois salvos)

6 e com elle nos resuscitou, e nos fez assentar nos Ceos com Jesu Christo:

7 para mostrar nos seculos futuros as abundantes riquezas da sua graça, pela sua bondade sobre nós-outros em Jesu Christo.

8 Porque pela graça he que sois salvos mediante a fé, e isto não vem de vós: porque he hum dom de Deos.

9 Não vem das nossas obras, para que ninguem se glorie.

10 Porque somos feitura d'elle mesmo, creados em Jesu Christo para boas obras, que Deos preparou, para caminharmos nellas.

11 Pelo que lembrai-vos, que vós noutro tempo fostes Gentios em carne, que ereis chamados prepucio pelos que em carne tem a circumcisão, feita por mão dos homens:

12 que estaveis naquelle tempo sem Christo, separados da communicação d'Israel, e hospedes dos testamentos, não tendo esperança da promessa, e sem Deos neste mundo.

13 Mas agora por Jesu Christo vós, que noutro tempo estaveis longe, vos haveis avizinhado pelo sangue de Christo.

14 Porque elle he a nossa paz, elle, que de dous fez hum, e destruindo na sua propria carne o lanço do muro das inimizades, que os dividia:

15 abolindo com os seus decretos a Lei dos

preceitos, para formar em si mesmo os dous em hum homem novo, fazendo a paz,

16 e para reconciliallos com Deos a ambos em hum só corpo pela Cruz, matando as inimizades em si mesmo.

17 E vindo evangelizou paz a vós-outros, que estaveis longe, e paz áquelles, que estavão perto:

18 por quanto por elle huns e outros temos entrada ao Padre em hum Espirito.

19 De maneira que já não sois hospedes, nem adventicios: mas sois Cidadãos dos Santos, e domesticos de Deos:

20 edificados sobre o fundamento dos Apostolos, e dos Profetas, sendo o mesmo Jesu Christo a principal pedra angular:

21 no qual todo o edificio que se levantou, cresce para ser hum templo santo no Senhor,

22 no qual vós-outros sois tambem juntamente edificados, para morada de Deos pelo Espirito Santo.

CAPITULO III.

POR esta causa eu Paulo, o prisioneiro de Jesu Christo por amor de vós-outros Gentios,

2 se he que ouvistes a dispensação da graça de Deos, que me foi dada para comvosco:

3 posto que por revelação se me tem feito conhecer o Sacramento, como acima escrevi em poucas palavras:

4 onde pela lição podeis conhecer a intelligencia, que tenho no mysterio de Christo:

5 o qual em outras gerações não foi conhecido dos filhos dos homens, assim como agora tem sido revelado aos seus Santos Apostolos, e Profetas pelo Espirito,

6 que os Gentios são coherdeiros, e incorporados, e juntamente participantes da sua promessa em Jesu Christo pelo Evangelho:

7 do qual eu fui feito Ministro, segundo o dom da graça de Deos, que me foi communicada pela sua operação toda poderosa.

8 A mim, que sou o minimo de todos os Santos, me foi dada esta graça de annunciar entre os Gentios as riquezas incomprehensiveis de Christo,

9 e de manifestar a todos, qual seja a communicação do Sacramento escondido des dos seculos em Deos, que tudo creou·

10 para que a multiforme sabedoria de Deos seja patenteada pela Igreja aos Principados, e Potestades nos Ceos,

11 conforme a determinação dos seculos, que elle cumprio em Jesu Christo nosso Senhor:

12 no qual temos a segurança, e o chegarmonos a elle confiadamente pela sua fé.

13 Pelo que eu vos peço, que não desfaleçais nas minhas tribulações por vós-outros: pois que ellas vos são gloriosas.

14 Por esta causa dobro eu os meus joelhos diante do Pai de nosso Senhor Jesu Christo,

15 do qual toda a paternidade toma o nome nos Ceos, e na terra,

16 para que, segundo as riquezas da sua gloria, vos conceda que sejais corroborados em virtude pelo seu Espirito no homem interior,

17 para que Christo habite pela fé nos vossos corações: arraigados, e fundados em caridade,

18 para que possais comprehender com todos os Santos, qual seja a largura, e o comprimento, e a altura, e a profundidade:

19 e conhecer tambem a caridade de Christo, que excede todo o entendimento, para que sejais cheios segundo toda a plenitude de Deos.

c99

20 E áquelle, que he poderoso para fazer todas as cousas mais abundantemente do que pedimos, ou entendemos, segundo a virtude que obra em nós-outros:

21 a esse gloria na Igreja, e em Jesu Christo por todas as idades do seculo dos seculos. Amen.

CAPITULO IV.

E ASSIM vos rogo eu, o prisioneiro no Senhor, que andeis como convem á vocação, com que haveis sido chamados,

2 com toda a humildade, e mansidão, com paciencia, soffrendo-vos huns aos outros em caridade,

3 trabalhando cuidadosamente por conservar a unidade d'espirito pelo vinculo da paz.

4 Sendo hum mesmo corpo, e hum mesmo espirito, como fostes chamados em huma esperança da vossa vocação.

5 Hum Senhor, huma fé, hum baptismo,

6 hum Deos, e Pai de todos, que he sobre todos, e governa todas as cousas, e reside em todos nós.

7 Ora a cada hum de nós foi dada a graça, segundo a medida do dom de Christo.

8 Pelo que diz: Quando elle subio ao alto, levou cativo o cativeiro: deo dons aos homens.

9 E quanto a dizer subio, porque he isto, senão porque tambem antes havia descido aos lugares mais baixos da terra?

10 Aquelle, que desceo, esse mesmo he tambem o que subio a cima de todos os Ceos, para encher todas as cousas.

11 E elle mesmo fez a huns certamente Apostolos, e a outros Profetas, e a outros Evangelistas, e a outros Pastores, e Doutores,

12 para consummação dos Santos em ordem á obra do ministerio, para edificar o corpo de Christo:

13 até que todos cheguemos á unidade da fé, e ao conhecimento do Filho de Deos a estado de varão perfeito, segundo a medida da idade completa de Christo:

14 para que não sejamos já meninos fluctuantes, nem nos deixemos levar em roda de todo o vento de doutrina, pela malignidade dos homens, pela astucia com que induzem ao erro.

15 Mas praticando a verdade em caridade, crescamos em todas as cousas naquelle, que he a cabeça, Christo:

16 do qual todo o corpo colligado, e unido por todas as juntas, por onde se lhe subministra o alimento, obrando á proporção de cada membro, toma augmento d'hum corpo perfeito para se edificar em caridade.

17 Isto pois digo, e requeiro no Senhor, que não andeis já como andão tambem os Gentios na vaidade do seu sentido,

18 tendo o entendimento obscurecido de trévas, alienados da vida de Deos pela ignorancia que ha nelles, pela cegueira do coração dos mesmos,

19 que desesperando, se entregárão a si mesmos á dissolução, á obra de toda a impureza, á avareza.

20 Mas vós não haveis assim aprendido a Christo,

21 se he que o haveis ouvido, e haveis sido ensinados nelle, como está a verdade em Jesus:

22 a despojar-vos do homem velho, segundo o qual foi a vossa antiga conversação, que se vicia segundo os desejos do erro.

23 Renovai-vos pois no espirito do vosso entendimento,

24 e vesti-vos do homem novo, que foi creado segundo Deos em justiça, e em santidade de verdade.

25 Pelo que renunciando a mentira, falle cada hum a seu proximo a verdade : pois somos membros huns dos outros.

26 Se vos irardes, seja sem peccar : não se ponha o Sol sobre a vossa ira.

27 Não deis lugar ao diabo :

28 aquelle que furtava, não furte mais : mas occupe-se antes no trabalho, fazendo alguma obra de mãos, que seja boa e util, para d'ahi ter com que soccorra ao que padece necessidade.

29 Nenhuma palavra má saia da vossa boca : senão só a que seja boa para edificação da fé, de maneira que dê graça aos que a ouvem :

30 e não entristeçais ao Espirito Santo de Deos : no qual estais sellados para o dia da redempção.

31 Toda a amargura, e ira, e indignação, e gritaria, e blasfemia, com toda a malicia seja desterrada d'entre vós-outros.

32 Antes sede huns para com os outros benignos, misericordiosos, perdoando-vos huns aos outros, como tambem Deos por Christo vos perdoou.

CAPITULO V.

SEDE pois imitadores de Deos, como filhos muito amados :

2 e andai em caridade, assim como tambem Christo nos amou, e se entregou a si mesmo por nós-outros, como offrenda, e hostia a Deos em odor de suavidade.

3 Por tanto a fornicação, e toda a impureza ou avareza, nem se quer se nomêe entre vós-outros, como convem a Santos :

4 nem palavras torpes, nem loucas, nem chocarrices, que são impertinentes : mas antes acções de graças.

5 Porque haveis de saber, e entender : que nenhum fornicario, ou immundo, ou avaro, o que he culto de idolos, não tem herança no Reino de Christo, e de Deos.

6 Ninguem vos seduza com discursos vãos : porque por estas cousas vem a ira de Deos sobre os filhos da incredulidade.

7 Não queirais logo nada com elles.

8 Porque noutro tempo ereis trévas : mas agora sois luz no Senhor. Andai como filhos da luz :

9 porque o fruto da luz consiste em toda a bondade, e em justiça, e em verdade :

10 approvando o que he agradavel a Deos :

11 e não communiqueis com as obras infructuosas das trévas, mas antes pelo contrario condemnai-as.

12 Porque as cousas que elles fazem em secreto, vergonha he ainda o dizellas.

13 Mas todas as que são reprehensiveis, se descobrem pela luz : porque tudo o que se manifesta, he luz.

14 Pelo que diz : Desperta tu que dormes, e levanta-te d'entre os mortos, e Christo te allumiará.

15 E assim vede, irmãos, de que modo andais sobre aviso : não como insipientes,

16 mas como sabios : remindo o tempo, pois que os dias são máos.

17 Por tanto não sejais imprudentes : mas entendei qual he a vontade de Deos.

18 E não vos deis com excesso ao vinho, donde nasce a luxuria : mas enchei-vos do Espirito Santo,

19 fallando entre vós mesmos em Salmos, e em Hymnos, e Canções espirituaes, cantando, e louvando ao Senhor em vossos corações,

20 dando sempre graças ao Deos, e Pai por tudo, em Nome de nosso Senhor Jesu Christo :

21 submettidos huns aos outros no temor de Christo.

22 As mulheres sejão sujeitas a seus maridos, como ao Senhor :

23 porque o marido he a cabeça da mulher : assim como Christo he a cabeça da Igreja : Elle mesmo que he o seu corpo, do qual he o Salvador.

24 Bem como pois he a Igreja sujeita a Christo, assim o sejão tambem as mulheres em tudo a seus maridos.

25 Vós, maridos, amai a vossas mulheres, como tambem Christo amou a Igreja, e por ella se entregou a si mesmo,

26 para a santificar, purificando-a no Baptismo da agua pela palavra da vida,

27 para a apresentar a si mesmo Igreja gloriosa, sem mácula, nem ruga, nem outro algum defeito semelhante, mas santa, e immaculada.

28 Assim he que tambem os maridos devem amar as suas mulheres, como a seu proprio corpo. O que ama a sua mulher, ama-se a si mesmo.

29 Porque ninguem aborreceo jámais a sua propria carne : mas cada hum a nutre, e fomenta, como tambem Christo o faz á sua Igreja :

30 porque somos membros do seu corpo, da sua carne, e dos seus ossos.

31 Por isso o homem deixará a seu pai, e a sua mãi, e se unirá a sua mulher : e serão dois em huma mesma carne.

32 Este Sacramento he grande, mas eu digo em Christo, e na Igreja.

33 Com tudo tambem vos, cada hum de per si, ame a sua mulher como a si mesmo : e a mulher reverencie a seu marido.

CAPITULO VI.

FILHOS, obedecei a vossos pais no Senhor : porque isto he justo.

2 Honra a teu pai, e a tua mãi, que he o primeiro mandamento com promessa :

3 para que te vá bem, e sejas de larga vida sobre a terra.

4 E vós-outros, pais, não provoqueis a ira a vossos filhos : mas criai-os em disciplina, e correcção do Senhor.

5 Servos, obedecei a vossos senhores temporaes com temor, e tremor, na sinceridade de vosso coração, como a Christo :

6 não os servindo ao olho, como por agradar a homens, senão como servos de Christo, fazendo de coração a vontade de Deos,

7 servindo-os com boa vontade, como a Senhor, e não como a homens :

8 sabendo que cada hum receberá do Senhor a paga do bem, que tiver feito, ou seja escravo, ou livre.

9 E vós-outros os senhores fazei isso mesmo com elles, deixando as ameaças : sabendo que o Senhor tanto d'elles, como vosso está nos Ceos : e que nelle ha accepção de pessoas para elle.

10 Quanto ao mais, irmãos, fortalecei-vos no Senhor, e no poder da sua virtude.

11 Revesti-vos da armadura de Deos, para que possais estar firmes contra as ciladas do diabo :

12 porque nós não temos que lutar contra a carne, e o sangue : mas sim contra os Principados,

e Potestades, contra os governadores d'estas trévas do mundo, contra os espiritos de malicia espalhados por esses ares.

13 Por tanto tomai a armadura de Deos, para que possais resistir no dia máo, e estar completos em tudo.

14 Estai pois firmes, tendo cingidos os vossos lombos em verdade, e vestidos da couraça da justiça,

15 e tendo os pés calçados, na preparação do Evangelho da paz :

16 embraçando sobre tudo o escudo da Fé, com que possais apagar todos os dardos inflammados do mais que maligno :

17 tomai outrosi o capacete da salvação : e a espada do espirito (que he a palavra de Deos)

18 orando em todo o tempo com todas as deprecações, e rogos em espirito : e vigiando para isto mesmo com todo o fervor, e rogando por todos os Santos ·

19 e por mim, para que me seja dada no abrir da minha boca palavra com confiança, para fazer conhecer o mysterio do Evangelho :

20 pelo qual, ainda estando na cadeia, faço officio de Embaixador, de maneira que eu falle livremente por elle, como devo fallar.

21 E para que vós saibais tambem o estado das minhas cousas, e o que eu faço, vos informará de tudo Tyquico, nosso irmão muito amado, e Ministro fiel no Senhor :

22 a quem vo-lo enviei para isto mesmo, para que saibais o que he feito de nós, e para que console os vossos corações.

23 Paz seja aos irmãos, e caridade com fé, da parte de Deos Padre, e da do Senhor Jesu Christo.

24 A graça seja com todos os que amão a nosso Senhor Jesu Christo com toda a pureza. Amen.

EPISTOLA DE S. PAULO APOSTOLO

AOS

FILIPPENSES.

CAPITULO I.

PAULO, e Timotheo servos de Jesu Christo, a todos os Santos em Jesu Christo, que se achão em Filippos, com os Bispos, e Diaconos :

2 Graça seja a vós-outros, e paz da parte de Deos nosso Pai, e da do Senhor Jesu Christo.

3 Graças dou a meu Deos, cada vez que me lembro de vós,

4 fazendo sempre deprecações com gosto por todos vós em todas as minhas orações,

5 sobre a vossa communicação no Evangelho de Christo des do primeiro dia atégora :

6 tendo por certo isto mesmo, que quem começou em vós a boa obra, a aperfeiçoará até ao dia de Jesu Christo :

7 como he justo que eu sinta isto de todos vós : porque vos tenho no coração, e me acho comvosco nas minhas prizões, e na defensa, e confirmação do Evangelho, por serdes todos vós companheiros do meu gosto.

8 Porque Deos me he testemunha, de quão ternamente eu vos amo a todos nas entranhas de Jesu Christo.

9 E o que eu lhe peço he, que a vossa caridade cresça mais e mais em sciencia, e em todo o conhecimento :

10 para que approveis o melhor, para que sejais sinceros, e sem tropeço para o dia de Christo,

11 cheios de frutos de justiça por Jesu Christo, para gloria e louvor de Deos.

12 Quero pois, irmãos, que vós saibais, que todas as cousas que passão comigo, tem contribuido mais ao proveito do Evangelho :

13 de maneira que as minhas prizões se tem feito notorias em Christo por toda a Corte do Emperador, e em todos os outros lugares,

14 e muitos dos irmãos no Senhor cobrando animo com as minhas prizões, tem ousado mais

alentadamente fallar a palavra de Deos sem temor.

15 He verdade que alguns prégão a Christo até por inveja, e por emulação : mas outros o fazem tambem por huma boa vontade :

16 outros por caridade : sabendo que eu tenho sido posto para defensa do Evangelho.

17 Mas outros prégão a Christo por contenção, não sinceramente, crendo accrescentar afflicção ás minhas cadeias.

18 Mas que importa ? Com tanto que Christo em todas as maneiras seja annunciado, ou por pretexto, ou por verdade : não só nisto me alegro, mas ainda me alegrarei.

19 Porque sei que isto se me converterá em salvação, pela vossa oração, e pelo soccorro do Espirito de Jesu Christo

20 segundo as minhas ancias, e esperança, que tenho, de que em nenhuma cousa serei confundido : antes com toda a confiança, assim como sempre, tambem agora será Christo engrandecido no meu corpo, ou seja pela vida, ou pela morte.

21 Porque para mim o viver he Christo, e o morrer lucro.

22 E se o viver em carne, este he para mim fruto do trabalho, não sei na verdade que devo escolher.

23 Pois me vejo em apérto por duas partes ; tendo desejo de ser desatado da carne, e estar com Christo, que he sem comparação muito melhor :

24 mas o permanecer em carne, he necessario por amor de vós.

25 E persuadido d'isto, sei que ficarei, e permanecerei com todos vós, para proveito vosso, e gozo da fé :

26 a fim de que o vosso regozijo abunde por mim em Christo Jesus, pela minha nova ida a vós-outros.

27 Sómente vos recommendo, que vos porteis conforme ao Evangelho de Christo: para que, ou seja que eu vá a ver-vos, ou que esteja ausente, ouça de vós que permaneceis unanimes em hum mesmo espirito, trabalhando concordemente na fé do Evangelho:

28 e em nada tenhais medo dos vossos adversarios: o que para elles he motivo de perdição, e para vós-outros de salvação, e isto vem de Deos:

29 porque a vós vos he dado por Christo, não sómente que creais nelle, senão que padeçais tambem por elle:

30 soffrendo o mesmo combate, qual vós tambem vistes em mim, e agora tendes ouvido de mim.

CAPITULO II.

POR tanto, se ha alguma consolação em Christo, se algum refrigerio de caridade, se alguma communicação de espirito, se algumas entranhas de compaixão:

2 fazei completo o meu gozo, de sorte que sintais huma mesma cousa, tendo huma mesma caridade, hum mesmo animo, huns mesmos pensamentos.

3 Nada façais por porfia, nem por vangloria: mas com humildade, tendo cada hum aos outros por superiores,

4 não attendendo cada hum ás cousas que são suas proprias, senão ás dos outros.

5 E haja entre vós o mesmo sentimento, que houve tambem em Jesu Christo:

6 o qual tendo a natureza de Deos, não julgou que fosse nelle huma usurpação o ser igual a Deos:

7 mas elle se anniquilou a si mesmo, tomando a natureza de servo, fazendo-se semelhante aos homens, e sendo reconhecido na condição como homem,

8 humilhou-se a si mesmo feito obediente até á morte, e morte de cruz.

9 Pelo que Deos tambem o exaltou, e lhe deo hum Nome que he sobre todo o nome:

10 para que ao Nome de Jesus se dobre todo o joelho dos que estão nos Ceos, na terra, e nos Infernos,

11 e toda a lingua confesse, que o Senhor Jesu Christo está na gloria de Deos Padre.

12 Por tanto, meus carissimos, (posto que sempre fostes obedientes) obrai a vossa salvação com receio, e com tremor, não só como na minha presença, senão muito mais agora na minha ausencia.

13 Porque Deos he o que obra em vós o querer, e o perfazer, segundo o seu beneplacito.

14 Fazei logo todas as cousas sem murmurações, e sem dúvidas:

15 a fim de serdes sem nota, e sem refolho, como filhos de Deos irreprehensiveis no meio d'huma nação depravada, e corrompida: onde vós brilhais como astros no Mundo,

16 retendo a palavra da vida para gloria minha no dia de Christo, pois não corri em vão, nem trabalhei em vão.

17 Mas ainda quando eu seja immolado sobre o sacrificio, e victima da vossa fé, me alegro, e me dou o parabem com todos vós.

18 E vós tambem gozai-vos, e dai-me o parabem a mim por isto mesmo.

19 E tenho esperança no Senhor Jesus de brevemente vos enviar a Timotheo: para que eu tambem esteja de bom animo, sabendo o estado das vossas cousas.

20 Porque não tenho nenhum tão unido de coração comigo, que com sincera affeição mostre cuidado por vós-outros.

21 Porque todos buscão as suas proprias cousas, e não as que são de Jesu Christo.

22 E em prova d'isto sabei, que como filho a pai, servio comigo no Evangelho.

23 Espero pois mandar-vo-lo, logo que eu tiver visto o estado dos meus negocios.

24 E confio no Senhor, que tambem eu mesmo cedo vos irei ver.

25 Entretanto julguei necessario remetter-vos Epafrodito, meu irmão, e coadjutor, e companheiro, e vosso Apostolo, e que me tem assistido nas minhas necessidades:

26 pois que elle vos desejava por certo ver a todos: e tinha pena de que vós tivesseis noticia da sua doença.

27 Porque elle com effeito esteve mortalmente enfermo: mas Deos se compadeceo d'elle, e não sómente d'elle, mas ainda tambem de mim, para que eu não tivesse afflicção sobre afflicção.

28 Por isso me dei mais pressa a remettello, para vos dar o renovado gosto de o ver, e tirar-me a mim mesmo da pena.

29 Assim pois recebei-o com todo o genero de alegria no Senhor, e tratai com honra a humas taes pessoas.

30 Porque pela obra de Christo chegou ás portas da morte, arriscando a propria vida por supprir com a sua assistencia aquella, que vos não era possivel fazer no meu serviço.

CAPITULO III.

NO mais, irmãos meus, alegrai-vos no Senhor. A mim por certo não me he penoso, e a vós he cousa conveniente que eu vos escreva as mesmas cousas.

2 Guardai-vos dos cães, guardai-vos dos máos operarios, guardai-vos dos falsos circumcidados.

3 Porque nós he que somos os circumcidados, pois que servimos a Deos em espirito, e nos gloriamos em Jesu Christo, sem nos lisongearmos d'alguma vantagem carnal,

4 se bem que eu tambem posso ter alguma confiança no que he carnal. Se algum outro a póde ter, muito mais eu,

5 que fui circumcidado ao oitavo dia, que sou da geração de Israel, que sou da tribu de Benjamin, nascido Hebreo de pais Hebreos, que quanto á Lei, fui Fariseo,

6 que quanto ao zelo, cheguei a perseguir a Igreja de Deos, que quanto á justiça da Lei, vivia irreprehensivel:

7 porém as cousas que me forão lucro, as reputei como perdas por Christo.

8 E na verdade tudo tenho por perda, pelo eminente conhecimento de Jesu Christo meu Senhor: pelo qual tudo tenho perdido, e o avalio por esterco, com tanto que ganhe a Christo,

9 e que seja achado nelle, não tendo a minha justiça, que vem da Lei, senão aquella que nasce da fé em Jesu Christo: a justiça que vem de Deos pela fé,

10 para conhecello a elle, e a virtude da sua resurreição, e a communicação das suas afflicções: tendo-me conformado a elle na sua morte:

11 por ver se de alguma maneira posso chegar a resurreição, que he dos mortos:

12 não que a tenha eu já alcançado, ou que seja já perfeito: mas eu prosigo, para ver se de algum modo poderei alcançar aquillo para o que eu tambem fui tomado por Jesu Christo.

13 Irmãos, eu não julgo havello já alcançado. Mas antes o que agora faço, he, que esquecendo-me por certo do que fica para trás, e avançando-me ao que resta para o diante,

14 prosigo segundo o fim proposto ao premio da soberana vocação de Deos em Jesu Christo.

15 E assim todos os que somos perfeitos viva-mos nestes sentimentos : e se sentis alguma cousa de outra maneira, Deos tambem vo-lo revelará.

16 E na verdade quanto ao que temos já chegado, tenhamos huns mesmos sentimentos, e permaneçamos em huma mesma regra.

17 Sede meus imitadores, irmãos, e não percais de vista aos que assim andão, conforme tendes o nosso exemplo.

18 Porque muitos andão, de quem outras vezes vos dizia, (e agora tambem o digo chorando) que são inimigos da Cruz de Christo :

19 cujo fim he a perdição : cujo Deos he o ventre : e a sua gloria he para confusão d'elles, que gostão só do que he terreno.

20 Mas a nossa conversação está nos Ceos : donde tambem esperamos ao Salvador nosso Senhor Jesu Christo,

21 o qual reformará o nosso corpo abatido, para o fazer conforme ao seu corpo glorioso, segundo a operação com que tambem póde sujeitar a si todas as cousas.

CAPITULO IV.

POR tanto, meus muito amados, e desejados irmãos, gosto meu, e coroa minha : estai assim firmes no Senhor, carissimos.

2 Rogo a Evodia, e supplico a Syntyque, que sintão o mesmo no Senhor.

3 Tambem te rogo a ti ainda, ó fiel companheiro, que as ajudes como pessoas, que trabalhárão comigo no Evangelho com Clemente, e com os outros que me ajudárão, cujos nomes estão no Livro da vida.

4 Alegrai-vos incessantemente no Senhor : outra vez digo, alegrai-vos.

5 A vossa modestia seja conhecida de todos os homens : o Senhor está perto.

6 Não tenhais cuidado de cousa alguma : mas com muita oração, e rogos, com acção de graças sejão manifestas as vossas petições diante de Deos.

7 E a paz de Deos, que sobrepuja todo o enten-dimento, guarde os vossos corações, e os vossos sentimentos em Jesu Christo.

8 Quando ao mais, irmãos, tudo o que he verdadeiro, tudo o que he honesto, tudo o que he justo, tudo o que he santo, tudo o que he amavel, tudo o que he de boa fama, se ha alguma virtude, se ha algum louvor de costumes, isto seja o que occupe os vossos pensamentos.

9 O que não só aprendestes, mas recebestes, e ouvistes, e vistes em mim, isso tambem praticai : e o Deos da paz será comvosco.

10 Muito me tenho pois alegrado no Senhor, de que ja por fim tenhais renovado o vosso cuidado ácerca de mim, pois he certo que o tinheis : mas só vos faltava a opportunidade.

11 Não no digo como apertado da necessidade : porque eu tenho aprendido a contentar-me com o que tenho.

12 Sei ainda viver humilhado, sei tambem viver na abundancia : (para tudo e para todos os encontros me costumei a estar apercebido) ter assim fartura, como ter fome, e passar em affluencia, e padecer necessidade :

13 tudo posso naquelle, que me conforta.

14 Com tudo fizestes bem, em tomar parte na minha tribulação.

15 E sabeis tambem vós, ó Filippenses, que no principio do Evangelho, quando parti de Macedonia, nenhuma Igreja communicou comigo em razão de dar, e de receber, senão vós sómente :

16 porque vós me mandastes duas vezes ainda a Thessalonica, o que me era necessario.

17 Isto não he porque eu busque dádivas, mas busco fruto que abunde á vossa conta.

18 Assim tenho tudo, e o desfruto em abundancia : cheio estou, depois que recebi de Epafrodito o que me mandastes, como cheiro de suavidade, como hostia acceita, agradavel a Deos.

19 O meu Deos pois cumpra todos os vossos desejos, conforme as suas riquezas, na gloria por Jesu Christo.

20 E gloria a Deos e Pai nosso por todos os seculos dos seculos : Amen.

21 Saudai a todos os Santos em Jesu Christo.

22 Os irmãos, que estão comigo, vos saudão. Todos os Santos vos saudão, mas com muita especialidade os que são da Familia de Cesar.

23 A graça de nosso Senhor Jesu Christo seja com o vosso espirito. Amen.

EPISTOLA DE S. PAULO APOSTOLO

AOS

COLOSSENSES.

CAPITULO I.

PAULO Apostolo de Jesu Christo pela vontade de Deos, e Timotheo seu irmão :

2 Aos Santos, e fieis irmãos em Jesu Christo, que habitão em Colossos.

3 Graça a vós-outros, e paz da parte de Deos nosso Pai, e da do nosso Senhor Jesu Christo. Graças damos ao Deos, e Pai de nosso Senhor Jesu Christo, orando sempre por vós :

4 ouvindo a vossa fé em Jesu Christo, e o amor que tendes a todos os Santos,

5 pela esperança, que vos está guardada nos Ceos : a qual tendes ouvido pela palavra da verdade do Evangelho :

6 o qual vos he, como está tambem em todo o mundo, e frutifica, e cresce como entre vós, des do dia em que ouvistes, e conhecestes a graça de Deos segundo a verdade,

7 como o aprendestes de Epafras, nosso con-

servo muito amado, que he por vós fiel Ministro de Jesu Christo,

8 o qual tambem nos informou do vosso amor segundo o espirito:

9 por isso nós tambem, des do dia em que o ouvimos, não cessamos de orar por vós, e de pedir que sejais cheios do conhecimento da sua vontade, em toda a sabedoria, e intelligencia espiritual:

10 para que andeis dignamente diante de Deos, agradando-lhe em tudo: frutificando em toda a boa obra, e crescendo na sciencia de Deos:

11 sendo confortados em toda a virtude, segundo o poder da sua gloria, em toda a paciencia, e longanimidade com alegria,

12 dando graças a Deos Padre, que nos fez dignos de participar da sorte dos Santos em luz:

13 que nos livrou do poder das trévas, e nos transferio para o Reino de seu Filho muito amado,

14 no qual pelo seu sangue temos a redempção, a remissão dos peccados:

15 que he a Imagem do Deos invisivel, o Primogenito de toda a creatura:

16 porque por elle forão creadas todas as cousas nos Ceos, e na terra, visiveis, e invisiveis, quer sejão os Thronos, quer sejão as Dominações, quer sejão os Principados, quer sejão as Potestades: tudo foi creado por elle, e para elle:

17 e elle he antes de todos, e todas as cousas subsistem por elle.

18 E elle he a Cabeça do Corpo da Igreja, elle he o Principio, o Primogenito d'entre os mortos: de maneira que elle tem a primazia em todas as cousas:

19 porque foi do agrado do Pai, que residisse nelle toda a plenitude:

20 e reconciliar por elle a si mesmo todas as cousas, pacificando pelo sangue da sua Cruz, tanto o que está na terra, como o que está no Ceo.

21 E sendo vós noutro tempo estranhos, e inimigos de coração pelas más obras:

22 agora por certo vos reconciliou no corpo da sua carne pela morte, para vos apresentar santos, e immaculados, e irreprehensiveis diante d'elle:

23 se he que perseverais fundados na fé, e firmes, e immoveis na esperança, que vos dá o Evangelho, que vos foi annunciado, que foi prégado a todas as creaturas, que ha debaixo do Ceo, do qual eu Paulo fui constituido Ministro.

24 Eu, que agora me alegro nas penalidades, que soffro por vós, e que cumpro na minha carne o que resta a padecer a Jesu Christo pelo seu Corpo, que he a Igreja:

25 da qual eu fui constituido Ministro, segundo a dispensação de Deos, que me foi dada para comvosco, para dar cumprimento á palavra de Deos:

26 annunciando-vos o mysterio que esteve escondido pelos seculos, e gerações, e que agora foi descoberto aos seus Santos,

27 aos quaes quiz Deos fazer conhecer as riquezas da gloria d'este mysterio entre os Gentios, que he Christo, em quem vós tendes a esperança da gloria,

28 a quem nós annunciamos, admoestando a todas as pessoas, e ensinando a todos os homens, em toda a sabedoria, para que apresentemos a todo o homem perfeito em Jesu Christo:

29 no que eu ainda trabalho, combatendo se-
704

gundo a sua efficacia, que obra em mim por seu poder.

CAPITULO II.

QUERO pois que saibais qual he o cuidado que tenho por vós, e por aquelles, que estão em Laodicéa, e por quantos não virão a minha face em carne:

2 a fim de que os seus corações sejão consolados, instruidos em caridade, e cheios de todas as riquezas d'huma perfeita intelligencia, para conhecerem o mysterio de Deos Padre, e de Jesu Christo:

3 no qual estão encerrados todos os thesouros da sabedoria, e da sciencia.

4 E digo-vos isto, para que ninguem vos engane com sublimidade de discursos.

5 Porque ainda que estou ausente quanto ao corpo, estou com tudo presente em espirito: gozando-me, e vendo o vosso concerto, e a firmeza d'aquella vossa fé, que he em Christo.

6 Pois assim como recebestes ao Senhor Jesu Christo, andai nelle,

7 arraigados, e sobreedificados nelle, e fortificados na fé, como tambem o aprendestes, crescendo nelle em acção de graças.

8 Estai sobre aviso, para que ninguem vos engane com Filosofias, e com os seus fallaces sofismas, segundo a tradição dos homens, segundo os elementos do mundo, e não segundo Christo:

9 porque nelle habita toda a plenitude da divindade corporalmente:

10 e nelle he que vós estais cheios, nelle, que he a Cabeça de todos os Principados, e Potestades:

11 tambem nelle he que vós estais circumcidados de circumcisão não feita por mão de homem no despojo do corpo da carne, mas sim na circumcisão de Christo:

12 estando sepultados juntamente com elle no baptismo, no qual vós tambem resuscitastes mediante a fé no poder de Deos, que o resuscitou dos mortos.

13 E a vós, que estaveis mortos em vossos peccados, e no prepucio da vossa carne, vos deo vida juntamente com elle, perdoando-vos todos os peccados:

14 cancellando a cédula do decreto que havia contra nós, a qual nos era contraria, e a abolio inteiramente, encravando-a na Cruz:

15 e despojando os Principados, e Potestades, os trouxe confiadamente, triunfando em publico d'elles em si mesmo.

16 Ninguem pois vos julgue pelo comer, nem pelo beber, nem por causa dos dias de festa, ou das luas novas, ou dos sabbados:

17 que são sombra das cousas vindouras: mas o corpo he em Christo.

18 Ninguem vos desencaminhe, affectando parecer humilde, e dar culto aos Anjos, que nunca vio no estado de viador, inchado vãamente no sentido da sua carne,

19 e sem estar unido com a cabeça, da qual todo o corpo fornido, e organizado pelas suas ligaduras, e juntas, cresce em augmento de Deos.

20 Por tanto, se estais mortos com Christo aos rudimentos d'este mundo: porque dogmatizais ainda assim, como se vivesseis para o mundo?

21 Não toqueis, nem proveis, nem manuseeis semelhantes cousas:

22 as quaes são todas para morte pelo mesmo

uso, segundo os preceitos, e doutrinas dos homens:

23 as quaes cousas na verdade tem apparencia de sabedoria em culto indevido, e humildade, e em máo tratamento do corpo, na escaceza do necessario para sustentar a carne.

CAPITULO III.

PELO que se resuscitastes com Christo: buscai as cousas que são lá de cima, onde Christo está assentado á dextra de Deos:

2 cuidai nas cousas que são lá de cima, não nas que ha sobre a terra.

3 Porque já estais mortos, e a vossa vida está escondida com Christo em Deos.

4 Quando apparecer Christo, que he a vossa vida: então tambem vós apparecereis com elle na Gloria.

5 Mortificai pois os vossos membros, que estão sobre a terra: a fornicação, a impureza, a lascivia, os desejos máos, e a avareza, que he serviço de idolos:

6 pelas quaes cousas vem a ira de Deos sobre os filhos da incredulidade:

7 nas quaes vós tambem andastes em outro tempo, quando vivieis nellas.

8 Mas agora deixai tambem vós todas estas cousas: a ira, a indignação, a malicia, a blasfemia, a palavra torpe da vossa boca.

9 Não mintais huns aos outros, despojandovos do homem velho com todas as suas obras,

10 e revestindo-vos do novo, que he aquelle, que se renova para o conhecimento, segundo a imagem d'aquelle, que o creou:

11 Onde não ha differença de Gentio, e de Judeo, de circumcisão, e de prepucio, de Barbaro, e de Scytha, de servo, e de livre: mas Christo he tudo, e em todos.

12 Vós pois como escolhidos de Deos, Santos, e amados, revesti-vos de entranhas de misericordia, de benignidade, de humildade, de modestia, de paciencia:

13 soffrendo-vos huns aos outros, e perdoandovos mutuamente, se algum tem razão de queixa contra o outro: assim como ainda o Senhor vos perdoou a vós, assim tambem vós.

14 Mas sobre tudo isto, revesti-vos de caridade, que he o vinculo da perfeição:

15 e triumfe em vossos corações a paz de Christo, na qual tambem fostes chamados num mesmo corpo: e sede agradecidos.

16 A palavra de Christo more em vós-outros abundantemente, em toda a sabedoria, ensinando-vos, e admoestando-vos huns aos outros com Salmos, Hymnos, e Canticos espirituaes, cantando com a graça do fundo dos vossos corações louvores a Deos.

17 Tudo quanto quer que fizerdes, seja de palavra ou de obra, fazei tudo isso em Nome do Senhor Jesu Christo, dando por elle graças a Deos, e Padre.

18 Casadas, estai sujeitas a vossos maridos, como convem, no Senhor.

19 Maridos, amai a vossas mulheres, e não nas trateis com amargura.

20 Filhos, obedecei em tudo a vossos pais: porque isto he agradavel ao Senhor.

21 Pais, não provoqueis a indignação a vossos filhos, para que se não fação de animo apoucado.

22 Servos, obedecei em todas as cousas a vossos senhores temporaes, não servindo só na presença, como por agradar a homens, mas com sinceridade de coração, temendo a Deos.

23 Tudo o que fizerdes, fazei-o de boamente, como quem no faz pelo Senhor, e não pelos homens:

24 sabendo que recebereis do Senhor o galardão de herança. Servi a Christo o Senhor.

25 Pois o que faz injustiça, receberá o pago do que fez injustamente: porque não ha accepção de pessoas em Deos.

CAPITULO IV.

VOS, senhores, fazei com os vossos servos o que he de justiça e equidade: sabendo que tambem vós tendes Senhor no Ceo.

2 Perseverai em oração, velando nella com acção de graças:

3 orando ao mesmo tempo tambem por nós, para que Deos nos abra a porta da palavra para annunciarmos o mysterio de Christo (pelo qual todavia estou prezo)

4 para que eu o manifeste, assim como he necessario que eu o apregôe.

5 Conduzi-vos em sabedoria com aquelles, que estão fóra: remindo o tempo.

6 A vossa conversação seja sempre sazonada em graça com sal, para que saibais como deveis responder a cada hum.

7 O muito amado irmão Tyquico, e fiel ministro, e companheiro meu no Senhor, vos fará saber o estado das minhas cousas:

8 o qual eu vo-lo enviei expressamente para que saiba o estado das vossas cousas, e consule os vossos corações,

9 juntamente com Onesimo, muito meu amado, e fiel irmão, que he da vossa naturalidade. Elles vos informarão de tudo o que aqui se passa.

10 Sauda-vos Aristarco, que he meu companheiro na prizão, e Marcos primo de Barnabé, sobre o qual vos tenho já feito minhas recommendações: se elle for ter comvosco, recebei-o:

11 e Jesus, que se chama Justo: os quaes são da circumcisão: estes sós são os que me ajudão no Reino de Deos, elles tem sido a minha consolação.

12 Sauda-vos Epafras, que he vosso conterraneo, servo de Jesu Christo, sempre sollicito por vós nas suas orações, para que sejais com firmeza perfeitos, e completos em toda a vontade de Deos.

13 Porque lhe dou este testemunho, que tem muito trabalho por vós, e pelos que estão em Laodicéa, e pelos que se achão em Hierápolis.

14 O muito amado Lucas Medico vos sauda, e tambem Demas.

15 Saudai aos irmãos que estão em Laodicéa, e a Nymfas, e á Igreja, que está em sua casa.

16 E lida que for esta Carta entre vós, fazei-a ler tambem na Igreja dos Laodicenses: e lede vós-outros a dos de Laodicéa.

17 E dizei a Arquippo: Vê o ministerio que recebeste do Senhor, para o cumprires.

18 Esta saudação escrevo eu Paulo do meu proprio punho. Lembrai-vos das minhas prizões. A graça seja comvosco. Amen.

PRIMEIRA EPISTOLA DE S. PAULO APOSTOLO

AOS

THESSALONICENSES.

CAPITULO I.

PAULO, e Silvano, e Timotheo, á igreja dos Thessalonicenses em Deos Padre, e no Senhor Jesu Christo.

2 Graça, e paz a vós. Sempre damos graças a Deos por todos vós, fazendo memoria de vós nas nossas orações sem cessar,

3 lembrando-nos diante de Deos, e nosso Pai, da obra da vossa fé, e do trabalho, e caridade, e da firmeza da esperança em nosso Senhor Jesu Christo:

4 porque sabemos, amados irmãos, que a vossa eleição he de Deos:

5 por quanto o nosso Evangelho não foi prégado a vós-outros sómente de palavra, mas tambem com efficacia, e em virtude do Espirito Santo, e em grande plenitude, como sabeis quaes nós fomos entre vós por amor de vós.

6 E vós vos fizestes imitadores nossos, e do Senhor, recebendo a palavra com muita tribulação, com gozo do Espirito Santo:

7 de tal sorte que vos haveis feito modélo a todos os que abraçárão a fé na Macedonia, e na Acaia.

8 Porque por vós-outros foi divulgada a palavra do Senhor, não só na Macedonia, e na Acaia, mas tambem se propagou com grande boato por todas as partes a fé que tendes em Deos, de sorte que nós-outros não temos necessidade de dizer cousa alguma.

9 Porque elles mesmos publicão de nós qual entrada tivemos a vós-outros: e como vos convertestes dos idolos a Deos, para servirdes ao Deos vivo, e verdadeiro,

10 e para esperardes do Ceo a Jesu seu Filho (a quem elle resuscitou dos mortos) o qual nos livrou da ira, que ha de vir.

CAPITULO II.

PORQUE vós mesmos não ignorais, irmãos, que a nossa chegada a vós não foi sem fruto:

2 antes havendo primeiro padecido, e tolerado affrontas (como sabeis) em Filippos, tivemos liberdade em nosso Deos para vos prégar o Evangelho de Deos com o maior cuidado.

3 Porque a nossa exhortação não foi de erro, nem de immundicia, nem por engano.

4 Mas assim como fomos approvados de Deos, para que se nos confiasse o Evangelho: assim fallamos, não como para agradar a homens, senão a Deos, que prova os nossos corações.

5 Porque a nossa linguagem nunca foi de adulação, como sabeis: nem hum pretexto de vareza: Deos he testemunha:

6 nem buscando gloria dos homens, nem de vós, nem de outros.

7 Podendo como Apostolos de Christo ser-vos gravosos: mas fizemo-nos parvulos no meio de vós-outros, como huma mãi que anima a seus filhos.

706

8 Assim amando-vos muito, anciosamente desejavamos não só dar-vos o conhecimento do Evangelho de Deos, mas ainda as nossas proprias vidas: por quanto nos fostes muito amados.

9 Porque já vos lembrais, irmãos, do nosso trabalho, e fadiga: trabalhando de noite e de dia, por não gravarmos a nenhum de vós, prégámos entre vós o Evangelho de Deos.

10 Vós sois testemunhas, e Deos, de quão santa, e justa, e sem querela, foi a nossa mansão com vós-outros que crestes:

11 assim como sabeis de que maneira a cada hum de vós (como hum pai a seus filhos)

12 vos admoestavamos, e consolavamos, protestando-vos que andasseis de huma maneira digna de Deos, que vos chamou ao seu Reino, e Gloria.

13 Por isso he que nós tambem damos sem cessar graças a Deos: porque quando ouvindonos recebestes de nós-outros a palavra de Deos, vós a recebestes, não como palavra de homens, mas (segundo he verdade) como palavra de Deos, o qual obra em vós, os que crestes:

14 porque vós, irmãos, vos haveis feito imitadores das Igrejas de Deos, que ha pela Judéa em Jesu Christo: por quanto as mesmas cousas soffrestes tambem vós da parte dos da vossa nação, que elles igualmente da dos Judeos:

15 os quaes tambem matárão ao Senhor Jesus, e aos Profetas, e nos tem perseguido a nós, e não são do agrado de Deos, e são inimigos de todos os homens;

16 prohibindo-nos fallar aos Gentios, para que sejão salvos, a fim de encherem sempre a medida dos seus peccados: porque a ira de Deos cahio sobr'elles até o fim.

17 Nós porém, irmãos, privados por hum pouco de tempo de vós, de vista, não de coração, tanto mais nos temos apressado com grande desejo, para vos ver em pessoa:

18 pelo que quizemos ir ter comvosco: eu Paulo na verdade huma, e outro vez, mas Satanás no-lo estorvou.

19 Porque, qual he a nossa esperança, ou o nosso gozo, ou coroa de gloria? Por ventura não sois vós-outros ante nosso Senhor Jesu Christo na sua vinda?

20 Certamente vós sois a nossa gloria, e o nosso contentamento.

CAPITULO III.

PELO que não podendo mais soffrer a falta de noticias vossas, fomos de parecer deixarmonos ficar sós em Athenas:

2 e enviámos a Timotheo, nosso irmão, e Ministro de Deos no Evangelho de Christo, para vos fortalecer e consolar na vossa fé:

3 a fim de que nenhum se commova por estas tribulações: pois vós mesmos sabeis, que para isto he que nós fomos destinados.

4 Pois ainda estando comvosco, vos dizíamos

que haviamos de padecer tribulações, como tem com effeito acontecido, e vós o sabeis.

5 E por isso não podendo eu soffrer mais dilação, enviei a reconhecer a vossa fé: temendo não vos haja tentado aquelle, que tenta, e que se torne inutil o nosso trabalho.

6 Mas agora vindo Timotheo a nós, depois de vos haver visto, e fazendo-nos saber a vossa fé e caridade, e como sempre tendes affectuosa lembrança de nós, estando com desejo de nos ver, assim como tambem nós-outros igualmente a vós:

7 por isso, irmãos, no meio de toda a nossa necessidade, e tribulação, temos sido consolados em vós por causa da vossa fé.

8 Porque agora vivemos nós, se vós estais firmes no Senhor.

9 E verdadeiramente que acção de graças podemos nós render a Deos por vós, em attenção de todo o gozo, com que nos regozijamos, por causa de vós-outros diante do nosso Deos,

10 rogando-lhe de noite, e de dia, com a maior instancia, que cheguemos a ver a vossa face, e que cumpramos o que falta á vossa fé?

11 E o mesmo Deos, e Pai nosso, e nosso Senhor Jesu Christo encaminhe os nossos passos para vós-outros.

12 E o Senhor vos multiplique, e faça crescer mais e mais a vossa caridade entre vós, e para com todos, assim como nós tambem vo-la temos :

13 para confirmar os vossos corações sem reprehensão em santidade, diante de Deos, e Pai nosso, na vinda de nosso Senhor Jesu Christo com todos os seus Santos. Amen.

CAPITULO IV.

QUANTO porém ao mais, nós, irmãos, vos rogamos e vos exhortamos no Senhor Jesus, que como haveis aprendido de nós, de que maneira vos convem andar, e agradar a Deos, assim tambem andeis para ir crescendo cada vez mais.

2 Porque já sabeis que preceitos vos tenho dado, por authoridade do Senhor Jesus.

3 Pois esta he a vontade de Deos, a vossa santificação : que vos abstenhais da fornicação,

4 que saiba cada hum de vós possuir o seu vaso em santificação, e honra:

5 não em effeito de concupiscencia, como igualmente fazem os Gentios, que não conhecem a Deos:

6 e que nenhum opprima, nem engane em nada a seu irmão: porque o Senhor he vingador de todas estas cousas, como já antes vo-lo temos dito, e protestado.

7 Porque Deos não vos chamou para a immundicia, senão para a santificação.

8 E assim o que despreza isto, nao despreza a hum homem, senão a Deos: que poz tambem o seu Espirito Santo em nós-outros.

9 E pelo que toca á caridade fraterna, não temos necessidade de vos escrever: por quanto vós mesmos aprendestes de Deos, que vos ameis huns aos outros.

10 E de facto vós assim o praticais com todos os irmãos em toda a Macedonia. Mas nós vos rogamos, irmãos, que vades cada vez mais ávante neste amor,

11 e que procureis viverdes quietos, e que trateis do vosso negocio, e que trabalheis com as vossas mãos, como vo-lo temos ordenado : e que andeis honestamente com os que estão fóra : e não cubiceis cousa alguma d'alguem.

12 E não queremos, irmãos, que vós ignoreis

707

cousa alguma ácerca dos que dormem, para que não vos entristeçais como tambem os outros, que não tem esperança.

13 Porque se cremos que Jesus morreo, e resuscitou : assim tambem Deos trará com Jesus aquelles, que dormirão por elle.

14 Nós pois vos dizemos isto na palavra do Senhor, que nós-outros, que vivemos, que temos ficado aqui para a vinda do Senhor, não preveniremos aquelles, que dormirão.

15 Porque o mesmo Senhor com mandato, e com voz de Arcanjo, e com a trombeta de Deos, descerá do Ceo : e os que morrêrão em Christo, resurgirão primeiro.

16 Depois nós os que vivemos, os que ficamos aqui, seremos arrebatados juntamente com elles nas nuvens a receber a Christo nos ares, e assim estaremos para sempre com o Senhor.

17 Por tanto consolai-vos huns aos outros com estas palavras.

CAPITULO V.

ACERCA porém dos tempos e dos momentos, não haveis mister, irmãos, que nós vos escrevamos.

2 Porque vós sabeis muito bem, que assim como costuma vir hum ladrão de noite, assim virá o dia do Senhor.

3 Porque quando disserem paz, e segurança: então lhes sobrevirá huma morte repentina, como a dôr a huma mulher que está de parto, e não escaparão.

4 Mas vós, irmãos, não estais em trévas, de modo que aquelle dia como hum ladrão vos surprenda :

5 porque todos vós sois filhos da luz, e filhos do dia: nós não somos filhos da noite, nem das trévas.

6 Não durmamos pois como tambem os outros, mas vigiemos, e sejamos sóbrios.

7 Porque os que dormem, dormem de noite : e os que se embebedão, embebedão-se de noite.

8 Mas nós, que somos filhos do dia, sejamos sóbrios, estando vestidos da couraça da fé, e da caridade, e tendo por elmo a esperança da salvação :

9 porque não nos poz Deos para ira, senão para alcançar a salvação por nosso Senhor Jesu Christo,

10 que morreo por nós : a fim de que ou vigiemos, ou durmamos, vivamos sempre com elle.

11 Pelo que consolai-vos mutuamente : e edificai-vos huns aos outros, como ainda o fazeis.

12 Oramos vos supplicamos, irmãos, que tenhais consideração com aquelles, que trabalhão entre vós, e que vos governão no Senhor, e que vos admoestão,

13 e que lhes tenhais huma particular veneração em caridade, por causa do seu trabalho: conservai paz com elles.

14 Pedimo-vos tambem, irmãos, que reprehendais os inquietos, que consoleis os pusillanimes, que supporteis os fracos, que sejais pacientes para todos.

15 Vede que nenhum dé a outro mal por mal : antes segui sempre o que he bom entre vós, e para com todos.

16 Estai sempre alegres.

17 Orai sem intermissão.

18 Em tudo dai graças: porque esta he a vontade de Deos em Jesu Christo para com todos vós.

19 Não extinguais o Espirito.

20 Não desprezeis as Profecias.

21 Examinai porém tudo: abraçai o que he bom.

22 Guardai-vos de toda a apparencia do mal.

23 E o mesmo Deos de paz vos santifique em tudo: para que todo o vosso espirito, e a alma, e o corpo se conservem sem reprehensão para a vinda de nosso Senhor Jesu Christo.

24 Fiel he o que vos chamou: o qual tambem o cumprirá.

25 Irmãos, orai por nós.

26 Saudai a todos os irmãos em osculo santo.

27 Eu vos conjuro pelo Senhor, que se leia est' Carta a todos os Santos irmãos.

28 A graça de nosso Senhor Jesu Christo seja comvosco. Amen.

SEGUNDA EPISTOLA DE S. PAULO APOSTOLO

AOS

THESSALONICENSES.

CAPITULO I.

PAULO, e Silvano, e Timotheo, á Igreja dos Thessalonicenses em Deos nosso Pai, e no Senhor Jesu Christo.

2 Graça seja a vós-outros, e paz da parte de Deos nosso Pai, e da do Senhor Jesu Christo.

3 Nós devemos, irmãos, dar graças a Deos sem cessar por vós, como he justo, porque a vossa fé vai em grande crescimento, e abunda a caridade de cada hum de vós, correspondendo-vos nella reciprocamente :

4 de sorte que ainda nós mesmos nos gloriamos de vós-outros nas Igrejas de Deos, pela vossa paciencia, e fé, e em todas as vossas perseguições, e tribulações, que padeceis.

5 em prova do justo juizo de Deos, para que sejais tidos por dignos no Reino de Deos, pelo qual outrosi padeceis.

6 Se bem he justo diante de Deos, que elle dê em paga tribulação áquelles, que vos atribulão:

7 e a vós, que sois attribulados descanço juntamente comnosco, quando apparecer o Senhor Jesus descendo do Ceo, com os Anjos da sua virtude,

8 em chamma de fogo para tomar vingança d'aquelles, que não conhecêrão a Deos, e dos que não obedecem ao Evangelho de nosso Senhor Jesu Christo :

9 os quaes pagarão a pena eterna de perdição ante a face do Senhor, e a gloria do seu poder:

10 quando elle vier para ser glorificado nos seus Santos, e para se fazer admiravel em todos os que crêrão nelle, pois que o testemunho, que nós dêmos á sua palavra, foi por vós recebido na esperança d'aquelle dia.

11 Por isso tambem he que nós oramos incessantemente por vós: para que o nosso Deos vos faça dignos da sua vocação, e cumpra todo o conselho de bondade, e a obra de fé pelo seu poder,

12 para que o Nome de nosso Senhor Jesu Christo seja glorificado em vós, e vós nelle pela graça de nosso Deos, e do Senhor Jesu Christo.

CAPITULO II.

ORA nós vos rogamos, irmãos, pela vinda de nosso Senhor Jesu Christo, e pela nossa reunião com elle :

2 que não vos movais facilmente da vossa intelligencia, nem vos perturbeis, nem por espirito, nem por discurso, nem por carta como enviada de nós, como se o dia do Senhor estivesse já perto.

3 Ninguem de modo algum vos engane : porque não será, sem que antes venha a apostasia, e sem que tenha apparecido o homem do peccado, o filho da perdição,

4 aquelle, que se oppõe, e se eleva sobre tudo o que se chama Deos, ou o que he adorado, de sorte que se assentará no Templo de Deos, ostentando-se como se fosse Deos.

5 Não vos lembrais, que eu vos dizia estas cousas, quando ainda estava comvosco ?

6 E vós sabeis que he o que agora o detem, a fim de que seja manifestado a seu tempo.

7 Porque o mysterio da iniquidade já de presente se obra: sómente, que aquelle, que agora tem, tenha, até que este homem seja destruido.

8 E então apparecerá o tal iniquo, a quem o Senhor Jesus matará com o assopro da sua boca, e o aniquilará com o resplandor da sua vinda:

9 a vinda do qual he segundo a obra de Satanás em todo o poder, e em sinaes, e em prodigios mentirosos,

10 e em toda a seducção da iniquidade para aquelles, que perecem : porque não receberão o amor da verdade para serem salvos. Por isso lhes enviará Deos a operação do erro, para que creião a mentira,

11 para que sejão condemnados todos os que não derão credito á verdade, antes assentirão á iniquidade.

12 Mas nós-outros devemos sempre dar graças a Deos por vós, ó Irmãos queridos de Deos, porque Deos vos escolheo como primicias para salvação, na santificação do espirito, e na fé da verdade:

13 na qual vós chamou tambem pelo nosso Evangelho, para alcançar a gloria de nosso Senhor Jesu Christo.

14 E assim, irmãos, estai firmes : e conservai as tradições, que aprendestes, ou de palavra, ou por Carta nossa.

15 E o mesmo nosso Senhor Jesu Christo, e Deos e Pai nosso, o qual nos amou, e nos deo huma consolação eterna, e huma boa esperança em sua graça,

16 console os vossos corações, e os confirme em toda a boa obra, e palavra.

CAPITULO III.

QUANTO ao mais, irmãos, orai por nós, para que a palavra de Deos se propague, e seja glorificada, como tambem no he entre vós:

2 e para que sejamos livres de homens importunos, e máos: porque a fé não he de todos.

3 Mas Deos he fiel, que vos confirmará, e guardará do maligno.

4 E confiamos no Senhor de vós-outros, que não só fazeis, mas fareis o que vos mandamos.

5 O Senhor porém dirija os vossos corações no amor de Deos, e na paciencia de Christo.

6 Mas nós vos intimamos, irmãos, em Nome de nosso Senhor Jesu Christo, que vos aparteis de todo o irmão que andar desordenadamente, e não segundo a tradição, que elle e os mais recebêrão de nós-outros.

7 Porque vós mesmos sabeis como deveis imitar-nos: pois que não vivemos desregrados entre vós:

8 nem comemos de graça o pão de algum, antes com trabalho, e fadiga, trabalhando de noite e de dia, por não sermos pezados a nenhum de vós.

9 Não porque não tivessemos poder para isso, mas para vos offerecer em nós mesmos hum modélo que imitasseis.

10 Porque ainda quando estavamos comvosco, vos denunciavamos isto: que se algum não quer trabalhar, não coma.

11 Por quanto temos ouvido, que andão alguns entre vós inquietos, que nada fazem senão indagar o que lhes não importa.

12 A estes pois, que assim, se portão, lhes denunciamos, e rogamos no Senhor Jesu Christo, que comão o seu pão, trabalhando em silencio.

13 E vós, irmãos, não vos canceis nunca de fazer bem.

14 Se algum porém não obedece ao que ordenamos pela nossa Carta, notai-o, e não tenhais commercio com elle, a fim de que se envergonhe:

15 não no considereis todavia como hum inimigo, mas adverti-o como vosso irmão.

16 E o mesmo Senhor da paz vos dê a paz sem fim em todo o lugar. O Senhor seja com todos vós.

17 Eu Paulo vos saudo aqui de minha propria mão: que he o sinal em todas as Cartas: assim he que escrevo.

18 A graça de nosso Senhor Jesu Christo seja com todos vós. Amen.

PRIMEIRA EPISTOLA DE S. PAULO APOSTOLO

A

TIMOTHEO.

CAPITULO I.

PAULO Apostolo de Jesu Christo, por mandado de Deos nosso Salvador, e de Jesu Christo nossa Esperança:

2 A Timotheo, amado filho na fé: Graça, misericordia, e paz, da parte de Deos nosso Pai, e da de Jesu Christo nosso Senhor.

3 Como te roguei que ficasses em Efeso, quando me parti para Macedonia, para que admoestasses alguns, que não ensinassem de outra maneira,

4 nem se occupassem em fabulas e genealogias interminaveis: as quaes antes occasionão questões, que edificação de Deos, que se funda na fé.

5 Ora o fim do preceito he a caridade nascida d'hum coração puro, e d'huma boa consciencia, e d'huma fé não fingida.

6 Donde apartando-se alguns, se derão a discursos vãos,

7 querendo ser Doutores da Lei, não sabendo nem o que dizem, nem o que affirmão.

8 Sabemos pois que a Lei he boa, para aquelle que usa d'ella legitimamente:

9 sabendo isto, que a Lei não foi posta para o justo, mas para libertinos, e desobedientes, para os impios, e peccadores, para os irreligiosos, e profanos, para os parricidas, e matricidas, para os homicidas,

10 para os homicidas, sodomitas, roubadores de homens, para os mentirosos, e perjuros, e para tudo o que he contra a sãa doutrina,

11 que he segundo o Evangelho da gloria de Deos bemaventurado, cuja prégação me foi encarregada.

12 Graças dou áquelle, que me confortou, a

Jesu Christo nosso Senhor, porque me teve por fiel, pondo-me no Ministerio:

13 a mim que havia sido antes blasfemo, e perseguidor, e injuriador: mas alcancei a misericordia de Deos, porque o fiz por ignorancia na incredulidade.

14 Mas a graça de nosso Senhor abundou em grande maneira com a fé, e caridade, que he em Jesu Christo.

15 Fiel he esta palavra, e digna de toda a acceitação: que Jesu Christo veio a este mundo, para salvar aos peccadores, dos quaes o primeiro sou eu.

16 Mas por isto alcancei misericordia: para que em mim, sendo o primeiro, mostrasse Jesu Christo a sua extremada paciencia, para modélo dos que havião de crer nelle, para a vida eterna.

17 Ao Rei pois dos seculos immortal, invisivel, a Deos só seja honra, e gloria pelos seculos dos seculos. Amen.

18 Este mandamento te encarrégo, filho Timotheo, segundo as Profecias, que precedêrão feitas sobre ti, que milites por ellas boa milicia,

19 conservando a fé, e a boa consciencia, a qual porque alguns repellirão, naufragárão na fé:

20 deste número he Hymenéo, e Alexandre: os quaes eu entreguei a Satanás, para que aprendão a não blasfemar.

CAPITULO II.

EU te rogo pois antes de tudo, que se façãc súpplicas, orações, petições, acções de graças por todos os homens:

2 pelos Reis, e por todos os que estão elevados

em dignidade, para que vivamos huma vida socegada, e tranquilla em toda a sorte de piedade, e de honestidade;

3 porque isto he bom, e agradavel diante de Deos nosso Salvador,

4 que quer que todos os homens se salvem, e que cheguem a ter o conhecimento da verdade.

5 Porque só ha hum Deos, e só ha hum Mediador entre Deos, e os homens, que he Jesu Christo homem:

6 que se deo a si mesmo para redempção de todos, testemunho no tempo proprio:

7 por isso he que eu fui constituido Prégador, e Apostolo (eu digo a verdade, não minto) Doutor das gentes na fé, e na verdade.

8 Quero pois que os homens orem em todo o lugar, levantando as mãos puras, sem ira, e sem contenda.

9 Que do mesmo modo orem tambem as mulheres em traje honesto, ataviando-se com modestia, e sobriedade, e não com cabellos encrespados, ou com ouro, ou perolas, ou vestidos custosos:

10 mas sim como convem a mulheres, que demostrão piedade por boas obras.

11 A mulher aprenda em silencio com toda a sujeição.

12 Pois eu não permitto á mulher que ensine, nem que tenha dominio sobre o marido: senão que esteja em silencio.

13 Porque Adão foi formado primeiro: depois Eva.

14 E Adão não foi seduzido: mas a mulher foi enganada em prevaricação.

15 Com tudo ella se salvará pelos filhos, que der ao mundo, se permanecer na fé, e caridade, e em santidade junta com modestia.

CAPITULO III.

ISTO he huma verdade certa: Que se algum deseja o Episcopado, deseja huma obra boa.

2 Importa logo que o Bispo seja irreprehensivel, esposo de huma só mulher, sobrio, prudente, concertado, modesto, amador da hospitalidade, capaz de ensinar,

3 não dado ao vinho, não espancador, mas moderado: não litigioso, não cubiçoso, mas

4 que saiba governar bem a sua casa: que tenha seus filhos em sujeição, com toda a honestidade.

5 Porque o que não sabe governar a sua casa, como terá cuidado da Igreja de Deos?

6 Que não seja Neofyto: por não succeder que inchado de soberba, venha a cahir na condemnação do diabo.

7 Importa outrosi que tambem elle tenha bom testemunho d'aquelles que são de fóra, para que não caia no opprobrio, e no laço do diabo.

8 Que por semelhante modo os Diaconos sejão modestos, não dobres nas suas palavras, nem sujeitos a beber muito vinho, nem amigos de sordidas ganancias:

9 que conservem o mysterio da fé com huma consciencia pura.

10 E tambem estes sejão antes provados: e assim exercitem o ministerio, achando-se que não tem crime algum.

11 Que assim mesmo as mulheres sejão honestas, não maldizentes, sóbrias, fieis em tudo.

12 Os Diaconos sejão esposos de huma só mulher: que governem bem a seus filhos, e as suas casas.

13 Porque os que houverem exercitado bem o

seu ministerio, ganharão para si melhor gráo, e muita confiança na fé, que he em Jesu Christo.

14 Estas cousas te escrevo, esperando que em breve passarei a ver-te:

15 e se tardar, para que saibas como deves portar-te na Casa de Deos, que he a Igreja de Deos vivo, columna, e firmamento da verdade.

16 E visivelmente he grande o sacramento da piedade, com que Deos se manifestou em carne, foi justificado pelo Espirito, foi visto dos Anjos, tem sido prégado aos Gentios, crido no mundo, recebido na gloria.

CAPITULO IV.

ORA o espirito manifestamente diz, que nos ultimos tempos apostatarão alguns da fé, dando ouvidos a espiritos de erro, e a doutrinas de demonios,

2 que com hypocrisia fallarão mentira, e que terão cauterizada a sua consciencia,

3 que prohibirão casarem-se, que se faça uso das viandas que Deos creou, para que com acção de graças participem d'ellas os fieis, e os que conhecêrão a verdade.

4 Porque toda a creatura de Deos he boa, e não he para desprezar nada do que se participa com acção de graças:

5 por quanto elle se santifica pela palavra de Deos, e pela oração.

6 Propondo isto aos irmãos, serás hum bom Ministro de Jesu Christo, creado com as palavras da fé, e da boa doutrina que atégora seguiste.

7 E despreza as fabulas impertinentes, e de velhas: e exercita-te em obras de piedade.

8 Porque o exercicio corporal para pouco he proveitoso: mas a piedade para tudo he util, porque tem a promessa da vida, que agora he, e da que ha de ser.

9 Fiel palavra he esta, e digna de toda a acceitação.

10 Pois por isto he que padecemos trabalhos, e somos amaldiçoados, porque esperamos no Deos vivo, que he o Salvador de todos os homens, principalmente dos fieis.

11 Manda estas cousas, e ensina-as.

12 Nenhum tenha em pouco a tua mocidade: mas sê o exemplar dos fieis na conversação, no modo de tratar com o proximo, na caridade, na fé, na castidade.

13 Em quanto eu não vou, applica-te á lição, á exhortação, e á instrucção.

14 Não desprezes a graça, que ha em ti, que te foi dada por profecia, pela imposição das mãos do Presbyterio.

15 Medita estas cousas, occupa-te nellas: a fim de que o teu aproveitamento seja manifesto a todos.

16 Olha por ti, e pela instrucção dos outros: persevera nestas cousas. Porque fazendo isto, te salvarás tanto a ti mesmo, como aos que te ouvem.

CAPITULO V.

NÃO reprehendas com aspereza ao velho, mas adverte-o como a pai: aos moços, como a irmãos:

2 as velhas, como a mãis: as moças, como a irmãs com toda a pureza.

3 Honra as viuvas, que são verdadeiramente viuvas.

4 E se alguma viuva tem filhos, ou netos: aprenda primeiro a governar a sua casa, e a corresponder a seus pais: porque isto he accepto diante de Deos.

5 Mas a que verdadeiramente he viuva, e desamparada, espere em Deos, e esteja perseverante em rogar, e orar de noite e de dia.

6 Porque a que vive em deleites, vivendo está morta.

7 Manda pois isto, para que elles sejão irreprehensiveis.

8 E se algum não tem cuidado dos seus, e principalmente dos da sua casa, esse negou a fé, e he peior que hum infiel.

9 A viuva seja eleita, não tendo menos de sessenta annos, a qual não haja tido mais de hum marido,

10 approvada com testemunho de boas obras, se educou a seus filhos, se exercitou a hospitalidade, se lavou os pés aos Santos, se acudio ao alivio dos attribulados, se praticou toda a obra boa.

11 Mas não admittas viuvas moças. Porque depois de terem vivido licenciosamente contra Christo, querem casar-se:

12 tendo a sua condemnação, porque fizerão vãa a primeira fé:

13 além d'isto vivendo tambem na ociosidade, ellas se acostumão a andar de casa em casa: não sómente feitas ociosas, mas tambem palreiras, e curiosas, fallando o que não convem.

14 Quero pois que as que são moças se casem, criem filhos, governem a casa, que não dêm occasião ao adversario de dizer mal.

15 Porque já algumas se perverterão por irem após de Satanás.

16 Se algum dos fieis tem viuvas, mantenha-as, e não seja gravada a Igreja: a fim de que haja o que baste, para as que são verdadeiramente viuvas.

17 Os Presbyteros que governão bem, sejão honrados com estipendio dobrado: principalmente os que trabalhão em prégar e ensinar.

18 Porque diz a Escritura: Não ligarás a boca ao boi que debulha. E, O que trabalha he digno da sua paga.

19 Não recebas accusação contra o Presbytero, senão com duas, ou tres testemunhas.

20 Aos que peccarem reprehende-os diante de todos: para que tambem os outros tenhão medo.

21 Eu te esconjuro diante de Deos, e de Jesu Christo, e dos seus Anjos escolhidos, que guardes estas cousas sem preoccupação, não fazendo nada por inclinação particular.

22 A ninguem imponhas ligeiramente as mãos, e não te faças participante dos peccados d'outrem. Conserva-te a ti mesmo puro.

23 Não bebas mais agoa só, mas usa de hum pouco de vinho por causa do teu estomago, e das tuas frequentes enfermidades.

24 Os peccados de alguns homens são manifestos antes de se examinarem em juizo: mas os de outros se manifestão ainda depois d'elle.

25 Assim mesmo as boas obras tambem são manifestas: e as que o não são ainda, não podem por muito tempo estar occultas.

CAPITULO VI.

TODOS os servos que estão debaixo do jugo, estimem a seus amos por dignos de toda a honra, para que o nome do Senhor, e a sua doutrina não seja blasfemada.

2 E os que tem senhores fieis, não os deprezem, porque são irmãos: antes os sirvão melhor, porque são fieis, e amados, como participantes que são do beneficio. Isto ensina tu, e admoesta.

3 Se algum ensina doutrina differente d'esta, e não abraça as sãs palavras de nosso Senhor Jesu Christo, e aquella doutrina, que he conforme á piedade:

4 he hum soberbo, que nada sabe, mas antes titubêa sobre questões, e contendas de palavras: de donde se originão invejas, bulhas, blasfemias, más suspeitas,

5 altercações de homens perversos de entendimento, e que estão privados da verdade, crendo que a piedade he hum mero interesse.

6 Mas a piedade he hum grande lucro com o que basta.

7 Porque nada trouxemos para este mundo: e he sem dúvida que não podemos levar nada d'elle.

8 Tendo pois com que nos sustentarmos, e com que nos cobrirmos, contentemo-nos com isto.

9 Porque os que querem fazer-se ricos cahem na tentação, e no laço do diabo, e em muitos desejos inuteis, e perniciosos, que submergem os homens no abysmo da morte, e da perdição.

10 Porque a raiz de todos os males he a avareza: a qual cubiçando alguns se desencaminhárão da fé, e se enredárão em muitas dôres.

11 Mas tu, ó homem de Deos, foge d'estas cousas: e segue em tudo a justiça, a piedade, a fé, a caridade, a paciencia, a mansidão.

12 Ha-te com valor no santo combate da fé, trabalha por levar a vida eterna, para a qual foste chamado, havendo tambem feito boa confissão, ante muitas testemunhas.

13 Eu te mando diante de Deos, que vivifica todas as cousas, e diante de Jesu Christo, que sob Poncio Pilatos deo testemunho da verdade, por huma boa confissão:

14 que guardes o mandamento sem mácula, nem reprehensão, até a vinda de nosso Senhor Jesu Christo:

15 a qual mostrará a seu tempo o bemaventurado, e só Poderoso, o Rei dos Reis, e o Senhor dos Senhores:

16 aquelle, que só possue a immortalidade, e que habita numa luz inaccessivel: a quem nenhum dos homens vio, nem ainda póde ver: ao qual seja dada honra, e imperio sem fim. Amen.

17 Manda aos ricos d'este mundo, que não sejão altivos, nem esperem na incerteza das riquezas, senão no Deos vivo, (que nos dá abundantemente todas as cousas para nosso uso,)

18 que fação bem, que se fação ricos em boas obras, que repartão francamente,

19 que fação para si hum thesouro, como hum fundamento sólido para o futuro, a fim de alcançarem a verdadeira vida.

20 O' Timotheo, guarda o depósito, evitando as profanas novidades de palavras, e as contradicções d'huma sciencia de falso nome,

21 da qual fazendo alguns profissão, descabirão da fé. A graça seja comtigo. Amen.

SEGUNDA EPISTOLA DE S. PAULO APOSTOLO

A

TIMOTHEO.

CAPITULO I.

PAULO, Apostolo de Jesu Christo pela vontade de Deos, segundo a promessa da vida, que he em Jesu Christo:

2 A Timotheo, muito amado filho, graça, misericordia, paz da parte de Deos Padre, e da de Jesu Christo nosso Senhor.

3 Dou graças a Deos, a quem desde os meus ascendentes sirvo com consciencia pura, de que sem cessar faço memoria de ti nas minhas orações, de noite e de dia,

4 desejando ver-te, lembrado das tuas lagrimas, para me encher de gosto,

5 trazendo á memoria aquella fé, que ha em ti não fingida, a qual não só habitou primeiro em tua avó Loide, mas tambem na tua mãi Eunice, e estou certo que tambem em ti.

6 Pelo qual motivo te admoesto que tornes a accender o fogo da graça de Deos, que recebeste pela imposição das minhas mãos.

7 Porque Deos não nos deo hum espirito de pusillanimidade: mas de fortaleza, e de caridade, e de temperança.

8 Por tanto não te envergonhes do testemunho de nosso Senhor, nem de mim que sou prezo seu: antes trabalha comigo no Evangelho, segundo a virtude de Deos:

9 que nos livrou, e chamou com a sua santa vocação, não segundo as nossas obras, mas segundo o seu proposito, e graça, que nos foi dada em Jesu Christo antes de todos os seculos:

10 e que agora foi manifestada pela apparição de nosso Salvador Jesu Christo, o qual na verdade destruio a morte, e tirou á luz a vida, e a immortalidade pelo Evangelho,

11 no qual eu fui constituido Prégador, e Apostolo, e Mestre das Gentes.

12 Por cuja causa tambem padeço isto, mas não me envergonho. Porque sei a quem tenho crido, e estou certo de que elle he poderoso para guardar o meu depósito para aquelle dia.

13 Guarda a forma das sãs palavras, que me tens ouvido na fé, e no amor em Jesu Christo.

14 Guarda o bom depósito pelo Espirito Santo, que habita em nos-outros.

15 Tu sabes isto, que se apartárão de mim todos os que estão na Asia, do número dos quaes he Fygello, e Hermogenes.

16 O Senhor faça misericordia á casa de Onesiforo: porque muitas vezes me consolou, e não teve vergonha das minhas cadeias:

17 antes quando veio a Roma, me buscou com diligencia, e me achou.

18 O Senhor lhe faça a graça de achar misericordia diante do Senhor naquelle dia. E quanto serviço elle me fez em Efeso, melhor o sabes tu.

CAPITULO II.

TU pois, filho meu, fortifica-te pela graça que he em Jesu Christo:

2 e guardando o que ouviste da minha boca diante de muitas testemunhas, entrega-o a homens fieis, que sejão capazes de instruir tambem a outros.

3 Trabalha como hum bom soldado de Jesu Christo.

4 Ninguem, que milita para Deos, se embaraça com negocios do seculo: para assim agradar áquelle, que o alistou.

5 Porque tambem o que combate nos jógos públicos, não he coroado, senão depois que combateo conforme a lei.

6 Convem que o lavrador que trabalha recolha dos frutos primeiro.

7 Percebe o que te digo: porque o Senhor te dará intelligencia em todas as cousas.

8 Lembra-te que o Senhor JESU CHRISTO, que nasceo do sangue de David, resurgio dos mortos, segundo o Evangelho, que eu prégo,

9 no qual eu trabalho até estar em prizões, como hum malfeitor: mas a palavra de Deos não está comigo atada.

10 Por tanto soffro tudo pelos escolhidos, para que tambem elles consigão a salvação, que he em Jesu Christo, com a gloria do Ceo.

11 Esta he huma palavra fiel: Se pois somos mortos com elle, tambem com elle viveremos:

12 se soffrermos, reinaremos tambem com elle: se o negarmos, elle tambem nos negará a nós:

13 senão cremos, elle permanece fiel, não póde negar-se a si mesmo.

14 Admoesta estas cousas: dando testemunho diante do Senhor. Foge de contendas de palavras: que para nada aproveitão, senão para perverter aos que as ouvem.

15 Cuida muito em te apresentares a Deos digno de approvação, como hum operario, que não tem de que se envergonhar, que maneja bem a palavra da verdade.

16 Mas evita as práticas vãs, e profanas: porque servem muito para a impiedade:

17 a prática d'elles lavra como gangrena: de cujo número he Hymeneo, e Fileto,

18 que se extraviárão da verdade, dizendo que a resurreição era já feita, e pervertérão a fé d'alguns.

19 Porém o fundamento de Deos está firme, o qual tem este sello: O Senhor conhece aos que são seus, e aparte-se da iniquidade todo aquelle, que invoca o Nome do Senhor.

20 Ora numa grande casa ha não sómente vasos de ouro, e de prata, mas tambem vasos de páo, e de barro: e huns por certo são destinados a usos de honra, outros porém a usos de deshonra.

21 Se algum pois se purificar d'estas cousas, será hum vaso de honra santificado, e util para serviço do Senhor, preparado para toda a boa obra.

22 Foge outrosi das paixões da gente moça, e

segue a justiça, a fé, a esperança, a caridade, e paz com aquelles, que invocão o Senhor com pureza de coração.

23 Evita igualmente questões desasizadas, e que não servem para instrucção: sabendo que produzem contendas.

24 Porque não convem que o servo do Senhor se ponha a altercar: mas que seja manso para com todos, capaz de instruir, soffrido,

25 que corrija com modestia aos que resistem á verdade: na esperança de que poderá Deos algum dia dar-lhes o dom da penitencia, para lhes fazer conhecer a verdade,

26 e que sahião dos laços do diabo, em que estão cativos á vontade d'elle.

CAPITULO III.

SABE pois isto, que nos ultimos dias virão huns tempos perigosos:

2 haverá homens amantes de si mesmos, avarentos, altivos, soberbos, blasfemos, desobedientes a seus pais, ingratos, malvados,

3 sem affeição, sem paz, calumniadores, de nenhuma temperança, deshumanos, inimigos dos bons,

4 traidores, protervos, orgulhosos, e mais amigos dos deleites, do que de Deos:

5 tendo por certo huma apparencia de piedade, porém negando a virtude d'ella. Foge tambem d'estes taes:

6 porque d'este número são os que entrão pelas casas, e levão cativas mulherinhas carregadas de peccados, as quaes são arrastadas de diversas paixões:

7 aprendendo sempre, e nunca chegando ao conhecimento da verdade.

8 E assim como Jannes, e Mambres resistirão a Moysés: assim tambem estes resistem á verdade, homens corrompidos de coração, reprobos ácerca da fé.

9 Mas elles não irão com o seu progresso ávante: porque se fará manifesta a todos a sua insipiencia, como tambem se fez a d'aquelles.

10 Tu porém já tens comprehendido a minha doutrina, instituição, intento, fé, longanimidade, caridade, paciencia,

11 as minhas perseguições, vexações: quaes me acontecêrão em Antioquia, Iconio, e em Lystra: quão grandes perseguições soffri, e como de todas me livrou o Senhor.

12 E todos os que querem viver piamente em Jesu Christo, padecerão perseguição.

13 Mas os homens máos, e impostores irão em peior, errando, e mettendo a outros em erros.

14 Mas tu persevera nas cousas que aprendeste, e que te forão confiadas: sabendo de quem as aprendeste:

15 e que des da infancia foste educado nas Sagradas Letras, que te podem instruir para a salvação, pela fé, que he em Jesu Christo.

16 Toda a Escritura divinamente inspirada, he util para ensinar, para reprehender, para corregir, para instruir na justiça:

17 a fim de que o homem de Deos seja perfeito estando preparado para toda a boa obra.

CAPITULO IV.

EU te esconjuro diante de Deos, e de Jesu Christo, que ha de julgar os vivos, e os mortos na sua vinda, e no seu Reino:

2 Que prégues a palavra, que instes a tempo, e fóra de tempo: que reprehendas, rogues, admoestas com toda a paciencia, e doutrina.

3 Porque virá tempo, em que muitos homens não soffrerão a sã doutrina, mas tendo comichão nos ouvidos, accumularão para si Mestres conforme aos seus desejos,

4 e assim apartarão os ouvidos da verdade, e os applicarão ás fabulas.

5 Tu porém vigia, trabalha em todas as cousas, faze a obra d'hum Evangelista, cumpre com o teu ministerio. Sê sobrio.

6 Porque quanto a mim, eu estou a ponto de ser sacrificado, e o tempo da minha morte se avizinha.

7 Eu pelejei huma boa peleja, acabei a minha carreira, guardei a fé.

8 Pelo mais me está reservada a coroa da justiça, que o Senhor justo Juiz me dará naquelle dia: e não só a mim, senão tambem áquelles, que amão a sua vinda. Procura vir ter comigo com brevidade.

9 Porque Démas me desamparou, amando este seculo, e foi para Thessalonica;

10 Crescente para Galacia, Tito para Dalmacia.

11 Só Lucas está comigo. Toma a Marcos, e traze-o comtigo: porque me he util para o Ministerio.

12 Tambem enviei Tyquico a Efeso.

13 A' vinda traze comtigo a capa, que deixei em Troade em casa de Carpo, e os livros, e principalmente os pergaminhos.

14 Alexandre o latoeiro tem-me feito muitos males: O Senhor lhe pagará segundo as suas obras:

15 tu tambem guarda-te d'elle: porque fez huma forte resistencia ás nossas palavras.

16 Nenhum me assistio na minha primeira defensa, mas todos me desampararão: permitta Deos que isto lhes não seja imputado.

17 Mas o Senhor me assistio, e me confortou, para que fosse cumprida por mim a prégação, e a ouvissem todos os Gentios: e assim fui livre da boca do Leão.

18 O Senhor me livrará de toda a obra má: e me preservará para o seu Reino Celestial, a elle seja dada gloria pelos seculos dos seculos. Amen.

19 Sauda a Prisca, e a Aquila, e a familia d'Onesiforo.

20 Erasto se deixou ficar em Corintho. E eu deixei a Trofimo doente em Mileto.

21 Apressa-te a vir antes do inverno. Saudate Eubulo, e Pudente, e Lino, e Claudia, e todos os irmãos.

22 O Senhor Jesu Christo seja com o teu espirito. A graça seja comvosco. Amen.

EPISTOLA DE S. PAULO APOSTOLO

A

T I T O.

CAPITULO I.

PAULO, servo de Deos, e Apostolo de Jesu Christo, segundo a fé dos escolhidos de Deos, e o conhecimento da verdade, que he segundo a piedade,

2 para a esperança da vida eterna, que aquelle Deos que não póde mentir, prometteo antes dos tempos dos seculos:

3 e manifestou em seus tempos a sua palavra pela prégação, que me foi confiada segundo o preceito de Deos Salvador nosso:

4 A Tito, seu amado filho, segundo a fé, que nos he commum, graça e paz da parte de Deos Padre, e da de Jesu Christo Salvador nosso.

5 Eu pelo motivo que vou a dizer he que te deixei em Créta, para que regulasses o que falta, e estabelecesses Presbyteros nas Cidades, como tambem eu to mandei:

6 o que está sem crime, marido de huma mulher, que tenha filhos fieis, que não possão ser accusados de dissolução, ou que sejão desobedientes.

7 Porque convem que o Bispo seja sem crime, como dispenseiro, que he de Deos: que não seja soberbo, nem iracundo, nem dado ao vinho, nem propenso a espancar, nem amigo de sórdidas ganancias:

8 mas que seja inclinado á hospitalidade, benigno, sóbrio, justo, santo, homem de temperança,

9 que abraze constantemente a palavra da fé, que he segundo a doutrina: para que possa exhortar conforme a sã doutrina, e convencer aos que o contradizem.

10 Porque ha ainda muitos desobedientes, vãos falladores, e impostores: principalmente os que são da circumcisão:

11 he necessario convencer a estes taes: que transtornão casas inteiras, ensinando o que não convem, por torpe ganho.

12 Disse hum d'entrelles, proprio Profeta seu: Que os de Créta sempre são mentirosos, más bestas, ventres preguiçosos.

13 Este testemunho he verdadeiro. Por cuja causa reprehende-os asperamente, para que sejão sãos na fé,

14 não dêm ouvidos ás fabulas Judaicas, nem aos mandamentos de homens, que se apartão da verdade.

15 Para os limpos todas as cousas são limpas: mas para os impuros, e infieis, nada ha limpo, antes se achão contaminadas tanto a sua mente, como a sua consciencia.

16 Elles confessão que conhecem a Deos, mas negão-no com as obras: sendo abominaveis, e rebeldes, e reprovados para toda a obra boa.

CAPITULO II.

TU porém falla o que convem á sã doutrina:

2 ensina aos velhos, que sejão sobrios, honestos, prudentes, sãos na fé, na caridade, na paciencia:

3 semelhantemente ás anciãs que mostrem no seu exterior huma compostura santa, que não sejão calumniadoras, não dadas a muito vinho, que ensinem o bem:

4 que instruão na prudencia ás mulheres moças, que amem a seus maridos, queirão bem a seus filhos,

5 que sejão prudentes, castas, sóbrias, cuidadosas da casa, benignas, sujeitas a seus maridos, para que a palavra de Deos não seja blasfemada.

6 Exhorta tambem os mancebos a que sejão regrados.

7 Faze-te a ti mesmo hum exemplar de boas obras em tudo, na doutrina, na integridade, na gravidade:

8 as tuas palavras sejão sãs, irreprehensiveis: para que os nossos adversarios se envergonhem, não tendo que dizer de nós mal algum.

9 Exhorta aos servos, a que sejão submissos a seus senhores, que em tudo os comprazão, que os não contradigão.

10 que os não fraudem em nada, mas que em tudo lhes testemunhem inteira fidelidade: para que assim fação respeitar a todos a doutrina de Deos nosso Salvador.

11 Porque a graça de Deos nosso Salvador appareceo a todos os homens,

12 ensinando-nos, que renunciando a impiedade, e as paixões mundanas, vivamos neste seculo sóbria, e justa, e piamente,

13 aguardando a esperança bemaventurada, e a vinda gloriosa do grande Deos, e Salvador nosso Jesu Christo:

14 que se deo a si mesmo por nós-outros, para nos remir de toda a iniquidade, e para nos purificar para si, como povo agradavel, seguidor de boas obras.

15 Préga estas cousas, e exhorta, e reprehende com toda a authoridade. Ninguem te despreze.

CAPITULO III.

ADVERTE-os, que sejão sujeitos aos Principes, e aos Magistrados, que lhes obedeção, que estejão promptos para toda a boa obra:

2 que não digão mal de ninguem, nem sejão questionadores, mas socegados, mostrando toda a mansidão para com todos os homens.

3 Porque tambem nós algum tempo eramos insensatos, incredulos, mettidos no erro, escravos de varias paixões, e deleites, vivendo em malicia, e em inveja, dignos de odio, aborrecendo-nos huns aos outros.

4 Mas quando appareceo a bondade do Salvador nosso Deos, e o seu amor para com os homens:

5 não por obras de justiça que tivessemos feito nós-outros, mas segundo a sua misericordia, nos salvou pelo baptismo de regeneração, e renovação do Espirito Santo,

714

6 o qual elle diffundio sobre nós abundantemente por Jesu Christo nosso Salvador:

7 Para que justificados pela sua graça, sejamos herdeiros segundo a esperança da vida eterna.

8 Esta he huma verdade infallivel: e quero que isto affirmes: para que procurem avantajar-se em boas obras os que crem em Deos. Estas são cousas boas, e uteis aos homens.

9 Mas foge de questões impertinentes, e de genealogias, e de disputas, e de contestações sobre a Lei: porque são inuteis, e vãs.

10 Foge do homem herege depois da primeira, e segunda correcção:

11 sabendo que o que he tal, está pervertido, e pecca, sendo condemnado pelo seu proprio juizo.

12 Quando eu te enviar a Artemas, ou a Tyquico, apressa-te a vir ter comigo a Nicópolis: porque tenho determinado passar alli o inverno.

13 Envia adiante a Zenas Doutor da Lei, e a Apollo, procurando que nada lhes falte.

14 E aprendão tambem os nossos a serem os primeiros em boas obras, para as cousas que são necessarias: para que não sejão infrutuosos.

15 Todos os que estão comigo te saudão: sauda aos que nos amão na fé. A graça de Deos seja com todos vós. Amen.

EPISTOLA DE S. PAULO APOSTOLO

A

FILEMON.

PAULO prezo de Jesu Christo, e Timotheo seu irmão: ao amado Filémon, e Coadjutor nosso,

2 e a Appia nossa muito amada irmãa, e a Arquippo, companheiro da nossa milicia, e á Igreja, que está em tua casa.

3 Graça a vós, e paz da parte de Deos nosso Pai, e da do Senhor Jesu Christo.

4 Graça dou ao meu Deos, fazendo sempre memoria de ti nas minhas orações,

5 ouvindo a tua caridade, e a fé que tens no Senhor Jesus, e para com todos os Santos:

6 para que a communicação da tua fé seja clara, pelo conhecimento de toda a obra boa, que ha em vós por Jesu Christo.

7 Pois tenho tido grande gozo, e consolação na tua caridade: por quanto as entranhas dos Santos por ti, irmão, forão confortadas.

8 Pelo que, ainda que eu tenha muita liberdade em Jesu Christo, para te mandar o que te convem:

9 com tudo antes te rogo com caridade, porque tu és tal como Paulo, velho, e actualmente até prezo de Jesu Christo:

10 rogo-te por meu filho Onesimo, que eu gerei nas prizões,

11 o qual em algum tempo te foi inutil, mas agora he util assim para mim, como para ti,

12 o qual te tornei a enviar. E tu recebe-o, como ás minhas entranhas:

13 Eu queria demoralo comigo, para que me servisse por ti nas prizões do Evangelho:

14 mas sem o teu consentimento nada quiz fazer, para que o teu beneficio não fosse como por necessidade, senão voluntario.

15 Porque talvez elle se apartou de ti por algum tempo, para que tu o recobrasses para sempre:

16 não já como hum servo, mas em vez de servo, hum irmão muito amado, principalmente de mim: e quanto mais de ti assim na carne, como no Senhor.

17 Por tanto se me tens por companheiro, recebe-o como a mim:

18 e se algum damno te fez, ou te deve alguma cousa, carrega-o sobre mim.

19 Eu Paulo o escrevi de mão propria: eu o pagarei, por te não dizer, que até a ti mesmo te me deves:

20 sim, irmão. Eu me gozarei de ti no Senhor: Recrêa as minhas entranhas no Senhor.

21 Eu te escrevi estas cousas na confiança que a tua obediencia me dá: sabendo, que farás ainda mais de quanto digo.

22 Mas tambem com isto prepara-me pousada: porque espero pelas vossas orações, que eu seja concedido a vós-outros.

23 Epafras, que está prezo comigo por Jesu Christo, te sauda,

24 o mesmo fazem Marcos, Aristarco, Demas, e Lucas, que são meus Coadjutores.

25 A graça de nosso Senhor Jesu Christo seja com o vosso espirito. Amen.

EPISTOLA DE S. PAULO APOSTOLO

AOS

HEBREOS.

CAPITULO I.

DEOS tendo fallado muitas vezes, e de muitos modos noutro tempo a nossos pais pelos Profetas:

2 ultimamente nestes dias nos fallou pelo Filho, ao qual constituio herdeiro de tudo, por quem fez tambem os seculos:

3 o qual sendo o resplandor da gloria, e a figura da sua substancia, e sustentando tudo com a palavra da sua virtude, havendo feito a purificação dos peccados, está sentado á direita da Magestade nas alturas:

4 feito tanto mais excellente que os Anjos, quanto herdou mais excellente nome do que elles.

5 Porque a qual dos Anjos disse jámais : Tu és meu filho, eu te gerei hoje? E outra vez : Eu lhe serei a elle Pai, e elle me será meu Filho?

6 E segunda vez quando introduz ao Primogenito na redondeza da terra, diz : E todos os Anjos de Deos o adorem.

7 Assim mesmo sobre os Anjos diz : O que faz aos seus Anjos espiritos, e aos seus Ministros chamma de fogo.

8 Mas ácerca do Filho diz : O teu Throno, ó Deos, subsistirá no seculo do seculo : vara será de equidade a vara do teu Reino.

9 Tu amaste a justiça, e aborreceste a iniquidade : por isso, ó Deos, o teu Deos te ungio com oleo de alegria sobre os teus companheiros.

10 E noutro lugar : Tu, Senhor, no principio fundaste a terra : e os Ceos são obras das tuas mãos.

11 Elles perecerão, mas tu permanecerás, e todos se envelhecerão, como vestido :

12 e tu os mudarás como huma capa, e elles serão mudados : mas tu és sempre o mesmo, e os teus annos não minguarão.

13 Pois a qual dos Anjos disse alguma vez : Senta-te á minha direita, até que eu ponha teus inimigos por estrado de teus pés?

14 Por ventura não são todos os espiritos huns administradores, enviados para exercer o seu ministerio a favor d'aquelles, que hão de receber a herança da salvação?

CAPITULO II.

POR tanto he-nos necessario guardar mais exactamente as cousas que temos ouvido, para que não succeda que nos esqueçamos :

2 porque se a Lei, que foi annunciada pelos Anjos, ficou firme, e toda a prevaricação, e desobediencia recebeo a justa retribuição que merecia :

3 como a evitaremos nós, se desprezarmos tão grande salvação? a qual tendo começado a ser annunciada pelo Senhor, foi depois confirmada entre nós pelos que a ouvirão,

4 confirmando-a ao mesmo tempo Deos com sinaes e maravilhas, e com virtudes diversas, e com dons do Espirito Santo, que repartio segundo a sua vontade.

5 Porque Deos não submetteo aos Anjos o mundo vindouro, de que fallamos.

6 E hum em certo lugar deo testemunho, dizendo : Que cousa he o homem, que assim te lembras d'elle, ou o filho do homem, que assim o visitas?

7 Tu o fizeste por hum pouco de tempo menor que os Anjos : tu o coroaste de gloria e de honra : e o constituiste sobre as obras das tuas mãos.

8 Tu lhe sujeitaste todas as cousas, mettendo-lhas debaixo dos pés : Ora tanto que lhe elle sujeitou todas as cousas, nada deixou que lhe não ficasse sujeito. E com tudo nós não vemos ainda que lhe esteja sujeito tudo.

9 Mas áquelle Jesus, que por hum pouco foi feito menor que os Anjos, nós o vemos pela paixão da morte coroado de gloria e de honra : para que pela graça de Deos gostasse a morte por todos.

10 Porque convinha que aquelle, para quem são todas as cousas, e por quem todas existem, havendo de levar muitos filhos á gloria, consumasse pela paixão ao author da salvação d'elles.

11 Porque o que santifica, e os que são santificados, todos vem d'hum mesmo principio. Por

716

esta causa não tem rubor de lhes chamar irmãos, dizendo :

12 Annunciarei o teu nome a meus irmãos : louvar-te-hei no meio da Igreja.

13 E outra vez : Eu confiarei nelle. E noutro lugar : Eis-aqui estou eu, e os meus filhos, que Deos me deo.

14 E por quanto os filhos tiverão carne, e sangue commum, elle tambem participou igualmente das mesmas cousas : para destruir pela sua morte ao que tinha o imperio da morte, isto he, ao diabo :

15 e para livrar aquelles, que pelo temor da morte estavão em escravidão toda a vida.

16 Porque elle em nenhum lugar tomou aos Anjos, mas tomou a descendencia d'Abrahão.

17 Por onde foi conveniente que elle se fizesse em tudo semelhante a seus irmãos, para vir a ser diante de Deos hum Pontifice compassivo, e fiel no seu ministerio, a fim de expiar os peccados do Povo.

18 Porque á vista de tudo quanto elle padeceo, e em que foi tentado, he poderoso para ajudar tambem aquelles que são tentados.

CAPITULO III.

PELO que, santos irmãos, que sois participantes da vocação celestial, considerai ao Apostolo, e ao Pontifice da nossa confissão, Jesus :

2 o qual he fiel ao que o constituio, assim como tambem Moysés o era em toda a sua casa.

3 Porque este he tido por digno de tanto maior gloria que Moysés, quanto o que edificou a casa, tem maior honra que a mesma casa.

4 Porque toda a casa he edificada por algum : mas o que creou todas as cousas, he Deos.

5 E Moysés na verdade era fiel em toda a casa de Deos, como hum servo, para testificar aquellas cousas que se havião de annunciar :

6 mas Christo como Filho manda em sua casa propria : a qual casa somos nós-outros, com tanto que tenhamos firme a confiança, e a gloria da esperança até ao fim.

7 Pelo que, como diz o Espirito Santo : Se vós ouvirdes hoje a sua voz,

8 não endureçais os vossos corações, como succedeo, quando o povo estava no deserto, no lugar chamado Contradicção, e Tentação,

9 onde vossos pais me tentárão : provárão, e virão as minhas obras

10 por espaço de quarenta annos : por isto me indignei contra esta geração, e disse : Estes sempre errão de coração. E elles não conhecerão os meus caminhos,

11 assim lhes jurei na minha ira : Não entrarão no meu descanço.

12 Vede, irmãos, que se não ache talvez nalgum de vós hum coração corrompido da incredulidade, que se aparte de Deos vivo :

13 mas admoestai-vos vós mesmos huns aos outros cada dia, durante o tempo, que a Escritura chama Hoje, por não acontecer, que algum de vós, seduzido pelo peccado, caia na obduração.

14 Porque he verdade, que nós somos incorporados com Christo : mas isto he debaixo da condição, que nós conservemos inviolavelmente até ao fim o novo ser, que começámos a ter nelle.

15 Em quanto se nos diz : Hoje se vós ouvirdes a sua voz, não endureçais os vossos corações, como succedeo no lugar chamado Contradicção.

16 Porque alguns, depois de a terem ouvido, irritárão a Deos com as suas contradicções : mas

não forão todos. os que Moysés tinha feito sahir do Egypto.

17 E contra quem esteve indignado quarenta annos? Por ventura não foi contra aquelles que peccárão, cujos cadaveres ficárão estendidos no deserto?

18 E quaes são os a quem Deos jurou, que não entrarião no lugar do seu descanço, se não áquelles que forão incredulos?

19 E nós vemos, que elles não podérão lá entrar, por causa da sua incredulidade.

CAPITULO IV.

TEMAMOS logo não succeda, que desprezando a promessa, que nos foi feita, de entrar no descanço de Deos, haja d'entre vós algum, que d'elle seja excluido.

2 Porque tanto a nós foi annunciado, como tambem a elles: mas a palavra, que elles ouvirão, não lhes aproveitou, não sendo acompanhada da fé naquelles, que a tinhão ouvido.

3 Porque nós, que temos crido, havemos de entrar naquelle descanço: da maneira que disse: Como eu jurei na minha ira: Não entrarão no meu descanço: e Deos falla d'aquelle descanço, que se seguio á consummação das suas obras na creação do Mundo.

4 Porque em certo lugar disse assim do dia setimo: E descançou Deos no dia setimo de todas as suas obras.

5 E outra vez aqui: Não entrarão no meu descanço.

6 Pois porque ainda resta, que alguns entrem nelle, e que aquelles, a quem primeiro foi annunciado, não entrárão pela sua incredulidade:

7 assina de novo hum certo dia, que elle chama Hoje, dizendo por David tanto tempo depois, como a cima se disse: Hoje se ouvirdes a sua voz, não queirais endurecer os vossos corações.

8 Porque se Jesus lhes houvera dado o repouso, nunca jámais ao depois fallaria d'outro dia.

9 Pelo que resta hum sabbatismo para o Povo de Deos.

10 Porque aquelle que entrou no seu descanço: esse tambem descançou das suas obras, assim como Deos das suas.

11 Apressemo-nos pois a entrar naquelle descanço: para que nenhum caia em igual exemplo de incredulidade.

12 Porque a palavra de Deos he viva, e efficaz, e mais penetrante do que toda a espada de dous gumes: e que chega até o íntimo d'alma e do espirito, tambem ás juntas e medullas, e discerne os pensamentos e intenções do coração.

13 E não ha nenhuma creatura que esteja encoberta no seu acatamento: mas todas as cousas estão nuas, e descobertas aos olhos d'aquelle, de quem fallamos.

14 Tendo nós pois aquelle grande Pontifice, que penetrou os Ceos, Jesus Filho de Deos: conservemos a nossa confissão.

15 Porque não temos hum Pontifice, que não possa compadecer-se das nossas enfermidades: mas que foi tentado em todas as cousas á nossa semelhança, excepto o peccado.

16 Cheguemo-nos pois confiadamente ao Throno da graça: a fim de alcançar misericordia, e de achar graça, para sermos soccorridos em tempo opportuno.

CAPITULO V.

PORQUE todo o Pontifice assumpto d'entre os homens, he constituido a favor dos homens

717

naquellas cousas, que tocão a Deos, para que offereça dons, e sacrificios pelos peccados:

2 o qual se possa condoer d'aquelles, que ignorão, e errão: por quanto elle tambem está cercado de enfermidade:

3 e por esta causa deve, tanto pelo Povo, como tambem até por si mesmo, offerecer sacrificio pelos peccados.

4 E nenhum usurpa para si esta honra, senão o que he chamado por Deos, como Arão.

5 Assim tambem Christo não se glorificou a si mesmo, para se fazer Pontifice: mas aquelle que lhe disse: Tu és meu Filho, eu hoje te gerei.

6 Como tambem diz noutro lugar: Tu és Sacerdote eternamente, segundo a ordem de Melquisedech.

7 O qual nos dias da sua mortalidade, offerecendo com hum grande brado, e com lagrimas preces, e rogos ao que o podia salvar da morte, foi attendido pela sua reverencia:

8 e na verdade sendo Filho de Deos, apprendeo a obediencia pelas cousas, que padeceo:

9 e pela sua consummação veio a fazer-se o Author da salvação eterna, para todos os que lhe obedecem,

10 chamado por Deos Pontifice segundo a ordem de Melquisedech.

11 Do qual temos muitas cousas que dizer, e difficeis de declarar: porque sois fracos para ouvir.

12 Porque devendo vós ser já mestres pelo tempo: tendes ainda necessidade de que vos ensinem quaes são os elementos do principio das palavras de Deos: e vos tendes tornado taes, que haveis mister leite, e não mantimento sólido.

13 Porque todo aquelle, que usa de leite, he incapaz da palavra da justiça: porque he menino.

14 Mas o mantimento sólido he dos perfeitos: d'aquelles que pelo costume tem os sentidos exercitados, para discernir o bem e o mal.

CAPITULO VI.

PELO que deixando os rudimentos dos que começão a crer em Christo, passemos a cousas mais perfeitas, não lançando de novo o fundamento da penitencia das obras mortas, e da Fé em Deos,

2 da doutrina sobre os Baptismos, tambem da imposição das mãos, e da resurreição dos mortos, e do juizo eterno.

3 E isto he o que nós faremos, se Deos o permittir.

4 Porque he impossivel, que os que forão huma vez illuminados, que tomárão já o gosto ao dom celestial, e que forão feitos participantes do Espirito Santo,

5 que gostárão igualmente a boa palavra de Deos, e as virtudes do seculo vindouro,

6 e depois d'isto cahirão; he impossivel, digo que elles tornem a ser renovados pela penitencia, pois crucificão de novo ao Filho de Deos em si mesmos, e o expõe ao ludibrio.

7 Porque a terra que embebe a chuva, que cahe muitas vezes sobre ella, e produz herva proveitosa áquelles, por quem he lavrada: recebe a benção de Deos.

8 Mas se ella produz espinhos, e abrolhos, he reprovada, e está perto de maldição: cujo fim he ser queimada.

9 Porém de vós-outros, o muito amados, esperamos melhores cousas, e mais vizinhas á salvação: ainda que assim fallamos.

10 Porque Deos não he injusto, para que se esqueça da vossa obra, e da caridade, que mostrastes em seu Nome, os que haveis subministrado o necessario aos Santos, e ainda o subministrais.

11 Mas desejamos que cada hum de vós mostre o mesmo zelo até ao fim, para complemento da sua esperança:

12 para que vos não façais froxos, mas sim imitadores d'aquelles, que por fé, e por paciencia hão de herdar as promessas.

13 Porque quando Deos fez a Abrahão a promessa, como não teve outro maior por quem jurasse, jurou por si mesmo,

14 dizendo: Certamente abençoando-te abençoarei, e multiplicando-te multiplicarei.

15 E assim esperando com larga paciencia, alcançou a promessa.

16 Porque os homens jurão pelo que ha maior que elles: e o juramento he a maior segurança para terminar as suas contendas.

17 Pelo que querendo Deos mostrar mais seguramente aos herdeiros da promessa a immutabilidade do seu conselho, interpoz o juramento:

18 para que por duas cousas infalliveis, pelas quaes he impossivel que Deos minta, tenhamos huma poderosissima consolação, os que pomos o nosso refugio em alcançar a esperança proposta,

19 a qual temos como huma ancora segura, e firme da alma, e que penetra até as cousas do interior do véo,

20 onde Jesus nosso Precursor entrou por nós, sendo constituido Pontifice eterno, segundo a ordem de Melquisedech.

CAPITULO VII.

PORQUE este Melquisedech, Rei de Salem, Sacerdote do Deos Altissimo, que veio sahir ao encontro a Abrahão, quando elle voltava da matança dos Reis, e que o abençoou,

2 ao qual tambem Abrahão deo o dízimo de todas as cousas, primeiramente quer por certo dizer Rei de justiça: e depois tambem Rei de Salem, que vem a ser, Rei de paz,

3 sem pai, sem mãi, sem genealogia, que nem tem principio de dias, nem fim de vida, mas feito semelhante ao Filho de Deos, permanece Sacerdote para sempre.

4 Considerai pois quão grande devia elle ser, a quem até o Patriarca Abrahão deo dízimos das melhores cousas.

5 E certamente os que d'entre os filhos de Levi recebem o Sacerdocio, tem mandamento de tomar segundo a Lei, os dízimos do Povo, isto he, de seus irmãos: ainda que elles hajão sahido tambem dos lombos de Abrahão.

6 Mas aquelle cuja linhagem não he contada entr'elles, tomou dízimos de Abrahão, e abençoou ao que tinha as promessas.

7 E sem nenhuma contradição, o que he inferior recebe a benção do que he superior.

8 E aqui certamente tomão dízimos homens que morrem: mas alli os recebe aquelle de quem se dá testemunho de que vive.

9 E (para que assim o diga) até o mesmo Levi, que recebeo dízimos, foi dízimado em Abrahão.

10 Porque ainda elle estava nos lombos de seu pai, quando Melquisedech sahio a encontrar a Abrahão.

11 E se a perfeição fosse pelo Sacerdocio Levitico (por quanto o povo debaixo d'este he que recebeo a Lei) que necessidade havia ainda de que se levantasse depois outro Sacerdote chama-

do segundo a ordem de Melquisedech, e não segundo a ordem de Arão?

12 Pois mudado que seja o Sacerdocio, he necessario que se faça tambem mudança da Lei.

13 Porque aquelle de quem isto se diz, he d'outra Tribu, da qual nenhum servio ao Altar.

14 Porque manifesta cousa he, que da linhagem de Juda nasceo nosso Senhor: na qual Tribu nada fallou Moysés tocante aos Sacerdotes.

15 E ainda isto se manifesta mais claramente: se á semelhança de Melquisedech se levanta outro Sacerdote,

16 o qual não foi feito segundo a Lei do mandamento carnal, mas segundo a virtude da vida immortal.

17 Porque diz assim: Tu és pois Sacerdote eternamente, segundo a ordem de Melquisedech.

18 O mandamento primeiro he na verdade abrogado pela sua fraqueza, e inutilidade.

19 Porque a Lei nenhuma cousa levou á perfeição: mas foi introductora de melhor esperança, pela qual nos chegamos a Deos.

20 E quanto he mais para estimar o não ser instituido este Sacerdocio sem juramento (porque os outros Sacerdotes na verdade forão feitos sem juramento,

21 mas este o foi com juramento, por aquelle, que lhe disse: Jurou o Senhor, e não se arrependerá: tu es Sacerdote eternamente:)

22 em tanto Jesus foi feito fiador de testamento mais perfeito.

23 E na verdade os outros forão feitos Sacerdotes em maior número, por quanto a morte não permittia que durassem:

24 mas este porque permanece para sempre, possue hum Sacerdocio eterno.

25 E por isto póde salvar perpetuamente aos que por si mesmo se chegão a Deos: vivendo sempre para interceder por nós.

26 Porque tal Pontifice convinha que nós tivessemos, santo, innocente, immaculado, segregado dos peccadores, e mais elevado que os Ceos:

27 que não tem necessidade, como os outros Sacerdotes, de offerecer todos os dias sacrificios, primeiramente pelos seus peccados, depois pelos do Povo: porque isto o fez huma vez, offerecendo-se a si mesmo.

28 Porque a Lei constituio Sacerdotes a homens que tem enfermidade: mas a palavra do juramento, que he depois da Lei, constitue ao Filho perfeito eternamente.

CAPITULO VIII.

TUDO o que nós porém acabamos de dizer, se reduz a isto: Temos hum Pontifice tal, que está assentado nos Ceos á direita do Throno da grandeza,

2 ministro das cousas santas, e d'aquelle verdadeiro Tabernaculo, que fixou o Senhor, e não o homem.

3 Porque todo o Pontifice he constituido para offerecer dons, e victimas: donde he necessario, que este tenha tambem alguma cousa que offerecer.

4 Se elle estivesse pois sobre a terra, nem Sacerdote seria: havendo outros que offerecessem os dons, segundo a Lei,

5 os quaes servissem de modélo, e sombra das cousas celestiaes. Como foi respondido a Moysés, quando estava para acabar o Tabernaculo: Olha (disse) faze todas as cousas, conforme o modélo que te foi mostrado no monte.

6 Mas agora aquelle alcançou tanto melhor

ministerio, quanto he mediador ainda de melhor testamento, o qual está estabelecido em melhores promessas.

7 Porque se aquelle primeiro houvera sido sem defeito: certamente que não se buscaria lugar para o segundo.

8 E assim diz reprehendendo-os: Eis-ahi virão dias, diz o Senhor: e nelles consummarei sobre a casa d'Israel, e sobre a casa de Judá, hum testamento novo,

9 não como o testamento que fiz com os pais d'elles no dia, em que lhes peguei pela não para os tirar da Terra do Egypto: por quanto elles não perseverárão no meu testamento: por isso tambem eu os desprezei, diz o Senhor:

10 porque este he o testamento, que ordenarei á casa d'Israel depois d'aquelles dias, diz o Senhor: Imprimindo as minhas Leis na mente d'elles, eu as escreverei tambem sobre o seu coração: e serei para elles o seu Deos, e elles serão para mim o meu Povo:

11 e cada hum não ensinará mais a seu proximo, nem cada hum a seu irmão, dizendo: Conhece ao Senhor: porque todos elles me conhecerão, des do mais pequeno até o maior:

12 porque eu lhes perdoarei as suas iniquidades, e não me lembrarei mais dos seus peccados.

13 Chamando-o pois novo: deo por antiquado o primeiro. E o que se dá por antiquado, e envelhece, perto está de perecer.

CAPITULO IX.

O PRIMEIRO na verdade teve tambem regulamentos sagrados do culto, e hum Santuario temporal.

2 Porque no Tabernaculo que foi construido, havia huma primeira parte, em que estava o candieiro, e a meza, e os pães da Proposição, o que se chama o Santuario.

3 E depois do segundo véo, o Tabernaculo, que se chama o Santo dos Santos:

4 onde estava hum thuribulo de ouro, e a Arca do Testamento, coberta de ouro em roda por todas as partes, na qual havia huma urna de ouro, que continha o Manná, e a vara de Arão, que tinha florecido, e as Taboas do Testamento,

5 e sobr'ella estavão os Querubins de gloria, que cobrião o Propiciatorio: mas não he aqui o lugar de fallarmos de tudo isto individualmente.

6 E dispostas assim estas cousas: não ha dúvida que entravão sempre no primeiro Tabernaculo os Sacerdotes, para cumprirem as funções dos seus ministerios:

7 mas no segundo só entrava o Pontifice huma vez no anno, não sem sangue, que offerecesse pelas suas proprias ignorancias, e pelas do Povo:

8 significando com isto o Espirito Santo, que o caminho do Santuario não estava ainda descoberto, em quanto subsistia o primeiro Tabernaculo:

9 o qual he figura do que se passava naquelle tempo: no qual se offerecião dons, e sacrificios, que não podião purificar a consciencia do que sacrificava, por meio sómente de manjares, e de bebidas,

10 e de diversas abluções, e justiças da carne, postas até ao tempo da correcção.

11 Mas estando Christo já presente, Pontifice dos bens vindouros, por outro mais excellente e perfeito Tabernaculo, não feito por mão de homem, isto he, não d'esta creação:

12 nem por sangue de bodes, ou de bezerros, mas pelo seu proprio sangue entrou huma só vez no Santuario, havendo achado huma redempção eterna.

13 Porque se o sangue dos bodes, e dos touros, e a cinza espalhada de huma novilha santifica aos immundos para purificação da carne:

14 quanto mais o sangue de Christo, que pelo Espirito Santo se offereceo a si mesmo sem mácula a Deos, alimpará a nossa consciencia das obras da morte, para servir ao Deos vivo?

15 E por isso he Mediador de hum Novo Testamento: para que intervindo a morte, para expiação d'aquellas prevaricações, que havia debaixo do primeiro Testamento, recebão a promessa da herança eterna os que tem sido chamados.

16 Porque onde ha hum Testamento: he necessario que intervenha a morte do Testador.

17 Porque o testamento não tem força, senão pela morte: d'outra maneira não val em quanto vive o que fez o testamento.

18 Por onde nem ainda o primeiro foi celebrado sem sangue.

19 Porque Moysés, havendo lido a todo o Povo todo o mandamento da Lei: tomando o sangue dos bezerros, e dos bodes com agoa e com lam tinta de escarlate, com hyssopo, borrifou tambem o mesmo livro, e a todo o Povo,

20 dizendo: Este he o sangue do Testamento, que Deos vos tem mandado.

21 E rociou assim mesmo com sangue o Tabernaculo, e todos os vasos do ministerio.

22 E quasi todas as cousas, segundo a Lei, se purificão com sangue: e sem effusão de sangue não ha remissão.

23 Era logo necessario que as figuras por certo das cousas celestiaes fossem purificadas com taes cousas: mas que as mesmas cousas celestiaes o fossem com humas victimas melhores do que estas.

24 Porque não entrou Jesus em hum Santuario feito por mão de homem, que era figura do verdadeiro: senão no mesmo Ceo, para se apresentar agora diante de Deos por nós-outros.

25 E não entrou para se offerecer muitas vezes a si mesmo, como o Pontifice cada anno entra no Santuario com sangue alheio:

26 d'outra maneira lhe seria necessario padecer muitas vezes des do principio do mundo: mas agora appareceo huma só vez na consummação dos seculos, para destruição do peccado, offerecendo-se a si mesmo por victima.

27 E assim como está decretado aos homens, que morrão huma só vez, e que depois d'isto se siga o juizo·

28 assim tambem Christo foi huma só vez immolado para esgotar os peccados de muitos: e a segunda apparecerá sem peccado aos que o esperão, para salvação.

CAPITULO X.

PORQUE a Lei tendo a sombra dos bens futuros, não a mesma imagem das cousas: nunca póde por aquellas mesmas victimas, que se offerecem incessantemente cada anno, fazer perfeitos aos que se chegão ao Altar:

2 d'outra sorte terião ellas cessado de se offerecer: pelo motivo de que não terião d'alli em diante consciencia de peccado algum os Ministros, que huma vez fossem purificados:

3 mas nos mesmos sacrificios se faz memoria dos peccados todos os annos.

4 Porque he impossivel, que com sangue de touros e de bodes se tirem os peccados.

5 Por isso he que o Filho de Deos entrando no Mundo, diz: tu não quizeste hostia, nem oblação: mas tu me formaste hum corpo:

6 os holocaustos pelo peccado não te agradáráo.

7 Então disse eu: Eis-aqui venho: no princípio do Livro está escrito de mim: Para fazer, ó Deos, a tua vontade.

8 Dizendo a cima: Porque tu não quizeste as hostias, e as oblações, e os holocaustos pelo peccado, nem te são agradaveis as cousas, que se offerecem segundo a Lei,

9 então disse eu: Eis-aqui venho, para fazer, ó Deos, a tua vontade: tira o primeiro, para estabelecer o segundo.

10 Na qual vontade somos santificados, pela offrenda do Corpo de Jesu Christo feita huma vez.

11 E assim todo o Sacerdote se apresenta cada dia a exercer o seu ministerio, e a offerecer muitas vezes as mesmas hostias, que nunca podem tirar os peccados:

12 mas este, havendo offerecido huma só hostia pelos peccados, está assentado para sempre á dextra de Deos,

13 esperando o que resta, ate que os seus inimigos sejão postos por estrado de seus pés.

14 Porque com huma só offrenda fez perfeitos para sempre aos que tem santificado.

15 E o Espirito Santo tambem no-lo testifica. Porque depois de haver dito:

16 Este he pois o Testamento, que eu farei com elles, depois d'aquelles dias, diz o Senhor, dando as minhas Leis, as escreverei sobre os corações d'elles, e sobre os seus entendimentos:

17 accrescenta, E nunca jámais me lembrarei dos peccados d'elles, nem das suas iniquidades.

18 Pois onde ha remissão d'estes: não he já necessaria offrenda pelo peccado.

19 Por tanto, irmãos, tendo confiança de entrar no Santuario pelo sangue de Christo,

20 seguindo este caminho novo, e de vida que nos consagrou primeiro pelo véo, isto he, pela sua carne,

21 e tendo hum grande Sacerdote sobre a casa de Deos:

22 cheguemo-nos a elle com verdadeiro coração, revestidos d'huma completa fé, tendo os corações purificados de consciencia má, e lavados os córpos com agoa limpa:

23 conservemos firme a profissão da nossa esperança, (porque fiel he o que fez a promessa:)

24 e consideremo-nos huns aos outros, para nos estimularmos á caridade, e a boas obras:

25 não abandonando a nossa congregação, como he costume d'alguns, mas alentando-nos, e tanto mais, quanto virdes que se chega o dia.

26 Porque se nós peccamos voluntariamente, depois de termos recebido o conhecimento da verdade, já não resta mais hostia pelos peccados,

27 senão huma esperança terrivel do juizo, e o ardor de hum fogo zeloso, que ha de devorar aos adversarios.

28 Se algum quebranta a Lei de Moysés, sendo-lhe provado com duas, ou tres testemunhas, morre sem d'elle se ter commiseração alguma:

29 pois quanto maiores tormentos credes vós que merece o que pizar aos pés ao Filho de Deos, e tiver em conta de profano o sangue do Testamento, em que foi santificado, e que ultrajar ao espirito da graça?

30 Porque nós sabemos quem he o que disse. A mim pertence a vingança, e eu recompensarei. E outra vez: Julgará pois o Senhor ao seu Povo.

31 He horrenda cousa cahir nas mãos do Deos vivo.

32 Trazei pois á memoria os dias primeiros, em que depois de haverdes sido illuminados, soffrestes grande combate de trabalhos:

33 pois por huma parte com opprobrios, e tribulações fostes na verdade feitos hum espectaculo: e por outra fostes feitos companheiros dos que se achavão no mesmo estado.

34 Porque não só vos compadecestes dos encarcerados, mas levastes com contentamento, que vos roubassem as vossas fazendas, conhecendo que tendes patrimonio mais excellente, e duravel.

35 Não queirais pois perder a vossa confiança, que tem hum crescido galardão.

36 Porque vos he necessaria a paciencia: para que fazendo a vontade de Deos, alcanceis a promessa.

37 Porque ainda dentro d'hum poucochinho de tempo, o que ha de vir, virá, e não tardará:

38 mas o meu justo vive da fé: porém se elle se apartar, não agradará á minha alma.

39 Mas nós-outros não somos filhos de apartamento para perdição, senão da fé para lucro da alma.

CAPITULO XI.

HE pois a fé a substancia das cousas que se devem esperar, hum argumento das cousas que não apparecem.

2 Porque por esta alcançárão testemunho os antigos.

3 Pela fé he que nós entendemos que forão formados os seculos pela palavra de Deos: para que o visivel fosse feito do invisivel.

4 Pela fé he que offereceo Abel a Deos muito maior sacrificio que Caim, pela qual alcançou testemunho de que era justo, dando Deos testemunho a seus dons, e elle estando morto, ainda falla por ella.

5 Pela fé he que foi trasladado Henoc, para que não visse a morte, e não foi achado; por quanto Deos o trasladou: porque antes d'esta trasladação teve testemunho de haver agradado a Deos.

6 Assim que sem fé he impossivel agradar a Deos.. Por quanto he necessario que o que se chega a Deos creia que ha Deos, e que he remunerador dos que o buscão.

7 Pela fé he que Noé, depois que recebeo resposta de cousas, que ainda se não vião, temendo foi apparelhando huma arca, para livramento da sua casa, pela qual condemnou ao mundo: e foi constituido herdeiro da justiça, que he pela fé.

8 Pela fé he que sendo chamado Abrahão obedeceo para sahir em demanda da terra, que havia de receber por herança: e sahio, não sabendo aonde hia.

9 Pela fé he que elle se deixou ficar na Terra da promessa, como em terra alheia, habitando em cabanas com Isaac, e Jacob, herdeiros com elle da mesma promessa.

10 Porque esperava a Cidade que tem fundamentos: cujo arquitecto, e fundador he Deos.

11 Pela fé até a mesma Sara, que era esteril recebeo a virtude para conceber, ainda fóra do tempo da idade: porque creo que era fiel o que lho havia prometido.

12 Por isso até d'hum só homem (e esse já como morto) sahio huma posteridade tão numerosa, como as estrellas do Ceo, e como a arêa innumeravel, que está á borda do mar.

13 Na fé morrêrão todos estes, sem terem recebido as promessas, mas vendo-as de longe, e saudando-as, e confessando que elles erão peregrinos, e hospedes sobre a terra.

14 Porque os que isto dizem, declarão que buscão a patria.

15 E se elles tivessem por certo memoria d'aquella donde sahirão, tinhão na verdade tempo de tornarem para ella:

16 mas agora aspirão a outra melhor, isto he, á Celestial. Por isso Deos não se dedigna de se chamar Deos d'elles: porque lhes apparelhou huma Cidade.

17 Pela fé he que Abrahão offereceo a Isaac, quando foi provado, e offereceo a seu filho unigenito, aquelle que havia recebido as promessas:

18 a quem se havia dito: Porque d'Isaac he que ha de sahir a estirpe, que ha de ter o teu nome:

19 considerando que Deos o podia resuscitar até d'entre os mortos: por onde elle o recobrou tambem nesta representação.

20 Pela fé abençoou tambem Isaac a Jacob, e a Esaú ácerca das cousas, que havião de vir.

21 Pela fé he que Jacob, estando para morrer, abençoou a cada hum dos filhos de José: e adorou a summidade da sua vara.

22 Pela fé he que José, quando estava para morrer, fez menção da partida dos filhos de Israel, e dispoz sobre os seus ossos.

23 Pela fé he depois de nascido Moysés, o tiverão seus pais escondido tres mezes, porque o virão menino formoso, e não temêrão o mandamento do Rei.

24 Pela fé he que Moysés depois de grande, disse que não era filho da filha de Faraó,

25 escolhendo antes ser affligido com o Povo de Deos, que gozar da complacencia transitoria do peccado,

26 tendo por maiores riquezas o opprobrio de Christo, que os thesouros dos Egypcios: porque olhava para a recompensa.

27 Pela fé he que elle deixou o Egypto, não temendo a sanha do Rei: porque esteve firme, como se víra ao invisivel.

28 Pela fé he que elle celebrou a Pascoa, e o derramamento do sangue: para que os não tocasse, o que matava aos primogenitos.

29 Pela fé he que elles passárão o mar Vermelho, como por terra secca: tentando a mesma passagem os Egypcios, forão sorvidos das ondas.

30 Pela fé he que cahírão os muros de Jericó, depois do sitio de sete dias.

31 Pela fé he que Rahab, que era huma prostituta, não pereceo com os incredulos, recebendo aos espias com paz.

32 E que mais direi eu ainda? Faltar-me-ha pois o tempo, se eu quizer fallar de Gedeão, de Barac, de Sansão, de Jefte, de David, de Samuel, e dos Profetas:

33 que pela fé conquistárão Reinos, obrárão acções de justiça, alcançárão as promessas, tapárão as bocas dos leões,

34 suspendêrão a violencia do fogo, evitárão o fio da espada, convalescêrão de enfermidades, forão fortes na guerra, pozerão em fugida exercitos estrangeiros:

35 as mulheres recobrárão os seus filhos mortos por meio da resurreição: e huns forão estira-

dos, não querendo resgatar a sua vida, por alcançarem melhor resurreição.

36 Outros porém soffrêrão ludibrios, e açoutes, e além d'isto cadeias, e prizões:

37 elles forão apedrejados, forão serrados pelo meio, forão tentados, forão mortos ao fio da espada, elles andárão vagabundos, cobertos de pelles d'ovelhas, de pelles de cabras, necessitados, angustiados, afflictos:

38 huns homens de que o Mundo não era digno: errantes nos desertos, nos montes, e escondendo-se nas covas, e nas cavernas da terra.

39 E todos estes provados pelo testemunho da fé, ainda com tudo não recebêrão a recompensa prometida,

40 tendo disposto Deos alguma cousa melhor a nosso favor, para que elles, sem nós, não fossem consummados.

CAPITULO XII.

E POR isso tendo tambem posta sobre nós huma tão grande nuvem de testemunhas, deixando todo o pezo que nos detem, e o peccado que nos cerca, corramos pela paciencia ao combate, que nos está proposto:

2 pondo os olhos no Author, e consummador da fé, Jesus, o qual havendo-lhe sido proposto gozo, soffreo a Cruz, desprezando a ignominia, e está assentado á direita do Throno de Deos.

3 Considerai pois attentamente aquelle, que soffreo tal contradicção dos peccadores contra a sua pessoa: para que não vos fatigueis, desfalecendo em vossos animos.

4 Pois ainda não tendes resistido até derramar o sangue, combatendo contra o peccado:

5 e estais esquecidos d'aquella consolação, que vos falla como a filhos, dizendo: Filho meu, não desprezes a correcção do Senhor: nem te desanimes quando por elle és reprehendido.

6 Porque o Senhor castiga ao que ama: e açouta a todo o que recebe por filho.

7 Perseverai firmes na correcção. Deos se vos offerece como a filhos: porque qual he o filho, a quem não corrige seu pai?

8 Mas se estais fóra da correcção, da qual todos tem sido feitos participantes: logo sois bastardos, e não filhos legitimos.

9 Depois d'isto, se na verdade tivemos a nossos pais carnaes, que nos corrigião, e os olhavamos com respeito: como não obedeceremos muito mais ao Pai dos espiritos, e viveremos?

10 E aquelles na verdade em tempo de poucos dias nos corrigião segundo a sua vontade: mas este castiga-nos, attendendo ao que nos he proveitoso, para receber a sua santificação.

11 Ora toda a correcção ao presente na verdade não parece ser de gozo, senão de tristeza: mas ao depois dará hum fruto mui saboroso de justiça, aos que por ella tem sido exercitados.

12 Pelo que levantai essas vossas mãos remissas, e esses vossos joelhos enfraquecidos:

13 e dai passos direitos com os vossos pés: para que o que claudica não se desvie, antes porém seja sanado.

14 Segui a paz com todos, e a santidade, sem a qual ninguem verá a Deos:

15 attendendo a que nenhum falte á graça de Deos: a que nenhuma raiz de amargura, brotando para cima, vos impida, e por ella sejão muitos contaminados:

16 que não haja algum fornicario, ou profano. como Esaú: o qual por huma vianda vendeo a sua primogenitura:

17 sabei porém que desejando elle ainda depois herdar a benção, foi rejeitado: porque não achou lugar de arrependimento, ainda que o sollicitou com lagrimas.

18 Porque não vos haveis ainda chegado ao monte palpavel, e ao fogo incendido, e ao turbilhão, e á obscuridade, e á tempestade,

19 e ao som da trombeta, e á voz das palavras, que os que a ouvirão, supplicárão que não se lhes fallasse mais.

20 Porque não podião soffrer o que se intimava: Se até hum animal tocar o monte, será apedrejado.

21 E assim era terrivel o que se via, Moysés chegou a dizer: Eu estou todo espavorido, e todo tremendo.

22 Mas vós chegastes ao monte de Sião, e á Cidade do Deos vivo, á Jerusalem Celestial, e ao Congresso de muitos milhares de Anjos,

23 e á Igreja dos primogenitos, que estão escritos nos Ceos, e a Deos, que he o Juiz de todos, e aos espiritos dos justos consummados,

24 e a Jesus Mediador do novo Testamento, e á aspersão do sangue, que falla melhor que o de Abel.

25 Olhai não desprezeis ao que falla. Porque se não escapárão aquelles, que desprezavão ao que lhes fallava sobre a terra: muito menos nós-outros, se desprezamos ao que nos falla do Ceo:

26 cuja voz moveo então a terra: mas agora faz huma promessa, dizendo: Ainda huma vez: e eu moverei, não só a terra,mas tambem o Ceo.

27 Ora isto que diz: Ainda huma vez, declara a mudança das cousas moviveis, como cousas feitas, para que permaneção aquellas,que são immoveis.

28 Assim que recebendo nós hum Reino immovivel, temos graça: pela qual agradando a Deos, o sirvamos com temor e reverencia.

29 Porque o nosso Deos he hum fogo consumidor.

CAPITULO XIII.

PERMANEÇA entre vós a caridade fraternal.

2 E não vos esqueçais da hospitalidade, porque por esta alguns, sem no saberem, hospedárão Anjos.

3 Lembrai-vos dos prezos, como se estivesseis juntamente em cadeias com elles: e dos afflictos, como se tambem vós habitasseis no mesmo corpo.

4 Seja por todos tratado com honra o matrimonio, e o leito sem mácula. Porque Deos julgará aos fornicarios, e aos adulteros.

5 Sejão os vossos costumes sem avareza, contentando-vos com as cousas presentes: porque elle disse: Não te deixarei, nem te desempararei:

6 de maneira que digamos com confiança: O Senhor he quem me ajuda: não temerei cousa que me possa fazer o homem.

7 Lembrai-vos dos vossos Prelados, que vos fallárão a palavra de Deos: cuja fé haveis de imitar, considerando qual haja sido o fim da sua conversação.

8 Jesu Christo era hontem, e he hoje: o mesmo tambem será por todos os seculos.

9 Não vos deixeis tirar do caminho por doutrinas varias, e estranhas. Porque he muito bom fortificar o coração com a graça, não com viandas: que não aproveitárão aos que andárão nellas.

10 Nós temos hum Altar, do qual os Ministros do Tabernaculo não tem faculdade de comer.

11 Porque os corpos d'aquelles animaes, cujo sangue he mettido pelo Pontifice no Santuario para expiação do peccado, são queimados fóra dos arraiaes.

12 Pelo que tambem Jesus, para que santificasse ao Povo pelo seu sangue, padeceo fóra da porta.

13 Saiamos pois a elle fóra dos arraiaes, levando sobre nós o seu opprobrio.

14 Porque não temos aqui Cidade permanente, mas vamos buscando a futura.

15 Offereçamos pois por elle a Deos sem cessar sacrificio de louvor, isto he o fruto dos labios, que confessão o seu Nome.

16 E não vos esqueçais de fazer bem, e de repartir dos vossos bens com os outros: porque com taes offrendas he que Deos se dá por obrigado.

17 Obedecei a vossos superiores, e sede-lhes sujeitos. Porque elles velão, como quem ha de dar conta das vossas almas, para que fação isto com gozo, e não gemendo: pois isto he huma cousa que vos não convem.

18 Orai por nós: porque temos a confiança de dizer que em nenhuma cousa nos accusa a consciencia, desejando em tudo portar-nos bem.

19 E com mais instancia vos rogo que façais isto, para que eu vos seja depressa restituido.

20 E o Deos de paz, que resuscitou dos mortos pelo sangue do Testamento eterno a Jesu Christo Senhor nosso, grande Pastor das ovelhas,

21 vos faça idoneos em todo o bem, para que façais a sua vontade: fazendo elle em vós o que seja agradavel a seus olhos por Jesu Christo: ao qual he dada gloria pelos seculos dos seculos. Amen.

22 Mas rogo-vos, irmãos, que soffrais esta palavra de exhortação. Porque pouco foi o que vos escrevi.

23 Sabei, que nosso irmão Timotheo está em liberdade: eu (se elle vier com presteza) irei com elle ver-vos.

24 Saudai da minha parte aos vossos Prelados, e a todos os Santos. Os nossos irmãos de Italia vos saudão.

25 A graça seja com todos vós. Amen.

EPISTOLA CATHOLICA

DE

S. TIAGO APOSTOLO.

CAPITULO I.

TIAGO, servo de Deos, e de nosso Senhor Jesu Christo, ás doze Tribus, que estão dispersas, saude.

2 Meus irmãos, tende por hum motivo da maior alegria para vós as diversas tribulações, que vos succedem:

3 sabendo que a prova da vossa fé produz a paciencia.

4 Ora a paciencia deve ser perfeita nas suas obras: a fim de que vós sejais perfeitos, e completos, não faltando em cousa alguma.

5 E se algum de vós necessita de sabedoria, peça-a a Deos, que a todos dá liberalmente, e não impropéra: e ser-lhe-ha dada.

6 Mas peça-a com fé, sem hesitação alguma: porque aquelle, que duvida, he semelhante á onda do mar, que he agitada, e levada d'huma parte para a outra pela violencia do vento:

7 não cuide pois este tal que alcançará do Senhor alguma cousa.

8 O homem, que tem o espirito repartido, he inconstante em todos os seus caminhos.

9 Aquelle porém de nossos irmãos, que he d'huma condição baixa, glorie-se na sua exaltação:

10 pelo contrario o que he rico, na sua baixeza, porque elle passará como a flôr da herva:

11 porque bem como ao sahir com ardor o Sol, a herva logo se séca, e a flôr cahe, e perde a gala da sua belleza: assim tambem se murchará o rico nos seus caminhos.

12 Bemaventurado o homem, que soffre com paciencia a tentação: porque depois que elle tiver sido provado, receberá a coroa da vida, que Deos tem promettido aos que o amão.

13 Ninguem, quando he tentado, diga, que Deos he o que o tenta: porque Deos he incapaz de tentar para o mal: e elle a ninguem tenta.

14 Mas cada hum he tentado pela sua propria concupiscencia, que o abstrahe, e allicía.

15 Depois quando a concupiscencia concebeo, pare ella o peccado: e o peccado quando tiver sido consummado, gera a morte.

16 Não queirais pois errar, irmãos meus muito amados.

17 Toda a dadiva em extremo excellente, e todo o dom perfeito vem lá de cima, e desce do Pai das luzes, no qual não ha mudança, nem sombra alguma de variação.

18 Porque de pura vontade sua he que elle nos gerou pela palavra da verdade; a fim de que sejamos como as primicias das suas creaturas.

19 Vós o sabeis, meus dilectissimos irmãos. Assim cada hum de vós seja prompto para ouvir, porém tardo para fallar, e tardo para se irar.

20 Porque a ira do homem não cumpre a justiça de Deos.

21 Pelo que renunciando a toda a immundicia, e abundancia de malicia, recebei com mansidão a palavra, que em vos foi enxertada, e que póde salvar as vossas almas.

22 Sede pois fazedores da palavra, e não ouvidores tão sómente, enganando-vos a vós mesmos.

23 Porque se algum he ouvinte da palavra, e não fazedor: este será comparado a hum homem que contempla num espelho o seu rosto native:

24 porque se considerou a si mesmo, e se foi, e logo se esqueceo qual haja sido.

25 Mas o que contemplar na Lei perfeita que he a da liberdade, e perseverar nella, sendo não ouvinte esquecediço, mas fazedor de obra: este será bemaventurado no seu feito.

26 Se algum pois cuida que tem religião, não refreando a sua lingua, mas seduzindo o seu coração, a sua religião he vã.

27 A religião pura, e sem mácula aos olhos de Deos e nosso Pai, consiste nisto: Em visitar`os orfãos, e as viuvas nas suas afflicções, e em se conservar cada hum a si isento da corrupção d'este seculo.

723

CAPITULO II.

MEUS Irmãos, não queirais pôr a fé da gloria de nosso Senhor Jesu Christo em accepção de pessoas.

2 Porque se entrar no vosso congresso algum varão que tenha annel d'ouro com vestido precioso, e entrar tambem hum pobre com vestido humilde,

3 e se attenderdes ao que vem vestido magnificamente, e lhe disserdes: Tu assenta-te aqui neste lugar que te compete: e disserdes ao pobre: Deixa-te estar para alli em pé; ou assenta-te aqui abaixo do estrado de meus pés:

4 não he certo que fazeis distinção dentro de vós mesmos, e que sois juizes de pensamentos iniquos?

5 Ouvi, meus dilectissimos irmãos, por ventura não escolheo Deos aos que erão pobres neste Mundo, para serem ricos na fé, e herdeiros do Reino, que o mesmo Deos prometteo aos que o amão?

6 E vós pelo contrario deshonrais o pobre. Não são os ricos, os que vos opprimem com o seu poder, e não são elles os que vos trazem por força aos Tribunaes da Justiça?

7 Não blasfemão elles o bom Nome, que tem sido invocado sobre vós?

8 Se vós com tudo cumpris a Lei Real conforme as Escrituras: Amarás a teu proximo como a ti mesmo: fazeis bem:

9 mas se vós fazeis accepção de pessoas, commeteis nisso hum peccado, sendo condemnados pela Lei como transgressores:

10 porque qualquer que tiver guardado toda a Lei, e faltar em hum só ponto, fez-se réo de ter violado toda.

11 Porque aquelle que disse, Não commetterás adulterio, tambem disse: Não matarás. Se tu pois matares, ainda que não adulteres, fizeste-te transgressor da Lei.

12 Fallai pois de tal sorte, e de tal sorte obrai, como quem principia a ser julgado pela Lei da liberdade.

13 Porque se fará juizo sem misericordia áquelle, que não usou de misericordia: mas a misericordia triumfa sobre o juizo.

14 Que aproveitará, irmãos meus, a hum que diz, que tem fé, senão tem obras? Acaso podello-ha salvar a fé?

15 Se hum irmão porém, ou huma irmãa estiverem nús, e lhes faltar o alimento quotidiano,

16 e lhes disser algum de vós: Ide em paz, aquentai-vos e fartai-vos: e não lhes derdes o que hão de mister para o corpo, de que lhes aproveitará?

17 Assim tambem a fé, se não tiver obras, he morta em si mesma.

18 Poderá logo algum dizer: Tu tens a fé, e eu tenho as obras, mostra-me tu a tua fé sem obras: e eu te mostrarei a minha fé pelas minhas obras.

19 Tu crês que ha hum só Deos: Fazes bem: mas tambem os demonios o crem, e estremecem.

20 Queres tu pois saber, ó homem vão, que a fé sem obras he morta?

21 Não he assim, que nosso pai Abrahão foi justificado pelas obras, offerecendo a seu filho Isaac sobre o Altar?

22 Não vês, como a fé acompanhava as suas obras: e que a fé foi consummada pelas obras?

23 E se cumprio a Escritura, que diz: Abrahão creo a Deos, e lhe foi imputado a justiça, e foi chamado amigo de Deos.

24 Não vedes como pelas obras he justificado o homem, e não pela fé sómente?

25 Do mesmo modo até Rahab, sendo huma prostituta, não foi ella justificada pelas obras, recebendo os mensageiros, e fazendo-os sahir por outro caminho?

26 Porque bem como hum corpo sem espirito he morto, assim tambem a fé sem obras he morta.

CAPITULO III.

NÃO queirais, irmãos meus, fazer-vos muitos de vós Mestres, sabendo que vos expondes a hum juizo mais severo.

2 Porque todos nós tropeçamos em muitas cousas. Se algum não tropeça em qualquer palavra, este he varão perfeito: elle póde tambem suster com o freio a todo o corpo.

3 E se pomos freio nas bocas dos cavallos, para que nos obedeção, tambem governamos todo o corpo d'elles.

4 Vede tambem as náos, ainda que sejão grandes, e se achem agitadas de impetuosos ventos, com hum pequeno leme se voltão para onde quizer o impulso do que as governa.

5 Assim tambem a lingua pequeno membro he na verdade, mas de grandes cousas se gloria. Vede como hum pouco de fogo não abraza hum grande bosque!

6 Tambem a lingua he hum fogo, hum Mundo de iniquidade. Entre os nossos membros se conta a lingua, a qual contamina todo o corpo, e tisna a roda do nosso nascimento, inflammada do fogo do inferno.

7 Porque toda a natureza de alimarias, e de aves, e de serpentes, e de peixes do mar se doma, e a natureza humana as tem domado todas:

8 porém a lingua nenhum homem a póde domar: ella he hum mal inquieto, está cheia de veneno mortifero.

9 Com ella louvamos a Deos e Pai: e com ella amaldiçoamos aos homens, que forão feitos á semelhança de Deos.

10 De huma mesma boca procede a benção, e a maldição. Não convem, meus irmãos, que isto assim seja.

11 Por ventura huma fonte lança por huma mesma bica agua doce, e agua amargosa?

12 Acaso, irmãos meus, póde huma figueira dar uvas, ou huma videira dar figos? Assim huma fonte d'agua salgada não póde dar agua doce.

13 Quem he entre vós-outros sabio, e instruido? Mostre pela boa conversação as suas obras em mansidão de sabedoria.

14 Mas se tendes hum zelo amargo, e reinarem contendas em vossos corações: não vos glorieis, nem sejais mentirosos contra a verdade:

15 porque esta não he a sabedoria, que vem lá do alto: mas he huma sabedoria terrena, animal, diabolica.

16 Porque onde ha ciume e contenda: alli ha inconstancia, e toda a obra má.

17 A sabedoria porém, que vem lá de cima, primeiramente he na verdade casta, depois pacifica, moderada, facil, susceptivel de todo o bem, cheia de misericordia, e de bons frutos, não julga, não he dissimulada.

18 Ora o fruto da justiça se semêa em paz, por aquelles que fazem obras de paz.

CAPITULO IV.

DONDE vem as guerras e contendas entre vós? Não vem ellas d'este principio? das vossas

724

concupiscencias, que combatem em vossos membros?

2 Cubiçais, e não tendes o que quereis: matais, e invejais: e não podeis alcançar o que desejais: litigais, e fazeis guerra, e não tendes o que pertendeis, porque não pedis.

3 Pedis, e não recebeis: e isto porque pedis mal: para satisfazerdes as vossas paixões.

4 Adulteros, não sabeis que a amizade d'este mundo he inimiga de Deos? Logo todo aquelle que quizer ser amigo d'este seculo, se constitue inimigo de Deos.

5 Acaso imaginais vós, que em vão diz a Escritura: Que o espirito, que habita em vós, vos ama com ciume?

6 Porém dá maior graça. Por isso diz: Deos resiste aos soberbos, e dá a sua graça aos humildes.

7 Sede logo sujeitos a Deos, e resisti ao diabo, e elle fugirá de vós.

8 Chegai-vos para Deos, e elle se chegará para vós. Lavai, peccadores, as mãos: e os que sois de animo dobrado, purificai os corações.

9 Affligi-vos a vós mesmos, e lamentai, e chorai: converta-se o vosso riso em pranto, e a vossa alegria em tristeza.

10 Humilhai-vos na presença do Senhor, e elle vos exaltará.

11 Irmãos, não falleis mal huns dos outros. O que detrahe de seu irmão, ou o que julga a seu irmão, detrahe da Lei, e julga a Lei. Se tu porém julgas a Lei: não és observador d'ella, mas fazes-te seu juiz.

12 Não ha mais que hum Legislador, hum Juiz, que póde perder, e que póde salvar.

13 Mas tu quem és, que julgas a teu proximo? Pois vede agora como vós vos portais os que dizeis: Hoje, ou á manhãa iremos áquella Cidade, e demorar-nos-hemos alli sem dúvida hum anno, e commercearemos, e faremos o nosso lucro:

14 sendo que vós não sabeis o que succederá á manhãa.

15 Porque que cousa he a vossa vida? he hum vapor, que apparece por hum pouco de tempo, e que depois se desvanecerá; em vez de dizerdes: Se o Senhor quizer. E: Se nós vivermos, faremos esta, ou aquella cousa.

16 Mas vós pelo contrario elevais-vos nos vossos presumidos pensamentos. Toda a presumpção tal como esta, he maligna.

17 Aquelle pois, que sabe fazer o bem, e não no faz, pecca.

CAPITULO V.

EIA vós agora, ó ricos, choral, dando urros nas consideração das vossas miserias, que virão sobre vós.

2 As vossas riquezas apodrecerão: e os vossos vestidos tem sido comidos da traça.

3 O vosso ouro, e a vossa prata se enferrujárão: e a ferrugem d'elles dará testemunho contra vós, e devorará a vossa carne como hum fogo. Ajuntastes para vós hum thesouro de ira, lá para os dias ultimos.

4 Sabei, que o jornal, que vós retivestes aos trabalhadores, que seifárão os vossos campos, clama: e que os seus gritos subirão até os ouvidos do Senhor dos exercitos.

5 Tendes vivido em delicias sobre a terra, e em dissoluções haveis cevado os vossos corações, para o dia do sacrificio.

6 Condemnastes, e matastes o justo, sem que elle vos resistisse.

7 Tende pois paciencia, irmãos, até á vinda do Senhor. Vós bem vedes como o lavrador na expectação de recolher o precioso fruto da terra, está esperando pacientemente que venhão as chuvas temporãs, e serodias.

8 Esperai pois tambem vós-outros com paciencia, e fortalecei os vossos corações: porque a vinda do Senhor está proxima.

9 Não vos resintais, irmãos, huns contra os outros, para que não sejais julgados. Olhai que o Juiz está diante da porta.

10 Tomai, irmãos, por exemplo do fim que tem a afflicção, o trabalho, e a paciencia, aos Profetas, que fallárão em Nome do Senhor.

11 Vede que temos por bemaventurados aos que soffrérão. Vós ouvistes qual foi a paciencia de Job, e vistes o fim do Senhor, porque o Senhor he misericordioso, e compassivo.

12 Mas antes de todas as cousas, irmãos meus, não jureis nem pelo Ceo, nem pela terra, nem façais outro qualquer juramento. Mas seja a vossa palavra: Sim, sim: Não, não: para que não caiais debaixo do juizo.

13 Está triste algum de vós? ore: Está alegre? cante louvores a Deos.

14 Está entre vós algum enfermo? chame os Presbyteros da Igreja, e estes fação oração sobre elle, ungindo-o com oleo em Nome do Senhor:

15 e a oração da fé salvará o enfermo, e o Senhor o alliviará: e se estiver em alguns peccados, ser-lhe-hão perdoados.

16 Confessai pois os vossos peccados huns aos outros, e orai huns pelos outros, para serdes salvos: porque a oração do justo sendo fervorosa pôde muito.

17 Elias era hum homem semelhante a nós-outros, sujeito a padecer: e fez oração, para que não chovesse sobre a terra, e por tres annos e seis mezes não choveo.

18 E orou de novo: e o Ceo deo chuva, e a terra deo o seu fruto.

19 Meus irmãos, se algum d'entre vós se extraviar da verdade, e algum outro o metter a caminho:

20 deve saber, que aquelle, que fizer converter a hum peccador do erro do seu descaminho, salvará a sua alma da morte, e cobrirá a multidã dos peccados.

PRIMEIRA EPISTOLA

DE

S. PEDRO APOSTOLO.

CAPITULO I.

PEDRO Apostolo de Jesu Christo, aos Estrangeiros que estão dispersos pelo Ponto, Galacia, Cappadocia, Asia, e Bithynia, escolhidos

2 segundo a presciencia de Deos Padre, para receberem a santificação do Espirito, para prestarem obediencia a Deos, e terem parte na aspersão do sangue de Jesu Christo: Graça, e paz vos seja multiplicada.

3 Bemdito seja o Deos e Pai de nosso Senhor Jesu Christo, que, segundo a grandeza de sua misericordia, nos regenerou para a esperança da vida, pela resurreição de Jesu Christo d'entre os mortos,

4 para huma herança incorruptivel, e que não póde contaminar-se, nem murchar-se, reservada nos Ceos para vós-outros,

5 que sois guardados na virtude de Deos por fé para a salvação, que está apparelhada para se manifestar no ultimo tempo.

6 No qual vós exultareis, ainda que ao presente convem que sejais affligidos hum pouco de tempo com varias tentações:

7 para que a prova da vossa fé, muito mais preciosa que o ouro (o qual he acrisolado com o fogo) se ache digna de louvor, e gloria, e honra, quando Jesu Christo for manifestado:

8 ao qual vós amais, posto que o não vistes: no qual vós credes, posto que o não vedes ainda agora: mas crendo, exultais com huma alegria ineffavel, e cheia de gloria:

9 alcançando o fim da vossa fé, que he a salvação das vossas almas.

10 Da qual salvação os Profetas, que vaticinárão da graça, que havia de vir a vós-outros, inquirirão, e indagárão muito:

11 esquadrinhando em que tempo, e em que conjunctura o Espirito de Christo, que lhes assistia, sinalava esta graça: annunciando antes os soffrimentos que se havião de verificar em Christo, e as glorias que os seguirião:

12 aos quaes foi revelado, que não para si mesmos, senão para vós-outros administravão as cousas, que agora vos tem sido annunciadas por aquelles, que vos pregárão o Evangelho, havendo sido enviado do Ceo o Espirito Santo ao qual os mesmos Anjos desejão ver.

13 Por tanto cingidos os lombos da vossa mente, vivendo com temperança, esperai inteiramente naquella graça, que vos he offerecida, para a manifestação de Jesu Christo:

14 assim como filhos obedientes, não vos conformando com os desejos que antes tinheis na vossa ignorancia:

15 mas segundo he Santo aquelle, que vos chamou: sede vós tambem santos em todas as acções:

16 porque escrito está: Santos sereis, porque eu sou Santo.

17 E se invocais como pai aquelle, que sem accepção de pessoas julga segundo a obra de cada hum, vivei com temor durante o tempo da vossa peregrinação.

18 Sabendo que haveis sido resgatados da vossa vã conversação, que recebestes de vossos pais, não por ouro, nem por prata que são cousas corruptiveis:

19 mas pelo precioso sangue de Christo, como de hum Cordeiro immaculado, e sem contaminação alguma:

20 na verdade predestinado já antes da creação do mundo, porém manifestado nos ultimos tempos por amor de vós,

21 que por elle sois fieis em Deos, o qual o resuscitou dos mortos, e lhe deo gloria, para que a vossa fé, e a vossa esperança fosse em Deos:

22 fazendo puras as vossas almas na obediencia da caridade, no amor da irmandade, com sincero coração amai-vos intensamente huns aos outros:

23 posto que haveis renascido, não de semente corruptivel, mas de incorruptivel, pela palavra do Deos vivo, e que permanece eternamente:

24 porque toda a carne he como a herva: e toda a sua gloria como a flôr da herva: secou-se a herva, e cahio a sua flôr.

25 Mas a palavra do Senhor permanece eternamente: e esta palavra he a que vos foi annunciada pelo Evangelho.

CAPITULO II.

DEIXANDO pois toda a malicia, e todo o engano, e fingimentos, e invejas, e toda a sorte de detracções,

2 como meninos recem-nacidos, desejai o leite racional, sem dólo: para com elle crescerdes para a salvação:

3 se he que haveis gostado quão doce he o Senhor.

4 Chegai-vos para elle, como para a pedra viva, que os homens tinhão sim rejeitado, mas que Deos escolheo, e honrou:

5 tambem sobre ella vós mesmos, como pedras vivas, sede edificados em casa espiritual, em Sacerdocio Santo, para offerecer sacrificios espirituaes, que sejão aceitos a Deos por Jesu Christo.

6 Por cuja causa se acha na Escritura: Eis-ahi ponho eu em Sião a principal pedra do angulo, escolhida, preciosa: e o que crer nella não será confundido.

7 Ella he pois honra para vós, que credes: mas para os incredulos, esta foi posta por cabeça do angulo:

8 e pedra de tropeço, e pedra de escandalo para os que tropeção na palavra, e não crem em quem igualmente forão postos.

9 Mas vós sois a geração escolhida, o Sacerdocio Real, a gente santa, o povo de acquisição: para que publiqueis as grandezas d'aquelle, que das trévas vos chamou á sua maravilhosa luz.

10 Vós que noutro tempo creis não povo, mas agora sois povo de Deos: vós que não tinheis alcançado misericordia, mas agora haveis alcançado misericordia.

11 Carissimos, eu vos rogo como a estrangeiros e peregrinos, que vos abstenhais dos desejos carnaes, que combatem contra a alma,

12 tendo boa conversação entre os Gentios: para que assim como agora murmurão de vós, como de malfeitores, considerando-vos por vossas boas obras, glorifiquem a Deos no dia da visitação.

13 Submittei-vos pois a toda a humana creatura, por amor de Deos: quer seja ao Rei, como a Soberano:

14 quer aos Governadores, como enviados por elle para tomar vingança dos malfeitores, e para louvor dos bons:

15 porque assim he a vontade de Deos, que obrando bem façais emmudecer a ignorancia dos homens imprudentes:

16 como livres, e não tendo a liberdade como véo para encobrir a malicia, mas como servos de Deos.

17 Honrai a todos: amai a irmandade: temei a Deos: respeitai ao Rei.

18 Servos, sede obedientes aos vossos senhores com todo o temor, não sómente aos bons e moderados, mas tambem aos de dura condição.

19 Porque isto he huma graça, se algum pelo conhecimento do que deve a Deos soffre molestias, padecendo injustamente.

20 Porque que gloria he, se peccando vós, tendes soffrimento, ainda sendo esbofeteados? Mas se fazendo bem, soffreis com paciencia: isto he que he agradavel diante de Deos.

21 Porque para isto he que vós fostes chamados: posto que Christo padeceo tambem por nós, deixando-vos exemplo para que sigais as suas pizadas:

22 o qual não commetteo peccado, nem foi achado engano na sua boca:

23 o qual, quando o amaldiçoavão, não amaldiçoava: padecendo, não ameaçava: mas se entregava áquelle que o julgava injustamente:

24 o qual foi o mesmo que levou os nossos peccados em seu corpo sobre o madeiro: para que mortos aos peccados, vivamos á justiça: por cujas chagas fostes vós sarados.

25 Porque vós ereis como ovelhas desgarradas mas agora vos haveis convertido ao Pastor, e Bispo das vossas almas.

CAPITULO III.

IGUALMENTE as mulheres sejão tambem sujeitas a seus maridos: para que se ainda alguns ha, que não crem na palavra, sejão estes ganhados pela boa vida de suas mulheres sem o soccorro da palavra,

2 considerando a vossa santa vida, que he em temor.

3 Não seja o adorno d'estas o exterior enfeite dos cabellos riçados, ou as guarnições de renda de ouro, ou a gala da compostura dos vestidos:

4 mas o homem que está escondido no coração, em incorruptibilidade de hum espirito pacifico, e modesto, que he rico diante de Deos.

5 Porque assim he que noutro tempo se adornavão até as santas mulheres, que esperavão em Deos, estando sujeitas a seus proprios maridos.

6 Como Sara obedecia a Abrahão, chamando-lhe Senhor: da qual vós sois filhas fazendo bem, e não temendo perturbação alguma.

7 Do mesmo modo vós, maridos, cohabitai com ellas, segundo a sciencia, tratando-as com honra, como a vaso mulheril mais fraco, e como herdeiras comvosco da graça da vida: para que se não impidão as vossas orações.

8 E finalmente sede todos de hum mesmo coração, compassivos, amadores da irmandade, misericordiosos, modestos, humildes:

9 não deis mal por mal, nem maldição por maldição, mas pelo contrario bemdizei-os: pois para isto fostes chamados, para que possuais a benção por herança.

10 Porque o que quer amar a vida, e ver os dias bons, refree a sua lingua do mal, e os seus labios não profirão engano.

11 Aparte-se do mal, e faça o bem: busque paz, e vá após d'ella:

12 porque os olhos do Senhor estão sobre os justos, e os seus ouvidos attentos aos rogos d'elles: Mas o rosto do Senhor está sobre os que fazem mal.

13 E quem he o que vos poderá fazer mal, se vós fordes zelosos pelo bem?

14 E tambem se alguma cousa padeceis pela justiça, sois bemaventurados. Por tanto não temais as ameaças d'elles, e não vos turbeis.

15 Mas santificai a Christo Senhor nosso em vossos corações, apparelhados sempre para responder a todo o que vos pedir razão d'aquella esperança, que ha em vós.

16 Mas com modestia, e com temor, tendo huma boa consciencia: para que no em que dizem mal de vós, sejão confundidos os que desacreditão a vossa santa conversação em Christo.

17 Porque melhor he fazendo bem (se Deos assim no quizer) padecerdes vós, que fazendo mal:

18 porque tambem Christo huma vez morreo pelos nossos peccados, o Justo pelos injustos, para nos offerecer a Deos, sendo sim morto na carne, mas resuscitado pelo espirito.

19 No qual elle tambem foi prégar aos espiritos, que estavão no carcere:

20 que noutro tempo tinhão sido incredulos, quando nos dias de Noé esperavão a paciencia de Deos, em quanto se fabricava a Arca: na qual poucas pessoas, isto he, sómente oito, se salvárão no meio da agua.

21 O que era figura do Baptismo d'agora, que tambem vos salva: não a purificação das immundicias da carne, mas a promessa de boa consciencia para com Deos, pela Resurreição de Jesu Christo,

22 que está á direita de Deos, depois de haver absorvido a morte, para que fossemos herdeiros da vida eterna: tendo subido ao Ceo, sujeitos a elle os Anjos, e as Potestades, e as Virtudes.

CAPITULO IV.

HAVENDO pois Christo padecido na carne, armai-vos tambem vós-outros d'esta mesma consideração: que aquelle que padeceo na carne cessou de peccados:

2 de sorte, que o tempo, que lhe resta da vida mortal, elle não vive mais segundo as paixões do homem, mas segundo a vontade de Deos.

3 Porque basta para estes, que no tempo passado hajão cumprido a vontade dos Gentios, vivendo em luxurias, em concupiscencias, em temulencias, em glotonerias, em excessos de beber, e em abominaveis idolatrias.

4 Pelo que estranhão muito, que não concorrais á mesma ignominia de dissolução, enchendo-vos de vituperios.

5 Os quaes darão conta áquelle, que está apparelhado para julgar vivos e mortos.

6 Porque por isto foi o Evangelho tambem prégado aos mortos: para que na verdade sejão julgados segundo os homens em carne, mas vivão segundo Deos em espirito.

7 Mas o fim de todas as cousas está chegado. Por tanto sede prudentes, e vigiai em oração.

8 E antes de todas as cousas, tende entre vós mesmos mutuamente huma constante caridade: porque a caridade cobre a multidão dos peccados.

9 Exercitai a hospitalidade huns com os outros sem murmuração :

10 cada hum, segundo a graça que recebeo, communique-a aos outros, como bons dispenseiros das differentes graças que Deos dá.

11 Se algum falla, seja como palavras de Deos: se algum ministra, seja conforme á virtude que Deos dá: para que em todas as cousas seja Deos honrado por Jesu Christo: o qual tem a gloria, e o imperio nos seculos dos seculos: Amen.

12 Carissimos, não vos perturbeis no fogo da tribulação, que he para prova vossa, como se vos acontecesse alguma cousa de novo :

13 mas folgai de serdes participantes das penalidades de Christo, para que folgueis tambem com júbilo na apparição da sua gloria.

14 Se sois vituperados pelo Nome de Christo, bemaventurados sereis: porque o que ha de honra, de gloria, e de virtude de Deos, e o espirito que he d'elle, repousa sobre vós.

15 Porém nenhum de vós padeça como homicida, ou ladrão, ou maldizente, ou cubiçador do alheio.

16 Se elle porém padece como Christão, não se envergonhe : mas glorifique a Deos neste nome :

17 porque he tempo que principie o juizo pela casa de Deos. E se primeiro começa por nós : qual será o paradeiro d'aquelles, que não crem no Evangelho de Deos ?

18 E se o justo apenas se salvará, o impio e o peccador onde comparecerão ?

19 Assim que tambem aquelles, que soffrem segundo a vontade de Deos, encommendem as suas almas ao seu fiel Creador, fazendo boas obras.

CAPITULO V.

ESTA he pois a rogativa que eu faço aos Presbyteros, que ha entre vós, eu Presbytero como elles e testemunha das penas que padeceo Christo: e que hei de ser participante d'aquella gloria, que se ha de manifestar para o futuro:

2 apascentai o rebanho de Deos que está entre vós, tendo cuidado d'elle não por força, mas espontaneamente segundo Deos: nem por amor de lucro vergonhoso, mas de boa vontade:

3 não como que quereis ter dominio sobre a Cleresia, mas feitos exemplares do rebanho com huma virtude sincera:

4 e quando apparecer o Principe dos Pastores, recebereis a coroa de gloria, que nunca se poderá murchar.

5 Semelhantemente vós, mancebos, obedecei aos mais velhos. E inspirai-vos todos a humildade huns aos outros, porque Deos resiste aos soberbos, e dá a sua graça aos humildes.

6 Humilhai-vos pois debaixo da poderosa mão de Deos, para que elle vos exalte no tempo da sua visita:

7 remettendo elle todas as vossas inquietações, porque elle tem cuidado de vós.

8 Sede sóbrios, e vigiai : porque o diabo vosso adversario anda ao derredor de vós, como hum leão, que ruge, buscando a quem possa tragar :

9 resisti-lhe fortes na fé : sabendo que os vossos irmãos, que estão espalhados pelo mundo, soffrem a mesma tribulação.

10 Mas o Deos de toda a graça, o que nos chamou em Jesu Christo á sua eterna gloria, depois que tiverdes padecido hum pouco, elle vos aperfeiçoará, fortificará, e consolidará.

11 A elle gloria, e imperio por seculos de seculos : Amen.

12 Por Silvano, que vos he, segundo entendo, irmão fiel, vos escrevi brevemente: admoestando-vos e protestando-vos, que esta he a verdadeira graça de Deos, na qual estais firmes.

13 A Igreja, que está em Babylonia, escolhida com vós-outros, vos sauda, e Marcos meu filho.

14 Saudai-vos huns aos outros pelo santo osculo : Graça a vós todos, que estais em Jesu Christo. Amen.

727

213

SEGUNDA EPISTOLA

DE

S. PEDRO APOSTOLO.

CAPITULO I.

SIMÃO Pedro, servo, e Apostolo de Jesu Christo, aos que alcançárão igual fé comnosco pela justiça do nosso Deos, e Salvador Jesu Christo.

2 Graça e paz completa seja a vós-outros pelo conhecimento de Deos, e de Jesu Christo nosso Senhor:

3 como todos os dons do seu divino poder, que dizem respeito á vida, e á piedade nos tem sido dados pelo conhecimento d'aquelle, que nos chamou pela sua propria gloria, e virtude,

4 pelo qual nos communicou as mui grandes, e preciosas graças que tinha promettido: para que por ellas sejais feitos participantes da natureza divina: fugindo da corrupção da concupiscencia, que ha no mundo.

5 Vós-outros applicando pois todo o cuidado, ajuntai á vossa fé a virtude, e á virtude a sciencia,

6 e á sciencia a temperança, e á temperança a paciencia, e á paciencia a piedade,

7 e á piedade o amor de vossos irmãos, e ao amor de vossos irmãos a caridade.

8 Porque estas cousas se acharem e abundarem em vós, ellas vos não deixarão vazios, nem infructuosos no conhecimento de nosso Senhor Jesu Christo.

9 Mas o que não tem promptas estas cousas, he cégo, e anda apalpando com a mão, esquecido da purificação dos seus peccados antigos.

10 Por tanto, irmãos, ponde cada vez maior cuidado em fazerdes certa a vossa vocação, e eleição por meio das boas obras: porque fazendo isto, não peccareis jámais.

11 Porque assim vos será dada largamente a entrada no Reino eterno de nosso Senhor, e Salvador Jesu Christo.

12 Pelo que não cessarei de vos admoestar sempre sobre estas cousas: e isto ainda que vós estejais instruidos e confirmados na presente verdade.

13 Porque tenho por cousa justa, em quanto estou neste tabernaculo, despertar-vos com as minhas admoestações:

14 estando certo de que logo tenho de deixar o meu tabernaculo, segundo o que tambem me deo a entender nosso Senhor Jesu Christo.

15 E terei cuidado, que ainda depois do meu falecimento possais vós ter repetidas vezes memoria d'estas cousas.

16 Porque não vos temos feito conhecer a virtude, e a presença de nosso Senhor Jesu Christo, seguindo fabulas engenhosas: mas sim depois de nós termos sido os espectadores da sua Grandeza.

17 Porque elle recebeo de Deos Padre honra, e gloria, quando da magnifica gloria lhe foi dirigida huma voz d'esta maneira: Este he o meu Filho amado, em quem eu me comprazi, ouvi-o.

18 E nós mesmos ouvimos esta voz, que vinha do Ceo, quando estavamos com elle no monte santo.

19 E ainda temos mais firme a palavra dos Profetas: á qual fazeis bem de attender, como a huma tocha, que allumia em hum lugar tenebroso até que o dia esclareça, e o Luzeiro nasça em vossos corações:

20 entendendo primeiro isto, que nenhuma profecia da Escritura se faz por interpretação propria.

21 Porque em nenhum tempo foi dada a profecia pela vontade dos homens: mas os homens santos de Deos he que fallárão, inspirados pelo Espirito Santo.

CAPITULO II.

HOUVE porém no Povo até falsos Profetas, assim como tambem haverá entre vós falsos Doutores, que introduzirão seitas de perdição, e negarão aquelle Senhor, que os resgatou: trazendo sobre si mesmos apressada ruina.

2 E muitos seguirão as suas dissoluções, por quem será blasfemado o caminho da verdade:

3 e por avareza com palavras fingidas farão de vós-outros huma especie de negocio: cuja condemnação já de longo tempo não tarda: e a perdição d'elles não dormita.

4 E se Deos não perdoou aos Anjos, que peccárão, mas tirados pelos calabres do Inferno, os precipitou no abysmo, para serem atormentados, e tidos como de reserva até o juizo:

5 e se ao Mundo original não perdoou, mas guardou a Noé oitavo pregoeiro da sua justiça, trazendo o diluvio sobre hum mundo de impios:

6 e se elle castigou com huma total ruina as Cidades dos de Sodoma, e de Gomorrha, reduzindo-as a cinzas: pondo-as por escarmento d'aquelles, que vivessem em impiedade:

7 e livrou ao justo Lot opprimido das injurias d'aquelles abominaveis, e da sua vida relaxada:

8 porque de vista, e pela nomeada era justo: habitando entre aquelles, que todos os dias atormentavão huma alma justa com obras detestaveis:

9 o Senhor sabe livrar da tentação aos justos: e reservar os máos para o dia do juizo, a fim de serem atormentados:

10 e principalmente aquelles, que seguindo a carne andão em desejos impuros, e desprezão a dominação, atrevidos, pagos de si mesmos, não temem introduzir novas seitas, blasfemando:

11 sendo assim que os Anjos, que são maiores em fortaleza, e em virtude, não pronuncião contra si juizo de execração.

12 Mas estes como animaes sem razão, naturalmente feitos para preza, e para perdição, blasfemando das cousas que ignorão, perecerão na sua corrupção,

13 recebendo a paga da sua injustiça, reputando por prazer as delicias do dia: são contaminações, e manchas, entregando-se com excésso aos prazeres, mostrando a sua dissolução, nos banquetes que celebrão comvosco,

14 tendo os olhos cheio de adulterio, e de hum continuo peccado. Atrahindo com afagos as

almas inconstantes, tendo hum coração exercitado em avareza, como filhos da maldição:

15 que deixando o caminho direito, se extraviárão, seguindo o caminho de Balaão, filho de Bosor, que amou o premio da maldade:

16 mas teve a reprehensão da sua loucura: hum animal mudo, em que hia montado, fallando com voz de homem, refreou a insipiencia do Profeta.

17 Estes são humas fontes sem agua, e humas nevoas agitadas de turbilhões, para os quaes está reservada a obscuridade das trévas.

18 Porque fallando palavras arrogantes de valdade, atrahem aos desejos impuros da carne aos que pouco antes havião fugido dos que vivem em erro:

19 promettendo-lhes a liberdade, quando elles mesmos são escravos da corrupção: porque todo o que he vencido, he tambem escravo d'aquelle, que o venceo.

20 Porque se depois de se terem retirado das corrupções do Mundo pelo conhecimento de Jesu Christo nosso Senhor, e Salvador, se deixão d'ellas vencer, enredando-se de novo: he o seu ultimo estado peior do que o primeiro.

21 Porque melhor lhes era não ter conhecido o caminho da justiça, do que depois de o ter conhecido tornar para trás, deixando aquelle mandamento santo, que lhes fora dado.

22 Porque lhes succedeo o que diz aquelle verdadeiro proverbio: Voltou o cão ao que havia vomitado: e, A porca lavada tornou a revolver-se no lamaçal.

CAPITULO III.

ESTA he já, carissimos, a segunda Carta que vos escrevo, em ambas as quaes desperto com admoestações o vosso animo sincero:

2 para que tenhais presentes as palavras dos Santos Profetas, de que já vos fallei, e os mandamentos do Senhor, e Salvador, que elle vos deo pelos seus Apostolos:

3 sabendo isto primeiramente, que nos ultimos tempos virão impostores artificiosos, que andarão segundo as suas proprias concupiscencias,

4 dizendo: Onde está a promessa, ou vinda d'elle? porque dés de que os pais dormirão, tudo permanece assim como no principio da creação.

5 Mas isto he porque elles ignorão voluntariamente que os Ceos erão já d'antes, e a terra foi

tirada fóra da agua, e por meio d'agua subsiste pela palavra de Deos:

6 pelas quaes cousas aquelle mundo de então pereceo affogado em agua.

7 Mas os Ceos, e a terra, que agora existem, pela mesma palavra se guardão com cuidado, reservados para o fogo no dia do juizo, e da perdição dos homens impios.

8 Mas isto só não se vos esconda, carissimos, que hum dia diante do Senhor he como mil annos, e mil annos como hum dia.

9 Não retarda o Senhor a sua promessa, como alguns entendem: mas espera compaciencia por amor de vós, não querendo que algum pereça, senão que todos se convertão á penitencia.

10 Virá pois como ladrão o dia do Senhor: no qual passarão os Ceos com grande impeto, e os elementos com o calor se dissolverão, e a terra e todas as obras que ha nella, se abrazarão.

11 Como pois todas estas cousas hajão de ser desfeitas, quaes vos convem ser em santidade de vida, e em piedade de acções,

12 esperando, e appropinquando-vos para a vinda do dia do Senhor, no qual os Ceos ardendo se desfarão, e os elementos com o ardor do fogo se fundirão?

13 Porém esperamos, segundo as suas promessas, huns novos Ceos, e huma nova terra, nos quaes habita a justiça.

14 Por tanto, carissimos, esperando estas cousas, procurai com diligencia que sejais d'elle achados em paz, immaculados, e irreprehensiveis:

15 e tende por salvação a larga paciencia de nosso Senhor: assim como tambem nosso irmão carissimo Paulo vos escreveo, segundo a sabedoria que lhe foi dada,

16 como tambem em todas as suas Cartas, fallando nellas d'isto, nas quaes ha algumas cousas difficeis de entender, as quaes adulterão os indoutos, e inconstantes, como tambem as outras Escrituras, para ruina de si mesmos.

17 Vós pois, irmãos, estando já d'antemão advertidos, guardai-vos: para que não caiais da vossa propria firmeza, levados do erro d'estes insensatos:

18 mas crescei na graça, e no conhecimento de nosso Senhor, e Salvador Jesu Christo. A elle gloria assim agora, como até no dia da Eternidade. Amen.

PRIMEIRA EPISTOLA

DE

S. JOÃO APOSTOLO.

CAPITULO I.

O QUE foi des do principio, o que ouvimos, o que vimos com os nossos olhos, o que mirámos, e palpárão as nossas mãos do Verbo da vida:

2 porque a vida foi manifestada, e nós a vimos, e damos d'ella testemunho, e nós vos annunciamos esta vida eterna, que estava no Padre, e que nos appareceo a nós-outros:

3 o que vimos e ouvimos, isso vos annunciamos, para que tambem vós tenhais communhão com-

nosco, e que a nossa communhão seja com o Padre, e com seu Filho Jesu Christo.

4 E estas cousas vos escrevemos para que vos alegreis, e a vossa alegria seja completa.

5 E esta he a nova que ouvimos d'elle mesmo, e que nós vos annunciamos: Que Deos he luz, e não ha nelle nenhumas trévas.

6 Se dissermos que temos sociedade com elle, e andamos nas trévas, mentimos, e não seguimos a verdade.

7 Porém se nós andamos na luz, como elle mesmo tambem está na luz, temos mutuamente

sociedade, e o sangue de Jesu Christo, seu Filho, nos purifica de todo o peccado.

8 Se dissermos que estamos sem peccado, nós mesmos nos enganamos, e não ha verdade em nós.

9 Porém se nós confessarmos os nossos peccados: elle he fiel, e justo, para nos perdoar esses nossos peccados, e para nos purificar de toda a iniquidade.

10 Se dissermos que não peccámos: fazemo-lo a elle mentiroso, e a sua palavra não está em nós.

CAPITULO II.

FILHINHOS meus, eu vos escrevo estas cousas, para que não pequeis. Mas se algum ainda peccar, temos por Advogado para com o Padre, a Jesu Christo justo:

2 porque elle he a propiciação pelos nossos peccados: e não sómente pelos nossos, mas tambem pelos de todo o Mundo.

3 E nisto sabemos que o conhecemos, se guardamos os seus mandamentos.

4 Aquelle, que diz que o conhece, e não guarda os seus mandamentos, he hum mentiroso, e não ha nelle a verdade.

5 Mas se algum guarda a sua palavra, he nelle verdadeiramente perfeito o amor de Deos: e por aqui he que nós conhecemos que estamos nelle.

6 Aquelle, que diz que está nelle, deve tambem elle mesmo andar, como elle andou.

7 Carissimos, eu não vos escrevo hum mandamento novo, mas sim o mandamento velho, que vós recebestes des do principio. Este mandamento velho he a palavra, que vós ouvistes.

8 Todavia eu vos escrevo hum mandamento novo, o qual he verdadeiro assim nelle mesmo, como em vós-outros: porque as trévas já passárão, e a verdadeira luz já luze.

9 Aquelle que diz, que está na luz, e aborrece a seu irmão, atégora está nas trévas.

10 O que ama a seu irmão, permanece na luz, e não ha escandalo nelle.

11 Mas aquelle, que tem odio a seu irmão, está em trévas, e anda nas trévas, e não sabe para onde vá: porque as trévas cegárão seus olhos.

12 Eu vos escrevo, filhinhos, porque os vossos peccados vos são perdoados pelo seu Nome.

13 Eu vos escrevo, pais, porque conhecestes aquelle, que he des do principio. Eu vos escrevo, moços, porque vencestes o maligno.

14 Eu vos escrevo, meninos, porque conhecestes o pai. Eu vos escrevo, moços, porque sois fortes, e porque a palavra de Deos permanece em vós, e porque venceste o maligno.

15 Não ameis ao Mundo, nem ao que ha no Mundo. Se algum ama ao Mundo, não ha nelle o amor do Pai:

16 porque tudo o que ha no Mundo, he concupiscencia da carne, e concupiscencia dos olhos, e soberba da vida: a qual não vem do Pai, mas sim do Mundo.

17 Ora o Mundo passa, e tambem a sua concupiscencia. Mas o que faz a vontade de Deos, permanece eternamente.

18 Filhinhos, he chegada a ultima hora: e como vós tendes ouvido dizer que o Anti-Christo vem: tambem já de agora ha muitos Anti-Christos; donde conhecemos que he chegada a ultima hora.

19 Elles sahirão de nós, mas não erão de nós: porque se elles tivessem sido de nós, ficarião

730

certamente comnosco: mas isto he para que se conheça que não são todos de nós.

20 Porém vós-outros tendes a unção do Santo, e sabeis todas as cousas.

21 Eu não vos escrevi como se vós ignorasseis a verdade, mas como a quem a conhece: e sabe que da verdade não vem nenhuma mentira.

22 Quem he mentiroso, senão aquelle, que nega que Jesus seja o Christo? Este tal he hum Anti-Christo, que nega o Pai, e o Filho.

23 Todo aquelle, que nega o Filho, não reconhece o Pai: todo o que confessa o Filho, reconhece tambem o Pai.

24 O que vós ouvistes des do principio, permaneça em vós-outros: Se em vós permanecer o que ouvistes des do principio, vós permanecereis tambem no Filho, e no Pai.

25 E esta he a promessa, que elle nos fez, de que teriamos a vida eterna.

26 Eis-aqui o que eu julguei que vos devia escrever ácerca d'aquelles, que vos seduzem.

27 E permaneça em vós a unção que recebestes d'elle. Ora vós não tendes necessidade que ninguem vos ensine: mas como a sua unção vos ensina em todas as cousas, e ella he huma verdade, e não he mentira: tambem como ella vos tem ensinado, permanecei nelle.

28 Agora pois, filhinhos, permanecei nelle: para que quando elle apparecer, tenhamos confiança, e não sejamos confundidos por elle na sua vinda.

29 Se sabeis que elle he justo, sabei que todo aquelle, que pratica a justiça, tambem he nascido d'elle.

CAPITULO III.

CONSIDERAI qual foi o amor que nos mostrou o Padre, em querer que nós sejamos chamados filhos de Deos, e com effeito o sejamos. Por isso o mundo nos não conhece a nós: porque o não conhece a elle.

2 Carissimos, agora somos filhos de Deos: e não appareceo ainda o que havemos de ser. Sabemos, que quando elle apparecer, seremos semelhantes a elle: por quanto nós-outros o veremos bem como elle he.

3 E todo o que nelle tem esta esperança, santifica-se a si mesmo, assim como tambem elle he Santo.

4 Todo o que commette hum peccado, commette igualmente huma iniquidade: porque o peccado he huma iniquidade.

5 E sabeis que elle apparece para tomar sobre si os nossos peccados: e nelle não ha peccado.

6 Todo o que permanece nelle, não pecca: e todo o que pecca, não no vio, nem no conheceo.

7 Filhinhos, ninguem vos seduza. Aquelle, que faz obras de justiça, he justo: como elle tambem he justo.

8 Aquelle, que commette o peccado, he filho do diabo: porque o diabo pecca desdo principio. Para destruir as obras do diabo he que o Filho de Deos veio ao Mundo.

9 Todo o que he nascido de Deos, não commette o peccado: porque a semente de Deos permanece nelle, e não póde peccar, porque he nascido de Deos.

10 Nisto se conhece quaes são os filhos de Deos, e os filhos do diabo. Todo o que não he justo, não he filho de Deos, e o que não ama a seu irmão:

11 porque esta he a doutrina, que tendes

ouvido des do princípio, que vos ameis huns aos outros.

12 Não assim como Caim, que era filho do maligno, e que matou a seu irmão. E porque o matou elle? Porque as suas obras erão más: e as de seu irmão justas.

13 Não vos admireis, irmãos, de que o Mundo vos tenha odio.

14 Nós sabemos, que nós fomos trasladados da morte para a vida, porque amamos a nossos irmãos. Aquelle que não ama, permanece na morte:

15 todo o que tem odio a seu irmão, he hum homicida. E vós sabeis, que nenhum homicida tem a vida eterna permanente em si mesmo.

16 Nisto temos nós conhecido o amor de Deos, em que elle deo a sua vida por nós: e nós devemos tambem dar a nossa vida pelos nossos irmãos.

17 O que tiver riquezas d'este mundo, e vir a seu irmão ter necessidade, e lhe fechar as suas entranhas: como está nelle a caridade de Deos?

18 Meus filhinhos, não amemos de palavra, nem de lingua, mas por obra e em verdade:

19 por aqui he que nós conhecemos que somos filhos da verdade: e que nós o persuadiremos ao nosso coração diante de Deos.

20 Porque se o nosso coração nos reprehender: Deos he maior do que o nosso coração, e elle conhece todas as cousas.

21 Carissimos, se o nosso coração nos não reprehender, temos nós confiança diante de Deos:

22 e tudo quanto nós lhe pedirmos, receberemos d'elle: porque guardamos os seus mandamentos, e fazemos o que he do seu agrado.

23 E este he o seu mandamento: Que creamos no Nome de seu Filho Jesu Christo: e que nos amemos huns aos outros, como elle nos mandou.

24 Ora o que guarda os seus mandamentos, está em Deos, e Deos nelle: e nisto sabemos que elle permanece em nós, pelo Espirito que nos deo.

CAPITULO IV.

CARISSIMOS, não creais a todo o espirito, mas provai se os espiritos são de Deos: porque são muitos os falsos Profetas, que se levantárão no Mundo:

2 nisto se conhece o espirito que he de Deos: todo o espirito, que confessa que Jesu Christo veio em carne, he de Deos:

3 e todo o espirito, que divide a Jesus, não he de Deos, mas este tal he o Anti-Christo, do qual vós tendes ouvido que vem, e elle agora está já no Mundo.

4 Vós, filhinhos, sois de Deos, e vós o vencestes, porque o que está em vos-outros he maior que o que está no Mundo.

5 Elles do Mundo são: por isso fallão do Mundo, e o Mundo os ouve.

6 Nós-outros somos de Deos. Quem conhece a Deos, ouve-nos: o que não he de Deos, não nos ouve: nisto conhecemos o Espirito da verdade, e o espirito do erro.

7 Carissimos, amemo-nos huns aos outros: porque a caridade vem de Deos. E todo o que ama, he nascido de Deos, e conhece a Deos.

8 Aquelle, que não ama, não conhece a Deos: porque Deos he caridade.

9 Nisto he que se manifestou a caridade de Deos para comnosco, em que Deos enviou a seu Filho unigenito ao Mundo, para que nos vivamos por elle.

10 Esta caridade consiste nisto: em não termos nós sido os que amámos a Deos, mas em que elle foi o primeiro que nos amou a nós, e enviou a seu Filho como victima de propiciação pelos nossos peccados.

11 Carissimos, se Deos nos amou assim: devemos nós tambem amarmo-nos huns aos outros.

12 Nenhum jámais vio a Deos. Se nós nos amamos mutuamente, permanece Deos em nós, e a sua caridade he em nós perfeita.

13 No em que nós conhecemos que estamos nelle, e elle em nós: he em nos ter feito participantes do seu Espirito.

14 E nós vimos, e nós testificamos, que o Pai enviou a seu Filho para ser o Salvador do Mundo.

15 Todo aquelle pois, que confessar, que Jesus he o Filho de Deos, permanece Deos nelle, e elle em Deos.

16 E nós temos conhecido, e crido a caridade, que Deos tem por nós. Deos he Caridade: e assim aquelle, que permanece na caridade, permanece em Deos, e Deos nelle.

17 Por isso foi consummada em nós a caridade de Deos, para que tenhamos confiança no dia do juizo: pois como elle mesmo he, assim somos nós-outros neste mundo.

18 Na caridade não ha temor: mas a caridade perfeita lança fóra ao temor, porque o temor anda acompanhado de pena, e aquelle, que teme, não he perfeito na caridade.

19 Por tanto amemos nós a Deos, porque Deos nos amou primeiro.

20 Se algum disser pois, eu amo a Deos, e aborrecer a seu irmão, he hum mentiroso. Porque aquelle que não ama a seu irmão, a quem vê, como póde amar a Deos, a quem não vê?

21 E nós temos de Deos este mandamento: que o que ama a Deos, ame tambem a seu irmão.

CAPITULO V.

TODO o que crê que Jesus he o Christo, he nascido de Deos. E todo o que ama ao que o gerou, ama tambem ao que nasceo d'elle.

2 Nisto conhecemos que amamos aos filhos de Deos, se amamos a Deos, e guardamos os seus mandamentos.

3 Porque este he o amor de Deos, que guardemos os seus mandamentos: e os seus mandamentos não são custosos.

4 Porque todo o que he nascido de Deos, vence ao Mundo: e esta he a victoria, que vence ao Mundo, a nossa fé.

5 Quem he o que vence o Mundo, senão aquelle que crê que Jesus he o Filho de Deos?

6 Este he Jesu Christo, que veio com a agua e com o sangue: não com a agua tão sómente, senão com a agua e com o sangue. E o Espirito he o que dá testemunho, que Christo he a verdade.

7 Porque tres são os que dão testemunho no Ceo: o Pai, o Verbo, e o Espirito Santo: e estes tres são huma mesma cousa.

8 E tres são os que dão testemunho na terra: o Espirito, e a agua, e o sangue: e estes tres são huma mesma cousa.

9 Se nós recebemos o testemunho dos homens, o testemunho de Deos he maior: pois este he o testemunho de Deos, que he o maior, porque elle testificou de seu Filho.

10 O que crê no Filho de Deos, tem em si o testemunho de Deos. O que não crê ao Filho, vem a fazello mentiroso: porque não crê no testemunho, que Deos deo de seu Filho.

11 E este he o testemunho, que Deos nos deo a vida eterna. E esta vida está em seu Filho.

12 O que tem ao Filho, tem a vida: o que não tem ao Filho, não tem a vida.

13 Eu vos escrevo estas cousas: para que saibais que tendes a vida eterna, os que credes no Nome do Filho de Deos.

14 E esta he a confiança, que temos nelle: Que em tudo quanto lhe pedirmos: elle nos ouve, sendo conforme á sua vontade.

15 E sabemos que elle nos ouve em tudo quanto lhe pedirmos: sabemo-lo, porque temos já recebido o effeito das petições que lhe fizemos.

16 O que sabe que seu irmão commette hum peccado que não he para morte, peça, e será dada vida ao tal, cujo peccado não he para morte. He o seu peccado para morte: não digo eu que rogue alguem por elle.

17 Toda a iniquidade he peccado: e ha peccado que he para morte.

18 Sabemos que todo aquelle, que he nascido de Deos, não pecca: mas o nascimento que tem de Deos o guarda, e o maligno lhe não toca.

19 Sabemos que somos de Deos: e todo o mundo está posto no maligno.

20 E sabemos que veio o Filho de Deos, e que nos deo o entendimento, para que conheçamos ao verdadeiro Deos, e estejamos em seu verdadeiro Filho. Este he o verdadeiro Deos, e a vida eterna.

21 Filhinhos, guardai-vos dos idolos. Amen.

SEGUNDA EPISTOLA

DE

S. JOÃO APOSTOLO.

O PRESBYTERO á Senhora Electa, e a seus filhos, aos quaes eu amo na verdade, e não sómente eu, mas tambem todos os que tem conhecido a verdade,

2 por causa da verdade, que permanece em nós, e que será comnosco eternamente.

3 Seja comvosco a graça, a misericordia, a paz da parte de Deos Padre, e da de Jesu Christo Filho do Padre, em verdade, e em caridade.

4 Muito me alegrei, por ter achado que alguns de teus filhos andão em verdade, assim como temos recebido o mandamento do Padre.

5 E agora rogo-te, Senhora, não como se te escrevesse hum novo mandamento, senão o que havemos tido des do principio, que nos amemos huns aos outros.

6 E nisto consiste a caridade, que andemos segundo os mandamentos de Deos. Porque este he o mandamento, que andemos nelle, como tendes ouvido des do principio.

7 Porque muitos impostores se tem levantado no Mundo, que não confessão que Jesu Christo veio em carne: este tal he o impostor, e Anti-Christo.

8 Estai alerta sobre vós, para que não percais o que haveis obrado: mas antes recebais huma plena recompensa.

9 Todo o que se aparta, e não permanece na doutrina de Christo, não tem a Deos: o que permanece na doutrina, este tem assim ao Padre como ao Filho.

10 Se algum vem a vós, e não traz esta doutrina, não no recebais em vossa casa, nem lhe digais DEOS TE SALVE.

11 Porque o que lhe diz DEOS TE SALVE, communica com as suas malignas obras.

12 Posto que eu tinha mais cousas, que vos escrever, eu o não quiz fazer por papel, e tinta: porque espero ser comvosco, e fallar-vos cara á cara: para que o vosso gosto seja perfeito.

13 Os filhos de tua irmãa Electa te saudão.

TERCEIRA EPISTOLA

DE

S. JOÃO APOSTOLO.

O PRESBYTERO ao carissimo Gaio, a quem eu amo na verdade.

2 Carissimo, eu peço a Deos nas minhas orações que te prospere em tudo, e que te conserve em saude, assim como a tua alma se acha em bom estado.

3 Eu me alegrei muito pela vinda dos irmãos, e pelo testemunho que derão da tua verdade, assim como tu andas na verdade.

4 Eu não tenho maior gosto de outra cousa, que de ouvir que os meus filhos andão no caminho da verdade.

5 Carissimo, tu te portas com fidelidade em tudo o que fazes com os irmãos, e particularmente com os peregrinos,

6 os quaes derão testemunho da tua caridade na face da Igreja: aos quaes se encaminhares como convem segundo Deos, farás bem.

7 Porque pelo seu Nome he que elles partirão, não recebendo nada dos Gentios.

8 Nós pois devemos receber a estes taes, para trabalharmos com elles no adiantamento da verdade.

9 Eu talvez tivera escrito á Igreja: mas aquelle Diótrefes, que ama ter entr'elles a primazia, não nos recebe.

10 por isso se eu lá for, darei a entender as obras que elle faz: chilrando com palavras malignas contra nós: e como se isto não lhe bastasse: nem ainda quer receber a nossos irmãos, e véda aos que os recebem que o não fação, e os lança fóra da Igreja.

11 Carissimo, não imites o mal, mas o bem. Aquelle, que faz bem, he de Deos: o que faz mal, não vio a Deos.

12 De Demetrio todos dão testemunho, e a mesma verdade lho dá, e nós lho damos tambem e tu sabes que o nosso testemunho he verdadeiro.

13 Eu tinha mais cousas que te escrever: mas não quiz fazello por tinta, e penna.

14 Porque espero ver-te cedo, e então fallaremos cara á cara. A paz seja comtigo. Os nossos amigos te saudão. Tu sauda tambem os nossos amigos cada hum em particular.

EPISTOLA CATHOLICA
DE
S. JUDAS APOSTOLO.

JUDAS, servo de Jesu Christo, e irmão de Tiago, áquelles, que são amados em Deos Padre, e conservados, e chamados pela graça de Jesu Christo.

2 A misericordia, e a paz, e a caridade se augmente em vós-outros.

3 Carissimos, desejando eu com toda a ancia escrever-vos ácerca da vossa commum salvação, me foi necessario escrever-vos agora: exhortando-vos a que combatais pela fé, que huma vez foi dada aos Santos.

4 Porque entrárão furtivamente a vós certos homens impios (que estão anticipadamente destinados para este juizo) os quaes trocão a graça de nosso Deos em luxuria, e negão a Jesu Christo nosso unico Dominador, e Senhor.

5 Mas quero-vos trazer á memoria, posto que já sabeis tudo isto, como Jesus salvando ao povo da terra do Egypto, destruio depois aquelles, que não crêrão:

6 e que aos Anjos, que não guardárão o seu principado, mas desampárárão o seu domicilio, os tem reservados com cadeias eternas em trévas, para o juizo do grande dia.

7 Assim como Sodoma, e Gomorrha, e as Cidades comarcans, que fornicárão como ellas, e indo após d'outra carne, forão postas por escarmento, soffrendo a pena do fogo eterno.

8 Da mesma maneira tambem estes contaminão por certo a sua carne, e desprezão a dominação, e blasfemão da magestade.

9 Quando o Arcanjo Miguel disputando com o diabo, altercava sobre o corpo de Moysés, não se atreveo a fulminar-lhe sentença de blasfemio: mas disse: Mande-te o Senhor.

10 Porém estes blasfemão na verdade de todas as cousas, que ignorão: e se pervertem como brutos irracionaes, em todas aquellas cousas que sabem naturalmente.

11 Ai d'elles, porque andárão pelo caminho de Caim, e por preço se deixárão levar do erro de Balaão, e perecêrão na rebellião de Coré.

12 Estes são os que contaminão os seus festins, banqueteando-se sem temor, apascentando-se a si mesmos, como nuvens sem agua, que os ventos levão de huma parte para a outra, como arvores do outono, sem fruto, duas vezes mortas, desarraigadas,

13 como ondas furiosas do mar, que arrojão as espumas da sua abominação, como estrellas errantes: para os quaes está reservada huma tempestade de trévas por toda a eternidade.

14 Tambem Enoc, que foi o setimo depois de Adão, profetizou ainda d'estes, dizendo: Eis-aqui veio o Senhor entre milhares dos seus Santos,

15 a fazer juizo contra todos, e a convencer a todos os impios de todas as obras da sua impiedade, que impiamente fizerão, e de todas as palavras injuriosas, que os peccadores impios tem fallado contra Deos.

16 Estes são huns murmuradores queixosos, que andão segundo as suas paixões, e a sua boca falla cousas soberbas, que mostrão admiração das pessoas, por causa de interesse.

17 Mas vós-outros, carissimos, lembrai-vos das palavras, que vos forão preditas pelos Apostolos de nosso Senhor Jesu Christo,

18 os quaes vos dizião, que nos ultimos tempos virião impostores, que andarião segundo as suas paixões todas cheias de impiedade.

19 Estes são os que se separão de si mesmos, sensuaes, que não tem o Espirito.

20 Mas vós-outros, carissimos, edificando-vos a vós mesmos sobre o fundamento da vossa santissima fé, orando no Espirito Santo,

21 conservai-vos a vós mesmos no amor de Deos, esperando a misericordia de nosso Senhor Jesu Christo para a vida eterna.

22 E assim reprehendei aos que estão já julgados:

23 e salvai aos outros, arrebatando-os do fogo. E dos de mais tende compaixão com temor: aborrecendo até a tunica que está contaminada da carne.

24 E áquelle, que he poderoso para vos conservar sem peccado, e para vos apresentar ante a vista da sua gloria immaculados com exultação na vinda de nosso Senhor Jesu Christo;

25 ao só Deos Salvador nosso, por Jesu Christo nosso Senhor, seja gloria e magnificencia, imperio e poder, antes de todos os seculos, e agora, e para todos os seculos dos seculos. Amen.

APOCALYPSE

DE

S. JOÃO APOSTOLO.

CAPITULO I.

O APOCALYPSE de Jesu Christo, que Deos lhe deo para descobrir aos seus servos as cousas, que cedo devem acontecer: e que elle manifestou, enviando-as por meio do seu Anjo a seu servo João,

2 o qual deo testemunho á palavra de Deos, e testemunho de Jesu Christo, em todas as cousas que vio.

3 Bemaventurado aquelle, que lê, e ouve as palavras desta Profecia: e guarda as cousas, que nella estão escritas: porque o tempo está proximo.

4 João ás sete Igrejas, que ha na Asia. Graça a vós-outros, e paz da parte d'aquelle, que he, e que era, e que ha de vir: e da dos sete Espiritos, que estão diante do seu Throno:

5 e da parte de Jesu Christo, que he a testemunha fiel, o Primogenito dos mortos, e o Principe dos Reis da terra, que nos amou, e nos lavou dos nossos peccados no seu sangue,

6 e nos fez sermos o Reino, e os Sacerdotes para Deos, e seu Pai: a elle gloria, e imperio por seculos dos seculos: Amen.

7 Ei-lo ahi vem sobre as nuvens, e todo o olho o verá, e os que o traspassárão. E baterão nos peitos ao vêllo todas as Tribus da terra: Assim se cumprirá: Amen.

8 Eu sou o Alfa, e o Omega, o principio, e o fim, diz o Senhor Deos: que he, que era, e que ha de vir, o Todo Poderoso.

9 Eu João, vosso irmão, que tenho parte na tribulação, e no Reino e na paciencia em Jesu Christo: estive em huma Ilha, que se chama Patmos, por causa da palavra de Deos, e pelo testemunho de Jesus:

10 eu fui arrebatado em espirito hum dia de Domingo, e ouvi por detrás de mim huma grande voz como de trombeta,

11 que dizia: O que vés, escreve-o em hum Livro: e envia-o ás sete Igrejas, que ha na Asia, a Efeso, e a Smyrna, e a Pergamo, e a Thyatira, e a Sardes, e a Filadelfia, e a Laodicéa.

12 E me voltei para ver a voz, que fallava comigo: E assim voltado vi sete candieiros de ouro:

13 e no meio dos sete candieiros de ouro a hum semelhante ao Filho do homem, vestido de huma roupa talar, e cingido pelos peitos com huma cinta de ouro:

14 A sua cabeça porém, e os seus cabellos erão brancos como a lã branca, e como a neve, e os seus olhos parecião huma como chamma de fogo,

15 e os seus pés erão semelhantes ao latão fino, quando está numa fornalha ardente, e a sua voz igualava o estrondo das grandes aguas:

16 e tinha na sua direita sete estrellas: e sahia da sua boca huma espada aguda de dous fios: e o seu rosto resplandecia como o Sol na sua força.

17 Logo que eu o vi, cahi ante seus pés como morto. Porém elle poz a sua mão direita sobre
734

mim, dizendo: Não temas: eu sou o primeiro, e o ultimo,

18 e o que vivo, e fui morto, mas eis-aqui estou eu vivo por seculos dos seculos, e tenho as chaves da morte, e do Inferno.

19 Escreve pois as cousas, que viste, e as que são, e as que tem de succeder ao depois d'estas.

20 Eis-aqui o mysterio das sete estrellas, que tu viste na minha mão direita, e dos sete candieiros de ouro: As sete estrellas, são os sete Anjos das sete Igrejas: e os sete candieiros, são as sete Igrejas.

CAPITULO II.

ESCREVE ao Anjo da Igreja de Efeso: Isto diz aquelle, que tem as sete estrellas na sua direita, que anda no meio dos sete candieiros de ouro:

2 eu sei as tuas obras, e o teu trabalho, e a tua paciencia, e que não podes supportar os máos: e que tens provado os que dizem ser Apostolos, e não no são: e tu os achaste mentirosos:

3 e que tens paciencia, e soffreste pelo meu Nome, e não tens desfalecido.

4 Mas tenho contra ti, que deixaste a tua primeira caridade.

5 Lembra-te pois donde cahiste: e arrependete, e faze as primeiras obras: e se não, venho a ti, e moverei o teu candieiro do seu lugar, senão fizeres penitencia.

6 Mas isto tens de bom, que aborreces os feitos dos Nicolaitas, que eu tambem aborreço.

7 Aquelle, que tem ouvidos, ouça o que o Espirito diz ás Igrejas: Áo vencedor darei a comer da arvore da vida, que está no Paraiso do meu Deos.

8 E ao Anjo da Igreja de Smyrna escreve: Isto diz o primeiro, e o ultimo, que foi morto, e que está vivo:

9 eu sei a tua tribulação, e a tua pobreza, mas tu és rico: e és calumniado por aquelles, que se dizem Judeos, e não no são, mas são a synagoga de Satanás.

10 Não temas nada do que tens que padecer. Eis-ahi está que o diabo fará metter em prizão alguns de vós, a fim de serdes provados: e tereis tribulação dez dias. Sê fiel até a morte, e eu te darei a coroa da vida.

11 Aquelle, que tem ouvidos, ouça o que o Espirito diz ás Igrejas: O que sahir vencedor, ficará illéso da segunda morte.

12 Escreve tambem ao Anjo da Igreja de Pergamo: Isto diz aquelle, que tem o affiado montante de dous gumes:

13 sei onde habitas, onde está a cadeira de Satanás: e que conservas o meu Nome, e não negaste a minha fé. E isto até naquelles dias em que Antipas se ostentou minha fiel testemunha, o qual foi morto entre vós, onde Satanás habita.

14 Mas tenho contra ti humas poucas de cousas: porque tens ahi aos que seguem a doutrina de Balaão, que ensinava a Balac a pôr tropeços

diante dos filhos d'Israel, para que comessem, e fornicassem:

15 Assim tens tu tambem aos que seguem a doutrina dos Nicolaitas.

16 Faze igualmente penitencia: porque d'outra maneira, virei a ti logo, e pelejarei contra elles com a espada da minha boca.

17 Aquelle, que tem ouvidos, ouça o que o Espirito diz ás Igrejas: Eu darei ao vencedor o manná escondido, e dar-lhe-hei huma pedrinha branca: e hum nome novo escrito na pedrinha, o qual não conhece, senão quem no recebe.

18 Escreve mais ao Anjo da Igreja de Thyatíra: Isto diz o Filho de Deos, que tem os olhos como huma chamma de fogo, e os seus pés são semelhantes ao latão fino:

19 eu conheço as tuas obras, e a tua fé, e a tua caridade, e serviços, e a tua paciencia, e as tuas ultimas obras, que em número excedem as primeiras.

20 Porém tenho humas poucas de cousas contra ti: porque tu permittes a Jezabel, mulher que se diz Profetiza, prégar, e seduzir aos meus servos, para fornicarem, e comerem das cousas sacrificadas aos idolos.

21 Eu porém lhe tenho dado tempo para fazer penitencia: e ella não quer arrepender-se da sua prostituição.

22 Eis-ahi a reduzirei a huma cama: e os que adulterão com ella, se verão numa grandissima tribulação, senão fizerem penitencia das suas obras:

23 e ferirei de morte a seus filhos, e todas as Igrejas conhecerão, que eu sou aquelle, que sonda os rins, e os corações: e retribuirei a cada hum de vós segundo as suas obras. Mas eu vos digo a vós,

24 e aos outros que estais em Thyatíra: A respeito de todos os que não seguem esta doutrina, e que não tem conhecido as profundidades, como elles lhes chamão de Satanás, eu não porei sobre vós outro peso:

25 mas guardai bem aquillo, que tendes, até que eu venha.

26 E áquelle, que vencer, e que guardar as minhas obras até o fim, eu lhe darei poder sobre as Nações,

27 e as regerá com vara de ferro, e serão quebradas como vaso de oleiro,

28 assim como tambem eu a recebi de meu Pai: e dar-lhe-hei a estrella d'alva.

29 Aquelle, que tem ouvidos, ouça o que o Espirito diz ás Igrejas.

CAPITULO III.

ESCREVE tambem ao Anjo da Igreja de Sardes: Isto diz aquelle, que tem os sete Espiritos de Deos, e as sete estrellas: Eu sei as tuas obras, que tens a reputação de que vives, e tu estás morto.

2 Sê vigilante, e confirma os restos, que estavão para morrer. Porque não acho as tuas obras completas diante do meu Deos.

3 Lembra-te pois do que recebeste, e ouviste, e guarda-o, e faze penitencia. Porque se tu não vigiares, virei a ti como hum ladrão, e tu não saberás a que hora eu virei a ti.

4 Mas tens algumas pessoas em Sardes, que não tem contaminado os seus vestidos: os quaes andarão comigo em vestiduras brancas, porque são dignos d'isso.

5 Aquelle, que vencer, será assim vestido de vestiduras brancas, e eu não apagarei o seu nome

735

do Livro da vida, e confessarei o seu nome diante de meu Pai, e diante dos seus Anjos.

6 Aquelle, que tem ouvidos, ouça o que o Espirito diz ás Igrejas.

7 Escreve tambem ao Anjo da Igreja de Filadelfia: Isto diz o Santo, e o Verdadeiro, que tem a chave de David: que abre, e ninguem fecha: que fecha, e ninguem abre:

8 Eis-aqui as tuas obras. Eis-aqui pux diante de ti huma porta aberta, que ninguem póde fechar: porque tens pouca força, e guardaste a minha palavra, e não tens negado o meu Nome.

9 Eis-aqui farei da synagoga de Satanás, os que dizem, que são Judeos, e não no são, mas mentem: Eis-aqui farei com que elles venhão, e que se prostrem a teus pés: e elles conhecerão que eu te amei:

10 porque tu guardaste a palavra da minha paciencia, tambem eu te guardarei da hora da tentação, que virá a todo o Universo, para provar aos que habitão na terra.

11 Vê, que venho logo: guarda o que tens, para que ninguem tome a tua corôa.

12 Ao que vencer, fallo-hei columna no Templo do meu Deos, e não sahirá jámais fóra: e escreverei sobre elle o Nome do meu Deos, e o nome da Cidade do meu Deos, a nova Jerusalem, que desce do Ceo vinda do meu Deos, e meu novo Nome.

13 Aquelle, que tem ouvidos, ouça o que o Espirito diz ás Igrejas.

14 Escreve igualmente ao Anjo da Igreja de Laodicéa: Isto diz aquelle, que he a mesma Verdade, e Testemunha fiel, e verdadeira, o que he principio da creatura de Deos.

15 Sei as tuas obras: que não és nem frio, nem quente: oxalá que tu foras ou frio, ou quente:

16 mas porque tu és morno, e nem és frio, nem quente, começar-te-hei a vomitar da minha boca.

17 Porque dizes: Rico sou pois, e estou enriquecido, e de nada tenho falta: e não conheces tu que és hum coitado, e miseravel, e pobre, e cégo, e nú.

18 Eu te aconselho que me compres ouro affinado no fogo para te fazeres rico, e te vestires de roupas brancas, e não se descubra a vergonha da tua desnudez, e unge os teus olhos com collyrio para que vejas.

19 Eu aos que amo, reprehendo, e castigo. Arma-te pois de zelo, e faze penitencia.

20 Eis-ahi estou eu á porta, e bato: se algum ouvir a minha voz, e me abrir a porta, entrarei eu em sua casa, e cearei com elle, e elle comigo.

21 Aquelle, que vencer, eu o farei assentar comigo no meu Throno: assim como eu mesmo tambem depois que venci, me assentei igualmente com meu Pai no seu Throno.

22 Aquelle, que tem ouvidos, ouça o que o Espirito diz ás Igrejas.

CAPITULO IV.

DEPOIS d'isto olhei: e vi huma porta aberta no Ceo, e a primeira voz, que ouvi, era como de trombeta, que fallava comigo, dizendo: Sobe cá, e mostrar-te-hei as cousas, que he necessario fazerem-se depois d'estas.

2 E logo fui arrebatado em espirito: e vi immediatamente hum Throno, que estava posto no Ceo, e sobre o Throno estava hum assentado.

3 E aquelle, que estava assentado no Throno,

era pelo que parecia semelhante a huma pedra de jaspe e de sardonio: e ao derredor do Throno estava hum Iris que se assemelhava á côr de esmeralda.

4 Estavão tambem ao derredor do Throno outros vinte e quatro thronos: e sobre estes thronos se vião assentados vinte e quatro Anciãos, vestidos de roupas brancas, e nas suas cabeças coroas de ouro.

5 E do Throno sahião relampagos, e vozes, e vozes: e diante do Throno estavão sete alampadas ardentes, que são os sete Espiritos de Deos.

6 E á vista do Throno havia hum como mar de vidro transparente semelhante ao crystal: e no meio do Throno, e ao derredor do Throno quatro animaes cheios de olhos, por diante e por detrás.

7 E o primeiro animal era semelhante a hum leão, e o segundo animal semelhante a hum novilho, e o terceiro animal tinha o aspecto como de homem, e o quarto animal era semelhante a huma aguia voando.

8 E os quatro animaes, cada hum d'elles tinha seis azas: e á roda, e por dentro estavão cheios de olhos: e não cessavão de dia e de noite de dizer: Santo, Santo, Santo, o Senhor Deos omnipotente, o que era, e o que he, e o que ha de vir.

9 E quando aquelles animaes davão gloria, e honra, e benção ao que estava assentado sobre o Throno, que vive por seculos dos seculos,

10 os vinte e quatro Anciãos se prostravão diante do que estava assentado no Throno, e adoravão ao que vive por seculos dos seculos, e lançavão as suas coroas diante do Throno, dizendo:

11 Tu és digno, ó Senhor nosso Deos, de receber gloria, e honra, e poder: porque tu creaste todas as cousas, e pela tua vontade he que ellas erão, e forão creadas.

CAPITULO V.

E VI na mão direita do que estava assentado sobre o Throno, hum livro escrito por dentro e por fóra, sellado com sete sellos.

2 E vi hum Anjo forte, que dizia a grande brado: Quem he digno de abrir o Livro, e de desatar os seus sellos?

3 E nenhum podia, nem no Ceo, nem na terra, nem debaixo da terra, abrir o Livro, nem olhar para elle.

4 E eu chorava muito, por ver que ninguem foi achado digno de abrir o Livro, nem de olhar para elle.

5 Porém hum dos Anciãos me disse: Não chores: eis-aqui o Leão da Tribu de Judá, a raiz de David, que pela sua victoria alcançou o poder de abrir o Livro, e de desatar os seus sete sellos.

6 E olhei: e vi no meio do Throno, e dos quatro animaes, e no meio dos Anciãos, hum Cordeiro como morto, que estava em pé, o qual tinha sete córnos, e sete olhos: que são os sete espiritos de Deos, mandados por toda a terra.

7 E veio: e tomou o Livro da mão direita do que estava assentado no throno.

8 E tendo aberto o Livro, os quatro animaes, e os vinte e quatro Anciãos se prostrárão diante do Cordeiro, tendo cada hum suas citharas e humas redomas de ouro cheias de perfumes, que são as orações dos Santos:

9 E cantavão hum cantico novo, dizendo: Digno és, Senhor, de tomar o Livro, e de desatar os seus sellos: porque tu foste morto, e nos remiste para Deos pelo teu sangue, de toda a Tribu, e de toda a Lingua, e de todo o Povo, e de toda a Nação;

736

10 e nos tens feito para o nosso Deos Reino, e Sacerdotes: e reinaremos sobre a terra.

11 E olhei, e ouvi a voz de muitos Anjos ao derredor do Throno, e dos animaes, e dos Anciãos: e era o número d'elles milhares de milhares,

12 que dizião em alta voz: Digno he o Cordeiro, que foi morto, de receber a virtude, e a divindade, e a sabedoria, e a fortaleza, e a honra, e a gloria, e a benção.

13 E a toda a creatura, que ha no Ceo, e sobre a terra, e debaixo da terra, e as que ha no mar, e quanto allí ha: ouvi dizer a todas: Ao que está assentado no Throno, e ao Cordeiro, benção, e honra, e gloria, e poder por seculos de seculos.

14 E os quatro animaes respondião: Amen. E os vinte e quatro Anciãos se prostrárão sobre os seus rostos: e adorárão ao que vive por seculos de seculos.

CAPITULO VI.

E VI que o Cordeiro abrio hum dos sete sellos, e ouvi que hum dos quatro animaes dizia, como em voz de trovão: Vem, e vê.

2 E olhei: e vi hum cavallo branco, e o que estava montado sobr'elle, tinha hum arco, e lhe foi dada huma coroa, e sahio victorioso para vencer.

3 E como elle tivesse aberto o segundo sello, ouvi o segundo animal, que dizia: Vem, e vê.

4 E sahio outro cavallo vermelho: e foi dado poder ao que estava montado sobr'elle, para que tirasse a paz de cima da terra, e que se matassem huns aos outros, e foi-lhe dada huma grande espada.

5 E quando elle abrio o terceiro sello, ouvi ao terceiro animal, que dizia: Vem, e vê. E appareceo hum cavallo negro: e o que estava montado sobr'elle, tinha na sua mão huma balança.

6 E ouvi huma como voz no meio dos quatro animaes, que dizião: Meia oitava de trigo valerá hum dinheiro, e tres oitavas de cevada hum dinheiro, mas não faças damno ao vinho, nem ao azeite.

7 E quando elle abrio o quarto sello, ouvi a voz do quarto animal, que dizia: Vem, e vê.

8 E appareceo hum cavallo amarello: e o que estava montado sobr'elle, tinha por nome Morte, e seguia-o o Inferno, e foi-lhe dado poder sobre as quatro partes da terra, para matar á espada, á fome, e pela mortandade, e pelas alimarias da terra.

9 E quando elle abrio o quinto sello, vi debaixo do Altar as almas dos que tinhão sido mortos por causa da palavra de Deos, e pelo testemunho, que tinhão dado d'elle.

10 E clamavão em alta voz, dizendo: Até quando, Senhor, (Santo, e verdadeiro,) dilatas tu o fazer-nos justiça, e vingar o nosso sangue dos que habitão sobre a terra?

11 E forão dadas a cada hum d'elles humas vestiduras brancas: e foi-lhes dito, que repousassem ainda hum pouco de tempo, até que se completasse o número dos seus conservos, e o de seus irmãos, que havião de padecer como tambem elles a morte.

12 E olhei, quando elle abrio o sexto sello: e eis-que sobreveio hum grande terremoto, e se tornou o Sol negro, como hum sacco de cilicio: e a Lua se tornou toda como sangue:

13 e as estrellas cahírão do Ceo sobre a terra, como quando a figueira, sendo agitada d'hum grande vento, deixa cahir os seus figos verdes:

14 e o Ceo se recolheo como hum livro, que se enrola: e todos os Montes, e Ilhas se moverão dos seus lugares:

15 e os Reis da terra, e os Principes, e os tribunos, e os ricos, e os poderosos, e todo o servo, e livre, se esconderão nas cavernas, e entre os penhascos dos montes:

16 e disserão aos montes, e aos rochedos: Cahi sobre nós, e escondei-nos de diante da face do que está assentado no Throno, e da ira do Cordeiro:

17 Porque chegou o grande dia da ira d'elles: e quem poderá subsistir?

CAPITULO VII.

DEPOIS d'isto vi quatro Anjos, que estavão sobre os quatro angulos da terra, tendo mão nos quatro ventos da terra, para que não assoprassem sobre a terra, nem sobre o mar, nem contra arvore alguma.

2 E vi outro Anjo que subia da parte do nascimento do Sol, tendo o sinal do Deos vivo: e clamou em alta voz aos quatro Anjos, a quem fora dado o poder de fazer mal á terra, e ao mar,

3 dizendo: Não faças mal á terra, nem ao mar, nem ás arvores, até que assinalemos os servos do nosso Deos nas suas testas.

4 E ouvi o número dos que forão assinalados, que erão cento e quarenta e quatro mil assinalados, de todas as Tribus dos filhos d'Israel.

5 Da Tribu de Judá, doze mil assinalados: Da Tribu de Ruben, doze mil assinalados: Da Tribu de Gad, doze mil assinalados:

6 Da tribu de Aser, doze mil assinalados: Da Tribu de Nefthali, doze mil assinalados: Da Tribu de Manassés, doze mil assinalados.

7 Da Tribu de Simeon, doze mil assinalados: Da Tribu de Levi, doze mil assinalados: Da Tribu de Issacar, doze mil assinalados:

8 Da Tribu de Zabúlon, doze mil assinalados: Da Tribu de José, doze mil assinalados: Da Tribu de Benjamin, doze mil assinalados.

9 Depois d'isto vi huma grande multidão, que ninguem podia contar, de todas as Nações, e Tribus, e Povos, e Linguas: que estavão em pé diante do Throno, e á vista do Cordeiro, cobertos de vestiduras brancas, e com palmas nas suas mãos:

10 e clamavão em voz alta, dizendo: Salvação ao nosso Deos, que está assentado sobre o Throno, e ao Cordeiro.

11 E todos os Anjos estavão em pé ao derredor do Throno, e dos Anciãos, e dos quatro animaes: e se prostrárão ante o Throno sobre os seus rostos, e adorárão a Deos,

12 dizendo, Amen. Benção, e claridade, e sabedoria, e acção de graças, honra, e virtude, e fortaleza, a nosso Deos por seculos de seculos, Amen.

13 E respondeo hum dos Anciãos, e me disse: Estes, que estão cobertos de vestiduras brancas, quem são? e donde vierão?

14 E eu lhe respondi: Meu Senhor, tu o sabes. E elle me disse: Estes são os que vierão de huma grande tribulação, e lavárão as suas roupas, e as embranquecêrão no sangue do Cordeiro:

15 por isso estão ante o Throno de Deos, e o servem de dia e de noite no seu Templo: e o que está assentado no Throno, habitará sobr'elles.

16 Não terão fome, nem sede nunca jámais, nem cahirá sobr'elles o Sol, nem ardor algum:

737

17 porque o Cordeiro, que está no meio do Throno, os guardará, e os levará ás fontes das aguas da vida, e enxugará Deos toda a lagrima dos olhos d'elles.

CAPITULO VIII.

E QUANDO elle abrio o setimo sello, fez-se hum silencio no Ceo, quasi por meia hora.

2 E vi sete Anjos que estavão em pé diante de Deos: e lhes forão dadas sete trombetas.

3 E veio outro Anjo, e parou diante do altar, tendo hum thuribulo de ouro: e lhe forão dados muitos perfumes, das orações de todos os Santos, para que os pozesse sobre o altar de ouro, que estava ante o Throno de Deos.

4 E subio o fumo dos perfumes das orações dos Santos, da mão do Anjo diante de Deos.

5 E o Anjo tomou o thuribulo, e o encheo de fogo do altar, e o lançou sobre a terra, e logo se fizerão trovões, e estrondos, e relampagos, e hum grande terremoto.

6 Então os sete Anjos, que tinhão as sete trombetas, se preparárão para as fazer soar.

7 E tocou o primeiro Anjo a Trombeta, e formou-se huma chuva de pedra, e de fogo misturados com sangue, que cahio sobre a terra, e foi abrazada a terceira parte da terra, e foi queimada a terceira parte das arvores, e queimada toda a herva verde.

8 E o segundo Anjo tocou a Trombeta: e foi lançado no mar como hum grande monte ardendo em fogo, e se tornou em sangue a terceira parte do mar,

9 e a terça parte das creaturas, que vivião no mar, morreo, e a terça parte das náos pereceo.

10 E tocou o terceiro Anjo a Trombeta: e cahio do Ceo huma grande Estrella ardente, como hum facho, e cahio ella sobre a terça parte dos rios, e sobre as fontes das aguas:

11 e o nome d'esta Estrella era Absinthio: e a terceira parte das aguas se converteo em absinthio: e muitos homens morrêrão das aguas, porque ellas se tornárão amargosas.

12 E o quarto Anjo tocou a Trombeta: e foi ferida a terça parte do Sol, e a terça parte da Lua, e a terça parte das Estrellas, de maneira que se obscureceo a terça parte d'elles, e não resplandecia a terceira parte do dia, e o mesmo era da noite.

13 E vi eu, e ouvi a voz d'huma Aguia, que voava pelo meio do Ceo, a qual dizia em alta voz: Ai, ai, ai dos habitantes da terra, por causa das outras vozes dos tres Anjos, que havião de tocar a Trombeta.

CAPITULO IX.

E O quinto Anjo tocou a Trombeta: e vi que huma Estrella cahio do Ceo na terra, e lhe foi dada a chave do poço do abysmo.

2 E abrio ella o poço do abysmo: e subio fumo do poço, como fumo de huma grande fornalha: e se escureceo o Sol, e o ar com o fumo do poço:

3 e do fumo do poço sahírão gafanhotos para a terra, e lhes foi dado hum poder, como tem poder os escorpiões da terra:

4 e lhes foi mandado, que não fizessem damno á herva da terra, nem a verdura alguma, nem a arvore alguma: senão sómente aos homens, que não tem o sinal de Deos nas suas testas.

5 e lhes foi concedido, não que os matassem: mas que os atormentassem cinco mezes: e o seu tormento he como o tormento de escorpião, quando fere ao homem.

6 E naquelles dias os homens buscarão a morte, e não na acharão: e elles desejarão morrer, e a morte fugirá d'elles.

7 E as figuras dos gafanhotos erão parecidas a cavallos apparelhados para a batalha: e sobre as suas cabeças tinhão humas como coroas semelhantes ao ouro: e os seus rostos erão como rostos de homens.

8 E tinhão os cabellos como os cabellos das mulheres: e os seus dentes, erão como os dentes dos leões:

9 e vestião couraças, como couraças de ferro, e o estrondo das suas azas era como o estrondo de carros de muitos cavallos, que correm ao combate:

10 e tinhão caudas semelhantes ás dos escorpiões, e havia aguilhões nas suas caudas: e o seu poder se estendia a fazerem mal aos homens cinco mezes: e tinhão sobre si

11 por seu Rei hum Anjo do abysmo, chamado em Hebreo Abaddon, e em Grego Apollyon, que segundo o Latim quer dizer Exterminador.

12 O primeiro já passou, e eis-aqui se seguem ainda dous ais depois d'estas cousas.

13 Tocou tambem o sexto Anjo a Trombeta: e eu ouvi huma voz, que sahia dos quatro cantos do altar de ouro, que está ante os olhos de Deos,

14 a qual dizia ao sexto Anjo, que tinha a Trombeta: Solta os quatro Anjos, que estão atados no grande rio Eufrátes.

15 Logo forão desatados os quatro Anjos, que estavão prestes para a hora, e dia, e mez, e anno: para matarem a terça parte dos homens.

16 E o número d'este exercito de Cavallaria era de duzentos milhões. E eu ouvi dizer o número d'elles.

17 E vi assim os cavallos na visão: os que estavão pois montados nelles, tinhão humas couraças de fogo, e de côr de jacintho, e de enxofre, e as cabeças dos cavallos erão como cabeças de leões: e da sua boca sahia fogo, e fumo, e enxofre.

18 E por estas tres pragas, isto he, pelo fogo, e pelo fumo, e pelo enxofre, que sahião da sua boca, foi morta a terça parte dos homens.

19 Porque o poder dos cavallos está na sua boca, e nas suas caudas: porque as suas caudas assemelhão-se com as das serpentes, e tem cabeças: e com ellas damnão.

20 E os outros homens, que não forão mortos por estas pragas, nem se arrependêrão das obras das suas mãos, para que não adorassem os demonios, e os idolos de ouro, e de prata, e de cobre, e de pedra, e de pão, que nem podem ver, nem ouvir, nem andar,

21 e não fizerão penitencia dos seus homicidios, nem dos seus empeçonhamentos, nem das suas fornicações, nem dos seus furtos.

CAPITULO X.

ENTÃO vi outro Anjo forte, que descia do Ceo, vestido d'huma nuvem, e com o arco Iris sobre a sua cabeça, e o seu rosto era como o Sol, e os seus pés como columnas de fogo:

2 e tinha na sua mão hum Livrinho aberto: e poz o seu pé direito sobre o mar, e o esquerdo sobre a terra:

3 e gritou em alta voz, como hum leão quando ruge. E depois que gritou, fizerão sete trovões soar as suas vozes.

4 E como os sete trovões tivessem feito ouvir as suas vozes, eu me punha já a escrevellas: mas ouvi huma voz do Ceo, que me dizia: Sélla as palavras dos sete trovões: e não nas escrevas.

738

5 E o Anjo, que eu vira, que estava em pé sobre o mar, e sobre a terra, levantou a sua mão para o Ceo:

6 e jurou por aquelle, que vive por seculos de seculos, que creou o Ceo, e tudo o que nelle ha: e a terra, e tudo o que ha nella: e o mar, e tudo o que nelle ha: jurou, digo: Que não haveria mais tempo:

7 mas nos dias da voz do setimo Anjo, quando começasse a soar a Trombeta, se cumpriria o mysterio de Deos, como elle o annunciou pelos Profetas seus servos.

8 E ouvi a voz do Ceo, que fallava outra vez comigo, e que dizia: Vai, e toma o Livro aberto da mão do Anjo, que está em pé sobre o mar, e sobre a terra.

9 E fui eu ter com o Anjo, dizendo-lhe, que me désse o Livro. E elle me disse: Toma o Livro, e come-o: e elle te causará amargor no ventre, mas na tua boca será doce como mel.

10 E tomei o Livro da mão do Anjo, e traguei-o, e na minha boca era doce como mel: mas depois que o traguei, elle me causou amargor no ventre.

11 Então me disse: Importa que tu ainda profetes a muitas Gentes, e Povos, e homens de diversas linguas, e Reis.

CAPITULO XI.

DEO-se-me huma cana semelhante a huma vara, e foi-me dito: Levanta-te, e mede o Templo de Deos, e o Altar, e os que nelle fazem as suas adorações:

2 mas o Atrio, que está fóra do Templo, deixa-o de fóra, e não no meças: porque elle foi dado aos Gentios, e elles hão de pizar com os pés a Cidade Santa por quarenta e dous mezes:

3 e darei ás minhas duas Testemunhas, e elles vestidos de sacco profetarão por mil e duzentos e sessenta dias.

4 Estes são as duas oliveiras, e dous candieiros, postos diante do Senhor da terra.

5 Se alguem pois lhes quizer fazer mal, sahirá fogo das suas bocas, que devorará a seus inimigos: e se alguem os quizer offender, importa que elle seja assim morto.

6 Estes tem poder de fechar o Ceo, para que não chova pelo tempo que durar a sua profecia: e tem poder sobre as aguas, para as converter em sangue, e de ferir a terra com todo o genero de pragas, todas as vezes que quizerem.

7 E depois que elles tiverem acabado de dar o seu testemunho, huma féra, que sobe do abysmo, fará contra elles guerra, e vencellos-ha, e matallos-ha.

8 E os seus corpos jazerão estirados nas praças da grande Cidade, que se chama espiritualmente Sodoma, e Egypto, onde tambem o Senhor d'elles foi crucificado.

9 E os das Tribus, e Povos, e Linguas, e Nações verão os corpos d'elles estirados por tres dias e meio: e não permittirão, que os seus corpos sejão postos em sepulcros.

10 E os habitantes da terra se alegrarão sobr'elles, e farão festas: e mandarão presentes huns aos outros, porque estes dous Profetas tinhão atormentado aos que habitavão sobre a terra.

11 Mas depois de tres dias e meio, o espirito de vida entrou nelles da parte de Deos. E elles se levantárão sobre os seus pés, e dos que os virão, se apoderou hum grande temor.

12 E ouvirão huma grande voz do Ceo, que lhes dizia: Subi para cá. E subirão ao Ceo em huma nuvem: e os virão os inimigos d'elles.

13 E naquella hora sobreveio hum grande terremoto, e cahio a decima parte da Cidade: e no terremoto forão mortos os nomes de sete mil homens: e os demais forão atemorizados, e derão gloria ao Deos do Ceo.

14 He passado o segundo ai: e eis-aqui o terceiro, que cedo virá.

15 E o setimo Anjo tocou a Trombeta: e ouvirão-se no Ceo grandes vozes, que dizião: O Reino d'este Mundo passou a ser de nosso Senhor, e do seu Christo, e elle reinará por seculos de seculos: Amen.

16 E os vinte e quatro Anciãos, que diante de Deos estão assentados nas suas cadeiras, se prostrarão sobre os seus rostos, e adorárão a Deos, dizendo:

17 Graças te damos, Senhor Deos Todo-Poderoso, que és, e que eras, e que has de vir: por haveres recebido o teu grande poderio, e entrado no teu Reino.

18 E as Gentes se irritárão, mas chegou a tua ira, e o tempo de serem julgados os mortos, e de dar o galardão aos Profetas teus servos, e aos Santos, e aos que temem o teu Nome, aos pequenos, e aos grandes, e de exterminar aos que corromperão a terra.

19 Então foi aberto no Ceo o Templo de Deos: e appareceo a Arca do seu Testamento no seu Templo, e sobrevierão relampagos, e vozes, e hum terremoto, e huma grande chuva de pedra.

CAPITULO XII.

APPARECEO outrosi hum grande sinal no Ceo: Huma mulher vestida do Sol, que tinha a Lua debaixo de seus pés, e huma coroa de doze Estrellas sobre a sua cabeça:

2 e estando prenhada, clamava com dores de parto, e soffria tormentos por parir.

3 E foi visto outro sinal no Ceo: e eis-aqui hum grande Dragão vermelho, que tinha sete cabeças, e dez córnos: e nas suas cabeças sete diademas,

4 e a cauda d'elle arrastava a terça parte das estrellas do Ceo, e as fez cahir sobre a terra, e o Dragão parou diante da mulher, que estava para parir: a fim de tragar ao seu filho, depois que ella o tivesse dado á luz.

5 E pario hum filho varão, que havia de reger todas as Gentes com vara de ferro: e seu filho foi arrebatado para Deos, e para o seu Throno,

6 e a mulher fugio para o deserto, onde tinha hum retiro, que Deos lhe havia preparado, para nelle a sustentarem por mil e duzentos e sessenta dias.

7 Então houve no Ceo huma grande batalha: Miguel, e os seus Anjos pelejavão contra o Dragão, e o Dragão com os seus Anjos pelejava contra elle:

8 porém estes não prevalecêrão, nem o seu lugar se achou mais no Ceo.

9 E foi precipitado aquelle grande Dragão, aquella antiga serpente, que se chama o Diabo, e Satanás, que seduz a todo o Mundo: sim foi precipitado na terra, e precipitados com elle os seus Anjos.

10 E eu ouvi huma grande voz no Ceo, que dizia: Agora foi estabelecida a salvação, e a fortaleza, e o Reino de nosso Deos, e o poder do seu Christo: porque foi precipitado o accusador de nossos irmãos, que os accusava de dia e de noite diante do nosso Deos.

11 E elles o vencêrão pelo sangue do Cordeiro, e pela palavra do seu testemunho, e não amárão as suas vidas até á morte.

739

12 Por isso, ó Ceos, allegrai-vos, e vós os que habitais nelles. Ai da terra, e do mar, porque o diabo desceo a vós cheio d'huma grande ira, sabendo que lhe resta pouco tempo.

13 E o Dragão, depois que se vio precipitado na terra, começou a perseguir a mulher, que tinha parido o filho macho:

14 e forão dadas á mulher duas azas d'huma grande aguia, para voar para o deserto ao lugar do seu retiro, onde lhe sustentada hum tempo e dous tempos, e ametade d'hum tempo, fóra da presença da serpente.

15 E a serpente lançou da sua boca atrás da mulher, agua como hum rio, para fazer que ella fosse arrebatada da corrente.

16 Porém a terra ajudou a mulher, e abrio a terra a sua boca, e engulio ao rio, que o Dragão tinha vomitado da sua boca.

17 E o Dragão se irou contra a mulher: e foi fazer guerra aos outros seus filhos, que guardão os mandamentos de Deos, e tem o testemunho de Jesu Christo.

18 E deixou-se estar sobre a arêa do mar.

CAPITULO XIII.

E VI levantar-se do mar huma Besta que tinha sete cabeças, e dez córnos, e sobre os seus córnos dez diademas, e sobre as suas cabeças nomes de blasfemia.

2 E esta Besta, que eu vi, era semelhante a hum Leopardo, e os seus pés como pés de Urso, e a sua boca como boca de Leão. E o Dragão lhe deo a sua força, e o seu grande poder.

3 E vi huma das suas cabeças como ferida de morte: e foi curada a sua ferida mortal. E se maravilhou toda a terra após a Besta.

4 E adorárão ao Dragão, que deo poder á Besta: e adorárão a Besta, dizendo: Quem ha semelhante á Besta? e quem poderá pelejar contra ella?

5 E foi dada á Besta huma boca, que se gloriava com insolencia, e pronunciava blasfemias: e foi-lhe dado poder de fazer guerra por quarenta e dous mezes.

6 E abrio a sua boca em blasfemias contra Deos, para blasfemar o seu Nome, e o seu Tabernaculo, e os que habitão no Ceo.

7 E foi-lhe concedido que fizesse guerra aos Santos, e que os vencesse. E foi-lhe dado poder sobre toda a Tribu, e Povo, e Lingua, e Nação.

8 E todos os habitantes da terra a adorárão: aquelles, cujos nomes não estão escritos no Livro da vida do Cordeiro, que foi immolado des do principio do Mundo.

9 Se algum tem ouvidos, ouça.

10 Aquelle que levar para o cativeiro, irá para o cativeiro: aquelle que matar á espada, importa que seja morto á espada. Aqui está a paciencia, e a fé dos Santos.

11 E vi outra Besta, que subia da terra, o que tinha dous córnos semelhantes aos do Cordeiro, e que fallava como o Dragão.

12 E ella exercitava todo o poder da primeira Besta na sua presença: e fez que a terra, e os que a habitão, adorassem a primeira Besta, cuja ferida mortal tinha sido curada.

13 E obrou grandes prodigios, de sorte que até fazia descer fogo do Ceo sobre a terra á vista dos homens.

14 E seduzio aos habitadores da terra com os prodigios, que se lhe permittirão fazer diante da Besta, dizendo aos habitantes da terra que fizessem huma imagem da Besta, que tinha re-

cebido hum golpe de espada, e ainda estava viva.

15 E foi-lhe concedido que communicasse espirito á imagem da Besta, e que fallasse a tal imagem da mesma Besta: e que fizesse que fossem mortos todos aquelles que não tivessem adorado a imagem da Besta.

16 E a todos os homens pequenos, e grandes, e ricos, e pobres, e livres, e escravos fará ter hum sinal na sua mão direita, ou nas suas testas:

17 e que nenhum possa comprar, nem vender, senão o que tiver o sinal, ou nome da Besta, ou o número do seu nome.

18 Aqui ha sabedoria. Quem tem intelligencia, calcule o número da Besta. Porque he número de homem: e o número d'ella he seiscentos e sessenta e seis.

CAPITULO XIV.

E OLHEI: e eis-que o Cordeiro estava em pé sobre o Monte de Sião, e com elle cento e quarenta e quatro mil, que tinhão escrito sobre as suas testas o nome d'elle, e o nome de seu Pai.

2 E ouvi huma voz do Ceo, como o estrondo de muitas aguas, e como o estrondo de hum grande trovão: e a voz, que ouvi, era como de tocadores de cithara, que tocavão as suas citharas.

3 E cantavão hum como cantico novo diante do Throno, e diante dos quatro animaes, e dos Anciãos: e ninguem podia cantar este Cantico, senão aquelles cento e quarenta e quatro mil, que forão comprados da terra.

4 Estes são aquelles, que se não contaminárão com mulheres: porque são Virgens. Estes seguem o Cordeiro, para onde quer que elle vá. Estes forão comprados dentre os homens para serem as Primicias para Deos, e para o Cordeiro,

5 e na sua boca não se achou mentira: porque estão sem mácula diante do Throno de Deos.

6 E vi outro Anjo voando pelo meio do Ceo, que tinha o Evangelho eterno, para o prégar aos que fazem assento sobre a terra, e a toda a Nação, e Tribu, e Lingua, e Povo:

7 dizendo em alta voz: Temei ao Senhor, e dai-lhe gloria, porque he chegada a hora do seu Juizo: e adorai aquelle, que fez o Ceo, e a terra, o mar, e as fontes das aguas.

8 E outro Anjo o seguio, dizendo: Cahio, cahio aquella grande Babylonia, que deo a beber a todas as gentes do vinho da ira da sua fornicação.

9 E seguio-se a estes o terceiro Anjo, dizendo em alta voz: Se algum adorar a Besta, e a sua imagem, e trouxer o seu caracter na sua testa, ou na sua mão:

10 este beberá tambem do vinho da ira de Deos, que está misturado com outro puro no calis da sua ira, e será atormentado em fogo e enxofre diante dos Santos Anjos, e na presença do Cordeiro:

11 e o fumo dos seus tormentos se levantará por seculos de seculos: sem que tenhão descanço algum, nem de dia, nem de noite, os que tiverem adorado a Besta, e a sua imagem, e o que tiver trazido o caracter do seu nome.

12 Aqui está a paciencia dos Santos, que guardão os mandamentos de Deos, e a fé de Jesus.

13 Então ouvi eu huma voz do Ceo, que me dizia: Escreve: Bemaventurados os mortos, que morrem no Senhor. De hoje em diante, diz o Espirito, que descancem dos seus trabalhos, porque as obras d'elles os seguem.

14 E tornei a olhar, e eis-que vi huma nuvem

branca: e hum assentado sobre a nuvem, que se parecia com o Filho do Homem, o qual tinha na sua cabeça huma coroa de ouro, e na sua mão fouce aguda.

15 E outro Anjo sahio do Templo, gritando em alta voz para o que estava assentado sobre a nuvem: Mette a tua fouce, e séga, porque he chegada a hora de segar, pois a seara da terra está madura.

16 Então o que estava assentado sobre a nuvem metteo a sua fouce á terra, e a terra foi segada.

17 E outro Anjo sahio do Templo, que ha no Ceo, tendo tambem elle mesmo huma aguda fouce.

18 Sahio mais do Altar outro Anjo, que tinha poder sobre o fogo: e este em alta voz gritou para o que tinha a fouce aguda, dizendo: Mette a tua fouce aguda, e vindima os cachos da vinha da terra: porque as suas uvas estão maduras.

19 E metteo o Anjo a sua fouce aguda á terra, e vindimou a vinha da terra: e a lançou a vindima no grande lagar da ira de Deos:

20 e o lagar foi pizado fóra da Cidade, e o sangue, que sahio do lagar, subio até chegar aos freios dos cavallos, por espaço de mil e seiscentos estadios.

CAPITULO XV.

E VI no Ceo outro sinal grande, e admiravel, sete Anjos que tinhão as sete ultimas Pragas: Porque nellas he consummada a ira de Deos.

2 E vi assim hum como mar de vidro envolto em fogo, e aos que vencérão a Besta, e a sua imagem, e o número do seu nome, que estavão sobre o mar de vidro, tendo citharas de Deos:

3 e cantavão elles o Cantico do servo de Deos Moysés, e o Cantico do Cordeiro, dizendo: Grandes, e admiraveis são as tuas obras, ó Senhor Deos Todo Poderoso: Justos e verdadeiros são os teus caminhos, ó Rei dos seculos.

4 Quem te não temerá, Senhor, e não engrandecerá o teu Nome? porque só tu és piedoso: em consequencia do que todas as Nações virão, e se prostrarão na tua presença, porque os teus juizos forão manifestados.

5 E depois d'isto olhei, e eis-que vi, que o Templo do Tabernaculo do Testemunho se abrio no Ceo:

6 e os sete Anjos, que trazião as sete Pragas, sahirão do Templo, vestidos de linho puro, e branco, e cingidos pelos peitos com cintas de oura.

7 Então hum dos quatro animaes deo aos sete Anjos sete calices de ouro, cheios da ira de Deos, que vive por seculos de seculos.

8 E o Templo se encheo de fumo pela magestade de Deos, e da sua virtude: e ninguem podia entrar no Templo, em quanto se não cumprissem as sete Pragas dos sete Anjos.

CAPITULO XVI.

E OUVI huma grande voz, que sahia do Templo, a qual dizia aos sete Anjos: Ide, e derramai sobre a terra os sete calices da ira de Deos.

2 E foi o primeiro, e derramou o seu calis sobre a terra, e veio hum golpe cruel, e perniciosissimo sobre os homens, que tinhão o sinal da Besta: e sobre aquelles, que adorárão a sua imagem.

3 Derramou tambem o segundo Anjo o seu calis sobre o mar, e se tornou em sangue, como de hum morto: e morreo no mar toda a alma vivente.

4 E o terceiro derramou o seu calis sobre os rios, e sobre as fontes das aguas, e estas se convertêrão em sangue.

5 E ouvi dizer ao Anjo das aguas: Justo és, Senhor, que és, e que eras Santo, que isto julgaste:

6 porque elles derramárão o sangue dos Santos, e dos Profetas, lhes déste tambem a beber sangue: porque assim o merecem.

7 E ouvi a outro que dizia do Altar: Certamente, Senhor Deos todo Poderoso, verdadeiros e justos são os teus juizos.

8 E o quarto Anjo derramou o seu calis sobre o Sol, e foi-lhe dado poder de affligir os homens com ardor, e fogo:

9 e os homens se abrazárão com hum calor devorante, e blasfemárão o Nome de Deos, que tem poder sobre estas Pragas, e não se arrependêrão para lhe darem gloria.

10 Derramou igualmente o quinto Anjo o seu calis sobre o throno da Besta: e o seu Reino tornou-se tenebroso, e os homens se mordêrão a si mesmos as linguas com a vehemencia da sua dôr.

11 E blasfemárão o Deos do Ceo por causa das suas dores, e das suas feridas, e não fizerão penitencia das suas obras.

12 E derramou o sexto Anjo o seu calis sobre aquelle grande rio Eufrátes: e secrou as suas aguas, para que apparelhasse caminho para os Reis do Oriente.

13 E eu vi sahirem da boca do Dragão, e da boca da Besta, e da boca do falso Profeta, tres espiritos immundos, semelhantes ás rans.

14 Estes pois são huns espiritos de demonios, que fazem prodigios, e que vão aos Reis de toda a terra, par. os ajuntar para a batalha no grande dia do Deos Todo Poderoso.

15 Eis-ahi venho como ladrão. Bemaventurado aquelle, que vigia, e guarda os seus vestidos, para que não ande nú, e vejão a sua fealdade.

16 E elle os ajuntará num lugar, que em Hebraico se chama Armagedon.

17 E o setimo Anjo derramou o seu calis pelo ar, e sahio huma grande voz do Templo da banda do Throno, que dizia: Está feito.

18 Logo sobrevirão relampagos, e vozes, e trovões, e houve hum grande tremor de terra: tal, e tão grande terremoto, qual nunca se sentio des de que existirão homens sobre a terra.

19 E a grande Cidade foi dividida em tres partes: e as Cidades das Nações cahirão, e Babylonia a grande veio em memoria diante de Deos, para lhe dar a beber o calis do vinho da indignação da sua ira.

20 E toda a Ilha fugio, e os montes não forão achados.

21 E cahio do Ceo sobre os homens huma grande chuva de pedra, como do peso d'hum talento: e os homens blasfemárão de Deos, por causa da Praga da pedra: porque foi grande em extremo.

CAPITULO XVII.

ENTÃO veio hum dos sete Anjos, que tinhão os sete calices, e fallou comigo, dizendo: Vem cá, e eu te mostrarei a condemnação da grande Prostituta, que está assentada sobre as grandes aguas,

2 com quem fornicárão os Reis da terra, e que tem embededado os habitantes da terra com o vinho da sua prostituição.

3 E me arrebatou em espirito ao deserto. E

vi huma mulher assentada sobre huma Besta de côr de escarlata, cheia de nomes de blasfemia, que tinha sete cabeças, e dez córnos.

4 E a mulher estava cercada de purpura, e de escarlata, e adornada de ouro, e de pedras preciosas, e de perolas, e tinha huma taça de ouro na sua mão, cheia de abominação, e da immundicia da sua fornicação.

5 E estava escrito na sua testa este nome: Mysterio: A grande Babylonia, a mãi das fornicações, e das abominações da terra.

6 E vi esta mulher embebedada do sangue dos Santos, e do sangue dos Martyres de Jesu. E quando a vi fiquei espantado com huma grande admiração.

7 Então me disse o Anjo: Porque te admiras? Eu te direi o mysterio da mulher, e da Besta, que a leva, e que tem sete cabeças, e dez córnos.

8 A Besta, que tu viste, era, e já não he, e ella ha de subir do abysmo, e ha de ser precipitada na perdição: e os habitantes da terra (cujos nomes não estão escritos no Livro da vida des do principio do Mundo) se encherão de pasmo, quando virem a Besta, que era, e que já não he.

9 E aqui ha sentido, que tem sabedoria. As sete cabeças são sete montes, sobre os quaes a mulher está assentada: são tambem sete Reis.

10 Morrêrão cinco, resta ainda hum, e o outro ainda não veio: e quando elle vier, convem que dure pouco tempo.

11 E a Besta, que era, e que já não he: he ella tambem a oitava: he tambem huma das sete, e caminha á sua perdição.

12 E os dez córnos, que tu viste, são dez Reis: que ainda não recebêrão Reino, mas elles recebêrão poder como Reis, huma hora depois da Besta.

13 Estes tem todos o mesmo intento, e darão a sua força, e o seu poder á Besta.

14 Estes pelejarão contra o Cordeiro, e o Cordeiro os vencerá: porque elle he o Senhor dos Senhores, e o Rei dos Reis, e os que são com elle, são os Chamados, os Escolhidos, e os Fiéis.

15 Disse-me mais o Anjo: As aguas que tu viste, onde a Prostituta está assentada, são os Povos, e as Nações, e as Linguas.

16 E os dez córnos que tu viste na Besta: estes aborrecerão a Prostituta, e a reduzirão á desolação, e a deixarão nua, e comerão as suas carnes, e queimalla-hão no fogo.

17 Porque Deos lhes poz nos seus corações o executarem o que he do seu agrado d'elle: que lhe darem o seu Reino á Besta, até que se cumprão as palavras de Deos.

18 E a mulher, que viste, he a grande Cidade, que reina sobre os Reis da terra.

CAPITULO XVIII.

DEPOIS d'isto vi descer do Ceo outro Anjo, que tinha hum grande poder: e a terra foi allumiada da sua gloria.

2 E exclamou fortemente, dizendo: Cahio, cahio a grande Babylonia: e se converteo em habitação de demonios, e em retiro de todo o espirito immundo, e em guarida de toda ave hedionda, e abominavel:

3 porque todas as Nações beberão do vinho da ira da sua prostituição: e os Reis da terra se corrompêrão com ella: e os mercadores da terra se fizerão ricos com o excesso das suas delicias.

4 Depois ouvi outra voz do Ceo, que dizia: Sahi d'ella, Povo meu: para não serdes participantes dos seus delictos, e para não serdes comprehendidos nas suas Pragas.

5 Porque os seus peccados chegárão até o Ceo, e o Senhor se lembrou das suas iniquidades.

6 Tornai-lhe assim como ella tambem vos tornou: e pagai-lhe em dobro, conforme as suas obras: no calis, que ella vos deo a beber, dai-lhe a beber dobrado.

7 Quanto ella se tem glorificado, e tem vivido em deleites, tanto lhe dai de tormento e pranto: porque diz no seu coração: Eu estou assentada como Rainha: e não sou viuva: e não verei o pranto.

8 Por isso num mesmo dia virão as suas Pragas, a morte, e o pranto, e a fome, e ella será abrazada em fogo: porque he forte o Deos que a ha de julgar.

9 E chorarão, e ferirão os peitos sobre ella os Reis da terra, que fornicárão com ella, e vivêrão em deleites, quando elles virem o fumo do seu incendio:

10 estando longe por medo dos tormentos d'ella, dirão: Ai, ai d'aquella grande Cidade de Babylonia, aquella Cidade forte: porque num momento veio a tua condemnação.

11 E os negociantes da terra chorarão, e se lamentarão sobre ella: porque ninguem comprará mais as suas mercadorias:

12 mercadorias de ouro, e de prata, e de pedras preciosas, e de perolas, e de linho finissimo, e de escarlata, e de sedas, e de grã (e toda a madeira odorifera, e todos os moveis de marfim, e todos os moveis de pedras preciosas, e de cobre, e de ferro, e de marmore,

13 e de cinnamomo) e de cheiros, e de balsamos, e de incenso, e de vinho, e de azeite, e de flor da farinha, e de trigo, e de bestas de carga, e de ovelhas, e de cavallos, e de carroças, e de escravos, e de almas de homens.

14 E os frutos do desejo da tua alma se retirárão de ti, e todas as cousas pingues e fermosas te tem faltado, e não mas acharão jámais.

15 Os Mercadores d'estas cousas, que se enriquecêrão, estarão longe d'ella por medo dos tormentos d'ella, chorando, e fazendo pranto,

16 e dizendo: Ai, ai d'aquella grande Cidade, que estava coberta de linho finissimo, e de escarlata, e de grã, e que se adorna de ouro, e pedras preciosas, e de perolas:

17 que em huma hora tem desapparecido tantas riquezas: e todos os Pilotos, e todos os que navegão no mar, e os marinheiros, e quantos negocião sobre o mar, estiverão ao longe,

18 e vendo o lugar do incendio d'ella, clamárão dizendo: Que Cidade houve semelhante a esta grande Cidade?

19 E lançárão pó sobre as suas cabeças, e fizerão alaridos chorando, e lamentando, dizião: Ai, ai d'aquella grande Cidade, na qual se enriquecêrão todos os que tinhão navios no mar, dos preços d'ella: que em huma hora foi desolada!

20 Exulta sobre ella, ó Ceo, e vós Santos Apostolos, e Profetas: porque Deos julgou a vossa causa, quanto a ella.

21 Então hum forte Anjo levantou em alto huma pedra, como huma grande mó de moinho, e lançou-a no mar, dizendo: Assim com este impeto será precipitada aquella grande Cidade de Babylonia, de sorte, que ella se não achará jámais.

22 E não se ouvirá mais em ti nem a voz de tocadores de cithara, nem de musicos, nem de

742

tocadores de frauta, e de trombeta: nem se achará mais em ti artifice algum de qualquer mister qué seja: nem se tornará mais a ouvir em ti o ruido da mó:

23 E não luzirá mais em ti a luz das alampadas: nem se ouvirá mais em ti a voz do esposo, e a da esposa: porque os teus mercadores erão huns Principes da terra, porque nos teus encantamentos errárão todas as gentes.

24 E nelle foi achado o sangue dos Profetas, e dos Santos: e de todos os que forão mortos sobre a terra.

CAPITULO XIX.

DEPOIS d'isto ouvi huma como voz de muitas gentes no Ceo, que dizião: Alleluia: A salvação, e a gloria, e o poder he ao nosso Deos:

2 porque verdadeiros, e justos são os seus juizos, porque elle condemnou a grande Prostituta, que corrompeo a terra com a sua prostituição, e porque vingou o sangue de seus servos, das mãos d'ella.

3 E outra vez disserão: Alleluia. E o fumo d'ella sobe por seculos de seculos.

4 Então os vinte e quatro Anciãos, e os quatro animaes se prostrárão, e adorárão a Deos, que estava assentado sobre o Throno, e dizião: Amen: Alleluia.

5 E sahio do Throno huma voz, que dizia: Dizei louvor ao nosso Deos todos os seus servos: e os que o temeis, pequeninos, e grandes.

6 E ouvi huma como voz de muita gente, e hum como estrondo de muitas aguas, e como o estampido de grandes trovões, que dizião: Alleluia: porque reinou o Senhor nosso Deos, o Todo Poderoso.

7 Alegremo-nos e exultemos: e demos-lhe gloria: porque são chegadas as vodas do Cordeiro, e a sua Esposa está ataviada.

8 E lhe foi dado o vestir-se de finissimo linho, resplandecente, e branco. E este linho fino são as virtudes dos Santos.

9 Então me disse elle: Escreve: Bemaventurados os que forão chamados á cea das vodas do Cordeiro: e me disse: Estas palavras de Deos são verdadeiras.

10 E eu me prostrei a seus pés para o adorar. E elle me disse: Vê não faças tal: eu sou servo comtigo, e com teus irmãos, que tem o testemunho de Jesus. Adora a Deos. Porque o testemunho de Jesus he o espirito de profecia.

11 Depois vi o Ceo aberto, e eis-que appareceo hum cavallo branco, e o que estava montado em cima d'elle se chamava o Fiel, e o Verdadeiro, que julga, e que peleja justamente.

12 E os seus olhos erão huma como chamma de fogo, e na sua cabeça estavão postos muitos diademas, e tinha hum nome escrito, que ninguem conhece senão elle mesmo.

13 E vestia huma roupa salpicada de sangue: e o seu nome, por que se appellida, he O VERBO DE DEOS

14 E seguião-no os exercitos, que estão no Ceo, em cavallos brancos, vestidos de fino linho branco, e limpo.

15 E da sua boca sahia huma espada de dous gumes: para ferir com ella as Nações. Porque elle as governará com vara de ferro: e elle mesmo he o que piza o lagar do vinho do furor da ira de Deos Todo Poderoso.

16 E elle traz escrito no seu vestido, e na sua coxa: O Rei dos Reis, e o Senhor dos Senhores.

17 E vi hum Anjo, que estava no Sol, e clamou

em voz alta, dizendo a todas as aves, que voavão pelo meio do Ceo: Vinde, e congregai-vos á grande Cea de Deos:

18 para comerdes carnes de Reis, e carnes de Tribunos, e carnes de poderosos, e carnes de cavallos, e dos que nelles montão, e carnes de todos os livres, e escravos, e pequeninos, e grandes.

19 E vi a Besta, e os Reis da terra, e os seus exercitos, congregados para fazerem guerra áquelle, que estava montado no cavallo, e ao seu exercito.

20 Mas a Besta foi preza, e com ella o falso Profeta: que tinha feito os prodigios na sua presença, com os quaes elle tinha seduzido aos que tinhão recebido o caracter da Besta, e que tinhão adorado-a sua imagem. Estes dous forão lançados vivos no tanque ardente de fogo, e de enxofre:

21 e os outros morrerão á espada que sahia da boca do que estava montado sobre o cavallo: e todas as aves se fartárão das carnes d'elles.

CAPITULO XX.

E VI descer do Ceo hum Anjo, que tinha a chave do abysmo, e huma grande cadeia na sua mão.

2 E elle tomou o Dragão, a serpente antiga, que he o Diabo, e Satanás, e o amarrou por mil annos:

3 e metteo-o no abysmo, e fechou-o, e poz sello sobre elle, para que não engane mais as gentes, até que sejão cumpridos os mil annos: e depois d'isto convem, que elle seja desatado por hum pouco de tempo.

4 E vi cadeiras, e se assentárão sobre ellas, e lhes foi dado o poder de julgar: e tambem vi as almas dos decapitados pelo testemunho de Jesus, e pela palavra de Deos, e os que não adorárão a Besta, nem a sua imagem, nem recebérão o seu caracter nas testas, nem nas suas mãos, e viverão, e reinárão com Christo mil annos.

5 Os outros mortos não tornárão á vida, até que sejão cumpridos mil annos. Esta he a primeira resurreição.

6 Bemaventurado, e santo aquelle, que tem parte na primeira resurreição: a segunda morte não tem poder sobre elles: mas antes serão Sacerdotes de Deos e de Christo, e reinarão com elle mil annos.

7 E depois que os mil annos forem cumpridos, será desamarrado Satanás da sua prizão, e sahirá, e seduzirá as Nações, que estão nos quatro angulos da terra, a Gog, e a Magog, e os congregará para dar batalha, cujo número he como a arêa do mar.

8 E subirão sobre o ambito da terra, e cercárão os arraiaes dos Santos, e a Cidade querida.

9 Mas desceo do Ceo por mandado de Deos hum fogo, que os tragou: e o Diabo, que os enganava, foi mettido no tanque de fogo, e de enxofre, onde assim a Besta,

10 como o falso Profeta serão atormentados de dia e de noite por seculos dos seculos.

11 E vi hum grande Throno branco, e hum que estava assentado sobre elle, de cuja vista fugio a terra, e o Ceo, e não foi achado o lugar d'elles.

12 E vi os mortos grandes, e pequeninos, que estavão em pé diante do Throno, e forão abertos os Livros: e foi aberto outro Livro que he o da vida: e forão julgados os mortos pelas cousas,

que estavão escritas nos Livros segundo as suas obras:

13 e o mar deo os mortos, que estavão nelle: e a morte, e o Inferno derão os seus mortos, que estavão nelles: e se fez juizo de cada hum d'elles segundo as suas obras.

14 E o inferno, e a morte forão lançados no tanque de fogo. Esta he a segunda morte.

15 E aquelle, que se não achou escrito no Livro da vida, foi lançado no tanque de fogo.

CAPITULO XXI.

E VI hum Ceo novo, e huma terra nova. Porque o primeiro Ceo, e a primeira terra se forão, e o mar ja não he.

2 E eu João vi a Cidade Santa, a Jerusalem nova, que da parte de Deos descia do Ceo, adornada como huma Esposa ataviada para o seu Esposo.

3 E ouvi huma grande voz vinda do Throno, que dizia: Eis-aqui o Tabernaculo de Deos com os homens, e elle habitará com elles. E elles serão o seu Povo, e o mesmo Deos no meio d'elles será o seu Deos:

4 e Deos lhes enxugará todas as lagrimas de seus olhos: e não haverá mais morte, nem haverá mais choro, nem mais gritos, nem mais dôr, porque as primeiras cousas são passadas.

5 Então o que está assentado no Throno disse: Eis-ali faço eu novas todas as cousas. E elle me disse: Escreve, porque estas palavras são muito fiéis, e verdadeiras.

6 Tambem me disse: Tudo está cumprido: eu sou o Alfa e o Omega: o principio, e o fim. Eu darei gratuitamente a beber da fonte d'agua da vida ao que tiver sede.

7 Aquelle que vencer, possuirá estas cousas, e eu serei seu Deos, e elle será meu filho.

8 Mas pelo que toca aos timidos, e aos incredulos, e aos execraveis, e aos homicidas, e aos fornicarios, e aos que dão veneno, e aos idólatras, e a todos os mentirosos, a sua parte será no tanque ardente do fogo, e d'enxofre: que he a segunda morte.

9 Então veio hum dos sete Anjos, que tinhão os seus sete calices cheios das sete Pragas ultimas, e fallou comigo, dizendo: Vem cá, e eu te mostrarei a Esposa, a Consorte do Cordeiro.

10 E elle me transportou em espirito a hum grande, e alto monte, e me mostrou a santa Cidade de Jerusalem, que descia do Ceo da presença de Deos,

11 a qual tinha a claridade de Deos: e o lustre d'ella era semelhante a huma pedra preciosa como pedra de jaspe, á maneira de crystal.

12 E tinha hum muro grande, e alto, com doze portas: e nas portas doze Anjos, e huns nomes escritos, que são os nomes das doze Tribus dos filhos d'Israel.

13 Tres d'estas portas estavão ao Oriente: e tres portas ao Setentrião: e tres portas ao Meiodia: e tres portas ao Occidente.

14 E o muro da Cidade tinha doze fundamentos e nelles os doze nomes dos doze Apostolos do Cordeiro.

15 E o que fallava comigo, tinha por vara de medir huma cana de ouro, para medir a Cidade, e as suas portas, e o muro:

16 e a Cidade he fundada em quadro, e tão comprida, como larga: e medio elle a Cidade com a cana de ouro, e achou que era de doze mil estadios: e o seu comprimento, e a sua altura, e a sua largura são iguaes.

17 Medio tambem o seu muro, que era de cento e quarenta e quatro covados, da medida d'homem, que era a do Anjo.

18 A estructura porém d'este muro era de pedra de jaspe: e a mesma Cidade era de puro ouro, semelhante a hum vidro claro.

19 E os fundamentos do muro da Cidade erão ornados de toda a qualidade de pedras preciosas. O primeiro fundamento era de jaspe: o segundo de saffira: o terceiro de calcedonia: o quarto de esmeralda:

20 o quinto de sardonio: o sexto de sarda: o setimo de crysolitha: o oitavo de beryllo: o nono de topazio: o decimo de chrysópraso: o undecimo de jacintho: o duodecimo d'amethysta.

21 E as doze portas erão doze margaritas, huma em cada huma: e cada porta era feita de huma margarita: e a praça da Cidade era de puro ouro, como vidro transparente.

22 E não vi Templo nella. Porque o Senhor Deos Todo Poderoso, e o Cordeiro he o seu Templo.

23 E esta Cidade não ha de mister Sol, nem Lua, que allumiem nella: porque a claridade de Deos a allumiou, e a alampada d'ella he o Cordeiro.

24 E as Nações caminharão á sua luz: e os Reis da terra lhe trarão a sua gloria, e a sua honra.

25 E as suas portas não se fecharão de dia: porque noite não na haverá alli.

26 Trazer-lhe-hão tambem a gloria, e a honra das Nações.

27 Não entrará nella cousa alguma contaminada, nem quem commetta abominação, ou mentira, mas sómente aquelles, que estão escritos no Livro da vida do Cordeiro.

CAPITULO XXII.

E ELLE me mostrou hum rio da agua da vida resplandecente como crystal, que sahia do Throno de Deos e do Cordeiro.

2 No meio da sua praça, e de huma e de outra parte do rio estava a Arvore da Vida, que dá doze frutos, produzindo em cada mez seu fruto, e as folhas da arvore servem para a saude das Gentes.

3 E não haverá alli jámais maldição: mas os Thronos de Deos, e do Cordeiro estarão nella, e seus servos o servirão.

4 E verão a sua face: e o seu nome estará nas testas d'elles.

5 E não haverá alli mais noite: nem elles terão necessidade de luz d'alampada, nem de luz do Sol, porque o Senhor Deos os allumiará, e reinarão por seculos de seculos.

6 Outrosi me disse: Estas palavras são muito fiéis, e verdadeiras. E o Senhor Deos dos espíritos dos Profetas enviou o seu Anjo, para mostrar aos seus servos as cousas, que devem acontecer dentro de pouco tempo.

7 E eis-aqui venho á pressa. Bemaventurado aquelle, que guarda as palavras da Profecia d'este Livro.

8 E eu João sou o que ouvi, e o que vi estas cousas. E depois de as ter ouvido, e visto, me lancei aos pés do Anjo, que mas mostrava, para o adorar:

9 e elle me disse: Vê não faças tal: porque eu servo sou comtigo, e com teus irmãos os Profetas, e com aquelles, que guardão as palavras da Profecia d'este Livro: Adora a Deos.

10 Tambem me diz: Não selles as palavras da Profecia d'este Livro: porque · o tempo está proximo.

11 Aquelle, que faz injustiça, faça-a ainda: e aquelle, que está sujo, suje-se ainda: e aquelle, que he justo, justifique-se ainda: e aquelle, que he santo, santifique-se ainda.

12 Eis-aqui, que depressa virei, e o meu galardão anda comigo, para recompensar a cada hum segundo as suas obras.

13 Eu sou o Alfa, e o Omega, o primeiro, e o ultimo, o principio, e o fim.

14 Bemaventurados aquelles, que lavão as suas vestiduras no sangue do Cordeiro: para terem parte na Arvore da vida, e para entrarem na Cidade pelas portas.

15 Fóra d'aqui os cães, e os que dão veneno, e os impudicos, e os homicidas, e os idólatras, e todo o que ama e obra a mentira.

16 Eu Jesus enviei o meu Anjo, para vos dar testemunho d'estas cousas nas Igrejas. Eu sou a raiz, e a geração de David, a estrella resplandecente, e da manhãa.

17 E o Espirito, e a Esposa dizem: Vem. E o que ouve, diga: Vem. E o que tem sede, venha: e o que a quer, receba de graça a agua da vida.

18 Porque eu protesto a todos os que ouvem as palavras da Profecia d'este Livro: Que se algum lhe ajuntar alguma cousa, Deos o castigará com as Pragas, que estão escritas neste Livro.

19 E se algum tirar qualquer cousa das palavras do Livro d'esta Profecia, tirará Deos a sua parte do Livro da vida, e da Cidade santa, e das cousas que estão escritas neste Livro.

20 O que dá testemunho d'estas cousas, diz: Certamente que venho logo: Amen. Vem, Senhor Jesus.

21 A graça de nosso Senhor Jesu Christo seja com todos vós. Amen.

NA OFFICINA DE

SPOTTISWOODE E CIA., NEW-STREET SQUARE

LONDRES